野蛮と啓蒙

経済思想史からの接近

田中秀夫 編

京都大学
学術出版会

目次

第Ⅱ部　盛期啓蒙 ── 大ブリテン

第Ⅲ部　盛期啓蒙――フランス

序　説

野蛮と啓蒙——思想史から学ぶもの

田中秀夫

復活する野蛮

二一世紀を迎えてすでに一〇年余りが過ぎたが、地球上で「野蛮」が復活しているのだろうか。自然もまた方々で暴走して多くの人命を奪っている。今日の大洪水などの自然の暴走がなかば人間の所業の結果であり、化石燃料の大量消費による温暖化などの現代文明の副産物であることは明らかである。

一九八九年にベルリンの壁が崩壊し、停滞久しい暗い東ヨーロッパに自由主義革命による解放という光が射した。それはまるで青天の霹靂であった。ゴルバチョフのペレストロイカ（改革）とグラスノスチ（情報公開）のニュースがもたらされた時には、いつかソ連の自由化と東ヨーロッパの雪解けが始まるかもしれないというおぼろげな期待を抱いたのは確かであるが、それが実際に一九八九年に電撃的に起こるということは予想を越えていた。東欧の革命は自由と富の恵みを与えるかに見えた。帝国主義国家として世界に脅威を与え続けたソ連は一九九一年に終に解体した。こうして東西の冷戦が終焉し、世界全体が自由と繁栄に向かうのではないかという希望さえ抱かれた。ＥＵの統合も新しい時代の幕開けという期待を抱かせた。

東欧革命とソ連の解体から四半世紀が経過した現在、地球社会はよくなったことも多いけれども、現状は期待を裏切りつつある。東ヨーロッパは不安定ながら文明の恩恵が行き渡ってきたかもしれないが、ギリシアやスペインの債務危機は根本的な解決には至っていない。フランスにしてもエスニックな問題がしばしば深刻化する。二一世紀の世界は、全体としては、相変わらず、平和と繁栄を脅かす様々な脅威・危機に繰り返し直面していると言わなければならない。世界のいたるところに今なお様々な野蛮がある。啓蒙と文明化は進んだけれども、にもかかわらず繰り返される様々な野蛮な紛争を考えると、人間本性の教育、陶冶ないし馴化に世界は失敗しているのではないかとさえ思われる。そうだとすれば、それはなぜであろうか。世界で人文学がないがしろにされてきたかに見える。一九八一年にアメリカの人文学の衰退を見据えて『美徳なき時代』(*After Virtue*)を書いたのは、アラスデア・マッキンタイアであった。フランスやイギリスはさすがにそうではないと思いたいが、どうであろうか。

世界の方々でテロは終息を見ない。狂信がテロを生む。しかし、人間はなぜ狂信に走るのだろうか。テロリストになる若者は自らの社会や国に絶望しており、希望が持てない境遇にあるからテロリズムに走るのだとよく言われる。悪魔のような所業を好き好んでやってのける者はいない。そこには理由がなければならない。九・一一が許されざる凶行であったことは言うまでもない。ブッシュのアメリカが復讐心に燃えてテロとの戦いを宣言したのも、分からぬではない。しかし、なぜテロリストが世界貿易ビルやペンタゴンを襲ったのだろうか。そこには理由がなくてはならない。

アメリカは今もテロとの戦いと称してアフガンやパキスタンを爆撃している。アメリカの大義に疑問はないだろうか。世界に散らばったテロリストは、潜伏しながら文明に挑戦するかのように攻撃の機会をうかがっている。アメリカ(と同盟国の)の戦略と行動自体がテロリストを生み出していることは確かであろう。攻撃を受けた側では、例えば肉親を爆撃で亡くした場合、憎悪が増幅し、復讐心が生まれるのは当然であろう。

中東アラブはずっと不穏である。湾岸戦争のように、産油地域であるがゆえに、国家間の利害対立があり、それに欧米諸国と国際石油資本の利害が様々に絡んで起こった紛争もある。大量破壊兵器の保有を口実とするイラク攻撃もまたその種の戦争であった。ネオ・コンと石油資本が絡んでいると言われる。ガザ地区への侵攻が象徴するイスラエルの膨張主義はパレスティナ問題を深刻にしている。アラブ、パレスティナは野蛮の集積地のようになっている。アラブ諸国ではしばしば政変が起こり、それが内乱や内戦になるケースも目立っている。無垢の人間が虫けら同然に殺されている。

ジャスミン革命もアラブの春も壁にぶつかっている。リビアのカダフィ大佐は潰れたが、相変わらず各国で権力者の暴政が目立つ。シーア派とスンニ派の対立に象徴されるような宗派間の憎悪の連鎖がある。クルド族のように独立国家を形成できずに分散し抑圧されている民族もある。中東やアフリカでは国家間の紛争もしばしば起こるが部族紛争も絶えない。それは西ヨーロッパでは基本的に啓蒙に先立つ時代に終焉したネイション以前のエスニックな対立である。ソマリアの海賊が船舶を攻撃し掠奪するのは深刻な貧困のせいであろう。

拡散する核の脅威もある。核不拡散条約があるとはいえ、すでに核保有国は八カ国になっている。パキスタン、インド、北朝鮮が保有国に加わっている。そもそも国連の常任安全保障理事国だけが核独占できるという事実に疑問がある。第二次世界大戦の戦勝国である連合国が今なお特権をもっている国連の組織に問題があることは言うまでもないであろう。日本やドイツ、イタリアはいつになったら第二次世界大戦の戦争責任を免罪されるのであろうか。被爆国日本の核廃絶活動に世界はいつになったら真剣に向き合うのであろうか。

原発がきわめて危険な技術であることは、三・一一の東日本大震災に絡んで生じた福島原発事故によって、改めて世界中に突きつけられた。チェルノブイリ、スリーマイル島、そして福島と大惨事が繰り返されている。原発を廃棄しない限り、この死の技術は幾度となく暴発して多くの人間を犠牲にするであろう。なぜ死を招くこの原子力という技術に手を染めたのか。

領土紛争も勃発している。日本近海ではロシア、中国と韓国がプレヤーである。日本からすると北方領土、竹島、尖閣は議論の余地なく固有の領土である。しかし、ロシア、中国、韓国には自らの言い分がある。領土問題ではお互いに相手の立場に立って考えることが重要であるが、それができないのが領土問題である。ここでは国家理性は国家の非理性と化す。こうして島や大地は実効支配を続ければそれがやがて既成事実となる。時効となる。それは歴史が証明している。

金融はどうか。ＩＭＦや世界銀行が建設的・安定的な金融の制度化と発展に寄与してきたのに対して、投資銀行のリスキーな行動、サブプライム・ローンやリーマン・ショックが世界経済を攪乱し、大きな損害を与えたことは記憶にあたらしいが、ＧＤＰの三倍とも言われるほどの金融の肥大化は、真面目な勤労を嘲笑うかのごとき、一部の投資家の法外な儲けと役員とトレーダーの高額の報酬を生み出している。それは「カジノ資本主義」とも呼ばれている。詐欺とは言わない習わしであるが、これは公正ではないだろう。これは結局のところ、迂回しているとはいえ、真面目に働く労働者の勤労の成果の掠奪に等しいから、洗練された野蛮と言ってもよいだろう。とすれば、何らかの規制を国際協調によって実現しなければならない。

このように様々な種類の暴力や蛮行や不正が平和と安全を脅かし蹂躙している。暴力も計算された場合もあるので、ある種の「理性」かもしれないが、それは「賢慮」ではない。「賢慮としての理性」に基づかないこうした文明の在りよう、事態を「野蛮」と称してよいだろう。

独善的な単独行動主義に傾きがちなアメリカは、自由を守るという大義、美名に飾られた世界戦略として、紛争地域への野蛮な介入――「メシア的介入主義」(1)――を繰り返してきた。メシア的社会主義が終焉したというのに、メシア思想、普遍救済主義に魅力があるのは、それが貧者、弱者、被抑圧者の救済という大義をもつからである。しかし、アメリカのメシア主義は行き過ぎているし、間違っている。無人爆撃機を投入して米軍の兵士の命を無駄にしないようになったとしても、パキスタンやアフガンで無垢な非戦闘員の犠牲をかえりみない爆撃を容赦なくおこなうのが米軍である。今なお文明は野蛮に直面しているとも言えよう。

「野蛮と啓蒙」という主題

このように社会に文明化をもたらすはずの啓蒙以来の知性の働きが、なおも野蛮に直面し、野蛮を克服できないのが二一世紀の現実であるが、しかし一方で歴史は後退と前進を繰り返しながら、総じて前進を遂げてきたというのも確かである。過度なペシミズムは禁物である。人類の人口がかつてない規模――七一億人――に達しているのは人類の繁栄の確実な指標であろう。しかし、人口の増加は必然的にマルサスの罠に陥る。自然環境との関係でも危機は増幅されている。

生物としての人類は、今なお数億人が飢餓線上にあって苦しんでいるとしても、他の生物にもまして繁栄していると言えるであろう。鯨が増えているといっても、それは捕鯨禁止という政策の結果にすぎない。人類は他の動物の上に支配者として君臨している。動物解放論などは空想である。人間は他の動物と同等になることはできない。けれども、動物の無益な虐殺などは減らしたいと思う。

「啓蒙と野蛮」は未だ終焉した主題ではない。何度も述べたように、むしろ様々な「新しい野蛮」が次々と産出されているのも事実であって、啓蒙は「未完のプロジェクト」なのである。社会構造自体が生み出す野蛮もあるが、それさえ最終的には「人間本性の欠陥」あるいは人間の力の不足に帰着するであろう。野蛮を生まない社会をつくらねばならない。

経済学とは何か

一八世紀に経済学の形成を推進したのは、スコットランド、フランス、イタリアであり、イングランド、アメリカ、アイルランド、ドイツなどでもその萌芽が存在した（安藤昌益の例を考えると江戸時代の日本にも萌芽があったと言えるかもしれない）ものの、主要な学問分野には未だならなかった。それは、あえて言えば、啓蒙思想として活力を誇った程度に比例している。市民革命を経験したか、文明化を推し進めた地域や国でも、いまだ下層階級はすこぶる貧困ではあったが、しかし国民、民衆の安定した生活、豊かさの実現が課題となっており、「有徳で豊かで幸福な生活」をいかにすれば実現できるのか、国民はどのような行動と道徳を実践すべきなのかということが、社会の課題として正面にすえられ、それをめぐって熱心な論争が巻き起こっていた。

それは言い換えれば「後進性」（Backwardness）の克服であり、「野蛮」（Barbarism）の克服でもあった。野蛮とは有無を言わせぬ「暴力」（Violence）であり、一方的な支配であり、人間愛（Humanity）の否定であった。専制政治もまた野蛮であった。文明化はノルベルト・エリアスがたどったように容易に定着しなかったのである。公海では私掠船による掠奪がまかり通っていた。捕虜は解放されなければ、ガレー船に送られるか虐殺されるかであった。こうして社会の諸問題をめぐる論争は、法的な議論に留まらず、政治論・政策論であり、文明社会論であり、経済論であり、人間本性論でもあった。宗教も感情の抑制を求めた。

スコットランドとイタリアでは大学の道徳哲学や法学の教授が経済学を新しい学問分野として樹立する（アダム・スミスとジェノヴェージ）が、フランスでは大学の外部の貴族知識人や為政者たちがこの学問の担い手であった（ムロン、モンテスキュー、ケネー、テュルゴなど）。アメリカではフランクリン、ウィザスプーン、アレグザンダー・ハミルトンなどが政策に関与しながらこの新しい学問の形成に寄与した。ハミルトンはスミスからも学んでいるが、『経済の原理』（一七六七年）で知られるジェイムズ・ステュアートを継承する保護主義者であった。彼らはおおむね「平和の産業」として商工業に注目した。人権を価値と見なす啓蒙の時代にあっては、戦争は偉大な行為 —— アンドルー・フレッチャーやパスカル・パオリのような祖国の自由と独立を守ろうとする場合や、独立戦争のワシントンの場合は依然としてそうであった —— である以上にすでに悪であった。

近代化、文明化の先進国イングランドでは一七世紀にペティ、ハリントン、テンプル、ロックなどが、重商主義的ながら先駆的な経済認識をもたらしたものの、一八世紀にはオックスフォード大学とケンブリッジ大学の学問が沈滞していたことも手伝って、社会の学問が体系的な経済学を生み出す方向にさほど進まなかった。ダヴナント、デフォー、マンデヴィルやタッカー、リチャード・プライス、あるいはジョセフ・プリーストリといった商人、ジャーナリスト、開業医、国教会牧師、非国教徒がイングランドで経済思想を継承発展させたが、学問的な体系化は遅れた。それは逆にイングランドの文明化が進んでいたことと関係があるのかもしれない。イングランドではオランダと同じく一七世紀に偉大な天才が生まれている。ベーコン、ホッブズ、ペティ、ハーヴェイ、ハリントン、ボイル、ロック、ニュートンなどがそうである。

平和の産業に着目する学問が経済学（Political Economy）であったとすれば、経済学のもつ「経世済民」としての使命がよく示されている。啓蒙の時代に様々な経済学が生まれようとしていた。それは人権の思想を体系化した自然法学を継承しつつ、その形式性と抽象性を乗り越える学問として、いかにすれば民衆の平和で安全かつ富裕な生活が可能になるのかを具体的に処方する学問であった。こうして一八世紀の各地の文明社会において経済学はまさに野蛮を廃絶する道を教えるものとして誕生したのであった。以来三世紀、人類の歴史は衰退や腐敗にもまして進歩や発展が際立ったとはいえ、よく見ると「文明化」（Civilization）と「野蛮化」（Barbarization）の相克の歴史であったとも見えてくる。にもかかわらず文明化が野蛮化に多くの場合勝利してきたとすれば、それは啓蒙の理性の勝利と言えよう。しかし、冒頭で述べたように、今なお文明化は野蛮化を廃絶したわけではない。

合理化の名のもとに様々な企業や組織においていかに多くの労働者が部品のように扱われたり、犠牲にされたりしていることであろうか。それは今も繰り返されている現実である。マックス・ウェーバーは二〇世紀の初頭に、古代文明以来の「合理化」が人間社会を貫いてきており、プロテスタンティズムと資本主義の精神を生み出した西欧は合理化の極地に到達しつつあるという分析をおこなった。合理化が社会組織の官僚制化をもたらし、巨大な装置となった官僚制組織は制御困難となって化石化するというのが、ウェーバーの警告であったが、その後、ウェーバーの祖国ドイツのワイマール共和国は、合法的手段で権力を掌握したナチスの蛮行を許してしまった。非人間的な合理化の貫徹は戦争マシーンと狂気の血の浄化を生み出した。

こうした近代の帰結を踏まえるとき、経済学の合理性自体を改めて批判的にとらえ返す必要があることは否めないであろう。経済的合理性が生み出す野蛮にもメスをふるわねばならないのである。「改革開放」以来の中国の驚異的な経済成長――経済の理性――が「開発独裁」の成果であって、様々な犠牲を伴って推進されていることは今では周知の通りである。人間の顔をした社会にいつになったら成熟するのであろうか。

わが国にしても経済格差が広がっており、多くの労働者が非正規の低賃金で我慢を強いられている。ベンサムに教わるまでもなく、企業の内部留保を賃金として配分すれば、社会的厚生は拡大する。それは消費の拡大を通じて企業にも利益となる。巨大な国家債務もあるが、それに匹敵する金融資産の蓄積もあるという奇怪な経済実態がある。債務は国内でバランスしているからよいようなものの、異常ではある。それでも世界全体を眺めたとき、世界一の長寿国であるわが国などは世界のなかで最も幸福な国の部類に入る――ブータンや北欧諸国に屈するとしても――ことは否定できない。それでも危機は進行している。財政再建はいかに可能であろうか。あるいは野蛮な国家破産が起こるのだろうか。予断を許さない状況にある。かつてヒュームは一八世紀中葉の大ブリテンにあって、膨大な国家債務の累積を前にして、国家の「暴力死か自然死か」と問いかけた。このような過激な問いを回避するためには経済学者の智恵が必要であろう。

経済の原則は効率性の原則であるが、局所的な効率性だけを考えて、外部費用を無視するエゴセントリックな個別資本の視点は批判されねばならない。原子力発電所を運営するのならコストに将来にわたる廃棄物の処理費用を勘案し、ありうるリスクもコストとして組み込んだ上で、経済的合理性があることを証明できるのでなければならない。

本書が野蛮の問題を文化や思想の問題としてのみならず、経済学の問題としても考える射程をとるのは、このような理由からである。本書は主として「野蛮と啓蒙」に取り組んだ一八世紀のヨーロッパの思想史を対象とするものであるから、現代の諸問題に直接に応えるものではない。しかし、本書は現代の諸問題を考える際の示唆を与えるものであることを期待している。「野蛮と啓蒙」は現代的課題であり続けている。本書が何をどこまで解明したかについては読者に判断を委ねたいが、経済学という学問は経済的合理性という概念を基礎概念としてもっており、それが人間愛と結びつくとき野蛮の克服に寄与しうるが、逆に人間愛を忘れるとき非人間的な野蛮を自らが生み出してしまう。そうした省察をおこなっているのが野蛮と啓蒙を主題とする本書の各論である。

野蛮と啓蒙は、ポーコックが主題的に取り組んでいるように、ギボンの主題でもありキリスト教の問題でもあった。一九九九年に刊行が始まった『野蛮と宗教』全六巻（第六巻は未刊）が本書の執筆者にとって無視できない業績であることは言うまでもない(2)。本書がポーコックの『野蛮と宗教』を十分に参照・消化できていないとすれば、それはギボンと宗教、キリスト教を主題としていない本書の射程の限界によるが、しかし第二巻は「市民政府のナラティヴ」を副題として、ギボン以上にヴォルテール、ヒューム、ロバートスン、スミス、ファーガスンを詳しく論じているし、また第三巻の第五部は「共和国と帝国―啓蒙のナラティヴ」と題し、そのなかで「スコットランド人のナラティヴ」としてヒューム、スミス、ファーガスンの古代ローマ理解を詳論している。そのことは本書の執筆者の知るところである。また第四巻は「野蛮人、未開人と帝国」が副題であり、本書にとって無縁どころではない。しかし、ポーコックの偉業を十分に消化することは未だ課題であることも否定できない。

本書の概要

全体の構想を紹介しておこう。本書は四部構成である。序章はなぜ「野蛮と啓蒙」という主題を取り上げなければならないのかについて、編者が代表して問題提起をしている。第一部は初期啓蒙の時代の思想家の野蛮との「ペンの戦い」を扱っている。第二部は啓蒙の時代の大ブリテンを、第三部ではフランス啓蒙の思想を対象にして、それぞれ多様な思想家の当該主題への関与 —— 様々な野蛮との戦い —— を論じている。第四部に収録したのは後期啓蒙と啓蒙以後の思想家の野蛮との取り組みを掘り下げた論文である。本書の中心が啓蒙の時代 —— 一八世紀を中心とする時代 —— に置かれていることは、大半がその時代を扱っていることから明らかであろう。

第一部は主に初期啓蒙時代を扱っている。ルネサンスの遺産をイタリアから継承して啓蒙を先導したのは一六、一七世紀のスペイン、ポルトガル、オランダであった。いずれも早期に海外に目を向け、ヨーロッパの拡大の軌道を切り開いた国である。いずれも海外進出にあたって現地人の殺害を含めて恐ろしい蛮行をやってのけている。力の格差を武器に、現地人の抵抗を排除し、抑圧するためである。しかし、そうした蛮行に向き合い批判した知識人もいたことは言うまでもない。サマランカ学派の人々がそうである。こうした時代のスペインを取り上げたのが、第一章と第二章である。スペイン国内では文明化が進んでいたが、サマランカ学派の専制との戦いに注目しているのが第一章で、第二章は貨幣理論の発展に注目している。両章ともに抵抗権論と暴君放伐論に強い関心を示している。第三章はスペインに続いてヘゲモニーを握ったオランダから一七世紀のイングランドが何を学んだかを追究した論文である。第四章はイングランドの重商主義を狭い経済学史の枠で論じるのではなく、本書の主題の通り、野蛮と文明との関連で広く論じている。第五章は一七世紀からのスコットランドの高地地方の野蛮な部族抗争を平定することに取り組んだ、スコットランド統治者の努力と経済学の生誕との関連を追跡しており、一八世紀も範囲としているけれども第一部に配するのが適当と判断した。

第二部は大ブリテンの盛期啓蒙を論じる。第六章は合邦後のスコットランドの経済開発論争のなかでのロッホという人物に注目し、論争の文脈を掘り下げるものである。第七章ではスコットランドの極北のオークニー諸島の開発問題をめぐる経済論争と法廷闘争に光を当てている。第八章は啓蒙のキーパースンであるアダム・スミスが野蛮と啓蒙をいかに把握したかを詳細に扱っており、第五章の議論を受けた掘り下げがなされている。第九章は急進的非国教徒として著名なプリーストリの奴隷制論に焦点を当てるものである。啓蒙の時代は奴隷制批判が登場するが、事実としてはカリブ海やアメリカの南部植民地でますます奴隷制プランテーションが拡大していた。奴隷制は古代以来、最大の野蛮であったが、アリストテレスがそれを当然と見なしたことは周知の通りである。近代はそれを復活したのであるが、啓蒙は古典古代と違って奴隷制に対して激しい批判を展開した。

第三部はフランス啓蒙を対象としている。第一〇章は、ヒュームに影響を与えたムロンの研究である。これまでわが国にはおろか、英仏でも十分な研究がなかったムロンについて本格的な分析をおこなっている。第一一章も中心はムロンであるが、その前提としてドラマールのポリス論を分析しており、フランス的なポリス論との関連でムロンの経済論に光を当てている。この時代のポリスの概念は警察よりずっと広く、この時代を象徴する概念であった。この二章は相互補完的である。第一二章はモンテスキューに照準を合わせた共和国論分析であり、共和国の野蛮化の懸念が主題とされている。第一三章はスミスと比較しながら啓蒙知識人で為政者でもあったテュルゴの未開、野蛮、文明論を浮き彫りにしようとしており、ここではアメリカ等に関する旅行記文献を解読しつつ、当該主題に迫っている[3]。第三部の最終章をなす第一四章は、ルソーの著作を焚書にした啓蒙の世界の光と闇を問題にしている。

第四部は啓蒙後期から啓蒙後の時代への移行期を扱った論文からなる。第一五章は啓蒙の後期から末期にかけて存在感を示していたランゲというユニークな思想家の奴隷制論を扱っており、支持されることが多いスミスの奴隷制認識を批判的に考察している点も注目に値するであろう。それはまた本書が奴隷制問題に強い関心を示していることを裏書きしてもいる。野蛮との対決、すなわち自由と隷従こそ、啓蒙の焦点であった。第一六章はガルヴェを詳論してドイツにおける貧困論の特徴を描き出している。第一七章はファーガスン、バーク、ペイン、そしてオコナーをクローズアップして、彼らの野蛮と啓蒙への接近法を比較している。第一八章はマルサスによるペイン批判を分析し——ペインは第九章にも登場するが——、その知的文脈を問題にするなかで、人口論争と貧困問題に知的関心が収斂する時代状況に迫っている。マルサスはヒュームとペイリーを継承して、フランス革命のような暴力革命を阻止し、議会改革によって時代の課題に取り組むことを提唱した穏健な改革者であった。第一九章はドイツ・ロマン主義経済学者における独特の啓蒙と野蛮の理解を鳥瞰するとともに、さらに時代の転換を透視している。

最終章の「荒野と文明」は本書全体の総括である。野蛮と対決した啓蒙は多くの問題を明るみに出したが、未解決のまま次の時代に送った課題も多く、それがどのような段階とモーメントを経て解決されていくのか、そして未だに「野蛮と啓蒙」を問い続けなければならないのはなぜかを、地球社会の現状を鳥瞰しつつ問い直している。

以上が全体の構成である。「野蛮と啓蒙」という主題への接近法は、副題が示すように「経済思想史からの接近」をメインにしている。本書の執筆者の多くは経済思想史を専攻する者で、それ以外の専攻者は少数である。本書は三年間の共同研究の成果である。現代の課題を過去に照らして検討するというのが思想史を含む歴史学の役目であるが、本書は啓蒙の時代に照準を合わせて、啓蒙が直面した野蛮の諸問題に啓蒙思想家が、あるいは経済思想がいかに取り組んだかという問題に光を当てようとする試みである。本書が対象とする範囲は主として一七、一八世紀のヨーロッパであるから、現代の野蛮を直接に扱ってはいない。しかし本書の論考は、現代の野蛮についても考察のヒントを提供することを意図している。

思想史家として著名なアンソニー・パグデンは今年（二〇一三年）、『啓蒙、それはなぜ今なお問題か』と題した書物を刊行し(4)、よかれあしかれ啓蒙なき現代はないことを訴えているが、それは本書の認識と共通であるといって過言ではない。

本書はどこから読まねばならないという制約はない。読者には本書の執筆者の研究の意図とメッセージを受け止めていただける点があることを願っている。さらに本書が思想史研究の最先端の水準に達しているかどうか、はたして独創的な研究となっているかどうかに関して、評価と忌憚のない批判をお願いしたいと思う。

注

（1）古矢旬『ブッシュからオバマへ』岩波書店、二〇〇九年、八二頁。古矢は植民地時代以来の「丘のうえの町」（ウィンスロップ）をつくる、世界をアメリカのように作りかえる（トマス・ペイン）というキリスト教の使命感が根底において持続して今日の介入主義に繋がっていると指摘している。同、七九―八三頁。

（2）Pocock, J. G. A., *Barbarism and Religion Vo. 1, The Enlightenments of Edward Gibbon, 1737 — 1764*, Cambridge U. P., 1999; Do., *Barbarism and Religion, Vol. 2, Narratives of Civil Government*, 1999; Do., *Barbarism and Religion, Vol. 3, The First Decline and Fall*, 2003; Do., *Barbarism and Religion, Vol. 4, Barbarians, Savages and Empires*, 2005; Do., *Barbarism and Religion, Vol. 5, Religion: The First Triumph*, 2010.

（3）ヨーロッパが外部としての未開と野蛮にいかに直面したかについては海外に多くの研究がある。邦語の最新の研究としてシャトーブリアンを中心とする片岡大右『隠遁者、野性人、蛮人——反文明的形象の系譜と近代』知泉書館、二〇一二年がある。

（4）Anthony Pagden, *The Enlightenment and Why it still matters*, Oxford U. P., 2013.

第Ⅰ部　ヨーロッパの初期啓蒙

第一章　バロック期スペインから啓蒙へ――服従と抵抗

松森奈津子

第一節　スペイン啓蒙とその前史

（1）啓蒙のなかのスペイン

「複数の啓蒙」を主張する立場[1]にとってはもちろんのこと、そうした「表層」の背後にある統一原理を追究する立場[2]にとっても、啓蒙思想が各地域の知的伝統と政治経済状況を反映して多様な展開をみたことは、共通の了解事項であろう。その意味で啓蒙研究の射程は、フランス、ブリテン、ドイツにとどまらず、他のヨーロッパ諸国やロシア、そして南北アメリカへと広がっているのである。けれども、実際には研究の蓄積という点で、「中心」とみなされる上記三地域と、「周縁」に位置づけられてきたそれ以外の地域とでは、きわめて大きな格差があり、一八世紀を中心に西洋思想の一大潮流となった啓蒙の多様性が十分に明らかにされているとは言いがたい。

スペイン啓蒙（Ilustración española）も、その重要性に比べて研究が立ち遅れているテーマの一つである。大航海時代を牽引したスペインは、かつて「太陽の沈まない国」としてヨーロッパの覇権を握り、「野蛮人」や国際金融などをめぐり、啓蒙に連なる先駆的な諸理論を構築した。その国力は啓蒙期にはすでに衰退していたが、依然として広大な領土をもち、啓蒙思想に基づく諸改革をおこなう国際政治の主要なアクターの一つであった。しかし、啓蒙研究においてスペインは、後進かつ周辺に位置づけられ、個別の研究もそれほど進展しなかった。[3] スペイン啓蒙は、異端審問や硬直した教会制度、教義などの旧弊がはびこるなか、ハプスブルク家に代わって王位を継承したブルボン家によって、フランス啓蒙が導入される形で生じたものであり、独自性が希薄とされる傾向にあったからである。

たしかにスペイン啓蒙は、フェリペ五世復位期（一七二四―一七四六年）からカルロス四世期（一七八八―一八〇八年）、つまりブルボン王朝成立からナポレオン侵攻までの間に興隆した。[4] 最盛期は、カルロス三世期（一七五九―一七八八年）である。このことは、スペインにおける啓蒙思想・運動が、同じ王朝を戴くフランスの影響を受けて展開したものだということを示している。実際、とりわけフェリペ五世の治世前半を中心に、スペインは王室や家臣団を通じてフランスの間接的な支配を受け、これに倣った行政、軍隊、税制改革を進めた。スペイン啓蒙を担った代表的な思想家に目を向けてみても、フランス啓蒙とその支柱になったブリテン啓蒙の強い影響がみてとれる。たとえば、事物の理性的・科学的探究を掲げたフェイホオは、デカルトやガッサンディ、さらにはロック、ニュートン、ベーコンなどを頻繁に引用している。また、経済構造、大学教育の改革を通じて社会と精神の刷新をめざしたホベリャノスは、ケネー、テュルゴを中心に、ヴォルテール、スミス、ファーガスンの影響を受けている。

けれどもスペイン啓蒙は、ブルボン王朝によってもたらされたものでもなければ、王室によって常に擁護されたわけでもない。たしかにそれは、一面においてフランスをはじめとする国外の諸思想の受容を通じて深化したが、他面において内発的な動機に端を発し、その後の展開においても啓蒙期に先立つ自国の思想系譜に多くを負うものであった。というのもスペイン啓蒙は、カルロス二世の治世最後の二〇年からフェリペ五世の最初の治世(一六八〇―一七二四年)までのいわゆる危機の時代に、衰退《デカデンシア》を脱却する方法を模索した新奇愛好者《ノバトル》によって担われた初期啓蒙(pre-ilustración)を起源とするからである。(5) 彼らは、一七世紀を通じて続出した献策家《アルビトリスタ》の問題意識を引きついで、経済活動が鈍り、度重なる外交失策や敗戦により威信と領土を失ってゆく母国を憂い、経済、政治、社会の変革を構想した。(6) それらの思索は、のちのブルボン王朝下での啓蒙思想、啓蒙改革を担ったフェイホオ、ホベリャノス、カンポマネスらに受けつがれることになる。

(2) バロックと啓蒙

こうした初期啓蒙から啓蒙期に至るスペイン思想は一般に、他国と同様に反スコラ・反バロックを基調とするとみなされている。とりわけスペインの場合、保守的かつ閉ざされた大学でアリストテレス―トマス主義に固執する伝統的な知のあり方が、スペインの衰退をもたらした元凶とされた。この伝統に対抗する手段として、市井において、ラテン語に代えてカスティリャ語を用い、形而上学に代えて自然科学に基づく思想が打ち出されたのである。その際、デカルト、ガッサンディ、メニャンといったフランスの新思潮が参照され、とりわけそれらに依拠する原子論は、正統教義の根幹を揺るがす見解としてスコラ学派から批判を浴びることになる。

しかし、新奇愛好者《ノバトル》や啓蒙主義者ら「旧弊を改め、社会を刷新する」ことをめざした思想家たちの思考には、彼らが批判したはずの初期近代スコラ学によって深められた諸議論が多々見受けられる。とくに、商工業活動がさげすまれ、偏った宗教生活が尊ばれた時代として彼らの批判の的になったバロック期、すなわちフェリペ三世期からカルロス二世の治世前半(一五九八―一六八〇年)に興隆した後期サラマンカ学派(7)の影響が色濃くみられる。このことは、バロック期のスコラ学が啓蒙思想の批判対象としてではなく、その源流の一つとして再検討に付されうることを示唆していよう。

このように啓蒙との関わりでバロック期スペインを顧みると、いくつか注目するべきトピックが見出される。まず、前世紀に興隆したインディアス問題の伝統を受けつぎ、「野蛮」概念のさらなる精緻化が試みられた[8]。また、国際経済・金融活動の深化に伴い、ボダンに先立って貨幣数量説、さらには購買力平価説が展開された[9]。そして、教皇庁を巻き込んで長期化した恩寵論争を通じて、人間の理性と自由を神の意志からより自律させる動きが生じた[10]。

こうしたいくつかのトピックのうち、本章では、世俗権力に対する服従と抵抗をめぐる議論に焦点をあててみたい。議論の中心的な担い手であった後期サラマンカ学派に属するイエズス会士たちの思想は、しばしばロックやルソーの人民主権論の先駆と位置づけられてきた[11]。もっとも、いずれも概説的に言及されるだけであり、この問題をめぐるイエズス会士たちの思想の特質やその継承関係が十分に論じられてきたとは言いがたい。

本章はこの点を補うために、彼らが圧政という「蛮行」に対していかなる思索を重ねたかを、抵抗権概念の歴史的展開や前期サラマンカ学派との異同に着目しながら明らかにし、後世への影響を検討する。その際、一般に前期サラマンカ学派の理論が同学派創始者のドミニコ会士ビトリアの名で知られるのに対し、後期サラマンカ学派の理論はイエズス会士スアレス（Ferancisco Suárez, 1548–1617）の名で知られる。けれども実際には、前期サラマンカ学派において共同創始者ともみなされたソトの影響力が無視できないのと同様に、後期サラマンカ学派においても、スアレスに先立ってイエズス会の理論を体系的に示したモリナ（Luis de Molina, 1535–1600）の役割が大きい。本章ではこの二人を中心に、定義を厳密に適用すればサラマンカ学派に含まれないものの、同じ修道会に属して密接なつながりをもったマリアナ（Juan de Mariana, 1536–1624）も射程に入れ、バロック期スペインにおける服従と抵抗をめぐる言説を考察する。

第二節　抵抗、暴君放伐、革命――抵抗権の歴史的展開

(1)「抵抗」と周辺概念

抵抗権を検討する際、まずはしばしば混同される類似概念との異同を明確にする必要がある。ベルトラムに従うならば、「抵抗」は現存の法秩序を破壊しようとする試みではなく、逆にその転覆を図る動きを除去し現行の秩序を維持するために、国家権力の違法な行使に対して異議申し立てをおこなうものである。[12]その思想系譜は古典古代に遡り、モナルコマキに代表される「暴君放伐」論は、この一形態(統治者の殺害、討伐、追放を要求)である。これに対して「革命」は、権力の担い手ではない大衆によって、現行の国家秩序そのものの暴力的な転覆が試みられるものである。これは、従来の抵抗概念では新しい秩序の導入という事象に対応できないことが認識された一六、一七世紀に生成し、フランス革命をもって確立した近代的概念である。「クーデタ」と「一揆」も同じく現行秩序の転覆を目的とするが、革命が国民全体もしくはその大部分によってなされるのに対して、個人(の集合体)によって実行される点で区別される。「クーデタ」は権力保持者が現行法に反して権力を獲得する「上からの革命」であり、「一揆」は参加者ないし空間の限定を伴う行動である。ベルトラムは言及していないが、近年とくに注目されている「テロリズム」は、権力というよりも社会全体に対して恐怖心などの心理的衝撃を与えることによって、特定の個人や集団の政治目的を達成しようとする点で、抵抗とも革命とも異なると言えよう。

このように類似の諸概念から区別される抵抗権は、西洋政治思想史研究においては一般に、暴君放伐論を展開

したモナルコマキ、あるいは私人の自然権に基づく理論を構築したロックの名で知られている。けれどもそれは、他の多くの政治学の概念と同様、古代ギリシアから受けつがれたものである。バロック期スペインの思想家たちが展開した議論を理解するには、彼らが暗黙のうちに前提としていたそれ以前の概念史を押さえておく必要があろう。(13)

(2) 古典古代 ── 暴君放伐の容認

古典古代において暴君放伐は容認されており、のちの時代に最もよく言及された事例は、起源前六世紀にハルモディオスとアリストゲイトンによってなされた、アテネ僭主ペイシストラトスの子ヒッパルコスの暗殺である。(14)もっとも、ヒッパルコス殺害後にハルモディオスとアリストゲイトンは殺され、ヒッピアスの圧政が強まったことから、抵抗は実際には不成功に終わることが多く、かえって悪い状況がもたらされるものだと主張するための事例として引かれることも多い。

理論面において後世に多大な影響を与えたのは、ギリシアではアリストテレス、ローマではキケロである。前者は僭主制（τυραννίς）を被治者にとって最も有害な国制と位置づけ、（一）正当な王が専制的支配（δεσποτική □ἀρχή）をおこなうようになった場合と、（二）主要な役についていた者や民衆指導者が王位を簒奪した場合を区別した。(15)アリストテレスによれば、いずれの場合にも統治者が私益を追求するために被治者は進んで服従せず、内外から攻撃を受けて滅ぶ運命にある。(16)キケロはこうした見解を深化させ、暴君放伐を明確に肯定した。彼は、社会に災いをもたらす不敬な暴君は人類共同体から抹殺されるべきだときわめて強い口調で非難している。(17)そして、カエサルを例にとり、彼は法と自由を踏みにじり祖国を破壊しようとしたのだから殺害も許されるとし、その暗殺者を讃えた。(18)

アリストテレスとキケロに代表される古代の思想潮流は、被治者の自由を奪い、あるべき秩序を損ねる統治者に対する批判的姿勢に端を発したものであった。彼らの見解は、のちの抵抗権論の基盤となる。とりわけ、逸脱した行為をおこなう王と王位簒奪者という暴君の分類は、後者に対する抵抗の正当性を保証しながら、長く抵抗権論の拠り所となる。そして初期啓蒙以降は、王位簒奪者よりも専制化した王に対する抵抗の正当性が議論の中心になってゆくことになる[19]。

（3）中世――キリスト教教義とゲルマン権力論

つづいて中世に入ると、抵抗理論はキリスト教教義とゲルマンの国家観の下で精緻化されていった。前者に基づくならば、キリスト教が少数派であった時代には、受動的抵抗という消極的な立場しか受容されなかった。「人間に従うよりも、神に従わなくてはなりません（使 五：二九）」と、「神に由来しない権威はなく〔……〕権威に逆らう者は、神の定めに背くこと（ロマ 一三：一―二）」という一見相反する聖書の教えを順守するには、上位者への異議申し立ては無抵抗不服従（殉教）という形を取らざるを得ないからである。それは、暴君は人民の邪悪さの報いとして神が遣わしたものなので受け入れるべきだと説いたアウグスティヌスによく表われている[20]。

けれども、四世紀にキリスト教が国教化されて以降、議論の中心は徐々に受動的抵抗から能動的抵抗へとシフトしてゆく。異教の統治者、あるいは自然法に反する行為をおこなう統治者への抵抗が義務化されてゆくのである。その際、統治者に対する処罰の是非を判断するのは、統治者も含めたすべてのキリスト教徒に霊的権威を有するとみなされた教皇を中心とする教会権力であった。一一世紀末の教皇グレゴリウス七世による改革運動ないし叙任権闘争は、こうした経緯をよく示している。

理論的側面からこの立場を裏づけたのは、暴君放伐論者として有名なソールズベリのジョン、そしてより緻密な論理展開をしたトマス・アクィナスであった。前者は、「神の像」としての君主と異なり、「邪悪の像」としての暴君は打倒されてしかるべき者であり、暴君放伐は「許されているばかりでなく、公正かつ正当なことでもある」と断じた。[21] トマスはこの見解をより明確に理論づけ、抵抗理論のその後の展開に大きな影響を与えた。彼は、アリストテレスによる暴君の分類を踏襲して「資格の欠如」と「行使における濫用」を区別し、いずれの場合も私益を求める点で、臣民の利益を求める君主と異なっているとする。[22] そして、こうした区別に関わりなく、暴政よりも大きな被害がもたらされない限り、暴君に対する抵抗は許されると述べる。[23]

キリスト教に基づくこうした抵抗論は、ゲルマン民族に古くから根づいていた権力論に裏打ちされて説得力をもった。すなわち、支配者の権力はその上に存在する法に依拠しているという見解である。[24] この権力論の下では、支配者、臣民ともに法に基づいて権利と義務をもつ。前者は法に従って（義務）統治し（権利）、後者はその統治が法に外れていないか確認しながら（権利）服従する（義務）。もし支配者が法秩序を侵害するような統治をおこなう場合には、臣民はこれに服する義務はなく、新たな支配者を選ぶことができるのである。

このような中世の抵抗理論は以後、市民法学者や公会議主義をとる教会法学者によって担われた立憲思想とも連動しながら、より精緻化されてゆくことになる。貢献したのは、パドヴァのマルシリウス、ニコラウス・クザーヌス、ベーベンブルクのルーポルトらであった。

（4）初期近代 ―― 信仰と抵抗

抵抗をめぐる思想は、つづいて初期近代に最盛期を迎える。一般に知られているのは、カトリシズムによる再統一をめざす皇帝に対して自らの信仰を守ろうとしたルター派、カルヴァン派の諸理論である。もともとルター、とりわけカルヴァンは抵抗権に否定的であったが、[25] その影響を受けたブーツァーやメランヒトンらルター派、およびノックス、ベザ、グッドマンといったカルヴァン派は、不正な上位者に対する積極的抵抗を認める理論を精緻化させていった。この立場はさらに、フランスの宗教戦争を通じて先鋭化し、モナルコマキと総称されるパンフレット執筆者たちを生み出すことになる。代表的な人物としては、プロテスタントではオトマン、ベーズ、モルネー、カトリックではブーシェ、ローズなどが知られている。また、ブキャナンやアルトゥジウスは、宗教的義務と関連づけるこれらの立場から一歩踏み出し、政治的権利の文脈で抵抗権を論じた。

バロック期スペインで展開された抵抗の議論も、こうした歴史的、同時代的背景を前提になされたものであった。節を改め、その詳細をみてゆくことにする。

第三節　サラマンカ学派とその周辺 ―― 消極的抵抗から積極的抵抗へ

(1) 出発点としての消極的抵抗 ―― ビトリア

初期近代の抵抗論は、ルター派からカルヴァン派、プロテスタント系モナルコマキ、そしてカトリック系モナルコマキへと拡大展開したと記述されることが多い(26)。けれども実際には、トマス主義の必然的帰結として、カトリシズム内部にも抵抗の論理は脈々と受けつがれていた。事実、この時代にカトリック思想を体系化して後期スコラ学派とも呼ばれたサラマンカ学派は、創始者ビトリアの見解を継承し、王権の神的起源を主張しつつも、同時に国家の選挙による権限付与という成立要件を付加することによって、王が神だけでなく国家や人民にも責務を負うと考えた(27)。

ビトリアによれば、人間は他の動物に比べて理性、知恵、言葉を有する点で秀でているが、外的環境に対抗しうる自己防衛の手段――外皮、角、翼など――を自然から賦与されなかった点で脆弱である。[28] したがって、無力で悲惨な生活を克服するために、家族、都市、そして国家を形成して助け合うことが必要になった。政治権力はこの国家全体に対して神が直接授けたものである。しかし、国家の権力はそのままでは行使されえないので、構成員の合意に基づいて統治者に委譲される。つまり、国家の権力は神から直接授けられるものだが、統治者の権力は共同体の意志を通じて間接的に与えられる。それゆえ人民は、権力が正当に行使されない場合、王への服従を拒否しうるのである。

王、統治者、君主は、国家が彼らに委ね、認めた以上の権威と権力をもたない。〔……〕したがって、もし国家が定められた以上の税を徴収しないことを条件に王を選び、王がそれを超えて他の税を求めるならば、臣民は決して彼に服する義務はない。[29]

けれどもビトリアは、不服従という消極的抵抗を超えて暴君放伐などの積極的抵抗が認められるか否かについては、「権威に逆らう者は、神の定めに背くこと（ロマ 一三：二）」であるという理由から、私人、議会を問わず、人民による君主の殺害や廃位には否定的であった。[30] とりわけ、国家によって正当に任命された王が節度を超えた場合は、それを防ぐことのできなかった国家、つまりそのような人間を選出した人民の責任なのであり、人民はその結果についても責任を負わなければならないとする。[31] サラマンカ学派が拠って立つトマスは、この問題について最終的に『神学大全』のなかで共同体の上位者による積極的抵抗を認めたが、ビトリアはその注釈においてそれをほぼ異端君主に対する場合に特化して論じている。[32] もっともビトリアの理論においても、王の逸脱行為が神の命令に反するものである場合には、教皇は間接的な世俗権力を有するという間接権力概念に基づき、教権による廃位が可能になろう。[33]

ビトリアがこのような立場に立つのは、「王の権力は国家にではなく神自身に由来する」と考えるからである。[34] つまり、「たとえ王の権力が国家によって設立されるとしても（なぜなら国家が王を選出するのだから）、国家は王に、権力（potestas）ではなく固有の権威（propria auctoritas）を委譲するのであり、王の権力と共同体の権力という二つの権力があるわけではない」とみなすからである。

（2）積極的抵抗への転換 ── モリナ

ビトリアに代表されるこうした前期サラマンカ学派の立場を批判的に継承し、人民による積極的抵抗を認める方向性を示したのが、モリナである。それは、国家（Respublica）の権力と統治（者）（regimen/rector）の権力をより明確に区別することによって可能となった。

モリナは、政治権力論を扱った『正義と法について（*De iustitia et iure*, 1593–1609）』[35] 第一巻第二項第二一討論から第三一討論において、「国家が君主に伝える権力は、国家自身が有している権力とまったく異なっている」と述べる。[36] この見解は、両者の分離を認めないビトリア、およびそれを継承した前期サラマンカ学派の見解に異を唱えるものであった。すでにみたようにビトリアは、王権 ── 王の権力自体 ── は神に由来するが、その権威 ── 権力を行使する権限 ── は国家に由来すると述べ、それらが別々の権力であるわけではないとする。これに対してモリナは、「二つの権力、すなわち一つは王に、いま一つはほぼ継続的に国家に、それぞれ存在する権力」を認めなければならないと反論する。[37] というのも、すべての人間が政治に参画することも意見を一致させることも不可能なので、国家は全体としては権力を行使できず、一人ないし複数の人間にその行使権を委譲する。[38] その際国家は、統治者に授けたいだけの権限を委譲することができる。つまり、国家の権力が神に由来するより広範囲の普遍的なものであるのに対し、統治者の権力は国家の構成員の同意と選挙に基づく部分的かつ一時的なものなのである。

モリナはアリストテレスの政体分類に従い、正当な統治者となりうるのは一人（君主政）、少数（貴族政）、多数（民主政）のいずれかであるが、平和と安寧のために最も望ましいのは君主政による統治だとする。[39] それゆえ君主政、とりわけ王政の分析を中心に考察を進めるのである。もっともいずれの政体も、不変かつ普遍的な国家の権力と、そこから部分的な権限を得た可変的な統治（者）の権力という区別が存在する点で共通している。

ここで注目するべきは、国家の権力は統治者に権限の一部を委譲した後も、共同体に存続しつづけるという点である。たしかにモリナは、ひとたび国家が王に権力を授けたならば、王はその構成員だけでなく国家全体にも優越すると主張した。[40]「国家は授けた権力を廃したり、制限したり、その正当な行使を妨げたりすることはできない」のである。けれどもモリナによれば、国家の権力は、王の権力が持続している間は一時休止するが、消滅するわけではない。[41] したがって、王権が廃止された場合、権力は再び国家に戻ることになる。また、王が委譲された以上の権力を行使する場合、国家はこれに抵抗することが許される。

このようにモリナは、王権の起源に関して、国家権力と同様に神に由来するとしたビトリアら前期サラマンカ学派の見解を修正し、国家権力は神の摂理によるが、王権は人民の合意に基づくとみなした。このことによって、権限を逸脱した王権を廃する可能性を、教権だけでなく国家権力にも認めることになり、結果として人民が消極的抵抗にとどまらず積極的抵抗にも訴えうることを明確に理論づけたのである。

こうしたモリナの見解は、一面においてサラマンカ学派に依拠するものであったが、他面において自らの属するイエズス会の立場に立脚するものでもあった。換言するならば、サラマンカ学派に受けつがれたアリストテレス―トマス主義に、ロヨラ、サルメロン、アクアヴィーヴァによって形成されたイエズス会の教義を接続させることによって、ビトリアの見解を批判的に継承したものなのである。したがって、人民による積極的抵抗を認める彼の主張は、かなりの程度イエズス会士たちの間で共有されているものであった。

（3）急進的暴君放伐論の展開 —— マリアナ

最も知られているのは、条件付きではあるが、「いかなる私人によっても行使されうる」急進的な暴君放伐論を展開したマリアナであろう。[42] 彼は、イエズス会を代表する神学者、歴史家として名声を博していたが、フェリペ二世の顧問官で後にフェリペ三世となる皇太子の家庭教師でもあったガルシア・デ・ロアイサの依頼を受けて執筆した『王と王の教育について』以降、その評価は一転する。序文からも明らかなように、本書はもともと君主の鑑論の系譜に位置づけられるものである。[43] すなわち、「太陽の沈まない国」を率いたフェリペ二世の死後、王国の今後の方針をめぐって議論が生じるなか、若くして王位についたフェリペ三世に君主としての心構えや学識を説くものであった。けれども、結果的に第一巻で扱われている抵抗論のみが着目され、マリアナはモナルコマキの一人としてとりわけフランスで批判の的になるのである。

マリアナもビトリアやモリナと同様に、人間は他の動物と比べて生きるために必要なものを自力で得ることができず、自らを取り巻く危険から身を守ることもできないために社会や政治権力を形成すること、[44] 平和維持には様々な統治形態のなかでも対立の起きにくい一人支配（王政）が最も望ましいこと、[45] を主張する。この過程で彼が一歩踏み出しているのは、王政がしばしば暴政に陥ることを明示し、その特質と対処法を詳論する点である。マリアナがこの点について議論を深めたのは、聖バルテルミの虐殺時のパリに身を置いていたという経験によるところが大きいであろう。

マリアナもアリストテレス以来の伝統に従い、暴君を「力によって獲得された」権力を行使する者と、「正当な起源に由来するものの、とりわけ貪欲、情欲、残忍といった悪徳をなすに至った」者に分け、双方ともに「公益（utilitas publica）」ではなく「自らの利便、享楽、悪徳の放縦（suum comodum [sic], voluptas, vitiorum licentia）」を追求する点で、王と異なっているとする。[46] そして、前者のような「資格の欠如」に基づく暴君は、公敵なので「いかなる人によっても殺害され、生命と王位を剥奪されうる」のに対し、後者のような「行使における濫用」をおこなう暴君は、平和が脅かされるという「より大きな悪」がもたらされるのを避けるため、できる限り容認されなければならないとする。[47] マリアナによれば、後者の暴君に対して抵抗が許されるのは、国家が破滅するまでに法や宗教が脅かされる場合であり、その際には諫言など他のいかなる方法でも解決しえない時に限り、暴君は公的な合意の下で「いかなる私人によっても」殺されうる。[48]

こうした人民の抵抗の基盤は何か。それは、「国家全体の権力は、君主自身のもつ権威よりも大きい」から、[49] すなわち「国家が王にその権力の一部を譲渡した時に、より大きな権力を自らの手中にとどめおいた」からである。[50] それゆえ、王が逸脱した行為をする場合、人民は正当にその権力を矯正ないし廃止しうるのである。

マリアナはこのような見解を示す過程でドミニコ会士ジャックによるアンリ三世の暗殺（一五八九年）を正当化したため、フランスを中心に問題視されていたが、とりわけ一六一〇年にアンリ四世がカトリック強硬派ラヴァヤックによって殺害されて以降は、その原因をつくったとして糾弾された。マリアナに対する批判はイエズス会士への迫害という形で拡大したため、総長アクアヴィーヴァは暴君放伐論がイエズス会の見解ではない旨を公示した。

スペインにおいてマリアナは、それほど強い抵抗にあうこともなく、国王や修道会から処分を受けることもなかった。たしかに彼は一六〇九年から翌年にかけて投獄されたが、その理由は暴君放伐論を主張したからではなく、『七論考』でスペインの経済政策を批判したためであった。けれども、アクアヴィーヴァによって示されたイエズス会の方針に従い、私人による暴君放伐を認めるマリアナの見解は退けられ、モリナを受けついだスアレスのより穏健な立場、すなわち暴君には国家もしくはその上位者によってのみ抵抗が認められるという見解が主流となる。

（4）主流としての穏健派 ― スアレス

政治権力をめぐるスアレスの見解が展開されているのは主として、『法と立法者である神について（*Tractatus de legibus ac Deo legislatore*, 1612）』と、『イングランド教会派の誤謬に対するカトリック信仰の擁護（*Defensio fidei Catholicae et apostolicae adversus anglicanae sectae errores*, 1613）』においてである。[51] 彼も、ビトリアに始まるサラマンカ学派の言説に倣い、共同体の形成と統治者の設立という二つの段階を踏んで国家の起源を説明する。つまり、人間は生来共同体を形成するが、その基礎となる家族は平和と安全を追求するには不十分なので、やがて「完全な共同体（communitas perfecta）」すなわち国家をつくる。[52] その際、人々は自然法で認められた自由を放棄して特定の者に権力を委譲する。[53] 国家の起源は自然、もっと言えばその創造主である神だが、統治者の権力は人間の合意により具現化されたものだという説明である。

スアレスはここで、モリナほど明確にビトリアを批判することなく、国家の権力と統治（者）の権力の切り離しを試みている。

というのも、この統治の権力（potestas gubernativa）[54]は、政治的側面から考察されてきたところによると、すでに述べたように、疑いなく神に由来する。けれども、特定の人間に授けられる権力は、すでに明らかにされたように、その国家の委譲により生じる。したがって、この理由によって、それは人定法に由来する。[55]

スアレスはこの理屈を、「一私人が売られて他人に奴隷として扱われる」場合にたとえて説明する。[56] つまり、その所有権の起源は完全に人定的だが、奴隷が主人に服することは神法と自然法に基づくとみなすのである。それゆえ、統治者はひとたび人民から権力を委譲されたならば、その権力を授けた国家よりも優越し、人民から支配権を奪われえない。[57] 基本的に現行秩序の維持が求められるのである。

スアレスにとってこの原則は、出自、行為ともに正当な統治者に対してはもちろんのこと、不正な統治者に対しても適用されるものであった。というのも、不正な統治者に対する権力剥奪は、際限のない無秩序をもたらしうるために、いかなる法においても明文化されていないし、されるべきでもないからである。[58] 彼にしてみれば、立法に関して正義を順守している統治者は、その他の面でいかに邪悪であろうとも、形式的に正しいために何らの非難も受けない。統治者が不正を命じる場合、臣民はその誤った法に従わないことが許されるが、統治能力自体を全否定することはできない。権力を簒奪した統治者についても、無秩序に陥るなどのより深刻な事態が引き起こされないことが保証されない限り、抵抗することは許されない。それゆえ、歴史上悪人が権力の座につく例に事欠かないのである。

このようにスアレスは、秩序維持のためにはよほどのことがない限り上位者への服従が求められるべきだとするスコラ学派の伝統を受けつぎ、人民による統治者への抵抗にはきわめて慎重な態度をとっている。それは、権力人民起源論は統治者の権限や法を制約し、反乱や暴動を正当化するための根拠になると批判したイングランド王ジェイムズ一世に代表される王権神授説派を反駁するためにも必要であった。[59] 実際、スアレスはジェイムズの見解に対し、権力人民起源論は正当君主への反乱を正当化しえないことをあらためて強調する。[60] けれども同時に、きわめて限定的な状況を提示しながらも、暴君に抵抗する人民の権利を認めている点で、前期サラマンカ学派の伝統を超えているのである。もっとも、スアレスは抵抗が認められる場合にも、一私人によって暴君放伐がおこなわれるべきではないと考えていた[61]。

こうした見解は、サラマンカ学派に属するイエズス会士にとどまらず、忠誠宣誓論争の主軸を担ったベラルミーノをはじめ、国内外のイエズス会士に共有されるものであった[62]。それゆえ、とりわけアンリ四世暗殺後にイエズス会糾弾の気運が高まると、暴君放伐論をイエズス会固有の教義とみなして非難する傾向が強まった。ヘッフルによれば、それは世俗権力の制約、および教皇の廃位権というイエズス会の別の教義を暴君放伐論と同一視し、その教皇至上主義を問題視する反イエズス会陣営の幻想であった[63]。実際、イエズス会士たちの間で三者は別個に語られている言説であって、教権の優位性を主張するために王権には制限があり場合によっては抵抗も許されるとしたと結論づけるのは、あまりに乱暴であろう。世俗権力に制約があるのは、そこに神ないし教権が介入しうるからというよりも人民の合意に由来するからであり、それゆえ暴君放伐にも神や教権が積極的に関わることはない。とりわけ国内で大規模な宗教戦争を経験することのなかったスペインの思想家たちは、「異端の王」に仕えるという事態を身近に感じることがなかった。それゆえ彼らの抵抗論も、「王よりも神に従うべき」だとする認識に基づくというよりも、「人民との取り決めを守るべき」だとする要素が強い。中世以来の立憲主義の性質が色濃く見受けられるのである。

第四節　抵抗から革命へ――啓蒙思想への影響

(1) サラマンカ学派の受容と忘却

モリナとスアレスに代表される後期サラマンカ学派イエズス会派の見解はその後、一七世紀を通じてスペインはもちろんのこと、他のヨーロッパ諸国や「新世界」アメリカにおいても広く流布し、影響力をもった。モリナの『正義と法について』該当巻はクウェンカ、ヴェネツィア、マインツ、リヨンなどで七版を、スアレスの『法と立法者である神について』もコインブラ、アントウェルペン、ロンドンなどで七版を、それぞれ数えている。[64]とりわけ、各地の大学で教科書として読みつがれたスアレスが、プロテスタント圏を含むヨーロッパの知的世界に多大な影響を与えたことは、しばしば指摘されるところである。[65]彼らよりも革新的な見解を示したマリアナの『王と王の教育について』ですら諸版を重ね、ヨーロッパ中で広く読まれた。[66]

しかし、一八世紀以降彼らの著作は、イエズス会に対する非難の高まりとともに、国内外を問わずほとんど公刊されなくなる。イエズス会は一五四〇年の創設以来、王室の聴罪や特権階層の教育を担うことによって各国の思想、政治、経済に多大な影響を及ぼすに至ったが、派閥化して支配力を強めるにつれて王室や他の修道会の反感を買うようになった。[67]この流れのなかで、ポルトガル（一七五九年）、フランス（一七六二年）、スペイン（一七六七年）、ナポリ（同）などから追放され、一七七三年には教皇クレメンス一四世によって解散させられることになる（ロシアを除く）。とりわけ、教皇の廃位権と同一視されたその抵抗論は、各国の王や王を取り巻く啓蒙主義者たちに脅威を感じさせたのである。したがって、啓蒙主義者たちの著作のなかに、モリナやスアレスらの名前を見出すことはほとんどない。引用などの形をとった直接的なつながりは薄いのである。

（2）バロック期抵抗論の特質と意義

けれども、イエズス会が非難、排斥されたことは、その思想が無視されたことを意味するわけではない。モリナやスアレスの見解は、その名を明記されずに啓蒙とその延長上にある革命の言説の下敷きにされていたと考えられるからである。[68]彼らとロック、ルソー、アメリカ合衆国憲法などの言い回しの同一性は、彼らが中世の知的伝統と近代の自然権思想の橋渡し役となった表われとみなされうる。[69]もっとも、啓蒙、市民革命、植民地独立をめぐる諸思想に対するサラマンカ学派とその周辺の影響を論じる際、次の二点はあらためて強調しておく必要がある。

第一に、彼らの思想は革命ではなく抵抗の論理に立脚しているという点である。とりわけ啓蒙期以降、抵抗の議論は拡大解釈されて革命や植民地独立の主張と結びつく傾向にあったが、元来転覆の思想ではなかった。逆に、現行の秩序維持を最優先の目的にすえ、統治者の違法な権力行使にも極限まで耐え忍ぶことを要求し、最終手段としてより適切な統治者への変更を認めるものであった。その意味で、抵抗はそれのみで論じられるべき理論ではなく、一方では人民の代理人となる統治者の権力行使にモラルを求め、もう一方では権力を委譲する人民の側にその行使を監視する必要性を喚起するものである。それは、ラディカルすぎるとして拒絶されたマリアナが、抵抗論を統治者に対する戒めとして展開していることにもよく表われている。ときに彼が献策家《アルビトリスタ》として分類されるのは、このためである。[70]

第二に、このことと関連して、サラマンカ学派とその周辺の思想家たちは人民が政治権力そのものの創出者だとは決して考えなかったという点である。たしかに彼らは、統治（者）の権力は人民の合意によって生じる人工的な産物とみなしたが、特定の人物に委譲したその権力は、元来人民が所持していたものではなく、神が人民全体（国家）に授けたものの一部である。この点において彼らの理論は、個々人が生来有する権利の譲渡を前提とする社会契約説と決定的に異なっている。

かくして、バロック期スペインにおける服従と抵抗をめぐる議論は、必ずしもその特質の正確な理解を伴ってではなかったが、他の多くの思想系譜とともに間接的に啓蒙思想に流れ込んでいった。その点で、スコラ学の伝統は啓蒙思想において、一見拒絶されながらも脈々と息づいていたのである。

注――

（1）たとえば、Pocock, J. G. A., *Barbarism and Religion*, vol. I *The Enlightenments of Edward Gibbon: 1737–1764*, Cambridge University Press, 1999.

（2）たとえば、エルンスト・カッシーラー、中野好之訳『啓蒙主義の哲学』（上）（下）、筑摩書房、二〇〇三年。

（3）とりわけ本邦における研究の立ち遅れは歴然としている。分担執筆の概説史の記述を除くと著作の形でまとめられた研究はなく、学術論文も、皆川卓三「ラテン・アメリカ、植民地時代後期における啓蒙主義と教育」、『教育学研究』第二八巻第四号、一九六一年、三四―四五頁、立石博高「啓蒙スペインの新定住地域開拓事業――その理念を中心として」、『同志社外国文学研究』第四二号、一九八五年、八七―一二二頁、山道佳子「カルロス三世時代（一七五九―一七八八）のバルセローナ市における啓蒙と祭り――『聖体祭』のプロセッションを中心に」、『史学』第七六巻第四号、二〇〇八年、六五―一一二頁、村井蓉子「一八世紀スペインの啓蒙思想下におけるゴヤの女性像について」、『美学美術史論集』第一九号、二〇一一年、一五三―一七七頁など、わずかである。

　国外では本邦とは比較にならないほど研究の蓄積があるが、スペイン語圏を出ると、他のヨーロッパ諸国の啓蒙研究と比べてはるかに未開拓である。そのようななか、定評のあるスペイン啓蒙研究としては、下記があげられる。スペイン思想史全体における啓蒙の位置づけと特質を確定する試みとして、Abellán, J. L., *Historia crítica del pensamiento español*, t. III *Del Barroco a la Ilustración (siglos XVII y XVIII)*, 2.ª ed., Espasa, 1988; Maravall, J. A., *Estudios de historia del pensamiento español*, t. IV *Siglo XVIII*, Centro de Estudios Políticos y Constitucionales, 1999. 啓蒙期のスペイン、ラテンアメリカ社会を包括的に扱ったものとして、Domínguez Ortiz, A., *La sociedad española en el siglo XVIII*, 2 tomos, Consejo Superior de Investigaciones Científicas, 1955; Mercader Riba, J. et al., *Historia social y económica de España y América*, t. IV *Los Borbones, el siglo XVIII en España y América*, Vicens-Vives, 1961. 政治を中心に考察したものとして、Sánchez Agesta, L., *El pensamiento político del despotismo ilustrado*, Instituto de Estudios Políticos, 1953; Paquette, G. B., *Enlightenment, Governance, and Reform in Spain and Its Empire, 1759–1808*, Palgrave Macmillan, 2008. 経済に焦点をあてたものとして、Bitar Letayf, M., *Economistas españoles del siglo XVIII: sus ideas sobre la libertad del comercio con Indias*, Cultura Hispánica, 1968; Callahan, W. J., *Honor, Commerce, and Industry in Eighteenth-Century Spain*, Baker Library, 1972. 文化的側面を検討したものとして、Egido López, T., *Prensa clandestina española del siglo XVIII: "el Duende Crítico,"* Universidad de Valladorid, 1968; Peset Reig, M. and Peset Reig, J. L., *El *reformismo de Carlos III y la Universidad de Salamanca: Plan general de estudios dirigido a la Universidad de Salamanca por el Real y Supremo Consejo de Castilla en 1771*, Universidad de Salamanca, 1969.

（4） スペイン啓蒙の起源と展開について詳しくは、Maravall, *op. cit.* および Abellán, *op. cit.*, pp. 463–861 を参照のこと。

（5） 「新奇愛好者《ノバトル》（novator）」の初出は、一七一四年に出版されたミニモ会修道士フランシスコ・パランコの著作だと言われている（Palanco, F., *Dialogus physico-theologicus contra philosophiae novatores*）。この呼称は当初、スコラ学に基づく伝統的な立場に立つ人々によって、新しい思潮に飛びつくという侮蔑的ニュアンスを伴って用いられたが、やがて肯定的に使用されることになる。いくつか活動拠点があり、代表的な思想家としては、ディエゴ・マテオ・サパタ、ガブリエル・アルバレス・デ・トレド（以上マドリード）、ファン・ムニョス・パラルタ、ミゲル・メレロ・ヒメネス（以上セビリャ）、ファン・バウティスタ・コラチャン、トマス・ビセンテ・トスカ（以上バレンシア）があげられる。彼らが活動した時期は、「ヨーロッパ精神の危機」（ポール・アザール、野沢協訳『ヨーロッパ精神の危機 —— 一六八〇—一七一五』、法政大学出版局、一九七三年）、すなわち合理主義と科学的思考を通じて従来の知的前提が崩れた時代と重なっていた。こうした歴史的背景とも関連した新奇愛好者《ノバトル》の特質について詳しくは、Abellán, *op. cit.*, pp. 342–410; Pérez Magallón, J., *Construyendo la modernidad: la cultura española en el tiempo de novatores* (1675–1725), Consejo Superior de Investigaciones Científicas, 2002 を参照のこと。

（6） 「献策家《アルビトリスタ》（arbitrista）」とは、王国の福利のためにとる方策（arbitrio）を王に進言する者のことである。一六世紀半ばのフェリペ二世の財政破綻への対策を提示したルイス・オルティスらを先駆けとし、一七世紀に衰退からの脱却をめざしてサンチョ・デ・モンカダ、ミゲル・カハ・デ・レルエラ、フランシスコ・マルティネス・デ・マタら、多くの人々が方策を提案した。もっとも、この思想潮流（arbitrismo）にはその初出（Cervantes, M. de, *Coloquio de los perros*, 1613）以来侮蔑的ニュアンスが込められ、二〇世紀にハミルトン（Hamilton, E. J., *American Treasure and the Price Revolution in Spain, 1501–1650*, Harvard University Press, 1934）、ビラル（Vilar Berrogain, J., *Literatura y economía: la figura satírica del arbitrista en el Siglo de Oro*, *Revista de Occidente*, 1973）、グティエレス・ニエト（Gutiérrez Nieto, J. I., "El pensamiento económico, político y social de los arbitristas" in Andrés, M. et al. (eds.), *Historia de España*, t. 26 *El siglo de Quijote (1580–1680)*: vol. 1 *Religión, filosofía, ciencia*, Espasa, 1986, pp. 235–351）らによって再評価されるまで、現実離れした理論として扱われることが多かった。献策家《アルビトリスタ》については上記の他、Abellán, *op. cit.*, pp.

312–330, Perdices Blas, L., *La economía política de la decadencia de Castilla en el siglo XVII: investigaciones de los arbitristas sobre la naturaleza y causa de la riqueza de las naciones*, Síntesis, 1996 を参照のこと。献策家《アルビトリスタ》や新奇愛好者《ノバトル》の活動もむなしく、本書の序説（田中）や第三章（伊藤）でも触れられているように、その後国際社会の覇権はオランダ、イングランドへと移ってゆき、二度とスペインに戻ることはなかった。

（7）サラマンカ学派（Escuela de Salamanca）とは、一六、一七世紀を中心にスペインの学界、政界を牽引した、サラマンカ大学に関わりのある神学者、法学者集団の総称である。本章ではこの学派を、第一世代（一五二六―一五六〇年、ビトリアからカノ）、第二世代（一五六一―一五七五年、ソトマヨルからコルプス・クリスティ）から成る前期サラマンカ学派と、第三世代（一五七六―一六一五年、メディナからスアレス）から成る後期サラマンカ学派に大別している。同学派の定義について詳しくは、松森奈津子『野蛮から秩序へ――インディアス問題とサラマンカ学派』、名古屋大学出版会、二〇〇九年、五―八頁、松森奈津子「サラマンカ学派――『野蛮人』と政治権力」、川出良枝編『岩波講座政治哲学』（一）、岩波書店、二〇一四年、第一節を参照されたい。

（8）松森「サラマンカ学派」、松森『野蛮から秩序へ』、松森奈津子「文明の系譜学――語義の継承と基準の変遷」、『国際関係・比較文化研究』第四巻第二号、二〇〇六年、一二一―一四〇頁。本書第四章（生越）、第一二章（上野）、第一三章（野原）において考察されている、主として「新大陸」をめぐる一七、一八世紀ヨーロッパの「野蛮／未開」概念は、この問題認識に連なるものである。

（9）Larraz, J., *La época del mercantilismo en Castilla (1500–1700)*, 2.ª ed., Atlas, 1943; 飯塚一郎「サラマンカ学派の経済理論Ⅳ」、『山梨大学学芸学部研究報告』第一五号、一九六五年、五八―七一頁、本書第二章（村井）。

（10）松森奈津子「一六世紀スペインにおける恩寵と自由意志――前モリナ主義からモリナ主義へ」、孝忠延夫編『差異と共同――「マイノリティ」という視角』、関西大学出版部、二〇一一年、二二一―二四一頁。

（11）Figgis, J. N., *Studies of Political Thought from Gerson to Grotius, 1414–1625*, Cambridge University Press, 1907, pp. 178–179; (Dalberg-)Acton, J. E. E., "Sir Erskine May's Democracy in Europe" in *The History of Freedom and Other Essays*, Macmillan, 1907, p. 82.

（12）K・F・ベルトラム、栗城壽夫監修、西浦公訳『抵抗権と革命――その法理』、御茶の水書房、一九八〇年、三六―三八頁。以下の類似概念についての理解も基本的に同書に依拠している。

（13）以下、抵抗権の歴史の記述に際しては、ベルトラム、前掲書、三—二八頁、Skinner, Q., *The Foundations of Modern Political Thought*, 2 vols., Cambridge University Press, 1978, vol. II, pp. 113–348, 門間都喜郎訳『近代政治思想の基礎——ルネッサンス、宗教改革の時代』、春風社、二〇〇九年、三九一—六二八頁、堀豊彦「政治学理説としての反抗権」、『デモクラシーと抵抗権』、東京大学出版会、一九八八年、二五七—二八七頁、Burns, J. H. (ed.), *The Cambridge History of Political Thought, 1450–1700*, Cambridge University Press, 1991, pp. 193–253; 清滝仁志「抵抗権」、古賀敬太編『政治概念の歴史的展開』第三巻、晃洋書房、二〇〇九年、一六七—一八九頁を参照した。

(14) この事件について確実とされているのは本章で記したことだけであり、ヒッパルコスが殺害された時の僭主が兄ヒッピアスだったのか弟ヒッパルコスだったのか、その統治が善政だったのか悪政だったのか、殺害動機は愛憎に端を発する私怨なのか僭主打倒という政治理念に基づくものなのかといった点で、史料間に相違がある。ヘロドトス、松平千秋訳『歴史』(上)(中)(下)、岩波書店、一九七一—一九七二年、五五—五七、(中)一五〇—一五一頁、トュキュディデース、久保正彰訳『戦史』(上)(中)(下)、岩波書店、一九六六—一九六七年、二〇、(上)七二—七三頁、五四—五九、(下)七九—八五頁、アリストテレス、村川堅太郎訳『アテナイ人の国制』、岩波書店、一九八〇年、一八章、三九—四一頁、〔プラトン〕、河井真訳『ヒッパルコス』、田中美知太郎、藤沢令夫編『プラトン全集』(六)、岩波書店、一九七五年、228B—229D.

(15) アリストテレス、山本光雄訳『政治学』、岩波書店、一九六一年、1310b. 専制的支配《デスポティケー・アルケー》とは、家において主人が奴隷に対しておこなう支配のように、支配者が臣下を所有物であるかのように扱い、恣意的に権力を行使する統治形態である。多くの場合、「アジアの人々」に特徴的な支配のあり方と考えられていた。アリストテレス『政治学』、1285a.

(16) アリストテレス『政治学』、1311a–1313a.

(17) Cicero, M. T., *De officiis*, (ed.) Miller, W., William Heinemann, 1913, III 6, pp. 298–299, 高橋宏幸訳『義務について』、岡道男ほか編『キケロー選集』(九)、岩波書店、一九九九年、二九四頁。

(18) *Ibid.*, III 21, pp. 355–359, 邦訳、三二五—三二七頁。

(19) ティランとデスポットの明確な区別に基づくこうした啓蒙期のデスポティズム論の展開について詳しくは、川出良枝『貴族の徳、商業の精神——モンテスキューと専制批判の系譜』、東京大学出版会、一九九六年を参照のこと。

(20) Augustinus, A., *De Civitate Dei*, (eds.) Santamarta del Río, S. et al., *Obras completas* XVI, XVII, Biblioteca de Autores Cristianos, 1988–2000, V 19, t. XVI, pp. 347–351, 服部英次郎訳『神の

国』（一）—（五）、岩波書店、一九八二—一九九一年、（一）四一一—四一五頁。

（21） Joannes Saresberiensis, *Polycraticus* in (ed.) Giles, J. A., *Opera omnia* III, IV, Oxford, 1848, VIII 17, vol. IV, pp. 308–309, III 15, vol. III, p. 217. もっとも、彼にとって暴君放伐は許されてはいるが最適の方法ではない。ジョンもアウグスティヌスと同様に暴君による統治を神の意志とみなすため、人間は神の慈悲に頼り、そうした天罰が取り除かれるように祈ることこそ最も有効かつ安全な方法だと考えるからである。*Ibid.*, VIII 18, vol. IV, pp. 320–321, VIII 20, vol. IV, pp. 338–339. したがって、ジョンの暴君放伐論については解釈が分かれているが、ある場所では暴君放伐を肯定し別の場所では否定するといった矛盾するものであるというよりも、暴君放伐はできる限り神の手によってなされるのを待つべきだが人間にも禁じられているわけではないという論理に基づいていると言えよう。

（22） Thomas Aquinas, *In quattuor libros sententiarum*, (ed.) Busa, R., *Opera omnia* I, Fromann-Holzboog, 1980, II 44, q. 2, a. 2, p. 256, II 44, q. 1, a. 3, p. 255, Thomas Aquinas, *De regno ad regem Cypri* in (ed.) Leo XIII, *Opera omnia*, t. XLII, Editori di San Tommaso, 1979, I 1, p. 450, I 6, pp. 455–456, 柴田平三郎訳『君主の統治について —— 謹んでキプロス王に捧げる』、慶應義塾大学出版会、二〇〇五年、一五—一七、三四—四一頁。

Thomas Aquinas, *Summa theologiae*, (ed.) Barbado Viejo, F. et al., 16 tomos, Biblioteca de Autores Cristianos, 1950–1964, II–II, q. 42, a. 2, t. VII, pp. 1092–1093, 高田三郎ほか訳『神学大全』（一）—（三七）、創文社、一九六〇—二〇一二年、（一七）一〇三—一〇五頁。

（23） ただし、抵抗の主体についてのトマスの見解は、時とともに私人（Thomas Aquinas, *In quattuor libros sententiarum*）から共同体の上位者（Thomas Aquinas, *De regno ad regem Cypri*, *Summa theologiae*）へと移り変わっている。この点については、たとえば柴田平三郎「トマス・アクィナスの暴君放伐論」、『独協法学』第七九号、二〇〇九年、八三—一四九頁を参照のこと。また、いずれの場合にも、彼が抵抗を積極的に提案しているわけではなく、できる限り暴政に耐え忍ぶのが望ましいと考えていたことには注意を要する。

（24） タキトゥス、泉井久之助訳『ゲルマーニア』、岩波書店、一九七九年、六五—六九頁。

（25） カルヴァンは必ずしも絶対的な無抵抗論者ではなかったが、暴政は人民の邪悪さに対する神の懲罰なので耐えるべきだというアウグスティヌス的な立場を貫いた。Calvin, J., *Institutio religionis christianae* in (eds.) Baum, G. et al., *Corpus reformatorum* XXX, Johnson Reprint Corporation, 1964, IV 20, pp. 1092–1118, 渡辺信夫訳『キリスト教綱要』改訂版、新教出版、二〇〇七—二〇〇九年、第四編、五三三—五六七頁。ルターも当初はこの立場をとっていたが、やがてカトリック君主たちからの軍事的脅威を強く感じるようになると、不正な暴力によって攻撃してくる統治権力に暴力をもって抵抗することは許されるという見解にシフトした。Luther, M., "To the Electoral Saxon Government: Torgau, about October 27, 1530" in (trans.) Krodel, G. G., *Luther's Works*, vol. 49, *Letters* II, Fortress Press, 1972, pp. 429–433; Luther, M., "Dr. Martin Luther's Warning to His Dear German People (1531)" in (trans.) Sherman, F., *Luther's Works*, vol. 47, *The Christian in Society* IV, Fortress Press, 1971, pp. 11–55. このため、抵抗権を容認する思想はまずルター派によって展開され、ついでこの影響を受けたカルヴァン派によって急進化されることになる。

(26) たとえば、R・トロイマン、小林孝輔、佐々木高雄訳『モナルコマキ ―― 人民主権論の源流』、学陽書房、一九七六年、Skinner, *op. cit.*, vol. II, 清滝、前掲論文。

(27) 松森『野蛮から秩序へ』、一九四―二〇〇頁、太田義器「『新世界の発見』と主権国家 ―― ビトリアの政治思想」、『社会科学討究』第一二五号、一三三―一五九頁。ビトリアの生涯と著作については、松森『野蛮から秩序へ』、一一―一三頁を参照されたい。諸著作のうち抵抗をめぐる思索は主として、『政治権力について（*De potestate civili*, 1528）』とトマスの『神学大全第二―二部（*Summa theologiae*, II–II）』注釈（一五一二年）において展開されている。

(28) Vitoria, F. de, *De potestate civili*, (ed.) Urdanoz, T., *Obras de Francisco de Vitoria, relecciones teológicas*, Biblioteca de Autores Cristianos, 1960, I 3–5, pp. 154–158, 工藤佳枝訳『国家権力についての特別講義』、田口啓子編訳『中世思想原典集成』(二〇)、平凡社、二〇〇〇年、一二八―一三二頁。

(29) Vitoria, F. de, *Comentarios a la Secunda secundae de Santo Tomás*, (ed.) Beltrán de Heredia, V., 6 tomos, Salamanca, 1932–1952, q. 104, a. 5 (2), t. V, p. 212.

(30) Vitoria, *De potestate civili*, I 8, p. 163, 邦訳、一三七頁、Vitoria, *Comentarios a la Secunda secundae de Santo Tomás*, q. 42, a. 2, t. II, p. 301.

(31) Vitoria, *De potestate civili*, I 12, p. 167, 邦訳、一四〇頁。

(32) Thomas Aquinas, *Summa theologiae*, II–II, q. 42, a. 2, t. VII, pp. 1092–1093, Vitoria, *Comentarios a la Secunda secundae de Santo Tomás*, q. 42, a. 2, t. II, p. 301.

(33) Vitoria, F. de, *De potestate Ecclesiae prior*, (ed.) Urdanoz, *Obras de Francisco de Vitoria*, IV i 10–12, pp. 302–306.

(34) Vitoria, *De potestate civili*, I 8, p. 164, 邦訳、一三七頁。

(35) 本書は、一五七四年から一五八二年の間にエボラ大学でおこなわれたトマスの『神学大全』についての講義をもとにした全六巻の大著である。版情報や内容の詳細については、松森奈津子「近代スペイン国家形成と後期サラマンカ学派――ルイス・デ・モリナの権力論を中心に」、孝忠延夫ほか編『多元的世界における「他者」』（上）、関西大学マイノリティ研究センター、二〇一三年、二四三―二四四頁を参照されたい。同論文ではモリナの人生と他の諸著作の紹介、基本的先行研究の整理、初期近代ヨーロッパにおける彼の位置づけの提示も試みられている。

（36） Molina, L. de, *De iustitia et iure*, 6 vols., Venetia, 1614, II 26, vol. I, p. 115.

（37） *Ibid.*

（38） *Ibid.*, II 23, vol. I, p. 106.

（39） *Ibid.*, II 23, vol. I, pp. 106–107.

（40） *Ibid.*, II 23, vol. I, p. 108.

（41） *Ibid.*, II 26, vol. I, p. 115.

（42） マリアナは一五三六年、タラベラ・デ・ラ・レイナに生まれ、アルカラ・デ・エナレス大学で神学を学んだ。一五五四年にイエズス会に入会してシマンカスで修練期を過ごした後、アルカラ大学に戻って神学を修め、ローマ（一五六一―一五六五年）、ロレト（一五六五―一五六七年）、シチリア（一五六七―一五六九年）、パリ（一五六九―一五七四年）にあるイエズス会の学院で神学を教えた。スペインに帰国した一五七四年以降一六二四年に亡くなるまでに、異端審問所顧問として検閲等を担う傍ら、『スペイン史（*Historia de rebus Hispaniae*, 1592）』、『王と王の教育について（*De rege et regis institutione*, 1599）』、『七論考（*Tractatus septem*, 1609）』、『新旧約聖書注解（*Scholia in Vetus et Novum Testamentum*, 1618）』などの著作の執筆に従事した。こうした彼の生涯と著作、また以下に述べる『王と王の教育について』に関しては、Sánchez Agesta, L., "El Padre Juan de Mariana, un humanista precursor del constitucionalismo" in Mariana, J. de, (ed.) Sánchez Agesta, L., *La dignidad real y la educación del rey*, Centro de Estudios Constitucionales, pp. IX–LXV; Braun, H. E., *Juan de Mariana and Early Modern Spanish Political Thought*, Ashgate, 2007; 林邦夫「マリアーナの抵抗権論」、『西洋史学』第一三〇号、一九八三年、三四―四七頁が参考になる。

（43） Mariana, J. de, *De rege et regis institutione*, Toledo, 1599, I praefatio, pp. 1–16, 秋山学ほか〔抄〕訳『王と王の教育について〔第一巻第四―六章〕』、田口編訳『中世思想原典集成』（二〇）、該当箇所邦訳なし。

（44） *Ibid.*, I 1, pp. 16–22, 該当箇所邦訳なし。

（45） *Ibid.*, I 2, pp. 22–34, 該当箇所邦訳なし。

（46） *Ibid.*, I 5, pp. 55–65, 邦訳、六一六―六二四頁。

（47） *Ibid.*, I 6, pp. 74–75, 邦訳、六三二―六三三頁。

（48） *Ibid.*, I 6, pp. 75–76, 邦訳、六三三―六三四頁。

（49） *Ibid.*, I 6, p. 78, 邦訳、六三五頁。

（50） *Ibid.*, I 8, p. 90, 該当箇所邦訳なし。

（51） スアレスは一五四八年、グラナダの名門の家庭に生まれ、ラテン語と修辞学を勉強した後、サラマンカ大学で法学（一五六一―一五六四年）、哲学（一五六四―一五六六年）、神学（一五六六―一五七〇年）を修めた。この間、一五五八年に剃髪し、一五六四年にイエズス会に入会している。セゴビア、バリャドリード、アビラの大学や学院で哲学と神学を教えた後（一五七一―一五八〇年）、ローマの学院（一五八〇―一五八五年）、アルカラ大学（一五八五―一五九三年）、サラマンカ大学（一五九三―一五九七年）の神学教授を経て、コインブラ大学の神学第一講座教授を務めた（一五九七―一六一五年）。その他の著作として、『形而上学討論集（*Disputationes metaphysicae*, 1597）』、『一にして三位なる神について（*De Deo uno et trino*, 1606）』、『三つの対神徳、信仰、希望、愛について（*Opus de triplici virtute theologica fide, spe, et charitate*, 1621）』などがある。スアレスの生涯と著作については、今なおScorraille, R. de, *François Suarez de la Compagnie de Jésus*, 2 vols., Lethielleux, 1912–1913, (trans.) Hernández, P., *El P. Francisco Suárez de la Compañía de Jesús*, Subirana, 1917が定説とされる。スアレスに近い時代の著者の手になるものとしては、Sartolo, B., *El eximio doctor, y venerable padre Francisco Suarez, de la Compañía de Iesus, en la fiel imagen de sus heroicas virtudes*, Salamanca, 1693が、最新の情報を取り入れたものとしては、Hill, B. and Lagerlund, H. (eds.), *The Philosophy of Francisco Suárez*, Oxford University Press, 2012, pp. 13–21があげられる。また本邦においても、すでに伊藤不二男『スアレスの国際法理論』、有斐閣、一九五七年、六―一五頁、田口啓子『スアレス形而上学の研究』、南窓社、一九七七年、九―四一頁、ホセ・ヨンパルト、桑原武夫『人民主権思想の原点とその展開――スアレスの契約論を中心として』、成文堂、一九八五年、七五―七八頁によって紹介されている。本章の記述もこれらに従ったものである。

(52)　Suárez, F., *De legibus*, (eds.) Pereña, L. et al., t. I–t. VI, Consejo Superior de Investigaciones Científicas, 1971–1977, I vi 18–24, t. I, pp. 119–126, 伊藤不二男〔抄〕訳「スアレスの万民法論〔第二巻第一七―二〇章〕」、伊藤『スアレスの国際法理論』、山辺建〔抄〕訳『法律についての、そして立法者たる神についての論究〔第二巻第一、三、五―九、一八―二〇章〕』、田口編訳『中世思想原典集成』（二〇）、該当箇所邦訳なし。

(53)　*Ibid.*, I viii 1–10, t. I, pp. 146–158, 該当箇所邦訳なし、III i-iv, t. V, pp. 5–50, 該当箇所邦訳なし、Suárez, F., (ed.) Eguillor Muniozguren, J. R., *Defensio fidei catholicae et apostolicae adversus Anglicanae sectae errores*, 4 vols., Instituto de Estudios Políticos, 1970–1971, III 1–2, t. II, pp. 213–224, ホセ・ヨンパルト〔抄〕訳「第三編　世俗的国王に対する教皇の卓越性及び権能について〔第三巻部分訳〕」、ヨンパルト、桑原、前掲書、一三五―一五八頁。

(54)　ここでスアレスが言う「統治の権力」とは、共同体から統治者に委譲される権力ではなく、神が政治体（corpus politicum）に授けた「共同体を統治する」権力、つまり国家の権力を指している。Suárez, *De legibus*, III i 4, t. V, pp. 10–11, 該当箇所邦訳なし、III iii 1–8, t. V, pp. 28–35, 該当箇所邦訳なし。

（55） *Ibid.*, III iv 5, t. V, p. 43, 該当箇所邦訳なし。

（56） *Ibid.*, III iv 6, t. V, p. 43, 該当箇所邦訳なし。

（57） *Ibid.*, t. V, p. 44, 該当箇所邦訳なし。

（58） *Ibid.*, III x 7–10, t. V, pp. 138–142, 該当箇所邦訳なし。

（59） スアレスの属するイエズス会とジェイムズ一世の間の軋轢は、忠誠宣誓（Oath of Allegiance）論争として知られている。これは、八名のカトリック教徒とその協力者たちが国王暗殺を謀ったとされる火薬陰謀事件（一六〇五年）を機に、ジェイムズが国内のカトリック教徒に教皇の国王廃位権否定などを謳う忠誠宣誓を課したことに対して、教皇を中心とするカトリック陣営が批判することによって展開した論争である。この論争は、服従と抵抗という古来のトピックがあらためて脚光を浴びるきっかけとなり、イエズス会もこの問題について多くの思索を残した。忠誠宣誓論争とイエズス会について論じたものに、Höpfl, H., *Jesuit Political Thought: The Society of Jesus and the State, c. 1540–1630*, Cambridge University Press, 2008, pp. 314–338, 小田英「一七世紀初頭の忠誠宣誓論争における聖職者の免除 —— ベラルミーノとジェームズ一世」、『早稲田政治公法研究』第一〇〇号、二〇一二年、五一—六五頁がある。

（60） Suárez, *Defensio fidei catholicae et apostolicae adversus Anglicanae sectae errores*, III 3, t. II, p. 224, 邦訳、一六〇頁。

（61） Suárez, *De legibus*, III x 10, t. V, p. 141, 該当箇所邦訳なし。

（62） Bellarmino, R., *Apologia Bellarmini pro responsione sua ad librum Jacobi magnae Britanniae regis*, Roma, 1609.

（63） Höpfl, *op. cit.*, pp. 321–338.

（64） Fraga Iribarne, M., "Discurso preliminar sobre la vida y obras del R. P. Luis de Molina de la Compañía de Jesús" in Molina, L. de, (trans.) Fraga Iribarne, M., *Los seis libros de la justicia y el derecho*, Imprenta de José Luis Cosano, t. I–vol. I, 1941, pp. 69–70, 98–99, Pereña, L., "Génesis del Tratado de las leyes" in Suárez, *De legibus*, t. I, pp. XVII–LIX.

（65） カール・シュミット、新田邦夫訳『大地のノモス —— ヨーロッパ公法という国際法における』（上）（下）、福村書店、一九七六年、（上）一二九頁、Abellán, J. L., *Historia crítica del pensamiento español*, t. II *La Edad de Oro*, 2.ª ed, Espasa, 1986, pp. 628–630, Hill and Lagerlund, *op. cit.*, p. 1.

（66） Sánchez Agesta, op. cit., p. XVII.

（67） Anes, G., *El Antiguo Régimen: los Borbones*, 6.ª ed., Alianza, 1983, pp. 390–398.

（68） Cf. Höpfl, *op. cit.*, pp. 366–369.

(69) *Ibid.*, pp. 193–197, 366–369; Costello, F. B., *The Political Philosophy of Luis de Molina, S. J. (1535–1600)*, Gonzaga University Press, 1974, pp. 63–64; Skinner, *op. cit.*, vol. II, pp. 174–178, 邦訳、四五三―四五七頁。

(70) Braun, *op. cit.*, p. 13.

＊本章は、「秩序、抵抗、革命――一六世紀スペインにみる抵抗権の生成と展開」（「二一世紀国際システム」研究会報告、二〇一一年一二月一九日、サントリー文化財団）、および「後期サラマンカ学派における秩序と抵抗――マリアナ、モリナ、スアレス」（「野蛮と啓蒙」第五回研究会報告、二〇一二年七月一四日、京都大学）を敷衍したものである。関係諸氏に御礼申しあげたい。

第二章　マリアナの貨幣論——貨幣を操作する暴君は王にあらず

村井明彦

アメリカで二〇〇七年に生じた金融危機はたちまちヨーロッパに伝染したが、その中で「PIIGS」という語が現れた。国債格付けが急落したポルトガル、イタリア、アイルランド、ギリシア、スペインの頭文字をつなげた造語だが、「GIPSI」などともできるところをあえて「豚」を連想させる挑発的な表現である。これらはカトリック諸国で、ギリシアも独自のカトリック（正教）を持つ。ウェーバーは予定説を介したプロテスタントと資本主義の結合を説いたが、それはカトリック諸国経済の低迷を宗教文化と結合する連想を呼び寄せかねない。カトリック経済論は高利反対論などのために古臭い妄説とみなされがちだが、資料の発掘が進むにつれて、中世は経済思想の空白期でも暗黒時代でもないどころか、カトリックこそ自由主義経済思想を生み出したことが明らかにされている(1)。

中世の見直し自体はさほど新しくはないが、一三世紀に完成されたスコラ学が一六～一七世紀のスペインで復興して成立した後期スコラ学派の再評価は比較的最近になって生じた。新大陸進出による銀の大量流入は貨幣や為替に関する知の発展を促したが、これがスコラ学派の道徳的かつ論証的学風と結合することで、自然法学の立場から王の貨幣操作に対して強い批判的姿勢をとる経済学が生まれた。なかでも最も容赦なく王を批判したのがマリアナ（Juan de Mariana 1536–1624）であった。彼の経済思想は貨幣論を核とするが、政治思想における抵抗権論とも論理的に通じ合う[2]。その「論理」とは自然法である。経済学史はふつう重商主義から始まるが、後期スコラ学派の経済思想は政府の介入を自然法学の立場から論難するもので、いわば重商主義以前の自由主義であった。本章ではこの思潮の代表者マリアナの貨幣論を概観し、それを従来ほぼ無視されてきたある歴史的構図のなかに位置づける[3]。

第一節　研究史と議論のコンテクスト

（1）政治思想史的アプローチ

一六～一七世紀のスペインで開花した自然法学者たちの集団は「サラマンカ学派」と呼ばれ、マリアナもふつうその一員とされる。同学派の主な顔ぶれは、ビトリア（Francisco de Vitoria c. 1492–1546）、アスピルクエタ（Martín de Azpilcueta Navarro 1492–1586）、ソト（Domingo de Soto 1494–1560）、コバルビアス（Diego de Covarrubias y Leyva 1512–1577）、モリナ（Luis de Molina 1535–1600）、スアレス（Francisco Suárez 1548–1617）、ルゴ（Juan de Lugo 1583–1660）などで、アクィナス神学体系をパリで学んだビトリアが一五二三年に故郷に帰って一五二六年にサラマンカ大学教授に就任し、これ以降体系を重んじるスコラ的な学風が形成された。ただ、そこにインディオとの交流、貴金属の大量流入など新大陸の発見に由来するさまざまな経験が加わったことが重要である。スコラ学はスペイン特有の学問ではなく汎ヨーロッパ的なものだが、スペインとポルトガルが当時経験したことは、全西洋的な観点から見ても基本的に新しいものであった。これらが決疑論的な主題をいわば外側から提供し、またその後もヨーロッパ各地で類似の問題が繰り返し生じたために、当時なりに現代的な問題に一貫性ある立場から取り組んでいた同学派の思想が直接間接に根深い影響を持ち続けたと思われる。

本節では、まずマリアナに対する政治思想史家の関心を手短に概観しよう。

ジョン・フィッギスは、暴君に批判的なマリアナの『王権論』(『王と王の教育について』)に関して、イエズス会の反宗教改革運動との関係も取沙汰されうるが、むしろ独自の思想を盛ったもので、フォーテスキューの『イングランド法礼賛』やトマス・スミスの『イングランドのコモンウェルス』を思わせると述べた(4)。そして、マリアナを抵抗権論の長い歴史の祖とみなし、「マリアナが種を撒き、アルトゥジウスが水をやり、生えてきたものをロベスピエールが刈り入れた」と表現した(5)。さらに、のちの『王の神授権』では、マリアナの人民主権論を扱って「一連の議論には注目に値する示唆があり、その多くがロックによって書かれたとしても不思議はない」と述べた(6)。

クェンティン・スキナーは、『近代政治思想の基礎』のなかでマリアナについて論じた。それは『王権論』の章を追っての再構成と特徴づけを含み、原始的状態から一種の契約をへて社会が形成されたので、現在の社会の首長たる王は民衆の統治に対して責任を持つという論理を概観している。より広い議論のコンテクストのなかでは次のように述べている。まず、人民主権論は「起源においてスコラ的、発展においてカルヴァン主義的」だが、これは宗教信条に従属したことを意味せず、スコラ派のマリアナはカルヴァン派のブキャナンとともに一七世紀の立憲主義で花開いた「純粋に世俗的で全面的に人文主義的な理論」としての人民主権論の源泉となった。それが闘ったのは、一六世紀末にはすでに確立されていた二つの絶対主義政治哲学(フィルマー、ボシュエらの流派と、ボダン、新トマス主義からグロティウス、プーフェンドルフに至る自然法学的で合理的な流派)である。その上で、ラズレットが一九六七年に出した『統治論』序文を参照してロックがこれらの批判に着手したと述べ、「しかしながら、この近代の「自由主義的な」立憲主義理論の発展を本質的に一七世紀の業績と考えるのは誤りである」とした。(7) これは直接にはマクファースン批判だが、近代的な人民主権論がスコラ学から大いに学んでいることが意識されており、なかでもマリアナが重要だという意味である。スキナーは一七世紀ころまでの西洋政治思想史を跡づけた大著『基礎』をマリアナで結んでおり、彼をルネサンス以降発達した立憲主義を後代に手渡した人物として取り扱っている点は注目に値する。それが啓蒙の時代におけるこの思潮の開花を用意するのである。

最後に、シュンペーターも『経済分析の歴史』でマリアナの経済学著作ではなく政治学著作を取り上げて高く評価した。彼は後期スコラ学者の「政治社会学」が一三世紀の盛期に形成された諸見解を引き継ぎ、それと同様な「急進的」精神を保持していたと書き、注で「この点についてのいかなる疑問も次の本を一瞥すればおそらく雲散霧消する」として『王権論』を挙げている。(8)

(2) 経済学史的アプローチ

サラマンカ学派という概念やその用例については、ハイエク門下の経済学史家グライス-ハチンスンの「サラマンカ学派の概念——その起源と展開」に詳しい。(9) サラマンカ大学の一群の学者たちが重要な学説を展開していたことは一九世紀には意識されていたが、それは神学や法学の分野に偏っていたらしく、経済学における貢献を含めたのは一八七四年の『一六世紀末に至るローマ法と教会法の経済学と法学の研究』のエンデマン（Wilhelm Endemann）であった。また、サユー（André Sayous）は一九二〇年代後半の論文で貨幣的経済学の起源を仏・伊・西のラテン系諸国に見出し、サラマンカの学者たちに注目した。ララス（José Larraz）は、一九四三年の『カスティーリャの重商主義時代　一五〇〇～一七〇〇年』で貨幣数量説の起源がボダンであるという見解を見直してアスピルクエタまで一二年遡ったが、このとき「サラマンカ学派」の語をすでに用いた。また、一九五四年にサラマンカ大学の創立七〇〇周年記念式典でペレーニャ（Luciano Pereña）がビトリア、コバルビアス、アスピルクエタ、ソトをスペイン政治思想の構築者として一括りにした[10]。ララスの研究を受けたグライス-ハチンスンは、一九五二年に『サラマンカ学派――スペイン貨幣理論読本』を世に問う[11]。これは一次文献の英訳を含む小さな本だが、その後の同学派に対する関心の拡大に寄与した。また、シュンペーターの『経済分析の歴史』も同学派を取り上げた。夫人によると、同書のスコラ経済学に関する章は一九四〇年代には書かれていたらしいが[12]、彼は主にデンプシーの仕事を参照している[13]。彼は中世末のスペイン経済思想の水準の高さを指摘して、こう述べた。

しかし、この時期〔一四～一七世紀〕のスコラ学者の経済社会学は、一三世紀のもっと全面的に練り上げられた学説には実質的に及ばなかったものの、彼らはのちの聖職者でない人たちに「純粋」経済学を手渡してもおり、こちらの方はその全体を彼らが生み出した。経済学が独立とまではいかなくても決定的な存在となれたのは、彼らの道徳神学と道徳法学の体系の中においてであり、また他のいかなる集団よりも彼らこそ、科学的な経済学の「確立者」に近づいていたのである[14]。

「純粋」とか「科学的な」との形容詞で彼らを高く評価しているとおり、シュンペーターの理論的立場はオーストリア学派ではなくワルラス派で、このためか彼はマリアナの貨幣思想を詳論することはなかった。また、彼は一次文献を広く読み込んで書いているわけではなく、議論は二次文献から再構成されているが、今日の研究はさらにその先に進もうとしている。

（3）サラマンカ学派の特徴とマリアナの位置づけ

サラマンカ学派の学問は、現代の名称では哲学、政治学、（国際）法学、経済学などを含むが、それは学問の未分化のためという以上にスコラ学がこれら全領域に自然法学からアプローチしたためである。経済学分野に限って言えば、新大陸からの貴金属流入が物価上昇を引き起こしたが、その問題を考察する際には「公正価格」（just price）や「共通評価」（common estimation）をめぐるスコラ経済学の議論が参照された。そして、まだ富の大半が工業ではなく農業と貿易でもたらされる社会だけに、経済学的関心が第一に向かったのは、生産や労働以上に貨幣や物価であった。しかも、対外取引が社会の安定を崩したことが明白なので、貨幣だけでなく外国為替（外国貨幣）も問題にされた。つまり、国際経済学に関わる問題が論じられたのである。これらに自然法学が適用されるということは、貨幣の効用理論、地域間のさや取りをへた購買力平価などが重視されたことを意味する。また、重商主義批判に最も威力があったと思われるヒュームの「物価正貨流出入機構」説は直接にはカンティロンに遡るとも考えられるが、これらが一八世紀半ばに書かれているのに対して、アスピルクエタは正貨流入局面の理論を彼らより二〇〇年ほど前の一六世紀半ばに公刊しているから、従来の学史叙述には何らかの偏りがあったと言われても仕方ない。

哲学においてスコラ学を痛罵した近代初頭のフィロゾーフや法学者たちも、実はスコラ学に大いに学んでいる。経済学においては、例えばスミスを例にとると、グロティウス、プーフェンドルフ、ハチスンを経由して彼のなかにもスコラ経済学が流れ込んでいる。ただ、英米系の経済学は古典派からフィッシャーをへてケインズやシカゴ学派に至るまで、貨幣価値の変動を軸としない物価安定論の体系を構築してきた。アルベルトゥス・マグヌス、アクィナス、スコトゥスなどの思想が現代のケンブリッジ大学やシカゴ大学にまで受け継がれているのである。[15]マリアナが果たした役割は「科学的な経済学」を構築したことではなく、サラマンカ学派でも後の方の世代に属する者として、それまでの理論的展開を政治理論と結合しようとした点に存する。『王権論』で鮮明に示された自然法の貫徹という思想が経済学著作『貨幣劣化について』の底にも流れている。同書は王による人民の合意なき悪鋳が不当な富の没収であることを経済学的分析に基づいて指摘したもので、いわば経済学版の暴君批判である。こうした自然法学的原理の政治学と経済学への同時適用によって、すでに一七世紀初頭に主題が理念と見事に統合された貨幣的ポリティカル・エコノミー（共同体の経済、またはその作用、管理）の体系が提出されていた。

第二節　マリアナの生涯と思想の概要

（1）生涯と主な仕事

マリアナは一五三六年にトレド近郊のタラベーラ・デ・ラ・レイナ（Talavera de la Reina）に生まれた。おそらく同地の牧師の非嫡子と言われる。一五五三年にアルカラ大学に入学し、一五五四年に一七歳でイエズス会（一五三四年創設）に入会し、一五六一年に同会からローマに派遣されて神学を講じた。その後シチリアのイエズス会学校をへて、一五六九年にパリ大学に拠点を移すが、健康を害して一五七四年に帰国、トレドに定住した。著作の一部が筆禍事件を巻き起こして彼は投獄されるが、結局は長生きして一六二四年に享年八七歳で世を去った。経歴から見るとサラマンカ大学と直接関係ないので、この意味ではサラマンカ学派ではないとの見方もできる。[16]ただ、その学問には同学派の伝統が刻印されている。

デビュー作『スペイン通史』（一五九二〜一六〇五年）は初めラテン語で、次にスペイン語で書かれた。[17]フランスなど外国でスペインのことがあまり知られていないことを憂えて自国史を綴ろうという意図のもとに書かれ、フェリペ二世に献呈された。一九世紀以降のように実証的な史料批判などをへた歴史書ではなく、深い「造詣」（erudition）からの語りという古典的なスタイルの史書だが、この通史叙述の経験はのちの『貨幣の劣化について』でも生きている。おそらく最も有名な『王権論』（一五九九年）は国王殺しを正当化する内容で、ロックなどの抵抗権論に先立ち、後述するとおり、かなり急進的である。

経済学における主著は『貨幣の劣化について』（一六〇九年）である。同書は王による悪鋳（debasement）、つまり貨幣の量目削減を神と自然法の名のもとにかなりストレートに批判しており、これが当時のスペイン王フェリペ三世の逆鱗に触れたため、彼は最終的に七三歳と高齢にもかかわらず投獄される。司法は大逆に問うが、世間の反対で問題個所の削除を条件に四か月で釈放された[18]。初めラテン語で書かれた同書を王は臣下に命じて買い占めさせ、大審院は黒塗りや切取りを施したので二五〇年ほど歴史から消えていた。だが、マリアナはスペイン語版も書いており、それは一九世紀の古典叢書への収録という目立たない形だったためか難を免れた[19]。ラテン語の完全版は稀覯本だが、上智大学教授ジョン・ラウレスによって同大学図書館に不完全本とともに寄贈されているという[20]。また、ラウレスはすでに戦前の一九三七年に翻訳しており、わが国では比較的早くから一応知られていた。その他数点の著作があるが、以下では『王権論』と『貨幣の劣化について』を取り上げる。

（2）抵抗権論とその急進性

先述のとおり、マリアナは『王権論』で議論を一種の社会契約論から説き起こした。その独自の思想が端的に表明されているのは第五章以下である。第五章「王と暴君の差異」では、賢明な統治の条件を示しながら、それらを実現できる統治者を君主、できない統治者を暴君としている。

王は自ら温厚、従順ぶりを示し、近づきやすく、他者と等しい法の下で生きる。暴君は市民を信じず恐れるがゆえに、君主的な罠と自らの財の圧力によって、また残忍な性向と容赦ない裁きによって市民を恐怖に陥れるのを常としてきた。[21]

こうして彼は、僭主たちは臣民を奴隷のように扱うのに対して、臣民が自分の子であるかのように接して支配する。民から権限を受け取った者は、生涯を通じて民の合意のもとに支配することを最優先する。かくして、品格があるがゆえに彼は人望を得て臣民、とりわけ徳のある者から好意を向けられることになる。[22]

真の意味での王が統治する国では、ふだんから武勇の鍛錬がおこなわれ、戦争のとき特別な出費に迫られて課税するなどということは考えられない（スペインの対イスラム戦争が参照される）。そして、君主は「自分を国家と個々人の所有者とは考えず……逆に市民から手当を支給される指導者だとみなす」し、手当の増額は市民がそう望むことが条件となる。[23] 反対に、暴君とは暴力で最高権力を入手した者で、少数の市民からそれを受け取っただけなのにあらゆる市民に暴力的に行使する。

第六章「暴君殺害は認められるか」はこの王と暴君の区別を前提して叙述される。

フランスのアンリ三世は子がなかったので妹の夫ヴァンドーム公アンリ（のちのアンリ四世）を王位継承者にと考えていたが、彼はカルヴァン派でローマから破門されていた。ギーズ公が継承反対派の頭領となるが、三世は譲歩の姿勢を示して攪乱し、結局ギーズ公と弟の枢機卿を暗殺した。ところが、彼らに大逆の罪を着せた。ドミニコ会の修道士ジャック・クレマンは一五八九年八月に王を殺害した。マリアナの考えでは、統治権は世襲だが、継承者の選定には民衆の合意が不可欠である。

実際私は、哲学者も神学者も、暴力と武力をもって、法的正当性も公的な民の是認もないままに国を抑圧する君主は、誰であれ命や地位を奪ってよいという見解に同意していると見ている。彼は公共の敵であり、あらゆる邪悪な手段で祖国を苦しめるから、僭主の名称と特徴を身に帯びるとして間違いないし適切である。(24)

マリアナ版の一市民の暴君殺害論には付帯的な段階的手続論がある。第一段階は暴君への警告である。もし王が耳を貸して所業を改めれば、そこで追及は終えるべきである。そうでない場合は第二段階として国家による統治権無効宣言が下される。第三段階では国家が彼に国外退去を手配し、戦争の可能性があれば戦費調達が許される。第四段階では暴君を公的な敵と宣言して殺害することが認められる。その実行者はやはり一私人であってよいが、では誰かが一方的に王を暴君とみなして殺害に及んだらどうするか。これについてマリアナは、ふつうの人間は保身動機からかくも大胆な行為にみだりに打って出るものではないし、スペイン史でも一人か二人しか前例がないと弁明している。(25)

一市民による暴君殺害の肯定という思想はブキャナンの『スコットランドにおける王国の権利』(一五七九年)が二〇年先行する。(26) マリアナはきわめて急進的なこの思想を上の弁明で緩和したが、むしろ安寧を投げ打っても暗殺を企てるほど王に問題がある状況を示唆しているとも言える。

第三節　マリアナの貨幣論 ―― 貨幣・国家・自由

(1) マリアナの貨幣論とその批判

マリアナの貨幣思想は『貨幣の劣化について』(一六〇九年)に明らかである。同書の冒頭三つの章は、第四章以下で展開するつもりの貨幣論を自らどのようなコンテクストに置こうとしているかの真意を開陳した長い序説だが、これをあえていったん飛ばして本論のうち重要箇所を検討する。

第四章の表題「貨幣の二種類の価値」が示すのは、内的・自然的（intrinsic and natural）価値、外的・法的（legal, extrinsic）価値である。内的価値には貨幣の素材としての貴金属の市場価値に、それを加工して鋳貨にするための鋳造費が含まれる。そして、

よき法で統治されている国（well-constituted republic）では、こうした問題を統括する者がこれら二つの価値が一致していて乖離しないことが確認できるよう配慮すべきである。それは他の財の場合とまったく同じく、それ自体と共通評価によって五であるものに一〇の値がついていたら不正になるだろうからで、法的価値が逸脱していれば同じことが貨幣についても成り立つ。(27)

この一節はきわめて平易だが、残念ながら古拙なものと考えられてきた。しかし、本書全体がこの一節で要約されていると言えるほど重要であることを明記しておく。それは、貨幣の市場価格が素材と工賃（と若干の利益）を含むその製造費と一致していることが正義にかなっていると述べている。この原理を「貨幣の商品原理」と呼んでおく。それは次のように例証されている。(28)

八オンス（オンスは重量単位で六分の一ポンド、一マルコ〔マルク〕）の銀から六七枚の硬貨が鋳造され、同じ重量の銀の市価は六五枚分の銀貨に相当するから、二枚分が鋳造費である。銀貨一枚（＝一レアル）は三四マラベーディ、同重量の銀の市価は三二マラベーディである。金八オンスからコローナ金貨が六八枚つくられ、同重量の金の市価もほぼ同じである。銅貨でも同様のことが言えるが、他の硬貨より法的価値と自然価値の乖離が大きい。

交易都市メディーナ・デル・カンポで一四九七年にカトリックの王が制定した法は、八オンスの銅に七グレイン（一オンス＝四三七・五グレイン、七グレインは約一・五レアル）の銀を混ぜて銅貨を鋳造するよう定め、これが九六マラベーディに相当した。うち、銀は五一マラベーディ、銅と鋳造費が四四マラベーディであったから、貨幣の商品原理は成り立っている（五一＋四四＝九六）。

ところが、一五六六年にフェリペ二世は同法を廃止して四グレインの銀でよいとし、この合金貨が一一〇マラベーディとなった。当時の四グレインは一レアルに相当したから、王は半レアル（＝一・五―一）と一四マラベーディ（＝一一〇―九六）を懐に収めたことになる。むろん鋳造費も上がったが、それでも大いに差益を得た。そして、いまでは、もはや銅貨に銀は含まれない。銅八オンスは二八〇マラベーディとされ、鋳造費は銀貨一枚以下だが、銅の市価は四六マラベーディ、鋳造費と合わせて八〇マラベーディだから、銅一単位で二〇〇マラベーディの利益が出る。法的価値と自然価値の乖離も同額になる。

こうした議論は銀貨や金貨についても展開されている。マリアナは額が大きく、かつ数も多い点では銀貨における二種の価値の乖離を問題にするが、少額である銅貨も経済全体に影響すると考えて重視しており、その量目削減史を丹念に追っている。当時「インフレ」という語を貨幣現象に適用する言語習慣はないが、彼の問題意識は貨幣の質の低減による人為的なインフレが無視できない問題を国全体にもたらすという点にある。そして、その際に繰り返されるのが上記の貨幣の商品原理である。

ところが、先行研究を見ていくと、本書の中核をなすのがこの原理であることは正当に指摘されているにもかかわらず、それが自然法にかなうという点がなぜか十分理解されていないことに気づく。

まず、ジョン・ラウレスは『スコラ學派の貨幣論』で、貨幣の商品原理が本書の第一の主張点であることを説明した。彼はマリアナが述べた貨幣価値の二側面をそれぞれ「金属価値」と「名目価値」と言い換え、「マリアナは金属論的貨幣理論を首尾一貫して、而も峻厳に支持する」とか、「貨幣理論の核心問題が、マリアナ論文の中心点に位置し、他の理論的問題は、単に断片的に取り扱はれてゐるか或ひは全然論ぜられてゐないのである」と書いている。[29] しかし、「マリアナ貨幣論批判」と題する章では、マリアナは「貨幣を商品と見做す所謂金属論的貨幣理論」を主張しているが、このことによって銅貨も銀貨等の補助貨幣とは見なさず、銅貨の価値は銅の市価を基準に定められるべきだと考えていると解説している。そして、次のようなマリアナ批判を企てるのである。

然し仮令一般的には、貴金属或ひはその他の具体的価値の上に打ち建てられたる本位のみが、永続的に価値安定せるものであることが承認せらるべきであるとしても、彼の金属論的見解は、あまりにも行き過ぎてゐるのである。今日諸国は、それに相応せる物価の高騰を経験することなく彼等の本位の貴金属内容を減少せしめ得た。勿論彼等はかくあるべく企てたのではあるが、然しこのことからして、物価の高騰には更に他の要因が協力してゐるは明かである。[30]

貨幣の含有金属量の減少だけでなく、そもそも「貨幣数量の増加」によって貨幣価値は低下するはずだが、マリアナは後者を十分認識していないというのである。「かくて彼は金属論的理論と貨幣数量説とを混同してゐるのである。」[31] ラウレスはマリアナが量目削減と貨幣数量（硬貨の枚数）の増加が随伴現象であると見ていたとも指摘するが、そもそも彼の批判の背景に十分な原理はない（後述）。

次に、飯塚一郎の研究が重要である。飯塚はラテン語テクストのほぼ逐条的な引用と要約的訳出を本書全体に関して実行した点で、この分野では目立った業績を残した。ラウレスの「行き過ぎ」説については、「後期スコラ学派の貨幣論では、多かれ少なかれ貨幣の二重価値が主張されているから、論理上も金属主義は当然のことであり、マリアナのこの立場のみを強調するラウレス教授こそ〈行き過ぎ〉であろう」と述べた。[32] ところが、後期スコラ学派の貨幣論を概観した飯塚の研究でも、マリアナの貨幣の商品原理は十分理解されていないと思われる。その問題点を見ていこう。

飯塚は財の価値が数量の増加につれて減ずるという認識を「価値数量説」と呼ぶ。価値数量説はサラマンカ学派では一般的に見られる説だが、マリアナはこれを貨幣にも適用したので貨幣価値もその素材である金属の価値に一致すべきだという考え方になると彼は考える。

したがって彼の貨幣価値論は、貨幣をつくっている素材の価値をもって貨幣の自然的価値に一致するのが当然であると考えられていた。そしてその素材価値は一般財貨の価値原則である価値数量説によって説明されていることになる。つまり彼の貨幣価値論は（一見奇妙にみえるが）金属説と数量説の結合のうえに成り立っている。したがって、商品が豊富ならば価値が少ないのと同様、貨幣も豊富ならば価値が少ないという彼の主張が、当然のこととしてひき出されるわけである。(33)

ところが、鋳造費が素材価値に上乗せされると見るマリアナ説に飯塚は疑問を見出す。

貨幣価値の二重規定をしたのち、この二つの価値が一致すべきことを主張したマリアーナにとっては、貨幣鋳造費を関連させることによって当然その主張に矛盾を生ずるはずである。すなわち、貨幣の二つの価値が一致すべきであるという原則論と、鋳造費をどうするかという現実論とのあいだの問題である。……けっきょくマリアーナは、原則論としてはあくまで二つの価値の一致を主張しながらも、現実論としては適当な額の鋳造費をその法的価値（額面価値）のなかに含めることで、現実に妥協していると考えられる。(34)

飯塚はまた、マリアナが貨幣の機能のうち価値尺度機能ではなく交換(支払)手段機能を重視したことが矛盾を含むと考えている。この学説は、

価値尺度機能を軽視し、貨幣の商品性を否定する名目説であると今日一般に考えられているが、マリアーナの場合はそのような名目説の一面と同時に、徹底した金属説の両面をそなえているとみることができる。したがってこの両面をかならずしも論理的に説明しつくしたとはいえないが、彼はたんに素朴な金属説にだけもとづいていたのではなく、その本質的機能の面からも貨幣を正しく認識していたことになる。[35]

飯塚は他にもマリアナに重金主義の意味で重商主義的な見解が見られるなどとも記す。[36] これは、貨幣の増加が金利を引き下げて国内の商業活動を活発にするとか、奢侈品の輸入制限で銀流出を防ぐなどの所見を指す。マリアナの「重商主義」は保護干渉ではなくスコラ的な「自然即正義」の理念を背景とすると断ってはいるものの、飯塚はこの所見が王による貨幣の量目削減を批判する立場とは両立しないと言うのである。ところが、以上の理解にはいくつかの問題点がある。

まず、「金属説と数量説の結合」が「一見奇妙」だというコメントであるが、筆者の意味での「貨幣の商品原理」から考えると、何ら奇妙ではない。貨幣は商品にすぎないという観点からすると、その量の増大は市場での価値を減ずることはアプリオリに成り立つ。

次に、金属素材の市場価格への鋳造費の上乗せが「矛盾」だとか「妥協」だという観点も、マリアナの視座の基本的な誤解に基づく。マリアナは貨幣財の価値がその素材である金属の市価に一致すべきだと述べてはいない。彼が主張しているのは貨幣が商品だということにすぎない。飯塚の言う「価値数量説」の原理を貨幣にも適用す

るということは、例えば小麦粉からパンをつくるときパンの市価が小麦粉の市価に一致すべきだという主張ではない。むしろ、小麦粉の市価にパン屋の生活費や小麦粉以外の素材の代金などの「経費」(および利益)を上乗せした価格、つまりは自由市場でのパンの価格に一致すべきだという主張である。これが、マリアナが則った最も根本的な原理を筆者が「貨幣の商品原理」と名づけた理由である。金銀銅貨は地中に眠る鉱石から精錬されなければ、また地金から鋳造されなければ、そこに存在できない。存在するなら、それは加工されたからである。これはパンだけでなく貨幣でも同様である。したがって、そこには一かけらの「矛盾」もなければ「妥協」もない。マリアナが飯塚の想定を超えるくらい徹底した「市場原理」主義者であり、「自然」法学者だっただけである。

最後に、マリアナが重商主義的だとの見解だが、これは奢侈品の輸入制限による銀流出の阻止に関わる。ただ、マリアナの奢侈品に対する態度がやや保守的だとしても、彼が重商主義者だと考えることには無理がある。次節では、彼のポリティカル・エコノミーの体系からもこの点を確認しよう。

(2) マリアナのポリティカル・エコノミー

そもそも、『貨幣の劣化について』は先行する政治学著作『王権論』の系論として誕生した。すなわち、一五九九年に初版が出てからフランス王暗殺犯との関係を問われた後著は一六〇三年に新版が出るが、これは一句が削除されただけであった。ところが、一六〇五年版では貨幣問題を扱った章が付加され、これが増補のうえ独立刊行されたのが前著である。(37)

『貨幣の劣化について』のうち『王権論』とのつながりが深いのは、先に飛ばした最初の三章である。第一章「王は臣下の財を所有するか」は、アリストテレスが『政治学』で展開した王権論の話から始まる。王の卓越は、戦時には民衆の保護にあり、平時には司法にある。威厳を守るために必要な経費として税を取り立てるが、その額は民衆が定める。王の一私人としての収入も国家が定めるのである。市民は王を訴えることができ、王が恣意的に市民から財産を没収することは許されない。

一方で、暴君の本質とは自らの権力に制限を設けず、自分はすべての主人であると考えることである。他方で、王は、自らの権威に制限を課し、欲望を抑え、公正で公平な判断を下し、一線を越えることはない。(38)

こうした主張は明らかに『王権論』に通じるものである。第二章「王は臣下から合意なしに貢納を求めることができるか」では、フランス王ルイ一一世の伝記を書いたコミネウス (Philippe de Cominеus 1447–1511) を援用し、王の父シャルル七世が合意なき徴税を始めたことを取り上げている。議会が王の不当な判断を承認した例すらあるが、そんな議会なら開催されない方がよい。君主なら合意なき課税は決しておこなわないが、それは臣下の財産は王の所有物ではないという基本的な法があるためである。マリアナはローマ教皇の教書『聖木曜教書』(Bulla in Coena Domini) の第六章を引いて、王がこうした基本法を反故にして新税を導入すれば破門の処罰が下されるべきであると主張している。(39)また、富くじ、塩などの独占販売も効果において課税と同じだとして批判している。(40)第三章「王は貨幣の重量や質を人民の合意なく変更することで劣化させることができるか」では、貨幣の意図的な質の低減が私有財産の没収となるので、合意なき課税や独占が認められないなら貨幣の劣化措置も認めてはならないと主張する。(41)

こうした見解を冒頭の数章に配した背後には、貨幣問題がたんにテクニカルな、今日的意味での経済学プロパーだけが理解すればよい狭い問題ではなく、実に国家の存立や神と人間の関係といった基本的な問題系列に属するという認識がある。序文はこう始まる。

死すことなき神と神の聖人すべてが、わが骨折りが公益にかなうとお認めにならんことを。つねよりかく祈る。求め願う報いは、ただわが王とその諮問官ら、その他王室に伺候する本案件の所管を託された大臣らが鋭意本冊子を読んでくれることにつきる。[42]

そして、同書の主張はみなが口にしていることを改めて表明しただけで個人的なものを超えていると述べ、いくつかの故事を引合いに出した。なかでも、ディオゲネスの逸話が面白い。マケドニア王フィリッポスがコリントに侵攻したとき、市民はみな防戦のために立ち働いたのに、ディオゲネスは誰からも協力を求められず、住んでいた樽から出てそれを人がわかるように揺すった。マリアナはこの故事にことよせて、引退に際して真実を胸に秘めた者がいるものだと指摘し、こう述べている。

最終的に、私はディオゲネスと同じく公衆の面前に姿を現し、樽を揺する。私は自分が考えていることを公に口にする──結果がどうあれ気にかけない。……さらに、あらゆる境遇と地位の人たちに心から請うが、本冊子に丹念に目を通して懸案となっている問題を隅々まで検討せずに試みを非難したり否定的に判断しないでほしい。私見では、それはスペインでは何年も表に出てきたことのない最も深刻な問題なのである。[43]

マリアナは『スペイン通史』以来歴史に取材した王室の不徳のおこないを自在に参照していたが、『王権論』の素材は同時代フランス王室であった。新教徒のアンリ四世も暗殺されるが、実はこの事件の実行犯ラヴァヤックに影響したのではないかと疑われて『王権論』はフランスでは焚書になる。スペイン政府はこれを基本的には静観していたが、実際には刺客は同書を知らなかった。そして、マリアナが投獄されたのは同書ではなく『貨幣の劣化について』によってであった。[44] 人は自分が無関係な悪徳を批判する者を排撃しようなどとはしない。したのなら心当たりがあったからであろう。『王権論』を血眼になって排撃したフランス王は暴君だったことになる。スペイン王は同書を見逃したものの『貨幣の劣化について』を排撃したのだから、歴史家は彼を悪鋳に関与した暴君だったと記してよい。

鉱山での増産による貨幣増は貨幣商品の増産だから自然法に反さない。パンを増産しても不法ではない。貨幣が増えると人々は支出を増やすので財価格は上がり、貨幣購買力(Purchasing Power of Money: PPM)は下がる。これが増産に歯止めをかける。次第に人々は貯金を増やし始めるので支出は減り、財価格は下がっていく。貨幣需要が増えているので鉱山では再び増産が始まる。これが貨幣の商品原理の帰結である。他方、王の姑息な量目削減による貨幣増は無条件に不法であるだけでなく、歯止めがない点が最も恐ろしい。それを弾劾したのだから、マリアナは自由主義者であった。

第四節　オーストリア学派と「大陸経済学」

(1) 中世に始まるオーストリア的経済学

何がマリアナにこうも懐深くから警告を発させたのか。この問いに答えるには、たんに学説史的に彼のテクストを追うだけでは足りない。必要になるのは経済理論からのアプローチである。PPMによる貨幣市場分析を含め、問題を解く最も有効なカギは現代のオーストリア学派の理論が与えてくれる。

オーストリア学派は一九世紀末のオーストリアで誕生した学派だが、ユダヤ系が多いことなどから二〇世紀初めころから活躍し始めた世代は故国を離れて英語圏に亡命する。拠点大学を失うという致命的な不幸ゆえに一時は学派の存続すら危ぶまれるが、ミーゼス（1881–1973）のアメリカ亡命とともに蘇生し、いまでは「新オーストリア学派」が発展・成長しつつある。彼はスイス経由で一九四〇年にアメリカに渡り、ニューヨーク大学客員教授などの地位にあって後進の指導にあたったが、その死の直後の一九七四年、あるファンドの出資を得てヴァーモント州サウスロイヤルトンで数日におよぶ学会が開催された。このサウスロイヤルトン会合、および同年のハイエクのノーベル賞受賞を機にいわゆる「復興」が起こったとされる。ところが、それは単純な継続ではなく、ある革新を含んでいた。

新オーストリア学派の誕生を画したとされるミーゼスの『貨幣と信用の理論』（一九一二年）は限界理論を貨幣にも適用したもので、貨幣価値の変動を貨幣に対する需要と供給から説明した。主流派経済学ではふつう価値尺度・交換手段・価値貯蔵を貨幣の三大機能と考え、貨幣に価値を測る尺度のような機能が備わっていると想定する。しかし、この考え方にはかなり大きな問題がある。

同じ「価値」という言葉で別の事柄を指す粗雑な言語習慣が招く理論的混乱の収拾から着手しよう。財の価値はときにその価格を、ときに数値化できない財の主観的有用性（「効用」に近い）を意味する。価値尺度論は価格の意味での価値を貨幣が表示すると見るが、それは「尺度」機能ではなく「建値」機能である。定規が長さの尺度なのは目盛が打たれているからだが、貨幣に目盛はないので尺度とは比喩でしかない。建値と考えると意味は通るが、それでも時間経過後価格が変動する。不可測な効用に近い意味での主観的価値を人々が財に読み取って売行きが変わるなかで、売手側が比較的短時日で価格を変えるのが自由市場の慣行だからである。また、貨幣供給量の変化や人々の貨幣需要の変化でも貨幣価値は変わる。貨幣価値はふつうＰＰＭで表されるが、物価指数が変動を免れない以上、貨幣価値も一定ではありえない。こうして、時間を視野に入れると貨幣は価値尺度ではありえない。
このことは近代特有の現象ではないので、中世フランスのスコラ学者オレーム（Nicole Oresme c. 1323–1382）がすでに気づいていた。ラウレスは『スコラ學派の貨幣論』でマリアナ以外にオレームの『貨幣論』も訳出し、最後に両者を比べた上でマリアナが参照指示をしていなくても間接的にオレームに負っていることは確実だと述べている。[45] スコラ学者は、貨幣に主観的価値論（効用理論）を適用していた。ここから限界理論の適用までは、ほんの一歩である。実は、ミーゼスが限界理論を貨幣にも適用したということはオレーム以来の伝統に復帰したことを意味する。そして、「貨幣の商品原理」は、現代の新オーストリア学派の標準的な貨幣認識になっているのである。

新オーストリア学派の方法論上の特徴は、方法的個人主義、人間行為学に基づく経済プロセスの論証の重視、アプリオリズムである。これらの原型はすべてスコラ学のなかに見出せるが、それはオーストリア学派の起源が後期スコラ学派の経済学にあったことを示唆する。実際、くだんのサウスロイヤルトン会合でロスバードが発表した「オーストリア学派前史の新たな解明」[46] 以来こうした見方は一般化している。マドリッドのカルロス王大学教授ヘスース・ウエルタ・デ・ソトによると、ハプスブルク家とスペイン王室の結合によってオーストリアとスペインは飛地だが同じ帝国の一部となり、「オーストリア」とはこの帝国の「東部」を意味する。彼は「オーストリア学派とは本当はスペイン学派である」とすら述べている。[47] したがって、古典派や歴史学派の活躍を尻目にメンガーが新たな学を構想したとき、中世以来の伝統が蘇生したことは自然だと言うのである。[48] メンガーの『経済学原理』以来約四〇年、ミーゼスが『貨幣と信用の理論』で貨幣を財のようにも扱ったとき新たな学派が誕生したといっても、それもやはり経済学彫琢のための人類の連綿たる営みの歴史の一齣として生じたし、そういうものとして生じえたのみであった。

この営みの掘り起しはすでに第二次世界大戦のころには始まっている。ハイエク門下の学史家グライス-ハチンスンは『サラマンカ学派』でスコラ経済学を概観し、それが貧しき民衆を労働者ではなく消費者とみなす理論であったと論じた[49]。また同じく学史家で限界理論史を検討したカウダーは、英米ではカルヴァン派の影響で労働や生産が重視されたので労働価値説や客観的価値論が影響力を持ったのに対して、大陸ではアクィナス以来の伝統における逸脱に及ばない限りでの現世の享楽を肯定する思想から消費に重きが置かれたので主観的価値論が早くから発達していたと説いた[50]。ミーゼスの弟子ロスバードはこれらの研究を受けて包括的に中世経済学の見直しを図り、シュンペーターの『歴史』を超える学史の大著をものした。宗教思想が経済思想に及ぼす影響を重視する彼は、その第一巻『スミス以前の経済思想』でカウダー説を確実な論証はできないものの示唆的な見解として評価した[51]。

（2）貨幣の商品原理とその含意

王は悪鋳以外に強力な打出の小槌を持っていた。ソト教授によると、当時すでに微少準備銀行制（fractional reserve banking）が広まっており、王はこともあろうに銀行の金庫にある金銀に手をつけた。銀行は為替業務から発展したが、為替は信用払いを認める制度であるためかやがて貸付業務が発展する。一方、一般市民から正貨を預かる預金業務がおこなわれていたが、次第にこれが貸付業務と結合し、現代も銀行の中核業務である預貸業務が成立する。預金はローマ法における消費貸借（mutuum）であって使用貸借（commodatum）ではなく、財の互換性があるために流用しても総量だけ合わせれば発覚しない。このことに気づいた銀行家は金庫内の正貨以上の額を貸して金利収入を懐に収めるようになる。王は彼らから正貨を没収したので、銀行家側からするとまじめに業務をしていてもどうせ王にとられるなら信用膨張をして稼がねばならない。後期スコラ学派のなかでもモリナは微少準備銀行制に同情的であったが、サラビア・デ・ラ・カージェなどは反論した[52]。

マリアナに銀行論はないが、その悪鋳批判は後者の立場に近い。王の立場から見ると、量目削減と銀行からの没収が大変うまみのある不特定財源であったろう。前者に果敢に反論したとき、マリアナははっきりと自由主義的な経済学を基盤にしていた。ソト教授はマリアナが学派のなかで「最もリバタリアン」だと述べている[53]。

貨幣を尺度《ニュメレール》と捉える貨幣と財（commodity）の二分法は一見貨幣による財市場の撹乱を避ける立場に見えるが、尺度性を短期で想定している間はよいものの、この見方を長期にも及ぼそうとすると尺度性を人為的に維持する必要から貨幣への政府介入を容れる貨幣名目論と和しやすく、結局は財市場の撹乱をもたらす。だから、交換手段を重視する貨幣論は「貨幣の商品性を否定する名目説であると今日一般に考えられている」とか、マリアナでは名目説と金属説が未統合だという飯塚の論定は不可解である。混乱の原因はどうやらマルクスの影響の根強さにある。飯塚は論定の典拠を示さないが、岡橋保であろう。彼はミーゼスが貨幣を素材価値に根ざす交換手段と見て素材を恣意的な約束事と考えるから貨幣の商品性を軽視していると憶測した[54]。複雑怪奇な誤解である。

メンガーは主観価値の交差が互恵性ゆえに交換をもたらすという中世以来の不等価互恵交換論の立場から、市場性が貨幣財の条件だと考えた。誰もが欲しがる財こそ不等価関係をもたらして交換を促しやすいからである。歴史的には金銀が貨幣に選ばれた。それは一度選ばれると勝手に変更できないから客観的な約束事である。スコラ学者もオーストリア学派も政府がそれを合意なく骨抜きにしてきたことを批判して商品本位制（commodity standard）を支持した。岡橋は熱烈な金本位制論者であるのに、価値形態論のように中世と現代に挟まれて孤立した一過性の理論にとらわれて一連の経緯とその背後の理論を完全に見落とした。貨幣はまず交換手段にならなければ生まれえない。そうやって生まれれば建値の標準（standard）となり、等価交換論者は迂闊にもそれを価値尺度と見誤る[55]。市場に晒されれば変動するはずの貨幣価値を力で固定したのは政府なのに、価値尺度論はそれを結果的に隠蔽する。

しかし、学問は政府のこの野蛮な所業の存在と構造を洗いざらい明るみに出して公論の広場で姿を晒させる啓蒙（語義は「投光」）の太陽でなければならない。大陸経済学はすでに六世紀以上も啓蒙の光を放ち続けてきた。そのパラダイムのなかでは交換手段機能の重視は貨幣の商品性の軽視ではなく重視を意味することを理解するのに、いったいあと何世紀かかるのか。『政府はわれわれの貨幣に何をしてきたか』でロスバードは述べている。

> 貨幣についての最も重要な真実がいまや私たちの議論から立ち現れる。貨幣は一商品である。単純な教えではあるが、これを学ぶことは世界で最も重要な任務の一つである。人々が貨幣について語るとき、これにずいぶんと尾ひれをつけたり間引きしたりすることがあまりに多すぎた。貨幣は形ある財から分離できる抽象的な計算単位などではない。貨幣は交換のときしか使えない用途なき印などではない。貨幣は「社会に対する請求権」などではない。貨幣は一定価格水準の保証物などではない。貨幣は単なる一商品である。[56]

オーストリア学派は貨幣商品説の立場に立つ。その起源はミーゼスでもメンガーでもなく中世のスコラ学者にある。マリアナにおいても同説は顕著である。このような貨幣観が実定法の自然法との一致を構想するオーストリア学派の学問の基盤である。マリアナはその源流近くに位置する。実際ホルコーム編『一五人の偉大なオーストリア経済学者』の第一章はマリアナで、メンガーの出番は第六章まで回ってこない[57]。スコラ学の源流であるアリストテレスの体系は確かに物理学において限界を露呈したが、むしろそれ以外に目立った綻びはない。前者の看破をもって鬼の首を取ったかに過信してその超人的な耐用性を看過したとき、近代的知性は致命的な自惚れに陥ってしまった。マリアナをはじめとする後期スコラ学派の経済学は重商主義以前の自由主義思想の表明であった。私たちがそれにつけ加えうるものは多くなく、それが私たちにつけ加えうるものは少なくない。

現代の現代人は私たちだが、中世の現代人は中世人であった。神はどの時代にも一流の知性を世に送り出し、彼らは優れた仕事を遺してきた。スコラ経済学に見られる堅実な論証文化は、「因果性なき相関」を掲げて素朴な実証に終始する現代経済学においては無残なまでに剥落している。貨幣を尺度とみなす学はそれを市場の外なる統制対象と見る。貨幣を商品とみなす学はそれを市場の内なる調整主体と見る。統制者はいない。このパラダイムが指し示す根源的なモダニティに気後れを感じる精神は、中世にはまだ少なかったが開化が進んだ現代では増えているらしい。

自然権論の歴史を概観した思想史家タックは、一四~一五世紀フランスのジェルソンの思想が一七世紀以降の政治革命の理念に先駆けるだけでなく、人間が神のように自由を享受すべきだと考えた点でそれらより急進的であったと述べている[58]。自然法の最重要原理は、政治学では基本権の、経済学では所有権の不可侵だが、経済問題では両者は分離できない。マリアナは王による所有権侵害が市民の基本権を脅し、暴動から国家の危機に発展することを怖れて警告を発したのである[59]。いまでは遠回しに豚呼ばわりされるに至った地中海諸国も中世には輝ける文明の先進地帯であった。ただ、衰亡の原因はふつう繁栄のなかにある。銀行経由での人為的増量の先駆的手法で現代と似た横顔を見せる場合もあったが、当時の貨幣はいまよりずっと実物的であった。そのもとで貨幣を商品の一つとみなす思想が発達していた。しかし、悪鋳は貨幣の商品性を脅かす所業であった。真理探究者としてのスコラ学者たちは、人間が人間である限り成立する普遍的な論理とそれを司る存在としての神を掲げて、身の危険も顧みず王の強圧的姿勢に抗った。

貨幣が実物的な商品である社会は地に足が着いている。法令貨幣の常態化が現代社会を浮つかせている。カトリック自由主義経済学が古拙であるかに思い込ませている。しかし、私たちが後生大事に抱えてきた臆断を時代がかったものとして侮蔑し、私たちのいまを「暗黒時代」と一蹴する人たちがいずれ地上を歩む日などやって来ないと言い切れるだろうか。その日が到来すれば私たちが、到来しなければ加えて私たちの子孫が、不幸になる。私たち自身はどのみち不幸である。[60] それを小さくする方法を知りたければ、公論の広場を見渡して揺れている樽を目ざとく見つけ、そばにいる刃《やいば》の舌をしたモダンな老翁に尋ねてみるがよかろう。

注

（1）E. g., Woods, Jr., T. E., *The Church and the Market: A Catholic Defense of the Free Economy*, Lexington Books, 2005.

（2）議論のコンテクストは政治理論史のなかで理解されるべきである。この点については第一章（松森）を参照せよ。なお、本章では「啓蒙」概念を中世の先駆的自由主義思想にまで拡張して適用している。歴史の時代区分に用いられる語のうち「ルネサンス」「宗教改革」「啓蒙」などは文化史概念であり、「絶対主義」「産業革命」などは政治史・経済史概念だが、文化史概念の方がマクロ史的で、数世紀、場合によっては千年を超えて続いた潮目の変化を想定した語である。「啓蒙」は狭義には一七～一八世紀のみに適用されるが、それは当時の思潮の勃興を中世までと近代を隔てる分水嶺とみなすからであろう。それは「絶対主義」や「産業革命」前半と時期的に重なるが、これらの期間を拡張できる可能性はあまりないのに対して、右の思潮が中世後半に遡ると考えられるなら「啓蒙」概念の拡張は十分ありえる。文化史概念による時代区分のなかでもおそらく「啓蒙」概念が最も伸縮的であろう。マリアナはホッブズより約半世紀前に生まれたにすぎないことも注記しておく。なお、この点に関する筆者の考えについては次の拙論を見よ。村井明彦「アイン・ランド――経済学のマキャヴェッリ」坂本達哉・長尾伸一編『徳・商業・文明社会』京都大学学術出版会、二〇一四年。

（3）序章が述べる「新しい野蛮」は、経済の分野ではほとんどが基本的に貨幣操作、より正確には貨幣偽造に淵源する。本章ではこの問題の現代的展開は扱わないが、ヨーロッパの債務危機の背景にもなったサブプライム・ローン危機に関する筆者の見方は、次の諸論考で一貫した経済理論に基づいて明らかにしている。村井「グリーンスパンのアイン・ランド・コネクション３――「根拠なき熱狂」講演の根拠」『同志社商学』第六五巻第一号、二〇一三年七月。「第２次大恐慌と「グリーンスパン問題」の展開」『同志社商学』第六五巻第四号、二〇一四年一月。「書評　ロスバード『政府はわれわれの貨幣に何をしてきたか』（岩倉竜也訳）」『同志社商学』第六五巻第二・三号、二〇一三年一一月。以上はウェブからレポジトリで入手できる（http://jairo.nii.ac.jp/）。

（4）Figgis, J. N., *Studies of Political Thought: From Gerson to Grotius*, Cambridge University Press, 1907, p. 168.

（5）*Ibid*., p. 34.

（6）Figgis, *The Divine Right of Kings*, Cambridge University Press, 2nd edition, 1914, p. 219.

（7）Skinner, Q., *The Foundations of Modern Political Thought 2: The Age of Reformation*, Cambridge University Press, 1978, p. 347. 門間都喜郎訳『近代政治思想の基礎――ルネッサンス、宗教改革の時代』春風社、二〇〇九年、六二七頁。

（8）Schumpeter, J. A., *History of Economic Analysis*, ed. by Elizabeth B. Schumpeter, George Allen & Unwin, 1954, p. 96. 東畑精一郎訳『経済分析の歴史』岩波書店、第一巻、一九五五年、一九六―一九七頁。

（9）Grice-Hutchinson, M., *Economic Thought in Spain: Selected Essays of Marjorie Grice-Hutchinson*, ed. by L. S. Moss and C. K. Ryan, Edward Elgar, 1993, chapter 2.

（10）*Ibid*., p. 23. このときペレーニャは「サラマンカ学派」のほか「国際法におけるスペイン学派」「サラマンカの博士たち」「学派」などの言葉を用いたという。

（11）Grice-Hutchinson, *The School of Salamanca: Readings in Spanish Monetary Theory 1544-1605*, Oxford University Press, 1952, Ludwig von Mises Insitute, 2009.

（12）Schumpeter, *op. cit*., p. 1192. 第七巻、一九六二年、二五三〇頁。

（13）Dempsy, B., *Interest and Usury*, American Council on Public Affairs, 1943.

（14）Schumpeter, *op. cit*., p. 97; 第一巻、一九八頁。

（15）Grice-Hutchinson *School of Salamanca*, pp. 24-34.

（16）Rothbard, M. N., *Economic Thought before Adam Smith: An Austrian Perspective on the History of Economic Thought*, vol. 1, Edward Elgar, 1995, Ludwig von Mises Insitute, 2006, p. 117.

（17）Mariana, Juan de, S. J., *Historia de rebus Hispaniae*, 1592, 1605; *Historia general de España*, 1601. マリアナはラテン語版より先に自らスペイン語版を完結させた。一六九九年にはJohn Stevensによる英訳がロンドンで出ている（飯塚一郎『貨幣学説前史の研究』未来社、一九六九年、二一九―二二一頁）。

（18）Rothbard, *op. cit*., p. 121.

（19）*Ibid*.; Laures, John, S. J., *The Political Economy of Juan de*

Mariana, Fordham University Press, 1928, Ludwig von Mises Institute, 2008, pp. 6–7.

（20）ヨハンネス・ラウレス『スコラ學派の貨幣論』有斐閣、一九三七年、二一五頁注一。飯塚、前掲書、二二七―二三八頁。

（21）Mariana, *De rege et regis institutione*, 1599; *The King and the Education of the King*, tr. by George Albert Moore, Country Dollar Press, 1948, p. 136;「王と王の教育について」『中世思想原典集成二〇　近世のスコラ学』上智大学中世思想研究所・田口啓子編訳監修、秋山学・宮崎和夫抄訳、平凡社、二〇〇〇年、六一七頁。なお、以下本書を「RRI」と略記。

（22）RRI, p. 136; 邦訳六一八頁。

（23）RRI, p. 137; 邦訳六一九頁。

（24）RRI, p. 147; 邦訳六三二頁。

（25）RRI, p. 149; 邦訳六三四頁。

（26）Skinner, *op. cit.*, p. 343; 邦訳六二三頁。

（27）Mariana, *De monetae mutationae*, 1609; reproduced in Laures, *op. cit.*, pp. 241–303; tr. by P. T. Brennan, S. J., “A Treatise on the Alternation of Money,” *Journal of Markets and Morality*, vol. 5, no. 2, Fall 2002, http://www.marketsandmorality.com/index.php/mandm/article/view/550/541; S. J. Grabill, ed., *Sourcebook in Late Scholastic Monetary Theory: The Contributions of Martín de Azpilcueta, Luis de Molina, S. J., and Juan de Mariana, S. J.*, Lexington Books, 2007; *A Treatise on the Alternation of Money*, tr. by P. T. Brennan, annotation by S. J. Grabill and introduction by A. A. Chafuen, Christian's Library Press, 2011, 4.1. ラウレス訳、前掲書、二三八頁。なお、以下本書を「MM」と略記する。数字は章と二〇一一年英語版の段落番号を示す。

（28）MM 4.3–5. 邦訳二四〇―二四一頁。

（29）ラウレス、前掲書、三一一頁。漢字の旧字体は改めた。

（30）同上書、三二四頁。

（31）同上書、三二五頁。

（32）飯塚、前掲書、三三〇頁。

（33）同上書、三一七―三一八頁。

（34）同上書、三一九頁。

（35）同上書、三三一頁。

（36）同上書、三二八―三三〇頁。

（37）同上書、二二二頁。

（38）MM 1.3. 邦訳二二六頁。

（39）MM 2.6. 邦訳二三一頁。

（40）MM 2.7. 邦訳二三二頁。

（41）MM 3.4. 邦訳二三五―二三六頁。

（42）MM Preface. 1. 邦訳二二一頁。

（43）MM Preface. 4. 邦訳二二三頁。

（44）同書は『七論考』（*Tractatus VII*）の第四論考である。なお、同論集の諸論考には互いに緊密な関連性はない。

（45）ラウレス、前掲書、三三六頁。

（46）Rothbard, "New Light on the Prehistory of the Austrian School," in *Economic Controversies*, Ludwig von Mises Institute, 2011, chapter 9.

（47）Soto, J. H. de, "Biography of Juan de Mariana: The Influence of the Spanish Scholastics (1536–1624)," http://mises.org/page/1458/Biography-of-Juan-de-Mariana-The-Influence-of-the-Spanish-Scholastics-1536-1624, Year Unknown; reproduced in R. G. Holcombe, ed., *15 Great Austrian Economists*, Ludwig von Mises Institute, 1999, chapter 1, p. 10. なお、一六世紀ころの飛地帝国の両端地域は、両者と交易したイタリアが架橋した。さらに、サラマンカ学派の学説のなかには、主観価値論、コストの物価決定論、均衡成立不能論、動学的競争論（完全競争の否定）、時間選好論、インフレ批判、微少準備銀行制批判、銀行預金の貨幣性、政府統制批判、介入の自然法侵犯批判などがそろっており、きわめてオーストリア学派的である。

（48）*Ibid.* メンガーとこの伝統との出会いを補足しておこう。フランスではスコラ経済学の影響がカンティロンやテュルゴに跡をとどめたがスペインでは衰退し、国家衰亡後の一八～一九世紀のデカダン期に復活した。哲学者・神学者のバルメス（Jaime Balmes 1810–1848）がその代表者で、彼はダイヤモンドと水をめぐるいわゆる「価値のパラドクス」を限界理論で解決し、メンガー以前に主観価値論に限界原理を加味した。

（49）Grice-Hutchinson, *op cit.*, p. 27.

（50）Kauder, E., *A History of Marginal Utility Theory*, Princeton University Press, 1965, chapter 1. 斧田好雄訳『限界効用理論の歴史』嵯峨野書院、一九七九年。

（51）Rothbard, *Economic Thought before Adam Smith*, p. xii.

（52）Soto, "New Light on the Prehistory of the Theory of Banking and the School of Salamanca," *Review of Austrian Economics*, vol. 9, no. 2, 1996, http://mises.org/journals/rae/pfd/R92_4.pdf; *idem*, *Money, Bank Credit and Economic Cycles* [*Dinero, crédito bancario y ciclos enonómicos*, Únion Editorial, 1998], tr. by M. A. Stroup, 2nd edition, Ludwig von Mises Institute, 2009, pp. 78–97. これは主に一五五〇年代までのカルロス一世時代の話である。神聖ローマ帝国皇帝カール五世でもあった彼はフッガー家に擁立され、新大陸貿易船や徴税権を担保に巨額の貸付を受けたが、同家は一五五七年にほぼ倒産に追い込まれた（*ibid.*, 83）。当時のスペインは現代のアメリカ並みの大国だったが、これが国家衰亡の重要な一因となった。なお、イエズス会士のマリアナはザビエルやフロイスの同僚である。

（53）Soto, "Juan de Mariana," in Holcombe ed., *op. cit*, p. 2.

（54）岡橋保『貨幣論』新版、春秋社、一九五七年、三九頁。飯塚は同書四〇頁からの孫引きでミーゼスは貨幣価値を素材価値に解消したと記すが（飯塚、前掲書、三七一頁）、単純な誤りである。ミーゼスは間接交換財に選ばれた財にプレミアムがつくと考えている（村井、前掲書評）。

(55) 岡橋は、価値法則と効用理論の相反性に悩み抜いた末に自ら論理破綻した。彼によると「価格にあってはすべての商品の価値の同質化が前提されなければならないが、異質効用の同質化は不可能であるから」効用では価値を説明できない（岡橋、前掲書、四〇頁）。一方で価値尺度機能が交換手段機能に論理的に先行するが（三九頁）、他方で貨幣が交換を可能にするのではなく交換が貨幣を可能にする（五九頁）。そして、（脈絡なく）貨幣は金でなければならない（六〇頁）。混乱の収拾は困難だが理由の説明は簡単である。価値形態論は価値論と貨幣機能論を統合する試みだが貨幣起源論は与えない。物々交換では定義によって尺度となる媒介財はない。媒介財が選ばれると人はそれを所持財と交換して入手するが、これはまだ無尺度交換である。この媒介財の目的財との交換件数が増すと交換比が一定化するだろう。これが媒介財の尺度性の表象を生む。つまり、むしろ交換手段機能が価値尺度機能（実際は建値機能）に先立つ。この順序を裏返すと、実は貨幣の生成がありえなくなる。貨幣が交換において尺度となるには無尺度（物々）交換が有尺度（有貨幣）交換に移行する必要があるが、有貨幣交換の前提が尺度なのに現在は無尺度なので有貨幣交換は生じない。ミーゼス説に目配りしたことは評価できるが、彼はその内容の最も重要な部分を誤り伝えている。それもマルクス説の忠実な再構成にこだわりすぎたためであろう。マルクスとミーゼスの結合に成功する者は未来永劫現れないだろう。結局、価値論・貨幣機能論・貨幣起源論を統合できているのはオーストリア学派だけである（村井、前掲書評）。メンガーやミーゼスの根本的革新性はここに存する。それはプロセス重視という方法の賜物である。

(56) Rothbard, *What Has Government Done to Our Money?*, 1963, 5th edition, Ludwig von Mises Institute, 2005, pp. 27–28. 岩倉竜也訳『政府はわれわれの貨幣に何をしてきたか』Kindle Books, 二〇一三年（電子書籍）、またその邦訳に関する村井、前掲書評を見よ。

(57) Holcombe ed. *op. cit.* 同書はカンティロン、テュルゴ、セー、バスティアらをオーストリア経済学者に分類している。我田引水との批判もありえるが、大陸経済学史が六世紀を超えることを考えると、むしろオレームあたりから始めるべきだったと批判する方が適切である。なお、ロスバードはスミスを近代的な経済学の祖と見る通説を否定したシュンペーターを継承し、カンティロンを真の祖としている（Rothbard, *Economic Thought before Adam Smith*）。

(58) Tuck, R., *Natural Rights Theories: Their Origin and Development*, Cambridge University Press, 1979, pp. 25–31.

（59）シカゴ学派は新規貨幣が最終的に一様に物価水準を高めると考えるが、オーストリア学派は途中のプロセスで所得分配に不公正が生じると指摘し、これを「カンティロン効果」と呼んでいる。新規貨幣を入手するのが早い者は低い物価で財を入手できるが、遅い者は物価上昇後に貨幣を入手し、実質的に課税されたも同然である。この課税には同意はおろか告知すらないから所有権侵害に当たる。第四章（生越）がタックに依拠してふれるような基本（自然）権としての所有権は、貨幣操作がある限り原理的に侵害を免れることはありえない。課税なら議会承認をへているが、利下げでインフレを起こす中央銀行の総裁は選挙で選ばれていないから中央銀行にはいまだに国制論的に正当な位置づけが与えられていない（村井「アイン・ランド・コネクション3」）。敢えて言えば、中央銀行とは隠れた封建遺制である。現代文明とは政府による「公共窃盗」を国制の不可欠の構成要素として組み込んだ窃盗文明である。

（60）第一一章（米田）がカンティロンに、また終章（田中）がヒュームに取材して述べる「物価正貨流出入機構」論は重商主義批判の経済理論として重要な意味を持ったが、物価調整なき現代ではケインズ的パラダイムが幅を利かせている。貨幣を増量して物価安定を図ることが現代の経済政策の基本指針であるから、そのもとで物価調整がおこなわれることは原理的に期待できない。しかし、物価調整論を過去の思想として一蹴することが啓蒙的だとは思えない。改まって一言しておくが、インフレ（貨幣増量）主義をやめれば物価調整が目の前にまざまざと姿を現すであろう。どんな思想も昔のものの焼直しだと述べたケインズの思想も重商主義のリサイクルであったが、脱インフレ時代が数世代続けば、そのあとには逆にケインズ的パラダイムが古拙と感じられるようになるであろう。人々は能力に応じて働き、（必要ではなく）能力に応じて取るだろう。しかも、いまより生活水準は高いだろう。その日初めて、この問題については啓蒙の理想が実現して野蛮が消滅し、オープンエンドだった啓蒙に幕引きの日付が打刻されるだろう。中世に始まる啓蒙思想の系譜を振り返った学者たちは、物価安定論という火山灰を払いのけて思想の古層に埋もれていた物価変動論を掘り起し、そこに経済理論の活けるポンペイを見出すであろう。

第三章　一七世紀イングランドのトレイド論争
――オランダへの嫉妬、憧れ、警戒

伊藤誠一郎

第一節　歴史のなかのオランダとイングランド

いつの時代においても諸国家は常に経済競争にさらされていた。たとえばデイヴィッド・ヒュームの言葉でいえば「貿易の嫉妬」を抱え続けていたことは、今日の世界のことを考えればわかるし、ここで焦点をあてようとしている初期近代のヨーロッパについては、ホントの『貿易の嫉妬』やウォーラーステインの『世界経済システム』など多くの経済思想史と経済史の研究が示してきたところである(1)。

しかし、ここで注目したいのは、それぞれの時代の競争が、その時代の人々の視線から見たとき、その国とその国が目標とすべきモデル国との関係のなかで論じられることが多かったということである(2)。いわゆる後進国が先進国を、一方で憧れの対象とし、真似るべきモデルとしながらも、他方で嫉妬と警戒の対象としていることは現代のわれわれ自身の世界のこととしても実感できる。しかし、ヘゲモニーを握った国の歴史をふりかえるときどうしても、その国がそれ以前のヘゲモニーを常に意識しながら成り上がっていったことを忘れがちである。

ホントは、初期近代ヨーロッパにホッブズの「国家の嫉妬」の変容としての「貿易の嫉妬」、すなわちナショナリズムの経済領域における展開をみたが、他国への意識は、そうした政治的イデオロギーには還元しきれない多様な側面において、ときには素朴なかたちでみられた。本章で見ていくのは、一七世紀、すなわちまだパクス・ブリタニカの時代がおとずれることなど知りえなかった時代のイングランドであり、彼らがどのように、彼らの真似るべきモデルであった憧れの国オランダを論じてきたかということである。

ヨーロッパにおける「オランダの優位」[3]が一七世紀後半から一八世紀前半にかけて見られたことは、すでにウォラーステインがスペイン、オランダ、イングランドへのヘゲモニーの移行の物語のなかで論じているし、大塚久雄もオランダ型経済に注目していた[4]。最近ではイズリールの他、オームロッドも、とくにイングランドとのライバル関係のなかでオランダの盛衰を詳細に描いている[5]。また、イズリールは別の大著でスピノザをヨーロッパの啓蒙運動の要にすえている[6]。何よりも初期近代のヨーロッパが恐れていたスペインやフランスによる普遍君主政への野心が、オランダにおいてはそうした政治力ではなくトレイド（商業・貿易）の力を通じた別のかたちで展開されようとしていたこと、そしてそのヨーロッパのパワー・バランスのなかでイングランドとオランダがどう対峙したかということをピンカスは第一次、第二次英蘭戦争の両国の駆け引きのなかに見出した[7]。

しかし、本章で焦点をあてるのは、とくに経済、当時の言葉でいえばトレイドをめぐる諸議論のなかでどのようにオランダとイングランドの関係が論じられたか、とくに一七世紀のイングランドが、スペインのしがらみから解かれヨーロッパ経済の頂点に君臨したオランダから何を学ぼうとし、オランダ社会・経済をどのように分析したのかということにある。イングランドにとってオランダはながくそのモデル国であり続け、すでに衰退期に入っていた一八世紀終盤においてさえ習うべき手本であった。一七七六年の『国富論』でスミスは、彼自身が第二編第二章で展開した当時最先端の信用制度論が示すものとは原理的に必ずしも相容れるものではないにもかかわらず、あえて長い「余論」を第四編に付け加えて、アムステルダム銀行を称賛している。しかし本章で取り上げるのは一八世紀ではない。ここではオランダがヨーロッパ経済の頂点に上り詰めていく一七世紀の中葉を取り上げ、イングランドの著作家たちのオランダへの思いと分析を描き出していきたい。

第二節　ジョン・キーマー

一七世紀はじめから、すでにオランダとイングランドのトレイドの比較を主たるテーマとした論考が書かれ、また刊行されていた。ワイン商人、ジョン・キーマー(8)は、一六〇一年に「オランダの漁業についての諸観察」を書き、エリザベス女王に献呈し、そこでイングランドの学ぶべきモデルとしてオランダのトレイドを論じている(9)。これは、トマス・マンの『イングランドの財宝』が死後出版されたのと同じ年、一六六四年に活字となり刊行される。ここでキーマーは自らがドイツ、フランス、その他いくつかの自由国家を旅行したと言い、その際とくにオランダ、なかでもその造船業とニシン漁を中心とした漁業に強い関心を抱いたとして、大きな称賛を与えている。

キーマーによると、オランダにはホップやチーズなど以外の国内生産物がないにも関わらず、どの町にも豪華な建物がならび、あらゆる種類の商品がある。彼らがとったタラはロンドンで売られ、彼らは「もっとも質のいい金をもちさり」、イングランドの「富と力」を奪う(10)。フランス人やオランダ人はイングランド、スコットランド、アイルランド沖で六月から一一月までとどまって漁をするが、イングランド人はニシンが戻るまでは漁に出ないし、アイルランド人にいたっては、借金をしてどうしようもなくなるまで漁には出ず、出たとしても朝九時にはもどって、酒場に行ってまた借金をするまで酒を飲んでしまう。とはいえキーマーにとって、漁業そのものは産業としては非常に有益なものであった。漁業は船舶と船乗りを強化し、雇用を作り出し、他のあらゆる産業を改善し、貨幣をもたらすものであった。そしてもし漁業がさかえれば、やがて怠惰や物乞いもなくなるだろう、という。[11]

過去、すなわち一六〇一年に女王に献呈した上記の提言が、「脇におかれ、検討されてこなかったのではないか」と懸念したキーマーは、一六二〇年に再度王への進言を試みることとし、「海外とイングランドの交易に関する観察」を書いた。[12]そこで彼は、自国の生産物がないオランダのような国々がどのように製造業と交易で豊かに強くなることができるのかを示そうとした。キーマーによると、それらの近隣諸国は外国製品を買い占め、貯蔵庫に保管し、それらの商品が欠乏するときに外国に売りつける。その結果富と軍事力は増し、それだけでなく、貧民らの雇用もつくりだせる。さらに、彼らの低関税と交易の自由は彼らに繁栄をもたらす。とくにイングランドと比較してのオランダの船舶の長所は、大型貨物をより少人数の船員で運べる、したがってより少ない賃金しか必要でない点にあるという。また、オランダの低い関税も、そのことによって輸出入が全体として増えるのであるから、関税も総額としては増えていると指摘する。[13]

キーマーはオランダ、イングランドとその他のヨーロッパのトレイドとの比較もする。フランスでは一年のうちの一定期間、または場所によっては一年じゅう関税がかからない。デンマークでは、一時期をのぞいて自国商人に対する関税はない。ハンザ同盟の諸都市では多くの点においてオランダの真似をしている。フランス、スペイン、イタリア、トルコ、東西インドの商品は、オランダ人によって、ポーランド、デンマーク、スウェーデン、ドイツなど北東の国々に輸送され、逆方向の交易もオランダ人によってなされる。イングランドの方が「貯蔵庫としてはずっとよい」はずなのに、そうなっていない。オランダ、エムデン、ハンブルクの人々は、貯蔵庫を駆使し、魚、ワイン、穀物などを普段買占め、欠乏のときに高く売りつけることによって、自国産物がなくとも豊かになることができた。ただし、キーマーは、この貯蔵庫のメリットは、ジェノヴァでは高関税によって台無しにされたのに対し、他方フィレンツェは低関税によって繁栄したことも指摘する。[14] 後の論争で、この貯蔵庫は、イングランドが優良な担保を信用制度の整備の基礎として考えるときに、重要な意味をもってくる。[15]

オランダが「大貯蔵庫（greate storehowses）」となっていることによるトレイドの優位は繰り返し強調される。フランスやスペインはブドウ園や塩をもっているが、オランダはそれらの貯蔵庫となり輸出することによって栄える。イングランドは羊毛、鉛、スズ、穀物、石炭、木材のような自然産物が豊富なのにもかかわらず、オランダは、イングランドの未完成の羊毛製品の仕上げをする。そして、そうした製造品をもってオランダ人はヨーロッパ中どこにでも行く。それを可能にするのは、イングランドよりもすぐれたオランダの造船技術である。何よりもそのすぐれた船舶こそが、大量のニシンの捕獲を可能とし、オランダに貨幣と他国産品をもたらす。[16]

そうしたイングランドのオランダに対する劣位の理由として、キーマーは、価格設定など商売が下手であること、未熟な国内製造業、鋳貨の過小評価の三点をあげる。しかし、キーマーの関心の中心は漁業にあった。イングランド、スコットランド、アイルランドの沿岸漁業における二万の船と四〇万人の漁業就業者のうち、オランダ人は三〇〇〇の船と五万の雇用をしめた。そしてキーマーが言うには、その三〇〇〇の漁船は、それが獲得した魚の輸送と、帰りに商品をもちかえるために、さらに九〇〇〇の他の船と一五万人の雇用を生み出した。こうした漁業はイングランドにこそ必要であり、それは国を豊かにし、雇用を生み出し、豊富で廉価な商品をもたらし、船舶の増加は軍事力を強くし、その他のあらゆる種類の雇用を作り出し、王室の収入を増加させ、商人もふやすだろう。[17]

この請願書は草稿の書写というかたちで流通し、マコーミックがペティにみた、社会のエリート層における手稿類の流通による政策議論形成という「政治算術」[18]がここでも形作られていたようである。大英図書館のカタログによれば、複数の同一の草稿が同図書館に所蔵されている。[19]また、手稿としてだけでなく、刊行物としても一六五〇年にI．D．という著者の名で『イングランドとアイルランドの国民を豊かにし、非常に多くの数の貧民を仕事に就かせるためのはっきりした明確な方法』[20]というタイトルをつけて、言い回し上の多くの変更点はあるものの、基本的には同じものが出版される。

第三節　大空位期

レングによってベンジャミン・ウォースリーの著作とされた、[21]『代弁者、または、トレイドとの関連でのイングランドとオランダの物事の状態』[22]という言葉ではじまるパンフレットが、一六五一年に刊行された。そこではまずヨーロッパのパワー・バランスのシフトが指摘される。つまり、かつてスペインによる「普遍君主国」'Universal Monarchie'の企図がながく語られてきたが、いまや問題なのはオランダによる世界中の「普遍的貿易」'Universal Trade'の獲得である。そしてそれは、国土の広さではなく、その船の数の多さと強さゆえに可能であった。[23]

著者によると、オランダの優位点は、バルチック海貿易、ニシン漁、製造業、東インド貿易である。そしてこれらの利点はすべて、その多量の造船とすぐれた貿易及び航海のしかたによって可能となっている。オランダの商船は、「公費で」護送船をともなって航行しているので、武器をもたずに仕事に集中できる。彼らは、木材、羽目板、帆柱、穀物、塩といったバルチック諸国の商品を買い占め、イングランド人より安く売り、オランダ船なしではヨーロッパの貿易が立ち行かないようにさせてしまった[24]。

こうしたオランダの船舶や航海技術の優越のほかにも、著者はイングランドに対するオランダの優位点を列挙する。すなわち、大量の資金による外国為替市場の支配、彼らの製造品への信頼、貿易の管理・保護のための他国との条約、低関税、発明・発見の奨励。そしてさらに、「主要ではない付属的」な点としながらも、さらに三つの優位点を挙げる。低利子率、銀行によるトレイドの促進、土地の均等相続である[25]。

次の節でみるように、これはジョサイア・チャイルドがあげた、オランダを真似るべき諸項目と多く重なり合う。しかし、本章ではテーマとしては取り上げないが、大空位期にベーコン主義にもとづいた活発な社会改良運動を展開した、サミュエル・ハートリブを中心とする、いわゆるハートリブ・サークルの改良項目ともかなり重なる。この時期の社会改良運動は、スラックによると、救貧院、学校、病院、公的な質屋、抵当銀行、慈善銀行、雇用促進のための施設などの設立といった共通した「一連の改良企画（reforming bandwagon）」を含んでいた[26]。しかし、本章で取り上げるようなトレイドを中心テーマとして取り上げる諸論考のなかに、なぜかハートリブ・サークルの影響は直接には見られない。

ところで、『代弁者』の著者の議論は、まさにその刊行年である一六五一年に制定された航海条例を意識したものであった。ここで著者が示す製造業の一般的原理は以下のようなものであった。第一に、自然的産物はそれぞれさまざまな場所で見出せるが、加工品はどこからでも「移植」できる。第二に、すべての製造品には「一定の価値と価格」がある。第三に、市場ではより安い商品が好まれる。第四に、商品の低廉は材料の豊富さと豊かさによる。オランダはこの原理を理解しており、それへの注意が毛織物業の成功をもたらし、イングランドではその注意の欠落が衰退をもたらしている[27]。こうしたトレイドの原理は、戦争や航海に必要な商品や食料のながれを「締め出したり引き出す」こと、オランダ製品の販路を阻止すること、オランダ船の航行を弱体化させることによって、実践することができる。[28] この考えこそ航海法の意図するところであり、もしこれらのトレイドの原理が適切に考慮されるのであれば、「我々の航海の推奨と増加に関する、議会によって最近制定された法にたいして、不満（または我々への反論）の余地はほとんどないであろう」と、著者自身このパンフレットの結末において述べている。[29]

同じ年に出版され、やはりレングによってウォースリーの作とされるパンフレット、『自由港、そしてその特質について』は、オランダの成功の理由として自由貿易をあげ、イングランドもそれにならうことを推奨する。著者によれば、もし、オランダのように「緩やかな課税」で外国製品を上陸、保管させ、再輸出できる港が開かれるのなら、イングランドは繁栄するだろう。自由港の開港は、トレイドを活性化させ、貧民を雇用し、外国商品を安く豊富にし、飢饉と穀物不足を防ぎ、外国為替相場を引き上げ、地金をもたらし、国家の収入を増やす。[30]

著者はイングランドのオランダに対する優位点として、国土の広さ、港の多さ、豊富な商品、植民地、他国の港における自由と独立、港湾の良好な状態、沿岸の安全、優良な停泊地を指摘する。[31] しかし、他方で、イングランドの負の面も指摘する。イングランドはもっぱら国内消費のために交易をおこなっており、再輸出はしないので、富は失われていくのみである。したがって、もし自由港が開港され、輸出が奨励されるのであれば、ストック、船舶、そして関税収入もかならずや増えるだろう。[32]

第四節　王政復古期

王政復古後、第二次英蘭戦争がはじまる一六六五年に、オランダの歴史と現状を、とくにイングランドとの関係から詳細に論じた匿名のパンフレット、『ネーデルランド連邦の情勢の正確な調査書』が刊行された。この著者によると、ブリテン沿岸は、タラ、ニシン、イワシなどの魚が非常に豊富にとれ、その大部分はオランダ人がもちさっていく。(33) 著者はオランダの強さの理由を知るために、オランダがブリテン沿岸でおこなっている漁業から得られる利点を列挙する。しかし、それは彼自身が言うように、一六三三年に書かれたサー・ジョン・バローの『ブリテンの海の主権』から引いてきたものであった。バローは、船舶、船員、トレイド、都市と要塞、外国での軍事力、公収入、私的富、食料の八項目の増加を指摘し、(34)『調査書』の著者も同じ利点を取り上げる。(35) 両者ともに、キーマーと同じく、漁業にオランダの強さの源泉を見出し、それが、ブリテンの資源を利用してのものだと理解していた。

第二次英蘭戦争が終結したあとの一六六八年あたりから、ジョサイア・チャイルドによる、サー・トマス・カルペパーの一六二一年のパンフレット『反高利論』の再版、(36) およびチャイルド自身が書いた『トレイドと貨幣利子に関する簡潔な諸考察』(37) の刊行をきっかけに、イングランドの法定最高利子率を下げるべきか、利子率は自然にまかせておくべきかをめぐって多数の論者が論争を展開した。そこでの争点は、イングランドがオランダから学ぶべきものは何かであり、低利子率がその一つだとしても、それが人為的になされるべきか、それともオランダの低利子率はその他のオランダの優位点がもたらす自然な成り行きの結果であるのかにあった。

例えば、その他の優位点でもっとも強く求められたのが土地登記制度の確立であった。登記によって、土地の所有権、抵当権の状況を公的に保証し、明らかにすることによって、土地をより良質の抵当とし、健全な信用の拡大を可能とし、その結果として貨幣不足が解消され利子率も低くなる。これが法律による利子率引き下げに反対する陣営の考えであった。これに対して、何よりも低利子率がオランダから学ぶべき最優先のものであり、それこそがトレイドの改良・促進の「原因中の原因」であり、まず法定最高利子率を引き下げるべきと説いたのが、息子のトマス・カルペパーやチャイルドであった。(38)

チャイルドは『諸観察』で、イングランドがオランダに真似すべき一五の方策を提示している。それは、商人の知識と経験、男子均分相続土地保有、評判の高い商品、技術革新の推奨、低費用の大型帆船、節倹、教育、低関税と高い消費税、貧民の雇用、銀行の利用、宗教的寛容、商取引法、負債の手形の譲渡に関する法、すべての土地家屋の公的登記、そして低利であった。(39)すなわち、さきに見た『代弁者』の著者が挙げるオランダのイングランドに対する優位点のほとんどがチャイルドによっても指摘されることになる。ただし、銀行と低利子率に関しては『代弁者』ではあくまでも「主要なものではなく付属的」だとされているが、チャイルドでは、上記の一五項目の列挙のあとにあえて、オランダの豊かさの四つの原因として、土地の公的登記、銀行の設置、手形譲渡の法、節倹が繰り返して付け加えられる。(40)

一六六八年から数年間にわたって繰り広げられた利子率をめぐる論争がまだ冷めやらぬなか、ロジャー・コークは「第一部は、イングランドの強さ、富、交易の衰退の理由を、第二部は、オランダの交易がイングランドのそれをうわまわってなした成長と増加の理由を扱う」という副題のつく『交易論』を一六七〇年に刊行した。ここでも、これまで見てきた諸論考と同様、オランダとイングランドの交易が比較されるが、コークが決定的にそれまでの論者たちと異なるのは、方法論的な意識が強く、徹底しているということにある。彼によると、自らの方法は、幾何学、代数、神学、物理学、自然哲学と同じであり、それは、最初に「いくつかの原理をたて」、それにもとづく推論によって、定義、公準、そしてより普遍的なものとして公理を作っていく。[41]そして、実際彼はこの方法にのっとって議論を進めていく。内容としては、これまで見てきたのと同じ題材を扱っているが。

コークはまず、神が作ったすべてのものが人間の「技芸と勤勉」によって準備されたものであるという指摘からはじめる。それゆえ、人々はお互いに助け合い、交易をすることが必要になる。交易はいまやどの時代よりも栄え、それは自らを守る力をもたらす。交易によって引き出された財力によってスペインに立ち向かうオランダはその例である。[42]

本論に入ってコークは、自ら提示した方法論どおり、トレイド、貨幣、オランダ人、イングランド人、オランダ商人、イングランド商人、オランダ国家、イングランド国家評議会、といった用語の定義からはじめ、[43]それらの用語を用いて、次々と公準を列挙していく。最初にコークは、オランダは移民も含めたすべての国民にオランダ人と同じ特権を認めている、と指摘する。そしてサムュエル・フォートリーの『イングランドの利益と改良』[44]に依拠しながら、フランスからイングランドへの輸出の方がその逆よりも多いことを指摘したあと、[45]サー・ウォルター・ローリーを参照しながら、イングランドの手工業と漁業がオランダよりも高い潜在力をもっていることを主張する。[46]ここでコークがとりあげたローリーの「交易に関する諸観察」[47]とは、一六六一年に刊行された『サー・ウォルター・ローリーの遺稿』のなかの一五八頁から二〇七頁におさめられている「オランダ人や他の諸国民との交易と商業についての観察」[48]と考えられるが、これは先にみた一六二〇年のキーマーの論考であった。

公準の五から八にかけて彼が主張するのは、この時代に典型的なものであり、つまり、トレイドにとって貨幣が便利であること、外国貿易は国を富ます唯一の手段であること、人口の多さはトレイドを促進することであった。そして、反帰化法は移民にイングランド人と等しい自由と特権を与えない、という第九公準を示した後、コークは、イングランドへの航行をイングランド製の船舶に限定することを意図した航海法がイングランドのトレイドにとって有害であることを、公準を列挙しながら明らかにしようとする。ストックはトレイドを促進する。人員がトレイドの増進には必要である。木材が造船には必要である。船舶が航海には必要である。航海法以前に木材も、船舶も不足していた。航海法のために、イングランドの海運の衰退は外国製の船舶によって補うことはできなかった。(49)

このようにコークは航海法に批判的であり、それはこのパンフレットの中心的な主張であった。彼は別のところで、三段論法により、より明確に航海法を批判する。材木は造船に必要な材料である、イングランドの材木は航海法によって減らされた、それゆえ、航海法はイングランドの造船の妨げになっている、と。(50) また、次のようにも言う。航海法によって造船は衰退し、船舶も減少した、船舶の減少のためにイングランドの航海は妨げられた、航海は外国の海での漁業の唯一の手段であるので、航海法はそうした漁業を妨げていることになる、結果としてイングランド製品はイングランドの少数の商人によって輸出され、価格も彼らに管理されることになる。(51)

コークが唱えるのは、自由貿易である。航海法には、オランダがイングランドより多くの利益を刈り取っていくのを防ぐためという十分な「理由」があるのを彼は認めるが、しかし、イングランドのトレイド、植民地、アイルランドを豊かにするのは、むしろ「自由貿易」であると強調する。イングランドは航海法以前には大量の食糧をオランダより安く船舶に供給できたが、航海法以降ではオランダとフランスはアイルランドでより安く調達している。イングランドの東南部は、航海法以前にはフランドル、フランス、ポルトガル、スペインにバターを供給していたが、いまやそれは中断されている。アイルランドの家畜の輸入を禁止する法（一六六三年）以前には、イングランドはその植民地や他国からのあらゆる商品の「貯蔵庫（Storehouse）」だったが、いまやアイルランド人は彼らの牛肉を、フランス、オランダ、ゼーランド、フランドルへ輸送し、それらの国の生産物と交換している。[52]

コークは、当時資金のルートをゆがめていた高利貸しの類を批判しはするが、しかし彼の主張は何よりも、一国の「富と力」がトレイドに注ぎこまれる人の数、貨幣、ストックの多さによっていることにあった。オランダはこの原理をよく理解しており、イングランドがどこよりも見習うべきよい例であった。[53]

キーマーらわれわれが見てきた論者たちがしばしば強調していた、オランダの関税の低さについてもコークは言及する。彼によると、関税はトレイドの障壁となりうる。したがって、関税のかわりに、オランダのように内国消費税を課せば税収の額も変わることはないし、この低関税・高消費税によってオランダはイングランドの三倍の税収を得られるだろう、と指摘する。[54]

タイトルにあるように、第二部でコークはオランダの優位点を論ずる。第二部の最初に列挙される、オランダのイングランドに対する優位点に関する一八の公準の内容は興味深い。それは、勤勉、より良質かつより多様な材木などの生産物、造船、低関税、低利子率、教育、トレイドに関心のある為政者、よく管理されたビジネス、より低価格での売買、より少ない汚職であった。[55] さきほどの『代弁者』の著者やチャイルドが列挙するオランダの優位点と完全に重なるわけではないが、この時代のトレイドを論ずる諸論者の頭のなかに大まかな共通する、イングランドの真似するべきオランダの優位点のリストがあったことがわかる。

第五節　利子論争後

第二次英蘭戦争終結直後に起きた利子論争では、先にも見たように、オランダは、イングランドが目標とすべき要素をたくさん備えたモデル国としての確固たる地位を保持していた。一六六九年に貴族院で「交易の衰退と地代の下落について論議する」ために委員会が設置され、とくに利子率、不動産登記、外国人帰化について議論するよう命じられ、[56]チャイルドらが報告し、チャイルドは『諸観察』と同じようにオランダの優位点を列挙し、[57]オランダ・モデルの利点を熱心に強調した。[58]しかし、チャイルドらが主張した法定最高利子率の引き下げは最終的に否決された。[59]

一六七三年一〇月一五日の日付がついたウィリアム・ペティへの手紙によると、チャイルドは自らの、そして他の人のいくつかのパンフレットとともに、「未完成の論考」をペティに送っている。[60]一六九〇年に刊行された『交易論』の序文で、そのもとの原稿は二〇年前に書かれたものだとチャイルドは言うが、[61]おそらくこの論考を指していると考えられる。しかし、この原稿が書かれてから、それが活字になるまでの約二〇年間、彼は東インド会社に深く関わることになる。[62]この間彼は、レトウィンの言葉を借りれば、オランダへの「妬みと競争意識」をもちつづけた。[63]

東インド会社の支配人としてチャイルドは、政府秘書官への手紙のなかで東インド貿易の状況を分析する際、オランダへの警戒と敵対心を繰り返しあらわしている。チャイルドによると、いまや

「インドの」沿岸はすべてオランダ人のものになっており、インドの残りのすべての地域より価値のあるベンガルとの交易からすべてのヨーロッパ人を来年には出ていくように迫っており、私は彼らがそのつもりであると強く信じている。……彼らは二年以内には去年南海でそうしたのと同じくらいたやすく、残りのインドからすべてのヨーロッパ人を追い出す

だろう。[64] このように、チャイルドは一六八三年から四年間にわたって続く一連の手紙のなかで、「インドにおけるオランダ人のもくろむ独占的な帝国」はイングランドに「致命的」な結果をもたらすだろうという警告を繰り返す。[65]

こうしたオランダへの強い警戒や、ときおり見せる憎悪に近い感情表現は、オランダ賛美を前面に出した『諸観察』や貴族院の委員会での報告、そしてまた同じころ書かれた「未完成の論考」のあとのものであり、その未完成稿をもとにしたと考えられる一六九〇年の『交易論』は、さらにそのあとに刊行されたものであることを考えると、そこにおけるオランダ描写についても、いくらか注意を払って分析する必要がある。

まず、『交易論』のはじめのほうで、チャイルドは匿名のパンフレット『誤った貨幣利子』（一六六八年）とトマス・マンリーの『六パーセントの徴利を検証する』（一六六九年）[66]に答える。一六七三年のペティへの手紙のなかに登場するチャイルド以外の著者によるパンフレットとはこの二つであり、それを取り扱った『交易論』の序文は、一六七三年の未完成稿をもとにしていると考えるのは、無理な推理でないだろう。

チャイルドはこの序文でマンリーの批判に一つ一つ答え、法定最高利子率の引き下げこそが必要であることを改めて主張するが、しかし論点の中心はすべてオランダとの比較にあった。チャイルドによると、ただ利子率が高いことではなく、オランダより高いことが、改良を妨げ、交易と雇用の成長を止め、怠惰と奢侈をすすめ、そして航海、勤勉、技芸、発明をおしとめる。[67] また、賃金についても、有害なのは、高賃金そのものというよりも、オランダよりも賃金が高いことであった。高賃金は人々をイングランドからオランダにひきつけるからである。[68] また、チャイルドは、イングランドは一五の交易を失ったが、そのうち一一がオランダによって打ち負かされたものであり、さらにそのうちの五つの原因はオランダの低利率によるという。[69]

しかしチャイルドは、四八ページにわたる長い序文の最後に、ヨーロッパのパワー・バランスについての分析をし、もはやオランダだけが独占的な地位を占めているのではなく、フランスやスウェーデンがオランダと同様にイングランドの前に立ちはだかっていることを指摘する。[70] これが、そもそも一六七三年の未完成稿にあった文章なのか、その後に書かれたものなのかは分からないが、すくなくとも刊行された一六九〇年の段階においてチャイルドが、オランダの地位の絶対的優位が揺らぎ始めていたことを認めていたと言える。

チャイルドは本編の第一章において、ペティに送ったと思われるもう一つの論考『誤った貨幣利子』について、マンリーを批判した長い序文に匹敵する五四ページを費やして反論をする。ただしその内容は、チャイルドが『諸観察』において示した、低利子率はトレイドの繁栄の「原因のなかの原因」であるという主張の繰り返しである。

このように、多少論調の変化があったかもしれないとしても、序文と第一章におけるチャイルドの考察は、基本的には、一六六八年から数年間にわたる利子論争の文脈で書かれていた。ところが、第二章以降の構成、内容は明らかに序章や第一章とは異なるものであり、おそらく序章、第一章は上記の未完成稿がそのオリジナルであったのに対し、第二章以降はその後、しかも『交易論』にかなり近い時期になって書かれたものと推測できる。その理由は以下見るようにいくつかある。

例えば、第二章は、一六八一年に書かれたとされる『サー・ジョサイア・チャイルドの貧民の救済と雇用に関する提案[71]』と同じものである。ここで彼は、貧民救済のために必要な救貧院、病院、貧民矯正施設の設立、貧民を植民地へ送ること、銀行や抵当銀行の設立を提案する。[72] しかしこれは、部分的に『諸観察』における一五項目のリストに重なるが、ここでは貧民救済の目的に特化して提案されており、またオランダを意識したものでもなかった。

しかし、後続の章では、再びオランダがライバル国として登場する。第三章では、チャイルドは貿易に対する規制を批判し、オランダが自由貿易によって栄えていることを指摘する。そして第四章では、オランダがイングランドのような航海法を必要としないのは、低利子によって交易が栄え、「トレイドの領域の主人」となっており、優れた軍隊ももっているからであると指摘する。(73) チャイルドの羊毛の輸出に関する議論は、オランダとのライバル関係の文脈のなかにある。つまり世界の繊維貿易を支配したいのなら「オランダ人を真似る」べきであるとい い、また、イングランドの繊維素材の輸出規制は結果としてオランダ人を利することになるという。(74)

とはいえ、『交易論』におけるチャイルドは『諸観察』におけるオランダ・モデルを基軸としてはおらず、「一般原則(the general Rules)」を見つけることの必要性を説く。(75) その原則とは雇用の増加、ストックの増加、貿易の簡易化、イングランドとの貿易が相手国にとって有利となるようにすること、の四点にある。そしてこの原則を実現するために彼は、雇用増加のためには、帰化法の成立、商人社会の拡大、居住者の受け入れ、利子率の引き下げ、宗教的寛容の推進を、そして、ストック増加のために、手形の送付のための法整備、植民地貿易のイングランドへの限定、木材の貿易の確保、イングランドの羊毛の輸出の阻止、漁業の推奨、国債の期限通りの支払い、祝日の削減を提案する。(76)

また、容易な貿易のために、やはり手形送付の法整備、商人裁判所、課税払い戻しの問題解消、利子率引き下げが、最後に、イングランドとの交易を有益にするために、軍事力、より安い商品の供給が必要だという。(77) 最終的には、結局のところ最も必要なのは利子率の引き下げだという彼の昔からの主張を引き出してくるが、(78) しかし、『諸観察』に見られたように、オランダ・モデルを真似るためにはどうしたらよいかという時論的な論法というよりは、レットウィンのいう「科学的な」分析とまではいかなくとも、アドホックではない、より整理された議論が『交易論』においては見られる。

おわりに

以上で扱ってきた一七世紀のイングランドの諸論者によるオランダ論は、例えば航海法に賛成か反対か、オランダから学ぶべき最優先のものは何か、というような視点からグループ分けすることもできる。しかし、実際それぞれの論者の議論を見ていくと、むしろいくつかの共通した視点、論点が目につく。例えば、オランダは自国の国内生産物がなくとも、世界貿易の貯蔵庫となることによってトレイドを優位に進めることができた。オランダの造船技術は優れており、これこそが漁業の繁栄をもたらし、それがオランダのその他の産業の繁栄を引き出した、などという主張である。そして何よりもイングランドの諸論者はこれらのオランダの優位点はいずれも、イングランドが真似し、そのことによってオランダを凌駕できると確信していた。

また、彼らは、オランダから学ぶべき点をいくつもの項目にわたって共有していた。ただし、どれを重視するかは論者によって異なり、本章では中心的なテーマとしては扱わなかったものの、土地の公的登記、低利子率などはとくに集中的に論じられ、それ自体が別の論争を引き起していた。本章で取り上げた諸論考が重視したのは、トレイド、なかでも漁業であり低関税であった。

このように、この時代のイングランド人によるオランダ賛美は、多岐にわたっており、宗教的自由、寛容といった思想的側面と同様、経済・社会の多くの面にわたっていた。しかし、例えばチャイルドのオランダの論じ方は時期を追って、憧れ、敵意から、やがて一六九〇年代にはかなり相対的な位置づけをするようになってきている。そのころにはもはやライバルはオランダではなくフランスにうつりつつあったし、何よりも名誉革命とはイングランドのオランダ化であり、対フランス戦争そのものであった。[79] しかし、とはいえ、イングランド人、あるいはスミスのようなスコットランド人もこのあと、オランダのヘゲモニーが終わった後も、この理想モデルを追い続けることになるということは最初に指摘したとおりである。

注

（1）Hont, I., *Jealousy of Trade: International Competition and the Nation-State in Historical Perspective*, Cambridge, Massachusetts, and London, England: The Belknap Press of Harvard University Press. 2005. 田中秀夫監訳『貿易の嫉妬』昭和堂、二〇〇九年。Wallerstein, I., *The modern world-system. 2, mercantilism and the consolidation of the European world-economy, 1600–1750*, London: Academic Press, 1980.

（2）例えば本書第一九章（原田）も、ドイツがスミス経済学およびイギリス経済から何を学ぼうとしたかについて扱っている。また、第一章（松森）が扱っているスペインのサラマンカ学派の思想が、その後どのように他のヨーロッパの国に受け入れられていったかということを見ることは、先進国スペインの思想がその他の後進の国々にどのように受け入れられていったかを知ることであり、今後そうした研究が待たれる。もう一点、本書第七章を執筆している古家弘幸氏との会話から（二〇一二年五月ロシア、ペテルブルクで開催されたヨーロッパ経済思想史学会の際に）、そもそも啓蒙というのは、先進国の思想をどのように後進国が取り入れていったか、ということではないかというヒントをいただいたことをここに記しておきたい。

（3）Israel, J. I., *Dutch primacy in world trade, 1585–1740*, Oxford: Oxford University Press, 1989.

（4）Wallerstein, I., *The modern world-system. 2*; 大塚久雄『近代欧州経済史序説』岩波書店、一九六九年。

（5）Israel, *Dutch primacy*; Ormrod, D., *The rise of commercial empires: England and the Netherlands in the age of mercantilism, 1650–1770*, Cambridge: Cambridge University Press, 2003.

（6）Israel, J. I., *Radical enlightenment: Philosophy and the making of modernity 1650–1750*, Oxford: Oxford University Press, 2001.

（7）Pincus, S. C. A., *Protestantism and patriotism: Ideologies and the making of English foreign policy, 1650–1668*, Cambridge: Cambridge University Press, 1996.

（8）*ODNB*ではKeymerだが、一六六四年版の*Observation*ではKeymorになっている。Matthew, H. C. G. and Harrison, B. (2004). *Oxford dictionary of national biography (ODNB)*, Oxford:

Oxford University Press.

(9) Keymer, John, A petition, GB 0096 MS 189, London University, Senate House Library, fos. 2–5. これは、後に活字となり一六六四年に刊行された。Keymor, John, *John Keymors observation made upon the Dutch fishing about the year 1601: demonstrating that there is more wealth raised out of herrings and other fish in His Majesties seas by the neighbouring nations in one year, then the King of Spain hath from the Indies in four: and that there were twenty thousand ships and other vessels and about four hundred thousand people then set on work by both sea and land, and maintained only by fishing upon the coasts of England, Scotland, and Ireland*, 1664. 本章では、この版を利用した。

(10) *Ibid.*, pp. 1–5.

(11) *Ibid.*, pp. 9–12.

(12) Keymer, J., 'Keymers Booke of observac'ons for your most excellent Ma.[tie] touchinge trade traffique beyond y[e] seas and in England', GB 0096 MS 189, London University, Senate House Library, 1620, fos. 8–15.

(13) *Ibid.*, fos. 9–10. Violet Barbourはオランダの交易の強みは、大型貨物の船舶にあるという。Violet Barbour, 'Dutch and English Merchant Shipping in the Seventeenth Century', *The Economic History Reveiw*, vol. 2, No. 2, 1930, pp. 261–290.

(14) Keymer, 'Keymers Booke of observac'ons', fos. 10–11.

(15) Ito, S., 'The making of institutional credit in England, 1600–1688', *European Journal of the History of Economic Thought*, 18 (3), 2011, pp. 487–519; Ito, S., 'Registration and credit in seventeenth-century England', *Financial History Review*, vol. 20: 2, 2013, pp. 137–162を参照。

(16) Keymer, 'Keymers Booke of observac'ons', fos. 11–12.

(17) *Ibid.*, fos. 12–14.

(18) McCormick, T., *William Petty and the Ambitions of Political Arithmetic*, Oxford: Oxford University Press, 2009.

(19) John Keymer, Observations on trade and commerce; 1620. *Copy.* BL Add MS 48063, ff. 253–260: Cotton MS. Titus B. V, ff. 231–234b; Harley MSS. 5111, ff. 36–42b and 6273, ff. 151–163; Lansdowne MSS. 216.

(20) I. D., *A cleare and evident way for enriching the nations of England and Ireland, and for setting very great numbers of poore on work*, London, 1650.

(21) Leng, T., *Benjamin Worsley (1618–1677): trade, interest and the spirit in revolutionary England*, Woodbridge: The Boydell Press, 2008, p. 75.

(22) Philopatris[B. Worsley], *The advocate*, London, 1651, p. 1.

(23) *Ibid.*, pp. 1–2.

(24) *Ibid.*, pp. 3–4.

(25) *Ibid.*, pp. 7–10.

(26) Slack, P., *From reformation to improvement: Public welfare in early modern England*, Oxford: Clarendon Press, 1998, p. 78. この時期の慈善銀行や抵当銀行の設立案については、Ito, 'The making of institutional credit' を参照。

(27) [Worsley], *Advocate*, pp. 7–9.

(28) *Ibid.*, p. 12.

(29) *Ibid.*, p. 14.

(30) B. W., *Free ports, and the nature of them stated*, London, 1651, pp. 3–4.

(31) *Ibid.*, pp. 4–5.

(32) *Ibid.*, pp. 7–8.

(33) Anonymous, *An Exact survey of the affaires of the United Netherlands: comprehending more fully than any other thing yet extant, all the particulars of that subject: in twelve heads, mentioned in the address to the reader*, London, 1665, p. 109.

(34) Borough, John, Sir. *The soveraignty of the British seas: proved by records, history, and the municipall lawes of this kingdome/written in the yeare 1633 by.,. Sr John Boroughs*, London, 1651, p. 116–.

(35) Anonymous, *An exact survey*, 1665, p. 110.

(36) Culpeper, T., 'A tract against usurie' in Child, Sir J., *Brief observations concerning trade and interest of money*, London, 1668.

(37) Child, *Brief observations*.

(38) Ito, 'Registration and credit'; Ito, S., 'Interest controversy in its context', pp. 321–343, *HETSA2008 Conference Papers*, 2008; 伊藤誠一郎「一七世紀イングランドにおける信用と基金」『経済学史学会大会報告論集　第七七回全国大会』、経済学史学会、二〇一三年五月、一〇一－一〇六頁。

(39) Child, *Brief observations*, pp. 3–6.

(40) *Ibid.*, p. 19.

(41) Coke, R., *A discourse of trade, in two parts: the first treats of the reason of the decay of the strength, wealth, and trade of England, the latter of the growth and increase of the Dutch trade above the English*, London, 1670, Dedicatory p. 1.

(42) *Ibid.*, pp. 1–2.

(43) *Ibid.*, pp. 1–2.

(44) Fortrey, S., *Englands interest and improvement: consisting in the increase of the store and trade of this kingdom*, Cambridge, 1663.

(45) Coke, *A discourse*, pp. 2–3.

(46) *Ibid.*, pp. 3–4.

(47) *Ibid.*, p. 4.

(48) Raleigh, W., 'Observations touching trade and commerce with the Hollander and other nations', in Sir. *Remains of Sir Walter Raleigh; viz. Maxims of state. Advice to his son: his sons advice to his father. His sceptick. Observations concerning the causes of the magnificencie and opulency of of [!] cities. Sir Walter Raleigh's Observations touching trade and commerce with the Hollander and*

other nations . . . The prerogative of Parliaments in England . . . His letters to divers persons of quality, London, 1661.

(49) Coke, *A discourse*, pp. 4–6.

(50) *Ibid.*, pp. 24–25.

(51) *Ibid.*, pp. 26–29.

(52) *Ibid.*, pp. 33–35.

(53) *Ibid.*, p. 36.

(54) *Ibid.*, p. 42.

(55) *Ibid.*, pp. 49–51.

(56) *Journal of the House of Lords*, vol. 12: 24 November 1669, p. 274.

(57) Report VIII. of the Historical M. S. S. Commission, p. 133.

(58) Pappillon, A. F. W., *Memoirs of Thomas Papillon of London, Merchant (1623–1702)*, Reading, 1887, p. 70.

(59) *Journal of the House of Lords*, vol. 12: 24 November 1669, p. 280.

(60) Child, Sir J., Letter to Sir W. Petty, British Library Add72850, 1673, f. 132.

(61) Child, Sir J., *A discourse about trade*, [London], 1690, Preface, p. 2.

(62) *ODNB*.

(63) Letwin, W., *The origins of scientific economics*, New York: Doubleday & Company, Inc., 1964, p. 42.

(64) Child, Sir J., Letters to the Sec. of State, 1st. Septr 1683, BL Add. 41822, fo. 25.

(65) Child, Letters to the Sec. of State, 6th. Sept 1683, BL Add. 41822, fo. 28.

(66) Anonymous, *Interest of money mistaken*. London, 1668; Manley, T., *Usury at six per cent. examined*. London, 1669.

(67) Child, *A discourse*, Preface, p. 9.

(68) *Ibid.* Preface, pp. 11–12.

(69) *Ibid.* Preface, pp. 21–26.

(70) *Ibid.* Preface, pp. 45–47.

(71) Child, Sir J., *Sir Jaosiah Child's proposals for the relief and employment of the poor*, [London], [1681?].

(72) Child, *A discourse*, pp. 67–68.

(73) *Ibid.*, p. 92.

(74) *Ibid.*, p. 132.

(75) *Ibid.*, p. 154.

(76) *Ibid.*, pp. 155–157.

(77) *Ibid.*, pp. 158–160.

(78) *Ibid.*, p. 164.

(79) Pincus, S. C. A., *1688: The first modern revolution*, New Haven; London: Yale University Press, 2009.

第四章　重商主義にみる野蛮と啓蒙――「帝国」の政治経済学

生越利昭

はじめに

本章は、経済思想において「野蛮と啓蒙」が最も先鋭に表現されるのは「貧困と富」、それに随伴する「隷属と自由」においてであるという見方から、それが経済学形成期においてどのように表現されたかという問題、特に重商主義的な経済認識のなかに表現された野蛮と啓蒙の問題を探究する。「貧困と富」の問題には、所有権の問題、富裕をめぐる利害対立、富裕化に伴う隷属という三つの側面があると考えられる。本章は、このうち特に第一および第二の側面に焦点を当て、第一節、近代的所有権の確立と自由な経済活動の解放、第二節、植民帝国における野蛮と啓蒙、第三節、重商主義的経済論における野蛮と啓蒙、の順に分析する。

第一節　近代的所有権の確立と自由な経済活動の解放

（1）近代的所有権の確立

啓蒙は、他に隷従しない独立した主体であるという個人の自己意識を基盤とする。それは、自らが固有の支配領域をもつという意識、いわば「自由」の意識であって、これはまた私的所有権の確立と不可分の関係にある。所有それ自体は、生存に必要な物の直接的占有という形態で原始社会以来存在しているが、それが私的所有権として明確に概念化されるのは、社会制度が確立して法的表現を与えられたローマ法以降のことであった。そこでは土地、奴隷、貨幣や商品などの動産、無体財（用益権のような）に対する所有権が明確に分類されていた。[1] ただし、近代以前の所有は特権階級（奴隷制を基盤とする市民、封建領主や貴族）のものであり、商品交換は生産と切り離され、生産過程そのものは氏族制的・奴隷制的ないし封建（農奴制）的な諸関係によって制約されていた。生産過程がこうした種々の強権的・共同体的拘束から解放され、すべての個人が商品の生産・交換過程に自由に関与して、自らの勤労の成果を自己所有権として享受することができるような、商品の交換・分業関係が一般化した資本主義的市場社会になって初めて、「近代的所有権」は確立しうると言えるのである。[2]

近代的所有権はまた、物の本体に対する個人的・排他的な「物的権利」（jus in re）であり、従来の「請求権」（jus ad rem）のような万人共有の用益権とは明確に区分される概念である。この概念転換は、一二世紀の法律家アックルシウス（Accursius, 1182–1263）が用益権と区別した「使用支配権」（dominium utile）概念（自己に必要なものを利用し支配することができる権利）を導入したことから始まり、トマス・アクィナス（Thomas Aquinas, c. 1225–74）がこれを占有権（possessio）の一種として私有権（proprietas）と区別し、私有を制限しようとしたものの、必要に対する所有（dominium）を自然的としたために、必要に対する物的権利も自然的とみなす論議に道を開き、一三二九年に教皇ヨハネス二二世が所有を自然権として正式に認めたことが決定的となった。(3) 所有権を明確に人間が主体的に構築しうる排他的専有権として規定し、所有の正当な根拠を同意に求め、近代的所有概念を確立したのはグロティウス（Hugo Grotius, 1583–1645）であり、この同意論がプーフェンドルフ（Samuel von Pufendorf, 1632–94）によって継承され、ここから、私的所有こそが法と秩序、および国家の正当性の主要な基礎とみなされるようになった。(4) アタリによれば、(5) 近代以前の「神々の秩序」と「帝国の秩序」の解体の後に、生が死を凌駕し、力や立地による支配・規制を脱して、生きる者の現世での幸福を実現するための自由な経済活動を可能にする貨幣に立脚した「商人の秩序」が登場する。これは早くも一一世紀ヨーロッパにおいて、封建制の周縁である諸都市を中心に組織され、次第に社会のあらゆるところに浸透していった。

貨幣と商品交換に基づく市場社会は、ヨーロッパにおいて相当早くから成立しており、マクファースンによれば、近代的所有権はこの資本主義的な市場経済を反映する「所有個人主義」の理論によって正当化された。これは、一七世紀半ばにハリントン（James Harrington, 1611–77）とホッブズ（Thomas Hobbes, 1588–1679）によって基礎づけられ、ジョン・ロック（John Locke, 1632–1704）によって確立された、とされる。(6) この見解を批判してポーコックは、古代ギリシアのオイコスにおける財産を個人の良き生活（力・余暇・独立）のための基盤とみなす古代的理念が、アリストテレスからアクィナスを経て、土地財産による独立を理想化するハリントンの農本主義に継承されたことを強調する。(7) それによれば、一六九〇年代半ばのイギリス財政革命以後の四半世紀に見られた農本的理念と商業的理念、古代的理念と近代的理念との論争が、一八世紀社会思想の大きな鍵であり、この過程を経て、洗練と上品という文明化された情念を重要な要素とする商業イデオロギー、動産（貨幣）と交換を基盤とする財産概念が優位を占めるに至る、というのである。ただし、両者の見解の相違は変化の正確な時期についてであって、どちらも「近代的、個人的、絶対的所有」は、「共同体的、制限的かつ制約的所有」からの転換によって確立したことを、共通の前提にしているのである[8]。

ここには、二つのタイプの「野蛮と啓蒙」の問題が存在する。第一は、身分、権威、権力による所有権に対する恣意的な制限・侵害と、それを批判する所有の合理的正当化の問題である。この問題を典型的に表現するのは、アダムの私的支配権が代々国王の絶対的家父長権として継承されたとして、人間の自然的自由や所有権を否定し、すべてを王に帰属させ、すべての人民を奴隷状態に貶めたフィルマー（Robert Filmer, 1588–1653）の王権神授説に対して、万人の「生命・身体・自由・財産に対する自然権」を確立し、私的所有権の根拠を個人の自己労働に求めたロックの「労働による所有理論」においてである。ロックは、王権神授説を奉じて王に追従する人々を厳しく批判し、次のように断じている。

彼らは、人間の生まれながらの自由の権利を否定し、それによって、すべての臣民を専制と圧制という最も惨めな状態に晒すのみならず、君主権そのものの権原を不安定にし、その位を動揺させた（というのは、彼らの言説によれば、君主たちもまた、ただ一人を除いてすべて奴隷として生まれつき、神授権によって、アダムの正統な後継者の臣民になるからである[9]）。

ロックはさらに、『寛容に関する書簡』において、世俗権力が良心の問題に介入することを拒否し、世俗権力が宗教的理由で所有権を奪ってはならないと主張した。すなわち、「たとえ誰であろうと、宗教上の理由によって世俗的な利益 goods を奪われてはならない。キリスト教の君主に服従しているアメリカ人であろうと、キリスト教を信奉していないという理由で、生命や財産を剥奪されてはならない[10]。」彼はまた『カロライナ基本憲法』

第九七条でも、「われらの植民と関わりある当地の先住民は、キリスト教にはまったく無知だから、偶像崇拝や無知や誤りがあるからといって、彼らを排除し、虐待する権利は、われわれにはない」と記している。[11] 所有権はあくまで各人に固有の自然権であって、宗教的理由で侵害されてはならない、というのである。ここには、権力による専制・圧制という野蛮を排し、万人の自然権を正当化する合理的論拠が明確に示されている。[12]

第二は、初期未開の野蛮状態と貨幣や商業の発展した文明社会との対比の問題である。ロックは、所有の正当な根拠として自己労働を提示する際、その労働が、「土地を共有地から囲い込み」「大地を切り開き、耕し、種をまき」「何ものかを大地に付け加えた」ことに着目し、[13] 労働による価値創造、貨幣の発明・蓄積による経済発展の方向を強調した。

これを論じる際に、ロックは未開の典型例としてアメリカ・インディアンをたびたび取り上げている。貧しいアメリカの諸部族は、肥沃な大地という豊かな資源を与えられていながら、労働によって改良する点が欠けているために、そこの国王はイングランドの日雇い労働者よりも貧しい。[14] アメリカのように、「今なお広大な大地が見いだされる。それは（そこの住民がまだ他の人類に加わって共通の貨幣の使用に同意していないので）荒蕪地のままであり、そこに住む人々が現に利用し、あるいは利用することができる以上に沢山ある。したがってそれはまだ共有のままである。[15]」この荒蕪地を占有し開墾することは、人類の資産を増加させるのであり、神の意図に適うものであって、誰の同意も必要ない。

ロックははっきりと、次のように言う。

すべての人の所有権は以上のような尺度［労働と生活の便宜のための占有］によって、まことにささやかなもの、誰をも傷つけることなしに占有しうるものに限定されていた。そしてこういう尺度は、世界が満ちているように見える今日においても、誰をも傷つけることがなければ、なお認められても良いであろう。個人あるいは家族を、アダムやノアの子らが初めて世界に住み始めたころの状態においてみるがよい。つまり、彼をアメリカのどこかの内陸の未開地に入植させてみるがよい。[16]

こうして、アメリカへの入植が、自然状態の荒蕪地開墾と同じものとして正当化される。ここでは明白に、未開な野蛮状態に対して、土地の私有(囲い込み)、勤労による土地の改良、貨幣の導入などによる文明化＝富裕化が対比され、進歩の観点が示されている。[17]

ロックの植民正当化論は、未開・野蛮を克服する文明化の観点に立ったものであるが、しかしながら、これはまた、先占や征服による国家の領有権を正当化し、ヨーロッパ文明による植民地支配という新たな野蛮を生み出すことになろう。この問題については、次節で詳しい考察を加えることにしたい。

(2) 自由な経済活動の解放から商業帝国へ

ところで、未開・野蛮から文明化＝富裕化への発展の論理は、それを可能にする手段が貨幣や商業の発展にあるという見方と結びつき、商業イデオロギーとして、ロックを始め当時の多くの論者によって展開されることになった。ただし、先のポーコックの指摘のように、土地所有を基盤とする市民の独立と徳を強調する古代的理念が根強く存在しており、貨幣や商業を重視する自由な経済活動が解放されるには、この伝統を乗り越える必要があった。この解放への動きは、比較的早い時期から始まっていたのである。

一六世紀後半に、モンテーニュ(Michel de Montaigne, 1533–92)は、古典的かつキリスト教的な徳性概念(英雄的勇気や自己犠牲)に潜む熱狂と非人間的な残酷さを批判し、それに対比して人間生来の「穏和さと安らかさ」を強調して、人間が苦痛を恐れ快楽を求めると同時に、他の存在に対する共感を抱く動物であることを提示した。[18]こうした「肉体の陶冶に軽蔑的かつ敵対的な非人間的な知恵」を奉じる古典哲学的伝統に対するモンテーニュの批判は、一七世紀において、ベーコン（Francis Bacon, 1561–1626）、デカルト（René Descartes, 1596–1650）、スプラット（Thomas Sprat, 1635–1713）、ウィリアム・ペティ（William Petty, 1623–87）、ロックなどによって受け入れられ、特にイギリスでは実践的生活を重視する考え方が広く展開された。[19]

ベーコンは、学問を政策や政治を妨げるものとして非難した古代ローマの監察官カトーを批判した上で、「学芸の誠実な研究は徳性をやわらげ、野蛮性を穏やかにすることは確かだ」というオウィディウス『黒海』からの一節を引用し、「それは人間の心から荒々しさ、野蛮性、激しさを取り去る」と言って、「政治的・軍事的な卓越性」よりも「精神的・個人的卓越性」を強調する。そして、利子を容認し、経済活動全体を表す「交易」（trade）の観点から社会を構想し、そのための「治国策」を唱え、航海や貿易の発展と科学や宗教の進歩を重ね合わせて、海外に知識を求める人を「光明の商人」（merchant of light）と名づけた。[20]

またスプラットは、「取引や商業」に従事する人を軽蔑する古代の考えをはっきりと否定し、[21]ペティは、ウィリアム・ペンに、ペンシルヴァニアでのラテン語やギリシア語の教育を止めて、「算数、測量、図工」を奨励するよう勧めた。[22]

ロックは、「全人類の自己保存こそ、あらゆる人の義務であり、宗教、政治、道徳を規定する真の原理である」と明言し、商業や技術や医学に好都合な社会秩序を奨励した。[23]ロックは、神の被造物である人間の「自己の快適な生活維持」のひたむきな追求こそ神の定めた自然法であることを、次のように論じる。

人間を造った神は、他のすべての動物に対してと同様に、人間にも自己保存の強い欲望を植え付け、そして、人間が地上で一定期間留まるよう、珍重すべき素晴らしい神の作品が自己の怠慢や必要物の欠如によって数秒の存続の後に再び消え去ることのないように、との彼の企図に役立つ、食物や鉱物それに他の生活上の必要物に適したものをこの世界に具備した。…中略…被造物への人間の所有権は、人間に必要で有益なものを利用する権利の上に、基礎づけられていた。[24]

後にドゥーガルド・ステュアート（Dugald Stewart, 1753–1828）が表現したように、ロックにおいては「徳性と啓蒙された自己愛（self-love）は一つで同じもの」だった。[25] このように、自由な経済活動の解放を経て、自己保存権と所有権が結びつけられたのである。

この自由な経済活動の解放はまた、貨幣と商業がもたらす富を基盤とした新たな帝国構想への道をたどることになる。アーミテイジによれば、マキァヴェッリが提起したアポリア、すなわち領土拡張的な帝国は国内の政治的均衡を破壊し共和的自由を喪失するという警告は、商業と貿易こそむしろ自由を発展させ、商業・貿易・自由を基盤とする海洋帝国を出現させるというヴィジョンによって乗り越えられることになる。[26]

ピューリタン信仰に基づく社会改良を目指したサミュエル・ハートリブ（Samuel Hartlib, c. 1600–62）は、経済的な交易（trade）の自由と思想交流の自由とを重ね合わせ、彼の下に結集したハートリブ・サークルの人々は自らを「真理の商人」（merchant of truth）と名乗った。彼らは、独占貿易会社を批判して「交易の自由」を唱え、それを論拠として「思想交流の自由モデル」を確立したのである。この一員だったベンジャミン・ウォースリー（Benjamin Worsley, 1617/18–77）は、一六四八年の匿名パンフレット『本王国に敬虔に提示される諸利益』において、生産の拡大、経済の多様化、植民地の組織的発展を推進する国家主導型の商業帝国を構想した。[27]

本書第三章（伊藤）でも論じているように、この時期多くの論者がオランダの繁栄を称賛し、その要因を交易と勤労（industry）と自由との結びつきに求めた。トマス・マン（Thomas Mun, 1571–1641）は、オランダが、スペインという強大な敵の力に対抗して自らの自由を守り、「商品貿易におけるたえざる勤労」によって、驚異的な進歩を成し遂げたことを称賛しつつ、今やイギリスにとって最大の脅威であると警告している。[28]サー・ウィリアム・テンプル（Sir William Temple, 1623–99）も、オランダの交易の発展を、その国の自由な国制と結びつけた。「交易は個々人の間の相互的な信頼がなければ生きながらえない。それと同様に交易は、公共と個人との双方の安全に対する信頼がなければ、したがって力・知恵・正義についての評価に基づく政府に対する信頼がなければ、あまり成長し繁栄することはできない。[29]」ロジャー・コーク（Roger Coke, ?–1703）もまた、オランダの繁栄は自由な交易によるものだとし、イギリスに残存するギルド的生産独占と特権会社的貿易独占を同時に批判している。「どの製造業でも、その技術の自由な行使をギルドの自由民に限定することは、他の全国民に対する独占である。同様に、われわれの産物と製造品との外国貿易を他の人々を排除して会社がおこなうことは、国民に対する独占であるだけでなく、世界に対する独占である。[30]」さらにジョサイア・チャイルド（Josiah Child, 1630–99）も、オランダを事例に、交易がコミュニケーションを高め、「多くの未開人の非社交的な気質」を啓発するのに役立つと述べ、貿易と商業が相互依存と協力の精神的枠組みを提供することによって、文明化の機能を果たすことを強調した。[31]

　こうした交易の自由を唱える広範な論議を背景に、ニコラス・バーボン（Nicholas Barbon, c. 1640–98）は一六九〇年に、古典古代の共和主義的理念との明確な決別を宣言している。

> 交易は現在では国家を富ませるのに役立つと同じように、国家を維持するのにも必要になっている。……リウィウスやその他の古代の著作家たちは、先述の諸形態を記述することにかけてはきわめて正確ではあったが、交易には全然注意を払わなかった。また近代の最も優れた著述家であったマキァヴェッリは、メディチ家が商品売買によって獲得した富によって政権を握るに至った政府に身を投じていたが、その彼でさえ、交易を、国事に何か関係のあるものとして述べはしなかっ

た。……交易についての記述はこれらの著作家からは期待すべくもないのである。…中略…交易の最大の利益は、それが帝国の拡大に資するということである。そしてもしも世界帝国または広大な広がりをもつ版図が再び世界に興起しうるものとすれば、それはおそらく交易の助けによって、すなわち陸上における軍隊によるよりは、むしろ海上における船舶の増加によって、成し遂げられると思われる。…中略…イングランドの人民は世界中で最大の自由と最良の政府とを享受しており、さらには航海と学問によって人類間には大きな商業と広い親縁関係があり、……すべての大洋にその支配権を拡大するに至るだろう。その帝国は、アレクサンダーの帝国やシーザーの帝国と比べて、光輝の度において劣らず、広がりにおいても、はるかに大きな帝国である。(32)

こうした商業的海洋帝国は、特に一七世紀において、国際的商品流通競争における自国貿易商人の利害を促進する経済的ナショナリズムを基盤に、国家主導の種々の重商主義的政策が強行される過程で形成されてゆく。イギリスは、最初の海洋帝国オランダに挑戦するための武器として一六五一年に航海法を制定して以後、貿易規制システムによる航海と海上支配力を増強するとともに、植民地の独占的支配体制を推進し、「財政・軍事国家」的な様相を呈する新たな植民帝国としてのし上がっていくのである。(33)

第二節　植民帝国における野蛮と啓蒙

(1) 植民正当化論における野蛮と啓蒙

新たに展開される重商主義的な植民帝国は、自らの正当化のための理論的武器を必要としていた。上述したロックの植民正当化論もその一例であるが、そうした正当化論はどれも、野蛮から文明への転換を果たす意義を強調するものだった。

例えば、世界は創造主としてのキリスト教の神のものであり、キリスト教徒は異教徒・野蛮人である先住民を征服し改宗させる任務があるというような、宣教を使命とする植民正当化論が、ヴァージニア植民地建設の際、サー・エドワード・コーク（Sir Edward Coke, 1552–1634）によって主張された。すなわち、「無信仰者は異邦人で、永遠の敵である。なぜなら、彼らは悪魔の手下であり、彼らとキリスト教徒との間には永遠の敵意が存在し、平和はあり得ないからである。[34]」また、海外植民事業提言者リチャード・ハクルート（Richard Hakluyt, the younger, c. 1522–1616）は、文明化とキリスト教信仰とが不可分の関係にあるという考えに立って、自ら顧問を務めた探検家サー・ウォルター・ローリー（Sir Walter Raleigh, 1552–1618）を次のように急き立てた。

さあ今こそ、あなたが活動を始めたときのように進み続けて、後代に貴方の名と名声の不滅の記念碑を残して下さい。なぜなら、野蛮人を征服し、未開人と異教徒を文明に引き戻し、無知な者を理性の枠内に引き寄せることほど、手に入れることのできる名誉はないからです。[35]

荒蕪地を開墾して有効に活用する者は、他の同意なしにそれを占有することができるという議論は、ロック以前に、すでに一六二〇—三〇年代に広範に論じられていた。マサチューセッツ初代総督ジョン・ウィンスロップ（John Winthrop, 1588–1649）は、一六二九年に次のように明言している。

万人に共有のものは誰の所有でもない。この未開の人々は権原 title ないし所有権 property なしに多くの土地を支配している。というのは、彼らは土地を囲い込むこともなく、それを維持するための家畜ももっていない。彼らは機会があれば住まいを変え、あるいは近隣部族に対して優位に立つことができれば、居住地を変える。なぜキリスト教徒が荒蕪地や森林にいる彼らの間に行って、住み着く自由をもってはいけないのか。ちょうどアブラハムがソドム人の間に住み着いたのが合法的であるように。(36)

彼はまた、ロックの十分性条件を先取りして、次のようにも言っている。「もしわれわれが土地を彼らの使用のために十分残しておくならば、われわれは残りの土地を合法的に獲得できる。土地は彼らにもわれわれにも十分以上にあるのだから。(37)」

一七世紀初頭までには、植民者は、異教信仰や農業以前の未開な最低生存状態から先住民を解放する救済者であると自己を表現し、先住民も彼らを待ち望んでいるというイメージを定着させた。ハクルートの表現では、アメリカ先住民は「われわれが来て助けてくれるのを希求している人々である」。そして一六二九年設立のマサチューセッツ湾会社のシールには、「やって来て、私たちを助けて」(Come over and Help Us)という文字が記された旗を振っている先住民の姿が描かれている。(38)

こうした植民正当化論は、近代ヨーロッパ人固有の「野蛮と啓蒙」の価値観に基づき、自らを文明の使徒として、未開野蛮な社会を啓蒙する役割を担うという一方的な使命感を体現したものであった。しかし、先住民から見ると、それは自らの平和で安定した社会を脅かす侵略であり、新たな抑圧の始まりであった。彼らは、自らが住む土地を、神が与え、土地の産物を糧として恵んでくれる経済的基盤としてだけでなく、祖先の霊が宿る場所として、他による侵入を許さない部族の神聖な領土と理解しており、生活に必要な物資が安定的に確保できている限り幸福に感じ、それ以上の生産力の増大による多くの消費や財産の拡大・蓄積を求めてはいなかったのである[39]。こうした先住民の生活を、未開野蛮な貧困状態と捉えることは、近代ヨーロッパ人の価値観の一方的な押し付け以外の何物でもない。ここから新たな「野蛮と啓蒙」の問題が出現する。

（2）奴隷制における野蛮と啓蒙

このような植民帝国は当初から、プランテーション経営のための労働力確保のために、奴隷制と切っても切れない関係にあった。初期の頃は先住インディアンが働かされたが、彼らは過酷なプランテーション労働に適応できず急激に数を減らしたため、それに代わって調達されたのは白人貧民層や囚人だった。彼らは、本国における不要人口のはけ口として、また貧民救済費の節約のため、半強制的に本国から移送された。チャイルドの表現によれば、これらの人々は、国内では絞首刑にされるか餓死するか、あるいは欠乏と悪徳から生じる惨めな病気で不時の死を遂げるか、さもなければ兵隊になって戦死するか餓死するか、せいぜい乞食になって、オランダまで辿り着いて使用人になるような人々だった[40]。ただし、白人は通常七年間の年季奉公人という身分を与えられ、年季を果たすと自由な小農として独立することができたため、これによる労働調達は常に不安定であった。さらに一六六〇年代になって、本国における農業や商業のための労働不足が叫ばれ、国力は人口規模に依存するという論議なども重なって、移民に対して歯止めがかかり、白人使用人の価格が上昇した。これとともに黒人奴隷が着目され、次第に増加していくことになる。

安定した労働力確保のために、頑健かつ従順な黒人奴隷に対する需要が高まり、一六四〇年代初頭にバルバドスのサトウキビ栽培が導入されると、本格的な黒人奴隷貿易が始まる。アフリカ貿易の独占権は、主に赤褐色材セコイアを輸入する「ギニア会社」(the Company of Adventurers of London Trading to the Parts of Africa, 一六一八年設立)に属していたが、当初は独占権をもたない商人が、もぐりで主に黄金海岸の東側で奴隷貿易をおこなった。一六五〇〜五一年になるとギニア会社が植民地への奴隷供給の役割を果たしていないと批判され、みずから奴隷貿易に乗り出すことになる。この状況を受けて、一六六〇年に新しく「王立アフリカ冒険会社」(the Company of Royal Adventurers into Africa) が設立され、六三年には再認可された「王立アフリカ貿易会社」(the Company of Royal Adventurers of England Trading into Africa) に移行し、国家的政策としてアフリカからの奴隷調達貿易が推進されたのである。これは一六七二年に新会社に再編成され、主要貿易品目を奴隷と定め、一六七四年には西インド諸島やヴァージニアへの奴隷輸送数が年五、六〇〇〇人に達するほどになった。その後一六九八年に奴隷貿易が自由化され、一七〇八年までに個別商人による奴隷輸送累計は七五、〇〇〇人に達し、会社による一八、〇〇〇人を大きく上回った。一方で、マダガスカル近辺の奴隷取引は、東インド会社の独占で、一度の航海で二〇〇〜六〇〇人の奴隷を運ぶ大型奴隷船が運航していた。

　こうしてアメリカ植民地における奴隷人口は急速に増加した。全人口に対する黒人奴隷の比率は、カリブ諸島(西インド諸島)では、一六五〇年頃に二〇パーセントだったのが一六七〇年代に六〇パーセントを超え、一八世紀には八〇〜九〇パーセントに達し、アメリカ南部地域では、一七世紀で一〇パーセント程度だったのが一八世紀は二〇〜四〇パーセントに、北部地域では、ほぼ変わらず五パーセント前後で推移している。実数で見ると、最も多いカリブ諸島のうち、バルバドスで一六九八年に四二、〇〇〇人、ジャマイカで一六九八年に四一、〇〇〇人以上、リーワード諸島で一六九〇年に一五、〇〇〇人となり、一七〇〇年にはカリブ諸島総計で一一五、〇〇〇人に達したという。(41) チェサピーク湾地域では、当初黒人奴隷は少なかった(一六五〇年以前は一〇〇人足らず)が、一六八〇年代から年季契約移民の供給が減少し始めると、新たに開始されたタバコ栽培に必要な黒人奴隷を急速に増加させ、一七〇〇年には一、三〇〇人に達した。(42) カロライナでは、一六九〇年に一、五〇〇人だったのが、一七一〇年には四、一〇〇人に増加し、それは全人口の半分に達した。(43)

奴隷の増加とともに、植民経営における奴隷労働の管理が重要な課題となり、次のような奴隷規定が、奴隷のいるあらゆる地域に適用された。プランテーション経営者は、奴隷が地所を離れるのを許可する際には、帰還予定時間を記したサイン入りチケットを必ず与えなければならない。チケットをもたない奴隷が自分の地所のなかにいるのを発見し、その事情が分からない場合は、どの白人も、財務官に罰金を支払う義務がある。罰金の一部は情報提供者の報酬となる。チケットをもたない見知らぬ奴隷を、わかっていながら保有する白人は、相当額の罰金を支払う。奴隷自身に対しては、「ドラムを叩き、笛を吹き、他の大きな音の楽器を用いる」ことが法的に禁止され、その住まいが時々入念に検査された。また、盗んだ商品を売る、キリスト教徒を殴る、逃亡する、サトウキビの茎を燃やす、食料品を盗む、といった一連の罪に関する罰則が規定された。一方、奴隷を適切に管理しない、奴隷が逃亡するのを助ける、奴隷を虐殺する、奴隷に扇動的な考えを植え付ける、などに対して、白人に罰金が課される。一九世紀になるまで、奴隷が白人を訴えて法廷に証拠を提出するのは許されず、白人による奴隷殺害は重罪にならなかった。逆に、奴隷が白人を殴ったり脅したり、財産を盗んだ場合には、死刑が課された(44)。

奴隷の実態についての同時代人による次の二つの記述はリアルである。

植民者の主要な財産はその召使と奴隷であり、奴隷は市で馬を買うように甲板上で買われ、男女ともその顔立ちや型、頑健さや若さに応じて価格が決められ、キリスト教徒の召使と同じ一〇ポンドが一般的値段になっている。もし大工や建具や家事の技術をもつ場合にはずっと高く売れ、良質のニグロ男の値段は一般に二〇ないし二五ポンド、女は一五ポンドである。

これらの奴隷は主人にひどく残虐に扱われている。彼らがわれわれのところに売られてきたとき、彼らの身体にあるかさぶたや傷跡で分かるように、主人は食料をわずかしか与えず、残虐に彼らを鞭打つ。彼らはその裸をおおうほんのわずかなボロもほとんど与えられない。彼らはいつも無帽である。奴隷の妻や子供もまた婚姻の世話をする主人の奴隷となる。彼らは死んだときに埋葬されず、身体は路傍に放り出され、鳥や獣に食い尽くされる。[45]

こうした奴隷制は、どのように正当化されていたのであろうか。最も知られた奴隷正当化論は、「合法的な征服者と捕虜の間の戦争状態」を「完全な奴隷状態」として認めたロックの議論である。ロックは、その論拠を次のように説明する。「自らの過失のために、死に値するような行為によって、自分自身の生命の権利を失ってしまった場合、その生命を奪うことになった者は、(彼を自分の支配下においたとき)その生命を奪うのを延期して、自分自身に役立つよう彼を利用してもよい。[46]」この場合の合法的な征服者とは、不当な侵略者に対する正当な防衛者がおこなう「合法的戦争」の勝者を意味している。しかし、他人の権利を不当に侵害する攻撃者(泥棒や海賊など)による不正な戦争によって、被征服者に対する権限を持つことは決してできない。[47]そして、合法的征服者であっても、その権限の及ぶのは戦争に参加した当事者の生命に対してだけであり、「その財産に対しては、被った損害と戦争費用を補償させるためにだけ、しかも罪のない妻子の権利を確保した上で、認められる」だけである。[48]被征服者の妻子の財産は保証され、奴隷は一代限りのものである。

それでは、この合法的な奴隷状態の論理をそのまま植民地の奴隷制に適用できるであろうか。ロック自身が、これを植民地に適用したという明確な証拠はない。ただし彼は、一六六八年からカロライナ植民領主による共同経営の秘書官ないし管財人を務め、『カロライナ基本憲法』(一六六九年初稿、一六七〇年修正草案)の作成にも携わったが、そこでは一貫して植民地の現状を前提に対処していた。『基本憲法』では、先述したように先住民の自然権を明確に規定したが、その反面で、社会的身分関係を固定的に考えていた。

すなわち一〇七条では、「奴隷も他の人々と同様に、自ら最善と思う教会や宗教団体に加入し、自由民と同様完全にその会員になることは合法的である。しかし、いかなる奴隷も、そのことによって彼の主人が彼に対して持っている市民的支配権から免れることはなく、他のすべての事柄においては、彼が以前そうであったと同じ状態と条件の中にある。」第一一〇条では、「カロライナ州の各自由民はどんな見解や宗教をもつ黒人奴隷に対しても、絶対的な権力と権威をもつ。」[49]こうした奴隷制の擁護は、まったくの現状追認であり、上の合法的奴隷の論理とは相容れず、合理的根拠をもたない。

それにもかかわらず、ロックはまた、一六九七年頃に書かれたと思われる草稿『ヴァージニア論』において、奴隷をキリスト教徒に改宗し教導することこそ「一考を要する重要かつ困難な仕事である」と勧告している。[50]これは、彼らをキリスト教に帰依させることによって、潜在的に犯行や逃亡の危険をはらむ奴隷に従順な服従心を植え付けようとする、精神的な奴隷管理術の一種に他ならない。結局ロック自身も、アメリカ植民地の奴隷制の正当な論拠を何も提示していなかった。ここに、自ら理性的自律的人間と自負し啓蒙による文明化を掲げるヨーロッパ人が、現実に対処する際にはまったく不合理な支配隷属を容認する野蛮に陥っている姿が表われている。

これはまた、人種差別主義を伴っていた。当初の植民では、先住民を対等な人間と見てキリスト教化し文明化する方策がとられたが、一六七六年にヴァージニアで起こった「ベーコンの乱」を契機にして、人種差別主義が定着していく。この乱は、白人年季奉公人の不満を利用したナザニエル・ベーコンが、インディアンを奴隷化し、土地を略奪するために、権力奪取を謀ったものである。ベーコンは根っからの人種差別主義者であり、インディアンを「裏切りやすく、狡猾で、どこまでも敵対的」で、奴隷身分こそふさわしい野蛮人と烙印した。反乱鎮圧後も、その人種差別主義が浸透して、同じ有色人種としての黒人差別も定着し、白人優越思想による奴隷支配の構図が確立していく。[51]人種差別主義は、ヒューム（David Hume, 1711–76）においてさえ、次のような文を書かせている。

私は黒人が、生まれつき白人に劣るのではないかと思いがちである。あの顔つきをした文明的な国民はかつてはほとんどいなかったし、活動や思索のいずれにおいても著名な個人さえいなかった。(52)

こうした最大の野蛮というべき奴隷制に対する批判は、一八世紀になってようやく本格化したが、これについては本書第九章（松本）および第一五章（大津）で詳しく論じられる。

第三節　重商主義的経済論における野蛮と啓蒙

これまで見てきたように、自由な経済活動の解放は、国家的規模の商工業や貿易の発展と結びつき、重商主義的な植民帝国を出現させたが、それを背景に、国富と国力を増強する方策について、本書序説（田中）の指摘のように、重商主義的な先駆的経済認識をもたらした。

重商主義についてはこれまで様々な解釈がなされ、その概念規定はあいまいなままであるが、それが外国貿易による富（貨幣）の獲得、国内産業資本の保護・育成のための政策、富の源泉としての多人口・節約・勤労の奨励といった共通の特質をもっていたことは、誰もが認めるところであろう。この特質はまた、資本主義的生産体制を準備する原始的蓄積過程推進のための理論としての特徴をも有していたのである。(53)以下では、このような重商主義的経済論のなかに見られる野蛮と啓蒙の問題を探究する。

（1）外国貿易論における独占と自由

国富・国力の増強手段としての外国貿易による貨幣獲得の主張は、重商主義の典型であるが、そこには当初から独占と自由との対立問題が存在していた。

自国内に多くの貨幣を保持するためには、貨幣を海外に流出させないようにすべき、という重金主義の考えは、一五～一六世紀のイングランドでは常識となっていて、貴金属の輸出を禁止する法令が出されたほか、イギリスに輸入品を持ち込む外国商人に対して、その販売によって得た貨幣をイギリス製品の購入に使用するよう強制した「使用条例」が度々発令された。この考えは、一六二〇年代の不況期に、不況の原因を独占的な銀行家と為替取扱業者による不正な為替操作と断じたマリーンズ（Gerrad de Malynes, c. 1586–1641）の主張にも引き継がれた。彼は、『イングランドのコモンウェルスの癌に関する一論』（一六二二年）を著し、為替の悪用が国内の貨幣を減少させ、国産商品の価格を低下させ、国産商品の輸出の際には（資金繰りのため）外国市場での投げ売りを強要させると批判し、これを防ぐために、為替レートを貨幣の「内在的価値」＝「平価」に固定させる強制的な為替管理を主張した。

ここには、利害を異にする商人同士の複雑な思惑が絡んでいた。この少し前、オランダ中継によって未仕上げ毛織物の輸出貿易を独占する「マーチャント・アドヴェンチャラーズ・カンパニー」に対抗して、レヴァント貿易や北欧イーストランド貿易を営む商人たちは、ロンドンの織元や仕上げ業者と結託して、仕上げ・染色済みの毛織物を直接販売しようとする「オールダーマン・コケインの企画」を立てて失敗していた（一六一四～一七年）[54]。この利害対立はその後も続き、マリーンズは「コケイン」側の立場を代弁し、「アドヴェンチャラーズ」側の中心人物がエドワード・ミスルデン（Edward Misselden, 1608–54）であった。ミスルデンは、一六二二年に『自由貿易、または貿易を繁栄させる方法』、一六二三年に『商業の円、または貿易差額』を出版して、マリーンズを厳しく批判し、為替相場は貨幣の多寡で決まり、それは貿易差額によって左右されるので、政府による為替管理は無効であって、自由な経済取引による自己調整に任されるべきと主張した。彼はこうして、初めて明確に貿易差額論を展開したが、貿易差額を増大させるため、国家による輸出促進政策、輸出産業部門への貧民雇用の促進、奢侈品輸入の禁止、などを唱えた。ここには、独占を排して自由な取引を可能にするための政府の規制・管理の主張と、それに対して特権をもつ側の自由な取引の主張が表現され、互いの利害が絡む独占と自由の錯綜した関係が示されている。

マグヌスンによれば、一七世紀における交易の自由の主張は、ほとんどが特権会社の独占に対する批判として現れた。それは、マーチャント・アドヴェンチャラーズ、ロシア会社、レヴァント会社、東インド会社などに対してなされた。代表例として、一六四五年の匿名パンフレット『貿易の拡大と自由を求める一論』は、「マーチャント・アドヴェンチャラーズの名称を独り占めして名乗っている人々からなる法人組織は違法である」ことを論証しようとし、「どのような王国やコモンウェルスにとっても、独占ほど有害で破壊的なもの」はない、と断じた。これは、「疑いなくロンドンの外部の製造業利害―リプソンが「地方の嫉妬」と呼んだもの―を代弁」していた(55)。自由の主張は製造業者の抵抗の証だったのである。

同様の錯綜した関係は、重商主義の代表的論者たるトマス・マンの主張のなかにも見られる。彼は、一六一五年に東インド会社の重役となり、その利害を自ら体現し、その『東インド貿易論』(一六二一年)によって、東インド会社が三角貿易を通じて拠出した以上の地銀をもたらすという擁護論を唱えた。この論理は『外国貿易によるイングランドの財宝』(一六六四年)において、より精緻に、国全体の年間の貿易差額が国富増大の指標であるという「一般的貿易差額論」として展開された。この理論は、確かに、個別貿易差額論が各貿易を担う商人の利害をそのまま反映し、競争や対立を激化させる傾向にあったのに対し、個人的利害を超えた「一王国が富裕になるための一般的方策」を提示するものであった(56)。それは、「一国の貧富が実に彼ら商人の貿易取引という職業によって影響される」という商人の「貴い天職」意識に基づき、国家危急の際には「個人の私有財産は国家の財宝となり、……その生命とともに進んで捧げられる」という愛国心に支えられたものであった(57)。

しかしながら、マンはあくまで貿易商人資本の立場から、国民経済の構造を探求した。貿易による国富増大は、何よりも商人による譲渡利潤の獲得と商業資本の蓄積と一体化しているのであって、逆から見れば、商人の利益こそ国富だということになる。それは貿易商人としての彼自身の利害をも反映していた。こうして蓄積された商業資本を元手に、勤労と工芸に基づく国内産業を育成し、雇用増大と工芸の発達を推進し、国産品を輸出して海外市場を拡大していくという、資本循環の論理を彼は示していた。ただ、その場合でも、国内産業は外国貿易と結びつく輸出産業に限定され、国内市場を基盤とする産業資本主導の国民経済構想とは分断されていた。国富増進という大義名分の下に、独占的な貿易商人の利益が代弁され、それとは立場の異なる業者の活動は外国貿易に必要な限りで評価され利用されることになる。ここに、彼の貿易商人資本の立場の限界が表われている。

マンが示した国民経済構想は、その後の植民地体制の進展とともに巨大な重商主義的植民帝国の構想へとつながっていく。この流れを引き継ぐのがチャイルドやダヴナントである。

チャイルドは、マン同様に東インド会社の理事として、貿易商人資本の立場から国富増大の道筋を探求した。彼が低利子の効果として提示した七項目は、彼の帝国構想を如実に示している。すなわち、(1)土地の購買価格の増大、(2)農地の地代増加、(3)対外交易量の増大、(4)国内の工匠の増加、(5)国民の節倹、(6)貧民就労、(7)人民の資本(人口)の増大である(58)。彼にとって外国貿易は、たんに貿易差額による貨幣獲得のためでなく、貨幣を資本として円滑に機能させ、交易業者、船舶、海運の増大、国産品の販路拡大による国内製造業の発展と雇用増大、生活資料潤沢による人口増大、地価上昇による地代増大と国土繁栄をもたらす原動力であった。彼の利子引き下げ論は、資本の円滑な機能を妨げる高利金融業者の独占に対する批判であった。彼の目標は、植民地貿易を含む外国貿易を中核とした交易の繁栄による「富と力の拡大」、すなわち植民帝国の増強だったのである。(59)

ダヴナント (Charles Davenant, 1656–1714) は、名誉革命によってトーリー党下院議員や消費税委員の公職を失った後、一六九五年に処女作『戦費調達論』において消費税による戦費調達を主張して論壇に登場し、翌一六九六年『東インド貿易論』において、中継貿易の利益を説いた自由貿易論や海軍強化論を展開し、東インド会社を擁護した。彼によれば、安価な東インド産輸入織物の消費は、国内全体の消費額を減少させ、その分だけストックと富を増加させ、これを元手に輸出産業に「技巧や労働や勤労」をつぎ込み、外国市場の販売に適する「上質広幅毛織物や粗製小幅紡毛織物、梳毛織物」を安価に生産し、その輸出によってより大きな貨幣を獲得することを可能にする。(60) イギリスの富は、植民地貿易と東インド貿易によって支えられているのであり、オランダやフランスなどに対抗するためにも、これの保護が不可欠で、海上支配権と覇権を強化しなければならない、というのである。

こうした東インド貿易弁護論は、一七世紀末から高まる国内毛織物・絹織物製造業者による東インド貿易反対運動を背景にした「キャリコ論争」の渦中で、自由貿易主義の論陣を形成するものであった。保護主義の陣営には、ケアリ (John Cary, ?–c. 1720) やポレックスフェン (John Pollexfen, c. 1638–?, fl. 1675–97) がおり、彼らは、東インド産輸入品が国産織物の内外市場を奪い国内産業を衰退させているとして、その輸入禁止と国内産業保護を訴えたのである。ただし、キャリコ論争では、自由と保護、独占と独占批判は錯綜していて単純ではない。東インド会社側は、上述のように、自らの独占貿易に対する自由と保護を主張したが、反対側も、会社の独占を攻撃しつつ、これに代わる国産品輸出の貿易に対する独占と保護を主張した。ポレックスフェンも、植民地貿易を有利とみなし、植民地にニグロ奴隷を供給する独占的なアフリカ貿易も有益であるとして、それに対する国家の全面的保護支援を主張し[61]、ケアリも、「わが王国の生命の根源は、わが製造業、わが漁業、わが植民地貿易である」として、植民地貿易を重視し、それに対する個別商人の自由な参入を主張していた[62]。どちらの陣営も、商業資本の立場から、外国貿易による国富増大と国力強化をめざす植民帝国拡大を構想していたのである。両者の対立は、「既得権益をもつ独占的商業資本」対「国内産業を基盤にする商業資本」の利害対立であったと言えよう。

以上のように、外国貿易論争における自由や保護の主張は、自らの利害に立った自己弁護や時論がほとんどで、そこに合理的で一貫した自由主義や保護主義は存在しなかった。一八世紀になって展開された英仏自由貿易論争においても、この様相は基本的に変わらない。一七一三年に締結された「ユトレヒト英仏通商条約」の国会上程をめぐって、トーリー政府がデフォー（Daniel Defoe, 1660? -1731）に依頼して週刊誌『マーケーター』(*Mercator, or Commerce Reviewed*) によって弁護論を展開し、それに対抗してウィッグ党が『ブリティッシュ・マーチャント』(*British Merchant, or Commerce Preserv'd*) によって反対論を展開した。賛成派は、平和条約締結の機会を利用し、フランスへの国産品輸出の自由化と、輸入フランス製品に対する一定関税を約束することによって、英仏貿易をイギリスに有利にすることができる、と訴えた。反対派は製造業者や貿易商人による五八通の請願書を提出し、国内産業保護を訴えた。結局この法案は、賛成一八五票対反対一九四票で否決されたが、そこには様々な利害関係が交錯し、自由と保護の主張も首尾一貫していたわけではなかった[63]。

こうした論争のなかではまた、どちらの陣営でも、有利な外国貿易の指標を、国内における輸出産業の振興と雇用増大に求めていた。外国貿易による貨幣獲得は、それ自体が目的ではなく、それを資本として機能させ、国内産業を発展させ、労働貧民を雇用し、そこから産出される輸出品の販路を拡大することによって、帝国の支配権を増強することを目標としていた。これは、すでに貿易差額論が雇用差額論へと変容していたことを示している。

（2）勤労育成における強制と自律

重商主義的経済認識において、多人口は貨幣と並んで国富の基盤とされたが、それは国力と労働力の源泉とみなされたからにほかならない。ダヴナントは、人口増加の直接的方策として、結婚奨励、出産数に応じた報奨金、独身者に対する罰金を提案していた(64)。ただし、人口が多くても遊休貧民が増えるだけでは意味がなく、その人民がすべて勤勉であることが必要である。バークリ（George Berkeley, 1685–1753）は、「肥沃な土地と、その土地の住民の勤勉こそが、結局真の富の無尽蔵の源泉なのではないか」「富の真の基礎を、人民の数と節約と勤勉においてはならないだろうか」と述べ(65)、チェンバレン（Peter Chamberlen, 1601–83）は、「秩序正しく上手く雇用されるなら、貧民は国家の最も豊かな財宝である」と明言している(66)。

そこで、労働貧民は怠惰で強制されなければ働かないという固定観念に基づいて、貧民を否応なく生存ギリギリの飢餓状態において、働かざるを得ない状況に追い込む方策が考え出される。それは、低賃金による安価な商品生産によって利益を得る雇用者側の思惑と結びついて、いわゆる「低賃金経済論」を生み出した。テンプルは、「人間は安逸と怠惰を好むのが自然」という人間観に立って、狭い国土に人口ひしめくオランダと広い大地に人口の少ないアイルランドとを対比し、人々を労働せざるを得ない困窮状態におく効果を指摘した(67)。マンリー（Thomas Manley, 1628–90）は、その著『六パーセント利子論考』に「召使、労働者、すべての職人の賃金を低下させること」という副題を付け、「賃金を引き下げるための有効な法律」を提案した(68)。またホートン（John Houghton, d. 1705）は、生活必需品の価格が高く賃金が低い方が遊休貧民を勤勉にすることができるとして、必需品に対する課税までも提案した[69]。ペティは、賃金を労働者が餓死しない程度の最低の「生存費水準」に制限し、通常一日一〇時間の労働を課し、食事時間を短縮させるべきとさえ主張した[70]。こうした低賃金による労働強制の主張は、重商主義期のパンフレットの至る所に見られ、枚挙の暇がない。

低賃金経済論はまた、遊休貧民を勤勉な労働者に育成するための救貧施設を利用した労働雇用政策とも結びついていた。チャイルドは、貧民に就労の機会を与え、国家の利益に資するよう、慈善的側面や治安的側面だけでなく経済的側面を加味した救貧政策を提案し、様々な救貧施設——労役場（Work House）、感化院（House of Correction）、慈善院（Hospital）——の建設を提案した[71]。最も著名な例は、「交易植民局」の救貧政策に向けて提出された、ロックの労役場における貧民の矯正・訓練と「労働学校」設立の提案である。労役場建設は、一七世紀末から一八世紀前半期にかけて国家主導の救貧政策として推進され、イギリス各地に広がり一五〇以上を数えた。本来の救貧目的から、次第に勤勉な労働者の育成と雇用増進が中心目的となり、産業に必要な労働力を確保するための経済政策的色彩を強くしていく[72]。

こうした賃金経済論と勤勉な労働者育成政策には、強制と自律の問題が典型的に表現されている。怠惰な貧民を生存ギリギリの飢餓状態に追い込み、低賃金によって働かざるをえなくさせること、また怠惰な貧民を労役場や労働学校に収用し、そこで半ば強制的に訓練し勤勉な労働者に育成することは、まさにマルクスが暴き出した暴力的な原始的蓄積過程の実態と重なっている。マルクスは、一五世紀以来の農村地域における農民からの土地収奪、一八世紀における国家権力主導の独立農民の本格的・組織的収奪を特に強調したが、その最終契機としての「資本への労働の従属」＝資本主義的生産関係を生み出すための一連の貧民政策（「救貧法」「職人規制法」「定住法」など）を「血の立法 Brutegesetz」として弾劾していた[73]。マルクスにとって、資本主義的賃労働制度は、その延長上にあって、労働者に「疎外された労働」を強制して搾取する近代的な支配・抑圧の象徴的形態であった。この批判は、本書第一五章（大津）で論じられるランゲの論点とも重なるであろう。この貧民収容はまた、フーコーによって、「古典主義時代の狂気意識」の観点からする非理性的人間（狂人、貧乏人、犯罪者）の監禁として捉えられる。[74] フーコーにとって啓蒙は、理性的なるものを社会規範とすることによって、非理性的人間に有罪宣告を科す新たな暴力・抑圧装置をうみだすものである。

ただし、貧民雇用と勤労の育成は、本来は生存権保障と救貧という慈善原理に基づいて出発したものであるから、[75] 貧民を勤勉な労働者として自立させることが目標だった。そこには、個人が自助努力によって「高い労働意欲と労働能力」をもった近代的労働者に自己形成していく側面も見られ、啓蒙の目指す「個人の自立」（経済的自立と道徳的自律）の主体的契機の側面も含んでいた。それは、ウェーバーにおいては、宗教的エートスによって「労働が絶対的な自己目的――「天職（Beruf）」――であるかのように励むという心情」が「長年月の教育の結果として初めて生まれてくる」[76] と理解され、トムスンにおいては、「労働者階級は自らの形成に参与した」「自らを形成した」と表現されている。[77]

この面から見ると、勤勉な労働者の自己形成過程は、啓蒙の目指す理性的自律的人間の形成と重なっており、その目標がある程度達成されたとき、「高賃金経済論」が登場するのである。強制されなくても生活向上のために労働に邁進するような、勤勉な労働者が広範に存在するときに初めて、高賃金が労働へのインセンティブ効果を発揮する。労働は、忌避的・強制的なものでなく、活力に富む積極的・生産的なものに変化するだろう。

このような状況認識を踏まえた高賃金経済論は、典型的にデフォーによって展開された。デフォーは、交易を担う四階層（労働者、手工業者、親方職人層、商人）の相互協力関係が国内産業を支え、高賃金が労働意欲を高め、技術を向上させ、商品の品質を向上させ、高賃金による消費拡大が有効需要を増大させ国内市場を拡大させるという、国民経済全体の発展構図を描き出した。

彼らの労働は、たとえ辛く激しくとも、楽しそうに行われている。彼らの間には全体として陽気さと活力が伺える。……彼らは他の国々の同じ階級の貧民よりも、より良い生活をしているので、そのため彼らはより激しく仕事をする。……労働は利得を産み、利得は労働に力を与える。(78)

このように、勤勉な労働者の育成と労働雇用の問題には、暴力的な強制・抑圧の側面と、慈善や教育によって自立（自律）を助ける温情主義的側面が併存し、「野蛮と啓蒙の問題」が錯綜した形で存在していたのである。これは、本書序説（田中）で述べたように、文明化を推進した経済的合理性が、新たな野蛮を生み出すという、今日的問題にもつながっている。

（3）重商主義システムにおける野蛮と啓蒙

重商主義は、様々な要素を含みながらも、国際的覇権競争において貿易商人主導の国家戦略を推進し、資本主義的国民経済を形成する歴史的課題を担うものであった。その過程において、重商主義的植民帝国構想のための財政＝軍事国家が建設された。この側面から見ると、重商主義は、そのシステムそれ自体のなかに「隷属と自由」および「利害対立と権力統制」という形で、野蛮と啓蒙の問題を内包していたと言える。

重商主義論者は、「一方の得は他方の損」という静態的なゼロサム型世界を前提にし、自国の利益のために他国と対立することは避けられないものと考えた。これは、「安く買って高く売る」という譲渡利潤を追求する商業資本の活動とも重なっていた。冒険的な貿易商人は、自国に存在しない希少な商品を遠隔地で安価に購入して、本国に輸入し（さらにはそれをヨーロッパ各地に輸出し）、莫大な差益を得ることを目指した。それは、富は国内取引からは生まれず、ただ海外取引からのみ生じるという観点とつながり、貿易差額のもたらす貨幣流入が国富増大の基本的要件であるとする重商主義固有の考えを形成した。[79]

これはまた、個々の商人間の利害対立意識を生み、「私利と公益との背反」「私的交易と公的交易との相違」という観点と結合し、国防や武力の追求とつながる。フィランガスなる匿名氏によると、「私的トレードはトレーダーだけの富に関わり、範囲と企図の点で国民的交易ときわめて異なっている。したがって私的トレードは私的トレーダーにはきわめて有利であっても、国民全体にとっては有害な、さらには極めて破滅的な結果をもつことがありうる。[80]」またフォートリー（Samuel Fortrey, 1622–81）は、「私的利益はしばしば公共の利益の障害となる」したがって「公的利益は、自分の利害が唯一全体の便益であるような単一指揮権 a single power to direct に委ねられるべきだ」と言っている。[81]

こうして、私利と公利との原則的不一致を説き、為政者に公事が委ねられるべきという考え方は、重商主義的発想の基盤となり、ステュアート（James Stuart, 1713–80）にも引き継がれて、「原始蓄積の一般理論」として為政者の役割を重視する「最初の経済学体系」を誕生させた。ステュアートは『経済の原理』において、利己心の原理が個々人の行動を支配する原理であることを認めた上で、それを公共の利益につなげるのは為政者の役割であることを明言する。

> 公共の利益を形成しているのはすべての私的な利益の組み合わせであって、しかも、公共の利益については、国家、すなわち為政者だけが判断できるのである。…中略…公共心に基づくこのような活動は国家に任されるべきものであって、個々人に求められているのは、ただ、それを妨害しないようにと勧めることだけである。[82]

しかしながら、公共の利益を判断するのが為政者の役割だとしても、実際の政策判断は、社会の様々な利害状況を反映しており、この時代においては大きく三つの国内政策が不可欠であった。第一に、国富の保護と増大を図るための輸出奨励策や輸入制限策および輸出産業の育成、第二に、軍事力を強化する産業や活動の支援、例えば軍事物資の製造取引、商船建造、水兵の育成など、第三に、公共の秩序と安定を保つための貧民救済と貧困軽減、雇用の安定である。これらは、国際市場での商業戦争を勝ち抜くための外交政策や軍事戦略と結合し、帝国主義的な重商主義政策を構築する。そのなかで最も重要な政策は、海上支配権や海外市場独占を図る植民地政策と、強大な軍事力と戦費を支える財政基盤確立のための財政（国債・租税）政策であった。政策立案の責任者は、主に土地所有者層出身の政治家であったが、商業利害や金融利害の要求を無視することはできなかった。[83] 経済的利害と政治権力との密接な結びつきが、重商主義国家の特質であったことは否定できない。

このような商業利益を求めて戦争を必然化させる財政＝軍事国家の状況は、ヒュームによって「貿易 trade の嫉妬」と表現されたものである。ホントが同名の書で詳細に論じたように、[84] ここには、戦争を必然化させるシステムそれ自体が野蛮と重なり、国家戦略と経済戦略とが複雑に絡み合った様々な問題を引き起こした。

第一に、軍事力増強のために、九年戦争終結（一六九七年）後、平時においても常備軍を維持しようとする国王ウィリアム三世の方針に対して、反対派と擁護派が常備軍論争を展開した問題がある。反対派は、自ら民兵として自由と国土を守る戦士的市民の徳を重視する共和主義思想に立脚するカントリ派の人々、トレンチャード（John Trenchard, 1662–1723）、フレッチャー（Andrew Fletcher, 1653–1716）、モイル（Walter Moyle, 1672–1721）などであった。擁護派は、商業上の覇権競争のために軍事力が不可欠であり、同時に戦争技術の改良（軍事革命）によって熟練した規律ある常備軍が必要になったという現状認識に立脚するコート派の人々であり、その中心的論客がデフォーであった。[85]

これはまた、常備軍増強に伴う財政改革・行政改革（官僚制度の拡充）や国王による恩顧授与・官職授与拡大が行政府の過大な権力を生み出し、議会と臣民の自由を脅かす政治腐敗を招くという批判とも重なっていた。カントリ派は、土地所有こそ統治の基礎であるという原則に立って、過度な富裕と奢侈のために人民の倫理観を腐敗させ国制を脅かす金融的・商業的利害を非難したが、一方でその実力を認めざるを得ず、議会において土地利害と貨幣利害を調停する均衡国制を容認していた。コート派は、土地所有が統治の基礎であるという原則は認めつつも、貨幣利害の重要性を容認し、富の成長と奢侈の増進が社会進歩につながると考えて彼らの経済力を利用し、議会における主要利害代表者の政治力に上手く適応した政策を模索し、均衡国制を維持していた。(86) どちらの陣営も、帝国主義的戦略を避けられない現実とみなし、その政策立案における自己の権力基盤を追求していたのである。

第二に、膨大な戦費調達のための財政政策をめぐる問題がある。(87) 名誉革命政府は、当初から対仏戦争に要する巨額の戦費を賄う難問に直面し、従来の戦時短期公債に加えて、長期公債を導入し、赤字公債制度を開始した。イングランド銀行と東インド会社は、こうした公債を引き受ける金融会社として、貨幣利害の拠点であった。しかし、短期公債は返却期限後も償還できず、膨大な未償還債務が累積していき、一七一一年の南海会社の設立は、未償還公債をこの会社株式に転換して、その危機を乗り越える機会を与えた。また、公債の償還基金を拡充して元利償還を保証する財源確保のため、地租を柱とした旧来の制度からエクサイズ(消費税)を基軸とする近代的租税制度への改革がおこなわれた。一六九四年に塩税、九七年に皮革税、一七〇九年に蝋燭税、一一年に石鹸税のいわゆる四大必需品税が導入され、他の物品税も含めて、国民大衆に税負担を強いる体制が進められたのである。

一七一四年に成立したスタナップ内閣は、大規模な戦争突入を前にして、一七一六年に、債務償還のための「減債基金」を創設し、一七二〇年の「南海企画」では、公債償還の負担を軽減するため、すべての長期国債を無期債化された南海株式(南海会社引き受けの公債)に転換し、政府は元金の償還はせず利子支払い金だけを準備すればよむようにした。この体制は、ウォルポール時代に、地租引き下げとエクサイズ拡大政策を通じて定着した。こうして、大衆消費課税による財源によって、戦費調達のための赤字公債の利子返済を賄い、帝国主義戦争を可能にする体制が整い、広範な国民大衆を税負担者にして、公債権者の「奴隷」さらには戦争の道具にする、収奪体制が敢行されたのである。(88)

ヒュームによれば、このような重商主義的植民帝国を駆動する財政＝軍事国家は、「国民が公債を破滅させるか、公債が国民を滅ぼすか」の危機を招き、早晩「公債の自然死」か「暴力死」のいずれかの終末に向かわざるを得ない。債権者を犠牲にして累積債務の返済を放棄し、自己破産する「自然死」を選ばない限り、債務返済のために防衛費が削減され防衛能力を弱体化させ、外国によって征服される「暴力死」に至るであろう。それは、「何千人かの人々が何百万人かの安全のために犠牲にされる」のでない限り、「数百万人が数千人の一時的な安全のために永久に犠牲にされる」危険をもたらす。(89)これは、本書序説(田中)が警告している現代の財政再建や「カジノ資本主義」の問題を先取りしている。

このような危機を招く状況を生み出す根源が「貿易の嫉妬」である。「いずれの国も近隣の諸国民を犠牲にせずには繁栄しない」という偏狭で悪意ある見解を取り除かない限り、この危機は永続的に続くであろう。(90)この嫉妬は、先述したように、「一方の得は他方の損」を前提にし、「安く買って高く売る」譲渡利潤を求める商業資本の論理と結びつき、重商主義的植民帝国の本質に深く根差していたのである。

おわりに

重商主義における「野蛮と啓蒙」は、歴史的課題の強権的遂行という不可避的側面を含みながらも、システムそれ自体の本質が内包する根源的な矛盾として存在していた。これを乗り越えるための一つの方向は、ヒュームが示唆したような、国内産業の発達を基盤にした自由な外国貿易の道である。[91] すなわち、「諸国民の間に自由な通商が保たれている場合には、どの国の国内産業も他の諸国民の進歩によって増進しないはずはない。」このためには、諸国民の主権者が「寛大で博愛的な考えを採り入れる」必要がある。[92]

ヒュームの示した道は、ほかならぬ重商主義的経済認識の底流において発展していった労働＝生産思想の到達点であった。それは、労働＝勤労が価値を生み出し、富の源泉であるという認識に基づき、国内産業から生まれる剰余生産（産業利潤）を経済発展の原動力と見る考え方である。これは、ペティの労働価値論やロックの労働による所有理論から始まる労働＝生産思想の展開過程を経て、[93] 国内産業の発達による国富増進（所得増大）と国内市場拡充を基盤にした国際分業的な自由貿易を展望し、スミスの「自然的自由の体系」につながる。まさに、本書序説（田中）で示唆された「平和産業に着目する学問」としての経済学がここに生まれようとしていた。スミスの経済学は、国際競争の問題に対して、重商主義的な帝国の政治経済学に代わって、国内外における分業と交換による相互依存の経済学という新たな回答を提示するものであった。それは、共感原理による利己的人間同士の共存ルールを探求した道徳哲学の一部門として形成されたのである。その詳細な分析は、本書第八章（渡辺）に譲ろう。

注

（1）アタリ（山内昶訳）『所有の歴史』法政大学出版局、一九九四年、一四一—一四九頁。青木裕子「所有」（古賀敬太編『政治概念の歴史的展開』晃洋書房、二〇一三年）は、「有史以前から人間の存在と共に所有のシステムは存在してきたこと」、所有に公的な位置を与えたのはローマ人であることを強調し、この事実が「殆どの思想家たちに看過ごされ」、所有論が近代以降に隔たってきたことを批判して、古典古代から中世の所有論に詳しい考察を加えている。

（2）この「近代的所有権」概念については、川島武宜『新版所有権法の理論』岩波書店、一九八七年参照。

（3）Tuck, Richard, *Natural Rights Theories: Their Origin and Development*, Cambridge University Press, 1979, pp. 16–22.

（4）この概念転換については、Tully, James, *A Discourse of Property, John Locke and his Adversaries*, Cambridge, 1980, p. 53f. 生越利昭『ジョン・ロックの経済思想』晃洋書房、一九九一年、一四五—一四七頁。

（5）アタリ　前掲書、一〇—一一、一九三—二〇一、二六一頁。

（6）Macpherson, C. B., *The Political Theory of Possessive Individualism; Hobbes to Locke*, Clarendon Press, 1962. 藤野・将積・瀬沼訳『所有的個人主義の政治理論』合同出版、一九八〇年。

（7）Pocock, J. G. A., "Mobility of Property", in *Theories of Property*, ed. by A. Parel & T. Flanagan, Waterloo & Ontario, 1979, later in Pocock, *Virtue, Commerce, and History; Essays on Political Thought and History, Chiefly in the Eighteenth Century*, Cambridge University Press, 1985. 田中秀夫訳（抄訳）『徳・商業・歴史』みすず書房、一九九三年。

（8）マクファーレン（酒田利夫訳）『イギリス個人主義の起源』一九九三年、リブロポート、九六—七頁。

（9）Locke, John, *Two Treatises of Government*, [1690] 1960, ed. by Peter Laslett, Cambridge U. P., rept.. 1970, p. 142. 伊藤宏之訳『統治論』柏書房、一九九七年、一六頁。

（10）Locke, *Epistola de Tolerantia (Letter on Toleration)*, 1689, ed. Klibansky and Gough, Oxford, Clarendon Press, 1968, p. 113. 田中浩訳『世界大思想全集』河出書房新社、一九六二年、二〇八頁。

（11）[John Locke, et al.] "The Constitutions of Carolina", in *Locke: Political Essays*, ed. Goldie, 1997, p. 178. 山田園子・吉村伸夫訳（抄訳）『ロック政治論集』法政大学出版局、二〇〇七年、二二七頁。

（12）ロックはまた、慈善による救済と生存権保障＝請求権をも強調していた。「正義は、人間の誠実な勤労の産物に対する権原 Title や祖先の公正な獲得物を継承する権原をあらゆる人に与えるが、同様に、慈善は、人が他に生存手段をもたない場合には、極度の欠乏から自己を守るために、他人の豊富さの中から一定量を要求する権原をあらゆる人に与えている。」Locke, *Two Treatises*, p. 170. 邦訳、五〇頁。

（13） *Ibid.*, pp. 290–291. 邦訳、一七九頁。

（14） *Ibid.*, pp. 296–297. 邦訳、一八五頁。また「未開のインディアンは、囲い込みを知らず、なお共同の土地保有者である。」*Ibid.*, p. 287. 邦訳、一七六頁。

（15） *Ibid.*, p. 299. 邦訳、一八八頁。

（16） *Ibid.*, pp. 292–293. 邦訳、一八一―一八二頁。

（17） ただし、ロックは、基本的に、未開・野蛮から文明化＝富裕化への進歩史観を展開しながら、他方で初期未開状態を黄金時代とみなす考え方も示し、両者の間で微妙に揺れ動いている。すなわち、「黄金時代（むなしい野心やよこしまな所有愛や邪悪な貪欲によって、人々の心が堕落し、本当の権力や名誉についての誤った考えを持たせるようになる以前の時代）には、美徳がもっと栄え、したがって統治者はもっと立派で、悪徳な臣民もずっと少なかった。」*Ibid.*, p. 342. 邦訳、二三三頁。ロックの自然状態論の神学的背景と歴史的次元の問題については、本書第一三章（野原）でも論じられている。

（18） Pierre Villey and V. -L. Saulnier (ed.), *Les Essais de Michel de Montaigne*, Paris, 1978, pp. 422–35. 木村俊道『顧問官の政治学』（二〇〇三年、木鐸社）は、このモンテーニュの批判を、市民の条件としての活動的生活の意義に疑問を呈し、自己の内面の独立を優先させた新ストア主義の代表として位置づけている（七七―七九頁）。

（19） Rahe, Paul A., "Antiquity Surpassed: The Repudiation of Classical Republicans", in *Republicanism, Liberty, and Commercial Society, 1649–1776*, ed. by Wootton, David 1994, Stanford University Press, pp. 242–246.

（20） Bacon, *The Two Bookes of Francis Bacon of the Proficience and Advancement of Learning, Divine and Humane*, 1605, and *New Atlantis*, in *The Works of Francis Bacon*, 1627, ed. by James Spending & Robert Leslie Ellis & Douglas Denon Heath, London, 1859, pp. 314, 164. ベーコン（成田成寿訳）『学問の発達』および『ニュー・アトランティス』（世界の名著『ベーコン』中央公論社、一九七九年）三〇九、五四八頁。木村俊道の前掲書（特に第二章）によれば、ベーコンは「活動的生活」のための「交際」と「実務」および「統治」の学問を展開したのである。

（21） Sprat, *The History of the Royal-Society of London, For the Improving of Natural Knowledge*, London, 1667, p. 408.

（22） *The Petty Papers*, 1927, ed. Marquis of Landowne, London, rept. 1967, vol. 2, pp. 114, 238.

（23） Locke, *Some Thoughts Concerning Education*, 1693, p. 16. 服部知文訳『教育に関する考察』岩波文庫、一八四頁。

(24) Locke, *Two Treatises*, pp. 204–5. 邦訳、九一頁。

(25) *Dissertation: Exhibiting the Progress of Metaphysical, Ethical, and Political Philosophy, Since the Revival of Letters in Europe*, in *The Collected Works of Dugald Stewart*, ed. Sir William Hamilton, Edinburgh, 1854, I: 92.

(26) Armitage, David, *The Ideological Origins of the British Empire*, Cambridge University Press, 2000. 平田・岩井・大西・井藤訳『帝国の誕生』日本経済評論社、二〇〇五年。また、野原慎司『アダム・スミスの近代性の根源』京都大学出版会、二〇一三年、九二—九四頁参照。

(27) 大西晴樹「商業革命とミルトン」(小野・大西編『〈帝国〉化するイギリス—一七世紀の商業社会と文化の諸相』二〇〇六年、彩流社)三三—三六頁。Hoxby, Blair, *Mammon's Music: Literature and Economics in the Age of Milton*, Yale University Press 2002. Webster, Charles, *The Great Instauration: Science, Medicine and Reform 1626–1660*, Duckworth, New York 1975. Greengrass & Leslie & Raylor (ed.), *Samuel Hartlib and Universal Reformation: Studies in Intellectual Communication*, Cambridge University Press 1994. ウォースリーは一六五一年からのアイルランド遠征で軍医として赴任し、そこの測量事業を担当したが、それに関してペティと対立した(松川七郎『ウィリアム・ペティ』(増補版) 岩波書店、一九六七年、二九四—三〇一頁)。ウォースリーの他の著作『代弁者』や『自由港』については、本書第三章(伊藤)が論じている。彼と違って、同じサークルに属したジョン・ミルトン(John Milton, 1608–74)は、当初交易の自由と良心の自由を重ね合わせて評価していたが、「自由共和国」を実現すると期待したクロムウェルが、西インド遠征と軍事独裁政治によって裏切ったために、その幻滅の中で、重商主義的植民帝国における貪欲、偽り、投機的経済活動を徹底的に批判し、マキァヴェッリのアポリアをそのまま表現している(Armitage, *op. cit.*, pp. 133–136. 邦訳、一八六—一九〇頁、大西晴樹 三七—五〇頁)。

(28) Mun, *England's Treasure by Forraign Trade*, 1664, rpt. Oxford: B. Blackwell, 1928, pp. 73–4. 渡辺源次郎訳『外国貿易によるイングランドの財宝』一九六五年、東京大学出版会、一二七—一二八頁。

(29) Temple, *Observations upon the United Provinces of the Netherlands*, 1668, in *The Works of Sir William Temple*, 4 vols., London, 1741, vol. 1, p. 61.

(30) Coke, *England's Improvements*, London, 1675, p. 67. 杉山忠平「自由貿易論の生成」(杉山忠平編『自由貿易と保護主義』一九八五年、法政大学出版会)一九頁参照。

(31) Child, *A Discourse of Nature, Use and Advantages of Trade*, 1694, rept.. in *Josiah Child: Selected Works 1668–1697*, Gregg Press, 1968, p. 6.

（32） N [icholas] B [arbon], *A Discourse of Trade*, 1690, pp. 40–1, 57, 60, 61. 久保芳和訳『交易論』東京大学出版会、一九六六年、六、三二―四四頁。

（33） Brewer, J., *The Sinews of Power: War, Money and the English State, 1688–1783*, London: Unwin Hyman, 1989. 大久保桂子訳『財政＝軍事国家の衝撃』名古屋大学出版会、二〇〇三年。また大倉正雄「第一章「財政・軍事国家」の形成と財政論議―重商主義の批判的評価」および熊谷次郎「第二章　重商主義の経済循環」（ともに竹本・大森編『重商主義再考』日本経済評論社、二〇〇二年所収）を参照。ウォーラーステインはまた「ヘゲモニー国家」と規定している（川北稔訳『近代世界システム一六〇〇―一七五〇』名古屋大学出版会、一九九三年、第二章と第三章）。

（34） Pagden, Anthony, "The Struggle for Legitimacy and the Image of Empire in the Atlantic to c. 1700", in Canny, Nicholas (ed.), *The Origin of empire: British overseas enterprise to the close of the seventeenth century*, Oxford University Press, 1998, p. 51.

（35） Pagden, *ibid.*, p. 35. Armitage, *op. cit.*, p. 76（邦訳一〇四―一〇五頁）。これはラテン語からの英訳によるためか、引用者によって微妙に表現が異なる。

（36） *Winthrop Papers II*, 1931, ed. by Stewart Mitchell, Massachusetts Historical Society,, rept.. 1968, p. 120.

（37） *Ibid.*, p. 118. ロックの「所有権」論がウィンスロップ始めアメリカ・ピュリタンの「土地所有権」論を源流とすることについては、國方敬司「ロック「所有権」論とアメリカ・ピュリタニズム」『山形大学紀要（社会科学）』二五巻一号、一九九四年。

（38） Pagden, *op. cit.*, p. 52.

（39） こうした先住民の生活意識については、Axtell, James, *After Columbus: Essays in the Ethnohistory of Colonial North America*, New York & Oxford, 1988. Riches, David & Woodburn, James, *Property, Power and Ideology*, Berg Publ., 1988. Tully, James, *An Approach to Political Philosophy: Locke in Texts*, Cambridge University Press, 1993. Pieterse, Jan Nederveen and Parekh, Bhikhu (eds.), *The Decolonization of Imagination: Culture, Knowledge and Power*, London & New Jersey, 1995. などを参照。また先住民を「高貴な未開人」とみなす見解を示す書物が、一七～八世紀に多く見られたが、これについては本書一三章（野原）でも触れられている。

（40） Child, Josiah, *A New Discourse of Trade*, in *Selected Works*, 1693, p. 171. 杉山忠平訳『新交易論』（東京大学出版会、一九六七年）一三〇頁。ウィリアムズ（中山毅訳）『資本主義と奴隷制』（理論社、一九六八年、一九頁）によれば、一六五四年から八五年までにブリストル港から輸送された年季奉公人は一万人に達し、一八世紀のペンシルヴァニアの移民の三分の二は年季奉公人だった。これとともにイギリスの都市では誘拐が商売として成り立った。またベクルズによれば、約一二、〇〇〇人の政治犯がバルバドスに送られたという（Beckles, Hirary McD, "The 'Hub of Empire': Caribbean and Britain in the Seventeenth Century", in Canny (ed.), *op. cit.*, p. 233）。

（41） Beckles, *ibid.*, pp. 224–227. Zahedieh, Nuala, "Oversea Expansion and Tide in the Seventeenth Century", in Canny (ed.), *op. cit.*, p. 414. また奴隷一人の値段は、一六六四年には一四ポンドと二二ポンドの間であり、一六七五年までに二五～三〇パーセントほど低下し、それによって供給数は二倍に増加したという（Beckles, *op. cit.*, p. 232）。

（42） Horn, James, in Canny (ed.), *op. cit.* p. 179.

（43） Weir, Robert M., "'Shaftesbury's Darling': British Settlement in the Carolina at the Close of the Seventeenth Century", in Canny (ed.), *op. cit.*, p. 390.

（44） Beckles, *op. cit.*, p. 233. 奴隷の生活状況については、池本幸三・布留川正博・下山晃『近代世界と奴隷制』人文書院、一九九五年、第四章、特に第二節参照。

（45） Browning A. (ed.), *English Historical Documents, 1660–1714*, 1953, pp. 565, 573.

（46） Locke, *Two Treatises*, p. 302. 邦訳、一七三—一七四頁。

（47） *Ibid.*, pp. 385–6. 邦訳、二八〇—二八二頁。

（48） *Ibid.*, p. 390. 邦訳、二八五頁。

（49） *Locke: Political Essays*, pp. 179–8. 訳三〇—三二頁。アーミテイジによれば、この一一〇条の「権力 power」は、一六六九年初稿になかったものをロックが書き加え、これが一六七〇年草稿で修正された。Armitage, "John Locke, Carolina and the Two Treatises of Government", *Political Theory*, 32. no. 5, 1990, p. 609.

（50） *Papers on Virginia*, MS. Locke, e. 9, folio 32. この草稿の詳細な分析は、生越の前掲書（三四二頁以下）参照。

（51） 池本・布留川・下山、前掲書、八三—八四頁。

（52） Hume, David, *Essays, Moral, Political and Literary*, edited and with a Foreword, Notes, and Glossary by Eugene F. Miller, Revised edition, Indianapolis: Liberty Fund, 1985, p. 208. 田中敏弘訳『道徳・政治・文学論集』名古屋大学出版会、二〇一一年、一八三頁。

（53） これについては、小林昇の一連の研究、および生越の前掲書、四五—六八頁を参照。

（54） ロンドン市の参事会員（alderman）だったコケイン（Sir William Cockayne）による計画で、この発案を受けて、ジェイムズ一世がアドヴェンチャラーズの特権を剥奪し、一六一五年新会社（King's Merchant Adventurers）に独占的特権を付与してスタートさせたが、間もなく失敗した。一六一七年には、新会社は解散され、特権は旧会社に戻された。失敗の原因は、イギリスがオランダに対抗して完成毛織物の輸出を実現するには、まだ十分な力がなかったためだった。Friis, Astrid, *Alderman Cockayne's Project and the Cloth Trade; Commercial Policy of England in its main Aspects 1603–1625*, Oxford University Press, 1927. 船山栄一『イギリスにおける経済構造の転換』未来社、一九六七年。

（55） Magnusson, Lars, *Mercantilism, the shaping of economic language*, Routledge, 1994, pp. 102–103. マグヌスン（熊谷次郎・大倉正雄訳）『重商主義』知泉書館、二〇〇九年、一四六―七頁。

（56） Mun, *op. cit.*, p. viii. 邦訳、一〇頁。

（57） *Ibid.*, pp. 53, 3. 邦訳、九五、一五頁。

（58） Child, *A New Discourse of Trade*, in *Selected Works*, 1693, p. 12. 邦訳、八一頁。

（59） チャイルドを含む植民帝国の構想については、熊谷次郎「イギリス重商主義帝国形成期の経済思想」『桃山学院大学経済経営論集』二〇〇七年、四九巻一号。

（60） Davenant, Charles, *An Essay on the East-India Trade*, 1696, London, in *Mercantilism*, ed. by Magnusson, vol. 2, 1995, pp. 223–224, 邦訳、二三〇―二三三頁。

（61） Pollexfen, John, *A Discourse of Trade, Coyn and Paper Credit*, London, 1697, pp. 130, 144, 149.

（62） Cary, John, *An Essay on the Coin and Credit of England as they stand with respect to its trade*, Bristol, 1696, p. 34. ケアリは、ブリストルを拠点とするタバコ貿易で、輸入タバコの加工と販売によって莫大な利益を得ていたし、アフリカ貿易の利益を察知し、その独占を排した自由な参入を主張していた。

（63） これについては膨大な研究があるが、ひとまず天川潤次郎の『デフォー研究』未来社（一九六六年）第六章「英仏自由通商問題」におけるデフォーを中心とした論争内容の分析を参照。

（64） Davenant, *An Essay upon the Probable methods of Making a People Gainers in the Balance of Trade*, 1699, in *The Political and Commercial Works of Charles Davenant*, Gregg, 1967, vol. pp. 184–185.

（65） バークリ（川村・肥前訳）『問いただす人』東京大学出版会、一九七一年、一八、一七六頁。

（66） Chamberlen, Peter, *The Poor Man's Advocate, or England's Samaritan*, 1649, rept. in *Mercantilist Theory and Practice: The History of British Mercantilism*, ed. by Magnusson, Pickering & Chatto, 2008, vol. 4, p. 30.

（67） Temple, Sir William, *Observations upon the United Provinces of the Netherlands*, 1668, in *The Works of Sir William Temple*, London, 1741 (John Adams Library at the Boston Public Library), vol. 1, pp. 47, 60–61.

（68） Manley, *Usury at Six per Cent, Examined*, London, 1669, p. 9.

（69） ワーメル（米田清貴・小林昇訳）『古典派賃金理論の発展』未来社、一九五八年、二三―二四頁から。

（70） Petty, Sir William, *Taxes and Contributions*, 1662, London, in *The Economic Writings of Sir William Petty*, ed. by C. Hull, Cambridge, 1899, vol. II, pp. 20, 55, 87. 大内・松川訳『租税貢納論』岩波文庫、一九五二年、四〇、九七、一五〇—一五一頁。

（71） Child 1693, pp. 66–71. 邦訳、一三二—六、一四二頁。

（72） この問題については、これまで様々な機会に論じてきたので、詳細はそれに譲る。生越利昭「勤労の育成」（田中秀夫編著『啓蒙のエピステーメーと経済学の生誕』京都大学学術出版会、二〇〇八年）ほか。ここでは、本論のテーマに即して、要点だけを整理して論じる。

（73） Marx, Karl, *Das Kapital*, Bde. 23, 24, 25, 1867, 85, 94, der *Werke von Marx und Engels*, Diez Verlag, Berlin, 1962–64, Erster Band, S. 745–746. マルエン全集訳版『資本論』大月書店、一九六八年、第二分冊、九三六—九三八頁。

（74） フーコー（田村俶訳）『狂気の歴史』新潮社、一九七五年、特に第一部第二章「大いなる閉じ込め」第三章「感化院の世界」。フーコー（田村俶訳）『監獄の誕生』新潮社、一九七七年、特に第三部「規律・訓練」。

（75） トーニーによれば、絶対主義時代の救貧政策は「貧しい者にある種の尊敬の念を抱く」時代感覚を背景に、慈善を義務とみなす宗教意識に基づいていた。トーニー（出口勇蔵・越智武臣訳）『宗教と資本主義の交流』岩波文庫、一九五九年、一九〇—一九一頁。

（76） ウェーバー（大塚久雄訳）『プロテスタンティズムの倫理と資本主義の精神』岩波書店、一九八八年、四七頁。

（77） Thomson, E. P., *The Making of English Working Class*, Vintage Books, 1963, p. 9, 194. 市橋秀夫・芳賀健一訳『イングランド労働者階級の形成』青弓社、二〇〇三年、一一、二二八頁。

（78） Defoe, Daniel, *A Plan of the English Commerce*, London, 1728, 2nd ed. 1730, rept.. (Kelley) 1967, pp. 4–5, 36. 山下・天川訳『イギリス経済の構図』東京大学出版会、一九七五年、二一—二二、四七頁。

（79） マンは明確に「わが国には財宝を産出する鉱山がないのだから、外国貿易以外に財宝を獲得する方策がないことは、思慮ある人ならだれも否定しないであろう」と述べている（Thomas Mun, *op. cit.*, p. 14. 邦訳、三二頁）。

（80） Philangus, *Britannia Languens, or A discourse of Trade*, London, 1680. これは一般に William Petyt（1641?–1707）の著作とされている。詳しくは、杉山忠平「貿易差額とフリー・トレイド」、『甲南経済論集』一九八五年、二五巻四号、二、八—九頁。

（81） Fortrey, Samuel, *England's Interest and Improvement*, 1663, rept. in *Mercantilism*, ed. by Magnusson, 1995, vol. 1, p. 278.

（82） Steuart, Sir James, *An Inquiry into the Principles of Political*

Economy, 1st. ed., 1767, in *Collected Works of James Steuart*, vol. I, 1805, rept.. Routledge/Thoemmes Press, 1995, pp. 219–222. 小林昇監訳・竹本洋他訳『経済の原理』名古屋大学出版会、一九九八年、第一巻、一五三―一五五頁。

（83）こうした財政＝軍事国家の状況については、Brewer, *op. cit.*, pp. 167–70, 199–217, 249. 邦訳、一七二―一七五、二〇七―二二六、二五五頁、大倉正雄『イギリス財政思想史』日本経済評論社、二〇〇〇年、参照。

（84）Hont, Istvan, *Jealousy of Trade: International Competition and the Nation-state in Historical Perspective*, Harvard Univ. Pr 2005. 田中秀夫監訳『貿易の嫉妬』昭和堂、二〇〇九年。

（85）常備軍論争については、以下のような研究がある。田中秀夫「イングランド常備軍論争とフレッチャーの民兵論」（同著『文明社会と公共精神』昭和堂、一九九六年、七九頁以降）。辻本論「イングランドにおける常備軍の成立―ウィリアム三世期の常備軍論争―」歴史学研究会編『歴史学研究』第八一九号（青木書店、二〇〇六年）。村松茂美「フレッチャーとデフォー――「常備軍論争」を中心に」（小柳・岡村編『イギリス経済思想史』（ナカニシヤ出版、二〇〇四年）所収、形を変えて、村松茂美『ブリテン問題とヨーロッパ連邦』（京都大学出版会、二〇一三年）の第一章に所収）。野原慎司「一七世紀末イングランド常備軍論争――商業と国制」日本イギリス哲学会『イギリス哲学研究』第三〇号、二〇〇七年（野原慎司の前掲書（二〇一三年）に所収）。

（86）Dickinson, H. T., *Liberty and Property, Political Ideology in Eighteenth-Century Britain*, London 1997, pp. 94–5, 148–151. 田中秀夫監訳、中澤信彦他訳『自由と所有』ナカニシヤ出版、二〇〇六年、九三―九四、一五〇―一五三頁。

（87）この時期の財政政策は、ディクソンによって「財政革命」と呼ばれたものである。Dickson, P. G. M., *The financial Revolution in England: A Study in the Development of Public Credit 1688–1756*, London 1967. また大倉正雄の前掲書（二〇〇〇年）は、この時期の財政思想を詳細に論じた優れた研究であり、本論はこれらに依拠している。

（88）この大衆課税を基盤とする近代的租税制度の特徴を、マルクスは「この制度によって行われる農民や手工業者の、要するに小さな中間階級の、すべての構成部分の暴力的収奪」と規定している（Marx, *Das Kapital*, Bd. 1, S. 784. 邦訳、第二分冊、九八六頁）。

（89）Hume, *Essays*, pp. 360–1, 364. 邦訳、二九〇、二九二頁。

（90）*Ibid*., p. 300. 邦訳、二六四頁。

（91）ヒュームは、これを「貿易の嫉妬」の中で示したが、この論説は一七五八年版に新たに挿入（一七六〇年版に正式追加）されたもので、一七五二年の『政治経済論集』に含まれた「公信用について」の論説からの新たな展開を示すものと言ってよいだろう。

(92) *Ibid.*, pp. 300–3. 邦訳、二六四―二六七頁。

(93) これについては、生越利昭「経済学形成期における労働=生産思想」『商大論集』(兵庫県立大学)二〇一三年、六三巻三号を参照。

第五章　スコットランドの文明化と野蛮――平定から啓蒙へ

田中秀夫

第一節　スコットランドの野蛮とジェイムズ六世

（1）野蛮と啓蒙

小国スコットランドは長く野蛮な国であった。北方の辺境にあったために、フランス、オランダ、イングランドなどと比べて文明化が決定的に後れた。とくにケルト（Celt）、ゲール（Gaele）のハイランド（高地地方）はそうである。そのスコットランドが一八世紀に華々しいまでの繁栄の時代を迎え、スコットランド啓蒙の時代となる。スコットランド啓蒙とは、ローランド（低地地方）を中心とするスコットランドの改良運動に連動した野蛮、後進性、未開、無知、狂信などを克服する運動であった。担い手は開明派の政治家、法曹、学者、牧師、作家、詩人などである。啓蒙の拠点はエディンバラ、グラスゴウ、アバディーン、セント・アンドルーズのような都市であり、都市に設けられた大学その他の公共空間、貴族の館、教会、知識人の家、コーヒー・ハウスや居酒屋などに人々が集まって啓蒙を進めていったのである。

サー・ジョージ・マッケンジー（Sir George Mackenzie of Rosehaugh, 1636–91）によって、弁護士会図書館（後にナショナル・ライブラリーとなる）が、ブリティッシュ・ライブラリーに先立って、エディンバラに一六八二年に設立されたことは先駆的であった。啓蒙の都市としての資格があったのは、まずもってロイヤル・マイルにかつての都の名残をのこすエディンバラと貿易港をもつ商業都市グラスゴウである。合邦で議会を失ったエディンバラでは世紀後半にニュー・タウンの開発が始まる。哲学者で歴史家のヒュームはそこに新居を構える。美食家の彼は「女王様のプリン」で客をもてなすであろう。晩年のアダム・スミスはエディンバラの税関の閑職に就任し、ロイヤル・マイルのパンミュア・ハウスに住んで、これまた知的サークルでの交友を楽しむであろう。歴史家ロバートスンもサロンの中心であった。

ローランド（低地地方）には先進的な農業改良に取り組む改良地主と借地人がいた。オーミストンのコバーン（Adam Cockburn, 1656–1735）やケイムズ卿の農業改良の協力者として知られるアンドルー・ワイト（Andrew Wight）などである。各地にさまざまな種類の農工商の改良運動を推進する団体が生まれた。その代表格の「農業知識改良家協会」（The Honourable Society of Improvers in the Knowledge of Agriculture in Scotland）は一七二三年の設立である。また一七三〇年ごろから各地で計画村落が作られていく。オーミストンはコバーンが造った村であった。その後の一〇〇年間で、およそ一三〇もの村が設けられた(1)。

こうして世紀初頭には一万人を越える程度の人口にすぎなかったグラスゴウは急速に人口と街の規模が拡大し、後半にはエディンバラに匹敵する五、六万人ほどになった。研究者によって推計値が違うが、エディンバラは五万人強から八万人強になった(2)。ハイランドもとりわけアーガイル公爵家の領地であった西部において改良が進められた。ジャコバイトのなかにも改良家が出てくる。改良（Improvement）がいわば時代精神となったのである。

教区単位での初等教育の早期導入のおかげで、スコットランドの識字率は例外的に高かった。当時それに対抗できたのはおそらく寺小屋で読み書きを教えた日本だけである。社会の発展にとって民衆の識字率が重要であることはエマニュエル・トッドの指摘を待つまでもない。

啓蒙に先立つ時代のスコットランドは、（日本の古代の豪族の戦争、あるいは戦国時代にいくらか似た）戦乱の一六世紀、そしてその戦乱と分裂をいくぶんでも解決しようと苦闘する一七世紀を経験していた。まるで権力争い、部族闘争、略奪と暴動に明け暮れるかのような歴史が展開したのである。ハイランドの平定は大きな課題であった。一七世紀の末、一六九二年にはステア伯爵の所領のグレンコーで有名な虐殺が起こる。名誉革命を受け入れないハイランドのジャコバイト氏族は多数いたが、政権はとくにグレンコーのマクドナルド族に狙いを定めて軍を挙げた。時の法務長官で国務大臣のジョン・ダルリンプル（John Dalrymple, 1st Earl of Stair, 1648–1707）は掃討を命じた。こうして村を一掃する虐殺が起こった。[3]愛国者フレッチャーと共にオランダに亡命していたジョンの父ジェイムズ・ダルリンプル（James Dalrymple, 1st Viscount of Star, 1619–95）はウィリアム三世の軍に加わってオランダから帰り、名誉革命にコミットした。その父の貢献もあってか、王はジョン・ダルリンプルを擁護した。[4]

名誉革命から合邦までの時期にも戦乱で国土が荒廃した。名誉革命の政府軍とジャコバイト氏族の対立が深刻化した。加えて一六九〇年代には不作が続き二〇万人が浮浪者——今で言う難民——になったと言われる。どん底の悲惨をスコットランドは経験した。一八世紀にも部族抗争や略奪は続いたが、一七四五年の最後のジャコバイトの反乱の鎮圧によって、ようやくこの種の野蛮は抑止されるようになった。平定と文明化は長い歴史過程であった。ハイランドは様変わりした。やがてハイランドを旅したサミュエル・ジョンスンは、激しい気性の野蛮な氏族を見ることを楽しみにしていたが、もはやそのようなものはなかった。

最後の征服と続いて制定された法律によってハイランドに引き起こされた変化ほど急速で、大きく、全般的に国民の生活様式の変化をもたらした例はおそらく他になかったであろう。ハイランドに来るのが遅れすぎたため、我々が期待していたもの —— 独特な風貌の人びとと古風な生活の制度 —— を見ることはできなかった。氏族はもはや原初の特徴をほとんど保持していない。残虐な気性は穏やかになり、好戦的な情熱は消え去り、独立の気概は衰え、統治への侮りは抑えられ、氏族長への敬意も減っている。最近彼らの国が征服されるまで彼らがもっていたもののなかで残っているのは、彼らの言葉と貧困だけである。(5)

平定には、ステュアート家の国王と代々のアーガイル公(キャンベル族)の貢献が大きかった。それは待望された穏和な時代の幕開けであった。やがて武勇は過去の遺産・伝説となり、平和な産業と啓蒙の時代が訪れることになる。かつての好戦的な小国スコットランドは、今や平和な文化大国 —— エディンバラは北のアテナイ呼ばれるにいたる —— へと変貌する。野蛮から啓蒙へのある種の大転換が起こったのである。ヒュームやスミスを生み出したスコットランド啓蒙、それは歴史的に稀有な事象であった。ルネサンスのイタリアから、一七世紀のオランダ、フランス、イングランド、そして一八世紀のスコットランドへと学問と思想の都は遷移したのである。ルソーと違って、ヒュームやスミスが「高貴な未開人」の観念を退けたのは、啓蒙の時代にあって、こうしたスコットランドの未開かつ野蛮なハイランド人の鮮明な記憶があったからであろう。スミスの同世代のエディンバラ在住の知識人たちは、一七四五年のジャコバイトの反乱軍の侵攻からエディンバラを守るべく防衛にあたった。穏健派知識人のウィリアム・ロバートスンや、ヒュー・ブレア、ジョン・ヒュームたちは勇猛なハイランド人と対面したものと思われる。ジョン・ヒュームは後に『一七四五年の反逆の歴史』(一八〇一年)を残した。これは時代経験(アレント)となったであろう。一六世紀からの平定の過程を少しばかり具体的に見てみよう。

（2）ジェイムズ王の平定策

一六世紀のスコットランドは、宗教改革の混乱に加えて、封建貴族あるいは土豪・部族・氏族の権力争い、派閥争いで分裂状態になった。一六〇三年にイングランド国王となったジェイムズ六世は、スコットランドの平定が課題であることをよく認識していた。貴族たちの不正はジェイムズ六世によれば次の三点である。

一　近隣の卑しい身分の者たちを弾圧して奴隷化し、見返りを何も与えずに、奉仕させ、従わせること

二　たとえ法に背こうと、家来や従者に汚れ仕事をさせること

三　近隣者から不愉快なことをされたと感じたら、すぐに武器を取り、神や王や国家のことは「さておき、相手一族を勇敢に打ち負かすこと[6]」。

ジェイムズは「この野蛮な争いを根絶するまで休んではいけない」との認識から次々と布石をうった。派閥争いの道具となった暴徒が取り囲んだホーリールード宮殿からロンドンに居を移し、権力の安定を得た国王は、賞罰の権力を拡大した。ジェイムズは勅許都市の代表者会議を設け、男爵やレアード（地主）を議員団に組織し、議会に議事運営委員会を設置して実質的に立法権を自らが掌握した。彼は法曹組織の形成も推進した。一五八七年に公証人に資格と訓練を義務づけ、一五九四年には弁護士会ができた。彼は司教制を復活し、長老派の実力者で教育者としても影響力のあったアンドルー・メルヴィル（Andrew Melville, 1545–1622）を追放した。こうして派閥争いや権力の乱用を防いで中央政府を支援する組織の制度化を推し進めたのである。

彼はまた貴族を巧みに処遇した。反逆者リヴェン一族を根絶し、ステュアート家の分家の他の貴族、ハミルトン家、キャンベル家、ゴードン家、ダグラス家、アースキン家などには所領を保全し、彼らを歓待して懐柔し、

彼らの封建的司法権は奪わなかった。そして彼は有能なものを枢密院の議員に選んだ。

スコットランドのために言おう。余はここでペンをとり、統治をおこなう。余が書き、それらは枢密院の役人によって実行に移される。このようにして、余はスコットランドを治める。何人も剣によって国を治めることはできない。(7)

一七世紀にはジェイムズの政策が功を奏して、ローランド地方は平和の恩恵をうけ経済開発が進んだ。都市でも商業が盛んになり、人口も富も増大した。ボーダー地方では商業は略奪に代わる真面目な楽しみとなった。「家畜商人はギャロウェイからロンドンの市場まで妨害を受けずにたどりつけるようになり、グラスゴウの自治都市民はその道すがらリンネル（亜麻）を売り歩いて財を築き、南部の諸州では羊毛の生産量が増えた。」これはジェイムズの即位以来の堅実な政治の恩恵だと、ウィリアム・シートンは述べた。(8)ジェイムズはハイランドにも改善を及ぼそうとした。『王の贈物』（一五九七年）はこう書いている。

ハイランド地方では、住民を大きく二つに分けることができる。まず本島に住む者たちは大体が野蛮ではあるが、いくらかは文明化されている。島々に住む者たちは野蛮きわまりない……野蛮で頑強な者たちを根絶あるいは追放し、その地に文明を植えつけ、文化的な社会への改善を願う。

法体系を尊重させること、第二にケルト人の派閥争いに楔を打ち込むために移民政策を実行すること、そしてアーガイル伯キャンベルら有力三氏族の援助をとりつけること。こうしたことを国王は推進した。しかし、平定には程遠かった。

王位を継承したチャールズには父ほどの賢明さも勇気もなく、スコットランドは再び野蛮に支配される。漸次的な発展が見られたにもかかわらず、一六九〇年代には有名な飢饉が続き、経済発展は後退した。こうして一八世紀までは改革・発展と停滞・後退が繰り返されたのである。しかし、名誉革命を受け入れることによって、スコットランドの歴史に新しい時代が開かれていく。

(3) 文明化は偉業か、意図せざる結果か

啓蒙の時代に向かってスコットランドは進んでいったが、決定的な一歩、文明化への着手が国王ジェイムズの力量(ヴィルトゥ)によって推進され、開明貴族アーガイル家によって継承されたとすれば、スコットランドの啓蒙は上から始まったと言っても過言ではない。国王ジェイムズは啓蒙専制君主の先駆だったと言えるのではないだろうか。イングランドにおいて際立った働きをしたのは誰であったか。

テムズ川を遡るウィリアムの軍へのこれという抵抗はなかった。名誉革命はオレンジ公ウィリアムの偉業だったのか。それともウィッグ政治家の功績なのか。それとも、意図せざる幸運が大きな影響を与えたのか。スコットランドの文明史家は意図せざる幸運を重視する傾向があったが、ヒュームは自由を求める人びとの意図的努力を重視している(9)。

野蛮の諸問題は容易に根絶やしにできたとは言えない。野蛮は人間精神の粗暴さと感情の野性に関連していたから、啓蒙は教育と陶冶による精神の規律化と感情の洗練を推進しなければならなかった。けれども、人間精神の開明・規律化と感情の穏和化・洗練は容易に実現できる課題ではなかった。それはやがて啓蒙の時代に道徳哲学の課題として順次、ハチスン、ヒューム、スミス、リードなどの思想家たちが取り組むことになる。

その前提条件は法の支配であった。法によって秩序をともかくも生み出さねばならなかった。スコットランド

啓蒙にとって、また啓蒙思想家にとって、ジェイムズ以来の法の支配の浸透は強力な啓蒙の武器であった。法の支配の重要性をヒュームほど強調した思想家はいない。それはヒュームがイングランドとスコットランドの歴史に深く通暁していたからであろう。

本格的な啓蒙が見られるのは一七三〇年代以降のことである。すなわち、国制と社会の文明化を前世紀の改革的為政者から継承したアーガイル公爵家と啓蒙の父ハチスンの活躍を基盤に、一八世紀の三〇年代以降、本格的な啓蒙の時代が始まる。アーチボルド・キャンベル（Archibald Campbell, 1682-1761）は、兄の第二代アーガイル公爵を継いで権力を握り、初代アイレイ伯爵（Earl of Islay, 一七〇六年から）、第三代アーガイル公爵（Third Duke of Argyll, 一七四三年から）となった開明貴族で、彼は若い有能な人材を登用して国づくり――文明化――を進めた。彼が提供したパトロネジ（恩顧）はスコットランド啓蒙を育むにあたって大きな役割を演じたのである。

最後のジャコバイトの反乱が起こった一七四五年以後、顕著な成果を生み出すスコットランド啓蒙は、広い射程をもった道徳哲学のなかから最新の学問体系である経済学（Political Economy）を生み出した。それは実践哲学として啓蒙を推進するアーツ・アンド・インダストリ（Arts and Industry）、あるいは商業（Commerce）という新しい社会の原理を根幹に据えて、社会の発展を展望するであろう。それではスコットランドの経済学は野蛮の克服をどのように理解し、それにいかに取り組んだのだろうか。本章ではこの問題を究明する。(10)

第二節　ジャコバイトは高貴か

（1）戦争と政治の野蛮

スコットランドが直面した野蛮の諸問題とは何であったか、改めて明確にしておこう。

まず戦争の野蛮がある。いつの時代、どの文明においても対外戦争の野蛮は際立っている。スコットランドでも例外ではない。戦場においては敵に勝利することが目標である。敵の戦意を挫いて捕虜にするか、あるいは殲滅して、敵の降伏を勝ち取ることが戦闘の直接の目的であるが、その背後には軍の最高司令官の戦略がある。国家権力を握る支配者が最高司令官を通じて目指す戦争目的は敵国の支配、あるいは領土の割譲であることが多い。戦争の禁止は現代でさえなお成功していない。

戦争の野蛮は政治の野蛮と関連している。むしろ、政治の野蛮を第一の要素とすべきかもしれない。政治の野蛮とは友敵理論に基づく敵の殲滅（カール・シュミット）、剥き出しの権力争い、暴力や専制による敵や諸階級の抑圧、言いかえれば市民的自由なき圧政、不寛容などであり、さらには国家のイデオロギー装置（アルチュセール）――学校、教会、軍隊、司法、監獄など――による統制と教化、洗脳などを含んでいる。裁判もしばしば十分な審理もせずに被告を死刑にするという野蛮がまかり通っていた。密輸の罪で逮捕されたアンドルー・ウィルスンをエディンバラ守護隊長のポーティアスが処刑したために起こったポーティアス暴動（一七三六年）は有名である。国内法も未整備なら、国際法はいまだ萌芽段階にすぎなかった。内外の戦争はこうした政治の野蛮と連続しているであろう。「野蛮と文明」は政治、あるいは国家の二側面であるとも言えよう。

すでに述べたように、安定した中央権力がない時代のスコットランドでは、ハイランドは言うまでもなく、ローランドでも、絶えることのない政争、権力闘争、氏族間戦争が繰り広げられた。スコットランドは武勇の国であるというのは英雄を賛美するノスタルジーにとどまらず、血で血を洗う凄惨な歴史をも意味したのである。

内部の敵への蛮行は政治の野蛮のうちに含まれる。ほとんどの社会は、この時代は言うまでもなく現代においても、内部の敵に対して寛容ではなく、野蛮に抑圧した。これは敵への蛮行と一括できるであろう。敵と味方、敵と友の区別は容易に廃絶できなかった。しかも、昨日の敵は今日の友となり、昨日の友が今日の敵となることも起こる。

啓蒙の時代になっても戦乱は廃棄などできなかった。この時代に、スコットランドはどのような戦争をしたのであろうか。初期啓蒙の時代の人、愛国者アンドルー・フレッチャーの人生は半ば戦争の人生であった。(11) モンマス公の反乱に関係した彼は大陸に亡命し、大陸の戦役に幾度も加わっている。大陸に亡命していたイングランドの急進的政治家と知り合って名誉革命に加わって帰国したものの、彼はスコットランドの議員として最後の議会において、合邦に反対した。合邦によるスコットランドの独立の喪失、そして衰退を恐れた彼は、スコットランドの独自の国制の温存に努力し、そして敗北したのであった。スコットランドはイングランドに歩み寄って合邦に踏み切った。

一七〇七年にイングランドと合邦したスコットランドは独自の国家機構を失ったので、固有の軍をもちえたわけではない。すなわち、その後は大ブリテンの一部として戦争に関係したのである。大ブリテン軍に組み込まれてスコットランドの兵隊も海外に派兵された。啓蒙知識人であるヒューム（一七一一年生まれ）やファーガスン（一七二三年生まれ）は、時代経験の差もあって、合邦体制の恩恵の下で進んだ改良の時代に教育を受け、名誉革命と合邦を受け入れており、秘書や従軍牧師として海外にも行っている。彼らは一七六二年以降スコットランドに民兵を設ける運動をおこなったが、それはスコットランドの独立とは無関係であって、彼らはスコッツである以上にブリトンであった。

名誉革命後、革命にも合邦にも反対したステュアート家支持者はジャコバイトとして結束し、反乱の機会をうかがっていた。スコットランドのアイデンティティーを守ろうという情熱が彼らの軍事的結束を強固にした。ハイランド人を主力とする彼らの軍は――それは正式には私兵であったが――大規模な反乱、武装蜂起を一七一五年と一七四五年に起こした。その間に、フランス国王の支援を受けることが画策され、小規模な反乱が一七〇八年と一七一九年にも企てられた。ジャコバイト軍は大ブリテンの正規軍と戦って、敗北した。一五年のジャコバイト処分は一部の所領の没収などにとどまり、領民への影響力の基盤であった世襲裁判権は温存され、処分は比較的軽かったと言われる。その結果、勢力が温存され、四五年の大反乱を招いたという側面があったために、四六年の処分は徹底的であった。[12]

その間、一七二四年にはジョージ・ウェイド将軍（General George Wade）がスコットランドの総司令官に任命され、ハイランドの平定にあたることになった。彼は正規軍と六歩兵中隊を指揮して、一七三八年までに、反乱が起こった場合にそれを鎮圧するための二五〇マイルの軍事用道路と四二の橋を作った。三九年には二中隊を改組し、有名なブラック・ウォッチ連隊を結成し、平定を進めようとしたが、にもかかわらず一七四五年の反乱を抑止できなかったのである。[13]

慈恵、正義および社会的諸徳に伴う利点を、未だ十分には経験していないあらゆる未開の諸国民の間では、勇気が主要な卓越せる美質であり、詩人によって最も称えられ、両親や教師によって推奨され、一般大衆によって賛美されるものである。[14]

すでに述べたように、そもそもハイランド部族社会は伝統的に勇猛で野蛮な文化を維持していた。高地地方のゲール人はしばしばハイランドを旅する旅行者を略奪した。それは中世の権力者たちが相互に略奪し合ったジャングルの掟の遺制であろうか。あるいは貧困ゆえの略奪（モラル・エコノミー）だったのだろうか。ウォルター・スコットは『アイヴァンホー』（一八二〇年）や『ロブ・ロイ』（一八一七年）で封建社会の戦闘を描いたが、ロマン主義的に美化している面があるかもしれない。ヴェブレンが言うように、略奪という野蛮が高貴と見なされた時代がある。ちまちました勤労は隷従の徴というわけである。富裕な装束の旅行者はハイランド人には格好の獲物であった。一七〇七年のイングランドとスコットランドの合邦には、ハイランドの平定が期待されていた。ハイランドにも文明化は波及するが、伝統の略奪文化の廃止、部族民のメンタリティーの変革と情念の穏健化はすぐには進まなかった。ハイランドの各地域間での権力闘争も激しかった。

（2）スコットランドのアイデンティティー

ハイランド社会に残存したジャコバイト勢力はイングランドにとっても先進地域ローランドにとっても脅威であった。排斥法危機から名誉革命にかけて、それまで玉座にあったステュアート家はイングランドのウィッグ政治家との権力争いに直面する。ステュアート家は権力争いに敗北し逃亡と蟄居を余儀なくされたが、すでに述べたように、ステュアート家を支持するジャコバイトは、その後も機会あるごとに武装蜂起した。その意味で彼らは名誉革命体制という「自由な」文明体制――それにヴォルテールをはじめとするヨーロッパ大陸の知識人は羨望の思いを抱いた――に反逆したが、その道具となったのが野蛮なケルトのハイランド人戦闘集団であった。

一七四五年の反乱ではイングランドに危機が迫った。周知のようにステュアート家の「若僭王」チャールズ・エドワード率いるジャコバイト軍はハイランド兵を主力としたが、一七四五年の反乱において勇敢に戦い、ダービーまで進軍した。ロンドンまで二五〇キロで、イングランド軍はその先には四〇〇〇人しかいなかった。しかし、長征は辛かった。行軍は厳しかった。望郷の念にかられたジャコバイト軍は終に戦意をなくし敗走した。最後はカローデンに追い詰められた彼らは、カンバーランド公の政府軍に終に敗北し、壊滅した。チャールズは辛うじてローマへと亡命した。

このように国制転覆の夢、古きスコットランドの再興の夢は半世紀以上にわたって断念されなかったのであるが、ヒュームにしても、四五年の大反乱をありうるとは予想できなかった。ジャコバイトがかくも強力であるとは思いもよらぬことだった。自らの認識不足を痛感したヒュームは「愛着による党派」について思索を深めることになる。ケイムズ卿の友人でもあったハードウィック卿が指揮した大ブリテン政府は今度こそ徹底したハイランド処分を敢行し、ジャコバイトの地盤を一掃した。ハイランドは武装解除され、ジャコバイト貴族の所領を容赦なく没収し、残存した世襲裁判権は廃止となり、バグ・パイプやキルトが禁止され、士族民はハイランドから一掃されてローランドや北アメリカに送られた。ハイランド人はやがてアメリカでも武勇心（勇気）を発揮することになる。

それではジャコバイトを野蛮集団と決めつけるだけでよいだろうか。ステュアート家を支持するジャコバイトは多くの上流身分を含んでおり、スコットランドへの愛着を強くもてば、ジャコバイトに加担するのも自然のことであった。スコットランド人はイングランドに愛着をもてる理由がなかった。文化で劣る彼らはイングランド人から蔑視されていたからである。ローランド人はハイランド人を蔑視し、彼らをアイルランド人と呼んでいたが、ローランド人もイングランド人から蔑視されないためには、正規の英語を身につけ、きちんとした身なりをし、知性を磨かなければならなかった。スコットランド人は暴力に訴えたり、略奪したりしないように自己規制できなければならなかった。自らを文明化することが必要であった。またスコットランド人のプリンス・チャーリーへの哀惜の情は深いものがあった。したがって、ここにはスコットランドのアイデンティー問題があった。ジャコバイトはフランスとの関係が深かった。ジャコバイトはしばしばインターナショナルであった。スコットランド・ネーションが形成されていくのは様々な近代の経験を通じてであるが、国際的な契機をジャコバイトが維持したのはカトリックとしての繋がりゆえであった。

ジャコバイトがスコットランドにおける名誉革命の受容に反対し、合邦にも反対したのは、まさにアイデンティー問題に関連していたのである。シスター・ペグはジョン・ブルの奴隷になるのはまっぴらである。その意味ではジョン・ブルの側の野蛮な圧政を危惧していたのはジャコバイトであった。経済学者として知られるサー・ジェイムズ・ステュアートは一七四五年の蜂起の際に、「気まぐれから」ジャコバイト軍に加わったが、ステュアートの関与は反動とか野蛮とか言うべきものだっただろうか。ジャコバイト運動は反イングランドであり、反合邦であり、反アーガイル家でもあった。それはなぜか。

第三節　文明化と啓蒙

（1）アーガイル家

アーガイル家とステュアート家の国王との同盟関係は、一七世紀の政治的、宗教的危機によって崩壊した。一六三八年に、内乱の原因となった盟約者と国王の関係が破綻した。一六八八年の名誉革命によってステュアート家が排斥され、プロテスタント王位継承が決定したとき、ウェストミンスターでウィリアムとメアリの即位の宣誓式を執りおこなったのは、第一〇代アーガイル伯爵であった。

アーガイル家の権力基盤は、島嶼を含む西部ハイランドに広がる広大な所領にあり、その実権は一五、一六世紀以来のステュアート家への貢献によって盤石となった。しかしながら、一七世紀の革命期の動乱はステュアート家の運命に甚大な影響を与えたが、アーガイル家の運命にも大きな変化を生み出した。すなわち、開明的な貴族であったアーガイル家は、絶対主義的なステュアート家と次第に対立するようになるとともに、またより急進的な盟約者（Covenanters）とも一線を画して、啓蒙に親近的なウィッグ的立場を次第に明確にしていった。

こうして名誉革命後、政府の利害はアーガイル家のそれと相互依存的となった。アーガイル家の忠実な支持がなければ、ウィッグ政権はハイランド地方に影響力を及ぼすことができなかった。名誉革命政権とアーガイル家の利害は一体となったのである。アーガイル伯爵は一七〇三年に報償として公爵領を授与された。アーガイル家は「教会と国家」の新しい秩序を創出するとともに指導する役目を担った。最終的にアーガイル家とスコットランドの国王との伝統的な協力関係は消滅した。長老派とウィッグ党の新しい同盟関係を結ぶことによって、アーガイル家は、西部ハイランドの実権を握り続けるとともに、中央政府の欠くべからざる代理者としてスコットランド全体にいわば君臨することになったのである。

ところが、アーガイル家を領袖とするキャンベル氏族がステュアート家の国王に反旗を翻したことから、敵対する氏族は国王支持に向かうことになる。アーガイル家が勢力を拡大し、西部の諸氏族から多くの土地を奪ったために、キャンベル氏族への憎しみと不信の念が深まり、大きな流れとなってジャコバイト運動へと向かったのである。したがって、ジャコバイト運動はたんにステュアート家復位を意味するものにとどまらなかった。それは根が深く、反名誉革命、反ウィッグ、反合邦、スコットランド独立、伝統の継承、反穏健派、反キャンベル、反アーガイル等々の複合的含意をもった運動であった。

それに対して、アーガイル家、とくにスコットランドの統治を第二代から引き継いだ第三代アーガイル公爵は、反ジャコバイト、穏健派支持の立場から、イングランドとの合邦によって名誉革命の成果をスコットランドにも受け入れ、近代化、文明化を推進しつつあった一八世紀中葉のスコットランドの国家体制を支える要の位置に就くこととなった。彼の権力はサー・ロバート・ウォルポールとの交友で強化された。アイレイはウォルポール政権のスコットランド政策を担うことになる。すなわち、一七四〇年代まではスクアドロン（反アーガイル派）との権力闘争は終焉していなかったが、彼はブリテン政府に代わって（スコットランド担当大臣として）スコットランドの政治を指導し運営したのである。やがてアイレイは、スコットランドのジャコバイト貴族・地主に対して穏健となったと言われるが、[15]それは彼らを包容し、敵対させないことが、スコットランドの安定にとって必要であったからに他ならない。ジャコバイトとは扱いの難しい複合的な側面をもったスコットランドの歴史の産物であった。

こうしてアイレイは、選挙ではジャコバイト派も利用しつつ、六〇年間（一七〇七年から一三年、一七一五年から六一年の間）貴族院に議席を持ち、ウォルポールに仕え、ヘンリ・ペラムの政権を支持して、スコットランドの利益とウィッグ政権の利益を調停しようと努めた。一七五六年に王座裁判所の首席裁判官に任命された、パースに所領をもつウィリアム・マリ（William Murray）がマンスフィールド卿（Lord Mansfield）として貴族院に入るまで、スコットランドの利害はアイレイが代表したと言われる。[16]

アイレイは、夏場に居城のあるインヴェラリに戻る以外はロンドンにいた。スコットランドの統治は腹心のミルトン卿に委ねていた。第二代はダンカン・フォーブズ（Duncan Forbes, 1685–1747）[17]を臣下として重用したが、第三代が重用したのはミルトン卿であった。開明派統治者のミルトン卿は愛国者アンドルー・フレッチャーの甥であるが、もはや叔父のように合邦に反対するどころか、合邦体制下でスコットランドの発展を目指していた。ミルトン卿が有能な部下として見出したのはヘンリ・ヒューム（Henry Home、後のケイムズ卿）であった。アイレイが与えた恩顧は莫大で、その生涯に五万人に職を与えたと言われる。[18] ミルトン卿とケイムズ卿はスコットランドの貧困に正面から向き合い、リンネル産業をはじめとして様々な産業の育成、集村の形成、教育の充実などの文明化に意を用い、経済改良を軌道に乗せた。[19] この事実はヒュームやスミスが知り得たはずのものである。

（2）合邦、文明化、啓蒙

合邦はスコットランドの運命にとって大きな意味をもった。一八世紀初頭の合邦交渉（それまでの交渉はすべて失敗していた）ではイングランドの抑圧を回避する条件闘争が重要であった。法、教会、大学の伝統を守り、財政的な優遇措置も獲得したから、スコットランドの交渉委員はイングランドの譲歩を引き出すことに成功したと言えるであろう。

合邦（Union）はスコットランドの文明化（Civilization）を推し進めた。それはイングランド化（Anglicization）を一部意味した。この合邦は愛国者フレッチャーが譲歩できるとした連邦的合邦（Federal Union）ではなく、統合的合邦（Incorporate Union）であって、大半のスコットランド人が反対したものであった。その反対はアイデンティティーの危機を意味した。[20] しかしながら、合邦せずに、スコットランドがこの先、いかにして文明化を実現できたであろうか。それを考えると、統治階級による合邦の強行にはそれなりの先見性、合理性があったとも言いうるであろう。

確かにエディンバラの議会は閉鎖された。貴顕は年のうち数カ月はロンドンに逗留することになった。しかしながら、フレッチャーが恐れたような、スコットランドの没落は起こらなかった。エディンバラが衰退したという証拠はない。グラスゴウにしてもむしろ繁栄に向かっていった。結果的に一七三〇年代には改良の成果が見え始め、富も人口も増加し始める。合邦時には総人口は一〇〇万人と推定されていたが、一七五五年のウェブスター博士の調査では一二六万余り、一八〇一年の調査では一六〇万余りとなっている。[21] 前半の五〇年で三〇万足らず、後半の五〇年では三五万人ほど増加したことになる。アイルランド人が西部に数万程度移民しているが、この時代の人口移動はさほど大きくなかったと言う。とすれば、人口は自然増と農村から都市への移動が大きかった。この時都市が拡大し、エディンバラもグラスゴウも五〜八万人規模の都市となった。啓蒙の時代が到来したのである。

貿易港としてのグラスゴウの繁栄は著しく、その富を基盤として学問と技芸が花開いた。ハチスン、スミス、ミラーが代表するグラスゴウ大学は発展し、アイルランドからも非国教徒の学生を惹きつけた。グラスゴウに「経済学クラブ」が結成され、そこでアダム・スミスがヒュームの「商業論」を論じるという一幕もあった。「インド成金」Nabom がグラスゴウに華美で豪奢な街を造ったのはこの時期のことである。

一七二七年に「製造業と漁業のための信託委員会」が設立され、リンネル産業の振興に乗り出した。ハイランドにリンネル産業を振興するために毎年三〇〇〇ポンドを九年間にわたって投資した。それはハイランドの文明化に大いに役立ったが、振興策が継続されなければ、すぐにかつての怠惰と野蛮に退化してしまうと憂慮された。委員会の事業はジャコバイト処分に当たった「接取所領委員会」に引き継がれ、改良は進んだ。その結果、委員会は一七八四年には活動を停止した。しかしながら、ハイランドの発展のためには、ゲール語に代わる英語の普及、農業の改善に劣らず、道路・橋・運河が依然として必要であった。一七八五年にフォート・ウィリアムとインヴァネス間の運河案について「ブリテン漁業協会」から検討を依頼されたジェイムズ・ワットは、漁業の成功は運河次第であると報告した。ハイランドの東西が運河で結ばれ、安価な穀物が西部・島嶼地方に送られれば、人口が増える。牧草しか生えない西部ハイランドではこれ以上農業は発展しない。家畜を買い穀物は輸入すべきである。[22]

ケイムズ家はジャコバイト・シンパサイザーではないかと疑われていたために、ヘンリ・ヒューム（後のケイムズ卿）にしても法曹として順調に昇進することができなかった。しかし、彼の多才な能力はミルトン卿の評価を得て、ケイムズはスコットランドの法と経済の上からの改革に関与することになった。彼らのスローガンは「合邦の完成」である。ジャコバイトから没収した接収所領（forfeited estate）の経済開発、限嗣封土権（entail）の廃止、スコットランドの農地改良、リンネル産業の育成、法教育の改革、衡平法の推進、女子教育などケイムズ卿が手掛けた課題は多岐にわたっている。合邦を完成するために衡平法を援用してスコットランド法をイングランド法に近づけることが重要であるとケイムズは認識していた。[23] ケイムズはスコットランドの近代化と啓蒙のまさに戦略的地点に立っており、多くの知識人を惹きつけた。アダム・スミスの才能を発掘し、エディンバラで公開講義をするというチャンスを与え、世に出したのはケイムズである。メアリ・ウォートリ・モンタギュやベンジャミン・フランクリンはケイムズ家の客となった。

ところで、アーガイルの権力基盤にも近い商業都市グラスゴウを取り巻く地域は、スコットランド教会長老派の守旧派、すなわち人民派（Popular Party）の地盤であり、信仰至上主義的な（Evangelical）傾向をもっていた彼らによる異端への野蛮な抑圧が続いていた。宗教改革の猛威が荒れ狂ったスコットランドであるけれども、さすがに啓蒙の時代を迎えて魔女狩りは終焉した。魔女裁判は一六九七年に涜神の罪を問われたエディンバラ大学の二〇歳の学生トマス・エイケンヘッドの審問が最後である。なぜ権力はごく平凡な学生を利用した公開処刑という劇的な宗教儀式を演出したのか。[24] とはいえ、一息に寛容の時代が来たわけではない。寛容の実現には時間が必要であった。一七四二年にはグラスゴウにも近いキャンバスラングで福音派の熱狂的な集まりがあった。[25]

啓蒙の時代に不寛容のとばっちりを受けたのはヒュームである。福音派はヒュームを嫌っていた。科学的精神の旺盛なヒュームは、ピューリタン革命の時代の熱狂と狂信を強く断罪した。こうしてスコットランドで不世出の天才ヒュームは無信仰者（Infidel）として嫌悪された。大学のプレゼンスが大きかった啓蒙時代のスコットランドで、最高の哲学者ヒュームに大学教授のポストが与えられなかったのである。部族抗争と宗教改革の激しさが、その反動として啓蒙を強めたにもかかわらず、懐疑主義者は未だ危険思想家であった。

グラスゴウは急速な発展を遂げていたにもかかわらず、エディンバラ以上に人民派が強い地域であったのは、長く経済発展においてエディンバラに遅れていたからであろう。アダム・スミスの師の一人、数学者のシムスンは異端として排撃された。教権の野蛮はまだ穏健に譲らなかった。道徳は教会が監視するものであった。奢侈や行き過ぎた自由は禁欲的なカルヴィニズムが嫌ったものである。

第四節　宗教問題

（1）宗教をめぐる野蛮 ―― 狂信と熱狂

このような宗教をめぐる野蛮が第三の要素としてあげられよう。一七〇七年の合邦は長老派の支配を認めた。アングリカンやカトリックは長老派と対等ではありえず、少数派として抑圧を受け差別されることになる。寛容は時代精神となりつつあったが、まったき寛容はイングランドでさえ未来の課題にすぎなかった。しかし、スコットランド全体が信仰を重視した敬虔な人々からなっていたとは言えない。にもかかわらず、スコットランドでも、イングランドやアメリカと同じく福音主義が繰り返し興隆するのはなぜだろうか。敬虔なき世俗化への神罰を恐れたのであろうか。

ハイランドはいくらか平定されたとはいえ、依然として荒くれ者の部族社会であった。ハイランドをいかに文明化するかは重要な課題であった。自立できる産業が必要であった。そのために英語教育もしなければならなかった。文明化、世俗化と神の恩寵は両立するのだろうか。それは依然として人々を捉えた根本問題だった。

一七〇九年にスコットランド・キリスト教知識普及協会が設立された。英語の読み書きと算数、宗教教育を授ける学校を建設するためであった。いまだ英語を理解できるハイランド人はごくわずかだった。しかし、その狙いは文明化ではなく、魂の救済であった[26]。

スコットランドでは長老派が優勢であったが、長老派のなかで正統派の厳格な人民派に対して穏健派が次第に勢力をもつようになってきて、実権を握るのは一七四〇年代の後半のことである。リーダーはウィリアム・ロバートスンであった。彼は後にエディンバラ大学の学長を務めるが、信仰より歴史研究に関心が強かったロバートスンは文明史の枠組みをもった『スコットランド史』(一七五九年)、『カール五世史』(一七六九年)、『アメリカ史』(一七七七年)を書く。『イングランド史』を書いた先駆者ヒュームがいたが、こうしてスコットランドは歴史の国となる。

しかし、この時代になってもスコットランドが生んだ天才ヒュームがエディンバラ大学にもグラスゴウ大学にもポストを得ることができなかったのは、ヒュームを支持したアーガイル派と穏健派の努力にもかかわらず、彼らに対抗した教会関係者の反対が強かったためである。スミスの師のフランシス・ハチスンまでもがヒュームの採用には反対した。グラスゴウの教授がエディンバラ大学の道徳哲学の人事に影響力をもっていたのはなぜだろうか。無名のクレグホーンが採用されたが、これはスキャンダルと言うべきかもしれない。関係者の多くはヒュームの先鋭な神学批判、懐疑論を恐れたのである。

懐疑論は啓蒙の時代において最先端の思想であった。懐疑論は宗教的寛容の対象ではなかった。啓蒙の時代とはいえ、思想の自由はいまだ勝利していなかったのである。宗教的寛容は一七世紀のミルトン、ロックやベールの筆によって一歩すすめられたし、一八世紀のヴォルテールのカラス事件等への介入によっても促進されたけれども、宗教的寛容でさえ主流になったとは言えず、啓蒙と自由な思想はまだ敵に取り囲まれていた。イスタブリッシュメント、すなわち支配体制（支配階級）はたいてい不寛容であって、懐疑論はいうまでもなく宗教的寛容にとってさえ敵であった。

政治的な急進思想も検閲の対象であったが、イングランドでは事実上、検閲制度が解体しており、ほぼ言論出版の自由があったと言えるかもしれない。一七三七年に検閲法（Licensing Act）が成立したが、それは劇場の風紀の規制法であった。弾圧を受ける場合もあったものの、思想はほぼ自由に表明できた。ミドルセックス州大陪審はさすがにマンデヴィルの『蜂の寓話』に収録された「慈善学校不要論」を弾劾したし、ロンドンの新聞でも非難を招いた。またウィルクスの『ノース・ブリトン四五号』は国王攻撃を含んでいたために弾圧された。中傷誹謗は弾劾された。こうして始まったウィルクス騒動は、権力の側の抑圧と民衆のウィルクス支持派の権力闘争であった。有名な事件であるが、少し説明しておこう。

一七六二年にアーガイル公爵の甥であったビュート卿ジョン・ステュアートが首相になった。国王ジョージの家庭教師であったコネクションでの起用であった。スコットランド人の首相は初めてのことであるが、イングランド人に歓迎されるはずがなかった。急進的なウィルクスは『ノース・ブリトン』紙を創刊し、反スコットランド・キャンペーンに乗り出した。一七六三年には議会開会における国王の演説を『ノース・ブリトン四五号』で攻撃し、「扇動的名誉毀損」の罪で告訴された。表向きビュート卿への攻撃であったが、国王によるパリ条約の承認を非難したことが反逆罪と見なされたのである。ウィルクスと印刷業者に対する捜索令状が出され、嫌疑の詳細を明記しない「一般逮捕状」によって四九名が拘束された。ウィルクスは下院議員を罷免され、逮捕された。しかし、法律家は一般逮捕状を違法であると考えた。民衆の圧倒的な支持を受けて、ウィルクスはまもなく釈放され議席を回復した。ウィルクスは、逮捕は権利の侵害であるとして裁判に訴え、民衆は「ウィルクスと自由」

を叫んで抗議行動を繰り返した。ビュートはあえなく辞任した。

この時期、ロンドンに滞在していたヒュームは騒動にうんざりしていた。一般逮捕状が抑圧的であることは問題であったが、反スコットランド人キャンペーンは我慢ならなかった。ヒュームは『イングランド史』(一七五四―六一年)を書いて、歴代の困難な努力を積み重ねて、終に自由を樹立したイングランドを賛美していたから、ヒュームの心境は複雑だっただろう。

(2) 啓蒙と懐疑論

フランスではカトリックが、大ブリテンの場合は、イングランドでは国教徒が支配し、スコットランドでは合邦の合意によって長老派が支配し続けた。イングランドは譲歩したのである。そして長老派の内部で穏健派と対立した民衆派に結集した民衆の頑な迷信が長くイスタブリッシュメントを支えていた。支配体制は権力装置を揮うことができたから、強敵であった。

懐疑論者ヒュームは、しかしながら、懐疑論ゆえに投獄されることはなかった。さすがに啓蒙は権力の穏健化をもたらしていたのである。すでに文明化は進み、科学的精神が世俗化を導き、したがって精神風土はガリレオの時代とは違っていた。長老派のスコットランドにおける最後の魔女裁判の犠牲者は、前述のように、一七世紀末のエイケンヘッドであった。それ以来、異端や魔女を理由に虐殺される事件は起こっていない。一七五二年にロバートスン率いる穏健派は「穏健派宣言」を出し、ようやく穏健派が長老派の内部で優位に立つにいたる。啓蒙の精神が勝利しつつあった。本格的なスコットランド啓蒙の時代が到来したのである。

一八世紀のヨーロッパと大ブリテンは文明化(Civilization)のさなかにあった。人々は貧困、抑圧、狂信から解放され始めていた。とはいえ、文明の恩恵が行き渡ったのは地球のほんの一角にすぎず、そのことをヒュームもスミスもよく認識していた。一八世紀は広い未開の世界の一角に文明社会がようやく生まれた段階であった。しかも、文明化は重商主義や植民地主義も生み出したし、戦争もまた文明化と不可分であった。文明化は絶対主義国家を生み出し、さらには絶対主義国家を国民国家へと転換させる原因ともなった。

文明化によって近代的個人が生み出されつつあった。いかにして近代的個人が形成されたのか。それはルネサンスと宗教改革、さらには科学革命の産物であったと言えるだろう。文明化の産物、啓蒙の産物と言い換えてもかまわない。ルネサンスの人文主義は神中心の伝統思想から人間中心の思想への転換を推進した。ヒューマニズムの語義は何よりも人文主義（古典古代文化の復興）であるが人間主義でもあった。キリスト教の支配、信仰生活からの人間の欲望、世俗的生活の解放はその帰結である。ルネサンスは政治、軍事、商業、芸術など多様な価値の相克を生み出した。ダイナミックな時代が生まれた。しかし、社会は安定するには程遠く、乱世となる。

一七世紀は宗教戦争の時代であった。一六世紀の宗教改革は迷信からの解放を進めた。その意味で宗教改革は人文主義の成果であった。ホッブズはカトリック教会を「暗黒の王国」と呼び、人間の自然理性を対置した。暗黒の王国は迷信と狂信の世界であった。啓蒙と科学の精神は宗教を敵に据えていた。もちろん、妥協的、穏健な態度もあったが、急進的で非妥協的な態度もあった。

ヒュームのような科学的精神の持ち主が懐疑論に行きつくことは不可避であった。自己の知性によって欺瞞なしに、物理的自然と人間精神を把握しようとしたヒュームが迷信や奇蹟、啓示を疑うのは不可避であった。ヒュームは一七五一年頃に『自然宗教に関する対話』を完成していたが、それはデカルトとは逆に、神の存在証明の不可能を主張する懐疑論を展開するものであった。ヒュームの懐疑論は友人たちにはよく知られていたが、それはいまだ時代の先端を行く危険思想だった。友人の忠告もあって、ヒュームは出版を回避したが、彼の死後数年たった一七七九年にそれはようやく出版された。ヒュームは一七五七年に匿名で『宗教の自然史』を出版したが、ここでヒュームは文献学的分析によって宗教は人間本性の本源的構成要素でないことを明確化した。ヒュームはその著作の方々で宗教について論じているが、まとまったものとしては『人間知性研究』に収録された「奇蹟論」、「摂理論」その他があり、いかにヒュームが迷信との戦いに力を注いだかが分かる。

スコットランドには、スミスが関心をもったフランスのカラス事件（一七六二年）のような種類の蛮行はもはやなかったにしても、一般的に異端を排撃する行為を野蛮と言うなら、スコットランドの宗教はいまだ野蛮であった。ケイムズもまた信仰に疑いをもたれた。『道徳と自然宗教の原理』（一七五一年）でケイムズは、自由を否定し、人間は必然を認識できないために自由であるかのように思う自己欺瞞に陥るのだとの欺瞞説を説いた。一七五五年から五七年にかけて、ヒュームとケイムズをスコットランド教会から破門しようとする民衆派の運動があったが、穏健派の反撃で事なきを得た。

ロバートスンの同時代人で、同じようにエディンバラ大学で学び、啓蒙の影響を受けながら育ったものの、人民派にとどまり続けたウィザスプーン（John Witherspoon）がいる。彼は、教会をめぐる守旧派と改革派のヘゲモニー闘争で敗北をした。彼は度重なる熱心なアメリカからの招待を断り切れず、やがてはるばる渡米し、フランクリンのペンシルヴァニアに定着して、ニュージャージー大学（後のプリンストン大学）の学長となる。彼は国際的な啓蒙都市になり始めていたフィラデルフィアでアメリカの文明化のために、またアメリカ独立革命のために活躍する。[27]アメリカに別の野蛮があったことは言うまでもない。黒人奴隷制は深刻な問題であったし、[28]先住民インディアンは容易に文明に同化しなかった。先住民と白人の入植者は事あるごとに血腥い戦闘を繰り返した。

福音派のアースキンもいる。一七四二年に、ホイットフィールドがグラスゴウの近隣のキャンバスラングで説教し、会衆を福音主義の熱狂に巻き込んだことはあまりにも有名である。人びとは心の奥底で神罰を依然として恐れていた。ロバートスンたち穏健派の支配は長くは続かなかった。アメリカ革命の時代には人民派が盛り返し勢力は逆転した。穏健派は政府に支援され、既得権を得て保守化し、御用知識人と化した。それが穏健派の没落の原因の一つであった。人民派だから反動的というわけでもなく、彼らは奴隷解放に熱心であった。

第五節　貧困問題

(1) 貧困がもたらす野蛮

イングランドに比べて経済発展が後れたスコットランドには貧困がもたらす野蛮があった。貧困それ自体は野蛮とは異なる。しかし、貧困が野蛮を生むことも多い。「貧乏人の子だくさん」というけれども、貧しいハイランド女性は一生涯に二〇人もの子供を産む例があるとスミスは述べている。

> 貧困は、たしかに結婚をくじくにしても、かならずしもつねに妨げるわけではない。ハイランドの半ば飢えている女性が二〇人以上の子を産むことはしばしばあるが、飽食している貴婦人はしばしば一人の子も産むことができないし、一般に二人か三人で力がつきてしまう。(29)

貧困ゆえに育てられない子供の遺棄などはこの時代には稀でなかった。私生児も多かった。幼児死亡率は高かったであろう。種痘が普及する以前には天然痘も多くの犠牲者をもたらした。飢饉もあった。一六九〇年代の不作の時代にスコットランドでは二〇万人の浮浪者が巷にあふれたと言う。アバディーンには誘拐された子供をアメリカの植民者に売り払う市場があった。(30)長くスコットランド全体が貧困であったが、そもそもハイランドの野蛮は貧困の結果だったとも言える。アーガイル公爵が他の氏族との権力闘争を制して、西部ハイランドを中心に経済の改良を導入し文明化策をおこなったとしても、一挙に貧困問題が解決したわけではない。

貧困の理由は複合的である。そもそも平地が少なく、土地が痩せていた。大部分の山地は草しか生えず、せいぜい羊の放牧にしか利用できなかった。産業は未発達であった。主な産業は農業で、ほとんどの住民は農民であった。しかし、農村に豊かな農業があったわけではない。加えて部族間の度重なる戦闘で、僅かな農地は再三荒れ果てた。

確保できる食糧の量が人口の上限を決める。産業の乏しいハイランド地方では人口扶養力が小さい。沿海地域や島嶼は漁業や海藻などもあるが、この時代は船の装備も粗末で、生産性が高かったわけではない。一方、ローランド地方は肥沃な土地もあり、農業は進んでいた。とはいえ、飢饉の可能性は常にあった。こうしてスコットランドは経済的に余裕があるどころか、厳しい生活を強いられていたのである。しかし、一七世紀まで移民はさほど多くなかったと言われ、人口は一〇〇万人程度で安定していたと思われる。

ハイランドの農民の住居や衣類は粗末で、生活水準は高くなかった。女性が二〇人も子供を産んでも、育たなかった。医療も普及していなかった。アダム・スミスが分業に着目したのは、ハイランド、ローランド、そしてイングランドを比較してのことであっただろう。ハイランドでは農民は生活に必要なすべての作業をおこなった。

スコットランドのハイランドのようなさびれた地方に点在する孤立した家々やごく小さな村々では、農業者はみな自分の家族のために肉屋であり、パン屋であり、酒屋でもあらざるをえない。そのような情況にあっては、鍛冶屋、大工、石工のような者についてさえ、二〇マイル以下の範囲内に同じ職業の人をもう一人見つけることは、めったに期待できない。……いなかの大工は、木でできるすべての種類の仕事をこなし、いなかの鍛冶屋は鉄でできるすべての種類の仕事をこなす。前者は大工であるだけでなく、建具師であり、家具師であり、木彫師でさえあり、さらには車大工、犂工、荷車工、荷馬車工でもある。……[31]

ローランド人のヒュームもスミスもハイランドをある程度よく知っていたと思われる。二人はアーガイル公爵のインヴェラリを訪問している。しかしながら、一八世紀半ばまではハイランドについての学問的著作はなく、例外はハイランド出身のマーティン・マーティンの『スコットランド西部諸島解説』（一七〇三年）と、前述のウェイド将軍の部隊で道路調査をしていたイングランド人のエドワード・バート大尉の『スコットランド北部に滞在する紳士からの手紙』（一七五四年）であった。[32]

ヒュームは『政治論集』（一七五二年）を書くまでに、エディンバラから旅立って、イングランドのブリストルやフランスを見聞している。スミスもグラスゴウからオックスフォードへ留学し、フランスを見聞してから『国富論』（一七七六年）を出した。彼らはイングランドの豊かさと、フランスの豪奢な宮廷文化、スコットランドとフランスの民衆の相対的な貧困を事実として認識できたし、ハイランドの民衆に比べてローランドの民衆が恵まれているという判断も可能であっただろう。スミスの蔵書にバートはないがマーティン・マーティンはある。貧困と豊かさが人間の境遇に大きな影響を与えるという認識を彼らはもちえた。彼らは近代社会の原理としての商業の原理を発見した。すなわち、市場目当ての独立した自由な勤労である。[33]

（2）近代社会の原理としての商業の原理

農業と手工業（機械的技術）が相互に市場となって富をもたらすという仕組みが近代社会の仕組みであり、それは古代社会との大きな差異であることをヒュームは強調している。「事物の最も自然な成り行きによれば、勤労と技芸と交易とは臣民の幸福と同じく主権者の力をも増大させる。そして個人を貧しくすることによって公共を強大にする政策は乱暴である。[34]」怠惰と野蛮の結果は貧困である。

商業が自らの人生にチャンスをもたらすというのは、衝撃的な認識だったのではないだろうか。市場が勤労を奨励するという洞察を核にして、彼らは経済学（Political Economy）を富裕と自由の学問として構築したが、それには基盤があったのである。

手工業と機械的技術が開発されていないところでは、大多数の人びとは農業に従事しなければならない。そして、もし彼らの熟練と勤労が増大すれば、自身を養うに足る以上の多くの剰余が彼らの労働から生じるにちがいない。したがって、彼らには自らの熟練と勤労を増大しようという誘因がなくなる。なぜなら、彼らはその剰余を自分たちの快楽ないし虚栄心を満たすような、いかなる財貨とも交換できないからである。安逸の習慣が自然に広まる。土地の大部分は未耕作のままになる。耕作されているものも、農夫に熟練と精励がないために、最大限の収穫をあげられない。たとえいつ何時、国家の危急のために、多くの者が公共の用役に従事する必要が生じたとしても、人びとの労働は、もはやこうした多くの人びとを維持しうる剰余を供給しない。……したがって、正規の攻撃なり防衛なりが、このような国民に期待できるはずがなく、彼らの兵士はその国の農業者や手工業者と同じように、どうしても無知で不熟練になるにちがいないのである。[35]

結婚の倫理も十分に確立していなかった。ハチスンなどの道徳哲学者が夫婦の役割と倫理、親子の倫理を熱心に説いたのは、[36]キリスト教の一夫一婦制を重要と考えていたからにちがいないが、それは逆にまだ家族の文化が弱かったことを類推させるであろう。貴族は別として、下層階級はどのような家庭を営んでいたのであろうか。おそらく家庭内の野蛮があった。しばしば妻と子供は事実上の家長の奴隷であった。アダム・スミスは法学講義で家族法を取り上げて、夫と妻、親と子、主人と僕卑の関係を説いたが、法的規範が現実だったわけではない。

家族の倫理が強固になる間もなく、『階級区分の起源』(一七七一年)ですでにミラーは家族の解体、妻と子供の放縦と解放という時代の傾向を描写して批判している。ミラーは急進的な個人主義者であり平等化の支持者でもあったが、野蛮な支配と腐敗した放縦をともに否定する一方、社会の安定と幸福を確立するためには、功利の原理も権威の原理もなくてはならないとして、ともにその意義を認めた。

ミラーの師であったスミスは『国富論』を書いた。富とは何か、どうすれば豊かになれるかを明らかにした原理と政策の書である『国富論』は貧困対策の書でもあった。いかにすれば人間社会は貧困から解放されるのか。なぜ貧困が悪いのか。ヒュームの経済思想を継承したスミスは、清貧を説くキリスト教の伝統に対立して、貧困を否定し、富裕を擁護したのである。もちろん、スミスはヒュームと同じく、福音主義の熱狂を危険視していた。迷信も熱狂も啓蒙されなければならなかった。青年スミスは『道徳感情論』(一七五九年)で見知らぬ他人の間でも生じる人間愛に発する同感を論じたが、同時に同感される側の冷静さと自己規制を説いた。熱狂に身をまかせることを否定したのである。人間愛も自己規制も重要な徳であった。しかし、老年になってスミスは状況に左右される同感の限界に思い至ったのか、人は判断を下す前に状況をよく知らねばならない、また他人から立派に見えるだけではなく、他人からいかに見えようと真に有徳な人間にならねばならない、自分自身で考えて立派な人間になるように努力しなければならないと主張するようになった。

高い倫理を要求するにいたったスミスは経済を無理のない活動として把握した。スミスは、分業と市場で編成された商業社会では誰もが自らの勤労で豊かに暮らせる可能性を説いた。もちろん、努力が不要であると言っているのではない。スミスは、文明が行き渡ったヨーロッパの一角は豊かな社会になっていると見ており、貧困を克服した豊かな社会の広がりを未来に見ていた。しかしながら、スミスが十分に知りえなかった産業革命は、巨大な生産力を解放したものの、階級格差をなくす方向に社会を変革できず、貧困を撲滅できなかったために、貧困は長く思想家の取り組むべき課題となった。[37] こうした現実を知るとき、スミスの描いた文明社会はつかの間の楽園に見える。彼らスコットランドの知識人は楽園の住人だったのか。もちろん否である。

第六節　啓蒙・社交・知識人

（1）啓蒙の知的サロン

ジョン・ミラーは化学者として著名なカレンの娘と結婚し、賑やかな家族をもったが、ヒュームやスミスは独身だった。彼らはなぜ結婚しなかったのだろうか。二人は、自らの職務に邁進した一方で、自由の恩恵を満喫し、方々旅して様々な社会を見聞し、旅先で貴顕、エリートや学者のサロンで社交を楽しんだ後、ともにエディンバラに定着し、スコットランドの啓蒙知識人、貴顕、法曹、聖職者、文人、医者、学者たちと交流しながら人生の晩年を過ごした。彼ら「北方のアテナイ人」は家庭の人ではなく、まさに社交の人であった。ファーガスンの家で開かれた「シーンズの会」の絵画があるが、サロンの様子がよく分かる。アレグザンダー・カーライルはエディンバラでの交友について次のように語っている。

ロバートスン、ジョン・ヒューム、バナタイン、それに私の全員が田舎住まいで、定期的にエディンバラに出てきただけである。ブレアとジャーディーンは市内に住んでいた。当時は夜食が一番重要な食事だったので、私たちは最高の店で食事し、それから友人たちに使い走りを送って九時半に酒場で落ち合おうと呼びかけた。直前の呼びかけにもかかわらず、デイヴィッド・ヒューム、アダム・スミス、アダム・ファーガスン、エリバンク卿、そして医者のブレアとジャーディーンが集まると、それはもう楽しい時間となった。ある晩のこと、別の店で食事をしていたため遅れてやってきたデイヴィッド・ヒュームが、いきなり大きな鍵をポケットから出してテーブルに置いた。ヒュームは女中のペギー（女性というよりむしろ男性に近かった）から、帰宅を待たずに寝てしまうかもしれないと鍵を渡されていた。彼女によれば、田舎のお上りさんたちが街に出てきた晩のヒュームの帰宅は一時前だったためしがないとのことだった。(38)

ニュー・タウンにヒュームが設けた新居はしばしば美食のサロンと化したことも有名であるし、ベリックシャーの美しい庭のあるケイムズ家にはたくさんの政治家や知識人が逗留した。

学問共同体で愉快に暮らすことができた彼らは結婚にこだわる必要がなかったのかもしれない。ハチスンは結婚している。法曹地主ケイムズはもちろん結婚した。地主や商人、農民が結婚するのは当たり前であった。神学者から始まった知識人は昔から独身が案外多かったかもしれない。それでも牧師でも大体は結婚したと言われる。もちろん、彼ら知識人も恋愛はしたが、それは即、結婚となるものでもなかった。それがこの時代の精神風土であった。しかし、彼らを高等遊民と呼ぶのは当たらないであろう。ジェイムズ・ボズウェルのような例外がいたことも確かではあるが、彼らはよき社会をつくるために、根源的な努力を続けたのだから。

……洗練された技芸が発展すればするほど、人びとはより社交的となる。また、学問に富み豊富な会話をもつ場合には、人びとが孤独のままでいるか、あるいは無知で未開な諸国民に特有の、あの疎遠な仕方で同胞市民と暮らして満足することは、ありえない。彼らは都市に集まり、知識を得るとともに、知識を伝えたがり、自分たちの機知や育ちを披露し、また会話や暮らし、衣服や家具の嗜好を見せたがるのである。好奇心は賢者を、虚栄心は愚者を、そして快楽は両者を魅了する。個々のクラブや協会がいたるところに形成され、男女は気安い社交的な様式で出会う。そして人びとの行動とともに彼らの気質もまたすばやく洗練を遂げる。それゆえ、知識と自由学芸から受け取る改善のほかに、一緒に会話し、お互いの快楽と愉楽に寄与するという習慣そのものから、彼らは人間性の高まりを感じないではおられないのである。このようにして勤労と知識と人間性とは、分解できない鎖で結合されており、それらがいっそう洗練された、奢侈的な時代に特有なものであることは、理性からと同様に経験からも分かるのである。(39)

ヒュームは「人間本性」の可能性と限界——神ならざる人間には何が可能か——の解明に尽力し(『人間本性論』、一七三九—四〇年)、法の支配を原則とする政治学と、世界王国の出現をチェックする勢力均衡論、平和な産業活動としての勤労と商業を重視する経済の原理を経験——古代と近代の比較論——から導き(『政治論集』、一七五二年)(40)、さらには自由の実現を歴史のなかに析出し(『イングランド史』、一七五四—六一年)、宗教についても根源的な思索を展開して、同時代人のみならず、後世までも啓蒙した。

にもかかわらず、ヒュームは大西洋圏の奴隷制問題には真剣に取り組まなかった。(41)スコットランドの炭鉱業や製塩業で実施されていた隷従制の問題にも無関心であった。スミスとミラーはその両方に取り組んだ。グラスゴウの知識人の方が労働者の境遇に関しては感受性が豊かだったのかもしれない。

スミスが限嗣相続制を野蛮な制度(42)として批判したことはよく知られているであろう。スミスは奴隷制度も野蛮として批判したことは言うまでもない。「高貴な未開人」という観念を世に広めたジャン゠ジャック・ルソーと違って、スミスは未開がしばしば野蛮になりがちであることを指摘した。少なくとも未開と高貴を結びつけることはできない、とスミスは考えた。それればかりか、文明も野蛮を生み出す場合があるとスミスは考えている。

（2）啓蒙の戦い —— 文明のもたらす野蛮と権力欲

スミスは、権力者の奢りが腐敗をもたらし、下層階級を蔑み、抑圧する危険に警鐘を鳴らした。スミスは、奴隷制は高くつくとしてその非合理性を指摘しながらも、それを容易に廃止できないと考えていたが、その理由を奴隷主の傲慢＝権力欲に求めた。感情の洗練を重視し、社会の基盤に共感＝同感という感情の紐帯、交流を析出した社会の解剖学者であったスミスは、にもかかわらず、感情の洗練などには権力者の傲慢をなくす力はないと見なしたのであろう。権力者に対してスミスはシニカルであったが、それは同時代の権力者、為政者の行動、政策を注意深く見つめ、周到に分析した結果であろう。

奴隷制の廃止が容易ならざる課題であったのと同じく、重商主義も、スミスの説得にもかかわらず、為政者は容易に断念しなかった。スミスもアーガイル派であったが、アーガイルは一七六〇年代に権力を甥のビュート卿に委ね、やがて実権はダンダス（Henry Dundas, 1st Viscount Melville, 1742–1811）とマンスフィールドに委ねられる。彼らはスコットランド出身の有力者であった。二人は改革に貢献した。マンスフィールドが奴隷解放判決を出したのはあまりにも有名である。

ダンダスもまた注目すべき政治家であった。彼は三三歳になった一七七五年にスミスと手紙を交換するようになる。ダンダスは『国富論』を読んで理解した最初の一人であった。彼は自由貿易に向けて障害を減らしていくというスミスの立場を共有するようになった。一七七七年に彼はスミスにスコットランドの税関職を世話した。スミスはエディンバラのパンミュア・ハウスに住んで、いつでも相談に応じた。後に彼はスミスを小ピットなどの議員に紹介した。こうしてダンダスを通じてスミスの自由主義思想が統治階級に広まっていく。二人はアイルランドの自由貿易について共通の見解に達した(43)。やがてピットとシェルバーンは重商主義政策、植民地帝国の野望の破綻処理をする。彼らはスミスの教えを学んだ少数派であった。

ヒュームはいまだ立法改革者の功績を原理的に認めているが、スミスは社会変革の進展を偉大な立法者にではなく、むしろ意図せざる結果の幸運に帰す傾向があった。その差が二人の重商主義への批判の深さの差となっているように思われる。原理的な認識においては大差がないにもかかわらず、ヒュームは重商主義政策の徹底的な批判を自らおこなったわけではない。それに対してスミスは『国富論』第四編において長大な重商主義批判をおこなった。

スミスに言わせれば、重商主義というのは特権的な商工業階級の利益を「国民的利益」というイデオロギーで粉飾した利益誘導政策にほかならない。自由な競争、公正な競争が正義であって、それが社会の最高の利益を確保させるのである。良い商品を安価に消費者に届けることが商業の正義である。交換の正義は自由な競争、自由貿易によってのみ実現される。分業のもたらす生産力の上昇は安価に財を供給可能にする。その上で、交換の正義は貧者にも生存の手段を与えることによって、貧者に富者の所有権を強奪させる必要をなくさせる。市場が勤労を鼓舞する。自分の努力で生活が改善できる社会、それが市場社会であり、商業社会であった。近代の商業社会の原理は貧しい労働者を豊かな労働者にするものであった。

やがて産業革命が起こり、本格的な資本主義的な機械制大工業が成立して、労働者が再び奴隷のような搾取に苦しむ時代が来るとは、ヒュームもスミスも予想しなかった。ただし、二人は原罪とも言うべき人間の権力欲を容易に克服できるとは思っていなかったから、よき社会をつくるためには、永遠の努力が必要であると認識していたと思われる。

啓蒙の経済学者と同じように、現代にあって我々は未だ啓蒙の課題に直面している。

注

(1) Smout, T. C., 'The Landowner and the Planned Village', in *Scotland in the Age of Improvement*, eds. by Phillipson, N. T. and Mitchison, R., Edinburgh U. P., 1970, p. 82. 計画村落は農業村落、漁村、小規模農村工業村、工場村に分類できる。本書第七章（古家）が扱うオークニー諸島のパンドラー訴訟は、こうした開発、すなわち文明化の文脈で起こった興味深い対立の事例である。島嶼地方も通常ハイランド地方に加える。

(2) Lenman, B., *Integration, Enlightenment and Industrialization: Scotland 1746–1832*, London: E. Arnold, 1981, p. 3.

(3) Roberts, J. L., *Clan, King and Covenant: History of the Highland Clans from the Civil War to the Glencoe Massacre*, Edinburgh U. P., 2000, pp. 224–227.

(4) Macdonald, D. J., *Slaughter Under Trust: Glencoe–1692*, London: Robert Hale, 1965, pp. 130, 180–181.

(5) Smout, T. C., *A History of the Scottish People 1560–1830*, London: Collins, 1970, p. 342. T・C・スマウト、木村正俊監訳『スコットランド国民の歴史』原書房、二〇一三年、三三八頁（訳文は手を加えた）。

(6) Smout, T. C., *ibid.*, p. 103. 邦訳、八四頁。

(7) Smout, T. C., *ibid.*, pp. 109–110. 邦訳、九一頁。

(8) Smout, T. C., *ibid.*, p. 111. 邦訳、九二頁。

(9) Forbes, D., *Hume's Philosophical Politics*, Cambridge U. P., 1975. 田中秀夫監訳『ヒュームの哲学的政治学』昭和堂、二〇一一年。ヒュームの名誉革命観については本書の緻密な分析を参照されたい。

(10) この問題をおそらく最も深く詳細に把握していたのはアダム・スミスであった。スミスについては本書第八章（渡辺）が深く掘り下げている。

(11) 今では村松茂美『ブリテン問題とヨーロッパ連邦――フレッチャーと初期啓蒙』京都大学学術出版会、二〇一三年を得た。

(12) わが国の研究として、少し古いが、菊池壮蔵「議会制定法にみるジャコバイト所領接収政策」、『立教経済学研究』第三六巻三号、一九八三年一月を参照。

(13) Clyde, R., *From Revel to Hero: The Image of the Highlander 1745–1800*, Tuckwell Press, 1998, pp. 2–3.

(14) ヒューム「我々自身に直接快い諸性質について」、渡辺峻明訳『道徳原理の研究』晢書房、一九九三年、一一五頁。

(15) Shaw, J. S., *The Management of Scottish Society 1707–1764, Power, Nobles, lawyers, Edinburgh Agents and English Influences*, Edinburgh: John Donald, 1983, p. 90.

(16) Shaw, *op. cit.*, p. 95.

(17) フォーブズは常にスコットランドの利益を守ろうと努めた人物で、一七一五年のジャコバイトの反乱では政府に貢献したが、ジャコバイトの裁判をイングランドでおこなうことには反対した。法務長官として民事裁判所の審理の迅速化に努めたり、第二代に所領でのタックスメン(Tacksmen 借地人)の廃止を進言してもいる。愛国者フォーブズの思想と行動については、関源太郎「D・フォーブズによる密輸批判と経済発展の展望」、『経済学研究』(九州大学経済学会)、第六二巻第一～六号、一九九六年三月があるが、関はエール税に反対する一七二四年の「ショーフィールド事件」と密輸事件に発する一七三六年の「ポーティアス」事件を法務長官として裁いたフォーブズの経済開発をめぐる努力と苦悩に注目している。

(18) Emerson, R., *Academic Patronage in the Scottish Enlightenment*, Edinburgh U. P., 2008, p. 10.

(19) スコットランドの改良に関しては第六章(関)も参照のこと。

(20) スコットランドのアイデンティティーは長く戦われた論争の主題であった。それについての詳細な研究は、Ferguson, W., *The Identity of the Scottish Nation*, Edinburgh U. P., 1998 である。Kidd, C., *Subverting Scotland's Past, Scottish Whig Historian and the Creation of an Anglo-British Identity, 1689–c. 1830*, Cambridge U. P., 1993. Do., *British Identities Before Nationalism: Ethnicity and Nationhood in the Atlantic World 1600–1800*, Cambridge U. P., 1999 も参照。

(21) スマウト、前掲邦訳、二五〇頁。

(22) Clyde, R., *op. cit.*, pp. 23–24.

(23) Lieberman, D., "The legal needs of a commercial society: the jurisprudence of Lord Kames", in *Wealth and Virtue*, eds. by Istvan Hont and Michael Ignatieff, Cambridge U. P., 1983. 水田洋、杉山忠平監訳『富と徳』未来社、一九九〇年、三四一―三九四頁を参照。

(24) Graham, M. F., *The Blasphemies of Thomas Aikenhead: Boundaries of Belief on the Eve of the Enlightenment*, Edinburgh U. P., 2008, p. 6. 本書はその謎に迫っている。

(25) Fawcett, A., *The Cambuslang Revival: The Scottish Evangerical Revival of the Eighteenth Century*, The Banner of Truth Trust, 1971.

(26) Clyde, R., *op. cit.*, p. 63.

(27) 詳細は筆者の『アメリカ革命の群像――スコットランド啓蒙の影の下で 一七二三―一八〇一』名古屋大学出版会、二〇一二年、二九七頁以下を参照。

(28) 黒人奴隷制に対する対蹠的な見解がプリーストリとランゲに見られるが、本書第九章(松本)と第一五章(大津)を参照のこと。奴隷制に関しては第四章第二節(生越)も参照。

(29) Smith, A., *Wealth of Nations*, Oxford U. P., 1976, Vol. I, pp. 96–97. アダム・スミス、水田洋監訳『国富論』一、岩波文庫、二〇〇〇年、一四三頁。

(30) Calloway, C. G., *White People, Indians, and Highlanders*, Oxford U. P., 2008, pp. 48–51.

(31) Smith, *op. cit.*, pp. 31–32. スミス、水田洋監訳『国富論』、一、四三—四四頁。

(32) Smout, *op. cit.*, p. 332. スマウト、前掲書、三三六頁。

(33) Berry, C., *The Idea of Commercial Society in the Scottish Enlightenment*, Edinburgh U. P., 2013 は、スコットランド啓蒙の商業社会論に焦点を絞って掘り下げた最新の研究である。

(34) ヒューム、田中秀夫訳『政治論集』京都大学学術出版会、二〇一〇年、一〇頁。

(35) ヒューム、同、一一—一二頁。

(36) ハチスン、田中秀夫・津田耕一共訳『道徳哲学序説』京都大学学術出版会、二〇〇九年、三〇四—三三一頁。

(37) Himmelfarb, G., *The Idea of Poverty: England in the Early Industrial Age*, London & Boston: Faber and Faber, 1984.

(38) Carlyle, A., *Autobiography*, Edinburgh, 1860, p. 275.

(39) ヒューム、前掲書、二四—二五頁。

(40) Pocock, *Barbarism and Religion*, Vol. 3, pp. 370–387 を参照。

(41) ヒュームのこの側面については、ロスチャイルドが光を当てている。Rothchild, E., "David Hume and the Seagods of the Atlantic", in *The Atlantic Enlightenment*, eds., Manning, S. and Cogliano, F. D., Ashgate, 2008, pp. 81–96.

(42) Smith, *op. cit.*, pp. 384–385. スミス『国富論』、二、一九四—一九五頁。

(43) Fry, M., *The Dundas Despotism*, Edinburgh U. P., 1992, p. 63.

第II部　盛期啓蒙――大ブリテン

第六章　D・ロッホのスコットランド産業振興論にみる無知と啓蒙

関源太郎

第一節　スコットランドの経済発展とロッホ

(1) 合邦条約と産業振興

周知のように、スコットランドは、イングランド女王エリザベス一世が亡くなった結果生じたいわゆる「同君連合」(一六〇三年)以後、様々な経緯をへて、最終的に一七〇七年にイングランドとの「議会合同」(以下、合邦と記す)を果たした。スコットランド側における合邦の動機、理由についてかつて論争があったが[1]、今ではスコットランドがイングランドの重商主義的体制に加わることによって合法的に経済的利益を得ることであったという理解が定着している[2]。事実、このように理解すべきであることは、合邦条約の条項の内容に立ち入ってみると十分納得できる。四条と五条によってスコットランドが、対北米植民地貿易から他国を排除していたイングランドの航海条例の枠内に入り、特に当時有力であったタバコ貿易の合法性を獲得したのはもちろんのことであるが、他にも経済的優遇措置が盛り込まれていた。八条から一四条にいたる各条項には、関税や内国消費税が免除されたりイングランドよりも減税されたりする措置が施されることが明記されていた。一五条は、合邦に伴い生じると思われる不利益に対する補償措置が定められていた。その規定によれば、三九万八〇八五ポンド一〇シリングの大金が「代償金」(Equivalent) として用意され、合邦に伴う鋳貨の統一がもたらす国民の損失を埋め合わせ、加えて、合邦によって解散することになるスコットランドのアフリカ・インド諸島貿易会社の株主たちへの出資金の払い戻しとその配当分にあたる利子の支払いに充当されることになっていた。それと同時に、この「代償金」は、当面は「粗毛織物製造業の奨励」、その後は「漁業」と「製造業」の振興に充当されることに決められていた。[3]

こうした条約内容にもかかわらず、スコットランドが期待した経済効果は容易に表れなかった。それだけではなく、「代償金」がスコットランドの産業振興のために活用されるのも、かなり遅れ、一七二七年のことであった。その間にも、一七一五年の第一次ジャコバイトの乱、一七二五年のモルト税暴動があり、その後も一七三六年にポーティアス暴動が起こり、一七四五・四六年には第二次ジャコバイトの乱が起こった。こうした混乱を経て、スコットランドが合邦に期待した効果の兆しが見え始めたのは、一八世紀半ばのことであった。[4] こうした事態に関連して、それ以後のスコットランドの経済社会の展開について次のように要を得た指摘がなされている。

一七五〇年のスコットランドは、イングランドと比較すると、依然として貧しく、経済的に後進的な国であった。……ローランドの平均的な小屋住み農やハイランドのサブテナントの衣食住は、彼らの曾祖父の時代よりもほとんど改善されなかった。しかし、変化の兆しは漂っていた。スコットランドは、同時代人たちには必ずしも明らかではなかったけれども、大きな経済的・社会的発展への入り口にあった。一七四〇年代には眼にははっきりと見えなかった発展は、一七五〇年代にはもっと広がり、一七六〇年代には加速され、一七七〇年代までには大きな意味を持った。およそ一七五〇年から八〇年の期間は改良の時代と呼ばれてきた。この言葉は農業に限られるのでなく、広範な経済と文化の諸変化を包含するものであって、これらの諸変化は相互に関連し強化しあっており、作用していた諸要素の重要性を切り離して評価するのが難しいほどに複雑な相互作用の型を作っていた。一八世紀の第三四半世紀における経済成長の加速化は、一七八〇年代からの工業化の開始にとって欠くことのできない前奏曲であった。(5)

ホワイトの指摘によれば、一七八〇年になってスコットランドは工業化を開始した。それに先立つ三〇年間ほどは、「改良」運動が積み重ねられ、それに「欠くことが出来ない前奏曲」が奏でられていたのである。こうした期間があったからこそ、その後一九世紀にスコットランドの工業化が進展し、その経済社会は目覚ましい展開を示したと言えるかも知れない。そうした意味でも、本章が取り上げるディヴィッド・ロッホ（David Loch）が活動した時代は、重要な研究対象になるだろう。特にそう言えるのは、それが、スコットランドが合邦に託した経済発展という夢の実現に向けた「前奏曲」の時期だからである。

（2）ディヴィッド・ロッホ

ロッホは、エディンバラ商人としてこの時期のスコットランドの経済活動を自ら担うと同時に、それを基にしてスコットランドの産業振興のあり方をめぐって何点かの著作を残している。産業振興にむけて発せられた彼の主要な提言は、従来の亜麻織物製造業をスコットランドの「ステイプル産業」と見なすのではなく、それに代えて毛織物製造業をその位置に据えるべきだということである。彼はこの主張を執拗に繰り返した。一七七四年に彼は、この主張を掲げたパンフレットを初めて発表したが、この書の二版を同じ年に公刊した。(6)そればかりでなく、やはり同じ一七七四年に匿名でこのパンフレットを論じた別のパンフレットを出版したのである。(7)そして、翌一七七五年に本章がテキストとして用いる著書である『スコットランド商工論』(*Essay on the trade, commerce, and manufactures of Scotland*, Edinburgh, 1775. 以下、『商工論』と略記する。また本書からの引用などに際しては末尾に頁数のみを記す)を公表した。この二年間の精力的な著作活動を通じて彼が世に訴え問おうとしたのは、いずれもスコットランドの政策運営の舵を亜麻織物製造業の奨励から毛織物製造業の振興へと切り替えるべきだということである。

当時スコットランドでは、亜麻織物製造業が国民的産業、言うならば「ステイプル産業」としての位置を固めていた。(8) 後に明らかになるように、ロッホ自身も、スコットランドでは皆がそのように考えていることを認める。それに抗いロッホは、なぜ亜麻織物製造業に代えて毛織物製造業の奨励を社会に求めたのであろうか。こうした理由を追究することが本章の主要な目的である。この目的を成し遂げるために、以下、第二節では、スコットランドの産業振興を取り巻く環境に関する彼の理解を明らかにする。次いで三節、四節においては彼がスコットランドの亜麻織物製造業と毛織物製造業についてどのように把握し、またどのように評価していたかを吟味する。そうしたうえで、最後に以上の検討をもとに彼の産業振興論に窺われる「無知と啓蒙」について洞察し、それに評価を加えたい。

第二節　ロッホの経済環境認識

(1) 自然環境と牧羊業

ロッホは、スコットランドを取り巻く経済環境を重視する。その場合、大きく言って自然環境と政治的環境の持つ意義が大きいと捉える。まず、彼が自然環境について論じる内容から耳を傾けてみよう。

ロッホは、『商工論』の本文を「牧羊業」から書き起こし、その意図を次のように説明している。「私は、本書の最初の節を牧羊業とすることを選択した。その理由は次の通りである。すなわち、もしこの問題に適切な注意を払わないならば、つまり、製造業者たちに良質の羊毛を十分に供給することができないならば、この国民が自分たちの毛織物製造業を他のどの製造業よりも優先して振興することをいかに切望しても、それは無理な行為になるに違いないからである」(p. ニ)と。

前節で述べたように、ロッホは、一七七〇年代になってもスコットランドの産業振興を毛織物製造業にもとめこれを梃子にした経済開発を推奨していた。その彼の信念とも言うべき主張が、『商工論』において展開されているスコットランド産業振興論の基底に貫いていることを自ら吐露していると言ってもよいであろう。それと同時に、ロッホが、産業振興には特にその産業の原料の調達が重要であると理解していることが窺われる。毛織物製造業の原料生産を担う牧羊業の持つ意味の重さを強調してやまないのは、当然のことであろう。

牧羊業を論じるにあたってロッホは、スコットランドの地形が山がちであることに注目する。この山がちな地形は、羊の飼育に適しているからである。彼は、特にインドと中国に挟まれたチベット地方、ペルーのアンデス地方を例にとり、こうした高地では動物の放牧地が山裾から中間地そして高地と多様に広がっているので、季節ごとに移動を繰り返すことで一年中動物の飼育に適した環境を得ることができる、と述べる(pp. 2–3)。確かに、ハイランドと呼ばれるスコットランドの高地地方の山々でさえ、こうした諸外国の高地地域と比べて、その高低差は比較にならないのは、言うまでもない。その意味では、スコットランドのハイランドでさえ、これらの地域と同等の自然的利点を享受しているわけではない。しかし、ロッホは、スコットランド、とりわけそのハイランドの気候が寒冷なことに注意を喚起する。この寒冷な気候こそ、上記の諸外国の山岳地帯で良質の原毛を生産し牧羊業を盛んにしている自然的条件だからである（p. 2）。この事実を強調したうえでロッホは次のようにスコットランド産の毛織物製品が優秀なことを強く主張する。

……わが祖国の最寒冷地ではもっとも良質な毛に覆われた羊を産する……シェットランド産の羊毛で製造されたストッキングは、私がこれまでに知っているこの種の製造業のいかなる製品よりもずっと良質であり、私もこうしたストッキングをかつて所有していた。（p. 3）

（2）自然環境と亜麻栽培

では、亜麻織物製造業の原料である亜麻（リント）栽培の自然環境についてはどうであろうか。ロッホは、これについて次のように説明する。

われわれ自身の亜麻栽培について言えば、少しでもよい目的という点では、少なくともそれは最高の不合理に満ちた試みである、と私はあえて申し上げる。この島でもそうだが、アイルランド島を除いて、私がこれまで知っている他のいかなる島も、亜麻の栽培に適していない。このような私の意見の根拠を非常に手短に言えば、こうなる。すなわち、すべての島の天候は非常に変わりやすい。そのうえ、スコットランドの雪は地面が凍らないようにするのに十分なほど決して積もっていない。わが国の春の気温も地面を温めるには十分でないので、その結果、地面が亜麻の種子を迎え入れることができない。だから、結果的に亜麻の成長は止まってしまう。（p. 28）

ロッホの眼差しはスコットランドの天候と気候に向けられている。亜麻の栽培には安定した天候が必要だが、島の天候は変化しやすいので、スコットランドは亜麻栽培に向かないと言う。同じ島国とはいえ、アイルランドの場合は、その緯度が割と低く、しかもメキシコ湾海流の影響もあって寒冷の地ではない。それに比べて、緯度が高く山がちであり、アイルランドに比べてメキシコ湾海流の影響の小さいスコットランドの気候は寒冷である。先に見たように、この寒冷な気候は牧羊業には好都合であったが、亜麻栽培には不向きである。そのうえ、スコットランドの冬期には気温の低い割には積雪が深くない。降雪があっても、強風によって吹き飛ばされてしまい、その後地面が凍ってしまう。そのうえ、春を迎えてもそれほど気温があがらず、したがって、地面が亜麻の播種をうまく受け入れることができない、とロッホは指摘する。こうした天候と気候のせいで、亜麻農業者が、「多大の労力と費用をかけて」も、収穫は失敗せざるを得ない、とロッホは続ける。さらに、首尾良く収穫されたとしても、その品質は劣っており、「この国で成長し、亜麻と呼ばれるものは、その名前に値しないし、本当の亜麻が栽培されている国の人なら、誰もそれを亜麻とは見なさないであろう」(p. 28) と酷評する。

このように天候、気候の点から見れば、毛織物製造業と亜麻織物製造業それぞれの原料の生産がスコットランドに適しているかどうかは明らかである。それにもかかわらず、スコットランドの牧羊業は衰亡してしまっていた。ロッホは、その主たる原因は政治的環境にあったと見る。すなわち、イングランドとの合邦とその際に地主たちがとった行動がスコットランドの牧羊業の衰退と密接に関係していたと言うのである。彼によれば、イングランドは合邦をうまく成就するために、宮廷はスコットランドの貴族たちに「非常に多額な貨幣」を贈り、これをスコットランドの貴族は受け取っていたのであった。こうしたなかで、「毛織物製造業は、長い間イングランドのステイプル産業だと見なされていた」(p. 2)。この点に対して、合邦を前にしてイングランドに、いわば「買収」されたスコットランドの貴族たちは配慮した、とロッホは考える。彼らは、言うまでもなく、「大土地所有者」であったので、彼らの土地の活用方法に影響を及ぼすことになり、そのせいで、スコットランドの「牧羊業」は沈滞した、とロッホは主張したいのである。このようにして彼は、まずはスコットランドの毛織物製造業の苦難の道は始まったと指摘したが、加えて、この合邦に端を発した一連の事態が毛織物製造業そのものの発展をよりいっそう阻止し、遂には衰退へといたらせることになったと説明する。

（3）代償金の使途

すでに紹介したように、イングランドとの合邦によってスコットランドは、政治的にはおおいに譲歩を余儀なくされたが、経済的にはそれなりの成果をあげることができた。こうした成果のうち、ここではスコットランドの産業振興のために用意された「代償金」の使途について考えてみたい。というのは、そうすることが、ロッホが問題にする政治的環境の問題をよく理解するうえで欠かせないからである。合邦条項によると、「七年のあいだ年七〇〇〇ポンドが、羊毛を生産する諸州内の粗毛織物製造業の奨励と振興に充当され、……それ以後は、同額がすべて、漁業、さらには連合王国の幸福全般にもっともよく貢献するようなスコットランドの他の製造業の改良に当てられる」ことになっていた。[9] 合邦当初は、「代償金」の使途が「粗」という限定が付されていたものの、「毛織物製造業」の振興を目指していたことが注目される。実際、この年七〇〇〇ポンドという資金は「羊毛資金」（wool money）と呼ばれていた。このことは、合邦に際してスコットランドは在来の毛織物製造業の振興を望んだと推測されるし、また「粗」毛織物製造業と明記されたのは、イングランドの毛織物製造業との競合を回避した結果だと思われる。そうしたことを十分踏まえたうえで、繰り返しになるが、ロッホは「毛織物製造業は、長い間イングランドのステイプル産業だと見なされていた」ことを問題視するのである。

「代償金」は「粗毛織物製造業」奨励用と唱われていながら、長らくそのように執行されることもなかった。[10]

その一方で、一七二三年に設立された「スコットランド農業知識改良者協会」（The Society of improvers in the

Knowledge of Agriculture in Scotland）では、すでに亜麻織物製造業の原料である亜麻の栽培方法からその調整・加工について論じられていた[11]。こうして、スコットランド全体としては、製造業育成の力点は亜麻織物製造業に向けられてきていた。その趨勢は、王許都市総会が農業知識改良者協会の協力のもとに踏み出した一歩によって強められた。すなわち、一七二六年に王許都市総会は、当時エディンバラ市長であったジョージ・ドラモンドをロンドンに遣わし「代償金」の執行を求めたのであったが、それが多少の紆余曲折を経て認められ、翌一七二七年七月にスコットランドの産業振興のための半官半民機関である「スコットランド漁業製造業振興管財人評議会」（The Board of Trustees for Improving Fisheries and Manufactures in Scotland. 以下振興管財人評議会と記す）が発足した[12]。

この評議会のもと同年クリスマス以降三年間の資金計画が公表されたが、それによると、振興管財人評議会が計画した資金配分は、支援対象のニシン漁業に二六五〇ポンド、亜麻織物および大麻織物製造業には同額の二六五〇ポンド、それらに対して粗毛織物製造業にはわずか七〇〇ポンドでしかなかった。このことからも、振興管財人評議会設立の主要な意図は、亜麻織物製造業の振興であって、決して粗毛織物製造業の奨励であったわけではないと言うべきであろう。さらに、この推測は、資金充当の細目に関して粗毛織物製造業と亜麻織物・大麻織物製造業について見ることによっても裏づけられる。

亜織物・大麻織物造業に関しては、まずそれらの製造業の原料の栽培地一エイカーあたり一五シリング、総額一五〇〇ポンドの奨励金が交付された。加えて、子供たち向けの紡糸学校の振興のために一五〇ポンド、主婦たちが製造する良質の亜麻織物に対する賞金に二〇〇ポンド、二人の巡視官の俸給に二五〇ポンド、四〇人の包装官、捺印官の俸給に四〇〇ポンド、亜麻織物・大麻織物製造業の法律違反の訴訟費用に一〇〇ポンド、亜麻織物・大麻織物製造の道具の見本入手に五〇ポンドが、それぞれ計上されていた。他方、粗毛織物製造業の奨励については、合邦条約一五条の規定にそって簡単に述べられるに留まり、「粗羊毛を生産する諸州」の生産者に資金の有効な活用法を申し出るように要請し、それを基に「特定の計画」を立てる旨が公表されたにすぎなかった。[13]こうして、翌一七二八年一月に「特定計画」が明らかにされたが、それによると、前年に発表された充当資金七〇〇ポンドは、それぞれ四人の選毛と洗毛の熟練工の俸給に二八〇ポンド、これらの作業の設備費に四二〇ポンドが割り当てられることになっていた。資金の充当に関しては、その金額や充当細目などの点に照らしてみても、振興管財人評議会が力を込めようとしていたのは、決して粗毛織物製造業ではなく亜麻織物製造業であったことは一目瞭然であった。

もっとも、この「特定計画」には、資金計画の他に粗毛織物製造業の奨励の措置が盛り込まれていた。すなわち、一四カ所の「羊毛管理所」(wool station) の設置が唱われ、実際に一七二八年中に一二の「羊毛管理所」が開設された。この「管理所」は粗毛織物の品質管理を担う捺印官の役割をも果たした。そのうえ、一九二九年には振興管財人評議会は、「巡視官」(riding officer) を任命し、彼らに「羊毛管理所」を定期的に巡回させ、設備や粗羊毛の品質等の点検にあたらせた。さらに、一七四二年に新しい「羊毛計画」が作成され、従来の選毛工への俸給制度と製造業者との契約制度とに代えて、新たに選毛から製造までをおこなう業者との契約制度を導入し、生産量を増加させようとした。これは、四〇年代をつうじて功を奏したが、この制度のもとで支給される奨励金は、支給対象の製品の最小量が引き上げられたことによって、しだいに大規模な織元へと集中することになり、一七五〇年代中葉以降契約業者は減少していった。[14]

(4) 政治的環境

確かに、振興管財人評議会は粗毛織物製造業の奨励にまったく無関心であったわけではないが、その力のいれ方は、亜麻織物製造業と比較するときわめて微弱だったと言わざるを得ない。この歴史的事実も、ロッホが力説するように、「毛織物製造業は、長い間イングランドのステイプル産業だと見なされていた」からであろう。このことを裏づけるために、ここに一つのエピソードを紹介しよう。振興管財人評議会の設立とその活動をめぐってエディンバラで議論がなされていた当時、スコットランドきっての大立て者であり、したがって振興管財人評議会をその傘下に収めていたアイレイ伯は、この議論に関連してモンジィが毛織物製造業の奨励に言及したことを知ると激怒して、次のようにロンドンから書簡を送りつけてきた。すなわち、「モンジィは生意気な青二才である。一体全体、彼はあの一万四千ポンド［の羊毛資金］をどうしようというのであろうか。余には、当地［ロンドン］の人たちがこの資金についてどのような気持ちを抱いているか非常によく分かっている」(15)（［ ］内は引用者による補充。以下同様）と。スコットランドの現地支配の最有力者は、ミルトン卿であったが、彼はアイレイ伯のエディンバラにおけるエイジェントであった。

ロッホ自身も、こうした事情について通暁していたと思われるが、この文脈では振興管財人評議会については触れていない。しかし、アイレイ伯―ミルトン卿との関係は深く、一七四五・四六年のジャコバイトの乱後の一七四六年に設立されたブリティッシュ亜麻会社（British Linen Company）についてこのように述べている。

ブリティッシュ亜麻会社は、この部門［亜麻織物製造業］の試行版であって、それは見た目にはもっとも成功をおさめた。この会社は、この国において試みられたいかなる事業と比べても最大の支援を受けた。重役たちは、もっとも分別があり知識に富んだジェントルマンたちで構成されていた。彼らの部下たちは誠実であり、そのなかには利発な者もいる……。しかし、全員がそうであるわけではない。数年前に私は、会社の指揮・監督にあたっていたジェントルマンのうちの何人かの知遇を得る栄誉に浴した。私は、幾シーズンかの間、会社に船舶を用意し、その亜麻を持ち帰ってきた。主にこの取引について、幾人かのジェントルマンたちが私のお粗末な意見をしばしば求めてきた。私はいつでも変わることなく明確であった。つまり、会社は、自力で生き延びることはできないというのが私の意見であった。要するに、私の時代に、亜麻と亜麻の種子との代金を支払うためにこの国から出ていく貨幣（しかもそれは現金である）は、非常に巨額にのぼるので、それはほとんど信じられないほどである。（p. 31）

まずロッホは、当時スコットランドの亜麻織物製造業の中核をなしていたブリティッシュ亜麻会社は、確かに外見上「もっとも成功を収めた」ように見えるが、それはこの国で「最大の支援」を受けてのことである、と指摘する。このような「支援」にもかかわらず、しかもこの会社は、思考力と知識が豊富な人材を擁していたにもかかわらず、内実に即してみると、この会社は必ずしも順調な発展を遂げてきたとは言い難く、問題を抱えていたようである。だから、「幾人かのジェントルマンたち」が、亜麻の輸入などでこの会社と関係を持っていたロッホにこの会社について尋ねたのであろう。それに対する彼の返答には、この会社、ひいてはスコットランドの亜麻織物製造業をめぐる政策運営の実態が示されている。すなわち、この製造業は、「支援」を不可欠としているということである。それと同時に、この返答は、彼の経済活動のあり方についての基本姿勢を映し出していることにも注目しておきたい。彼は、「自力」での活動ということを重視しているのである。

イングランドの合邦以来、毛織物製造業の奨励の梃子となるはずの「羊毛資金」を手にしながら、スコットランドは、イングランドの「ステイプル産業」と見なされていた毛織物製造業の奨励を回避し、隣国アイルランドを見習いながら亜麻織物製造業の振興に邁進してきた。その中心には、対イングランド関係を重視するアイレイ伯の影響下にあった振興管財人評議会が位置していた。ロッホは、こうした政治・外交関係が、自然環境と並んでスコットランドの経済環境を作り出してきたと捉えるのである。このような環境のなかでスコットランドの産業はどのように進むべきか —— この問題が、ロッホが『商工論』の執筆を通して成し遂げるべき課題であった。

次節では、このように支援、奨励を受けてきた亜麻織物製造業についてロッホがどのように理解しているかを吟味することにしよう。

第三節　亜麻織物製造業への反対論

(1) 亜麻織物製造業 ── アイレイの「ユートピア計画」

まず亜麻織物製造業についてロッホが論じることに耳を傾けてみよう。前節において、彼がこの製造業の主原料である亜麻の栽培、そして亜麻製造業がスコットランドの「ステイプル産業」と位置づけられこれが推進されてきた政治的背景、対イングランド関係を最大限に考量したアイレイ伯を頂点としたスコットランドにおける支配・政策運営の様相に注目していた。引き続き、この後者の観点について彼が論じるところを追ってみることにする。前節で、ミルトン卿が一八世紀前半のスコットランドの政治・政策運営の当地での最高責任者であったことは指摘しておいたが、彼を意のままに操っていたアイレイ伯について、ロッホ自身も言及している。

「スコットランド」の政治の糸車を回しているものに関する私の知識は昨日のことではない。アイレイ伯、アーチボルド、後のアーガイル公こそが、長らくこの国の政治体制を支配してきており、このユートピア計画を生み出したのである。(p. 32)

ロッホ自身も、前節で紹介したように、原料などの点で不利であるにもかかわらず、このように亜麻織物製造業を強力に推進した深奥にアイレイ伯が存在したことを明記する。続けて彼は、人々の記憶に残るアイレイ伯を今さら侮辱する意図は毛頭ないと断りながら，次のように述べる。

> 彼［アイレイ伯］は疑いもなく非常に偉大な人間であり、この国にとって看板的人物と言える。しかし、当時の定説によれば、国民を貧しくしておけ、そうすれば、彼らは従順になるであろう、というのであった。この目的にかなう仕組みとしては、亜麻織物製造部門で彼らを雇用すること以上のものをどうしても考えることはできなかった。（p. 32. 傍点は原文のイタリックを表す。以下同様）

対イングランド関係に配慮するアイレイ伯の「ユートピア計画」は、その当時の「定説」と密接に結びついていた、とロッホは指摘する。ロッホは、この点についてこれ以上言葉を費やしていないが、この指摘の裏には、恐らく次のような彼自身の理解があったと思われる。ロッホは、後に詳しく述べるように、そして歴史的事実として前節で指摘したように、スコットランドでは亜麻織物製造業は、奨励金によって支持されており、その意味でそれほど利益のあがる産業だとは考えていなかった。したがって彼は、確かに、亜麻織物製造業を振興すればこの産業において雇用が創出されるであろうが、その労働者たちの賃金は決して高くなるはずはないと理解していたのであろう。もしそうだとすれば、亜麻織物製造業の振興は、ロッホの言うように、この「定説」を実現する手段となるのは確かであろう。したがって、ロッホは、このような状況認識を目の前にして手をこまねいていたわけではない。

私は当時の主導的な人たちの幾人かと知己を得る栄誉に浴すと、このことに言い及んだ。しかし、その時期には、書いても言葉で言っても全然効力がなかった。不人気な主題に関して提起された事柄に対する返答は、こうであった。すなわち、われわれはイングランド人たちを立腹させてはならない。つまり、毛織物は彼らの偉大なステイプルだからである。このステイプルをわれわれは決して侵してはならない。そうしないと、彼らは感情を害するし、そうなれば、われわれは、奨励金も割増金も手に入らないであろう。これは、愛国的な定説と言ってもよいかも知れない。しかし、そのようなことが実情であったのである。（p. 32）

ロッホは、当時の状況をこのように説明する。ロッホ自身は、政治的に歪められていると思われたスコットランド産業政策の方向を転換するように「主導的な人たち」を説得しようと試みた。しかしながら、そのような意見・提案に耳を貸そうとする者は皆無であったと言うのである。毛織物製造業は、イングランドの「ステイプル産業」であり、これを侵犯しないことはスコットランドにとって至上命令であり、これに従うことが「愛国的な」行為であり、これに準拠していれば経済的な利益にもありつけると一般的に信じられていた、と主張する。このようなロッホにとっては、いわば不自然とも言うことができる状況と風潮のなかでは、それらを維持するために亜麻栽培をはじめとして様々な「奨励金と割増金」とが絶えず用意されていたのは当然のことに見える。彼は、このような事態を「ごちそうがこれらのジェントリ、すなわち亜麻栽培等々に与えられ、彼らの懐に入れられた。奨励金、割増金、そしてあれこれのことが、彼らの耳に根をはやしていた」（p. 33）と表現している。

（2）「新発明」と亜麻織物製造業への過大な関心

亜麻織物製造業の奨励策の他にも欠陥・不具合があったとロッホの目には映っている。その一つは、亜麻織物製造工程のなかの漂白についてである。漂白材料として、もちろん「石灰や鳩の糞」の活用は禁止されていたが、

「石鹸やその他の自然にやさしい素材」を用いるのではなく、それに代えて「硫酸油」の使用が奨励された。この「硫酸油」は「即席に」亜麻糸（布）を漂白することができるし、なんと言っても「石鹸や他の自然にやさしい材料」よりも費用がかからなかった。経費と作業効率の点から見て、この漂白剤としての「硫酸油」は「新発明」と言われたのであった。その当時でも、スコットランド産の亜麻織物は、後に見るように、国際市場においては十分な競争力を持っておらず、苦戦を強いられていた、とロッホは捉える。そのため生産費の抑制と生産効率の引き上げとを意図して、「新発明」と唱われた「硫酸油」の使用が推奨されていたというわけである。しかし、このことの結果の重大性をロッホは指摘する。

硫酸のエキスあるいはその類の有害物が、それら［亜麻糸（布）］を廉価にしようとして利用された。一つの悪魔が別の悪魔を追い出すために作られた。それは、硫酸油という名称で和らげられている。このようにして、非常に多数の［硫酸油］の瓶を使った漂白業者も現れた。私はそれらについて全部は言うことはしないが、しかし、そのようにして作られた糸から油を抽出しそのように作られた布を焼き捨てることは避けられない。このことが、この国において生産された亜麻織物の評判をおとしめるように大きく作用してきた。（p. 33）

ロッホによれば、「新発明」と耳目を引き、費用を抑制し生産効率を高めるとして導入された「硫酸油」は身体に有害であり、こうして元来の目的は達成されることはなく、国際市場での亜麻織物の競争力を引き上げるどころか、かえってその「評判」を損ねることになったのである。ロッホは、実際に自家消費用の亜麻布を織っていた主婦にはこの新しい漂白方法がよくないことが重々感じられていたと指摘する。それのみでなく、彼は化学者の意見も紹介している。それによれば、硫酸は、熟練した職人が少量を扱うのは許されるが、これを用いると緩慢であるが確実に害を及ぼすことになるのである。しかも、ロッホは、「もし布地が石鹸や灰で漂白されると、その布地は、鉄を腐食させることになるエキスで白くされるよりも二倍も長持ちする」(p. 33) と指摘する。その意味でも、ますますこのスコットランド産の亜麻布は信用を喪失したと想像される。ロッホは、これまでに紹介してきたスコットランドの亜麻織物製造業の問題点は、「亜麻織物産業に対するあまりにも行きすぎた関心に伴う不利益である」ので、到底これを「この国のステイプル産業」とすることはできないと診断する。

(3) 可能性ある亜麻織物とは

だが、ロッホは亜麻織物製造業を「ステイプル産業」として掲げ、その育成・振興に努めてきたこれまでの一連の施策に反対しているのであって、これをすべて「放棄」すべきだと主張しているわけではない。彼は、亜麻織物製造業一般に留まることなく、具体的な亜麻織物についても議論する。

それは大きく言って、ロンドンをはじめ海外向けに製造される「上質の白亜麻布」とイングランドを含めた国内向けの「薄手で廉価な亜麻布」、そして「亜麻糸」とに分けられる。それぞれについてロッホは、次のように主張する。

ロンドン、あるいは外国市場に上質の白亜麻布製品を供給するよう試みることはよそう。というのは、われわれには、決してこの分野を扱っている他の諸国に対抗できないからである。(p. 33)

スコットランドの亜麻織物製造業を「ステイプル産業」として位置づけ、これに向けて努力するのは、言うまでもなくこれを輸出産業として育成し貿易収支の黒字化をはかり、海外から貨幣を獲得しようとするからに他ならない。しかし、このような路線は破綻しているとロッホは断定する。

とはいえ、そうでもない分野もあると論じる。それは、第一には、ファイフ、パース、アンガス等々の諸地方、およびペイズリィで製造されている「薄手で廉価な亜麻布」である。第二に、アバディーンやバンフ地方で製造されている「亜麻糸」であり、これは、「……ノッチンガムおよび他のイングランドの製造業都市で売れ行きもよく販売を伸ばしていて、だからこの国に巨額の貨幣を持ち込んできた」(p. 33) のである。さらに、ロッホは、ペイズリィの亜麻織物製造業について特記する。

ペイズリィの部門はほとんど亜麻を持ち込むことを必要としない。だから、もしわれわれが亜麻栽培を続行せざるをえないとすれば、自国産の亜麻でその他の目的をほとんどすべて満たすであろう。これらの［ペイズリィ産の］品々は、長い伝統を有してきており、ロンドンおよび外国市場で売れ行きもよかった。だから、その事業は伸ばされるべきであり、そうすれば、これまでと同様に成功するであろう。それゆえに、これらにこそ、亜麻織物製造業者の注意はもっぱら向けられるべきであって、上質の白亜麻布に向けられるべきではない。というのは、後者は、本質的に、この部門でのわれわれの競争相手だと認められる他の諸国と同等になれる手段をわれわれから奪ってきたからである。(pp. 33–34)

先に自ら明言したように、ロッホは、亜麻織物製造業の振興を全般的に否定し反対するわけではない。「薄手で廉価な」亜麻布製造業の振興を求めている。しかも、ペイズリィ産のものについては、これを拡大することを望んでさえいる。こうしたロッホの判断の基準となっているのは、需要があるかどうか、特に海外需要があるか、外国市場で競争力があるかどうかである。その意味で、亜麻織物製造業をスコットランドの「ステイプル産業」と位置づけ、その振興をはかってきた従来の政策運営に真っ向から反対しているのである。

では、ロッホが推奨すべきだと主張する毛織物製造業についてどのように理解し論じているのか、節を改めて検討してみよう。

第四節　毛織物製造業の推奨

(1) 羊毛の生産と毛織物製造業

まず原料である羊毛の生産について補足しておこう。ロッホは、自然環境に恵まれていることもあってかスコットランドは、現在でも十分な低価格あるいは適切な価格で羊毛を供給することができるが、さらに地主たちの牧羊飼育の改善の努力を重ねるならば、この努力は一層の成功が約束されるであろうと述べる。しかし、それでも、「もしある目的のために必要とされるくらいに良質なものに羊毛をするように羊の飼育を改良することができないと判明した場合には、われわれは、わが近隣諸国と同じくらい寛大な条件でスペインからそのような羊毛を依頼し受け取ることが可能である」(p. 34) と述べ、ロッホは羊毛調達の問題についてきわめて楽観的な態度をとる。

この点で問題があるとすれば、それは、毛織物製造業を尊重すべきイングランドの「ステイプル産業」と見なし、実質的にこの製造業の振興を回避してきた政策運営にあった。だがロッホには、上質の羊毛については政策運営の転換のみでは問題が解決されるとは思われなかった。右の引用文は、このことを十分に意識したロッホの記述であると理解できる。事実、現代の経済史家の研究も指摘するように[16]、スペイン産羊毛は定評があり、ロッホが指摘する以前から実際にこれは輸入されていた。後に改めて取り上げるが、このロッホの議論はスペインとの上質羊毛の輸入について最恵国待遇の条件ですべきであると指摘していることに注意を喚起しておく。

それにしても、イングランドとの合邦以来、イングランドの「ステイプル産業」として毛織物製造業の奨励を慎重に控えてきた政策当局者の態度を改めるべきだという要求は、他の産業人や国民から支持を得ることができるのであろうか。そもそも、ロッホによれば、この問題が、スコットランドにおける毛織物製造業の発展を妨げ、その一方で経済の近代化、工業化を強引とでも言うべき仕方で推し進めてきた理由であったのだから。しかし、彼は、羊毛生産に関してスコットランドがイングランドに価格の点で優越していること、さらに労働賃金がイングランドよりも低いという利点をあげた後で、次のように言う。長くはなるが、重要な点なので煩を厭わず引用しよう。

これら［スコットランドの利点］は、もしわれわれには他の利点が皆無であったとしても、これら自体で、われわれが、毛織物製造業で成功する望みをもつよう鼓舞するのに十分であった。しかし、立派な人物たちではあるが、ヨーロッパのどの国よりも優位にこの部門［毛織物製造業］を遂行し続けているイングランド人を上回ることができることをまったく理解していない者たちがいる。したがって、われわれはこのことに真剣に取り組むことにしよう。しかも、もしわれわれがイングランドのステイプルをあまりにも侵害しすぎると、彼らは憤慨して、われわれが長い間彼らに供給することに慣れてきた品々をわれわれから受け取ることを拒否するであろう、ということを巧妙に植え付ける、心が狭く利己的な者たちの有りもしない議論に耳を傾けることをしないで、取り組むことにしよう。私が確信するところでは、この議論は真実ではない。というのは、この国の人々の考え方がどんなに狭いものであろうとも、イングランド人たちはもっと自由な考え方に恵まれており、だから、イングランドから以前は委託されていたものを自給しようと試みて取引を拒否したり、あるいは、ある特定の生産部門で敵対したりするというよりは、むしろイングランド人たちは貿易に関する公正な観念を持っているからである。この後者［敵対するということ］は、この国の毛織物製造業に関して決して真実であるはずがない。

というのは、私にはあえて次のように断言できるからである。すなわち、もし毛織物製造業に適切な注意が払われるとしても、すなわち、われわれに可能な限りの量［の毛織物］を製造させても、イギリスの貿易は微塵ほども苦境に陥らずに、拡張するかも知れない、と。なぜならば、毛織物の生産部門における連合王国の友好的な結びつきは、フランス人、オランダ人、いやそれどころか、他のあらゆる国民を、極めて重要な獲物となるだろう外国市場から追い出すことに失敗することはあり得ないであろうからである。（p. 35）

見られるように、ロッホは「連合王国の友好的な結びつき」を強調する。既に「合邦」から約七〇年の時が経過し、スコットランドとイングランドとの関係も変化してきたことをロッホが踏まえていることをうかがうことができるであろう。確かに、すでに紹介したように、アイレイ伯は、合邦によって用意された粗毛織物製造業の振興用資金であった「羊毛資金」の取り扱い方について、イングランドの毛織物製造業に配慮した書簡を残していた。そのような状況から事態が推移したことを当然視するかのように、ロッホはスコットランドとイングランドとが一つの王国、「連合王国」として「友好的な結びつき」を取り結んでいると確信する。そうした関係を基礎にロッホは、むしろ両者が一弾となって他の列強諸国と「外国市場」で戦い、それらの諸国を駆逐すべきだ、と提唱するのである。

ところが、実際には依然としてスコットランドでは、今では「有りもしない議論」に囚われて亜麻織物製造業の振興に腐心している。ロッホは、このことがいかに「連合王国」の利益を損なっているかについてアイルランドの動向を引き合いに出してこう指摘する。

……他方、アイルランドは、［スコットランドと］同じような手段を講じて、比肩されることがないかのように、亜麻織物製造業から利益を得ていると言ってよい。だから、それはアイルランドのステイプル産業に相応しいのである。こうしたことにアイルランドは鼓舞され、ブリテンに彼らの羊毛を送り出しているが、羊毛のほとんどは、今ではフランスやオランダに密輸出されていることはよく知られている。フランスやオランダでは、その羊毛を織物に製造し、こうしてはじめてこれらの諸国民は、この重要な部門のあちこちでイングランドに対抗することができるのである。(p. 35)

(2) 毛織物をスコットランドのステイプルへ

スコットランドが、アイルランドと同様に羊毛をフランスやオランダに密輸出して、それらの諸国に荷担し、イングランドに対抗させているかどうかについてロッホは言及していないが、彼は、このようなアイルランドとフランス、オランダとの関係を説明することによって、スコットランドが亜麻織物製造業の振興に努めるのではなく、むしろ毛織物製造業の奨励をこそ考えるべきだと主張したいのであろう。ともかくも、ロッホは、彼が提唱する毛織物製造業をイングランドとの敵対関係ではなくイングランドとの協力関係において捉え直し、「連合王国」というより広い展望のもとでフランス等のヨーロッパ列強諸国に対峙しようとしている点に注目すべきであろう。

だが問題は残っていないであろうか。もし毛織物製造業の振興をめぐるイングランドとの関係が、今やロッホが論じるように考えることができるとしても、これまであまり顧みられてこなかった毛織物製造業の技術や職人、労働者の問題についても十分検討しておくことが必要であろう。

私はいつもこう聞かされてきた。すなわち、われわれは姉妹国［イングランド］から人を呼んできて、このもっとも有益で有用な製造業［毛織物製造業］を遂行するうえで援助してもらわなければならない、と。しかし、よく事実を調べ探ってみると、この種のことで不足していることは何もないことが分かる。というのは、羊の毛を刈り取ることからすべての染色を施した布地を市場に運び込むことまで、この仕事のあらゆる部門において十分熟達した人々が、われわれにはいるからである。この染色は、黒色から明るい緋色、淡黄色まであらゆる色に及ぶし、この染色はイングランドでなされているが、スコットランドでおこなえば、それよりずっと少ない費用でおこなえるのである。染色の仕事、そして他のほとんどの部門はイングランドにおいて同郷人たち［スコットランド人たち］によっておこなわれており、彼らのうちの多数の者たちは、これらの職種の長の地位にあることさえ私は知っている。（p. 36）

羊の毛を刈ることから市場に毛織物製品を運び込むこまで、毛織物産業のすべての工程にわたって、スコットランドで立派に成し遂げることができる、とロッホは意気込む。特に注目されるのは、確かに現在ではイングランドの方が、これらの部門について技術が優れているが、それらを実際に担っている労働者、職人たちはスコットランド人たちである、ということである。もしロッホの言うとおりであり、かつまた、スコットランドにおいて、毛織物産業はイングランドの「ステイプル産業」である、という前提に囚われることなくもっと積極的にこの産業に取り組むならば、イングランドで仕事をしている職人、労働者たちも帰郷し、仕事に就くかも知れないと思われるからである。[17] そのためにこそ、ロッホは、毛織物産業をスコットランドの「ステイプル産業」だと高らかに宣言し、この考えの浸透をはかったと理解される。

こうしたスコットランドにおける毛織物製造業一般の奨励に関して、その正当性やその有効性を論じるロッホは、さらに進んで、巾広布、ストッキング、帽子などの具体的な製品の製造についても説明している。しかし、ここでは、その彼の叙述を辿ることは控えて彼の議論に織り込まれているスコットランドの毛織物製造業の再興・発展の条件や展望などに関する彼の議論に焦点を当ててみよう。

（3）公共心と協同組合

まず、スコットランド国民、とりわけ貴族やジェントルマンの消費態度が取り上げられる。ロッホは、「自国を愛する誰でもそうであるに違いないであろうが、私にもっとも良識にかなう楽しみを与えてくれるのは、この王国の最高位にある貴族やジェントルマンが多数、スコットランドの製造品を購入することによって、「製造業に手を貸すのみならず、公共のある特別な機会に着用するによってもそうすることを目にすることである」(p. 36) と述べ、社会と毛織物製造業の発展にとってスコットランド社会の身分の高い人びとが果たす役割を強調する。そうした態度は、「公共心」、「真の愛国心」とも言うべきであるが、この「愛国心」が誤って利用されることがあることにもロッホは注意を喚起する。その例が、当時懸案事項になってきたアメリカ植民地問題である。この「愛国心」を「普通の国民」の間で煽ることによって、「政府がアメリカに対して圧政的な振る舞いをおこなっている」(pp. 36–37) のは「真の愛国心」とは言えないと断定する。「普通の国民」の間にある不満・不平をこのようにして解消させるのではなく、むしろ彼らに仕事・雇用を準備することによって彼らが生活資料を得るならば、そのような「愛国心」をくすぐる「政治」を心配したりそれに関心を持ったりすることもない、と言う。逆にこうした政策・政治を放擲すると、「結局は彼らにぼろをまとわせたり物乞いに追いやったりすることになる」と (p. 37) 主張する。

ロッホは、「公共心」、「真の愛国心」の具体的な例をスコットランドのイースト・ロージアンの農夫とジェントルマンに見出す。彼によれば、この地域では、先に見たようなスコットランド政策運営にもかかわらず、彼らの伝統的な産業である毛織物製造業を断念することはなかった。彼らの経営は当然困難を極めた。しかし彼らは、振興管財人評議会をはじめとするスコットランドの政策運営に頼ることはできないことをよく承知し、独自の施策を採ることになった。それは「協同組合」であった。この中心的役割はソーヤーとハミルトンに託された。彼らは「知識と能力」において優れていたからである。ロッホは、この「協同組合」について「この協同組合の計画は、恐らく考案しうる最上のものの一つである」(p. 37)と高く評価している。

組合への入会金は、五ポンドであり、これは、払い込むことができない毛織物業者がほとんどいないくらいに低い金額であった。しかも、払い込み最高限度は一〇〇ポンドと定められており、その限りで「金持ち」は排除されていた。この協同組合は、「州政や市政」に介入しない方針をとった。これには、そのような政治的行動から「ひどい結果」を被らざるを得なかった「経験」が生かされていた。その点は、特に選挙に際して中立を貫いたことに示されていた、とロッホは捉える。「一人の友人のために多数の敵を造り出す危険を冒すことは彼らの利益ではない。むしろ彼らは、誰からもよく理解してもらうことを求めることが望ましいと考えた。確かに、特に政治問題ではいかなる特定の政党にもかかわることなく行動していくのが一番よい方法であると言うことができる」(p. 38)と彼らは考えたのである。「……こうして、この集団は、両陣営から支持と励ましを享受することになるだろう」(p. 38 note)とロッホは指摘する。

もちろん、イースト・ロージアンには、このような協同組合が成功する条件が整っていたこともロッホは付け加えている。この地方は、良質の水や燃料が豊富で特に安価で利用できたし、さらに、人手も十分足りており、それどころか、むしろ若者や失業者に雇用の機会を提供するほどであった。ロッホは、「……そのような事業に必要な作業の多様性を考慮すると、八歳から六〇歳まで貧しい人は皆無であるが、それでもこの事業に有益で利益があがるように雇用されているであろう」と推測を交えて述べている。続けて彼は、このように成功を収めたので、この事業はイングランドの投資家たちの関心を呼び起こし、イングランドから資金を集めるとの提案があったが、「しかしながら、このような性質の提案には耳を貸すことはなかった。というのは、成功が期待されたのは、加入者総員からであり、しかも同じ州に住む人たちからだったからである」(p. 38) と明記している。このことからも窺われるように、ロッホは、この組合の活動、事業展開のなかに地域に根ざし、その意味で地域を中心にした「公共心」、あるいは地元住民から生まれた「公共心」を看取し、これに高い評価を与えていると言うことができるであろう。

したがって、ロッホは、このイースト・ロージアンにおける協同組合を模範として他の州、地方にも同様の協同組合が設立されるように求めるのであるが、その際にも、次のように要求することを忘れていない。

> 私が思うには、イースト・ロージアンの農夫たちは、実際のところ概してスコットランドの他のほとんどの州の農夫たちよりも裕福で資力があるだろう。それゆえ、イースト・ロージアンよりももっと小さな規模で計画を立て、それほど上質な毛織物を製造しようとしないことが、恐らく必要かも知れない。これらの諸州での入会金は、五〇シリングくらいに低くし、最高限度は五〇ポンドを超えないようにすべきだと思う。これでも、機械を動かすために十分な資金を調達することができるであろう。(p. 39)

このロッホの提案には、地域に根ざした「公共心」を発揮し、地元の毛織物製造業者たちが寄り集まって、自らの手で、独立して事業を起こすという、イースト・ロージアンの例のなかに彼が見出した基本方針が貫かれていると言える。だが、ロッホは、「公共心」が重要なのはこうしたレベルにおいてだけでなく、いわば上から発せられる「公共心」もまたそうであると指摘する。この種類の「公共心」には、いわゆる篤志家のそれとでも評することができる性格を見出すことができる、とロッホは論じる。

ストッキングの製造は、大きな資本がなくても可能であると述べた後、ロッホは、資本不足がスコットランドの「経済改良」の障害になっていると指摘しつつも、この問題は取り除かれ始めていると指摘する。「幾人かの財産家の貴族やジェントルマン」が「多様な種類の製造業」に着手してきているからである。次に掲げる引用文は、ロッホがこれらの貴族やジェントルマンの行動をどのように理解しているかを示している。

……［彼らは、］彼らの高貴な性格に値する私欲のなさでもってこの国の様々な地域で多様な製造業を創設してきた。彼らがそうすることから期待したのは、彼ら自身のために利益を刈り取ることではなく、むしろ、飢えた者たちにパンを与え、高齢者はもちろん若者たちを雇い入れ、このようにしてこの者たちを社会の役に立つ構成員にすることであった。(p. 46)

見られるように、ロッホは、新たに製造業を起こす貴族やジェントルマンたち、資産家たちが、その事業によって利潤をあげようとしていることをはっきりと認識している。しかし、この創業の動機としては、それよりも失業者や若者たちに仕事の機会を与え、彼らを社会のまともな一構成員として暮らしていけるようにすることの方が大きいと捉えている。したがって、ロッホはこれら資産家たちの行動を「公共心に溢れた行動」と特徴づけるのである。また、この行動に関連して、ロッホは次のように述べている。

そのような行為は、普通はあり得ないことであるが、彼らが自分たちの財産の半分を貧しい者たちに与えようとする場合よりも高い栄誉をその行為者にもたらす。一方の行為は、自国にそして同時にその個人によいことをおこなっているのであるが、他方、もう一方の行為は、たんに気質を柔弱にするという効果しかなく、苦境に陥っている惨めな者を見るに耐えることができず、だから、このような救済を進んでおこなうことになったというわけである。(p. 46)

先ほど筆者は、「公共心に溢れる」貴族やジェントルマンを「いわゆる篤志家」と表現したが、この篤志家はたんなる「慈善家」ではない。ロッホは、上の引用に登場する「財産の半分を与える」者たちの行為について、「これは疑いもなく慈善だと考えられるであろう」として指摘するからである。彼は、この「慈善」について「わが同郷の友に対する同情の哀れみは、貧者に対して閉ざされるべきだ」(p. 46)と明確に断定する。彼の言う上からの「公共心」は、決して慈善家のそれではなく、貧者に対して積極的に雇用を生み出し、結果的に彼らの生活を改善することになるように作用するものである。そのことによって、当然そのような貴族やジェントルマンたちにも利得が生じ、経済発展にも繋がるのではあるが。ロッホは、こうした事例としてアーガイル公とガーデンストン卿の行動をあげている。

(4) インヴェリィとメアンズの毛織物業振興

彼によれば、前者は、アーガイル州のインヴェリィに「粗毛織物と毛布向けの毛糸の製造」を樹立し、後者は、北はアバディーン州に南はアンガス州に囲まれたメアンズ(キンカーディンシャー)に「メアンズの谷」と呼ばれる新しい村を建設し、「あらゆる部門の製造業」を営んでいる。これらの事業についてロッホが紹介するなかで特に目を引くことを取り出しておこう。

インヴェリィに関しては、そこでの仕事は梳毛と紡糸であるが、それらの作業は「近隣の貧しい家族の子供たち六〇~七〇人でおこなわれている。この二つの作業を交互におこなうので、「退屈」して作業を「嫌悪」することが回避される。それどころか、むしろ、これによって「彼らの仕事を一種の娯楽と見なす」(p. 47)ようになる、とロッホは評価する。さらに彼は、こうした子供たちが、社会問題を引き起こす「悪徳」に染まるのではなく、「正直に勤労に励む習慣」を身につけることができることを強調する。その意味で、ロッホは、このインヴェリィの製造所は、スコットランドの商業化、産業化にとって主体形成の面でも、部分的とはいえ大きな役割を果たしていると理解していると思われる。後者は、右に紹介したように製造業も創設されていたが、これと並んで、ロッホが「この地で植えつけや垣根作りにおいてなされている改良は、非常に広範にわたりかつ盛大であり、私がかつてこの国で、さらに私が訪問する機会を得たいかなる他の国で見たよりも立派である」（p. 47）と賞賛する一文にも表れているように、農業や牧畜業も営まれていた。さらに、そこに定住する者に非常に安価で住宅用および庭用の土地が提供され、村のなかで推薦された誰もが、七年間家賃や庭の地代が徴収されなかった。そのうえ、「様々な部門の産業を鼓舞するために賞金が与えられた」（p. 47）のである。こうしてみると、「メアンズの谷」は、生活の場を含めた新しい村作りの試みだと言うことができるかも知れないし、ロッホもこうした点に魅力を感じていたのであろう。

ロッホは、これらの他にも「公共心に溢れた」貴族やジェントルマンの事例をあげているが、この節を閉じる前に、改めて「振興管財人評議会」、特に奨励金の付与についてロッホがどのように考えていたかを俎上にのせることにする。

（5）奨励金の役割と人間活力

ロッホは、「振興管財人評議会は、最近〔「公共心に溢れた」ジェントルマンと〕同様にある程度毛織物製造業を振興してきた。しかし、残念ながら、私は、期待してもよいだろうと思われるほどでは到底ない、と言わざるを得ない」（p. 40）と述べる。ロッホに「残念」と言わしめたのは、毛織物の巾広布の製造に付与されることになった奨励金の額があまりにも小さく、それでは業者たちが「競争者」として競い合うことにはならないと思われたからである。そもそもロッホには、奨励金一般に関する一定の考え方があった。

実際のところ、振興管財人評議会が提供することができるどの奨励金にも合致する目的は、自分たちの製品が優美で高品質になるように、様々な部門で製造業者たちの間に競争をかき立て、可能な限り互いに切磋琢磨させることに尽きる。それと同時に、もし成功するならば、たとえ奨励金が付与された商品が即座に販路を見出せなくとも、その奨励金がその埋め合わせをしてくれるという一定の理に適った希望を彼らに与えることもそうである。製造業者たちがひとたびこのように考え、そうして、競争のもとで商品に得られる当面のささいな利潤よりも名誉を高く評価するようになると、この称揚すべき精神が減退するという大きな危険はまったくなくなる。(pp. 42-43)

引用に示されているように、ロッホは、「奨励金」の役割を消極的ではなく積極的に捉える。敷衍すれば、事業の存続を助けるための補助金としてではなく、新商品や新技術の開発を喚起し促迫するものとし理解しているのである。その意味では、このたびの巾広布に対して設けられた奨励金は、ロッホの意味する「奨励金」の役割を果たすのに相応しくないのである。それに加えて、このロッホによる奨励金の役割に関する議論で注目されるのは、もちろん、金銭的な考慮が奨励金を競う製造業者たちに働くことを認めながらも、彼らが「名誉」を重んじるべきだと示唆していることである。このこととも関係して注目されるのは、ロッホが人間行動に関連して提示する次のような洞察である。

われわれは、もっぱら自分を高く評価しがちであり、それは自分には長所があるので、やってやるぞと決意するくらいである。だから、挑戦者は、たとえ今年は成功しなかったとしても、こうした理由で彼は、次の年もその競争をあきらめない。彼は、自分が「他の競争者と」同等の能力を持ち、成功を収めた挑戦者に決して劣らない質の財貨を製造するすべを経験していることを知っているのである。……人が、何であれ、それを改善しようとする場合、それを完璧にすることができたと自分で思う前に彼が脱落するとは思えないし、たとえ最初は成功を収められない不運に見舞われたとしても、彼はそうし続けることを躊躇させられるとは思えない。(p. 43)

この引用文によって、ロッホが描く人間像を明確に理解できると思われる。それは、物事の完璧化を求め、それに向けて努力を積み重ねていく人間である。その営為は、自分が勝利を収め、「栄誉」を獲得するまで続行される。こうした、いわば人間本性を引き出すように「奨励金」は作用すべきであるというのが、彼が理解する「奨励」や「振興」という言葉の真の意味である。彼が、産業の、したがって毛織物製造業の奨励策、振興策を講じることを提唱するのは、この産業分野ではこうした人間の活力を十分に引き出すことがこれまでできなかったとロッホが認識しているためであると思われる。

おわりに ―― 無知と啓蒙

(1) 鋭敏な時代認識とその限界

これまでロッホが一貫して主張し続けた提言、つまり従来の亜麻織物製造業に代えて毛織物製造業をスコットランドの「ステイプル産業」に据えるべきという提言の内容を検討してきた。まず何よりも目につくのは、ロッホの経済を捉える中心に「ステイプル」という考え方が厳然と存在していることである。その場合、特にこの「ステイプル」を担う製造業の主原料の調達問題に重きを置いていることが注目される。このような捉え方は、産業振興の問題、ひいては経済をその自然環境に立ち帰って再吟味しようとする視座を示唆していると言ってよいであろう。にもかかわらず、合邦後の現実のスコットランド経済社会の展開は、この視座を放擲させることになったことをロッホは問題視する。それは、アイレイ伯の対イングランド関係についての認識とこれに対する配慮、そしてこの認識と配慮を基礎にして展開された振興管財人評議会の産業振興策こそが、この視座を失わせたのである。しかしロッホの洞察によれば、たとえ合邦に端を発するイングランドとの歴史的な関係から、毛織物産業ではなく亜麻織物産業をスコットランドの「ステイプル産業」として育成せざるを得なかったとしても、今では、合邦から七〇年に近い時が経過しており、この過程のなかでスコットランドとイングランドとの関係も変化してきたことを重視すべきである。ロッホは、毛織物製造業の振興をめぐって今やイングランドはスコットランドと敵対関係でなく友好関係を築くことができる言明する。

一七五二年に設置された「ジャコバイト接収所領管理委員会」(The Board of Commissioners and Trustees for Annexed Estates)は、一七八四年に接収所領を旧所有者に返還し解散した。この法案を議会に提出したヘンリー・ダンダスは、それ以前の『商工論』が公刊された一七七五年に、ジャコバイトの温床であったハイランド地方における「離反の可能性について語ることは、子供じみた話である」という見解をすでに抱いていたのである。[18] ロッホは、そうした新見解を生み出す時代の変化を敏感に嗅ぎ取り、それをかつて失わされた産業振興論の視座と結びつけ、亜麻織物製造業ではなく毛織物製造業を「ステイプル産業」として振興することを提唱したのである。その意味で、ロッホは、これまでのスコットランドの産業振興策は、「ステイプル産業」を構想するうえで土台となるべき視座について無知であり、加えて時代の変化についても無知であったこと、そして今でも無知であることを告発し、その蒙を啓こうとしたと言うことできるであろう。

実際経済史家によって、『商工論』の出版後には振興管財人評議会は毛織物製造業の奨励に力を注ぐようになったと指摘されている。[19] 第一節でも紹介したように、一八世紀半ば以降のスコットランド経済社会の発展には目覚ましいものがあった。だが、次の点も指摘しておかなければならない。当初水力を活用して展開した綿織物製造業が、一九世紀になると蒸気機関を活用するようになり、また運河建設の進展により石炭輸送が容易になり、アメリカから原料の綿花がグラースゴウ港に荷揚げされるようになり、これにハイランドやアイルランドから安価な労働力が流入することが加わり、綿織物製造業の時代が到来したのである[20]。この変化についてロッホは見通すことはできなかった。

(2) 自由貿易・自由競争の展望

しかし、強調されるべき点もある。それはロッホの貿易問題の論じ方にある。第二節で引用したブリティシュ亜麻会社に対するロッホの記述から、彼らが亜麻産出国との貿易関係を個別的貿易差額説の見地から評価していることが看取できる。これは、「ステイプル産業」の強化というロッホの問題意識から出てくる当然の帰結であろうが、他方で注目に値するのは、スペインからの上質羊毛の輸入に関連して、最恵国待遇を条件に掲げていることである。その意味では、ロッホが輸入関税一般の削減を提言していることも自然だと言えよう(p. 84)。またロッホは、こうした輸入関税の低減を前提にして、対フランス貿易を盛んにすることをも提起している。それによって、スコットランドの必需品の低廉化を図ることが可能となり、そのことはまた、消費者の便宜をはかるのみならず、スコットランドの製造業の生産費の低廉化をも実現することになるからである(p. 84)。このようなことを全体として捉え直してみると、「ステイプル」という考え方を思考の基底に据えながらも、ロッホは自由貿易と国際分業によって取り結ばれる国際経済関係を展望していたと評価することができないであろうか。さらに、ロッホが提起する国内の経済主体、生産者のあり方にも評価すべき点がある。人間本能と言ってよいような内容で競い合う生産者の活力を引き出し、それを維持させることに「奨励金」の真の役割を負わせているが、ここには彼が自由競争、しかも金銭のみでなく「名誉」や「達成感」を目指す自由競争を構想するロッホの姿が映し出されているように思われるからである。このように見てくると、ロッホのスコットランドの産業振興論は、無知と啓蒙、古くから存在する考え方とそれを新しい環境のなかで生かす思考とによって織り上げられていると特徴づけることができる。

注

（1）この論争に関しては、ウォトレイによる有益な研究（Whatley, Christopher A. *'Bought and Sold for English Gold?: Explaining the Union of 1707*, Glasgow: The Economic and Social History Society of Scotland, 1994）を参照。

（2）Cf., Whatley, *op. cit.*; Whyte, I. D., *Scotland before the Industrial Revolution: An Economic and Social History, c. 1050–c. 1750*, London and New York: Longman, 1995, pp. 296–97; Do., *Scotland's Society and Economy in Transition, c. 1050–c. 1760*, Hounmills: Macmillan, 1997, pp. 157–59.

（3）合邦条約の個々の条項については、Pryde, George S. (ed.), *The Treaty of Union of Scotland and England 1707*, Edinburgh and London: Thomas Nelson and Sons, 1950を参照。

（4）Cf. Devine, T. M., 'The Modern Economy: Scotland the Act of Union' in Do., C. H. Lee and G. C. Peden, *The Transformation of Scotland: The Economy since 1700*, Edinburgh: Edinburgh University Press, 2005.

（5）Whyte, I. D., *Scotland before the Industrial Revolution*, p. 328.

（6）これらのパンフレットは、*Letters concerning the trade and manufactures of Scotland, particularly the woolen and linen manufactures*, 1st and 2nd ed, Edinburgh, 1774である。

（7）*Curious and entertaining letters concerning the trade and manufactures of Scotland, particularly the woolen and linen manufactures*, Edinburgh, 1774.

（8）一八世紀におけるスコットランド亜麻織物製造業については、Durie, Alstair J., *The Scottish Linen Industry in the Eighteenth Century*, Edinburgh: John Donald, 1970を参照。

（9）Pryde, George S. (ed.), *op. cit.*, p. 94.

（10）この間の事情については、Gulvin, C., 'The Union and the Scottish Woolen Industry, 1707–1760', *Scottish Historical Review*, Vol. 52, 1971, pp. 124–25を参照。

（11）Cf. Maxwell, Robert, of Arkland, *Select Transactions of the*

Honourable Society of Improvers in the Knowledge of Agriculture in Scotland. Directing the Husbandry of the Different Soil for the Most Profitable Purposes, and Containing Other Directions, Receipts and Descriptions, Edinburgh, 1743.

(12) Cf. Durie, Alstair J., *op. cit.*, pp. 15–18.

(13) 以上の資金計画のより詳細な内容については、*Plan by the Commissioners and Trustees for Improving Fisheries and Manufactures in Scotland for the Application of Their Funds*, Edinburgh, 1727 を参照。

(14) 以上の「特定計画」の内容および毛織物製造業の動向に関する叙述は、Gulvin, 'The Union and the Scottish Woolen Industry, 1707–1760', に基づく。

(15) この書簡の一文は、Shaw, J. S., 1983, *The Management of Scottish Society 1704–1764. Power, Nobles, Layers, Edinburgh Agents and English Influences*, Edinburgh: John Donald, 1983, p. 129 に引用されている。

(16) Gulvin, Clifford, *The Tweedmakers: A History of the Scottish Fancy Woolen Industry 1600–1914*, Newton Abbot: David & Charles, 1973, pp. 18 and 27.

(17) 先に紹介したように、スコットランドの毛織物製造業の労働賃金はイングランドのそれに比べて低いと指摘し、これによってスコットランドの毛織物製造業の発展の展望を切り開く (p. 34)。しかし、優れた技能を持つ労働者が、果たして労働賃金の高いイングランドから労働賃金の低いスコットランドに帰ってくるであろうか。もし帰ってくるとすれば、後に論じるロッホの言う彼らの「公共心」、「名誉心」が作用していると理解すべきであろうか。

(18) Smith, Annette A., *Jacobite Estates of the Forty-five*, Edinburgh: John Donald, 1982, p. 225.

(19) Gulvin, *The Tweedmakers: A History of the Scottish Fancy Woolen Industry 1600–1914*, p. 63.

(20) Cf. Whatley, Christopher A., *Scottish Society 1707–1830. Beyond Jacobitism, towards Industrialisation*, Manchester: University Press, 2000, p. 226.

第七章　オークニー諸島の野蛮と啓蒙――改良と抵抗のはざまで*

古家弘幸

はじめに

一八世紀の啓蒙時代のスコットランドは、哲学や文学、経済思想の革新を遂げ、農業を始めとする「改良」を推進し、産業革命の黎明期を迎えるなど、明るい側面で特徴付けられることが多い。[1]しかし他方では、取り残された伝統的な地域社会や階層から、「啓蒙」の時代潮流に対する異議申し立てがなされ、しばしば対立と混乱を生んだ。本章の目的は、一八世紀オークニー諸島における利害衝突の一事例をもとに、スコットランドにおける啓蒙の位相を考えることである。

本章で取り上げる事例は、「パンドラー訴訟」（一七三三―一七五九年）と呼ばれる法廷闘争を背景とした経済論争である。パンドラー訴訟とは、オークニー諸島の大地主であったモートン伯爵と、所領の永代租借地権者であった在地地主層（lairds）との間で、地代を決める衡量単位をめぐって争われた激しい訴訟である。法廷外では中傷合戦が繰り広げられ、在地地主層に対するモートン伯爵の「抑圧と圧政」のうわさが喧伝された。本章では、パンドラー訴訟について論じた同時代の文献のなかから、ジェイムズ・マッケンジーによる『オークニーとシェトランド諸島で一般に拡がる苦悩と圧制』（一七五〇年）と、スコットランド教会の牧師であったトマス・ヘップバーンの『オークニー諸島の貧困』（一七六〇年）を取り上げ、両者の間で戦わされた論争を分析する。

　この論戦を通して、一七〇七年のイングランドとのユニオン以降の市場経済の拡大に伴って激化していく競争への対応をめぐって引き起こされた対立に、啓蒙時代の複雑な光と影が見られることを示したい。オークニー諸島の場合、スコットランド本土よりも経済発展に遅れを取っていた。その分、市場経済の浸透に対応して農業などの改良による経済の競争力向上を図ろうとした本土出身の大貴族側と、地元に根付く所領経営者側との対立は、時に野蛮とも形容し得る様相を呈するほどにまで激しくなりがちであった。パンドラー訴訟と、それを背景とする経済論争は、そのような利害対立の一つの典型と言える。同時にこの事例は、従来の歴史学では「辺境」と見なされてきた地域をより広い地政学的文脈で捉え直すこと、およびユニオン体制下において強化されていった市場経済の論理と地域の利害の対立、啓蒙思想の時代潮流に対する英国の外延地域からの反応など、近世英国史における重要なテーマに多くの示唆を与えるであろう。現代における経済のグローバル化と国民国家、地域文化の相克という、本書の序説（田中）で取り上げられている大きな問題の源流ともいえる。

　後の社会科学の母体にもなったスコットランドの啓蒙思想が、明るい将来展望を肯定すべく普遍的な社会原理を提示しようとした背景に、当時の新しいユニオン体制下における改良や商業的競争をめぐる利害対立と政治的抗争が大きな問題として存在していた一面を明らかにしたい。

第一節　パンドラー訴訟の背景――ユニオン体制下の市場経済の拡張と地域の伝統

アレクサンダー・マードックは『英国史一六六〇―一八三二年』(一九九八年)において、政治史や国制史を扱ういわゆる英国史と、国家よりも地域に焦点を当てる社会史や経済史がうまく噛み合わないという研究上の課題を取り上げている。社会史や経済史が関心を寄せるコミュニティやローカルな独自性は、基本的には軍事力によって生み出された王国などの政治行政組織の構造内に、必ずしも整合的に組み込まれるとは限らない(2)。とりわけイングランドとスコットランドのユニオンが成立した一八世紀の英国では、地方や地域という概念は、「英国」(Britain)という新しい概念に劣らないほど再定義を迫られた。マードックによれば、一八世紀英国史で重要な側面は、国家と地域という二種類の空間の存在に自覚的な人々が増加し、彼らの活動が社会を動かす大きな原動力となっていったという点である(3)。

一八世紀の経済史で取り上げられる農業革命や産業革命、交通革命などの「革命」は、文字通り政治的にも大変革の時代に起きた。一方では、自身を経済的、社会的な大変革の担い手と見なす支配階層が、王制や貴族制、地主支配を体制維持の支柱としながら新しい英帝国を財政制度の基盤の上に体系立てる過程で、自らの持ち込む変革を「改良」(improvement)として提示した。しかし他方では、一八世紀の経済成長が続くなか、その恩恵をほとんど、あるいはまったく受けられなかったり、経済的、社会的な大変革のなかでむしろ不利益を被った勢力が、地方を中心に存在した。彼らは支配階層が持ち込む改良に抵抗したため、過激派、急進派と見なされた。しかし彼らとしては、自らが受け継いできた慣習や伝統、生活様式を急激な変革のなかで維持しようと行動したつもりであった。つまり旧来の耕作方法や土地保有制度のなかで、それまで暮らしてきた地域社会の独立性や自律性、自足的な経済世界を守ろうとしたのであった。外部からの影響が強まるなかで伝統的なコミュニティを擁護するに際しては、様々な対応の仕方があり得るが、旧来からの習慣で土地を貸借してきたスコットランド北西部のハイランドのタックスマン（借地農）などの階層は、改良が推進され新しい農業や土地制度が形成されていくなかで上手く対応できないまま、居場所を失っていったと言える。(4)

当時の借地農や小作人は、工業労働者と同様に契約をして、生活の糧を賃金に依存するようになったため、かつてないほどの長時間労働や、旧来の制度下では起こり得なかったような合理化による解雇の危険にさらされるようになった。とりわけ商業や製造業に従事する労働者層は、高価な機械設備の継続的稼働に合わせて長時間労働を強いられ、また市場経済の拡張とともに激しくなる景気循環の波に翻弄されるようになった。また一八世紀の生産現場では、労働者層は例外なく、生産性や経営効率の向上のために、かつてなかったほどの厳しい監督下で労働規律が求められるという現実に直面した。(5)

一八世紀のスコットランドにおいて、英国という当時の新しい国家形成に後押しされた市場経済の拡張や市場の論理の浸透に対して、旧来の自給自足的な地域経済を維持しようとする側からの活発な抵抗の最もよく知られた例は、清教徒革命から名付けられた「水平派」（Levellers）と呼ばれる急進的平等主義者たちである。彼らは、スコットランド南西部のダンフリース地方やギャロウェイ地方の小借地農や小作人の集団で、ユニオン以降のイングランドからの需要と輸出奨励金の増額で利益の上がるようになった家畜業を拡大しようとした地主層による大規模な囲い込みに反抗して、一七二四年に蜂起した。この地方は、主教制に反対して長老制維持のために国民盟約（National Covenant of 1638）や厳粛盟約（Solemn League and Covenant of 1643）を結ぶ運動で大きな役割を果たすなど、もともと反体制運動の伝統が根強い地域であった。ハイランドでも、とりわけ改良が加速した一八世紀後半には、新しい地主制度に対する抵抗が散発的ながら増えていった。(6)

他の事例としてはスコットランド北部のイースターー・ロスがあり、イアン・モワットによる研究で詳しく知ることができる。モワットによれば、この地域の地主階層によって導入された経済的・社会的変革は、「本来的には金儲けのためではなく」、当時の新しい英国で拡張するエリート層と互角に競争を続けていくためであった。イースター・ロスの地主階層側は、借地農や小作農階層と共同して、あるいは対立して行動したのではなく、彼らから独立して行動した。彼らは競争力を高めることで自身の生活水準の向上を目指し、自らが階層として地域にもたらす大きな経済的変革の有効性や適宜性に関して疑いを持たなかった。(7)

さらにはデイヴィッド・アランが指摘しているとおり、収税吏や税関に対する襲撃を含む「消費税暴動」(Excise Riot)も、市場経済化に対する抵抗運動の文脈に位置付けて見ることが可能である。スコットランドでは、密輸の罪のために実行された処刑への反発からエディンバラで一七三六年に起きた「ポーティアス暴動」(Porteous Riot)に代表される一連の大衆暴動は、散発的で個々のケースごとに特定の目的を持っていたが、一七五〇年代に至るまでローランド地方ではしばしば起き、行政側を苛立たせた。(8)密醸造、沿岸部での密輸、広範な脱税なども、当時のユニオン体制下での新しい関税・租税制度と、それに後押しされた市場経済化に対する抵抗の形態と解釈することが可能である。(9)

一八世紀スコットランドにおける経済的、社会的な大変革は、一部の階層をかつてないほど富裕にしつつ、大多数の生活水準を多かれ少なかれ向上させた一方で、これらの恩恵が及ばなかったり、財産権や土地の貸借権の喪失、自己決定権や自足生活の放棄によって相殺されることとなった人々も少なからず存在したわけである。(10)富の創出に伴って格差が拡大し、大多数に対して所得の増加や生活の向上をもたらした要因そのものから悪影響を受ける人々が生まれる状況は、本書の終章(田中)でも詳述されている通り、経済のグローバル化が進む二一世紀の課題の原型であると言える。

第二節　パンドラー訴訟をめぐる抗争と一八世紀のオークニー諸島

本節では、パンドラー訴訟と呼ばれる裁判を取り上げる。スコットランド北方のオークニー諸島で、地代を決める衡量単位をめぐって長年に渡り争われた激しい法廷闘争である[11]。しかしこの訴訟は、たんなる事実関係の争議というに留まらず、啓蒙時代のスコットランドにおける市場経済の論理と地域の利害の対立を典型的に反映した一事例でもあった点に着目しながら、以下では論じていきたい。

訴訟はオークニー諸島の上位土地所有者であった第一四代モートン伯爵（James Douglas, 1702-1768）[12]と、その所領の永代租借地権者であった在地地主層との間で争われた。オークニー諸島の伯爵領では、伯爵が現物地代として徴収する農産品の重量を量るのに「パンドラー」（Pundlar）と呼ばれる衡量機器が伝統的に使われてきた[13]。モートン伯爵の説明を借りると、パンドラーは約六フィート（約一メートル八〇センチ）の「さお」である。一方の端は直径約三インチ（約七・六センチ）で、もう一方の端に向かって次第に細くなっていく。太い方の端に留め金が一つ付いており、重さを量る対象を吊り下げる。その太い方の端から約六インチの部分に、天秤の指針と大ばさみが釘で止められている。大ばさみの上の端には鉄の輪があり、さおと交差するように別のさおがその輪を通って取り付けられ、ものの重量を計測中のパンドラーを吊り支えるようになっている。そしてこの交差するさおは二人の男性によって肩で担がれる。パンドラーには一定の距離で刻み目が付けられており、それによって量られる物の重量が示される。そして物の重量は、パンドラーから鉄の輪によって吊り下げられた一リスパンドの重量の石によって量られる。計測者がこの石をパンドラーに付けられた刻み目に沿って動かし、大ばさみの間の天秤の指針がパンドラーの均衡を示した時点で、刻み目から物の重量を読み取るのである[14]。

在地地主の一人であったジェイムズ・ステュアート卿（James Steuart, Baronet of Burray, 1694–1746）[15]は、モートン伯爵のようなスコットランド本土の大貴族がオークニー諸島の上位土地所有者として君臨していることに不満を抱き、数名の在地地主を説得して、一七三五年以降、永代租借地代の支払いを停止させた[16]。そしてエディンバラの控訴裁判所を舞台に、このパンドラーの合法性に異議を申し立てた。これに対して伯爵は、上位土地所有者としての自身の権利を擁護し、ステュアート卿に対抗したことから、スコットランド法制史上でも最も長期に及んだ激しい訴訟の一つとなったパンドラー訴訟が始まった[17]。

地代の徴収法が重要な問題であったのは、パンドラーのような伝統的な衡量機器が標準化・規格化されていなかったからである。不徳な商人や地主は、買いと売りに際して別々の衡量機器を用いていたと言われている[18]。

一八世紀スコットランドにおける大貴族と租借地権者・借地農層の争いで決定的に重要な背景として、イングランドとのユニオンにもかかわらず、地主階層の権限が必ずしも削減されなかったという事情がある。スコットランドの大部分では、地主階層が立法や司法を通じて幅広い権力を行使し、地域社会に影響力を及ぼし続けた。旧来の権力構造が残存したことで地方自治が維持されたとも言える反面、当地の貴族や地主階層がイングランドではあり得ないほど露骨に地域を牛耳ってしまう結果にもなった[19]。

オークニー諸島では上位土地所有者のモートン伯爵が、大地主としての権力を行使することで、自身の所領の改良を強力に推進した。例えばオークニー本島北部にあるバーセイの所領では、土地の再編を進め、耕作地と放牧地を「まな板」（planks）などと呼ばれたひとまとまりの区画に整理統合した。一七六〇年頃のバーセイでは、一つの「まな板」が約二三エイカー（93,000m^2）もあり、一八世紀後半のオークニー諸島の村落（shead）の標準的な大きさである約一六〇〇平方ファゾム（5,400m^2）よりはるかに大きくなった。これにより、土地が分割されていたかつての時代よりも耕作が容易になった[20]。

しかし改良を推進する地主階層側に大きな権力が残っていた状況が、オークニー諸島ではパンドラー訴訟のような争いを生み出したのである。衡量単位に関する争いを、ユニオン体制下で拡張する新しい市場経済に相応しい英国統一の基準を導入することで、解決しようとしたモートン伯爵の対処法は、何であれ変更は在地地主側の不利になるとの信条から、広い範囲で反発を呼んだため、パンドラー訴訟の原告側に味方する在地地主も多かった。[21]

ステュアート卿のバーレイ島の所領は、オークニー諸島がスコットランド領に組み入れられた一五世紀当初から、島全体で単独の所領であり、主教による領有の下、一五六六年以降はステュアート家が永代租借地権者となった。長期の租借のため、ステュアート家の下でバーレイ島は荘園型農場（Bu）となった。[22]後にモートン伯爵領に組み込まれたが、二一世紀の今日でも残存する二五〇エイカーの農場で、中世の荘園のように在地の領主に大きな権限があり、他の所領とは独立に運営された。オークニー諸島ではよく見られた形態の所領である。[23]そのため、伯爵領の土地差配人と在地地主のステュアート家の間で対立が起こりやすい構造があったと思われる。

パンドラー訴訟は衡量単位と衡量機器に関する法的な争いに留まらず、伝統的な衡量単位と衡量機器を擁護することで自身の伝統的な権利を保持しようとした在地地主層側と、彼らの上位土地所有者として、より公正で標準化された衡量単位と衡量機器を導入することで、地代収入を引き上げようとした伯爵側との経済的利害の衝突という側面もあった。「改良」を導入することでユニオン体制下の新しい「英国」で拡大する市場経済と競争激化へ積極的に適応しようとした勢力と、地方の伝統社会の維持を重視した勢力は、地域の覇権を握ろうとして争っていたのである。

パンドラー訴訟をめぐる抗争には、以上のような経済的利害に加えて、宗教的・政治的利害も大きく関わっていた。主教教会とジャコバイト派に連なる在地地主層の伝統は、彼らをしてステュアート卿に好意を向けさせた。[24]住民の多くがジャコバイト派、もしくはステュアート王朝に好意的で、主教教会が主流だったオークニー諸島では、一七一五年のジャコバイトの反乱失敗後、主教教会の牧師が住居を追われるなど、苛烈に処罰された。[25]主教教会支持者のステュアート卿も、処罰をのがれて潜伏しつつ、パンドラー訴訟を率い始めた。[26]一七三〇年代には主教教会は零落したが、在地地主層を始め住民の多くがジャコバイト派のままだった一七四五年にも、再度のジャコバイト反乱失敗後、英国政府による処罰が繰り返された。[27]しかし一八世紀後半になっても、オークニー諸島では主教派の住民が多く、ステュアート卿のバーレイ島などでも、牧師が不在のまま信仰を持ち続けた。[28]

これに対してモートン伯爵は、ユニオン以降に上院議会に入った一六人のスコットランド貴族の一人としてコート（宮廷）派のウィッグに属し、末期のロバート・ウォルポール首相（Robert Walpole, 1676–1745; 首相在任一七二一―一七四二年）の政権側に立ちつつ、第二代アーガイル公爵（John Campbell, 1678–1743）やその弟のアイレイ伯爵（Archibald Campbell, 1682–1761; 一七四三年から第三代アーガイル公爵）側とも行動を共にし、[29]長老教会派でハノーヴァ王家支持であったため、必然的に在地地主層の敵対的な態度を招いた。[30]

この意味で本土出身の大貴族モートン伯爵とオークニー諸島の在地地主間の争いも、当時のユニオン体制下での活発な政治抗争の継続と切り離せない。ステュアート朝を廃して王位に就いた新参のオレンジ家やハノーヴァ家などの体制側につくコート派ウィッグと、スコットランドではステュアート朝の支持勢力として残っていた在野の急進的なカントリー派ウィッグとの間の中央レベルでの政治対立が、地方での激しい抗争に反映された一例と見ることもできる。[31]しばしば仮定されるように、ユニオンが「スコットランド政治」に終焉をもたらしたと見なす理由はないと言える。[32]

ジャコバイト派として捕らえられたステュアート卿は、裁判で反逆罪が確定されることなく、一七四六年にロンドンのサザークの拘置所で病死したが、バーレイ島の所領は縁戚関係にあった第六代ギャロウェイ伯爵

(Alexander Stewart, 1694–1773) に相続された。ギャロウェイ伯爵は、ジャコバイトの反乱失敗を深刻に受け止めて、ステュアート卿よりも用心深く振舞うようになったものの、ステュアート卿の後を受けて、反モートン派の在地地主層の先頭に立ち、パンドラー訴訟を原告側で引き継いだ[33]。在地地主で准男爵に過ぎなかったステュアート卿とは異なり、ギャロウェイ伯爵はモートン伯爵と同列の貴族であり、オークニー諸島とも関係の薄い不在大地主であったため、反モートン派の在地地主層の指導者としては、むしろステュアート卿よりも実力者であったと見なされている[34]。

かくしてギャロウェイ伯爵に率いられるようになった反モートン派の在地地主層は、時間と費用のかかるパンドラー訴訟をさらに一〇年以上に渡って継続した。ステュアート卿に追随してモートン伯爵への永代租借地代の支払いを停止したオークニー諸島の在地地主たちにとっては、衡量単位の改変をめぐる訴訟が長引くにつれて、ステュアート卿の主義主張に、永代租借地代の減額という自らの既得権益を築き上げていく結果となった。しかし衡量単位と衡量機器をめぐるパンドラー訴訟は、結局一七五九年にモートン伯爵側の勝訴で幕を閉じた。モートン伯爵は多額の法廷費用を弁済され、オークニー諸島における権利にも変化がなかった[35]。

パンドラー訴訟をめぐる対立には、ユニオン体制下の英国において激化する経済競争と旧来の土地制度の齟齬が複雑に絡んでいた。市場経済を特徴づける激しい景気循環に対処しようとして、当時の啓蒙運動が擁護した新しい地主制度のもとで「改良」を推進し生産性や経営効率を向上させようとした本土出身の大貴族側と[36]、旧来の土地制度と耕作法の下で自足的経済社会を実現してきた在地地主側との対立である。ここにもスコットランド啓蒙時代の複雑な光と影が現れている。

第三節　パンドラー訴訟をめぐる論戦
――ジェイムズ・マッケンジーとトマス・ヘップバーン

本節ではパンドラー訴訟をめぐって、原告側の弁護士であったジェイムズ・マッケンジーと、被告のモートン伯爵支持を明確に打ち出したトマス・ヘップバーンの間で戦わされた法廷外での経済論争を取り上げ、地代の衡量単位と衡量機器をめぐるパンドラー訴訟の真の論点が、オークニー諸島の土地所有権をめぐる自由保有法とスコットランド法の対立にあった点に光を当てる。その上で、当時のオークニー諸島の改良をめぐる文脈のなかで、この論争における啓蒙の位相を考えてみたい。用いる著書は、マッケンジーによる『オークニーとシェトランド諸島で一般に拡がる苦悩と圧制』（一七五〇年、以下『苦悩と圧制』）と、ヘップバーンの小著『オークニー諸島の貧困』（一七六〇年、以下『貧困』）である。(37)

マッケンジーは曽祖父に高位聖職者を持つオークニー諸島の家系の出身だが、カークウォールからエディンバラに移り、事務弁護士となった。パンドラー訴訟では原告側の代理人に任命され、『苦悩と圧政』を書き、法廷外での議論を主導した。一七五九年にエディンバラの控訴裁判所が原告側の訴えを証拠不十分として退ける判決を出した後、ロンドンへ移り、独身のまま生涯を終えた。(38)

他方、ヘップバーンはスコットランド南東部のイースト・ロジアン地方の出身で、エディンバラ大学に学び、一七五二年にモートン伯爵の推薦でオークニー諸島のバーセイでスコットランド教会の牧師に任命され、一七七一年まで務めた。(39)唯一の単著『貧困』は、編集者への書簡の体裁を取っており、パンドラー訴訟についての編集者の問い合わせへの返信として書かれた。一七五七年の日付がついているが、執筆後しばらくは出版できなかったものの、一七五九年に訴訟が決着したことから、編集者はモートン伯爵に対する在地地主層の抗議の不当性とヘップバーンの議論の正当性を確信するにいたり、一七六〇年に出版が実現することとなった。この経緯が、「編集者による広告」に記されている。「編集者による広告」から、当時の英国ではパンドラー訴訟が広く注目を集めていたこともうかがわれる(40)。

マッケンジーは『苦悩と圧政』において、衡量単位や衡量機器の名称と同様に、オークニー諸島の法律や言語、政体も、元の宗主国のノルウェーに起源を持っており、スコットランドの制度とは異なると論じた。彼によれば、ノルウェー時代から存続するオークニーの議会（Lawting）はスコットランド領になってからも残り、一七世紀初頭の第二代オークニー伯爵パトリック・ステュアート（Patrick Stewart, 1569–1614）の時代から一六七〇年にいたるまで、独立国のようにオークニーの法律を制定し、現在でもそれらの法は有効である。オークニーの政体や法体系は、スコットランドの諸制度から独立しており、むしろノルウェーの諸制度に親近性を持つというのである(41)。

パンドラー訴訟における原告側の基本的な主張は(42)、オークニー諸島とシェトランド諸島はかつてノルウェー領であったため、衡量単位と衡量機器がノルウェーから導入されたが、その後、歴代のオークニー伯爵によって衡量単位が徐々に改変されてきたため、今ではノルウェーの衡量単位と、それに由来するはずのオークニー諸島の衡量単位とが大きく乖離し、オークニー諸島における永代租借地代の支払いが法定の水準の二倍を超えるようになったというものであった(43)。ノルウェーから法と慣習が入ったオークニー諸島では、パンドラーのような衡量機器や、衡量単位の名前もノルウェーから取られたと見なしたうえで、ノルウェーでは衡量単位に変化がないので、オークニー諸島の衡量単位は現在のノルウェーの衡量単位に合わせて修正されるべきであるとの主張である(44)。

これに対してヘップバーンは、現在のあらゆる地域の基準衡量単位を、使われている名称が同一だからといって、数百年前のものによって、あるいは別の国のものによって規定しようと企てることは、たとえその国が偶然に他方の国の植民地であったとしても、極めて異様であると批判する。例としてヘップバーンは、北米植民地と英国、スコットランドとイングランドの基準衡量単位の差異を挙げ、「植民地が宗主国から模倣するように、他の国民から言語や用語を模倣するすべての国は、彼ら自身の状況や事情に合わせて、それらの用語を適応させる自由を常に行使する」と論ずる。そして「それらの用語が特定の物資を元の場合より多く表示するか、より少なく表示するかは、それらの用語が借用されてきた元の国よりも、[その国で]その物資がより多く存在するか、より少なく存在するかに左右される」と述べる。ヘップバーンは、ノルウェーでは穀物がほとんど、あるいはまったく育たないのに対して、オークニー諸島ではそれが主要産物であり、ほんの少量の使用に際しても相当な量に上るはずであるから、穀物の衡量単位は大きくなければならないと論ずる。[45]

パンドラー訴訟において被告のモートン伯爵は、ノルウェーの単位とオークニー諸島の単位には影響関係がないと主張していた。[46]現在のノルウェーの衡量単位や昔のオークニー諸島の衡量単位はこの訴訟には無関係であり、ノルウェーやデンマークで、オークニー諸島で知られていたのと似たような衡量機器が、かなり異なる衡量単位とともに使われており、またノルウェー国王による征服後にノルウェー語がオークニー諸島で使われるようになって、ノルウェー本国で表される衡量単位とは量が対応しないオークニー諸島の衡量単位に、ノルウェー語の同じ名称が当てられるようになっただけである。[47]

つまり衡量単位の名称や、パンドラーなどの衡量機器の名称がノルウェー起源であったとしても、オークニー諸島の衡量単位がノルウェーの衡量単位と同一でなければならない理由にはならない。国ごとに、場合によっては国内の地方ごとに、同一の名称の衡量単位が異なる量を示す現象は普遍的に見られる。絶対王政のフランスでさえ、国内で衡量単位や衡量機器を統一することはできずにきた。イングランドやスコットランドでも同様で、同一の名称の衡量単位は地域ごとに大きく異なっている。たとえオークニー諸島が元はノルウェー領だったとしても、オークニー諸島は長い間、ノルウェーとは分離し無関係であるため、同一の名称であっても衡量単位や衡量機器が大きく異なっていることは不思議ではない、とモートン伯爵は論じていた。[48] ヘップバーンの議論は、パンドラー訴訟におけるモートン伯爵の議論を補足するものであった。

衡量単位を始めとする制度に関する以上のような見解の相違が、次に土地所有権をめぐる決定的な対立となって現れた。マッケンジーは、オークニー諸島とノルウェーの諸制度の親近性は、土地の売買や相続など、法体系の根幹である土地所有権に関する自由保有法（Udal law）に最も顕著に現れていると論ずる。[49] 彼によれば、オークニー諸島はスコットランド領に組み入れられた際、封建制にまで組み込まれたわけではなく、王領地と教会領以外の大部分の土地は、現在でも依然として自由保有地主（Udalmen）の所有である。完全私有（alodial）であるから、スコットランド法の下での封建的地主とは異なり、自由保有地主は神以外に上位者を持たない独立した存在であり、誰の家臣でもないため忠誠や奉仕、地代の支払い義務もなく、また封建的従属者も一切持たず、教会への十分の一税と政府への土地税（Skat）を負うだけであるというのである。したがって土地税は地代ではなく、オークニー諸島の在地地主層が土地税を支払っている限り、彼らに対するモートン伯爵への永代租借地代の強要は不正と圧政でしかないとマッケンジーは主張した。[50]

スコットランド国王ジェイムズ三世（James III, 1451–1488; 在位 1460–1488）にデンマークから嫁いだマーガレット（Margaret of Denmark, 1456–1486）の結婚持参金として、一四七二年にオークニー諸島とシェトランド諸島がノルウェー領からスコットランド領に組み入れられた際、諸島が独自の法と伝統を保持し続けることは、実際に条件の一つとして認められていた。そのため旧来の土地所有形態が残存し、自由保有法も一七世紀に至るまで存続した。しかし一六一一年にノルウェー法が廃止され、また一六一五年以降、オークニー伯爵領がスコットランド本土出身のモートン一族の手に渡ると、完全私有制は徐々に崩れ始めることとなった。[51]

市場経済の影響が強いブリテン列島の地政学的文脈のなかで、土地所有は主に経済的利益のための手段と化していき、モートン伯爵による領有の下、諸島経済の改良が推進されるとともに、短期の借地契約が導入され、土地税が地代化していった。(52) こうしてノルウェー法に基づく土地所有形態としての旧来の自由保有制が、スコットランド法の下での封建的土地所有制度に徐々に取って代わられるにつれて、オークニー諸島の在地地主層は、永代租借地代を要求する不在大地主のモートン伯爵に反感を強めていった。(53)

パンドラー訴訟で原告側は、オークニー諸島とシェトランド諸島がスコットランドの王領に組み込まれてから一〇〇年ほどの間、これら諸島から上がる収入は、財務裁判所の記録ではスコットランド通貨で年間四四〇ポンドにも達しなかったのに対して、現在では一五倍も増加していると指摘し、それを衡量単位が改変されてきたことの証明と見なしていた。(54) しかしヘップバーンに言わせれば、在地地主層はパンドラー訴訟の法廷外で、自身こそ暴政と圧政の軛の下でうめき苦しんでいる不幸な人々なのだという信念を流布させようと努力してきただけであった。彼らの祖先が昔は大きな富を所有し、並外れた権利と特典を享受していたが、それらも他の恩恵も今では圧政によってすべて剥奪されてしまったのだという信念である。(55) 原告側は、スコットランド史家のジョージ・ブキャナン (George Buchanan, 1506–1582) が彼らの祖先を「王族」や「貴族」の称号で呼んでいたことも強調した。(56)

しかしヘップバーンは、このようなカントリー派ウィッグの議論を否定する。当時のオークニー諸島の大多数の在地地主層の祖先は平凡な身分の人々であり、国王の所領の永代租借地権者であって、自由保有地主ではなかった。彼らは地味で質素な、分別のある田舎の人々で、倹約で勤勉な労働者であり、奢侈とは無縁であったとヘップバーンは述べる。反対にパンドラー訴訟に関わった多くの在地地主層は、彼らの祖先の素朴で質素な生活を奢侈や浪費と引き換えに放棄してしまい、耕作など、勤勉を要するあらゆる種類の仕事に耐えられない。怠惰で虚栄心が強く遊蕩的であり、衡量単位の改変と圧政に対する抗議の叫びがいったん上げられれば、これまで支払ってこなければならなかった上位土地所有者への永代租借地代の大部分を免れる手っ取り早い方法と考え、それに飛びついたのだとヘップバーンは批判している[57]。

またブキャナンが使った「王族」や「貴族」というラテン語の言い回しは、平民や庶民と対比してたんに地主を意味するだけであり、当時のスコットランドの貴族制は、ブキャナンの歴史書のなかのこの言い回しを正当化するとヘップバーンは論じる。さらにヘップバーンは、ブキャナンがオークニー諸島についてはうわさで聞いたこと以外何も知らなかったと認めていた点を指摘している[58]。

結局マッケンジーは、オークニー諸島の貧困の原因は衡量単位の改変であると結論付けた。それが原因で生産物が過重な永代租借地代として不在大地主に支払われることで諸島から出ていき、在地地主層を没落させ、人口が流出して減り、交易を衰退させたと主張した[59]。

これに対してヘップバーンは、オークニー諸島の貧困をパンドラー訴訟の原告側の在地地主層の行動に帰した。例えば、貧困の原因の一つである「農業における改良の欠如」がオークニー諸島で見られる理由は、大部分の在地地主にイングランドの地主階層に見られる慈愛が完全に欠けているからであるとヘップバーンは述べる。在地地主層は貨幣地代の代わりに現物地代、短期の借地契約、新規借地契約料や借地契約更新料、不明瞭なまま際限なく強要される奉公、その他の数々の辛苦を押しつけ、小作農が持つ「改良」への熱意を押しつぶし、向上心を妨げ、借地農を貧困と従属状態に貶める。オークニー諸島では在地地主が借地農に改良の手本を示すことはまったくなく、在地地主と借地農の協力が完全に欠如しているため、住民の生計は大変貧しい、とヘップバーンは批判している[60]。

紡績業を営む在地地主は支配下の紡績工に、エディンバラに比べると二五パーセントも安い賃金を、しかも現金ではなく密輸された酒類とオランダ製のたばこで支払っていたが[61]、ヘップバーンは、勤労や人々の健康と風紀に対して密輸品での支払い以上に破壊的なものはない、と在地地主層を批判する。また紡績業を営む在地地主層による借地農や小作人の酷使など、経営者としての地位の乱用も槍玉に挙げる。(62)ヘップバーンは、密輸が過去三〇年に渡ってオークニー諸島では急速に広がってきたと述べ、密輸が盛んになっている原因をも、在地地主層の指導力の欠如に求める。そしてオークニー諸島では住民が対立して他のどんな立案に際しても協力ができない一方、密輸のように健康と富に対して破滅的で、人々全体の風紀に対して破壊的なものだけは、社会全体の同意と一致団結をもって続けられていると皮肉っている。(63)

パンドラー訴訟を原告側で率いたステュアート卿は、実際に自身の所領の借地農や小作農に対する数々の野蛮な圧政で悪名高い人物であった。アリスン・クロマティという住人は、所領から逃亡した姉妹の居所を告げるよう要求されて拒否したことからステュアート卿の機嫌を損ね、一七三五年二月にフロッタ島に連れ去られて監禁されるという虐待を受けた。姉妹の居所が分かればステュアート卿に告げるとの約束で解放された際には、ステュアート卿にこん棒で突かれ、また姉妹の居所が分からずステュアート卿に告げずにいたため、絹織物や他の所持品などを押収されたと言われる。(64)

またジェイムズ・モワットという借地農は、借地契約の満了とともにフロッタ島から移転し、南ファラ島で土地を借りることになっていたが、ステュアート卿の妨害を避けて二頭の子牛をあらかじめ南ファラ島に送ったことから、未払いの地代を取り立てられた。一七三九年七月一九日にステュアート卿は、武装した配下の集団を率いて二隻の船で南ファラ島へ赴き、子牛を預かっていたモワットの親類のハリー・モワットから二頭の子牛と余分にもう一頭を没収した。さらにステュアート卿はハリー・モワットをこん棒で二度打ち、モワットは倒れて頭部を割り、さらに使用人や没収された子牛とともにフロッタ島に連れ去られて監禁された。そして子牛の代金としてスコットランド通貨で四〇ポンドの手形に署名を強制された。七月二一日の早朝にモワットが監禁場所から逃げ出したため、(65)ステュアート卿はさらに怒りを募らせ、別の場所に監禁していたモワットの使用人を連れて七月二三日に武装した配下の集団とともに南ファラ島へ再度赴いた。そしてモワットの使用人に南ファラ島で二頭の子牛を引き受ける代金としてスコットランド通貨で一〇ポンドを要求し、モワットの住居を急襲して一〇ポンドだけでなく他の所持品も押収したうえ、再びモワットの使用人を連れてフロッタ島へ戻ったとされている。(66)

ステュアート卿による他の圧政の事例としては、所領内の住人の連れ去り、監禁、暴行、奉公の強要、伝統的に認められてきた泥炭の採取権に対する課徴金の導入、共同の放牧地の不法な囲い込み、借地農や小作農の住居への不法侵入、家畜や所持品・金銭の不法な押収、恣意的な科料、海岸に打ち上げられた難破貨物の占有などが指摘されている。(67)

他方、ステュアート卿の死後、その所領を継承し、パンドラー訴訟で原告側を率いたギャロウェイ伯爵は、モートン伯爵領に劣らず優良な地所をオークニー諸島に持っており、しかも階級でも爵位でも同列であったにもかかわらず、その伯爵領の借地農層は、オークニー諸島で最も卑しい家臣の借地農層よりも悲惨な境遇に置かれているとヘップバーンは主張する。(68)この論点はパンドラー訴訟においても浮上した争点の一つであった。(69)

オークニー諸島における農業、水産業、製造業の復興は、在地地主層が彼ら自身の利害を見極めてそれらを援助するよう尽力しない限り、ほとんど不可能であるとヘップバーンは述べている。(70)そしてモートン伯爵こそオークニー諸島で最良の地主であり、モートン伯爵がこの諸島全体の領主であることは、オークニー諸島に生じうる最大の恵みであり、これはオークニー諸島の住民の一般的な見方であるとも主張した上で、(71)在地地主層の圧政により、オークニー諸島の社会が分断され、モートン伯爵によって着手された亜麻糸の紡績業など、いくつかの貴重な「改良」が未完成のまま放置され、貧困からの脱却が困難になっていると、ヘップバーンは在地地主層批判を締め括るのである。(72)『貧困』全編を通じて、オークニー諸島の貧困は野蛮な在地地主層による暴政と圧政が原因とのヘップバーンの論旨は明快である。(73)

おわりに――パンドラー訴訟とスコットランドにおける「啓蒙」

アダム・スミスは『道徳感情論』(*The Theory of Moral Sentiments*, 6th and final edition, 1790)の中で、野蛮と啓蒙を対比して次のように述べている。

演題が何であれ、老カトーが元老院でおこなったすべての演説を締め括ったと言われている文章、「カルタゴが滅ぼされるべきであるというのは私の意見でもあります」とは、たくましいけれども粗野な精神が持つ野蛮な愛国心(savage patriotism)の自然な表現であり、彼の祖国がそれだけ苦しんできた原因となった外国に対するほとんど狂気にまで激怒した精神を示していた。スキピオ・ナシカが彼のすべての演説を締め括ったと言われている、より慈悲深い文章、「カルタゴが滅ぼされるべきでないというのは私の意見でもあります」とは、より広い啓蒙された精神(more enlarged and enlightened mind)が持つ度量の大きい表現であり、古くからの敵であっても、もはやローマにとって恐れるべきでない国家に落ちぶれた際には、その繁栄に対して何の嫌悪も感じない精神を示していた。フランスとイングランドはそれぞれにお互いの陸海の軍事力の増強を恐れるのにそれなりの理由があるのかも知れないが、しかしいずれの国にとっても、他国の国内の幸福と繁栄、その土地の耕作、その製造業の発達、その通商の増大、その港湾の安全と数の優勢、あらゆる分野の教養と科学におけるその進歩を嫉むことは、間違いなく二つの偉大な国家の威厳に似つかわしくないことである。これらはすべて、私たちが住む世界の真の改良(real improvements)である。人類は利益を受け、人間的自然はそれらによって気高くなるのである。そのような改良においては、各国が他に抜きん出るように努力すべきであるだけでなく、人類愛から、近隣国の卓越をも妨害するのではなく鼓舞すべきなのである。これらはすべて、国家間競争の適切な目標なのであって、

国家間の偏見や羨望の対象ではないのである。(74)

スミスは野蛮な精神を愛国心、他国への嫉妬と偏見に結びつける一方、啓蒙の精神を改良への愛、人類愛、競争と卓越に結びつけた。(75)ヘップバーンの議論が、ヒュームやスミスなどの議論とともに、啓蒙の精神を共有していたと見ることは可能である。ヘップバーンの『貧困』は、パンドラー訴訟を背景とした在地地主層の野蛮な暴政と、モートン伯爵に対する彼らの嫉妬と偏見に対する批判のスタンスが明確であった分だけ、イングランドとのユニオン体制下で拡大する市場経済を活かして、競争を通じた改良の推進を後押ししようとしたスコットランド啓蒙思想の特徴を極端なまでに打ち出すこととなったと言える。(76)

『貧困』もその一環を成すスコットランド啓蒙の思想は、フランスにおける啓蒙思潮と同様に、イングランドの名誉革命(一六八八―一六八九年)がもたらした政体が可能にした自由と商業の繁栄に対する是認に基づいていた。スコットランド啓蒙は、個人の自由・財産権、商業の拡大、富の増進、華やかな文化など、オーガスタン時代のイングランドをモデルとしてスコットランドを「改良」する運動であった。その主な担い手はスコットランドの特定のエリート層で、彼らは富裕な中産階層として現地社会から意図的に距離を置き、ユニオン体制下の「英国」という新しいアイデンティティの形成こそ、市場経済の拡張と自由な政体を通じて当代の様々な問題を解決し得る万能薬と考えた。(77)

経済思想を革新したヒュームやスミスはもちろん、ユニオン以降の市場経済化の時代に相応しい所領経営をオークニー諸島に導入しようと試みた大貴族のモートン伯爵も、スコットランド啓蒙を担ったエリート層に属し、その一員であったヘップバーンもスコットランド教会の穏健派の牧師として、パンドラー訴訟ではモートン伯爵支持の立場に立った。(78)そしてオークニー諸島の貧困問題の解決策として、ユニオン体制がもたらした市場経済化にできる限り適応することが有効だと考え、その方向で改良を主張した。この点で『貧困』は、市場経済の浸透を、保護規制のシステムおよび有機体的しがらみからの解放につながると見て肯定的に捉えたスコットランド啓蒙の「ポリティカル・エコノミー」の特性の一つを典型的に示した。アンシァン・レジームの下にあったフランスの啓蒙思想家たちが、英国の立憲君主制を準拠枠として、眼前の宗教や諸制度の非合理を批判したように、ヘップバーンもユニオン体制下で見られた「改良」をモデルとして、啓蒙の立場からオークニー諸島の現状を、特に在地地主層による野蛮な暴政と圧政を批判したと言える。

対して原告側の在地地主層と、代理人のマッケンジーは、オークニー諸島において一七世紀まで存続していた自由保有法の有効性を主張し、一見するとイングランドをモデルとする啓蒙の立場に抵抗したように見える。しかし実態はそれほど単純ではない。モートン伯爵はパンドラー訴訟で原告側の訴えを否定しつつ、証拠不十分を訴えることで、どうにか勝訴に持っていったが、それでも訴訟が四半世紀以上も長引いた最大の原因は、在地地主側の議論に相当な理があったためと考えられる。[79] 一八世紀に入ってユニオン体制下での市場経済の拡張と激化する商業競争を背景として、オークニー諸島における衡量単位の改変と地代の増額が事実として実際に起こっていたことはほぼ間違いない。パンドラーのような衡量機器が、きわめて胡散《うさん》な道具であったことは、一八世紀当時でもしばしば指摘されていた。パンドラーは、イノシシの牙と浜辺で拾ってきた様々な種類の石を雑多に集めたものから成り、過去の不明な時期以来、それらに多くの鉛の塊がぞんざいに取り付けられていたとされる。[80]

他方、一七二五年からモートン伯爵領の土地差配人を務めていたジョン・ヘイ（John Hay）は、地代の徴収法に関して、一七三〇年頃、現物地代としてのバターをバレル単位（英国では九、一八、または三六ガロン）で量る代わりに、新しい樽で量る習慣を、伯爵領の貯蔵庫に導入した。また彼は、永代租借地代としての大麦（bere）を量るために、オークニー諸島の各島に配属されていた「国王代理の検量官」（king's weigher）を従来のように費用を払って任命するのではなく、彼自身の従者によって量るように変えた(81)。

パンドラー訴訟の終結後、被告であった第一四代モートン伯爵に、衡量単位と衡量機器を改革するだけの充分な時間があれば、訴訟で持ち出した啓蒙的な「改良」の概念が見せかけだけで終わることなく、オークニー諸島の所領の改良を成し遂げることも可能であったかもしれないが、しかし伯爵は死の直前の一七六六年に諸島の所領を大商人であるローレンス・ダンダス卿(Sir Lawrence Dundas, 1712–1781)に売り払ってしまい(82)、パトロンを失ったヘップバーンも、改良を支持する論考において誠実であり、牧師としても先駆者であったものの、一七七一年にはオークニー諸島を離任して生まれ故郷のイースト・ロジアン地方へ戻ることとなった(83)。

パンドラーは一七九〇年代に至っても依然として使われていたが、実業界の大立者ローレンス・ダンダス卿と、その所領を相続した息子のトマス・ダンダス卿(Sir Thomas Dundas, 1741–1820)が、在地地主層を誤魔化すチャンスと見て衡量単位と衡量機器の改革を棚上げしてしまった可能性は十分にある(84)。土地に関する自由保有制と封建的所有制の対立点に関しても、一九世紀初頭に至っても依然として疑義が残されていたことは、サミュエル・ヒバートがシェトランド諸島とオークニー諸島における自由保有制と、一四七〇年から一六六九年にかけて起こったその封建化について、パンドラー訴訟の原告側の観点に基づいて再論していることからもうかがわれる(85)。

また在地地主側は改良に必ずしも反対したわけではなく、実際にステュアート卿の場合、所領の借地農や地所の住民に対する暴虐な振る舞いや圧政が批判された一方、バーレイ島やフロッタ島、南ロナルドセイ島の所領の「改良家」(improver)としての顔も知られており、その実像は複雑である。

ステュアート卿は「カラ公園」(the Park of Cara)と呼ばれる印象的な牧草地を作ったことで有名であった。石塀で囲い込まれた大きな正方形の放牧地で、羊ではなく畜牛を放牧していたと見られている。南ロナルドセイ島の借地農から購入された畜牛を輸出するに際して、出荷前に放牧する場所として使われたと考えられている。この公園はステュアート卿の所領において、当時のスコットランドのどの地方と較べても見劣りしないほどの優れた改良がなされていた証拠を示している。

ステュアート卿の死後に明らかになった彼の家財目録には、所領のあちこちの建物に所蔵されていた驚くべき数々の改良農具が含まれていた。当時のスコットランドでは他にほとんど見つからないようなイングランド製の鋤が少なくとも七つ発見された。またオークニー諸島ではほとんどの地所で車輪付きの運搬機がなかった時代に、ステュアート卿の所領では様々な二輪の手押し車や四輪の台車が使われていた。さらに最も驚くべきものとしては、オークニー諸島では一九世紀半ばにようやく農業革命が起きてからカブが農作物として広く植えられるようになったが、ステュアート卿の所領ではカブの条播《すじま》き機が、その百年も前から使われていたのである。

「カラ公園」そのものは、オークニー諸島が輸出市場から遠すぎて家畜業が繁栄せず、また獄死したステュアート卿が収監されていた間に、農業に関して知識のなかった土地差配人によって管理されたことから失敗に終わったが、[86]ステュアート卿をはじめとする在地地主層は改良へのたんなる抵抗者だったのではなく、彼らなりのやり方で改良を試みようとして、ユニオン体制とその下での市場経済化への対応の相違から、本土出身の大貴族と衝突した側面もあったと考えられる。

啓蒙の立場から「改良」を推奨した論者は、拡張する市場経済に合わない旧来型の農法を、改良を停滞させる不条理なシステムと見なして批判したが、これらの「改良」のイデオロギー論者はヘップバーンのように、現状を批判して自らを啓蒙の側から提示することに自己の利益を見出していた場合も多く、その議論は実態以上に誇張される場合もあった。[87]反対に実践的な改良家は、ユニオン体制には反発しつつも、地域の自律性を維持するために、彼らなりに市場経済の論理の浸透への対処法を探りつつ、自ら農業の現場で改良に取り組み、啓蒙のイデオロギーとしての「改良」を軽蔑していた場合も多かったのである。[88]

マードックが『英国史一六六〇―一八三二年』で提示したような、ユニオン体制下の市場経済の拡張と地域の伝統の相克、政治行政組織とコミュニティやローカルな独自性の不整合、国家と地域の相反といった図式は、経済的・政治的なレベルでは確かに有効であるが、パンドラー訴訟のようなローカルな事例一つを取ってみても、支配階層が持ち込んだ「改良」と、それに対する抵抗など、思想的・実践的なレベルで引き起こされた対立の場合、この図式にすっきりと収まるわけではないことが分かる。[89] 一八世紀スコットランドにおける啓蒙の位相は、より重層的で複雑であるが、序説（田中）の問題提起から言葉を借りれば、啓蒙「が人間愛と結びつくとき、野蛮の克服に寄与しうるが、逆に人間愛を忘れるとき、非人間的な野蛮を自らが生み出してしまう」と捉えることは可能であろう。

注

（1） Smout, T. C., 'Where Had the Scottish Economy Got to by the Third Quarter of the Eighteenth Century? ', in *Wealth and Virtue: The Shaping of Political Economy in the Scottish Enlightenment*, eds., Hont, I. and Ignatieff, M. (Cambridge: Cambridge University Press, 1983), pp. 45–72.

（2） Murdoch, A., *British History, 1660–1832: National Identity and Local Culture* (London: Macmillan, 1998), p. 6; Eastwood, D., *Government and Community in the English Provinces, 1700–1870* (London: Palgrave Macmillan, 1997), Chapters 1 and 4.

（3） Murdoch, 1998, p. 8.

（4） Allan, D., *Scotland in the Eighteenth Century: Union and Enlightenment* (London: Longman, 2002), p. 115; Murdoch, 1998, p. 9.

（5） Allan, 2002, p. 116; Devine, T. M., 'The Modern Economy: Scotland and the Act of Union', in *The Transformation of Scotland: The Economy since 1700*, eds., Devine, T. M., Lee, C. H., and Peden, G. C. (Edinburgh: Edinburgh University Press, 2005), p. 50.

（6） Allan, 2002, p. 116; Devine, 2005, pp. 24–25.

（7） Mowat, I. R. M., *Easter Ross, 1750–1850: The Double Frontier* (Edinburgh: John Donald, 1981), pp. 153–155; Murdoch, 1998, pp. 8–9. イースター・ロスと類似の事例を、ハイランド全域を対象として取り上げた重要な研究として、Nenadic, S., *Lairds and Luxury: The Highland Gentry in Eighteenth-Century Scotland* (East Linton: John Donald, 2007) がある。

（8） Allan, 2002, p. 116; 近藤和彦編『長い一八世紀のイギリス——その政治社会』山川出版社、二〇〇二年、三四—五二頁。

（9） Allan, 2002, p. 116; Devine, 2005, p. 25.

（10） Allan, 2002, p. 118.

（11） パンドラー訴訟および歴代のモートン伯爵とオークニー諸島の在地地主層との関係に関する研究としては、Fereday, R. P., *Orkney Feuds and the '45* (Kirkwall: Kirkwall Grammar School, 1980) が最も包括的である。現地のオークニー諸島の文書館などに残る原史料を用い、一八世紀英国と欧州大陸の政治的背景にも配慮した優れた研究であるだけでなく、訴訟をめぐるオークニー諸島のローカルな法体系や土地所有制度の問題など、取り上げられているテーマそのものも極めて興味深い内容であり、あらゆる意味で第一級の歴史書であると言える。本章では同書を踏まえた上で、パンドラー訴訟の当事者であったモートン伯爵と、その所領の永代租借地権者として対立した在地地主側の代弁者であったギャロウェイ伯爵自身の手になる著書の分析を加えつつ、パンドラー訴訟を考察したい。訴訟関連の文書のうち、主なものは以下の諸冊子にまとめられている。*Earl of Galloway and Udallers of Orkney v Earl of Morton*, Printed legal papers, 1745–1752, 333Y (Kirkwall: Orkney Library); *Pundlar Process: Earl of Galloway and Udallers of Orkney v Earl of Morton*, Printed legal papers, 1757–1759, 333Y (Kirkwall: Orkney Library); *Tracts on the Orkney and Shetland Islands*, Hardback bound edition of pamphlets, bound privately at London, with handwritten title pages with notes, 1813–1814, Papers of the Viscounts and Barons of Elibank, T002.010 (Edinburgh: National Archives of Scotland).

（12） モートン伯爵は、アバディーンのマーシャル・コレッジ、ケンブリッジのキングズ・コレッジで学び、一七三〇年から一七三八年まで、第一三代モートン伯爵（George Douglas, 1662–1738）の長男・爵位継承者としてアバドゥア卿（Lord Aberdour）を名乗っていた。一七三八年に爵位と所領を継承し、翌年にはロンドンの上院議会に議席を持つ当時の一六人のスコットランド貴族のうちの一人となり、コート派ウィッグとして権勢を振るった。しかしオークニー諸島に関して巻き込まれるようになった反目や訴訟がこたえ、晩年の一七六六年にオークニー諸島のすべての資産をローレンス・ダンダス卿に売り払った。天文学に造詣が深く、「卓越した手腕と優れた学識を持った貴族」とされ、王立協会（The Royal Society of London）で一七六四年以降、会長を務めた。Allan, 2002, p. 135; Fereday, 1980, p. 36;

Hepburn, T., *A Letter to a Gentleman from his Friend in Orkney, containing the True Causes of the Poverty of that Country* (Edinburgh: William Brown, 1885; first edition, 1760), pp. 4–5; トマス・ヘップバーン『オークニー諸島の貧困』(一)、古家弘幸・訳『経済学論究』(関西学院大学) 第六〇巻第一号 (二〇〇六年)(以下、邦訳 (一))、七九―八〇頁を参照。

(13) Fereday, 1980, pp. 36–38; Thomson, W. P. L., *History of Orkney* (Edinburgh: Mercat Press, 1987), p. 231.

(14) Morton, Fourteenth Earl of (James Douglas), *Memorial for James Earl of Morton, Defender, against Alexander Earl of Galloway . . .* (Edinburgh, 1758), p. 5 (以下、Morton, 1758a と表記). Mackenzie, J., *The General Grievances and Oppression of the Isles of Orkney and Shetland* (Edinburgh: Laing and Forbes, 1836; first edition, 1750), pp. 19–20 も参照。上記の *Pundlar Process: Earl of Galloway and Udallers of Orkney v Earl of Morton* (Kirkwall: Orkney Library) の冒頭にパンドラーの図が収録されている。

(15) ステュアート卿は、一七〇七年に准男爵の位とバーレイ島などの所領を継承した (Fereday, 1980, p. 36)。

(16) *Ibid.*, p. 47; Galloway, Sixth Earl of (Alexander Stewart), *State of the Process, Alexander Earl of Galloway, . . . against the Earl of Morton* (Edinburgh, 1757), p. 188; Morton, 1758a, p. 1. 結局モートン伯爵はエディンバラの控訴裁判所 (Court of Session) において、ステュアート卿と数名の在地地主による永代租借地代の支払い停止は違法との判決を一七四四年から一七四五年にかけて得た (Morton, 1758a, pp. 1–2; Fereday, 1980, pp. 46, 52)。

(17) *Ibid.*, pp. 36–38; Thomson, 1987, p. 231.

(18) Fereday, 1980, p. 37; Thomson, 1987, p. 232.

(19) Allan, 2002, p. 18.

(20) Thomson, 1987, p. 200; Thomson, W. P. L., 'The Landscape of Medieval Birsay', in *Northern Isles Connections: Essays from Orkney and Shetland presented to Per Sveaas Andersen*, ed., Crawford, B. E. (Kirkwall: The Orkney Press, 1995), p. 58; Wenham, S., *A More Enterprising Spirit: The Parish and People of Holm in 18th Century Orkney* (Kirkwall: Bellavista Publications, 2001), pp. 59–60.

(21) Fereday, 1980, p. 47. モートン伯爵自身、パンドラーのような衡量機器がきわめて粗雑で誤りやすい道具であることを認めていた。計測者は手を少しずつしか動かさないことで、計測値にかなりのばらつきを生むことがある。同じ物を同じ衡量機器で何度も量ったとしても、量る度に異なる重量が計測される可能性も大きいと、モートン伯爵自身が述べている (Mackenzie, 1836, pp. 72–79; Morton, 1758a, p. 5)。したがってモートン伯爵は、上位土地所有者の伯爵自身にも、永代租借地権者の在地地主層にも、どちらにとっても計測者の量り方次第で有利になったり不利になったりする可能性のあるパンドラーのような衡量機器を廃止し、英国内で統一の衡量単位と衡量機器を導入することを、一七四三年の時点からすでに主張していた。Morton, 1758a, pp. 5–6; Morton, Fourteenth Earl of (James Douglas), *Additional Memorial for James Earl of Morton, against Alexander Earl of Galloway*, . . . (Edinburgh, 1758), pp. 26–27（以下、Morton, 1758bと表記）.

（22）Clouston, J. S., *The Orkney Parishes* (Kirkwall: W. R. Macintosh, 1927), pp. 202–203; Shearer, J. W., 'South Ronaldsay and Burray: The Evolution of an Island Economy' (M. A. Honours Geography Thesis, University of Glasgow, 1966), p. 27.

（23）*Ibid*., p. 23.

（24）Fereday, 1980, p. 47. ステュアート卿に従った在地地主については、*ibid*., pp. 47–49, 51–52, 54, 101–102; Galloway, 1757, p. 1を参照。

（25）Craven, J. B., *History of the Episcopal Church in Orkney 1688–1882* (Kirkwall: William Peace and Son, 1883), pp. 85–86.

（26）*Ibid*., p. 101.

（27）*Ibid*., pp. 95, 106.

（28）*Ibid*., pp. 101–102, 108. 主教教会とジャコバイト派の関係については、Lenman, B., 'The Scottish Episcopalian Clergy and the Ideology of Jacobitism', in *Ideology and Conspiracy: Aspects of Jacobitism, 1689–1759*, ed., Cruickshanks, E. (Edinburgh: John Donald, 1982), pp. 36–48; Sher, R. B., *Church and University in the Scottish Enlightenment: The Moderate Literati of Edinburgh* (Edinburgh: Edinburgh University Press, 1985), p. 282; Whiteford, D. H., 'Reactions to Jacobitism in Scottish Ecclesiastical Thought, 1690–1760' (PhD Thesis, University of Edinburgh, 1965)を参照。

（29）モートン伯爵のように、一七〇七年のユニオン以降に上院に入ったスコットランドの貴族は、イングランドの貴族のような世襲議員ではなく、一定期間のみ任命される議員であったため、時の政権の強い影響下にあった（Hill, B., *The Early Parties and Politics in Britain, 1688–1832* (London: Macmillan, 1996), p. 4）。それに加えて、先代の第一一代モートン伯爵（James Douglas, d. 1715）に国王からオークニー諸島とシェトランド諸島が下賜された際の一七〇七年の取り決めでは、国王側は英貨三万ポンドと引き換えに任意の時期に伯爵領を返還させることができることになっていたため、伯爵はウォルポール政権側に立ちつつ、アーガイル公爵やアイレイ伯爵に従うことで、政権と良好な関係を築き、オークニー諸島の所領の領有権を安定させようとしたのである（Fereday, 1980, pp. 4, 23, 39）。それが功を奏して伯爵は、一七四二年には「オークニー伯爵領とシェトランド諸島の領有権を、彼および彼の法定相続人に永久に確定する」国会制定法（Act of Parliament: 国王、（上院）、下院の三（二）者の合意で成立する最高形式の法律）を得た。これにより、一七〇七年以来続いてきた国王との取り決めが解除され、伯爵領を返還させられる恐れが無くなった（*ibid.*, p. 46; Hepburn, 1885, p. 5; 邦訳（一）、八〇頁 ; Morton, 1758a, p. 9）。この国会制定法の議会通過に際しては、当時の議会で一定の票数を支配していた伯爵は、政治力を遺憾なく発揮して末期のウォルポール政権の弱体化につけこみ、国王側を犠牲にしつつ政権側と野党側をまとめ、法案を可決させたとされる。その結果、モートン伯爵によるオークニー諸島の支配権は、同年のウォルポール政権の終焉を経ても揺るぎないものとなった（Fereday, 1980, p. 47）。一七四七年には、オークニー諸島とシェトランド諸島の行政長官職と裁判官職を明け渡したことに対する補償金として、財産相続法に基づいて政府から英貨七一四七ポンドを受け取ったとされる（Eunson, G., *The Ancient and Present State of Orkney, particularly the Capital Borough of Kirkwall* (Newcastle-upon-Tyne, 1788), p. 98; Fereday, 1980, p. 140）。

（30） *Ibid.*, pp. 4, 23, 47. ステュアート卿側の在地地主に対抗して、モートン伯爵側に従った在地地主については、*ibid.*, pp. 40, 52, 54を参照。

（31） Allan, 2002, p. 20.

（32） *Ibid.*, p. 25.

（33） Fereday, 1980, p. 125; Morton, 1758a, p. 2.

（34） Fereday, 1980, p. 125.

（35） *Ibid.*, p. 143; Morton, 1758a, p. 2; Thomson, 1987, pp. 231–232; Wenham, 2001, pp. 31–32.

（36） 農業以外でモートン伯爵がオークニー諸島にもたらした改良の一例として、リンネル産業がある。モートン伯爵は、ジャコバイトの反乱失敗後に英国政府が新たな反乱防止のため、ハイランドに雇用をもたらすことで貧困を和らげる目的で一七四六年に設立した英国リンネル会社（British Linen Company）を説得して、オークニー諸島にリンネル産業を導入した。安い賃金が有利に働いて、オークニー諸島のリンネル産業は成長し、ニューカッスルを始めイングランド東岸への輸出で農業以上に稼げるようになった。在地地主層や商人層と並んで、雇用を得た女性に大きな利益をもたらした（Wickham-Jones, C., *Orkney: A Historical Guide* (Edinburgh: Birlinn, 1998), pp. 176–177; Thomson, 1987, pp. 214–215; Wenham, 2001, pp. 164, 271–272）。

（37） Mackenzie, 1836; Hepburn, 1885; 邦訳（一）：トマス・ヘップバーン『オークニー諸島の貧困』（二）、古家弘幸・訳『経済学論究』（関西学院大学）第六〇巻第二号（二〇〇七年）（以下、邦訳（二））。

（38） Mackenzie, 1836, p. ix.

（39） *Matriculation Roll of the University of Edinburgh: Arts, Law, Divinity*, Vol. I: 1623–1774, transcribed by Morgan, A. (Edinburgh: Edinburgh University Library, 1933–1934), p. 213;

Hepburn, 1885, p. 1; 邦訳（一）、七八頁。

（40）Hepburn, 1885, pp. 1–3; 邦訳（一）、七八—七九頁；Hepburn, 1885, 'Advertisement by the Editor', pp. 9–12; 邦訳（一）、八〇—八二頁。アダム・スミスもパンドラー訴訟に関心を持っていたと見られる（Smith, A., *Correspondence of Adam Smith*, eds., Mossner, E. C. and Ross, I. S., as vol. VI of *The Glasgow Edition of the Works and Correspondence of Adam Smith* (Oxford: Clarendon Press of Oxford University Press, 1977), Letter 117, pp. 143–144; Letter 119, p. 153 を参照）。ヘップバーンの『貧困』については、以下の論考で詳しく論じている。古家弘幸「最果ての啓蒙—トマス・ヘップバーンの経済思想と一八世紀オークニー諸島」（一）『経済学論究』（関西学院大学）第六四巻第三号（二〇一〇年一二月）、一七九—二〇三頁；（二）『経済学論究』（関西学院大学）第六四巻第四号（二〇一一年三月）、一三九—一五八頁。

（41）Mackenzie, 1836, pp. 2–7, 13.

（42）「パンドラー訴訟」の主要争点については、モートン伯爵がエディンバラの控訴裁判所に提出した『請願書』（一七五八年六月一二日付；Morton, 1758a）、『追加的請願書』（一七五八年一一月一三日付；Morton, 1758b）および『論拠』（一七五九年一月六日付；Morton, Fourteenth Earl of (James Douglas), *Case of James Earl of Morton, against Alexander Earl of Galloway* (Edinburgh, 1759)）と、ジェイムズ・ステュアート卿の死後、パンドラー訴訟を原告側で引き継いだギャロウェイ伯爵による『訴訟の陳述書』（一七五七年一一月一二日付；Galloway, 1757）、『モートン伯爵の追加的請願書への回答』（一七五八年一二月四日付；Galloway, Sixth Earl of (Alexander Stewart), *Answers for Alexander, Earl of Galloway, . . . to the Additional Memorial for James, Earl of Morton* (Edinburgh, 1758)）などを参考にした。

（43）Morton, 1758a, pp. 2–3; Morton, 1759, p. 1. 原告側は教会の聖職禄の勘定書から取られた抜粋を参照しながら、一五六〇年代には衡量単位の一リスパンドは一二ポンドであったと論じる（Mackenzie, 1836, pp. 30–31, 34; Morton, 1758a, pp. 3, 32）。ところがこの原初のリスパンドが、まず初代オークニー伯爵ロバート・ステュアート（Robert Stewart, 1533–1593）によって一五八四年頃に一二ポンドから一五ポンドに引き上げられ、さらにその息子の第二代オークニー伯爵によって一七世紀初頭に一五ポンドから一八ポンドに引き上げられたと原告側は主張する。そして一七〇七年頃以来、先代の第一三代モートン伯爵によってリスパンドはさらに際限なく切り上げられ、現在では二八ポンドから三〇ポンドという法外な値になったとも主張する（Mackenzie, 1836, pp. 31, 37–40, 43–44, 47–48, 58–59, 67–70, 79–80; Morton, 1758a, pp. 3, 32; Morton, 1759, p. 1–2）。そこで原告側は、ノルウェーの単位を基準に、オークニー諸島の衡量単位を全て現在の五分の二に（一リスパンドを三〇ポンドから一二ポンドに）切り下げることを要求する（Morton, 1758a, p. 32; Morton, 1759, p. 1）。言い換えれば、在地地主や借地農がモートン伯爵に支払う地代を、現在の五分の二に減額することを目的として、訴訟を起こしたわけである（*ibid*., p. 1）。

（44） Mackenzie, 1836, pp. 1–13, 26–27; Morton, 1758b, p. 36; Morton, 1759, p. 14.

（45） Hepburn, 1885, pp. 34–37; 邦訳（二）、八六―八九頁。

（46） Morton, 1758a, pp. 6–7.

（47） Morton, 1758b, pp. 36–37.

（48） Morton, 1758a, p. 30. 当時の下院議会では、「この王国における衡量単位と衡量機器の真の基準を確定するための法案」（Bill for Ascertaining the True Standards of Weights and Measures in this Kingdom）の審議が継続中であり、一七五八年二月には票決がおこなわれた（*The Caledonian Mercury*, 2 February, 1758）。審議で結論付けられたのは次の三点である。まず当時の穀物価格の高騰に対処するためには、すべての穀物が英国中で統一された衡量単位に基づいて売買されるべきであること。次にある種の穀物が三週間に渡ってロンドン市場で、後に取り決められるある価格以上で継続して売られる場合には、外国穀物の自由な輸入のため、港は一定期間、開放されるべきであること。最後に英国の多くの場所で暴徒によって振るわれている暴力は、穀物の適切かつ正常な流通を妨げることによって、当時の穀物価格の高騰の原因の一つとなってきたこと（*The Caledonian Mercury*, 9 February, 1758）。したがって当時の穀物価格の高騰に対処するために、国全体での統一された衡量単位が、自由貿易と並んで提案されていたわけである（*The Caledonian Mercury*, 6 May, 1758; 8 June, 1758; 9 April, 1759; 22 December, 1759 も参照）。ちなみに革命期のフランスにおける標準単位としてのメートルの確立も、オークニー諸島のケースと同様に、市場経済の拡張と商業活動の重要性の高まりに対処しようとする意図を持っていた。Alder, K., *The Measure of All Things: The Seven-Year Odyssey that Transformed the World* (London: Abacus of Time Warner, 2004）を参照。

（49） Mackenzie, 1836, pp. ix, 2, 6–10.

（50） *Ibid*., pp. 89–90, 94, 103–106, 112. しかし封建制以前からの生き残りである自由保有地主たちは、封建制の下での永代租借地代の支払い義務を免れているとはいえ、地主としては弱小であったため、潜在的にはモートン伯爵側の勢力であった。オークニー諸島の永代租借地権者と自由保有地主は、一六六〇年の七七六人から一八世紀半ばには二四五人まで減少していた。ステュアート卿側の在地地主たちは、オークニー諸島で地主数が減少したのは、歴代のモートン伯爵による衡量単位の改変が永代租借地代を高くし過ぎて支払えなくしたからだと、大胆にも主張したが、しかし消滅した五三一人の地主たちのうち、実際に歴代のモートン伯爵に土地を買い取られたのは八人のみであり、他の土地は在地地主層の手中に落ちた事実が指摘されている（Fereday, 1980, p. 51; Morton, 1758b, p. 34）。

（51）　Eunson, 1788, pp. 39–46; Wickham-Jones, 1998, pp. 150–151, 155; Shearer, 1966, pp. 25–26.

（52）　Thomson, 1987, p. 231.

（53）　Fereday, 1980, p. 2.

（54）　Morton, 1758b, pp. 28–29.

（55）　Hepburn, 1885, p. 50; 邦訳（二）、九七頁。

（56）　Buchanan, G., *Buchanan's History of Scotland* (London: J. Bettenham, 1733); Hepburn, 1885, pp. 53–54; 邦訳（二）、一〇〇頁。Mackenzie, 1836, pp. 85–86も参照。ブキャナンは、セント・アンドルーズ大学とパリ大学に学び、ボルドー大学ではモンテーニュ（Michel de Montaigne, 1533–1592）を教えた。コインブラ大学でも教鞭を取り、ラテン語詩人として名声を得た。ブキャナンの歴史書の原書は、ラテン語の *Rerum Scoticarum Historia* (Edinburgh: Alexander Arbuthnet, 1582）である。第一五代米国大統領のジェイムズ・ブキャナン（James Buchanan, 1791–1868）は、彼の子孫である。

（57）　Hepburn, 1885, pp. 45–47, 49, 55–56; 邦訳（二）、九四―九五、九七、一〇一頁。一四六八年にオークニー諸島とシェトランド諸島がスコットランドの王領に組み込まれて以来、諸島から上がる収入は現在までに一五倍も増加しているとの上記の原告側の主張に対して、モートン伯爵は、当時の地代がスコットランド通貨で年間四四〇ポンドに達していなかったと原告側が推測したことは間違いであり、国王が相当な期間に渡って、それ以上の金額を手にしなかったことは真実であるが、しかしオークニー伯爵領の収入は、国王からの譲与によって、多くの人々の手に渡っていたと反論した（Morton, 1758b, p. 31）。この反論に対して原告側は、オークニー伯爵領の地代は一六〇〇年頃に較べ、一七二七年には過剰に増えているとの従来の主張を繰り返した（Galloway, 1758, pp. 10–11; Mackenzie, 1836, pp. 88–89も参照）。モートン伯爵は、オークニー伯爵領は国王から譲渡されて以来、歴代のモートン伯爵によってその永代租借地代、収入、利益が所有されてきたのであり、その現物地代の徴収に際しては記録にないほど遠い過去からオークニー諸島で使われてきた衡量単位と衡量機器がそのまま用いられてきただけであるとも主張する（Morton, 1758a, p. 1）。モートン伯爵側がオークニー諸島の土地所有権をスコットランド法に基づく封建的土地所有制の枠組みで理解していたのに対して、在地地主側が自身の権利を自由保有地主として主張していたことが、この議論のすれ違いからも明らかである。

(58) Hepburn, 1885, pp. 54–55; 邦訳（二）、一〇〇―一〇一頁。
(59) Mackenzie, 1836, pp. 83–86, 97–98.
(60) Hepburn, 1885, pp. 16–19, 27–28; 邦訳（一）、八五―八六頁、九二―九三頁。
(61) Wickham-Jones, 1998, pp. 176–177; Thomson, 1987, pp. 214–215; Wenham, 2001, pp. 164, 271–272.
(62) Hepburn, 1885, p. 21; 邦訳（一）、八八頁。
(63) *Ibid.*, pp. 23–24; 邦訳（一）、八九―九〇頁。
(64) Fereday, 1980, p. 38.
(65) *Ibid.*, p. 39.
(66) *Ibid.*, p. 40. ジェイムズ・モワットの件はヘップバーンも言及している（Hepburn, 1885, p. 48; 邦訳（二）、九五―九六頁）。
(67) Fereday, 1980, pp. 38–40; Hepburn, 1885, p. 48; 邦訳（二）、九五―九六頁。
(68) *Ibid.*, pp. 29, 32; 邦訳（一）、九四、九六頁。
(69) Morton, 1758b, pp. 16–17.
(70) Hepburn, 1885, p. 31; 邦訳（一）、九五頁。
(71) *Ibid.*, pp. 41–42; 邦訳（二）、九一頁。モートン伯爵の所領では、地代の半分が貨幣で支払い可能となっており、しかも低めに貨幣換算されているため、借地農は繁栄し幸福で勤勉であり、恵まれた生活をしているとヘップバーンは述べる（Hepburn, 1885, pp. 28–29; 邦訳（一）、九三頁）。一七九〇年代にヘップバーンの後任で博物学者・歴史家でもあったジョージ・ロウ（George Low, 1746–1795）が『スコットランド統計報告』に記述を寄せた際にも、バーセイ教区では住民が非常に勤勉で、境遇に満足しているように見えるが、それは一般的に地代が安く、スコットランド本土のどの教区にも引けを取らず地代の支払い期限が厳守されていることからも推察できると強調していた。*The Statistical Account of Scotland: Drawn up from the Communications of the Ministers of the Different Parishes*, ed., Sinclair, Sir J., vol. 14 (Edinburgh: William Creech, 1795), pp. 324, 327 を参照。
(72) Hepburn, 1885, pp. 56–57; 邦訳（二）、一〇二頁。
(73) *Ibid.*, pp. 44–45; 邦訳（二）、九三頁。
(74) Smith, A., *The Theory of Moral Sentiments* (1759), eds., Raphael, D. D. and Macfie, A. L., as vol. I of *The Glasgow Edition of the Works and Correspondence of Adam Smith* (Oxford: Clarendon Press of Oxford University Press, 1976), VI. ii. 2. 3, pp. 228–229; アダム・スミス『道徳感情論』（下）水田洋・訳（岩波文庫、二〇〇三年）、一三三―一三四頁。訳文は筆者自身による。
(75) 本書の「あとがき」（田中）も参照。
(76) Furuya, H., 'Working the Peripheral into the Picture: The Case of Thomas Hepburn in Eighteenth-Century Orkney', *The European Journal of the History of Economic Thought*, 18 (5) (December 2011), pp. 697–714.

（77） Murdoch, 1998, pp. 39, 97–98, 104–105. 本書第三章（伊藤）に従えば、スコットランドの「イングランド化」（Anglicisation）は、さらにさかのぼれば「オランダ化」ということにもなるのであろう。

（78） スコットランド教会穏健派と啓蒙の関係については、Sher, 1985, pp. 63–64, 89, 211–212, 328を参照。クリストファー・スマウトによれば、ヘップバーンは「改良」の意義について関心を抱いた最初期の牧師であり、アダム・ディクスン（Adam Dickson, 1721–1776）などと並んで、牧師のなかではパイオニアであった。ジャコバイトの反乱以前に存在していた「農業知識改良家協会」（The Honourable Society of Improvers in the Knowledge of Agriculture in Scotland）の会員録には、牧師はまったく含まれていない。ヘップバーンやディクスンの一世代後になると、牧師による「改良」への関心や取り組みは広く見られるようになっていく（筆者へのコメント）。ディクスンについては、Smout, T. C., 'A New Look at the Scottish Improvers', *Scottish Historical Review*, 91 (1) (April 2012), pp. 125–149を参照。ヘップバーンの『貧困』は、ディクスンの『農業論』第一巻（*A Treatise of Agriculture*, vol. 1, Edinburgh: A. Donaldson and J. Reid, 1762）よりも先に出版されている。「農業知識改良家協会」など、啓蒙における農業改良については、本書第五章（田中）第一節を参照。

（79） ギャロウェイ伯爵を筆頭とする原告側と、被告のモートン伯爵側の双方が出版したり、エディンバラの控訴裁判所に提出した請願書や反批判の文書が膨大な量に上ったため、控訴裁判所は証拠や論点をより簡潔にまとめた「論拠」の提出を双方に命じたほどであった（Morton, 1759, p. 1）。

（80） Thomson, 1987, p. 232.

（81） Fereday, 1980, p. 37.

（82） Eunson, 1788, p. 98; 'Papers in connection with the sale of the Earl of Morton's estate in Orkney and Shetland to Sir Lawrence Dundas, containing abstracts of rental of the Earldom of Orkney and Lordship of Shetland', 1764–1767, handwritten 39 papers, D38/1718, in Manuscript papers relating to the Earldom of Orkney, D38 (Kirkwall: Orkney Archives).

（83） Hepburn, 1885, p. 1; 邦訳（一）、78頁。

（84） 一七八〇年代にジョージ・ユーンスンがオークニー諸島における圧政を批判した時（Eunson, 1788, pp. 64–65, 67–68, 70–71, 74, 84–85）、彼の主要ターゲットはトマス・ダンダス卿であった（*ibid.*, pp. 55–56, 74–83）。一七九〇年代に入っても、パンドラーのような衡量機器が当てにならないことから不正が生まれやすいという問題が、『スコットランド統計報告』で指摘されている。パンドラー訴訟の教訓として、英国本土とオークニー諸島の衡量単位の標準化、借地契約期間の長期化、地代の軽減・金納化、細分化された農地の統合などを通じた農業改良などの必要性が、一八世紀末に至っても認識されていた（*The Statistical Account of Scotland: Drawn up from the Communications of the Ministers of the Different Parishes*, ed., Sinclair Sir, J., vol. 7 (Edinburgh: William Creech, 1793), pp. 475–477, 563–564）。

（85）Hibbert, S., *A Description of the Shetland Islands, comprising an Account of their Geology, Scenery, Antiquities, and Superstitions* (Edinburgh: Archibald Constable and Co., 1822), pp. 180–224.

（86）Thomson, 1987, pp. 201–202.

（87）Devine, 2005, pp. 73–74.

（88）したがって「啓蒙」と「改良」の立場は、単純な対応関係にあるわけではない。Campbell, R. H., 'The Enlightenment and the Economy', in *The Origins and Nature of the Scottish Enlightenment*, eds., Campbell, R. H. and Skinner, A. S. (Edinburgh: John Donald, 1982), pp. 8–27を参照。

（89）「改良」に様々な立場があったように、「啓蒙」にも多様な理解と受容があり得たことは、カークウォール近郊のタンカーネスの在地地主で下院議員も務めたロバート・ベイキー（Robert Baikie of Tankerness）の蔵書に、スミスの『国富論』（*An Inquiry into the Nature and Causes of the Wealth of Nations*, 1776）を含め、一八世紀後半から一九世紀初頭のスコットランド啓蒙関係の書籍が集められていたことからもうかがわれる（水田洋「オークニイ島のベイキー蔵書」、『アダム・スミス論集――国際的研究状況のなかで』第二三章、ミネルヴァ書房、二〇〇九年、四六三―四七〇頁を参照）。ロバート・ベイキーの義父のウィリアム・バルフォア（William Balfour of Trenaby）は、ステュアート卿側に従ってモートン伯爵に対抗した在地地主の一人であった（Fereday, 1980, p. 48）。ただしロバート・ベイキーの先代のジェイムズ・ベイキー（James Baikie of Tankerness）は、カークウォール市長でモートン伯爵家と縁戚関係にあり、パンドラー訴訟ではモートン派であった（*ibid.*, p. 54）。

＊　本稿は Early Modern Studies Conference（Early Modern Research Centre, University of Reading, July 2010）、社会思想史学会第三七回研究大会・セッション「野蛮と啓蒙――経済思想史からの接近」（一橋大学、二〇一二年一〇月）、The 17th Annual Conference of the European Society for the History of Economic Thought (ESHET) (Kingston University, London, May 2013) での報告を基としている。原稿をお読み頂き、コメントを下さったニコラス・フィリップソン博士（University of Edinburgh）、クリストファー・スマウト教授（University of St Andrews; Historiographer Royal in Scotland）、マーガレット・

シェイバス教授（University of British Columbia）、オークニー史家のウィリアム・トムソン博士、上記の学会でコメントを下さった方々に感謝したい。

第八章　アダム・スミスの文明社会論——啓蒙と野蛮の諸相

渡辺恵一

はじめに

一八世紀啓蒙思想の文脈において「野蛮」あるいは「未開」は、文明化を促進する歴史的役割をはたした「啓蒙」の対立概念として理解されている。なぜなら、一般に啓蒙とは、人間にとって未熟で貧しく不幸な状態を意味する「野蛮」や「未開」を克服し、自由で豊かな「文明社会」の実現を目指す思想運動と定義されるからである。それゆえ、こうした啓蒙思想の特徴の一つが、「野蛮」（未開）状態から文明社会への移行を人類の幸福の増進と捉える進歩史観にあると解釈されてきたことは理由のないことではない。しかし、こうした文明化の賛美に真正面から異を唱えた啓蒙思想家もいたのであって、その代表がジャン＝ジャック・ルソーである。『人間不平等起源論』（一七五五年）のなかでルソーは、「もっとも平和に適し、人類にもっともふさわしい」自然状態あるいは原始状態から、不平等と無秩序が支配する社会状態へと堕する文明化の退廃過程を鮮やかな筆致で描いてみせた。

文明化や啓蒙が必ずしも人類に幸福をもたらすものではないというこの「ルソー問題」に遭遇した若きアダム・スミスは、やがて自らの経済学を彫琢することによって、自然状態を理想化するルソーのいわば反啓蒙の立場を克服し、スミス独自の文明社会論を確立することができたのである。だが、スミスの文明社会論を仔細に吟味してみると、それは文明化の一面的な賛美や単純な進歩史観を論じたものでないことがわかる。実際にスミスは「ルソー問題」を真正面から受けとめ、ルソーが提起した社会の文明化＝富裕化にともなう腐敗堕落、不平等、支配と従属、暴力、さらには野蛮といった、人類の幸福に反する否定的諸側面を、経済学のパラダイムをも駆使しながら、彼独自の文明社会論として再提起したからである。

ホルクハイマーとアドルノは、共著『啓蒙の弁証法』（一九四七年）の「序文」で次のように述べている。

啓蒙思想は、その具体的な歴史上の諸形態や、それが組み込まれている社会の諸制度のうちばかりではなく、ほかならぬその概念のうちに、すでに、今日いたるところで生起しているあの退行への萌芽を含んでいる。(1)

ここにいう「退行」とは、啓蒙の合理的知性が人類にもたらす否定的・破壊的要素のことである。つまり彼らによれば、「社会における自由と不可分のもの」であるはずの啓蒙思想には、もともと「自己崩壊」の契機が含まれているというのである。ホルクハイマーとアドルノが指摘する「啓蒙の自己崩壊」の契機を明確に組み込んだ文明社会像を提起したのは、上述のルソーや、スミスと同郷のスコットランドの思想家であるアダム・ファーガスンだけではない。一般に文明社会の富裕化を全面的に擁護する思想家と理解されているスミスもまた、「啓蒙の自己崩壊」を文明化の必然的契機として論じていたのである。

いやむしろ、ここで提起されるべき問題は、一八世紀後半の啓蒙思想家に関していえば、ホルクハイマーとアドルノが提起した「啓蒙の自己崩壊」という視点に必ずしも無自覚ではなかった、ということである。本書の「序説」では、「社会に文明化をもたらすはずの啓蒙以来の知性の働きが、なおも野蛮に直面し、野蛮を克服できない」として、啓蒙の限界について指摘されているが、そもそも成熟期啓蒙の思想家のなかには、「文明化」の過程それ自体に「野蛮」が内在しているという、こうした啓蒙のアンチノミーに正面から取り組んだ人物がいたのではなかろうか。本章は、こうした問題関心に立って、スミス文明社会論における啓蒙（文明）と野蛮の交錯と逆転の諸相に分析のメスを入れることを課題としている。

第一節　初期スミスの思想形成――オックスフォード留学の残影

（1）初期スミスのヒューム研究

スミスは、一七四〇年から四六年にかけて、スネル奨学生としてオックスフォード大学のベイリオル・カレッジへ留学した。このオックスフォードへの留学時代について、スミスの伝記的作品は、彼が「心気症」（ヒポコンデリー）に悩んでいたことやスコットランド人留学生への差別的待遇など、彼を取りまく生活環境がかなり劣悪であった事実を伝えている。また、『国富論』第五篇の有名な教育論では、この留学当時のオックスフォード大学を回顧してスミスは、「大学教授の大部分はこのところ多年にわたって、教えるふりをすることさえまったくやめている」（WN, pp. 782–83,（四）五一頁）[2]と述べるなど、その制度的腐敗と学問的低迷を厳しく指弾する記述を残している。とはいえイングランドへの留学は、その後のスミスの生涯や思想形成に思いを致せば、きわめて重

要な時期であったことは否定できない。一九九五年に新しい大部のスミス伝を書いたイアン・シンプスン・ロスは、

アダム・スミスは、オックスフォード大学が、六年間彼に徹底的に読書をする機会を与えてくれたこと、そしてヒュームを悩ませたアクセントやスコットランド語法の心配を取り除いてくれたことに、ときには感謝の念を抱いたかもしれないし、そうでなかったかもしれない(3)

と、やや曖昧な言いまわしで述べているが、オックスフォードで培われた学識は、スミス自身の苦い思いとは別に、彼が留学から帰郷し、一七五一年にグラーズゴウ大学の論理学教授に選出されるに際して決定的な意味をもったと考えて間違いない。けだしグラーズゴウ大学教授への道を切り開いたのは、スミスが「エディンバラ公開講義」(一七四八―五一年)でおこなった「修辞学」講義だったからである。この点について、スミスの追悼記事をロンドンの新聞紙面に最初に掲載した『セント・ジェイムズ・クロニクル』(一七九〇年七月三一日号)は、次のように報じている。

スミスの発音や文体は、その当時のスコットランドだけで獲得しうるところをはるかに超えていた。スミスの古典的な学識の蓄積は、前任者の、卓越せるハチスン博士には及ばないとはいえ、スコットランドの諸大学の普通の水準をはるかに凌駕していた(4)。

だが、新聞紙面が報じた「修辞学」やギリシアとローマの古典研究以上に、この時期、スミスが個人的により

関心をもってとり組んだ課題とは、デイヴィッド・ヒュームの『人間本性論』(一七三九―四〇年)の研究であった。これについては、伝記的作品が伝える次のようなよく知られたエピソードがある。

スミスがオックスフォード大学にいたとき、彼の個人的な学習の性質にかんして彼の監督者の不信を呼び起こすような出来事がおこった。カレッジの学監たちがスミスに気づかれずに部屋に入ってきて、運わるく彼がヒュームの『人間本性論』の読書に没頭しているのを発見した。その好ましくない書物はもちろん没収され、同時にその若い哲学者は厳しく叱責された。(5)

保守的な学風が支配していた当時のオックスフォード大学では、学生が無神論者ヒュームの著作を読むことは禁じられていた。ジョン・レーによれば、スミスが所持していた『人間本性論』は、グラーズゴウ大学の教師であったフランシス・ハチスンのすすめによって、ヒュームがスミスに贈呈したものとされる。(6)とはいえ著作が大学当局に没収されたからといって、彼がこの時期に『人間本性論』を読むことができなかったと考えるのは早計であろう。オックスフォード北方およそ一八マイルの地に第二代アーガイル公爵が保有するアダベリ・ハウス(Adderbury House)があり、その地でスミスは一七四一年一〇月に、彼の後見人であるウィリアム・スミスと二週間過ごした。このウィリアム・スミスは、父スミスの甥(スミスの従兄)にあたる人物で、この当時、第二代アーガイル公爵の執事を務めていた。(7)したがって学期中はともかく、長い休暇期間に、このアダベリの読書環境を自由に利用する機会がスミスにはあったと考えてよいであろう。(8)

ヒュームの『人間本性論』は、その「序論」で述べられているように、「人間本性の諸原理の解明を企てることによって、実は、ほとんどまったく新しい基礎のうえに、しかも諸学を安全に支えうる基礎のうえに、諸学の完全な体系を打ちたてる」ことを目指す壮大な試みであるが、ヒュームは、そのなかで「論理学、道徳学、文芸批評、政治学の四学問は、われわれにとって知る価値のある事柄の、……ほとんどすべてを含んでいる」[9]と述べている。スミスの最初の伝記を書いたドゥーガルド・ステュアートが伝えているように、このオックスフォードへの留学の時期以来、スミスが熱心に取りくみ始めたテーマとは、「人間本性の全分野にわたっての研究、とくに人類の政治史の研究[10]」であったから、ヒュームによって開示された学問の方法論は、若きスミスの琴線に強く触れるものであった。

とくに『人間本性論』の第三篇「道徳について」は、狭義の倫理学説というよりも、正義＝所有権や統治の起源論を含み、法学や政治学の原理論的な性格をもっていた。したがって、「ヒュームが彼の人間本性の理論にかんする原理を道徳および政治の時論的諸問題に適応した」著作とされる『道徳・政治論集』（一七四一―四二年）もまた、スミスの知的好奇心を強く刺激したにちがいない[11]。『道徳感情論』初版（一七五九年）のなかで、スミスはヒュームの倫理学説について、「徳を効用におき、観察者が何かの資質の効用を評価するさいの快楽を、それによって作用を受ける人びとの幸福への同感から説明する体系[12]」と要約しているが、のちにグラーズゴウ大学教授となったスミスがハチスンの道徳哲学を彼自身の体系へと換骨奪胎するに際して、このヒュームの学説を出発点にしたことは、過去の研究によって指摘されているところである[13]。したがって、フィリップスンが指摘するように、「スミスが彼の経歴の最初の時期に展開した仕事を、『人間本性論』の受容の仕方にかんする注釈として読むことは興味深い[14]」ことだと思われる。

初期スミスの思想としては、これまで、スミスの愛弟子ジョン・ミラーがドゥーガルド・ステュアートに伝えた「エディンバラ公開講義」以来の「不変の主題」が重要な資料として引き合いに出されてきた。その内容は、周知の以下の二つの文書に示されている。

人間は一般に、政治家および政策立案者によって、ある種の政治機構の素材と考えられている。政策立案者は人間に関わる諸事象における自然の作用の流れを妨げる。自然がみずからの意図を確立するためには、自然を放任し、その目的の追求に自由な活動の余地をあたえることだけしか必要ではない。

国家を最低の野蛮状態から最高の富裕に導くためには、平和、穏当な租税、寛大な司法行政のほかはほとんど必要ではない。その他すべての事柄は事物の自然の経過によってもたらされるからである。この自然の経過を妨げたり、強いて事物を他の水路に向けさせたり、あるいは社会の進歩をある特定の時点で停止させたりしようとする、すべての政府は自然に反し、自己を維持するために抑圧的で専制的にならざるをえない。[15]

ステュアートによれば、これらの文書は、「きわめて初期の頃のスミス氏の政治思想の進展に関する価値ある文献」であり、「そこには『国富論』のもっとも重要な諸見解の多くが詳述されている」という。[16] たしかにこの文書では、人間の自由な活動を阻害する「政治家および政策立案者」の人為的な干渉政策が批判され、のちに『国富論』第五篇のテーマとなる政府の果たすべき主要な役割――「平和」(=軍備)・租税・司法――がはっきりと指摘されている。しかし、われわれはさらに、それに続いてスミス自身が語ったとされる、以下の言明にも留意しておかなければならないだろう。

これらの見解のすべては、私が初めてクレイギー氏のクラスで教えたとき〔一七五一年〕以来、すなわちグラーズゴウですごした最初の冬から現在に至るまで、これといった変更をうけることもなく、私の講義の不変の主題となっている。それらはすべて、私がエディンバラを去る前の冬に同地で読み上げた講義の主題であった。[17]

「エディンバラ公開講義」は、スミスがオックスフォード大学の留学から帰国後の一七四八年から五一年までの毎冬三回開かれた。第一回目と第二回目の講義内容は「文学・修辞学」であり、第三回目に「法学」の講義がおこなわれたとされる。ミラー証言にある、「国家を最低の野蛮状態から最高の富裕に導くためには、平和、穏当な租税、寛大な司法行政のほかはほとんど必要ではない」という、このいわば文明社会の自然史というべき議論は、この第三回目の公開講義ではじめて開示されたものである。[18] この「国家を最低の野蛮状態から最高の富裕に導く」ための文明社会史論は、その後グラーズゴウ大学におけるスミスの法学講義で展開され、そしてステュアートが指摘するように、『国富論』においてその完成をみたものである。しかし、スミス文明社会論の構想は、たしかにエディンバラ公開講義の時代にそのオリジナリティーを主張しうるまでに成熟していたとはいえ、その着想をスミスが故郷に帰ってからにわかに思いついたと考えることはできない。その構想の出発点は、『人間本性論』や『道徳・政治論集』などの四〇年代のヒュームの著作との学問的格闘がおこなわれたオックスフォード留学の時期（一七四〇―四六年）にまで遡ると考えるのが至当であろう。とくに初期スミスの「不変の主題」との関連で注目されるのは、『道徳・政治論集』の「自由と専制について（Of liberty and despotism）」と題する論考である。一七五八年以降の版では「政治的自由について（Of civil liberty）」と改題されたこの論考のなかの、「古代の人びとが述べたように、技芸と学問のすべては自由な国家のうちで起こった」のであり、「商業は自由な政体以外においてはけっして繁栄することができない」と認められた文言は、[19]「政治的自由」が文明化にとって必須要件であると考えていたスミスにとって、示唆するところが大きかったと思われる。[20]

（2）四五年ジャコバイト蜂起の衝撃

ところで、初期スミスの思想形成に大きな衝撃をあたえた歴史的事件として、オックスフォード滞在中に勃発した、一七四五年のジャコバイト蜂起の重要性を指摘しておく必要がある。スミスの伝記的作品は、彼の留学の最後の年にジャコバイト軍のイングランドへの侵攻があったという事実を伝えているが、この事件がスミスの思想形成にあたえた影響については、これまで具体的に論じられていないからである。

名誉革命によって廃位されたジェイムズ二世の皇孫チャールズ・エドワード・ステュアートは、父である老僭王ジェイムズ・フランシスの復位を目ざして、一七四五年七月二三日、わずかの寵臣とともにヘブリディーズ諸島のエリスケイに上陸し、八月一九日にインヴァネス州のグレンフィナンで挙兵した。ハイランド各地の不平氏族を糾合しつつ勢いを増したジャコバイト軍は、九月一七日にはエディンバラを占領し、スコットランドを制圧した。ハイランド氏族を主力とするジャコバイト軍は、さらに陣容を整え、一一月八日にイングランドへ侵攻し、カーライルを攻略したあと、ケンドル、ランカスター、プレストン、マンチェスター、マクルズフィールドを経て、一二月四日の午後には、ロンドンから一三〇マイル足らずのダービーに到着した。当時のロンドンの新聞『ジェネラル・アドヴァタイザー』一二月六日号は、その第一面にダービーからの通信文を掲載し、「この町の住民は大混乱の状態にある」との速報を伝えている。(21)

しかし、この一二月六日が「暗黒の金曜日」となったのは、パニックに襲われたロンドン市民だけではなかった。その日は若僭王チャールズにとってもまた不運の始まりとなった。ダービーに到着したチャールズとアイルランドの寵臣たちはロンドンへの進撃を強く望んだが、ジョージ卿マリ（Lord George Murray）をはじめとするハイランドの族長たちは即時撤退を主張したからである。イングランドでジャコバイトの決起がなかったことにくわえ、フランダースの軍事行動から立ち戻ってきた、ジョージ国王の弟カンバーランド公の率いる政府軍主力が背後に迫りつつあるという緊迫した情勢のなかで、チャールズは撤退の決断を余儀なくされた。しかし、スコットランドに撤退して弱体化したジャコバイト軍は、一七四六年四月一六日、インヴァネス近郊のカロデン（Culloden）

で圧倒的な装備のカンバーランド政府軍に壊滅的大敗を喫し、こうしてチャールズのステュアート王家再興の夢は潰えた。――これが、名誉革命後に幾度となく繰り返されたジャコバイト運動の、最後にして最大の蜂起の結末である。

スミスは、ジャコバイト軍が長駆ダービーまで侵攻してきたという情報を、オックスフォードのベイリオルで聞いた。オックスフォードは伝統的にステュアート王家を支持する保守的な大学であった。それゆえ、ロスが述べるように、「チャールズ・エドワード・ステュアートに加勢するためのオックスフォードからの群集の殺到はなかったが、オックスフォード大学のジャコバイトたちは、おそらくチャールズの幾度かの勝利には欣喜雀躍したであろう。[22]」スミスは、留学時代に体験したこのジャコバイト蜂起の記憶を回顧しながら、グラーズゴウ大学の『法学講義』（Bノート）のなかで、次のようなコメントを残している。

> 一七四五年に四〇〇〇から五〇〇〇の、軍服をまとわぬ非武装のハイランド人が、この国の改良された諸地方を、非好戦的な住民たちから何の抵抗もうけることなく占領した。彼らはイングランドに侵攻して、全国民を驚愕させたのであり、もし常備軍の反撃を受けなかったならば、彼らはほとんど苦もなく王冠をつかんだであろう（LJ(B), pp. 540–41, 四〇六―〇七頁[23]）。

四五年のジャコバイト蜂起の顚末を後世の視点から事後的に顧みれば、それは、近代的装備を誇るハノーヴァ政府軍（常備軍）の、ハランド民兵にたいする優位を実証した歴史の一齣にすぎないということになるだろう。たしかにスミスもまた、「商業国」における常備軍の必要性を論じており、たとえば、『国富論』第五篇の冒頭では、「文明国は規律のゆきとどいた常備軍によってしか防衛されない」（WN, p. 760, (三) 三六九頁）と結論づけている。しかし、『講義』(Bノート)からの前掲文は、「人類の勇気を沈滞させ、軍事的精神を消滅させる」商業の悪影響を論じる文脈のなかで述べられたコメントであって、ここでの議論の焦点は、文明国の防衛力として常備軍と民兵のどちらが重要なのかといった、二者択一問題ではなかった。

ジャコバイト軍の主力は、装備も補給も不十分なハイランド民兵であったが、エディンバラ攻略後の九月二一日のプレストパンズの戦い(the battle of Prestonpans)ではジョン・コープ将軍の政府軍を一蹴し、ダービーまで連戦連勝を重ねた。またイングランドから撤退後の翌一月一七日のフォルカークの戦い(the battle of Falkirk)でも、ハイランド軍はスコットランド駐留の政府軍を打ち破った。したがって、スミスが問題とする議論の焦点とは、ハイランド民兵を主力とする装備も不十分なジャコバイト軍が、ほとんど抵抗をうけることなくダービーまで侵攻し、ブリテン政府を震撼させたという歴然たる現実であり、また局地戦とはいえハイランド民兵が政府軍を打ち破ったという逆説についてである。この逆説を、ブリテン帝国は再びアメリカ独立戦争で体験することになるのだが、スミスは、四五年のジャコバイト蜂起の「限定的勝利」に合邦後の名誉革命体制の「危機」をみたのである。

商業の発展によって「軍事的精神」を喪失してしまったイングランドの民衆は、自国の防衛を常備軍に依存せざるをえない。つまり商業国における常備軍への依存と民衆の非武装化=商業化の進展とはパラレルの関係にあるのであって、それゆえ常備軍が不在となるならば、国内はまったくの無防備となる。その意味で、四五年のジャコバイト蜂起は、政府軍主力の不在を突いた、まことに時機に投ずる計画であった[24]。ハイランド民兵がイングランドに侵攻したとき組織的抵抗をうけなかったのは、スミスが指摘するように、商業化によってイングランドの一般民衆の「軍事的精神」が失われてしまっていたからであるが、しかし、この同じ状況は、また、チャールズが強く期待したイングランドにおけるジャコバイトの組織的な決起をも不可能にしたのであった[25]。スコットランドでも改良の進んでいたローランドではイングランドと同じ状況がみられたが、ハイランドでは、一五年の反乱後に「武装解除法（Disarming Act）」[26]（一七一六年、一七二五年）が制定されたにもかかわらず、なお多くの地域で強固な氏族制度が維持されていたのである。[27]

スコットランドのロッホアーバーの郷士（a gentleman of Lochabar）、ロッヒールのキャメロン氏（Mr. Cameron of Lochiel）が、なんの法的権限もなく、つまり当時のいわゆる勅任地方行政官でも、勅許借地人ですらなく、アーガイル公爵の一従士にすぎないのに、また治安判事でさえないのに、自分のもとにある民衆にたいして最高の刑事司法権を行使したときから、まだ三〇年もたっていない。……この郷士は、地代が年五〇〇ポンドにも足りなかったのに、一七四五年には、配下の民衆八〇〇人を反乱に引き入れたのであった。（WN, pp. 416–17,（二）二三九―四〇頁）

ここに登場するロッヒールのアーチボルド・キャメロン（Archibald Cameron of Lochiel, 1707–53）は、スコットランドにおける政府支持派の有力者アーガイル公爵の家臣でありながら、若僭王チャールズに加勢するキャメロン氏族のために、八〇〇名ものハイランド民兵を徴募しえた、とスミスはいう。それに対して「合邦」（一七〇七年）後に商業化と開発の進んだローランドやハイランドの一部地域では、すでにイングランドと同様に民衆の「軍事的精神」が衰退していたことにくわえ、前述の「武装解除法」が逆に災いして、ジャコバイト軍によるスコットランド制圧を許したのである。カロデンでジャコバイト軍が壊滅したあと遂行されたイングランド政府による戦後処理は、加担者への徹底的な処罰と反乱氏族の所領の没収をはじめとして、武器の携帯はもちろん、伝統衣装であるタータン、キルトの着用まで禁止するなど、熾烈をきわめた。もちろんスミスは、反乱の温床となったハイランドの氏族制度の解体については賛成の立場にたつが、スコットランドにたいする「武装解除法」の強化には反対する。スミスが四五年のジャコバイト蜂起から学びとった教訓とは、蜂起が一時的であれ成功したのは、「合邦」後のブリテンで進行していた市民の「軍事的精神」の喪失にあるということ、それゆえ、たとえ商業国であっても国防を常備軍のみに依存することには制度上の問題がある、ということだったからである。

商業国において「軍事的精神」を保持するためには、常備軍だけではなく、民兵制を維持しなければならないというのが、スミスの立場である。「軍事的精神」を維持のために民兵制を擁護するこのスミスの基本原則は、『法学講義』から『国富論』にいたるまで一貫している。しかし、スミスが『国富論』において「民兵制」よりも「常備軍」を支持しているという誤った解釈は、すでに出版当時からあったようであり、たとえば『国富論』の常備軍支持論を批判するためにアレグザンダー・カーライルが匿名で出版したパンフレット『国防についてエディンバラの一紳士よりバックルー公爵への手紙、スミス博士の『国富論』と題する本のなかでこの問題を扱った章への所見を添えて』[28]（一七七八年）について、スミスは、一七八〇年九月二六日付のアンドリアス・ホルト宛ての手紙のなかで、次のように反論している。

彼はこの本を書いたとき、私の本を最後まで読んでおりません。私が、民兵はよく規律を保つよく訓練された常備軍にすべての点で劣ると主張したから、民兵制にまったく不賛成なのだと、彼は想像しています。その問題について、彼と私は偶然ながらまったく同じ意見でした。[29]

スミスは、商業国の防衛には「規律のゆきとどいた」常備軍と市民の「軍事的精神」を維持する民兵制という、二種類の防衛組織が必要不可欠だと考えていた。スミスにとって、民兵制と常備軍の関係は、まさしく相互補完の関係にあるのであって、それは、民兵制に常備軍を「補完」する、たんなる従属的な役割を期待するにとどまるものではなかった。スコットランド民兵法案の成立を目的とするポーカー・クラブ（Poker Club）は、一七六二年、スミスの常備軍優位論に批判的であったカーライルとアダム・ファーガスンによって設立されたが[30]、創立メンバーとして入会したスミスが一七八四年まで会員にとどまったことは、スミスと他の知識人たちとのあいだに力点の相異はあっても、国防問題にかんして根本的な見解の違いがなかったことを物語っている[31]。

四五年のジャコバイト蜂起が惹起した恐怖は、「屠殺者（butcher）」の異名をとるカンバーランド公指揮下の政府軍によるカロデンでの凄惨な報復的殺戮を引き起こしただけではなく、敗残兵と無垢なハイランド住民にたいする非道な残虐行為はその後も執拗に続けられた[32]。それでもなおブリテン政府を震撼させたあの恐怖の記憶は、四五年以降もしばらく消え去ることはなかった。その事実についてスミスは、『法学講義』（Aノート）のなかで、グラーズゴウ大学の聴講生に向けて次のように語っている。

> キャメロン博士は、一七五〇年から五一年に、彼に対して一七四五年に下された判決によって処刑された。政府はそのとき、次の反乱への恐怖から完全に自由ではなく、そのような警戒をすることが必要だと考えたからである。（LJ(A), p. 138, 142頁）

ここで言及されているのは、一七五一年から五二年にかけて、アレグザンダー・マリ（Alexander Murray of Elibank, 1712–78）が、国王とその家族を殺害しようと計画して未遂に終わった「エリバンクの陰謀（Elibank plot）」である。この事件は、四五年の悪夢を再び呼び覚まし、その結果、長く収監されていたキャメロン博士だけが、今回の陰謀と無関係であるにもかかわらず処刑されたのである[33]。

第二節　文明社会の自然史――富裕の「自然的順序」と「逆行的順序」

(1)古代文明における「富裕の自然的順序」

ローマ帝国崩壊後のヨーロッパにおいて文明社会はどのようにして再興されたのだろうか。『国富論』第三篇(「さまざまな国民における富裕の進歩の差異について」)は、このテーマを主題とする近代社会成立史論である。ここで指摘される「富裕の自然的順序」と、実際にヨーロッパで生じた「富裕の逆行的順序」との関係について、スミスは次のように論じている。

ものごとの自然の成り行きによれば、あらゆる発達した国の資本の大半は、まず農業に、のちに製造業に、そしてすべての最後に外国貿易にむけられる。ものごとのこの順序はきわめて自然なものであって、それだから私は、多少とも領土をもつどの社会でも、つねにある程度はみられてきたと信じる。/ところが、事物のこの自然の順序は、そういう社会のすべてにおいて、ある程度は生じたにちがいないが、ヨーロッパのすべての近代国家では、多くの点で完全に転倒されてきた。……それらヨーロッパの国の最初の統治の性質によって導入され、その統治が大いに変化したのちにも残存した慣習や慣行(manners and customs)が、必然的に、この不自然で逆行的な順序へそれらの国をおし込めたのである。(WN, p. 380,(二)一八九―九〇頁)

「富裕の自然的順序」によれば、社会が発展するためには、まず農業に資本が投じられなければならないというのであるが、その理由についてスミスは、次のような論点をあげている。第一に、「生活資料は、事物の性質上、便益品や奢侈品に優先する」から、したがって、生活資料を産出する農業は、便益品や奢侈品を生産する製造業に必然的に先行せざるをえないこと。第二に、農業改良に投資される資本は、土地に「固定されている」ので、それを投じる人間にとって、製造業や外国貿易よりも安全かつ安心であること。そして第三に指摘されるのは、「田園生活が実際に提供する心の安らぎ」や「自主独立」、さらに「土地を耕作する」という、人間の「原初的な仕事への偏愛」である（WN, pp. 377–78,（二）一八五―八六頁）。

『国富論』第三篇における「富裕の自然的順序」論は、同第二篇第五章の「資本投下順位論」を基準としている、と解釈されている[34]。だが、うえに指摘された農業優先の三つの理由は、そのいずれもが、農業をもっとも生産的な産業部門だとする「資本投下順位論」と直接結びつく議論ではない。このようにスミスの「富裕の自然的順序」論は、必ずしも経済理論的に裏づけられた議論ではないとはいえ、だからといって歴史理論としてまったく非現実的な主張だというわけではない。農業改良に資本が投じられることが文明の起点になることは、古代と近代を問わず、文明化の道を歩んだすべての文明国に共通して認められる特徴だからである。

ヨーロッパで古代文明といえば、すぐに古典古代のギリシアとローマが想起される。しかし『国富論』では、ヨーロッパ以東のオリエント文明、すなわち古代エジプトや、インドとシナに代表されるアジア文明の「富裕」についても、かなりの紙面を割いて論じられている。なかでも「シナはヨーロッパのどの部分よりもはるかに富んだ国」（WN, pp. 208, 255,（一）三三〇、四一四頁）であるとして、スミスは、その当時もなお「世界でもっとも豊かな国」であったとするシナの分析に重点をおいている[35]。

まずは古代エジプトについて、次のように述べられている。

地中海沿岸のすべての国のうちで、エジプトは、農業または製造業をかなりの程度に開発し改良した最初の国であったように思われる。上エジプトはナイル河から数マイル以上には広がっておらず、下エジプトではその大河は多くの水路に分かれ、それらの水路は多少の人工を施されて、すべての大都市間だけではなく、すべての主だった村落間にも、そして農村の多数の農家にまで、水上運送による交通の便を与えたように思われる。……この内陸航行の範囲と容易さとが、おそらくエジプトの早期の改良の主要な原因の一つであった。(WN, p. 35,(一)四七—四八頁)

これに続いてアジアの古代文明国については、以下のように記述されている。

農業と製造業における改良は、東インドのベンガル諸州とシナの東部諸省のいくつかで、同じように、大昔からおこなわれていたようである。……注目すべきは、古代のエジプト人も、インド人も、シナ人も、対外商業を奨励せず、その大きな富裕をすべてこの内陸航行から得たと思えることである。(WN, p. 35, (1) 48 頁)

古代の文明国として知られるエジプト、インド、シナの三国について、スミスは、「どの記録をみても、かつて世界に存在したもっとも富裕な国」(WN, p. 367,(二)一六九頁)であったと述べている。ここでスミスが「富裕」というのは、国民一人あたりの消費しうる「生活の必需品」量を意味している。「富裕と繁栄のときにはつねに必需品がきわめて豊富なのであって、そうでなければ富裕と繁栄のときではありえないからである。」(WN, p. 210,(一)三三三頁)古代の文明国(エジプト・インド・シナ)は、スミスのいう「富裕の自然的順序」にしたがって発展し、農業⇒製造業⇒国内商業の段階にまで到達していた。古代エジプト、古代インド、そしてシナの三国が「かつて世界に存在したもっとも富裕な国」でありえたのは、「農業と製造業の改良」によるものであった。都市(製造業)と農村(農耕)との社会的交通(分業)を可能とする「国内商業」も、これらの古代文明においては「内陸航行」によって大いに発展していたのである。

だが、前掲引用文の末尾で示唆されているように、古代の文明国では、「農業と製造業の改良」によって蓄積された国内資本が「外国貿易」に投じられることはなかった。その理由についてスミスは、次のように論じている。「古代エジプト人は、海にたいして迷信的な反感をもっていたし、ほぼ同様の迷信はインド人のあいだにも広がっている。また、シナ人が対外商業で卓越していたことは一度もなかった」（WN, p. 367,（二）一六九頁）からである。(36) その結果、古代の文明国では、「余剰生産物の大半が外国人によって輸出された」のであって、国内の余剰資本が自ずと外国貿易に投じられるという、いわゆる「富裕の自然的順序」が「国内商業」の段階で途絶することになった。「エジプト人もインド人も、自国の余剰生産物については、ほとんど全面的に他国民の航海に依存しなければならず、この他国への依存は市場を制限したので、この余剰生産物の増加を阻害したにちがいない。」（WN, p. 682,（三）三三二頁）

ところで国内の余剰資本が「外国貿易」部門へと自然に向かう回路が断たれると、国内における産業間の資本競争は激化し、利潤率は徐々に低下することになる。それはやがて雇用機会の縮小と労働者の実質賃金の低下をもたらさざるを得ないだろう。こうして「ヨーロッパのどの地方よりもはるかに富んだ国であるシナ」でさえ、やがて「停滞状態」あるいは「静止状態」に陥ってしまったのである。

> シナは長いあいだ停滞しているようにみえるし、おそらくはずっと以前に、同国の法律や制度の性質と両立するかぎりの富の、全体量を獲得してしまったのだろう。……対外商業を無視または軽視し、外国船の入港を一、二の港にしか認めない国は、法律や制度が異なれば可能であったかもしれないのと同量の事業をおこなうことができない。（WN, pp. 111–12,（一）一六九―七〇頁）

「長らく世界でもっとも豊かな国」であったシナは、すでに「長期の停滞状態にある」(WN, p. 89,(一)一三〇頁)といえるのだが、「しかしシナは、おそらく静止しているかもしれないにしても、後退しているとは思われない。」(WN, p. 90,(一)一三一頁)それゆえ、すでに指摘したように、スミスによれば、古代以来の文明国であるシナは、当時なお「ヨーロッパのどの地方よりもはるかに富んだ国」であると考えられていたのである。[37]だが他方で、古代エジプトとインドは、シナとは違った運命をたどることになった。古代エジプトはローマの属領となり、その後は「長いあいだローマ帝国の穀倉」(WN, p. 683,(三)三三三頁)となってしまったからである。一方、古代インド文明として栄えた、ベンガルやその他いくつかの東インド諸州では、この「肥沃な国で、一年に三〇万から四〇万人もの人が餓死する」有様であって、この地域で「労働貧民が飢餓状態にあることは、ものごとが急速に後退しつつあることの自然的徴候である。」(WN, p. 91,(一)一三三頁)その衰退の原因としてスミスが指摘するのは、いうまでもなく、イギリス東インド会社による「抑制と圧制」である。[38]

重商主義政策の中核を占める貿易独占の問題点については後述することにして、次に、ヨーロッパの古代文明に話をすすめよう。ギリシアとローマに代表されるヨーロッパの古代文明の発展には、これまで紹介してきた古代エジプトやアジアの古代文明と共通する特徴がある。それは、なによりもまず農業が重視されたことである。スミスは、古代ギリシアの諸共和国と古代ローマの農業政策について、次のように論じている。

古代ギリシアの諸共和国とローマの政策は、製造業や外国貿易よりも農業を重視したとはいえ、農業を直接または意識的に奨励したというよりは、むしろ製造業や外国貿易を阻害していたように思われる。ギリシアの古代諸国家のいくつかでは、外国貿易は全面的に禁止され、他のいくつかでは、工匠と製造業者の仕事は、……奴隷にしか向かないものと見なされ、その国家の自由市民はそれらをおこなうことを禁じられた。ローマやアテナイのように、そのような禁止がおこなわれなかった国家でさえ、国民全体は、いまでは都市の下層住民が普通に営んでいるすべての職業から、事実上、排除されていた。そのような職業は、アテナイやローマでは、すべて富者の奴隷たちによって占められていた[からである]。(WN, p. 683, (三) 三三三頁)

このように古代ギリシアや古代ローマは、結果的に「農業」重視の政策を採用した点において、オリエントやアジアに生まれた古代文明と共通する特徴をもっていた。しかし、ヨーロッパの古代文明は、生産的労働を奴隷制に依存しているという点において、アジアの古代文明ばかりではなく、ヨーロッパの近代文明とも決定的に異なる経済構造を有していた。古典古代の都市国家の自由市民は、分割された農地の所有者であり、生産活動に従事しなかった。生産活動は奴隷の仕事であり、また「商人という性格は、彼らにとって非常に軽蔑すべきものとみなされた」(LJ(A), p. 224, 二三三頁) がゆえに、商業や貿易は在留外国人の仕事とされた。それゆえ、土地所有者としての古典古代の市民は、日常の生産活動から解放され、いつでも自由に軍役と政治活動に参画することができたのである。

古代ギリシア共和国や古代ローマ共和国の崩壊は、古代インドやシナの事情とはまったく違って、奴隷や在留外国人が営む「製造業」と「外国貿易」がもたらした「富裕と奢侈の増大」によるものである。「富裕と奢侈の増大」は、市民の政治的＝軍事的徳性(civic virtue)を腐敗させ、その国の防衛を困難にしたからである。[39] その結果、古代ギリシア共和国はマケドニアの常備軍の軍門に下った。他方、帝政に移行したローマの兵制は、共和国時代の民兵制から、「最下層民によって構成される」傭兵軍(常備軍)へと再編されたが(LJ(A), p. 236, 二四六頁)、しかし常備軍によって維持されたローマ帝国も、やがて「製造業と商業」の発展によって、同じく没落の運命を免れることはできなかった。そのきっかけとなったのは、ローマ属州の常備軍を支配する将軍たちの脅威を削減するために推進された、コンスタンティヌス帝の軍政改革である[40]。この軍政改革が引き金となった（西）ローマ帝国没落のストーリーを、スミスは『国富論』において次のように語っている。

コンスタンティヌス帝は、……それまでずっと二軍団あるいは三軍団からなる大部隊で駐屯するのが普通であった国境から、それらの軍団をまず撤退させ、小部隊でさまざまな地方の町に分散させ、侵入を撃退する必要が生じたとき以外には、そこからほとんどその部隊を移動させなかった。小部隊に分かれて商工業町に宿営し、そこからめったに移動しなかった兵士たちは、みずから商人や工匠や製造業者になった。民間的な性格が軍事的性格を支配するようになり、ローマの常備軍は、しだいに腐敗し、軽視され、規律のない民兵へと堕落し、その後まもなく西ローマ帝国に侵入してきたゲルマンやスキタイの民兵の攻撃に、抵抗することができなかった。（WN, p. 704, （三）三六六頁）

すなわちスミスによれば、西ローマ帝国の崩壊は、「野蛮国の民兵が文明国の民兵に、すなわち遊牧民の民兵が農耕民や工匠や製造業者の民族の民兵に対してもつ抗いがたい優位性」（Ibid.）を証明する出来事だったのである。

（2）近代文明社会の成立と「富裕の逆行的順序」

西ローマ帝国を崩壊させたゲルマン民族やスキタイ民族は、「遊牧状態から抜けだしたばかりで、その状態からあまり進んでいない農耕諸民族」（WN, p. 717, （三）三八五頁）であった。スミスは、野蛮民族が定住し始めたヨーロッパの混乱状態を次のように描写している。

ゲルマンとスキタイの諸民族がローマ帝国の西部諸属州を侵略したとき、それほど大きな変革につづく混乱は、そのご幾世紀にもわたった。野蛮民が古くからの住民にたいしておこなった略奪と暴行は、町と農村のあいだの商業を途絶させた。町は見捨てられ、農村は未耕作のまま放置され、ローマ帝国のもとでかなりの程度の富裕を享受していたヨーロッパの西部諸属州は、最低度の貧困と野蛮におちこんだ。（WN, pp. 381–82,（二）一九一頁）

西ローマ帝国の没落後、正規の統治は存在せず、混乱と無秩序がつづいたヨーロッパの農村では、農民は農奴や分益小作人としてほぼ無権利状態におかれていたので、資本を蓄えることも農業の改良に資本を投じることもできなかった（『国富論』第三篇第二章）。他方、都市や町も多くのばあい、当初は国王や大領主の隷属下に置かれていたが、やがて国王は、大領主や貴族との対抗上、都市や町に「自由」と「自治」の特権をあたえて保護した。こうして成立した中世の自治都市や商業都市[41]には国内の資本が流入し、それによって都市の住民は、「より富裕な国々の改良された製造品や奢侈品を輸入する」対外貿易に着手するとともに、やがて「運送の費用を節約するために、同種の製造業のいくつかを自国内に設立しようとつとめた。」これが、「外国商業の子孫」とよばれる「遠隔地向け販売のための製造業」[42]の起源である（『国富論』第三篇第三章）。

最後の『国富論』第三篇第四章では、中世における商工業町の発展が、その国の「農村の改良と耕作」に貢献し、やがてヨーロッパに近代文明社会が再建されるに至った経緯が論じられる。それは、次の三つの方法でおこなわれたという。第一に、都市が農村の原産物に市場を提供することによって、第二に、都市の住民――とくに富を蓄えた商人――が土地を購入し、農業の改良を推進することによって、そして第三に、「商業と製造業が、農村の住民のあいだに、秩序と良き統治を、またそれとともに個人の自由と安全を徐々にもたらした」ことによる。この最後の、「商業と製造業がもたらしたすべての効果のなかで、もっとも重要なもの」とスミスが述べる内容とは、農村を支配していた大土地所有者が、都市の提供する奢侈品を購入するために、自分の借地人や家臣団を解体して自らの権力基盤を喪失する歴史過程を論じたものである。スミスによれば、「封建諸制度のあらゆる暴力が実現できなかったことを、対外商業と製造業の静かで気づかれない作用（silent and insensible operation of foreign commerce and manufactures）が、漸次なしとげていったのである。」（WN, p. 418,（二）二四一頁）

古代文明の経済発展は、古代オリエントとアジアだけではなく、ギリシアとローマのばあいも、すべて「農業」を出発点として「製造業」から「国内商業」へと進み、さらにそのすべてが自国民によって営まれたわけではなかったが、[43]「外国貿易」の段階にまで到達していた。いわゆる「富裕の自然的進歩」は、同時代のアメリカ植民地[44]だけではなく、すでに近代以前の古代文明において、完全ではないとはいえ実現されていたのである。他方、こうした古代文明とは決定的に異なる、近代ヨーロッパ社会の特徴とは、その起点が「農業の改良」から始まるのではなく、その「富が商業と製造業にきわめて大きく依存している」ことである。したがって、いわゆる「富裕の自然的順序」は、近代ヨーロッパでは「多くの点で完全に転倒されてきた」のである。

このように近代ヨーロッパにおける「農業の改良」は、「富裕の逆行的順序」において、すなわち「商業および製造業」のある程度の発展の結果としてしか実現しなかった。この「農業の改良」に資本が投じられた段階が、スミスの主張する、近代ヨーロッパにおける文明社会の始まりである。農業の改良は、もともと「粗野な状態」の農業段階において営まれていた「家内工業的で比較的粗末な製造業」を農村工業として分離し独立させた。スミスがいう「農業の子孫」としての製造業とは、このようにして成立した農村工業のことである。農村工業は、「外国商業の子孫としての製造業」の成立に遅れること一世紀余りをへて、それと対抗しつつ成長し、やがて広範な海外市場においてその販路を得ることになる。こうして、スミスが「富裕の自然的進歩」（『国富論』第三篇第一章のタイトル）と命名する、「農業」起源の文明化テーゼは、古代の文明社会だけではなく、近代ヨーロッパにおける文明社会においても、その妥当性が証明されたというべきであろう。

『国富論』第三篇は、以上に述べたように、ヨーロッパにおける近代社会成立史論を主題とするものであるが、この歴史分析のもう一つのテーマは、「外国貿易と製造業」を「富裕」の原因と考える「重商主義」思想の成立事情の解明である。つまり、外国貿易とその子孫としての製造業の「意図せざる結果」として、「富裕の自然的順序」が曲がりなりにも実現されることは、「外国貿易と製造業」を人為的に保護＝育成することが国家を「富裕」へと導く「公益」政策であると理解する、「重商主義」思想を生みだす現実的根拠となるからである。[46] ここには近代ヨーロッパ史における「富裕」の逆行的順序と自然的順序の微妙な交錯があるといえよう。

スミスによれば、近代ヨーロッパにおいて「富裕」の自然的順序が回復されたのは、「農業の改良」に資本が投じられるようになった段階である。その具体的な時期は、ヨーロッパに普及した封建的統治が解体し始めた一二世紀以降のことだと考えられている。[47] しかしながら、その後のヨーロッパにおける大航海時代の幕開けが、ヨーロッパ社会の経済発展に大きな転機を与えることになる。スミスは、ギヨーム＝トマ・レナールの大著『両インド史』第一篇「序文」の冒頭文節を借用しつつ、[48] 大航海時代がヨーロッパ社会にあたえた影響の大きさについて、次のように印象深く語っている。

アメリカの発見と喜望峰経由での東インド航路の発見とは、人類の歴史に記録された最大でもっとも重要な二つの出来事である。その諸結果は、これまですでにきわめて大きかったが、しかしこれらの発見以来の二、三世紀という短い期間では、両者の結果の全範囲を知ることは不可能だった。それらの大事件から今後どのような恩恵または不運が人類にもたらされるのか、人智は予測できない。両者の結果の一般的傾向は、世界のもっとも遠く離れた諸地方をある程度結びつけて、それらの地方が、たがいの不足を補いあい、たがいの享受を増加させあい、たがいの産業を奨励しあうことができるようにすることによって、有益なものと考えられるであろう。しかしながら、東西両インドの原住民にとっては、それらの出来事が生みえたはずのすべての商業的利益は、それが引き起こしたおそるべき不運のなかに埋もれ、失われてまった。（WN, pp. 626–27,（三）二三四―二三五頁）

人類の歴史における「最大かつ最重要な出来事」であるという、このアメリカの発見と東インド航路の発見が、ヨーロッパ経済にもたらした結果については、『国富論』第四篇第一章でより詳しく次のように論じられている。

> アメリカの発見は、……ヨーロッパのすべての商品にたいして無尽蔵の新市場を開くことによって、それは新しい分業と技術改良を引き起こしたのであって、そうしたことは、昔の商業の狭い範囲内では、その生産物の大部分を吸収する市場が欠けていたために、けっして起こりえなかった。労働の生産力は改善され、労働の生産物はヨーロッパのさまざまな国のすべてで増加し、またそれとともに住民の実質的な収入と富も増加した。（WN, p. 448,（二）二九一頁）

スペインが中南米から略奪によって搬入した大量の金銀[49]を除くと、ヨーロッパの製造品との交換によって新たに持ちこまれたアメリカ商品は、ジャガイモ、トウモロコシ、砂糖、ココア、タバコなどである。[50]しかし他方、実際に新大陸（中南米）にもたらされたのは、金銀を求めておこなわれた「ヨーロッパ人の野蛮な不正義（savage injustice）」であり、スペインによる「未開人（savages）にまさる二つの民族」（インカとマヤ）の根絶であった（WN, p. 448,（二）二九一―二九二頁）。

一方、「喜望峰経由での東インド航路の発見は、……アメリカの発見よりもさらに広い展望を、対外商業にたいして開いた」が、スミスは、これまでのところ東インド貿易はアメリカ貿易ほどヨーロッパにとって有利ではないという。その理由として指摘されるのは、東インド貿易における「排他的独占」会社の存在である（WN, pp. 448–49,（二）二九二―二九三頁）。自国民による貿易参入を東インド会社が制限しているがゆえに、東インド貿易は、植民地との交易が「自由」なアメリカ貿易のように、ヨーロッパ諸国の国内産業を推進する効果をもたないのである。

しかし、スミスが東インド会社の貿易独占を批判する最大の理由は、たんなる経済的利益にかかわる損得勘定ではなく、「商人の排他的な会社の統治は、およそどのような国にとっても、おそらく、あらゆる統治のうちで最悪である」（WN, p. 570,（三）一三六頁）という、統治の腐敗問題である。東インド会社は、その組織を防衛するために一定の地域にたいする統治権をあたえられているのだが、「主権者の性格を商人の性格の付属物にすぎないと考え、商人の性格に奉仕すべきもの」とみなしている。さらに、東インド会社の実務機関である理事会の「本来の業務は商人の業務」でなければならないのに、「理事会が国民に服従を命じるためには、それにともなう武力によるほかなく、そのため商人たちの統治は必然的に軍事的で専制的なものとなる」（WN, p. 638,（三）二五六頁）と、スミスの貿易独占にたいする批判はとどまるところを知らない。[51]『国富論』における重商主義批判のパースペクティブは、たんに経済論や正義論のレベルにとどまるものではなく、商業利益の統治への介入の不当性、すなわち商業化にともなう統治の腐敗と専制の問題にまで及んでいるのである。[52]

第三節　近代文明社会の富裕化と不平等＝支配の拡大

『国富論』第四篇の序論で指摘されているように、「経済学は、国民と主権者の双方を富ませることをめざす」

学問である。この「二つの異なる目標」のうちの前者、すなわち「国民を富ませる」ことの具体的内容について、スミスはさらに、「国民に豊富な収入または生活資料を提供すること、つまり、もっと適切に言えば、国民がみずからそのような収入または生活資料を調達できるようにすること」である、と説明を加えている（WN, p. 428, (二)二五七頁)。しかし、現実の文明社会の実態を具に観察してみたとき、われわれは「国民を富ませる」という経済学の目標が実際に実現されているのかどうかを問わなければならない。社会には、生産活動に従事する多くの勤労者階級――スミスのいう「生産的労働者」――がいるだけではなく、生産活動にたずさわらない「不生産的労働者」の数も、それが「有用」労働であるかどうかは別として、かなりの人口比をしめている。また、国民の一部には、土地所有や金融資産によって豊かな生活が保障されている階層もいれば、逆に、働いても生活できない国民や、そもそも働けない国民もいるだろう。さらには、「生産的労働」に従事する勤労者階級間の所得格差もあるだろうし、くわえて雑多で多種多様な階層からなる「不生産的労働者」間の所得格差にも著しいものがある。したがって、「国民を富ませる」という目標が実現されているというのであれば、経済学は、それを証明しなければならないし、もし実現されていないとすればどのようにすれば実現可能かを提案しなければならない。

　スミスが国民の大部分をしめる勤労者階級の「豊かさ」を経済学の目標としていることについては、「労働貧民」の実質賃金の上昇を擁護する、以下の文章のなかに認められている。

> 下層階級の人びとの境遇のこのような改良は、社会にとって有利とみなされるべきだろうか、それとも不都合とみなされるべきだろうか。答えは一見して明らかだと思われる。さまざまな種類の使用人、労働者、職人は、どの大きな政治社

会でも圧倒的大部分をなしている。しかし、この社会の大部分の境遇を改良することが、全体にとって不都合であるとみなされるはずはけっしてありえない。成員の圧倒的大部分が貧困で惨めであるような社会が繁栄し幸福であることは、たしかにありえない［からである。］（WN, p. 96,（一）一四二―一四三頁）

注意しなければならないのは、ここでスミスが「政治社会の圧倒的大部分」を占める社会層の生活状態が実際に豊かだと主張しているわけではないことである。こうした「下層階級の人びと（the lower ranks of the people）」の生活が豊かであれば、その社会の「国民」全体が富裕だと判断してよいということ、これが引用文で述べられている趣旨である。

それでは、文明社会で生活する下層階級の人びとの「豊かさ」（富裕）はどのようにして実現されるのだろうか。また、それを証明するにはどのような方法があるのだろうか。スミスが分業論において解決しようとした課題が、これである。分業がもたらす「富裕」を論じるにあたって、最初に提起されるのは、未開社会と文明社会との比較史的分析という手法である。スミスは、『国富論』の「序文および本書の構想」のなかで、「猟師や漁夫からなる未開民族」の社会と比較しつつ、彼が考察しようとする「文明社会」の特徴を次のように描き出している。

【A】猟師や漁夫からなる未開民族のなかでも、働くことのできる個人は、すべて、多かれ少なかれ、有用労働にたずさわり、自分自身、あるいは彼の家族または種族のうち、狩猟や漁獲に赴くには高齢すぎたり、若すぎたり、病弱にすぎたりするような者を扶養するようにつとめる。しかしながら、そのような民族は極度に貧しいために、彼らの幼児や高齢者や長く病気にかかっている者を、ときには直接に殺害したり、ときには捨てておいて飢え死にさせたり、野獣に食われるままにする必要に、しばしば迫られるし、あるいは少なくともそう考える。これに反し、文明化し繁栄している民族のあいだでは、多数の人びとはまったく労働しないのに、働く人びとの大部分よりも一〇倍、しばしば一〇〇倍もの労働の生産物を消費する。しかしその社会の労働全体の生産物はきわめて多大であるため、万人がしばしば豊富な供給を受けるし、最下層で極貧の労働者（a workman, even of the lowest and poorest order）ですら、倹約かつ勤勉であれば、未開人の獲得しうるよりも大きな割合の生活必需品や便益品を享受することができる。（WN, p. 10,（一）二〇頁）

ここで提起されているのは、労働も分配も基本的に平等におこなわれる未開社会が極貧状態にあるのに、他方で「まったく労働しない」多数の人びとに多くの分配がおこなわれる文明社会では、その「最下層で極貧の労働者」でさえ未開社会のだれよりも豊かな生活を享受しうるのは、なぜかという問題である。その謎を解くカギは、「単純協業」を基盤とする未開社会とは決定的に異なる、文明社会に固有の労働形態である「分業」にあるとして、スミスは、『国富論』を「分業」の分析から始めるのである。言うまでもなく、これは、名著『経済学の生誕』（一九五三年）のなかで、内田義彦が「財産の不平等にもかかわらず全般的に富裕である文明社会」の存立構造の解明を、「分業論を基軸とする『国富論』体系の分析視角」として剔出した内容である。さらに内田は、スミスの分析視角を規定する文明社会の表象認識を、『国富論』【A】の記述以上に、よりリアルに記録している資料として、『国富論草稿』[53]の一節を引いているのであるが、ここでは当時は利用できなかったが、『国富論』以前の初期スミスにおける分業論の主題と方法を、『草稿』以上により鮮明に伝える資料として、『法学講義』（Aノート）から、下記の一文を引いておきたい。

【B】労働貧民は、いわば社会の全機構を維持し、社会のそれ以外のすべての人びとに便宜と安楽の手段を提供しているのに、自分はごくわずかの配分しか保有せず、社会の闇に埋もれてしまっている。彼は、その双肩に全人類を担い、その負担の重みに耐えかねて埋没し、そして、自分以外の社会の成員のすべてを扶養している世間の最下層のなかに身をしずめるのである。それならば労働貧民や最下層の人びとが、生活の便宜品について大きな配分を受けていることを、われわれはどのように説明すべきだろうか。さまざまな人びとの間でおこなわれている分業だけが、この理由を説明することができる。そこで職業のある特定部門において、分業が及ぼす効果を考察してみよう。そうすればそこから、職業全体に及ぼす分業の効果が判断されるだろう。この目的のために、まったく取るにたらないものであるが、分業の効果を証明するには十分だと考えられる一例をあげてみよう。それがピン製造業なのである。（LJ(A), p. 341, 三六三—三六四頁）。

この文章の傍点箇所では、いわゆる社会的分業と作業場内分業の関係やピン製造業が「例証」として選ばれた理由が端的に述べられており、『国富論』における分業論の展開方法（読み方）を知るうえできわめて示唆に富むというべきであるが、ここでこの文章がより重要である理由は、「公正（equity）」の観点から、文明社会における分配の不平等を、スミスが憤りを籠めて語っているからである。これと同時期に執筆された『国富論草稿』には、「ひとつの大きな社会の労働の生産物にかんしては、公正で平等な分配（a fair and equal division）と言えるようなものは、けっして何も存在しない」ことは当然としても、社会に現存する労働と分配の「耐えがたい不平等」は、「暴力あるいは、より秩序だった法律の抑圧によって（by violence or by the more orderly oppression of law）」生みだされたものだと批判する、より明確な文言も認められる（ED, pp. 563–564, 四四六—四四七頁）。

これに相当する『国富論』の文章【A】には、もちろん文明社会に現存する分配の不平等は事実として指摘されているのだが、それを「公正」の観点から批判的にとらえる表現は削除されてしまっている。しかし、そのことをもって、『国富論』段階になるとスミスは、分配の不平等の問題が分業による富裕化の進展によって解消されると考えた、というように解釈するのは早計であろう。なぜなら、分業の進展によって、「労働貧民や最下層の人びとが生活の便宜品について大きな配分を受ける」ことが可能になるにせよ、生産力の増進によって分配上の不平等は社会的に拡大することになるからである。[54] 分業の進展による生産力の増大が所得格差のさらなる拡大を帰結することは、文明社会において増加しつづける「不生産的労働者」の存在と、さらには引用文【A】に指摘されている「多数の人びとはまったく労働しない」という事実によって裏づけられるであろう。

内田は、初期スミスの分業論における「富裕」の増進と分配の不平等（所得格差の拡大）とのアンチノミーについてコメントを加え、「それはしばしば、全社会をその双肩ににな う大多数の人間が『貧困におしつぶされている』にもかかわらず、しかも、『富裕が社会のすみずみにゆきわたる』というような、無意味な表現にまで転落していく[55]」と論じた。しかし、初期スミスが剔出した文明社会のアンチノミーは、内田のように、スミス自身の見解の論理的矛盾と捉えるべきではなく、分業の進展によって必然化される近代文明社会それ自体のアンチノミーと解釈すべきであろう[56]。

内田のスミス解釈のもう一つの問題点は、スミスの「富」把握が支配＝権力論と切り離されて理解されていることである。スミスの「富」把握を政治権力論と無関係とする解釈は、内田だけのものではなく、スミスにおける政治学の意義を強調するドナルド・ウィンチにも共有されている通説である。ここでは、『国富論』第三版で追加された第一篇第五章の有名な一文を引いておきたい。

ホッブズ氏がいうように、富は力（power）である。しかし大きな財産（fortune）を獲得したり相続したりする人が、かならずしも文民または軍制上のなんらかの政治権力（any political power, either civil or military）を獲得したり相続したりするわけではない。おそらく財産はその両方を獲得する手段を彼にあたえるだろうが、その財産をたんに所有しているだけでは、かならずしもそのどちらをも彼にもたらすとはかぎらない。その所有がただちに、かつ直接に彼にもたらす力は購買力

(power of purchasing)、すなわち，そのとき市場にあるすべての労働，あるいは労働の生産物にたいする一定の支配力(a certain command)である。(WN, p. 48,(一)六四頁)

この一文についてウィンチは、「ホッブズが富を力と規定したことにたいして、不賛成の意味で引用されている」[57]と注記している。社会的分業が広範囲に行きわたる「商業社会」では、たしかに近代以前の社会のように、財産(富)が直接的に人間を支配する(政治)権力として機能することはなくなるので、両者を直結するホッブズの見解に、ここでスミスが異議を唱えていることは明らかである。しかしだからといって、文明社会における財産(富)が、市場における交換行為や契約を通じて、いわば間接的に「政治権力」の「手段」として機能するということを、スミス自身は否定しているわけではない。労働価値論においてしばしば議論となる「購買または支配しうる(他人の)労働量」という、スミスの支配労働＝価値尺度規定は、内田の理解やウィンチの指摘とは異なり、商品や貨幣という文明社会の「富」が、日常的な交換行為というミクロ・コスモスのレベルにおいて、直接的あるいは間接的に、人の支配につながる「権力」として機能することを、スミス自身がはっきりと認めている議論として、読むことができるのである。[58]

すなわち、文明社会における分業の進展は、「全般的富裕」を実現するとともに、分配の不平等(所得格差と資産格差)を拡大することになる。その結果、文明社会の富裕化は、生産的労働に従事する資本家による労働者の支配を強化するとともに、生産的労働者にたいする非生産的労働者――スミスがあげているリストは、「主権者」と「彼につかえるすべての司法および軍事官僚」、さらに「教会人、法律家、医師、あらゆる種類の文筆家と俳優、道化師、音楽家、オペラ歌手、オペラ・ダンサー」(WN, p. 331,(二)一一一頁)など多岐におよぶが――による支配関係も、社会的には拡大されるのである。

おわりに

本章で論じてきたテーマを一言で要約すれば、それは、スミス文明社会論における「啓蒙」(文明)と「野蛮」の交錯と逆転の諸相を明らかにすることであった。スミスの啓蒙思想は彼の文明社会論に集約されているのであるが、しかし、スミスの文明社会論を仔細に検討すれば、彼は、「野蛮」から「文明」への単線的な進歩史観を語っているのでもなければ、また、商業による社会の「富裕」化を手放しで称賛しているわけでもなかった。これが本章の結論である。

第一節で論じたように、エディンバラ公開講義以来のスミスの「不変の主題」として知られる、初期スミスの思想形成の出発点は、オックスフォード留学時代に求めることができる。留学前後に開始されたヒュームの『人間本性論』および『道徳・政治論集』との知的格闘が初期スミスの思想形成にとって重要であったことについては、すでにフィリップスンの指摘するところであったが、それに加えて、本節では、スミスが留学最終年に遭遇した四五年のジャコバイト蜂起の衝撃を重視すべきだと論じた。資料的な制約もあり論証としてはやや不十分な面も否めないが、『法学講義』から『国富論』に至るまで、スミスが国防問題をつねに民兵制と常備軍との「相互補完」関係において捉える必要があるという認識を示したのは、それが、西ローマ帝国の崩壊とともに、ジャコバイト軍のイングランド侵攻という歴史的事件から学びとった教訓であったからである。また、ジャコバイト軍の侵攻という不測の事態がブリテン政府にあたえた恐怖心と、その裏返しともいえる復讐に燃えた政府軍(常備軍）によるカロデンおよびその後の無益な殺戮行為と残虐極まる蛮行の数々は、まさしく「文明（啓蒙）における野蛮」を象徴する出来事であった。

第二節では、これまで、啓蒙の進歩史観の典型として解釈されてきたスミスの「富裕の自然的順序」論のパースペクティブを、アジアを含む古代文明にまで広げることにより、近代ヨーロッパ文明の発展が「逆行的な」過程を辿らざるをえなかった事情と、その必然的な結果として「商業と製造業」を奨励する重商主義がヨーロッパ諸国の基本政策として成立するに至った経緯を明らかにした。ヨーロッパ諸国の重商主義政策は、貿易独占を生み、そのため本来世界のどの地域にとっても有益な結果をもたらすはずの交易が、スミスによれば、アメリカとアジアに文明の破壊や「不正」と「不幸」もたらしたのである。

第三節で論じたのは、これまでの研究において論及されることがなかった、スミス文明社会論における政治権力の問題である。周知のように、『経済学の生誕』のなかで内田は、スミスの文明社会を「財産の不平等にもかかわらず全般的に富裕」な社会と特徴づけた。この内田以来のスミス解釈は、初期未開の社会と比較したときの文明社会の特徴を適切に表現したものではあるが、しかしスミスの文明社会論にはもう一つ重要な構造的な特徴があるのであって、それは、「富裕」を実現するところの分業による労働生産力の増大が社会の所得格差を拡大するという理解である。スミスとって、文明社会の「富」は、ホッブズのように直接的ではないとしても、間接的に「政治権力を獲得する手段」となると認識されているのであるから、分業の進展にともなう文明社会の「富」の増大は、所得格差を拡大し、それにともなって富者の貧者にたいする「支配」権力——すなわち支配—従属関係——も、強化されることになるはずである。『国富論草稿』に記された、「暴力あるいは、より秩序だった法律の抑圧によって」生みだされる「耐えがたい不平等」という表現は、スミス分業論と権力論の結びつきを明らかにする手がかりとなるものであった。

以上の考察から明らかなように、スミスは、彼が論じた文明社会論において、「啓蒙」（＝文明化）を手放しで肯定しているのではなく、啓蒙がもたらす「野蛮」とも形容すべきその否定的側面について、もちろん時代的な制約はあるものの、十分な目配りをしていると結論づけてよいだろう。スミスの文明社会論にみられるこのようなアンビヴァレントは、彼が、一七〇七年のイングランドとの「合邦」を推進した、スコットランド啓蒙の第一世代の遺産を批判的に引きついだ、第二世代の思想家であったことと無関係ではないと思われる。だが、この点の解明は別の機会に譲り、いまは問題提起にとどめておかなければならない。

注

（1） Horkheimer, M. und T. W. Adorno, *Dialektik der Aufklärung: Philosophische Fragmente*, 1947, in T. W. Adorno, *Gesammelte Schriften*, Bd. 3, Suhrkamp, S. 13, 1981. 徳永恂訳『啓蒙の弁証法 ── 哲学的断想』岩波書店、xii頁、一九九〇年。

（2） Smith, A., *An Inquiry into the Nature and Causes of the Wealth of Nations*, 2 vols, Campbell, R. H. and A. S. Skinner(eds.), Oxford University Press, 1976, pp. 782–83. 水田洋監訳『国富論』（全四冊）岩波文庫、二〇〇〇―二〇〇一年、（四）五一頁。なお、『国富論』からの引用については、WNと略記し、当該の原典頁および邦訳の巻数と頁数とを文中に記す。

（3） Ross, I. S., *The Life of Adam Smith*, Oxford University Press, 1995, p. 80（篠原久・只腰親和・松原慶子訳『アダム・スミス伝』シュプリンガー・フェアラーク東京、二〇〇〇年、八八頁）; Do., Second edition, 2010, p. 74. 引用文中の訳文は、適宜修正している場合がある。以下同じ。

（4） *St James's Chronicle Or British Evening Post*, July 31, 1790.

（5） McCulloch, J. R., "Sketch of the Life and Writings of Adam Smith", in *An Inquiry into the Nature and Causes of the Wealth of Nations*, New Edition, McCulloch, J. R. (ed.), 1863, Adam and Charles Black, p. ii. Cf. Strang, J., *Glasgow and Its Clubs*, Third edition, John Smith & Son, 1864, p. 28.

（6） Rae, J., *Life of Adam Smith*, 1895, Kelley's Reprint, 1965, p. 24. 大内兵衛・大内節子訳『アダム・スミス伝』岩波書店、一九七二年、二九頁。Cf. Hume to Hutcheson, March 4, 1740, in *The Letters of David Hume*, 2 vols, Greig, J. Y. T. (ed.), Oxford

University Press, 1932, vol. i, p. 37.

(7) Ross (1995), *ibid.*, pp. 12, 74（篠原・只腰・松原訳、一二、八二頁）; Ross (2010), pp. 12, 69.

(8) Kennedy, G., *Adam Smith: A Moral Philosophy and His Political Economy*, Palgrave Macmillan, 2008, p. 17.

(9) Hume, D., *A Treatise of Human Nature*, Selby-Bigge, L. A. (ed.), Second ed., Oxford University Press, p. xvi. 木曾好能訳『人間本性論』（第一巻）法政大学出版局、二〇〇五年、七頁。

(10) Stewart, D., *Account of the Life and Writings of Adam Smith, LL. D.*, in Adam Smith: *Essays on Philosophical Subject*, Wightman, W. P. D. and J. C. Bryce(eds.), Oxford University Press, 1980, p. 271. 福釜忠恕訳『アダム・スミスの生涯と著作』御茶の水書房、一九八四年、六頁。

(11) この点については、Phillipson, N., *Adam Smith: An Enlightened Life*, Allen Lane, 2010, p. 65を参照。ただし、参照頁の本文中に明記されている『道徳・政治・文学論集』というタイトルの書物は、ヒューム自身の出版物ではない。

(12) Smith, A., *The Theory of Moral Sentiments*, Raphael, D. D. and A. L. M. Macfie(eds.), Oxford University Press, p. 327. 水田洋訳『道徳感情論』（上・下）岩波文庫、二〇〇三年、（下）三六三頁。

(13) この点については、Scott, W. R., *Francis Hutcheson: His Life, Teaching and Position in the History of Philosophy*, Cambridge University Press, 1900, Kelly's Reprint, 1966以来の研究の蓄積がある。その後の研究としては、Taylor, W. L., *Francis Hutcheson and David Hume as Predecessor of Adam Smith*, Durham, 1965と、Hope, V. M., *Virtue by Consensus: The Moral Philosophy of Hutcheson, Hume, and Adam Smith*, Oxford University Press, 1989（奥谷浩一・内田司訳『ハチスン、ヒューム、スミスの道徳哲学――合意による徳』創風社、一九九九年）、さらにわが国の田中正司『アダム・スミスの自然法学――スコットランド啓蒙と経済学の生誕《第二版》』御茶の水書房、二〇〇三年（初版一九八八年）を参照。

(14) Phillipson, *op. cit.*, p. 67.

(15) Stewart, *op. cit.*, p. 322. 福鎌訳、七八頁。

(16) *Ibid.* 同上。

(17) *Ibid.* 福鎌訳、七九頁。なお、傍点強調は引用者自身のもの。以下同じ。

(18) Ross (1995), *op. cit.*, p. xx（篠原・只腰・松原訳、ⅳ頁）; Ross (2010), p. xxiv.

(19) Hume, D., *Essays, Moral, Political, and Literary*, Miller, E. F. (ed.), Revised Edition, Liberty Fund, 1987, pp. 89–90. 田中敏弘訳『道徳・政治・文学論集』名古屋大学出版会、二〇一一年、七九―八一頁。

(20) もちろん、オックスフォード留学中のスミスの個人的研究の重要性を指摘することは、帰国後に出版されたヒュームの著作、とりわけ『政治論集』（一七五二年）のスミスへの影響を軽視することを意図するものではない。

（21）　*The General Advertiser*, Dec. 6, 1790. 四五年のジャコバイト蜂起については、数多くの文献がある。ここでは、Lenman, B., *The Jacobite Risings in Britain 1689–1746*, Eyre Methuen, 1980; McLynn, F. J., *The Jacobite Army in England, 1745: The Final Campaign*, John Donald, 1983 をはじめ、Ferguson, W., *Scotland. 1689 to the Present*, Mercat Press, 1994, pp. 147–154（飯島啓二訳『近代スコットランドの成立――十八–二十世紀スコットランドの政治社会史』未来社、一九八七年、一五〇―一五六頁）と、Herman, A., *The Scottish Enlightenment: The Scots' Invention of the Modern World*, Haper Perennial, 2001, pp. 127–153（篠原久監訳・守田道夫訳『近代を創ったスコットランド人――啓蒙思想のグローバルな展開』昭和堂、二〇一二年、一三七―一六六頁）などを参照した。また、Jarvis, R. C., *Collected Papers on the Jacobite Risings*, 2 vols, Manchester University Press, 1972 は、原史料を利用して四五年ジャコバイト蜂起の全体像を再現する研究として有益である。なお、ジャコバイト問題を内包するスコットランドの歴史的背景の概略については、本書第五章（田中）を参照されたい。

（22）　Ross (1995), *op. cit.*, p. 79（篠原・只腰・松原訳、八七頁）; Ross (2010), p. 73.

（23）　Smith, A., *Lectures on Jurisprudence*, Meek, R. L., D. D. Raphael and P. G. Stein (eds.), Oxford University Press, 1978, pp. 540–41. 水田洋訳『法学講義』岩波文庫、二〇〇五年、四〇六―〇七頁。『法学講義』（Ａノート）の翻訳については、水田洋・篠原久・只腰親和・前田俊文訳『アダム・スミス法学講義　一七六二～一七六三』名古屋大学出版会が出版された。『法学講義』（Ａ／Ｂノート）からの引用は、それぞれ LJ(A) および LJ(B) と略記し、当該の原典頁と邦訳頁とを文中例のように記す。

（24）　ダービーまで侵攻してきたハイランド軍をイングランドで挟撃するという、ウェイドとカンバーランドの作戦計画は、「フランス軍の侵攻」への恐れから、一二月の時点では実行不可能であった。この点については、Oates, J. D., *The Jacobite Campaigns: The British State at War*, Pickering & Chatto, 2011, pp. 41–2 を参照。

（25）　イングランドにおけるジャコバイトの組織的な決起はなかったが、有力者のなかに多くの支持者がいたことについては、Lord, E., *The Stuarts' Secret Army: English Jacobites, 1689–1752*, Person Education, 2004, pp. 258–65 が、有益な情報を提供している。

（26）　「武装解除法」（一七一六年、一七二五年）については、Lenman, *op. cit.*, p. 210; Herman, *op. cit.*, p. 135（篠原監訳、一四五―四六頁）; Plank, G., *Rebellion and Savagery: The Jacobite*

Rising of 1745 and the British Empire, University of Pennsylvania Press, 2006, p. 18を参照。

（27） 合邦後のいわゆる「改良の時代」のスコットランドについては、本書第六章（関）と第七章（古家）が、それぞれ異なる視点から有益な考察を行っている。

（28） [Alexander Carlyle of Inveresk], *A Letter to his Grace Duke of Buccleuch on National Defence: with some Remarks on Dr. Smith's Chapter on that Subject, in his Book entitled An Inquiry into the Nature and Causes of the Wealth of Nations*, London, 1778.

（29） *The Correspondence of Adam Smith*, Mossner, E. C. and I. S. Ross(eds.), Second ed., Oxford University Press, 1987, p. 251.

（30）「ポーカー・クラブ」の会員リストについては、Robertson, *op. cit.*, pp. 188–92の「補遺」(Appendix)を参照。

（31） 見解はやや異なるものの、スミス国防論をめぐる常備軍と民兵制の関係については、Robertson, J., *The Scottish Enlightenment and the Militia Issue*, John Donald, 1985, pp. 212–28; Sher, R. B., *Church and University in the Scottish Enlightenment: The Moderate Literati of Edinburgh*, Edinburgh University Press, 1985, pp. 237–39, さらにわが国の研究としては、篠原久『アダム・スミスと常識哲学 ── スコットランド啓蒙思想の研究』有斐閣、一九八六年、一二五─六四頁、天羽康夫『ファーガスンとスコットランド啓蒙』勁草書房、一九九三年、七七─七九頁、田中秀夫『文明社会と公共精神 ── スコットランド啓蒙の地層』昭和堂、一九九六年、九七─一三〇頁が有益である。

（32） スミスは、「統治をそれよりもずっと危険にさらした最近の反乱では、それに関与した有名人が多数いたにもかかわらず、約六〇名の市民が処刑されたにすぎなかった」(LJ(A), p. 328, 三五一頁）と述べているが、もちろんこの数字には、法によって裁かれずに惨殺された人数はいっさい含まれていない。

（33） Lord, *op. cit.*, p. 228.

（34） 小林昇『国富論体系の成立 ── アダム・スミスとジェイムズ・ステュアート』、『小林昇経済学史著作集Ⅰ ── 国富論研究（一）』未来社・所収、一九七六年、二七三─七四頁、同「『国富論』における歴史批判」、『小林昇経済学史著作集Ⅱ ── 国富論研究（二）』未来社、一九七六年、一九五頁。

（35） 一九世紀以前の世界経済にしめるアジアの位置、とくに中国（シナ）にたいする再評価については、アンドレ・グンダー・フランクの次の言葉を参照されたい。「一八〇〇年以前の世界経済において優越的な地位に立つ地域があったとすれば、それはアジアにあった。世界経済およびそのなかで可能であった諸『センター』のヒエラルキーにおける『中心的』な地位と役割を有する経済があったとすれば、それは中国であった。」Frank, A. G., *ReOrient: Global*

Economy in the Asian Age, University of California Press, 1998, p. 5. 山下範久訳『リオリエント――アジア時代のグローバル・エコノミー』藤原書店、二〇〇〇年、二五頁。フランクとは異なり、Elliott, J. H., *The Old World and The New 1492–1650*, Cambridge University Press, 1970（越智武臣・川北稔訳『旧世界と新世界一四九二―一六五〇』岩波書店、一九七五年）と、Marshall, P. J. and G. Williams, *Great Map of Mankind: British Perception of the World in the Age of Enlightenment*, J. M. Dent & Sons, 1982（大久保桂子訳『野蛮の博物誌――18世紀イギリスがみた世界』平凡社、一九八九年）の二著は、すでに対外的な優位を意識した一八世紀ヨーロッパの視点から書かれた書物である。

（36）同趣旨の記述は、フランス重農主義を扱う『国富論』第四篇第九章にもみられる。「シナ人は外国貿易をほとんど尊重していない」（WN, p. 679,（三）三二八頁）し、「古代エジプト人は海を迷信的に嫌っていた。また、ヒンドゥ教は、信徒に水上で火を灯すことを、したがってまた水上ではどんな調理も許さないので、事実上、信徒にたいしてすべての遠洋航海を禁じている。」（WN, p. 682,（三）三三二頁）ただし、近年の研究によれば、スミスの見解はインドとシナを中心とするアジア諸国の海外貿易力をやや過小評価しているといえよう。Cf. Frank, *op. cit.*, pp. 87–117, 山下訳一七四―二二一頁。

（37）しかしスミスは同時に、ながらく停滞状態にある「シナの最下層の人びとの貧しさは、ヨーロッパで極貧状態にある諸国民の貧しさよりもはるかに劣悪である」（WN, p. 89,（一）一三〇頁）とも指摘している。というのは、今日「ヨーロッパの大部分は改良されつつある状態にあるため、労働の実質的補償はシナよりもヨーロッパのほうがより高いからである。」（WN, p. 209,（一）三三一頁）――ここでスミスが論じているのは、シナの停滞状態が所得格差を拡大し、とくに社会の下層階級の人びとの生活状態に悪影響を及ぼしていることである。したがって、「シナはヨーロッパのどの地域よりもはるかに富んだ国である」というスミスの現状認識は、労働者一人あたりについてではなく、国家単位レベルでのシナの「富裕」を意味していると考えられるので、シナにかんするスミスの事実認識に矛盾はないと思われる。停滞状態にあったシナが、なおスミスの時代に「世界市場における優位的地位」を失っていなかったことの詳細については、Frank, *op. cit.*, pp. 315–17, 山下訳五二〇―二一頁を参照せよ。

（38）ムガール帝国（一五二六―一八五八年）支配下のインド経済の発展と繁栄については、Jones, E. L., *The European Miracle: Environments, Economies and Geopolitics in the History of Europe and Asia*, Third edition, Cambridge University Press, 2003, pp. 192–201. 安元稔・脇村孝平訳『ヨーロッパの奇跡――

環境・経済・地政の比較史』名古屋大学出版会、二〇〇〇年、一九八—二〇六頁を参照。またムガール帝国の衰退と滅亡を、ヨーロッパの植民地主義などの外因に求めるのか、それとも帝国自体の内因に求めるのかについては論争がある。この論争については、Frank, *op. cit.*, pp. 267–71, 山下訳四五〇—五六頁に適切な紹介がある。

（39） この商業化にともなう市民的徳性（civic virtue）の喪失というテーゼは、周知のように、ジョン・ポーコックが、古代ギリシアの共和国を起源とするシヴィック・ヒューマニズムの伝統として提起したものである。Cf. Pocock, J. G. A., "Civic Humanism and Its Role in Anglo-American Thought", in *Politics, Language and Time: Essays on Political Thought and History*, Atheneum, 1973, pp. 80–103. 『法学講義』（A／Bノート）に登場するこのテーゼが、『国富論』段階でも堅持されていることは、この後の展開で明らかになるであろう。

（40） スミスは、軍政改革の推進者がコンスタンティヌス帝か、その前のディオクレティアヌス帝のどちらであるかを特定していないが、引用文に示された内容の軍政改革を断行したのはコンスタンティヌス帝であった。この点については、南川高志『新・ローマ帝国衰亡史』岩波新書、二〇一三年、七四—六頁参照。

（41） 「イタリアの諸都市は、ヨーロッパで最初に、商業によってかなりの程度の富裕に達したと思われる。イタリアは当時、世界のなかで文明開化した地域の中心であった。」WN, p. 406,（二）二二五頁。中世ヨーロッパ都市の起源とその多様性については、Ennen, E., *Die europäische Stadt des Mittelalters*, Dritte Auflage, Sammlung Vandenhoeck, 1979（佐々木克己訳『ヨーロッパの中世都市』岩波書店、一九八七年）と瀬原義生『ヨーロッパ中世都市の起源』未来社、一九九三年を参照。

（42） 「外国商業の子孫」としての製造業の具体例として、スミスは、「一三世紀にルッカで栄えた昔の絹織物、テン、ビロードや錦織の製造業」、さらに「昔フランドルで栄え、エリザベス治世の初期にイングランドに導入された上質の毛織物工業と、現在のリヨンとスピトルフィールズの絹織物業」などを列挙している（WN, p. 407,（二）二二八頁）。この点については、「上質の毛織物」を中心とする概説書であるが、Lopez, R. S., *The Commercial Revolution of the Middle Ages, 950–1350*, Cambridge University Press, 1976, pp. 130–37（宮松浩憲訳『中世の商業革命』法政大学出版会、二〇〇七年、一六四—一七三頁）を参照。

（43） 「古代エジプトの富、シナとインドスタンの富は、たとえ自国の輸出貿易が外国人によっておこなわれたとしても、一国民がきわめて高度な富裕を達成できることを十分証明している。」WN, pp. 379–380,（二）一八九頁。

(44) イギリスのアメリカ植民地が「富裕の自然的進歩」を具現する近代モデルであることについては、小林「『国富論』における歴史批判」(前掲)参照。

(45) スミスが「農業の子孫」として列挙する農村工業、すなわち「リーズ、ハリファックス、シェフィールド、バーミンガム、ウルヴァハンプトンの製造業」(WN, p. 409, (二) 二三二頁)こそが、イギリス産業革命を牽引した産業である。

(46) この点を指摘した研究として、やや古いが、拙稿「『国富論』第三・第四編の関連についての一考察 —— 現状批判としての「哲学的歴史」の方法」『経済学雑誌』〔大阪市立大学〕八〇巻三号、一九七九年を参照されたい。

(47) ここでヨーロッパにおける封建制の解体時期を一二世紀以降としたのは、ローマ帝国崩壊後の「自由保有的統治(allodiall government)」から「封建的統治(feudal government)」への変化は「およそ九世紀、一〇世紀、および一一世紀にかけて、ヨーロッパ全土において生じた」(LJ(A), p. 252, 二六五頁)と、スミスが指摘しているからである。中世史の大家マーク・ブロックは、「一三世紀中葉以降、ヨーロッパの諸社会は封建的形態から決定的に離脱した」(Bloch, M., *La Société Féodale*, Albin Michel, 1940, p. 613. 新村猛・森岡敬一郎・神沢栄三・大高順雄訳『封建社会2』みすず書房、一九九七年、一六一頁)と述べているが、もちろんヨーロッパにおける封建制の解体時期は一律ではなく、地域間においてかなりのタイム・ラグがあったことは言うまでもない。スミスは、『国富論』第三篇において、この問題を、近代ヨーロッパ諸国家の「不均等発展」として論じた。

(48) 「人類一般にとって、とくにヨーロッパの諸国民にとって、新世界の発見と喜望峰経由での大インドへの航海ほど興味深い出来事はなかった。そのときから貿易において、国力において、すべての民族の習俗と産業と政体において、ひとつの革命が始まった。」Raynal, Guillaume-Thomas, *Histoire philosophique et politique des Établissemens et du Commerce des Européens dans les deux Indes*, 5vols, Geneve, 1780, Tome I, pp. 1-2. 大津真作訳『両インド史 —— 東インド編・上巻』法政大学出版会、二〇〇九年、七頁。スミス・ライブラリーの所蔵リストには、一七七五年にジュネーヴで出版された第二版(三巻本)が所蔵されている。Mizuta, H. (ed.), *Adam Smith's Library: A Catalogue*, Oxford University Press, 2000, p. 212.

(49) スミスは、「アメリカの発見がヨーロッパを富ませたのは、金銀の輸入によってではない」(WN, p. 447, (二) 二九〇頁)と論じ、「ヨーロッパにおける金銀の量の増大とその製造業と農業の発展は、ほぼ同時期におこった二つの出来事だとはいえ、きわめて異なる原因から生じ、相互にほとんどなんの自然的関連もない」(WN, p. 255, (一) 四一五頁)として、一六世紀後半の「価格革命」を、ヨーロッパの経済成長の原因とみる考え方を否定している。

(50)「一七世紀になると……コーヒー、紅茶、ココア、タバコ、砂糖が、ほぼ同時期にヨーロッパでもアジアでも人気を博するようになった。」このうち、「アラビカ・コーヒーはエチオピアで栽培され、後にイエメンで栽培されるようになったが、ココアはメキシコやアンデス一帯で、茶はシナで、タバコはアメリカ大陸でしか生産されていなかった。」Pomeranz K. and S. Topik, *The World That Trade Created: Society, Culture, and the World Economy, 1400 to the Present*, Second edition, M. E. Sharpe, 2006, p. 72. 福田邦夫・吉田敦訳『グローバル経済の誕生——貿易が作り変えたこの世界』筑摩書房、二〇一三年、一一八頁。

(51) イギリス東インド会社に直接言及した以下の文章もあげておきたい。「二つの性格が両立しないということでは、小商人の性格と主権者の性格にまさるものはないように思われる。イングランドの東インド会社の小商人精神がこの会社を非常に悪い主権者にしているとすれば、主権の精神がこの会社を、同様に悪い小商人にしたように思われる。」WN, p. 819,（四）一二一—一二二頁。なお、より広い視点からの重商主義における野蛮と啓蒙の分析については、本書第四章（生越）を参照されたい。

(52) この点については、拙稿「『ジェントルマン資本主義』論とアダム・スミス」、『経済学史学会年報』三六号、一九九八年を参照されたい。ロスも『スミス伝』第二版への序文で、拙稿において指摘した重商主義にたいするスミスの政治批判の観点を強調している（Ross: 2010, *op. cit.*, p. xix）。

(53)『国富論草稿』は、LJ(A) および LJ(B) とともに、Smith, *Lectures on Jurisprudence* に収録され、その翻訳は『法学講義』（Bノート）の水田訳（前掲）に附録として収められている。引用に際しては、ED と略記し、当該の原典および邦訳頁を文中に記す。

(54) この点については、拙稿「初期スミスにおける分業論の展開——『法学講義』と『初期草稿』の関係を中心として」『京都学園大学経済学部論集』四巻三号、一九九五年と、スミスの分業論を統治論との関係において論じた、拙稿「スミス分業論の基本構想——統治論としての経済学の成立」、田中秀夫（研究者代表）『啓蒙思想と経済学形成の関連を問う——グローバルな視点から』（平成一九—二一年日本学術振興会研究補助金『研究成果報告書』、基盤研究（A）、二〇一〇年三月を参照されたい。

(55) 内田義彦『経済学の生誕』（未来社、一九五三年、増補版一九六二年）、『内田義彦著作集・第一巻』岩波書店、一九八八年、一七八頁。

(56) Rasmussen, D. C., *The Problems and Promise of Commercial Society: Adam Smith's Response to Rousseau*, Pennsylvania University Press, 2008, pp. 51–90.

(57) Winch, D., *Adam Smith's Politics: An Essay in Historiographic Revision*, Cambridge University Press, 1978, p. 17, note 3. 永井義雄・近藤加代子訳『アダム・スミスの政治学——歴史方法論的改訂の試み』ミネルヴァ書房、一九八九年、二三頁。ウィンチは、別の箇所では、商業社会では「政治力はもはや経済力の必然的な随伴物ではない」と正しく論じている(Winch, p. 91, 永井・近藤訳一一一頁)。しかしそこから、「権威への服従と経済的従属とは別領域に帰属する」とスミス自身が考えていたと解釈するならば、このウィンチの推論には論理の飛躍があるということになる。

(58) この点は、拙稿「スミス労働価値論の再読——商品価値の認識と実在」、『大阪経大論集』六一巻一号、二〇一〇年、五七頁の注二一で指摘し、拙稿「スミス分業論の基本構想——統治論としての経済学の成立」(前掲)において具体的に論じた。

第九章　ジョセフ・プリーストリと後期イングランド啓蒙 ── 奴隷制*

松本哲人

第一節　野蛮としての奴隷制と啓蒙

本章では、啓蒙（Enlightenment）において奴隷制（slavery）[1]とは何であったかに焦点を当てる。序章において編者（田中）が強調しているように、奴隷制は啓蒙の時代 ── とりわけ一八世紀後期イングランドにおいて ── 非常に大きな問題であった。経済活動を支える奴隷の存在は大きかったからである。しかし、啓蒙は個人を人種や身分など関係なく対等に扱うことを要求した。奴隷制は個人を個人に従属させるので、個人間の対等な関係を築くことは不可能である。奴隷となった個人の権利は侵害される。啓蒙の時代に当然と見なされるようになった人権思想は、まさにこの個人の権利を侵害し、対等な個人的関係を築くことができない奴隷制を、残存する野蛮の典型と見なし、その制度を撤廃するように要求したのである[2]。

啓蒙は奴隷の問題を人間の権利の問題として規範的に否定するだけでなく、経済的な側面から解決しようとした。その最大の契機となったのはアダム・スミスの『国富論』(一七七六年)である。『国富論』以前は、奴隷の問題はあくまでも人道的もしくは道徳的観点から批判されることが常であった。しかしながら、『国富論』において、スミスは、そのような観点からではなく、奴隷を解放し自由人として雇用するほうが経済的に利益をあげることができると論じた。奴隷に労働を強いることは自由人を雇用し、その対価を支払うよりも管理費用が高額になるとスミスは論じた。スミスは人道的もしくは道徳的観点から論じるのではなく、経済的な費用便益計算に基づき奴隷制の問題を解決しようとした。

本章では、特に一八世紀後期イングランド啓蒙主義者の代表者の一人であるジョセフ・プリーストリの奴隷制廃止論を対象とする。「理性的非国教徒」(Rational Dissenter)[3]としてプリーストリは啓蒙の諸問題に取り組んだ。当時のイングランドでは、イングランド国教会に属しないものは非国教徒として差別され、様々な権利が剥奪されていた。いかなる宗教を信仰しようとも当時の国定宗教であったイングランド国教会に属する人々と同じ権利を持ち、その権利を行使することができなければならないと非国教徒は主張した。そのような点からすれば、プリーストリの思想はまさに啓蒙であった[4]。彼は、スミスの『国富論』から奴隷問題に対する経済的解決策を学んだ。しかしながら、彼はそれだけでなく、人道的ないし道徳的観点からも奴隷制を批判した。スミスは経済的合理性を重視したけれども、プリーストリはそうではなかった。そこに奴隷制に関する彼の議論の特徴が存在する[5]。

本章は以下のように論じる。まず予備的作業として奴隷制の歴史的背景を時系列的に跡づけ、奴隷廃止活動としての奴隷貿易廃止協会の活動を概観する(第二節)。次に、本来、野蛮であったはずの奴隷制がいかに擁護されていたかを理解するために、擁護派の議論を吟味し、その特色を明らかにする(第三節)。続いてアダム・スミスが経済的合理性の観点から奴隷制をどのように撤廃しようとしたかを考察する(第四節)。以上の奴隷制擁護論と奴隷制反対論の議論を踏まえて、プリーストリの奴隷制廃止論を概観し、プリーストリがいかにして啓蒙の武器を用いつつ、奴隷制という野蛮を攻撃したか、そのアプローチの特徴を明らかにする（第五節）。最後に本論の結論と意義を論じる（第六節）。

第二節　イングランドにおける奴隷制と奴隷制廃止運動[6]

（1）奴隷貿易の趨勢

大ブリテンの奴隷貿易量は、一八世紀半ばを過ぎるころ急激に増加し、大ブリテンは他国の追随を許さないほどの奴隷貿易国になったと言われている。一六七二年に設立された王立アフリカ会社は、アフリカから西インドへの奴隷貿易を名目上独占していた。しかし、王立アフリカ会社は一六九八年、ブランコ岬から喜望峰までのアフリカ沿岸での貿易活動をすべてのイングランド人に開放した。[7] これは奴隷貿易の事実上の自由化を意味した。[8] その結果、一七世紀の終わりころに年平均奴隷輸出数は約五、二五〇人であったが、スペイン継承戦争後のユトレヒト条約（一七一三年）でスペインから植民地への奴隷供給権―アシエント特権―の獲得を契機に正式に奴隷貿易に参入し、一七四〇年代には奴隷貿易額は一七世紀後期の約五倍に達し、一七六〇年代には約三六、〇〇〇人、一七七〇年代には四七、〇〇〇人に上り、一八世紀の終わりころには四五、〇〇〇人程度の奴隷輸入者数となった。一七六七年には、ヨーロッパ全体の奴隷輸出量の五四％を大ブリテンが占めるようになっていた。

しかし、これほどの奴隷輸出数の上昇は、奴隷貿易の自由化という制度だけでは説明できない。それは奴隷以外の商品の貿易の拡大と不可分の関係にあった。奴隷輸出数と並んで、ブリテン国内での砂糖輸入額は、ユトレヒト条約が締結された一七一三年から七五年の間に約三、四倍に膨れ上がっている。その事実は、ブリテン国内での砂糖消費量が増大していたということを意味する。砂糖は植民地の（とりわけ英領西インドでの）主要な生産物であったが、そのほとんどが奴隷により生産されていた。この砂糖消費の増大（砂糖輸入の増大）は、植民地入植者たちの購買力水準を引き上げ、奴隷輸入をより増加させるきっかけとなった[9]。他方、この奴隷輸入数の増加はブリテンからアフリカへの商品輸出の増大をもたらした。すなわち、一八世紀の砂糖消費量の増大は、最終的にはブリテンの国内産品、とりわけ工業製品の生産を活発にした。奴隷、砂糖、工業製品（とりわけ綿製品）という商品を基盤に三角貿易が大西洋 ―― ブリテン、アフリカ、英領西インド ―― で展開していたのである[10]。

（2）奴隷貿易廃止運動の始まり

このような奴隷貿易および奴隷制は、非人道的であるとして、一八世紀を通して次第に非難に晒されるようになり、六〇年代後半から反対運動が始まり八〇年代以後非常に活発化していく。とりわけ、福音主義者であったグランヴィル・シャープ、イングランド国教会派ではあったがクエーカー教徒との交流を持ち、非国教徒たちの社会改革運動に強い共感を示したトマス・クラークスン、クラークスンと手を組んだウィリアム・ウィルバーフォースの取り組みはよく知られている[11]。一七八七年に、クラークスンを中心にロンドンに「奴隷貿易廃止協会」(Society for the Purpose of Effecting the Abolition of the Slave Trade) が設立された。彼らは、奴隷制および奴隷貿易の即時撤廃を求める急進的な路線をとらず、奴隷貿易を廃止した後、徐々に奴隷制を撤廃するという穏健かつ現実的な路線を選択し、それを達成するために議会外での活動と議会内での法制化の要求という二つの方法をとって活動した。これらの活動には、奴隷貿易廃止協会によるものだけでなく、それ以外のさまざまな市民からの奴隷貿易廃止を求める請願があった。例えば、「奴隷貿易廃止通信協会」(Committee of Correspondence for Abolishing the Slave Trade) は、プリーストリに対し、後に詳説するように、奴隷制に関する説教を依頼した。プリーストリはその依頼を受け、実際に説教をおこない、その後、説教を出版した。またプリーストリはある書簡で、クラークスンが中心となっておこなっていた議会への請願が「よい効果をもつ」ことを望み、「熱意を持って、全会一致で」奴隷貿易さらには奴隷制を廃止するように議会が動く必要がある、と強調している。また彼は、「金を集めることではなく、その問題に無頓着であるだろう人々に情報を与えること」、つまり奴隷貿易によって富を蓄えることは不正義であり、奴隷貿易から撤退し、人として正義を成す必要があるということを「私たちすべて」が理解しなければならないと主張し、奴隷貿易廃止協会の活動を支持するとともに、あらゆる人がそのような協会を支援する必要があると信じていた[12]。

奴隷貿易問題を調査する枢密院委員会が設置される一七八八年二月までに三五件以上、三月末までにはオックスフォード大学、イングランド国教会の数々の教区、クエーカー教徒の団体など一〇〇件以上の請願が議会に提出されている。このように「議会外からの次第に増大する請願に対処するかたちでピットによって枢密院委員会が設置され、さらに五月の議会において奴隷貿易問題を次期国会で議論の対象とすることが決まったのである[13]」。しかし議会内では、調査や議論は遅々として進まなかった。奴隷制は最終的に国家の利益に適うと信じていた反対派議員の抵抗に出会ったからである。一七九一年四月に議会内で初めて奴隷貿易廃止動議が出されたものの、最終的には否決された。そのような紆余曲折はあったものの、奴隷廃止運動は一九世紀に入ると、再度注目を浴び、世論の支持を徐々に勝ち取ることとなる。そして最終的には、穏健な撤廃の請願 —— すなわち奴隷貿易を廃止した後に奴隷制を廃止するという案 —— を政府は受け入れ、一八〇七年に奴隷貿易禁止法が成立することになる。続いて、一八三四年には、解放奴隷を一定期間徒弟とすることや、奴隷の解放に対する補償として総額約二〇〇〇万ポンドを奴隷主に支払うことを定めた法案が成立し、制度上の奴隷制は廃止されるにいたったのである。

第三節　奴隷制擁護論――キリスト教と所有権

野蛮な奴隷制は、古代アテネ時代から存在し、アリストテレスすらも容認したものであった。アリストテレスは、選ばれたエリートが統治業務に専念し、それ以外の雑用を奴隷が担当するという制度を認め、それは国家の利益に適うと判断した。アリストテレスは、一国内で統治をおこなう者と統治される者がいるというのが前提であって、国外で奴隷を購入し、使用することは考慮していない。それに対して、近代における奴隷制の最大の特徴は、貿易を通して国外から奴隷を連れてくるということにあった。

第四章（とりわけ第二節）において生越が考察したように、ロックは「合法的な征服者と捕虜の間の戦争状態」を「完全な奴隷状態」として奴隷制を容認した。しかし、植民地への奴隷の運搬や植民地における奴隷の使用の問題には考察が及んでいない。その問題を真正面から捉え、キリスト教と所有権を議論に持ち出して奴隷制および奴隷制を擁護した植民地所有者としてリチャード・ニスベットの議論を本節では取り上げる。[14] ニスベットは、奴隷制はキリスト教の目指す人間の完成可能性を奪いとる可能性があると認識していたが、そのことで黒人奴隷の所有を糾弾することはできないと考えていた。

奴隷制は他のすべての人間の制度と同じように著しい乱用を伴っているが、そのことは、それ［奴隷制］を非難し、あらゆる人々に、黒人を所有している人々が無価値であると思わせるにはまったく十分［な論拠］ではない。[15]

またニスベットは奴隷制がキリスト教と矛盾することに気づいているし、多くの人々から反感を買うだろうとも認識している。

私は、この摂理のなかにいる［キリスト教徒の］大部分の人々によって、奴隷の所持が宗教と矛盾していると考えられていることをよく知っている。だから、私がその正当性やそれを認める政治的必要性に関して言っていることは、多数の人々によって反感を持って読まれるであろう。(16)

しかしながら、奴隷を解放し、土地を与え、生産させたとしても彼らが完成の状態に達するとはニスベットは考えなかった。それは西インドの歴史からも明らかであると彼は言う。ニスベットは以下のように論じる。

西インドの歴史は、砂糖植民地が土地を多数の人々に分割することで、完成にもたらされたことが決してなかったということを示しているのである。(17)

だから、奴隷所有者であったニスベットは、自分の立場を擁護するためにキリスト教から奴隷制を擁護する論拠を探し出し、奴隷貿易も含む広義の奴隷制の維持を主張するのである。(18)

また西インドにおいては労働者数が絶対的に足りないとの認識がニスベットにはあった。土地を開墾し、生産力を上げるためにはより多くの人手が必要であるとニスベットは考えた。「奴隷だけが肉体労働をおこなった」ことによって、その土地は「よく耕作された」場所となり、大きな売り上げをもたらす。(19)それは奴隷所有者や奴隷だけでなくブリテン人の生活水準を向上させることも意味する、とニスベットは信じていた。それゆえ彼は継続的な労働力の入手という観点から奴隷貿易の必要性を訴えかけた。

近代において奴隷制を容認する議論は、当然ながら、ニスベットのような奴隷労働者を主に使用していた植民地経営者や奴隷貿易商人から発せられた。彼らの議論の基本は、キリスト教は奴隷制を容認しているし、購入した奴隷に対して購入者は所有権を持っており、また奴隷制はアフリカ人とブリテン人の生活水準をともに向上させ改良を促進している、というものであった。彼らの議論は単純であったが、その強みは所有権という概念が近代において明確に自覚された概念であったことにある。こうして彼らの議論は説得力を多少なりとも持っていたと言うことができるであろう。

啓蒙はこのような奴隷制容認論に対して戦いを挑んだ。啓蒙が推し出したのは、キリスト教的な観点からの擁護論を批判する人道的観点と、奴隷所有者の奴隷の所有権を廃止し、奴隷制の廃止により生活水準の向上を達成することを目指した経済的観点にある。

第四節　スミスの奴隷制批判——経済的合理性の観点から

（1）ハチスンとスミス

アダム・スミスが経済的根拠に基づいて奴隷制を批判した理由は、スミスのハチスン批判から推定可能である。スミスの師ハチスンは、奴隷所有者の慈愛心に訴えかけて、奴隷の解放を求めた。そのような慈愛心を人間本性の基礎に置いたハチスンの議論をスミスは批判した。『道徳感情論』においてスミスはハチスンの体系を「慈愛心の体系」に分類した。しかし、慈愛心以外に重要な徳がある。「慎慮、警戒、細心、節制、恒常性、不動性という下級の徳」も重要である。しかも「倹約、勤勉、分別、注意、思考の集中といった感情は、自己利益への動機から育成される」のであって、慈愛心から生じるのではない。「不注意や倹約の欠如は、普遍的に否認されるが、しかしながら、慈愛心の欠如から生じるのではなくて、私的利益の対象への適切な注意の欠如から生じるのである。[20]」それゆえ、スミスの議論は、奴隷を解放することで奴隷所有者がどれほどの利益を獲得することができるのかという点に力点が置かれることになる。スミスは奴隷制を経済的合理性の観点から批判し、さらに同じ観点から労働力の供給源としての奴隷貿易をも批判した。スミスの批判は、慈愛心に訴える理念的な批判ではなく、奴隷所有者の私的利益をよく理解したうえでの実践的解決法の提案であった。スミスの見解は『法学講義』や『国富論』などに見ることができる。[21]

スミスは、いかなる理由で奴隷制が生じたと考えていたのだろうか。『国富論』において、スミスはそれを人間の「自尊心」に求めた。スミスは述べている。

> 人間は自尊心があるために、いばることを好む。したがって目下の者を説得するためにへりくだらざるをえないことほど、人に屈辱感を与えるものはない。したがって、法律が許し、仕事の性質上可能でさえあれば、人は一般に自由人よりは奴隷を使う方を好むだろう。[22]

しかしながら、スミスは奴隷労働よりも自由人の労働のほうが費用は安いと信じていた。この論点がスミスの奴隷制批判の中心的論拠になっている。

（2）奴隷と労働者の比較

『法学講義』Aノートにおいて、スミスは奴隷だけでなく奴隷の所有者にとっても奴隷制を維持することは不幸であるし、後者にとっては不利益でもあると論じる。「奴隷の状態が奴隷自身にとって不幸であることは疑いようがない。これはほとんど証明する必要がない。」他方、奴隷所有者にとっても奴隷を維持することは「不幸」であり、そのことを「証明することは困難ではない。すなわち、奴隷による土地の耕作は、自由人による耕作ほど有利ではない。奴隷の労働によって得られる利点は、もし最初にかかった費用と維持費用から算定すれば、自由人から得られる利得ほど大きくはないだろう。[23]」スミスはこの観点を一貫して保持した。

スミスは、『法学講義』Bノートにおいて、より詳細に、農業であろうが製造業であろうが奴隷の労働は自由人の労働に比してコストがよりかかることを説明している。「土地が有力者の間で、大きく分割されると、それは奴隷たちによって耕作されるが、この耕作方法は非常に不利益である。」続けて、スミスは、奴隷労働がもたらす「不利益」は労働の動機が「恐怖」にあることに求められると論じる。それによって奴隷は勤労意欲を削ぎ、改良の手立てを考えなくなる。

奴隷の労働は、処罰への恐怖以外の動機から出るものではない。もし、彼がこれを免れることができたならば、まったく働かなくなるだろう。もしもっとも異常なやりかたで努力したとしても、彼は何かの報酬を期待することはまったくできない。彼の労働の全生産物は主人のものとなるので、彼は勤労への励みをもたない。おそらく若い奴隷は、初めのうちはすこし、主人の好意を得るために、努力するかもしれない。だが、彼はまもなく、それがすべて無駄である、彼の態度がどうあっても常に同じく厳しい取り扱いにあうだろうということを、理解するのである。それゆえ、土地が奴隷たちによって耕作されているときは、彼らは勤労への動機をもたないので、土地が大いに改良されることはありえないのである。[24]

製造業の場合も農業の場合と同様の主張が展開される。奴隷制においては、どのような場合にも、「恐怖」のみが労働の動機であり、それゆえに労働意欲を削がれ、改良が停滞するというのである。

奴隷制がおこなわれたあらゆるところで、製造業は奴隷たちによって営まれた。それが奴隷たちによって自由人たちによるのと同じようによく営まれることは、不可能であった。なぜなら彼らは、処罰への恐怖のほかには、労働への動機を何も持つことができなかったし、彼らのビジネスを容易にする機械を発明することも、決してできなかったからである。自分の貯えを持つ自由人たちは、労働を営むのに便利だろうと思うならどんなものでも、仕上げてもらうことができる。もしある大工が、ナイフよりかんなのほうが、彼の目的に役立つだろうと思えば、彼は鍛冶屋に行って、それを作ってもらうことができる。しかし奴隷がそういう提案をすれば、彼は怠けものと呼ばれて、彼を楽にする試みは何もおこなわれないのである。(25)

『国富論草稿』においてもスミスは、総論的に「奴隷たちによってなされる仕事は、つねに、自由人たちによってなされる仕事よりも高価になる」(26)と論じている。

『国富論』においてスミスは、奴隷が最終的にはもっとも「高価」なもの、すなわち費用がかかるものだから、彼らを「自由人」として、すなわち自由な労働者として解放したほうが、賃金などの様々な経費をおさえることができると強調している。すなわち、「全ての時代、全ての国家の経験は、奴隷によってなされる仕事が、彼らの生活資料しか賄えないように思われるけれども、結局は、あらゆるもののなかでもっとも高くつくことを示していると私は信じる。(27)」その具体的な例として、スミスはアメリカ東海岸の事情を以下のように論じる。

自由人によってなされる仕事のほうが、奴隷によってなされる仕事よりも結局は安くつくということは、あらゆる時代、あらゆる国民の経験から明らかだと私は信じる。普通の労働の賃金があれほど高いボストン、ニューヨーク、フィラデルフィアでさえもそうであることがわかっている。[28]

（3）奴隷管理におけるイングランドとフランス

また、スミスは、奴隷の管理方法に触れ、イングランド人よりもフランス人のほうが奴隷の管理が上手であると論じている。なぜなら、統治が自由であれば、国は奴隷所有者に対して管理や統制ができなくなるので、奴隷は法の下におかれず、管理者から暴力を受けやすい。他方、専制的な統治をおこなっている国家では、国家が介入できるので、奴隷は暴力から保護されやすい。

為政者の保護があれば、奴隷は主人の眼にさほど軽蔑すべきものでなくなり、主人はそれによって奴隷をより尊重し、よりやさしく扱うようになる。やさしい扱いは奴隷をより忠実にするばかりか、よりものわかりをよくし、したがって二重の理由で、より有用なものとする。奴隷はいっそう自由な使用人の状態に近づき、主人の利害関心に対してある程度、誠実に献身的になりうる。[29]

それゆえ、スミスはフランスの植民地は繁栄したと論じる。[30] しかしながら、スミスはイングランドがフランスのようにしなければならないとは考えなかった。スミスはフランス流の法による規制よりも、自由を維持しなければならないと考えていたために、奴隷制には徹頭徹尾反対なのであった。

このようにスミスは、自由な労働者を雇用し、賃金を支払う方が奴隷労働でかかる費用よりも安く上がることを説得的に論じた。他方、スミスの議論において、ハチスン批判が典型であるように人道的な主張はそれほど明確には現れてこない。しかしながら、このような自由な労働者の雇用という問題は、先述したように、奴隷制擁護者ニスベットの議論においても見られたものである。スミスの議論は説得的であったけれども、多くの自由労働者を確保することのできた北アメリカではまだしも、西インドのような労働者が明らかに不足している地域では必ずしも説得力のない議論であった。(31)

それゆえ、人道的な議論と経済的な議論の両方を兼ね備えていたプリーストリの議論は意味があった。彼の議論は、「慈愛心」に基づくキリスト教的な人道的議論だけでなく、その議論に経済的な利得に関する議論を加えて奴隷制廃止論を展開するという、当時としては斬新な考えであった。

第五節　プリーストリの奴隷制批判 ── 人道的見解と経済的見解

（1）『講義』での奴隷制批判

プリーストリは、一七六一年から一七六七年までウォリントン・アカデミーで歴史学の講義をおこなった。その際の講義ノートに加筆・修正をほどこし、一七八八年に『歴史および一般的政策に関する講義』(*Lectures on History, and General Policy*) ── 以下『講義』と略記 ── として出版した。本書は様々な版が出ており、アメリカ移住後の一八〇三年版でも全体的には若干の加筆・修正が加えられたが、一八二六年にラットによって版の違いが明記されるとともに脚注が追加されて出版された版が最終版である ── これが今、全集に収録されている版である。(32) だが、こうした加筆・修正にもかかわらず、奴隷制や奴隷貿易に対する記述は一貫していた。以下では『講義』において述べられた奴隷制に関する議論を中心に考察する。

『講義』においてプリーストリは、まず奴隷制の起源を論じる。人間は「自然には」(naturally) 労働を避けたがる。それゆえ奴隷制が発生し、古代ギリシアや古代ローマではほとんどの生産が奴隷によっておこなわれたのである。近代になり、植民地での労働者を確保するため、奴隷がアフリカで購買され、アメリカへ送られるようになった。奴隷貿易はこの過程で生じた。このような奴隷貿易を含む —— システムとしての —— 奴隷制度は、「不当であり邪悪な政策」(ill-policy) であるとプリーストリは断罪する[33]。

プリーストリによれば、奴隷状態に置かれて虐げられている人の「人間本性」(human nature) は、「最も惨めな状態に置かれている。奴隷は自分の意志で何かをすることができない。そのために「動物よりも奴隷の状態は惨め[34]」になる。それゆえに、彼は奴隷制度を廃止し、奴隷状態に陥っている人間の「人間本性」そのものを変革する必要性があると考えた。

プリーストリは次に奴隷廃止に関する二つの論点を取り上げる。すなわち第一に、奴隷は「非常に残酷な取扱い[35]」を受けているから解放する必要があり、第二に、奴隷として労働を課すよりも自由人として労働に対する対価を払う方が安くあがるということである。後者については、スミスからの引用が本論のなかでなされている。繰り返しになるが再度、引用しておこう。「自由人によってなされる仕事のほうが、奴隷によってなされる仕事よりも結局は安くつくということは、あらゆる時代、あらゆる国民の経験から明らかだと私は信じる。普通の労働の賃金があれほど高いボストン、ニューヨーク、フィラデルフィアでさえもそうであることがわかっている[36]」。このように、プリーストリは、『講義』において奴隷制と奴隷貿易を人道的観点と経済的観点の両面から批判していた。

また、奴隷を購入した国家は、兵員を増加できるので、容易に戦争へ突入できるようになる。それゆえ、奴隷制を廃止すれば戦争は容易には起こらなくなるだろうし、これまで戦争に動員されるために繁殖を管理されていた奴隷は、奴隷制の廃止によってより結婚が奨励され、人口の増加を期待することができるだろう。このように、奴隷制の廃止によって、自由な労働者が作りだされ生産力が上昇することを、プリーストリは期待したのであった。自由な労働者の増加は、賃金を一時的には低下させる。だが生産力はそれとともに分業の促進によって増大するから、最終的には全般的な富裕が達成されることになる。プリーストリは、富の増進と奴隷制の廃絶が同時に達成できると、いささか楽観的ではあるが、考えていた。

プリーストリは、植民地での奴隷の補充を目的とし、近代において活発におこなわれるようになった奴隷貿易に関して、奴隷の購買者ないし雇用者に対してそのような貿易を停止するよう要求する。彼らは奴隷の悲惨さから目を背けている。彼らは、一時的には「利得は少なくなるかもしれないけれども」、「できるだけ早く、ほかの方法で」つまり自由人として労働者を雇用すべきだ、と言う。彼はあくまでも奴隷を精神的・身体的に自由にし、スミスと同じように自由な労働者として雇用するほうがよいという認識を持っていたのである。

プリーストリは、最後に、奴隷制の廃止のモデルケースとしてのアメリカを持ち出し、クエーカーや奴隷廃止論者の行為を称賛している[37]。彼は賃金水準の変化を念頭に入れていたが、自由競争の方が賃金は安く上げることができるというスミスの主張を踏襲していた。当然ながら、ミルが論じたように肥沃な土地をもつ場所ないし地域では、必ずしもそうはならない――つまり、奴隷制のほうが費用が安くなる場合がある――という見解には至らなかった[38]。ここに、あくまでも「自由」に最高の価値をおき、すべてを自由の基準によって評価するプリーストリの思想の本質を見ることができる[39]。

このように『講義』におけるプリーストリの説明は、非常に概説的であり、詳細にまで立ち入って論じられていない。また奴隷制と奴隷貿易の関係がどのようになっており、どのような形で廃絶されればよいのかということも明らかにされていない。しかしながら、このような問題についての見解は、後の『奴隷貿易の問題に関する説教』(*A Sermon on the Subject of the Slave Trade*)[40]――以下『説教』と略記――においてより明確に現れる。

(2)『説教』における奴隷制批判

プリーストリは一七八八年にバーミンガムで奴隷制度の反対を唱える説教をおこなった。その説教に基づいて加筆された著作が『説教』であった。『説教』におけるプリーストリの主張は、『講義』と同様、大きく二つに分けることができる。すなわち、奴隷制と奴隷貿易を廃絶しなければならないのは、第一に人道的な理由、第二に経済的な理由から生じる。

プリーストリにとって奴隷制は、「太陽の下で最大かつもっとも悲しい悪[41]」である。博愛心を持っている人物であれば、そのような奴隷制に対して反対するはずである。それは人種・国籍・宗教など関係なく普遍的な行為である。

> あなたは全ての人物を同志として、隣人として見なければならないだろう。……人として、キリスト教徒として、親族や特定の友人、同国人やヨーロッパ人たちに対してだけでなく、アジアやアフリカやアメリカの苦難に満ちた住人達に対して、キリスト教徒だけでなく、ユダヤ教徒やイスラム教徒や異教徒に対して、私たちは関心を払うべきである。そして私たちが同胞に対して感じなければならないように、私たちの影響力を最大にし、彼らの苦難を取り除くように努力しなければならない[42]。

プリーストリは、奴隷制や奴隷貿易の残忍性を告発するために、様々な情報を紹介している。たとえば、心理的な残忍性を告発するため、あるジャマイカ在住の住人から聞いた話をあげている。このなかで、プリーストリは、ダーウィンがそうであったように、奴隷購買者の行為だけでなく、奴隷購買者のいる本国の人々もそのような残忍な行為に加担しているとして非難する。

私は、ジャマイカに住んでいるある人物から情報を得た。奴隷たちは売り渡された後、火や台所用品を見ると身震いすることが普通である。殺されたり食べられたりすることを想像するからである。年長の奴隷がなんらそのようなことがないと彼らに確信させるまではそうなのである。その哀れな被造物は、このようなことを航海の間ずっと考え、苦しんでいるに違いない。また連れ去られていない数千のジャマイカ国民たちも、そういう境遇に陥る危険に晒されていることを自覚しているので、国全体に恐怖が蔓延しているに違いない。これらのことはまったく考慮されていない。そのようなわけで、どんなに奴隷を良く取り扱っても、そうした恐怖心を埋め合わせることはできないのである。(43)

そのような残忍性の具体的な例として、奴隷死亡者数をプリーストリは取り上げる。植民地での強制労働によって亡くなる奴隷だけでなく、輸送中にも亡くなる奴隷が多数いる。とりわけ、輸送中に死亡しない奴隷を船上で選りすぐる「選別」(seasoning)は、同じ人間としてプリーストリにとって耐えがたい行為だったであろう。この事例は、奴隷制がいかに非人道的かを訴えかける例としては非常に有効なものである。

私たちの砂糖や他の西インド商品を作るために、おそらく五〇万人が毎年、虐殺されている。それはとりわけ衝撃的な方法でおこなわれている。地震やペストや飢饉によって亡くなることさえ、これらのきわめて哀れな人々がしばしば死ぬ方法と比較して慈悲深いであろう。ヨーロッパ人のプランテーションすべては、一まとめで、毎年、六〇〇〇人の新たな奴隷の供給を求めていると言われている。だが、これらの人々は非常にたくさんの人々が選別と呼ばれるものの後、生き残った人々である。彼らはその前に、屈服させられ労働に耐えるようになると、買われるのである。そしてその後、それほどたくさんの人々が航海の間で亡くなるのである。船上での監禁状態や残忍な取り扱いがなされているからである。少なくとも一〇万人が毎年、アフリカから輸出されていると言われている。またある人は、以前、保護され、安全に船上で留めさせる一人のために一〇人が虐殺されていると言っている。(44)

たとえ、植民地に生きて着いたとしても、奴隷は主人の「気まぐれ」や恣意に従わねばならない。それゆえプリーストリは、その状態が幸福であるとは考えなかった。プリーストリにとっては、他人の意思に左右されない自立的(自律的)な状態がもっとも幸福な状態になる必要条件であった。これはプリーストリが自由を最上の価値として強調したことと関係している。こうした主人の恣意的な奴隷管理による悲惨な状態から奴隷を救済するために、政府の法律による規制が主張される。その結果、法律の管理下に置くということは、主人の「気まぐれ」を政府が管理することになり、奴隷は恣意的な権力にさらされる危険性は激減する。しかしながら、そうであったとしても奴隷は奴隷なのである。

慈悲深い主人の下では、奴隷は間違いなくある程度の幸福を享受するだろう。だが、それでも彼らは奴隷であり、他者の意思、すなわち気紛れに従わねばならない。そして、法の庇護下に置かれなければ、もっとも大きな不当行為から適切には守られないのである。(45)

また、プリーストリは、奴隷制が主人の権力の乱用を引き起こしていることを告発する。たとえ反乱を起こしたとしても主人は何らかの力で奴隷たちを制圧してしまうし、そうなれば彼らの生命は危険に晒されてしまう。生きるも地獄、死ぬも地獄というわけである。

概して、私たちのプランテーションでは、奴隷はたいへん長時間、日曜を除く毎日、主人のために働かされているので、彼らは自らのために自由に使えるのはたった一日しかなく、ほとんど寝る時間もないと言われている。労働で怠ければ彼らは激しく打ちのめされるし、反乱（いわゆる、彼らの自由を回復するあらゆる試み）を起こせば、彼らはたいてい生きたまま晒し物にされてしまうのである。(46)

これらの主人の残忍性や権力乱用はとりわけイングランドにおいて深刻であるとプリーストリは見ていた。フランスの奴隷の取り扱いに関するプリーストリの見解は、スミスの見解に非常に近い。

イングランド人と同じくらい残忍な方法で奴隷を使用しているヨーロッパ人は他にはいない。スペイン人は利益となるような素晴らしい規制を敷いている。その結果、奴隷は自分たちの自由を作り上げることができる。(47)フランス政府もまたまさにこの目的にかなうような法規則で干渉している。だが、イングランドに属している奴隷は、概して、彼らの主人の恣意に委ねられる。彼らの毎年の消耗ということ自体が、もっとも残忍な使用の証拠である。(48)

また、プリーストリは奴隷のなかでもとりわけ女性を取り上げ、家族との関係から論じる。プリーストリにとっては、奴隷制は女性を非人間的に取り扱うため、道徳的に堕落させ、家族関係を破壊するものであった。(49)そのような奴隷制は、道徳的に荒廃した人以外には受け入れることが困難であるだろう、とプリーストリは考えていた。

船上や売り場での、女性が航海の間にさらされる衝撃的なほど淫らな行為や、もっとも近い親族と友人、夫と妻、両親と子どもの分離は、この取引に慣れている人以外のすべての人にとって恐ろしく聞こえるだろう。(50)

また、このような道徳的退廃は、主人にも当てはまる。主人が行使する権力は、彼らを同じように道徳的に荒廃させていく。この荒廃は、彼らにとってだけでなく、社会全体にとっても不利益なのである。

主人が奴隷に行使している権力は、必然的に、彼を傲慢、残忍、気紛れにする傾向をもっている。その傾向は人々がもっとも幸福な状態である平等の社会にとって不適合である。(51)

プリーストリにとってこの「平等」が財産の平等を意味していないことは明らかである。プリーストリの議論の特徴は、この「平等」をめぐる議論にも表れる。このような「平等」の考えは、人間は生まれながらに平等の権利を持つというロックの自然権の教義を忠実に継承している証左でもある。(52)

プリーストリによれば、「人は卓越した内省力を持っている」(53)のである。このような「内省力」は、「隷属の状態に置かれたとき、彼を惨めな」境遇にしてしまう。黒人奴隷の大多数が、「精神の激しい苦痛」を感じながらその生涯を終えている状況は異常である。彼らは死ぬときになって初めて「精神の激しい苦痛」を味わわなくなり、精神の平静を得ることができる。プリーストリは当然、イングランド人をはじめとした白人が、黒人より優れているとは考えなかった。アフリカ人をヨーロッパ人と同等の知的な存在と見なしていた。それゆえ、彼らは等しく扱われなければならない。彼らだけが残忍に取り扱われ、知能の発達が妨げられているのは許されないことである。いかなる人間であっても「平等」に取り扱われなければならない、とプリーストリは考えていた。

（3）奴隷廃止の経済的効果

他方、奴隷廃止論による経済的な結果をめぐって、プリーストリは、二つの議論を取り上げる。（1）「もし私たちが奴隷貿易を放棄すれば、私たちは国家の利益の価値ある源泉を放棄し、私たちのライバルにそれを与えることになると言う人がいる。[54]」（2）「もし奴隷制が廃止されれば、今、奴隷によって作り上げられている砂糖や西インド諸島の他の生産物を私たちはどのように手に入れればよいのかと言う人がいるだろう。[55]」

議論（1）に対して、プリーストリは奴隷貿易そのものがそもそも「邪悪であり、不法である」。それゆえに、そのような貿易から引き出された「利益は正当化されない」と論じる。奴隷は解放され、自国で生産活動をおこなうべきであり、イングランド人はイングランドで生産活動をおこなうべきである。そして、生産物を各々の国家が交換すればよいのである。それゆえに、どちらが勝者か敗者かは関係がない。プリーストリは国際分業をおこない、互恵的な自由貿易により世界の各々の国富が増加していくと考えていた。だから、「この国［イングランド］の製造業者たちは、全体的にシステムの変更から非常に大きな利益を見出すだろうし、彼らのだれもが敗者とはならないであろう」と論じる。[56]

議論（2）に対しては、まず、「正義をなし、慈悲を示すことが私たちの最初の関心事である[57]」とプリーストリは論じ、経済的な問題よりも人道的な問題のほうにプライオリティーがあることを提示する。ここでも人道的立場からプリーストリは奴隷を解放し、人間として対等に扱うべきであるという主張を繰り返している。しかしながら、このような倫理的・人道的主張を繰り返しても奴隷制や奴隷貿易を廃止する現実的な対策としては不十分である。それゆえ、プリーストリはスミスの議論を取り入れながら、奴隷廃止の経済的なメリットが存在することを楽観的ではあるが、論理的かつ説得的に論じようとしたのである。

現状では、奴隷が奢侈品（プリーストリは砂糖を想定している）を生産しているので比較的安価であるが、奴隷制を廃止すれば、奢侈品の価格は上昇する。だから、金持ちはそれらを購入できるが、貧乏人は購入できなくなる。しかしながら、奴隷制や奴隷貿易を廃止すれば、スミスが言うように、アフリカ人は「自由人」（freeman）[58]として労働するようになる。そうすれば、アフリカ人は自分たちの手で奢侈品を製造するようになり、貿易を通して奢侈品の供給は増え、価格はもとの水準に戻るか以前よりも低価格になる。このような具体的な例としてプリーストリはペンシルヴァニアのクエーカー教徒が黒人奴隷を解放した例を挙げる。これは、奴隷解放運動において非常に有名な話であり、上で論じたようにスミスも同様の例を示している。

この二つの議論から二つのことがわかる。（1）奴隷制度や奴隷貿易は非常に不正義で許されるものではなく、奴隷は解放されるべきであるということ、（2）奴隷を解放しても商品市場における変化は今までと変わらない水準ないし、それ以上の水準へと移行し、富は増加するということである。ここには明らかにスミス的な分業と市場の関係の理解を見て取ることができる。市場が拡大すればするほど、分業もまた促進されるというスミスのテーゼをプリーストリは積極的に受容していた。さらに、国内の社会的分業の進展がそのまま国際分業につながるというスミスの視点をプリーストリも共有していた。[59]

おわりに ―― 啓蒙における奴隷制批判の意義

本章でこれまで見てきたように、野蛮である奴隷制を廃絶するには非常に長い時間と様々な議論が必要であった。奴隷擁護者たちは、自分たちが形成してきた既得権益をいかにして擁護するか必死であり、その抵抗はきわめて大きなものであった。その中心的な論点は、キリスト教を基盤とした奴隷所有の正当性、およびとりわけ西インドにおける労働者の絶対的不足の解消によるアフリカ人およびブリテン人の生活水準の向上、という非常にもっともらしいものであった。このような奴隷制擁護派の議論を打ち破るためには、人道的な批判だけでは限界があった。啓蒙および啓蒙が生み出した経済学を利用し、啓蒙思想家たちはその限界を突破しようとした。啓蒙はキリスト教の非合理的解釈をできるだけ阻止しようとした。「理性的非国教徒」としてプリーストリは、聖書の合理的解釈により奴隷制を攻撃しようとした。また、スミスが論じた国家の富裕への道程 ―― 経済学 ―― に関する考察は、奴隷制の廃止が最終的にアフリカ人とブリテン人の両者にとって利益に適うことを提示した。ニスベットが奴隷制においてこそ完成可能性が担保されると論じたのに対し、プリーストリは、その経済学およびその学問から引き出された現実の経済活動および経済的富裕が、最終的な完成可能性を担保するものと考え、奴隷制を攻撃するときに積極的に経済的解決策を論じたのであった[60]。

「序章」において編者は、「経済学と言う学問は経済的合理性という概念を基礎概念としてもっており、それが人間愛と結びつくとき、野蛮の克服に寄与しうるが、逆に人間愛を忘れるとき、非人間的な野蛮を自らが生みだしてしまう」と論じた。スミスは経済的合理性に基づく奴隷制の廃止を提起したが、それは異なる野蛮を生み出す危険があった。実際に、製造業者が低開発国に対して課す児童労働や低賃金での雇用などはその典型と見ることができる。それに対し、プリーストリは、経済学的思考を持ちつつも、キリスト教的な人間愛を堅持し続けた。スミスとの決定的な違いはここにあるが、そのキリスト教的人間愛を持ち出すということにある種の限界があることもまた事実であるだろう。人間の行為や思考の行き過ぎを防ぐためには宗教を持ち出す以外にない、とプリーストリは考えていたのかもしれない。奴隷制と啓蒙の問題を考えれば、啓蒙や啓蒙主義は、「合理的・反宗教的・反権威主義的」といったような通説的理解だけにはとどまらない、ということが容易にわかるであろう。

注

(1) ここで言う「奴隷制」には、奴隷貿易と奴隷制プランテーションという意味での奴隷制の両者の意味が含まれている。本章では、両方の意味を含む場合には「奴隷制」と表記し、混同を避けることにしたい。なぜなら、「奴隷制」の廃止という場合には、「奴隷制」の即時放棄もあれば、奴隷貿易の廃止から奴隷制の廃止への穏健な方法なども含まれるからである。

(2) 田中は、「人間存在の条件にとって最も過酷というほかない奴隷という境遇を、初めて批判の俎上に乗せたのは他ならず、啓蒙であり、啓蒙思想家であった」と指摘している。田中秀夫『社会の学問の革新――自然法思想から社会科学へ』ナカニシヤ出版、二〇〇二年、六二頁。

(3) 「理性的非国教徒」に関しては、Haakonssen, K. ed., *Enlightenment and Religion: Rational Dissent in Eighteenth-Century Britain*, Cambridge: Cambridge Univ. Press, 1996 および川分圭子「一八―一九世紀転換期のウィッグと非国教徒」、史学研究会『史林』第七六巻第三号、一九九三年を参照。また、「理性的非国教徒」のグループから強く影響を受けたホランド卿による私的サークル「ホランド・ハウス」(Holland House) もまた一九世紀初頭に奴隷制の反対を声高に主張するようになった。Mitchell, L., *Holland House*, London: Gerald Duckworth, 1980, pp. 88–122 を参照。

(4) 当時、非国教徒はイングランドにおいて科学や産業に大きな影響力を持っていた。それゆえに国教徒たちも彼らを迫害するのではなく、いかに国家に取り込んでいくかを考えた。だから、非国教徒の啓蒙は思想的に生き残ることができたのである。三時眞貴子『イギリス都市文化と教育――ウォリントン・アカデミーの教育社会史』(昭和堂、二〇一二年) 参照。

(5) Page, A., "Rational Dissent, Enlightenment, and Abolition of the British Slave Trade", in *The Historical Journal* 54(3): pp. 741–772, 2011 も「理性的非国教徒」の奴隷制批判を高く評価し、プリーストリをそのなかの主要な人物として取り上げているものの、プリーストリの経済的観点の源泉についてはまったく言及していない。また、本論はイングランドおよびスコットランド人の言説を中心に展開しており、フランスではランゲのようにまったく異なった議論が展開されていたことは注目すべきことである。ランゲの奴隷制批判については本書第一五章 (大津) を参照。

(6) 本節は Williams, E., *Capitalism and Slavery*, Chapel Hill: Univ. of North Carolina Press, 1944 (『資本主義と奴隷制』山本伸監訳、明石書店、二〇〇四年), Ryden D. B., *West Indian Slavery and British Abolition, 1783–1807*, Cambridge: Cambridge Univ. Press, 2009, 市橋秀夫「イギリス奴隷貿易廃止運動の史的分析 (一七八七―一七八八年)」『三田学会雑誌』八一 (四)、

一四二―一六三頁、一九八九年、池本幸三・布留川正博・下山晃『近代世界と奴隷制 ―― 大西洋システムの中で』人文書院、一九九五年、川北稔「福音主義者の理想と奴隷制の廃止」『英国文化の世紀一　新帝国の開花』松村昌家他編所収、研究社出版、一九九六年を参照した。また、第四章（生越）は一七世紀後半から一八世紀前半にかけての奴隷制の歴史的背景を考察しており、本節の議論を補完するものとして非常に有益である。

（7）　これは「一〇パーセント法」と言われる。「王立アフリカ会社が砦や商館の維持・管理の責任を果たすため、その費用を、かつてのもぐり商人、いまや自由貿易商人の一〇パーセント輸出関税で賄うことになった。」（池本他、前掲書、一四〇頁参照。）

（8）　その後一七一三年に王立アフリカ会社はその役割を終え、自由な奴隷貿易により拍車がかかった。

（9）　その背景としては、砂糖の需要が高いにもかかわらず、糖蜜法や砂糖法といったさまざまな砂糖に対する保護政策により、砂糖の価格が高いままであったことなどを挙げることができる。

（10）　本章では、とりわけ砂糖を中心に取り扱ったが、当然、奴隷により生産されたのは砂糖だけではなかった。例えば、タバコやラム酒などを挙げることができる。

（11）　しかしながら、厳密には、イングランド国教会、福音主義者、メソディストと理神論者、ユニタリアンでは、人間に対して抱いていた観念が異なる。今井によれば、前者の平等とはあくまでも「垂直序列」であったのに対し、後者は「万民を平等に救う普遍的な慈悲」を信条としていた。（今井裕美「『苦痛』への共感と英国奴隷貿易反対運動」、『山形短期大学紀要』四一、五一―三四頁、二〇〇九）近代ユニタリアンの始祖であるプリーストリの（後に考察を加える）平等の考え方もこのような点に由来することは明らかである。

（12）　Priestley, J., *Life and Correspondence, 1787–1804*, in *Theological and Miscellaneous Works of Joseph Priestley*, edited with notes by Rutt, J. T., Bristol: Thoemmes Press, 1999（以下、*Works* と略記）, vol. 1, Part 2, p. 7.

（13）　市橋、前掲論文、一五七頁。

（14）　この主題の権威であるデイヴィスにおいては（Davis, D. B., *The Problem of Slavery in the Age of Revolution 1770–1823*, New York, Oxford: Oxford Univ. Press, [1975] 1999）、ニスベットの議論は奴隷擁護論の代表格として扱われているが、キリスト教に依拠して奴隷制を容認した人物として論じられているだけで（例えば、p. 226 注 19 を参照）、所有権の問題についてはほとんど触れられていない。

（15）　Nisbet, R., *Slavery not forbidden by Scripture*, Philadelphia: John Sparhawk, 1773, p. 3.

(16) Nisbet, *ibid.*, p. i.

(17) Nisbet, *ibid.*, p. 11.

(18) 完成へと導かれないのは西インドの奴隷だけではなかった。イングランドにおける勤労貧民 labouring poor もまた同じ立場にあった。奴隷擁護論者はこの点を強調していた。Ryden によれば、ブリテンの勤労貧民は物質的に満たされていたわけでないし、雇用者の意志に従属していたために自由を持っていなかった。他方、奴隷は、物質的に満たされていて、労働に対する唯一の動機は、「むち打ちへの恐怖」から引き出されていた。両者とも自らの自由を行使し、生活水準の向上を期待できる境遇になかったのである。Ryden, D., (ed.), *The abolitionist struggle: promoters of the slave trade*, in *The British Transatlantic Slave Trade*, General ed. Kenneth Morgan, London: Pickering & Chatto, 2003, vol. 4, p. xxii.

(19) Nisbet, *Slavery not forbidden by Scripture*, pp. 10–11.

(20) Smith, A., *The Theory of Moral Sentiments*, 6th ed., 1790 [1759], the Glasgow Edition, edited by Raphael, D. D. and Macfie, A. L.. Oxford: Clarendon Press, 1976; corrected reprint, 1991, p. 304. 水田洋訳『道徳感情論（上）（下）』岩波文庫、二〇〇三年、（下）三〇七―三〇八頁。

(21) スミスのハチスン批判については Raphael, D. D. (*The Impartial Spectator: Adam Smith's Moral Philosophy*, Oxford: Oxford Univ. Press, 2007. 生越利昭・松本哲人訳『アダム・スミスの道徳哲学――公平な観察者』昭和堂、二〇〇九年（特に第五章）参照。また、スミスの奴隷制批判と同じ観点を持つ論者として、スミス経済学の先駆者と見なされているジョサイア・タッカーがいた。「この種の奴隷が自由な人物を雇用し、彼らに賃金を払うという方法よりも好ましいところで、うまく耕作されていたり、それと同時に製造業が満ちていたりするような国」がこれまで存在したことはなかっただろう、とタッカーは論じている。Tucker, J., *A Letter to Edmund Burke*, Glocester: Raikes, R., 1775, in *The collected works of Josiah Tucker*, vol. 5, London: Routledge/Thoemmes Press, 1993.

(22) Smith, A., *An Inquiry into the Nature and Causes of the Wealth of Nations*, 1776 (3rd ed., 1784), the Glasgow Edition, edited by Campbell, R. H., Skinner, A. S., and W. B. Todd. Oxford: Clarendon Press, 1976, pp. 388–399. 水田洋監訳、杉山忠平訳『国富論（全四分冊）』岩波文庫、二〇〇〇―二〇〇一年、（二）二〇〇―二〇一頁。

(23) Smith, A., *Lectures on Jurisprudence*, edited by Meek, R. L., Raphael, D. D. and P. G. Stein. Oxford: Clarendon Press, 1978, p. 185. 水田洋、篠原久、只腰親和、前田俊文訳『アダム・スミス　法学講義一七六二―一七六三』名古屋大学出版会、二〇一二年、一九一―一九二頁。

(24) Smith, *ibid.*, p. 523. 水田洋訳『法学講義』岩波文庫、二

〇〇五年、三五七―三五八頁。

(25) Smith, *ibid.*, p. 526.『法学講義』、三六七―三六八頁。

(26) Smith, A., *Early Draft of Part of The Wealth of Nations*, in *Lectures on Jurisprudence*, edited by Meek, R. L., Raphael, D. D. and P. G. Stein. Oxford: Clarendon Press, 1978, p. 579. 水田洋訳「国富論草稿」『法学講義』所収、岩波文庫、二〇〇五年、四八七頁。

(27) Smith, A., *An Inquiry into the Nature and Causes of the Wealth of Nations*, p. 387.『国富論』(二)一九九頁。このような視点は、ミラーに継承されていくことになる。ミラーの奴隷制批判については、田中秀夫『啓蒙と改革――ジョン・ミラー研究』名古屋大学出版会、一九九九年、特に第六章を参照。

(28) Smith, *ibid.*, p. 99.『国富論』(一)、一四六頁。後に示すように、プリーストリはこの文を『講義』において引用した。

(29) Smith, *ibid.*, pp. 586–588.『国富論』(三)一六六―一六九頁。

(30) このように法律による奴隷の管理をイングランドにおいても実現しようと奔走したのがエドマンド・バーク(Edmund Burke, 1729/30–1797)であった。バークは奴隷制を「漸進主義的な改革」――法制化により奴隷貿易のインセンティブを減じ、奴隷制そのものを廃止させるという漸進的改革案――によって廃絶しようとした。以下で見るが、プリーストリは法規制については肯定的であったが、奴隷制存続の温床となり続ける可能性があるので全面的に支持を与えるものではなかった。この点においては、バークと同じように「漸進的な改革」を訴えたと言えるだろう。この点において、プリーストリとバークの考えは非常に近いように思われる。バークの奴隷制批判については、Burke, E., (*Sketch of the Negro Code*, 1780, in *Select Works of Edmund Burke*, Indianapolis: Liberty Fund, 1999) およびその優れた解説として岸本広司(「付論　バークの奴隷制批判について」『バーク政治思想の展開』所収、御茶の水書房、二〇〇〇年)を参照。

(31) 本章では、スミスが奴隷制を経済的合理性の観点から批判したことに主眼を当てたが、第八章(渡辺)が示唆しているように、スミスは文明化を導く啓蒙を無条件に礼賛したわけではなく、新たな野蛮が生み出される危険性を意識していた。だとすれば、スミスにおいて奴隷制廃止後の新たな野蛮とは何であったのかという点を明らかにしなければならない。この点については今後の課題とする。また、第一五章(大津)は、スミスの奴隷制認識の事実誤認を明らかにし、スミスを批判的に解釈している。

(32) Crook, R. E. (*A Bibliography of Joseph Priestley 1733–1804*, London: Library Association, 1966) によれば、英語圏だけでなく、オランダ語訳やフランス語訳もそれぞれ一七九三年、

一七九八年に出版された。

(33) Priestley, J., *Lectures on History, and General Policy*, 1803, in *Works*, vol. 24, p. 319. この点から明らかなように、プリーストリの奴隷制批判の基本的な対象は、アメリカや植民地における奴隷制であり、国内奴隷問題を考察したミラーのものよりも視野が狭いように思われるかもしれない。当時の企業家たちともルナ協会などを通じて付き合いのあったプリーストリが国内奴隷の存在を知らないはずはなかったにも関わらずである。しかしながら、プリーストリの考えは、本論以下において示されるように、国内の奴隷問題にも適用可能なものであるように思われる。

(34) Priestley, *ibid*.

(35) Priestley, *ibid*.

(36) Smith, *An Inquiry into the Nature and Causes of the Wealth of Nations*, p. 99.『国富論』（一）一四六頁。

(37) Priestley, *Lectures on History, and General Policy*, pp. 402–404. この点に関しては、杉山忠平『理性と革命の時代に生きて――J. プリーストリ伝』（岩波新書、一九七四年）も参照。

(38) Mill, J. S., *The Principles of Political Economy with Some of Their Applications to Social Philosophy (Books 1–2)* [1848], in *The Collected Works of John Stuart Mill*, Volume II, ed. John M. Robson, introduction by Bladen, V. W., Toronto: Univ. of Toronto Press, London: Routledge and Kegan Paul, 1965. 末永茂喜訳『経済学原理』岩波文庫、一九五九―一九六三年、とりわけ第二編第五章参照。この点においてニスベットの見解はミルの見解と植民地労働力の点において大差はないように思われる。

(39) プリーストリは、『政府の第一原理』において、以下のように論じていることは特筆すべきことであるだろう。「なんであっても、成長の過程にあるものに自由を与えれば与えるほど、そのものはそれだけ完全なものとなるだろうということは、普遍性を持った格言である。」（Priestley, J., *An Essay on the First Principles of Government*, 2nd ed. 1771, in *Works*, vol. 22, p. 123）当然ながら、ここで言う自由は「エゴイズムの自由」ではなく、不合理な「伝統的束縛」からの解放を意味する。このような「自由」をめぐる二つの議論については、大塚久雄（「自由主義に先立つもの」『近代化の人間的基礎』筑摩書房、一九六八年）を参照。

(40) 本書は「説教」とタイトルについているように、一七八八年一月二三日、バーミンガムでおこなわれた「奴隷貿易廃止通信協会」での説教をもとに、加筆・修正し、出版された。しかしながら、序文において、プリーストリはこれが「論説」であるとはっきりと明記している。

(41) Priestley, J., *A Sermon on the Subject of the Slave Trade*, 1788, in *Works*., vol. 15, p. 381.

(42) Priestley, *ibid*, p. 368.

（43）Priestley, *ibid.*

（44）Priestley, *ibid.*, p. 370.

（45）Priestley, *ibid.*, p. 367.

（46）Priestley, *ibid.*, p. 371. しかしながら、プリーストリは法律をどのように制定するかといった具体的な対策については論じない。この点は、バークとは決定的に異なる。

（47）奴隷解放のスペイン方式については田中秀夫『アメリカ啓蒙の群像』名古屋大学出版会、二〇一二年、四六一―四六二頁を参照。

（48）Priestley, *ibid.*, p. 372.

（49）プリーストリは家族の存在を様々な意味で重要視していた。とりわけ成人男性が家族を持つことは、将来に対する思慮―無為や怠惰、浪費癖などがあれば、家族が生活に困るといったような先見の明―を育むとために必要であると彼は論じる。Priestley, J., *Institutes of Natural and Revealed Religion*, the Edition of 1782, in *Works*, vol. 2, 1772–1774 を参照。

（50）Priestley, *A Sermon on the Subject of the Slave Trade*, pp. 371–372.

（51）Priestley, *ibid.*, p. 380.

（52）このような自然権の概念を持ち出し、すべての人間の権利の平等を訴えかけたという理論的武器は当時の急進主義者たちの特徴であるが、プリーストリは後に見るようにきわめて漸進的な改良を主張し、即時の抜本的（= radical な）改革を主張しない。この点は、プリーストリの思想の特徴でもある。しかしながら、第四章（生越）が論じたように、ロックは現状追認だけをし、奴隷制を批判することはなかった。プリーストリの奴隷制批判は、「ロック以上にロック的」な自然権論を厳格に適用したからこそ出てきた論点であったかもしれない。杉山、前掲書、六八―六九頁参照。

（53）Priestley, *ibid.*, p. 379.

（54）Priestley, *ibid.*, p. 382.

（55）Priestley, *ibid.*

（56）Priestley, *ibid.* 挿入は筆者による。このような国際分業観は、ジョサイア・タッカーとの類似性を示しているように思われる。政治論において極めて対立した二人ではあったものの、その経済論に政治論ほどの対立点は見られない。タッカーの国際貿易論については、Elmslie, B. T., “Retrospectives: The Convergence Debate Between David Hume and Josiah Tucker”, *Journal of Economic Perspectives*, 1995, 9(4): pp. 207–216 を参照。

（57）Priestley, *ibid.*, pp. 382–383.

（58）Priestley, *ibid.*, p. 383.

（59）この点に関しては服部正治『自由と保護―イギリス通商政策論史』（ナカニシヤ出版、一九九九年、特に第三章）を参照。しかしながら、プリーストリとスミスでは人間本性理解に若干の違いがある。スミスは、人間本性を利己心に見出し、経済原理もまた利己心を出発点として説明していた。他方、プリーストリは、彼の人道的見解からも明らかなように利他心に立脚しており、利己心に関しては限定的に述べるにとどまっていた。プリーストリが容認した利己心は、あくまでも他者に対して良いおこないをしようと意図されたときに是認される。それは、見返りを求めるという意味ではなく、あくまでも他者に対して善行をなすことが人間としての当然の原理だからである。プリーストリにとって利己心とは、「悪徳と徳の中間」にあり、「高次で、……有徳で賞賛に値するものへと私たちを引き上げる手段」(Priestley, *Institutes of Natural and Revealed Religion*, 1772–1774, pp. 38–39) なのである。それゆえに、当然ながら、自己の金銭欲を満たすための投機—現代的な用語では「マネーゲーム」と称されるような投機—による利得の獲得などは否定される。また、スミスとプリーストリの科学論の違いもまた重要であるだろう。これらの問題については今後の課題となる。

(60) この点は、本書第一五章(大津)の論述とはまったく異なる解釈を奴隷制問題に提示しているように思われる。「古代ギリシア時代以来の西洋史における奴隷問題は、資本主義的な経済観とは無関係に思われる。ただし、資本主義的システムが永遠のものと考えた場合には、この単純な決定論で奴隷制批判は完結するのである」と大津は論じている。だが、当時、資本制生産制度はまだイングランドにおいても萌芽期にあり、スミスやプリーストリは、様々な人々の全般的富裕を達成し、資本制生産制度を擁護するであろう経済学に対してある種の希望を抱いていたように思われる。それゆえに大陸よりもブリテン島において目覚ましい経済学の発展が生じたのかもしれない。

第III部　盛期啓蒙——フランス

郵便はがき

料金受取人払郵便

左京局
承認

8245

(差出有効期限
平成27年
3月31日まで)

606-8790

(受取人)

京都市左京区吉田近衛町69
京都大学吉田南構内

京都大学学術出版会
読者カード係 行

▶ご購入申込書

書　　名	定　価	冊　数
		冊
		冊

1. 下記書店での受け取りを希望する。

都道府県　　市区町　　店名

2. 直接裏面住所へ届けて下さい。

お支払い方法：郵便振替／代引　　公費書類(　　　)通　宛名：

送料　税込ご注文合計額3千円未満：200円／3千円以上6千円未満：300円
／6千円以上1万円未満：400円／1万円以上：無料
代引の場合は金額にかかわらず一律200円

京都大学学術出版会
TEL 075-761-6182　学内内線2589 / FAX 075-761-6190または7193
URL http://www.kyoto-up.or.jp/　E-MAIL sales@kyoto-up.or.jp

数ですがお買い上げいただいた本のタイトルをお書き下さい。

名）

書についてのご感想・ご質問、その他ご意見など、ご自由にお書き下さい。

お名前

（　　歳）

ご住所

〒

TEL

ご職業

■ご勤務先・学校名

所属学会・研究団体

E-MAIL

ご購入の動機

A.店頭で現物をみて　B.新聞・雑誌広告（雑誌名　　）
C.メルマガ・ML（　　）
D.小会図書目録　E.小会からの新刊案内（DM）
F.書評（　　）
G.人にすすめられた　H.テキスト　I.その他

●日常的に参考にされている専門書（含 欧文書）の情報媒体は何ですか。

●ご購入書店名

都道府県　市区町　店名

※ご購読ありがとうございます。このカードは小会の図書およびブックフェア等催事ご案内のお届けのほか、広告・編集上の資料とさせていただきます。お手数ですがご記入の上、切手を貼らずにご投函下さい。
各種案内の受け取りを希望されない方は右に○印をおつけ下さい。　案内不要

第一〇章　J・F・ムロンの商業社会論——啓蒙の経済学

米田昇平

はじめに

一八世紀啓蒙の分厚い研究史において「啓蒙」の含意は多岐にわたるが、その大きなうねりを引き起こした動因の一つは、「安楽な暮らし」による世俗の幸福への希求を是認する世俗的倫理の広まりであったといってよいであろう。そうだとすれば、啓蒙と経済学は一貫して強い親和性を持っていたといえる。功利的情念の自己実現を是とするこのような世俗的倫理に押し出される形で、富裕の科学としての経済学が形成されていくからである。世俗的倫理の広まりそれ自体は広くヨーロッパ啓蒙を導く共通因子であったが、啓蒙と経済学とのこうした親和的な関係は、フランスにおいてとくに顕著に現れているように思われる。

フランス啓蒙の先駆者であったと目されるアベ・ド・サン＝ピエールは、功利主義のリアリズムに徹して、政治的、社会的な旧弊の打破という啓蒙の諸課題に向き合ったが、これと同じ軌道上で、世俗的倫理が求める晴れやかな文明化の道筋を示してみせたのが、ムロン（Jean François Melon, 1675–1738）であった。サン＝ピエールの思想的源泉は一七世紀後半以降のフランスの新思潮であったが、ムロンもまたその延長上で同じく人間と社会に関する功利主義的な見方に立って、[1] 近代経済（商業社会）の基本構造を明らかにしようとする。ムロンの目論見は、その上で、最大多数の人々の安楽な暮らしを実現しうる条件を探求することであり、いわば経済学の知見をもって啓蒙の課題に応えることであった。[2]

ムロンの『商業についての政治的試論』（*Essai politique sur le commerre*, 1734, 以下『商業論』と略記[3]）は、ボワギルベールの論説のように、価格形成や市場機構の分析を通じて私欲と公共的利益とが一致するメカニズムを解明しようとするものではないから、そのアプローチは近代経済のミクロ的構造にまで届いていないにしても、近代経済のマクロ的構造の全体像を捉えた初めての経済書であったということはできよう。近代経済の基本的ファクターは、生産（供給）と消費（需要）、そしてそれら両局面の規定要因としての貨幣・信用システムであり、政府の統治システムをこれに含めることができる。ムロンは、生産の局面を勤労・産業活動（industrie）の視点から、消費の局面をおもに奢侈の視点から、そしてこの両局面を結合する流通・交換システムを貨幣・信用システムの視点から、それぞれ論じるとともに、それらの相互関係に光をあて、「商業の精神」に導かれる商業社会の全体像を照らし出した。

ただし、勤労・産業活動（インダストリー）と奢侈は、数量に還元される単なる生産活動あるいは消費活動を意味しない。これらは商業社会の発展、文明の進歩を導く両輪であり、経済のダイナミズムの動因であって、近代経済における生産と消費の本質を捉えた表現であり視点であったことに注意を要する。貨幣・信用システムについては、伝統的な貿易バランス論や貨幣の貶質の是非論と関連させつつ、近代経済における信用秩序の必然的展開として論じられ、政府の統治システムについても、「商業」の新たな段階に対応しうる新たな「システム」として示されている。

ムロンにとって、産業活動と奢侈を両輪とする商業社会の進展の先に開けている展望はどこまでも曇りがない。ムロンの啓蒙の経済学は、現代にまで至る経済（至上）主義の全面開花への道を準備するものであったが、それゆえそこに、経済学とそれが指し示す社会ビジョンにかかわる新たな問題性が表出することにもなる。言い換えれば、経済学は貧困からの解放など「野蛮を廃絶する道を教えるものとして誕生した」（序章）が、しかしそこに見られる経済主義への傾きは、野蛮の廃絶を不徹底にするばかりか、文明における腐敗・堕落あるいは新たな野蛮の原因ともなりうる。この意味で、経済学のこの側面は、序章でいう現代のもろもろの世界的混迷の状況の本質的部分に関して大いに責任を負っているといえよう。人間と社会の新たな理解を踏まえ、いち早く近代経済の総体的把握を成し遂げたムロンは、経済学の知見を用いて一八世紀啓蒙が向かう先をどのように照らし出すであろうか。本章では、商業の精神、産業活動、奢侈の三つの論点を中心にムロンが商業社会のありようをどのように捉えたか、サン＝ピエールやモンテスキューなどの所説とも対比しつつ、その一端を明らかにし、ムロンの「啓蒙の経済学」の意義とそれが内包する問題性を浮き彫りにしよう。

第一節　商業の精神と進歩の観念

『商業論』の立論の全体を貫いているのは、今や一国は「内政の賢明さ」によってしか強大にはなりえない、というムロンの時代認識である。「平和の精神」がヨーロッパに行き渡り、勢力の均衡に至ったため、一国が他国の征服によって力を増すことなどできない時代にあっては、国家の自己保存を保障しうるものは「商業の精神」

のほかにはない。(4)「征服の精神」の対極にある「商業の精神」は「保存の精神」と一体のものであり、さらに「治政の精神」と不可分である。ムロンが言う「内政の賢明さ」とは、このような商業の精神に基づいて商業・交易の発展を図ることにほかならない。モスクワの国力の増大をもたらしたものも領地の拡張ではなく、治政と交易の発展であった(p. 86)。ヨーロッパ各国とも事情は同じであるから、この点で、商業・交易の必要性が戦争の必然性を疑わしいものにするとムロンは述べている。

先の戦争が始まったとき、参戦した諸国間であらゆる交易が禁止された。しかし、一般的な必要性が、フランス人とオランダ人の間の戦時通行証によって、またそれを通じてヨーロッパの他の地域において、交易を復活させた。……敵同士、お互いに必要とし合っているのだから和解すればよい。交易を続けることによって、必要な戦争などあるものかどうか疑わせればよい(pp. 142-143)。

商業の原理に立脚したムロンの「商業による平和」の構想は、アベ・ド・サン=ピエールやモンテスキューと共有するところである。(5)それは、商業文明の進展こそが野蛮の克服を可能にすると考える一八世紀フランス啓蒙の特徴的な論点の一つであったといってよい。サン=ピエールは言う。交易によって繁栄する国は平和を持続させようとするより強い傾向を持ち、「交易によって繁栄するほど国家は戦争を恐れ、征服を望まなくなる」、また現在あるいは将来の紛争の解決の手段として戦争ではなく同盟の力に頼ろうとするから、「国家の相互的保存のために一般的同盟に向かう傾向が増す」(6)、こうして、戦争によらずに国家間の現在と将来のあらゆる紛争に決着をつけ、分裂の時代にもかかわらずその君主国を保持するための恒久的な調停がなされるであろう。

モンテスキューはどう考えたか。彼は、商業はおのずから「破壊的な偏見を治し」、「野蛮な習俗を磨き、これを穏和にする」という効果を持ちうるから、商業が存在するところならどこでも習俗は穏和であるとして、いわゆる「穏和な商業（doux commerce）」の観念にも立脚しつつ、国際関係おいて「すべての結合は相互の必要に基づいている」から、「商業の自然の効果は平和へと向かわせることである」[7]と述べている。経済的「利益」の実現を至上命題とする価値規範のもとで、利益の要請によって自己愛の情念はその排他性を弱め、さらに利益をめぐって緊密な相互依存の関係が生まれる、これらが相伴って戦争を抑止するとされるのである。

ムロンはさらにこの平和の視点から、世界交易の覇権を争うがごとき貿易競争の愚を論難して、「フランスは、このようなつまらない常軌を逸した野心を持つどころか、常に、各商業国に割り当てられた限度内に甘んじることを望んでいる。……このような相互の交易は等しくあらゆる国民の幸福に貢献する」（p. 357）と述べている。これは伝統的な重商主義とは一線を画す認識であるが、しかし他方では、ムロンは、国内産業の保護育成という現実の視点に立って、原料輸出の禁止や外国産製造品の輸入制限などの伝統的な重商主義の貿易統制を強く求めてもいる[8]。

こうして立法者は、容易に損なわれうる軍事的な栄誉を求めるのではなく、時代の支配的精神である「商業の精神」に立脚し、賢明な内政によって人々の安楽な暮らしをこそ目指さねばならない。そして、そのような考え方の基礎にあってこれを支えているのは、進歩の観念である。「社会は、もっぱら最大多数の人々（la plus grande Généralité）が最大の便宜を手に入れる程度に比例して野蛮な習俗から遠ざかる」（p. 25）のであり、郵便制度、街路灯、ポンヌフ（新橋）による生活の便宜の増大に、また贅沢な古代ローマ人でさえも知らなかった砂糖、絹、コーヒー、タバコが新たな奢侈として人々の欲求の対象となっている現状にこそ、文明の進歩を見出すことができるとされる。あるいは「モスクワの人々は約二〇年前から、ヨーロッパの他の文明国の英知を利用し、彼らの広大な君主国がこれまで続いてきた間に成し遂げたよりもはるかに大きな進歩（progrès）を遂げた」（pp. 389–390）のである。

このように経済的便宜の増大をもって文明の進歩とみなす考え方は、「安楽な暮らし」という「利点を伴わずに栄誉だけでは大勢の人々にとって十分な刺激にはならない」(p. 115)、という彼の人間観と一体をなしている。人々が労働に励むのは安楽な暮らしへの期待からであり、「自分の分け前を増やし、労苦を減じることができるという希望」(p. 115)に駆り立てられてのことである。したがって、立法者は、正義と公共的効用を犠牲にしかねない人々の功利的欲求を公共的利益を増大する方向へと導き、「誰も特別扱いせずに、いつも最大多数の幸福」(p. 123)の実現に努めねばならない。このように「内政の賢明さ」が求めるところは、時代の支配的精神に沿って最大多数の人々の安楽ないし世俗的幸福を増大することであり、そのことは欲求の対象物すなわち富を増大し、人々の経済的厚生を高めることによって実現されるのである。

アベ・ド・サン＝ピエールも同じく、例えば、サン・マロの人々は兵士や水夫として驚くほどの勤労を発揮するが、「このような驚異的なことをおこなわせることができた原動力は何かといえば、それは栄誉欲と結びついた利益である」(9)と述べていた。この点で、上に述べたムロンの見方がサン＝ピエールの功利主義を引き継いでいることは明らかである。あるいは、『商業論』にも登場するニコルやドマから直接に、またニコルなどの影響を受けたボワギルベールやマンデヴィルを通じて、同じ性格を受け継いだと言えるかも知れない。いずれにせよ、彼らの論説は、人間の行動原理や社会の秩序原理を「利益」(快楽)にみて、功利・効用の価値基準に着目した点で、等しく功利主義的な性格を持っていたが、ムロンもまた彼らと同じ地平に立って、すなわち一七世紀後半以降のフランスの新思潮の延長上で商業社会とそこに生きる人間のリアリティを捉えようとしたのである。

ムロンの商業社会はどのような特徴を持っていたであろうか。彼は商業社会を交換の連鎖あるいは購買力の連鎖からなる相互依存の体系と捉える。「社会の構成部分の間には非常に緊密な結びつきがあり、ある部分に打撃を与えれば、他の部分にその影響が及ばないでは済まない」(p. 8)、あるいは「全体のまとまりのなかですべての事柄が結びついている」(p. 206)。社会のどの部分が打撃を受けても波及的に全体にダメージが及ぶとする、このような相互依存の観念を、ムロンは表現の仕方を含めてボワギルベールからじかに受け継いだものと考えられる。ムロンもまたボワギルベールと同じく交換・流通過程に立脚し、過不足を補いあう commerce (商業・交易)の視点に立って、商業社会を構成する諸要素の相互依存に注目するのである。commerce とは余分品と必要品の交換のことであるが (pp. 8–9)、交換の連鎖がどこかで断ち切られてその部分に無価値が生じれば、経済は連鎖的に縮小均衡に陥るよりほかにない。このように、経済の基本的ファクターである生産、消費、貨幣・信用システムは相互に緊密に結び合っているという理解に導かれて、ムロンは近代経済のマクロ的構造の総体的把握へと向かうことができたといえよう。

では、交換経済の安定と成長の条件、言い換えれば、余分品と必要品との安定的な増大によって commerce を拡大していくための条件とは何か。ムロンが強調するところによれば、それは、(一) 小麦の確保、(二) 就労人口の増加、(三) 必要な交換手段 (貨幣) の確保である。これらの三条件は同時に立法者が留意すべき立法の三つの目的でもあり、立法者の賢明な治政を通じて初めて満たすことのできる条件であった。

第二節　勤労・産業活動、就労人口

三条件のうち小麦は絶対的な必要品であるから、小麦の確保は相互依存の体系を維持する基本的条件である。言い換えれば、農業こそは産業活動と商業の基礎であるが、ムロンによれば、パンの確保はフランスではきわめて容易であり、「過度の豊富による価格の低落を防ぐことの方がずっと難しく、また同じくらい重要である」(p. 17)。しかしながら、業者の濫用や独占による穀物の高騰を防ぐ手立ては講じられているのに、過剰による穀物価格の低落については、穀物輸出が一般に禁じられるなど、放置されている。そこでムロンは、フランスは穀物生産に関して国内需要をまかなって余りある過剰な生産力を有しているとするシュリー以来の伝統に基づいて、穀物輸出の自由化を求めるのである。各地方間の穀物の過不足を調整し、極端な高価と低価を防ぐために国内取引の自由化を求めた点を含めて、ここにもボワギルベールの影響をみることができよう。

しかしながら、国民の富を構成するのは穀物などの土地生産物だけではない。最大多数の人々の「最大の便宜」とは、土地生産物という「基本的富」の上に、二次的必要品や奢侈品などを最大限に享受することであるが、このような生活上の便宜(「人々の現実の安寧」p. 341)を増大しうるのは技芸と産業活動にほかならない。こうして、ムロンにとって、商業社会において技芸と産業活動は農業に劣らず重要な役割を担っていた。

技芸の進歩(progrès)に従って、人間はまず手を使って、次に道具を使って大地を耕した。人間が道具から得た手助けは最初のうちはささやかなものであったが、経験が次第にこの手助けを大きなものにした。こうした産業活動(industrie)の進歩には際限がない。産業活動は常に増大する、そして常に新たな欲求(besoins)が生じ、[その度に]新たな産業活動がこれに応じうると思われる(p. 89)。

安楽な暮らしを求める人々の際限のない欲求に応じて際限なく産業活動が拡大し、生活上の便宜が増大していくのである。このような着目によってムロンは独自の光彩を放っている。なぜなら、一八世紀啓蒙の精神は未開と対置して文明化を人類の進歩と同一視するが、ムロンは、技芸と産業活動こそが文明化の動因であると看破することで、未開から文明へという進歩の観念に明快な根拠を与えたと言えるからである。ムロンは、この意味で一八世紀啓蒙の目指すところを、いちはやく経済学によって、いわば根拠づけたのである。

ただし、このような進歩思想が啓蒙の時代を覆っていたわけでは決してない。同時代のカンティロンは、経済学の観点から、貨幣数量の自動調節機能に着目して、豊かな国はやがて貧しくなると考えた。貨幣が潤沢で豊かな国は、しかし物価の上昇によって交易条件は不利となり、輸出は減少し輸入が増大するが、これとともに貨幣は流出していき、産業活動は停滞する。そしてカンティロンによれば、貨幣数量の自動調節作用の行き着く先は、流通貨幣量と商品の価値総額との世界的な平準化あるいは均衡の実現ではない。他の現実の諸要因がそこに作用する結果として、生じうるものは均衡ではなく「循環」であった。[10] こうして豊かな国と貧しい国との交替が必然であった。また未開から文明への流れを称揚しながらも、古代ローマなどの歴史的事例に基づいて、国は繁栄の絶頂において衰退の芽を宿すとするある種の循環史観は、啓蒙の文脈においても十分にリアリティを持っていたことを指摘しておかねばならない。あとで奢侈論との関連でこの点に触れよう。しかしいずれにせよ、「産業活動（industrie）の進歩には際限がない」として曇りなき文明の進歩を展望する一直線の進歩思想が、ムロンによって啓蒙のコンテクストに刻み込まれたことは間違いない。

それではムロンにとって、生活上の便宜・安楽をもたらす富の増大の条件は何であろうか。立法の第二の目的、すなわち就労人口の増加がそれである。あらゆる就労者は産業活動の担い手として国家に必要な存在であり、国家は各職業で就労者が増加すればそれだけ豊かになりうるし、また生産性の向上によって一人の就労者が二人分の仕事をおこなうことができるようになれば、実質的に就労人口を倍増することもできる。

水夫、農業者、職人は誰もが必要であり、それぞれの職業で、地域、人々の気質、利益に応じて働き手の数が増えるときだけ国家は強大となる。以前には二人でおこなわれていた仕事を、一人の水夫、一人の農業者、一人の運送業者によっておこなうことができるようになれば、市民の数を二倍にすることができる、というのは常に同じく真実である。この意味で、働き手の数を増やし、労働［の辛さ］を和らげることは、人間の叡智の極みである（p. 96）。

ムロンはこのように、富の生産における人口の機能に関して、多人口それ自体ではなく就労人口に着目した。この点で彼の人口理論はポピュレーショニズム（多人口主義）の一ヴァリアントとして位置づけられよう。産業労働の水準に目を向けたカンティロンの場合と同じである。ケネー、テュルゴ、スミスの資本（蓄積）理論の出現によって生産要因としての人口機能は相対化されてしまうが、それまでは生産力理論の中核は就労人口論であったといってよい。ムロンもまた富の生産における就労人口の重要性に着目したのである。

ここでムロンの就労人口論において勤労大衆はもっぱら生産主体として捉えられていることに注意を要する。彼は穀物の低価格を、購買力の連鎖を断ち切り、経済を縮小均衡に陥れる元凶として恐れたが、だからといってボワギルベールのようには、穀物需要の担い手である勤労大衆の消費者としての側面にはほとんど関心を示していないのである。ムロンの就労人口論はカンティロンのそれとともにグルネやフォルボネに受け継がれるが、グルネは「貿易商人、製造工、農業者、職人、水夫」こそは国力の源泉であり(11)、交易の自由、就労の自由、製造の自由によって、これらの就労者を増やすことができれば、生産ばかりか消費をも増大し、両者の相互的増大を通じて生産力の拡大が可能となるとして、生産と消費の両面から就労人口の生産的効果を論じた。フォルボネも同様である。こうした彼らの就労人口論と比べて、ムロンのそれは、生産力の理論としては十分なものではなかったといわなければならない。

就労を重視する、以上の見方は、他方で勤労に従事することは健全な市民の務めであり、勤労に従事することことを考える。無為の人々は、無為の申し子である放蕩や賭博により、あらゆる種類の犯罪へと導かれた」、ローマ帝国の没落の一因も、民衆にはパンと見せ物を与えておけばよい、とパンを無償で配布したため、大勢の民衆が農村を放棄してローマに集まったことにある、という次第である(pp. 99–101)。こうして、無為徒食の人々に有用な仕事を与えて勤労者にすることができれば、彼らを有徳な市民に生まれ変わらせ、しかも国家は生産力を高めることができる。

ただし一方で、彼は小麦を生産する農業者や工芸品を生産する工場主の重要性あるいは優位性を指摘し、大勢の若い男女が小売などの流通業に就業している現状を憂えている。「座ったままの仕事や簡単な仕事に従事するのでは人間性は涵養されないし、そこでは「放蕩がお金を手にして現れ、その誘惑に屈しないのは難しい」として、若い男女に生産現場での就業を求めるのである(p. 98)。同じ視点から、彼は「怠惰な人々、つまり身分上、働かずに消費する人々を容認する」(p. 332)のは治政の欠陥であり、そうした人々や彼らに仕える人々の数はもっと少なくてもよいとも述べている。いずれにせよ、サン゠ピエールの場合と同様に、ムロンにとって労働や勤労はもはやニコルなどがいうような神の懲罰としての苦役などではありえず、個々人の私的な幸福の重要な手段であった。

ムロンは就労人口の増加のために、結婚の奨励、貧しい父親への援助、孤児に教育を与えること、また聖職者の独身制度の廃止や、二五歳になるまで修道僧になることを禁止する措置などを求めている(pp. 30–32)。これらの主張はチャイルドやサン゠ピエールの議論を踏まえたものであり、グルネやフォルボネによって引き継がれていくが、しかし他方で、ムロンの就労人口論の要諦は、就労人口の増加の必須の条件である雇用の確保の問題を植民地論や奢侈論と結合し、余剰人口を植民地あるいは奢侈品製造業に吸収しようとしたところにある。すなわち、彼は、植民地へは本国の人口減少を招かないように、本国で「余った人々」が送り込まれるべきであるし（pp. 35–36）、また「立法者は奢侈を植民地のようなものだと考えることができる」、すなわち国家がその土地、戦争、製造所に必要なだけの人間を保有しているとき、余った人々が奢侈の仕事に用いられるのは有用である、なぜなら、彼らにはこのような仕事に就くか、もしくは無為しか残されてないからである、と述べている（pp. 107–108）。

ところで、彼は第二版で増補された第一〇章「輸入と輸出について」において、就労人口を規定するのは雇用と食料であることを改めて強調し、この観点から国内製造業の保護と食料の確保を求めている。若干の原料は職人の手によって著しく価値を高め、一リーブルの亜麻は二、三倍の値段の亜麻布となり、上質のレースになると一〇〇倍以上の価値を生み出すが、このような労働による価値の付加は、雇用の確保のために国内でこそおこなわれるべきであり、外国産製造品を輸入することは、いわば自国民から雇用機会を奪って他国民に与えるに等しい。こうして彼は、雇用ないし就労人口の観点から、外国産原料の輸入と国産製造品の輸出の促進および外国産製造品の輸入の制限・禁止を唱えるとともに、農産物の輸入を推奨しさえしている（「土地生産物は持っていても受け取っても有効でありうる。というのは、それは住民を養うからである」p. 144）。労働が価値の源泉であることを一つの論拠として、就労人口論と貿易論とを結合するこのような論じ方に、同じ観点から国産製造品の輸出と食料の輸入（あるいは食料輸出のマイナス）を唱えたカンティロンと同じ論理構造を見ることができる。[12]

ところで、ここでムロンが、前述の穀物輸出論とはまったく異質な視点に立っていることは明らかである。なぜなら、前にみたところでは、余剰は価格の低下を招く要因にすぎず、フランスは恒常的な穀物の過剰生産の圧力にさらされているとして、ボワギルベールと同じ論理に基づいて「過度の豊富による低価格を防ぐ」ために、むしろ穀物輸出の自由が強調されていたからである。増補された章によって、彼の就労人口論はより豊かな内容を与えられたが、しかし同時に初版の内容と整合的でない異質な要素がもち込まれることにもなった。

第三節　奢侈

（1）奢侈の効用

世俗的倫理が求める安楽な暮らしへの希求は、ムロンにとって、奢侈の欲求と同義である。商業の発展の結果である奢侈こそは未開・野蛮の克服の象徴であり、文明の果実それ自体の享受にほかならないからである。しかも奢侈の欲求は「商業の精神」の支配する商業社会にあって、技芸の進歩と産業活動の発展を内発的に導いていく動因でもあった。前述のように産業活動の際限のない進歩を導くのは、次々と現れる人間の欲求であったが、この欲求は改めて奢侈の欲求として捉え直され、その効用が称揚されるのである。この点で、彼の奢侈論は、単なる消費論ではないし、あるいはたんに生産に対する消費の主導性を論じているのでもない。ムロンは商業社会を動かす人間のエトスに着目し、奢侈的欲求・消費に、経済の成長・発展という時間的変化を主導する動因をみいだすのである。言い換えれば、奢侈への欲求は宗教的くびきから解き放たれた人間本性に発するところであり、文明の進歩に向けて社会のダイナミズムを導いていく原動力そのものであった。

「奢侈は富と統治の安定がもたらす並外れた豪奢であり、治政が良好なあらゆる社会に必然的に伴うものである」(p. 106)が、しかし「並外れた豪奢」といっても、それは常に相対的であって、絶対的な基準があるわけではない。「このような洗練（cette recherche）は常に時代と人に応じて相対的である」として、ムロンは次のように述べている。

豊かさのなかにいる人はその豊かさを享受しようとする。そのうえ、彼は最も貧しい者には買えない洗練された品々（recherches）を持っている。この洗練は常に時代と人に応じて相対的である。我々の父親にとって奢侈であったものは、今ではありふれている。我々には奢侈であるものが、我々の子孫にはそうではないであろう。絹の靴下は、アンリ二世の時代には奢侈であった。磁器は陶器に比べれば奢侈であり、同じく陶器はありふれた陶土の器に比べれば奢侈である。農民は村の資産家のところに奢侈をみる。村の資産家は近隣の町の住民のところに奢侈をみる。この町の住民は首都の住民と比べて自分のことを粗末だと思い、宮廷人の前ではなおいっそう粗末だと思う（pp. 107–108）。

彼にとって奢侈とは「洗練」と同義であり、この洗練の度合いは時代とともに高まっていくから、奢侈取締法など無効である。「なぜなら、その法が流行の奢侈を排除する前に、商業が、最初の奢侈を容易に忘れさせるほどのもっと著しい新たな奢侈をもたらすからである」（p. 116）。この意味で、奢侈という言葉は曖昧で混乱した観念を生み出しかねない「空虚な呼び名」であり、「濫用すれば、産業活動そのものを根本から停止させかねない」（p. 113）と彼はいう。ムロンによれば、人間を導いているのは情念であり、軍人が野心に駆り立てられて勇敢であったり、貿易商人が貪欲に駆り立てられて一生懸命働いたりするのは、なにより安楽な暮らしへの期待からであり、「享楽的に人生を享受する」ためである。こうして「奢侈は彼らには労働の新たな動機となる」（p. 106）。すなわち洗練された安楽な暮らしを求める奢侈の欲求こそは、労働や勤労を促すインセンティブであった。

しかもそうした奢侈の欲求は、他方で消費需要に転じて人々に雇用を与え、産業活動の展開を導く外部的要因となりうる。常軌を逸した奢侈の支出であっても、様々な効用をもたらすと彼はいう。例えば、「庭師がそのお金を受け取る。庭師は新たに頼まれた仕事を通じてそれを手に入れたのである。裸も同然であった彼の子供たちはそれで身繕いをする。彼らはたっぷりパンを食べ、元気になり、明るい希望を胸に働く」。もしこのお金が金庫のなかに保管されたままであれば、「それは社会にとって死んでいることになる」し、物乞いに施されたとしたら、「彼らの無為とその軽蔑すべき不品行を維持することにしか役立たない」(pp. 123–124)。

このように、奢侈は二重の経済的機能を通じて技芸の進歩と産業活動の発展を内発的に導いていくのである。このような奢侈の経済的効用への着目は、ムロンが伝統的、通俗的な奢侈批判に反論する場合の拠り所であったことはいうまでもない。また一方でムロンは、奢侈の進展が経済社会の自然的な構成を転倒することもありえないと考えている。すなわち、人間は欲求の序列に従ってより下位の欲求を順に満たそうとするが、これと同じく、職人は一次的な必要品が満たされるときにのみ二次的必要品のために用いられ、二次的必要品が十分にあるときにのみ奢侈に用いられるから、奢侈のために一次的必要品などの生産が損なわれることを懸念する必要はない、という次第である(p. 121)。

ところで、ムロンは消費者にすぎない有閑階級の存在を批判しながら、他方で奢侈の効用あるいは機能を論じるとき、彼が念頭に置いているのはおもに富者の奢侈であったことに注意する必要がある。労働のインセンティブとしての機能に関して、奢侈の欲求によって勤労意欲を駆り立てられるのは、羨望の視線にさらされる贅沢な富者であるし、「享楽的に人生を過ごす」ために勤労に励む人々として彼が例示しているのは、軍人、貿易商人、船主に限られているからである。消費需要の機能に関しても、上述のようにムロンが述べているのは、おもに富者の奢侈的消費の機能である。このことは、就労人口論において勤労大衆はもっぱら生産主体として捉えられていたことに対応している。そしてこの富者の奢侈的消費の機能は、第二版で増補された第二二章(「交易バランスについて」)において、首都と諸地方との国内バランスという空間的レベルに敷衍されて、次のように論じられている。

首都と地方との間で常になくてはならないのが国内のバランスであり、これこそ最も重要なバランスである。……首都はあらゆる富が集まる中心である。王家の支出のほかに、領主や年金受給者が土地や年金や政府の俸給からの収入を首都で支出する。……これほど多くの年々の出費を負担しているのは地方である。……地方が、タイユ税、塩税、一〇分の一税などの年々の支払い分を補充すべき貨幣を手に入れるのは、主に首都の消費からである。税が増えれば増えるほど、様々な事業や徴収などから得られた利益を用いて、ますます大きな消費が必要となる（pp. 285–287）。

このような富者の支出を起点とする首都と地方との貨幣循環の構想は、カンティロンのそれと酷似しており、その影響がうかがえるところである(13)。

ただし、ムロンは勤労大衆の奢侈を必ずしも排除しているわけではないことに注意を要する。なにより彼がいうところによれば、産業活動の拡大とともに相対的レベルで人々の消費水準が向上していくであろうし、また「一国の奢侈はおよそ一〇〇〇人に限られる、そのほかに二〇〇〇万人の人々がいるが、彼らは良好な治政により自分たちの労苦の成果を安心して享受できれば、その約一〇〇〇人の人々に劣らず幸福である。農業者や職工が大いに奢侈にふけるとしても、それは農業者や職工の労働が盛んにおこなわれたことの結果にほかならない。……それゆえ奢侈は一国においてほとんど恐れる必要のないものとなる」（p. 110）。ここにはフォルボネのような「国民の奢侈」の視点は明確にはみられないが、しかしそれでも農業者や職工が労働に励んだ結果として奢侈に浸りうる可能性は排除されていないのである。

以上のムロンの奢侈容認論は、マンデヴィルの『蜂の寓話　私悪は公益』（一七一四年）に触発されたものである(14)。功利を優先する人間本性の悲観的な姿をあぶりだしたジャンセニストのニコルの新思考においては、堕落した人間の快楽主義の傾向を凝視するリアリズムの視点と、絶対的価値の実践を求める宗教的視点との対立的緊張が孕まれていたが、マンデヴィルにはそのような対立的緊張は無縁であった。しかしマンデヴィルはニコルなどの、アウグスティヌス主義由来のリゴリスムを引き継いだから、彼にとって、安楽や快楽を求める利己的情念すなわち奢侈の欲求は何であれ悪徳であるほかない。それゆえ、彼は悪徳が経済的繁栄という公共善を導くという逆説を弄せざるをえなかったし、また経済的繁栄が悪徳の結果であるかぎり、これを手放しで称賛するわけにもいかなかった。彼は「悪徳と快楽の愚かしさ、世俗的な偉大さの空虚さ」[15]を指摘するとともに、大部分の人が願う幸福は、富と力、安楽と裕福な暮らしによって実現されるが、「このような幸福は、強欲、乱費、自負心、羨望、野心そしてそのほかの悪徳がなければ達成できない」から、問題は「この幸福が、それが実現される唯一の仕方で手に入れるに値するかどうか、そして国民の大半が悪徳でなければ享受できないようなものを希求すべきかどうかである」[16]と、屈折した思いを述べている。マンデヴィルは、他方で宗教道徳の規範を払拭して幸福の源泉を快楽に求めるエピクロス主義を是としたから、ここには、アウグスティヌス主義とエピクロス主義との邂逅に由来する彼のシニシズムが滲み出ているといえよう。このように彼の立場はある種の撞着を孕んだものであった。[17]

これに対し、ムロンは、サン＝ピエールと同じく、そのようなリゴリスムの呪縛から完全に自由であり、サン＝ピエールと同じ功利主義の軌道上で、何の屈折もなく、商業社会に生きる世俗の人間のリアリティに即して、マンデヴィルの奢侈容認論を引き継いだ。[18]ムロンにはもともと奢侈の道徳的な当否は問題ではなかった。彼はリアリズムに徹して「人間が宗教によって導かれることはめったにない」と断じ、続けて「奢侈を一掃しようと努めるのは宗教の役目であり、国家の役目は奢侈を国家の利益に変えることである」(p. 124)と述べている。

奢侈を論じた多くの論者が非難の鉾先を向けた虚栄心や自負心に発する顕示的消費に関しても、「愚かな虚栄心が隣人の身なりを妬む一個人を破産させることが国家に問題だろうか。それは彼が当然受けるべき罰であり、彼よりも尊敬すべき職人が、それよって自分の身を養うのである」(p. 121)として、問題にはしていない。このように道徳的判断は彼の関心の埒外であり[19]、その関心は道徳的、政治的理由から奢侈の欲求を抑制するのではなく、逆に、これを国家の利益のために積極的に利用することに向けられていた（「立法者がなすべきことは、その情念を社会の利益になるように導くことである」p. 106）。

ムロンの奢侈容認論は、奢侈の欲求を、マンデヴィルと同じく人間本性に発する本源的欲求の発露と捉えた上で、この奢侈の欲求と産業活動を両輪とする商業社会の発展、それによる際限のない経済進歩の可能性を前提とするものであり、一面で、功利主義を徹底したところに成立する経済主義としての性格を示している。すなわち、そこでは功利主義の人間理解に立脚して、快楽をもたらす経済的利益や経済的繁栄の追求が至上命題とされるのである。この考え方を受け継ぎ、敷衍したのがフォルボネの「国民の奢侈」の構想である。フォルボネは、商業の発展とともに国民の購買力は増大し、その結果として奢侈的支出が一般化していくとして、奢侈容認論と大衆消費論とを結合して「国民の奢侈」の視点を切り開くのである[20]。

ただし、ムロンの進歩思想が啓蒙の時代を覆っていたわけではなかったように、道徳的判断をいったん棚上げして、人間の世俗的幸福の実現に向けて際限のない経済進歩を展望する彼らの経済主義がこの時代の思潮を支配していたわけではなかった。このこともまた奢侈の是非論の検討を通じて明らかとなる。アベ・ド・サン＝ピエール、ブロー・デスランド、サン・ランベールの奢侈論に即して、この点を一瞥しておこう。

（2）共同体の精神と奢侈

サン＝ピエールは人間本性に関する基本的理解をマンデヴィルやムロンと共有するものの、おもに公共的利益の観点から奢侈を批判した。彼は、奢侈を「余分なものの悪しき利用」にすぎず、「有徳な支出」に比べて「恥ずべき不正な無為の支出」であるとしてこれを激しく批判し、奢侈取締法の必要性さえ説いている[21]。富者の支出は何より公共的利益を促進するものでなければならなかったのである。しかし他方で彼は「食卓、馬車、衣服、建物、身なりに関して、身分を限り、各身分の支出を制限するのは難しい[22]」ことを認めざるをえない。虚栄心と見栄に発する栄誉欲は人間の自然的な性向であり、しかも人々を労働へと駆り立てる動因であり、また良き市民の条件でさえあったのだから、伝統的な奢侈批判者のように、この虚栄心と見栄に基づく顕示的消費を無為で不正な支出であると断罪してすむものではない。そして宗教道徳の超越的規範とは無縁の功利主義者、サン＝ピエールの道徳論においては、「各人は、自分が気に入ったものに自由にその富を用いることができることは確かである[23]」。こうして一方で消費の自由の原則は認められねばならない。このように公共的利益の観点を前面に押し出した彼の奢侈批判は、しかし一方で奢侈の欲求を人間本性の属性と捉える功利的人間観の前に屈折を余儀なくされるのである。ここに消費の自由（私欲）と公共的利益とをどのように一致させるかという問題が提起されることになるが、いずれにせよ、サン＝ピエールが奢侈批判の文脈において、消費に制約を課し、公共的利益に適う「有徳な支出」を促そうとしたことは、ムロンとの対比で興味深い。

ブロー・デスランドは『奢侈に関する書簡』（一七四五年）のなかで、『商業論』第九章で展開されるムロンの奢侈容認論を逐一検討し、ムロンが奢侈批判は「陰気で嫉妬深い精神の所産である」としたのに対して、その「真の動機は公共善への愛である[24]」と反論するなど、多くの論点で、ムロンを批判している。ただし、デスランドは洗練された財の享受それ自体を非難すべき奢侈であるとみているわけではない。この点で、彼は「単純な必要を越える財のあらゆる使用を濫用とみなす」精神主義や敬虔主義やリゴリスムは、「空虚な考え」であると批判している[25]。

非難されるべき奢侈とは、「虚栄心や嗜好の気紛れ」や「流行への強い愛着」から生まれる「取るに足らない追加」である[26]。奢侈の普及に象徴される商業社会の進展は、一方で豊富をもたらすが、他方で馬鹿げた流行に熱狂するなどの人心の腐敗・堕落をもたらし、社会的流動性を高めて身分に基づく伝統的秩序を動揺させる。彼は商業社会のそうしたネガティブな現況を古代ローマの事例に重ね合わせ、虚栄心などから過度を求める道徳的堕落がやがて社会の衰退を招くと考えたのである。

彼にはムロンのような楽観的な進歩の展望は無縁であり、「国が繁栄していると言われる時期はその国の衰退の時期でもありうる」[27]ことに注意を喚起する。衰退の要因は、「目新しくて定めなきものを渇望する国民の移り気や軽薄さ」[28]から、「取るに足りない追加」すなわち奢侈が求められるところにあった。デスランドの奢侈批判は、商業社会あるいはその裏返しとしての消費的社会の現況に対する道徳的な批判が目立っているが、それはこのようなアンチ進歩史観とでもいうべき彼の歴史認識に支えられていた。

『百科全書』に「奢侈」の項目を執筆したサン・ランベールは、奢侈の悪しき結果であるとされてきたものはむしろ行政や政治の「悪弊の結果」[29]であるとして、奢侈や奢侈弁護論への批判に対して論駁し、文明への賛美とともに奢侈を容認するが、しかし、それは共同体の精神に従う限りでの分相応な奢侈(「ほどよい奢侈」)に限られていた。フォルボネが奢侈の普及によって身分制秩序や不平等が流動化する可能性を織り込みつつ「国民の奢侈」を構想したのに対して、サン・ランベールは公益を優先する共同体の精神の枠のなかに奢侈の容認論を押し込めようとするのである。この点で、彼の奢侈容認論はむしろサン゠ピエールの奢侈批判と通底するところがある。

また彼は、文明の果実はいわば啓蒙の成果であって、これを否定することは、「これほど拡大した商業と、これほど一般化した産業と、これほど沢山の完成した芸術をもつ今日のヨーロッパ」を「弱体と野蛮に引き戻すこと」[30]であるとするものの、ムロンのように、産業活動の際限のない進歩という楽観的な展望を示すわけではない。逆に、彼は「今日では国民に富をもたらし、芸術や、産業や、商業を進めるために、奢侈が常に増大しなければならないと考えられている。しかもこうして国民を成熟点までもっていった後には、必ず国民は老衰し、結局、没落すると考えられている、ヒューム氏でさえもこの意見から遠くはない」[31]として、デスランドと同じ循環史観を思わせる記述を残している。そして自らの労働によって産業を担う人々の穏やかな蓄財欲や生活改善欲求に着目し、この発露としての「ほどよい奢侈」を、共同体の精神と調和しうる文明化の動因として称揚するのである。

このように彼らはいずれも文明化への志向それ自体は是としながらも、私欲の結果として社会が腐敗し退廃することを懸念し、公共善、公共的利益、共同体の精神の見地から、私欲の自由に歯止めをかけることが必要であると考えた。言い換えれば、私欲の自由を制約する徳の観点に立って、ムロンの論説に含まれる楽観的な進歩の観念や経済主義の傾向を相対化しようとしたと言えよう。

おわりに —— 啓蒙と野蛮

ムロンは奢侈と産業活動による際限のない経済進歩の可能性を展望することで、「安楽な暮らし」による世俗的幸福の実現という啓蒙の課題に応えようとした。ムロンの試みは、近代経済のマクロ的構造の総体的把握という点で、同時代の誰よりも抜きん出ていたが、ムロンの経済論説を特徴づけているのは、私欲に従うことを人間の普遍的本性とみる功利主義のリアリズムであり、これに即して快楽をもたらす経済的利益や経済的進歩を至上命題とする経済主義とでも言うべき一傾向であった。このような性格はフォルボネに受け継がれていくであろう[32]。こうしてアベ・ド・サン＝ピエールの啓蒙の功利主義と同じ軌道上でムロンの啓蒙の経済学が照らし出したものは、功利主義を徹底したところに成立する経済主義の全面開花への道であったと言うことができよう。

ただし、ムロンの経済主義は、徳の原理を完全に棚上げするものではなかったことに注意を要する。勤労は人を犯罪や悪徳から逃れさせ、市民を有徳にするという彼の勤労観や、商業による「利益」の要請が自己愛の情念を弱めるとする「商業による平和」の論理に、モンテスキューに見られるような、秩序原理としてのいわゆる「商業ヒューマニズム」に通じる構想を読み取ることができよう。この意味で、ムロンの場合に、富を求めることは私欲の自制としての徳に通じていないわけではない。しかしながらそれでもやはり、快楽を求める私欲はしばしば個々人を腐敗・堕落させるように、それは公共善、公共的利益、共同体の精神を顧みず、社会の腐敗・堕落をもたらしうる。奢侈の欲求への懸念や、ムロンが表明するような楽観的な経済進歩の観念や経済主義の傾向への疑問もまた、そのような腐敗・堕落の懸念に由来するものであった。さらに、そうした経済主義の傾向は、未開・野蛮から文明への進歩の展望を示そうとした啓蒙の経済学にとって、一方で未開・野蛮の克服の貫徹を妨げ、他方で新たな野蛮の芽を内包させることにもなった[33]。

前者の典型例が奴隷制の問題である。第九章（松本）や第一五章（大津）が注目するように、奴隷制は一八世紀の知識人にとって野蛮の象徴であり克服すべき対象であったが、しかしこれらの二章が示すように啓蒙の文脈であれアンチ啓蒙のそれであれ、同時代の思想家の奴隷制の捉え方は一様ではない。ムロンもまた「野蛮の観念は常に奴隷制の観念と結びつけられてきた」（p. 53）と明言するが、しかしその一方で、経済的利益の観点から植民地経営にとっての奴隷制の有用性を強調し（「植民地は国家に不可欠であり、奴隷制は植民地に不可欠である」p. 51）、法によって奴隷の境遇の厳しさを緩和できれば「野蛮という見方はただちに消え去るであろう」（p. 53）と述べている。ここでいう法とはルイ一四世が定めたと言われている黒人法典（Code Noir）のことであり、ムロンはこれを「賢明な規則」であると高く評価するが、黒人奴隷の法的身分や処遇を定めたこの勅令は、奴隷をカトリック教徒に仕立て上げようとするなど奴隷を人間的に扱っている反面では、単なる動産として家畜同然に売買の対象とするなど、奴隷制度の根幹にかかわる根本的な矛盾を伴っていた。この矛盾はムロンの矛盾でもあったことは明らかであろう。
ちなみに、フォルボネもまた一八世紀中葉の段階にあって、植民地の最初の開拓には国家の支出において船舶、食料、道具や奴隷を最初の住民に与える必要があるとするなど、植民地における奴隷の積極的な活用を説いている。[34]彼らのこのような奴隷制の容認論は、ムロンと同じく「商業の精神」を称揚し商業と奢侈の効用に目を向けながらも、決して商業の利益を優先させることのなかったモンテスキューが、「すべての人間は平等に生まれついているのだから、……奴隷制なるものは自然に反している」と断じたのと対照的である。[35]
旧弊の打破という啓蒙の文脈のなかで、一八世紀のフランス経済学は、快楽を求める人間本性を直視する功利主義のリアリズムに即しつつ、その対抗力としてのシヴィックな理想主義とのせめぎ合いのうちにみずからを鍛えていくが、それは同時に、経済的利益、経済進歩を何より優先する経済主義の言説と、それへの、すなわち経済主義に内在する腐敗・堕落や野蛮の可能性に対する批判的言説とのせめぎ合いでもあった。別の言い方をすれば、腐敗・堕落や野蛮の根本的原因は境遇の改善や洗練を求める人間の本源的欲求あるいは私欲にあるとすれば、私欲の自由を前提に富裕の条件を求める経済学は、他方でこの私欲をいかに制約・制御するかという困難な問題を抱えることになる、ということである。曇りなき文明の進歩への展望を指し示したムロンの「啓蒙の経済学」の検討を通じて浮き彫りにされた問題性とは、このことである。

注

（1） サン＝ピエールは、人間の幸福の源泉は快楽であり、快楽と苦痛こそが人間の行動を規定する基本原理であると考える。その上で、人間の功利的行動は公共的利益に反するものであってはならず、行為の善悪の基準もまたそれが結果的に公共的利益を促進するか否かであるとして（帰結主義）、私欲を公共的利益の実現に向かわせるために賞罰の制度が必要であると考えた。このようにサン＝ピエールは人間と社会に関するニコルなどの新思考をいち早く功利主義として定式化したと言える。詳しくは拙稿（米田昇平「アベ・ド・サン＝ピエールの商業社会論―啓蒙の功利主義」坂本達哉・長尾伸一編『徳・商業・文明社会』京都大学学術出版会、二〇一四年）を参照されたい。

（2）新たな視点から統一的な啓蒙の像を結ぼうとしたロバートスンは、啓蒙の本質は生活状態の改善への関心にあり、この意味で啓蒙は経済学と強い親和性を持っているとした。そして、ナポリ啓蒙とスコットランド啓蒙の共通の源泉を一七世紀後半のフランス哲学に見出し、さらにジェノヴェージやヒュームなどへのムロンの影響に注目して、この新思潮の延長上に位置するムロンを経済学の形成史上のキーパースンとして重視している（Robertson, J. *The Case for the Enlightenment Scotland and Naples 1680–1760*, Cambridge University Press, 2005）。こうした見方がどこまで妥当であるか、その評価は措くとしても、啓蒙と経済学の関係をめぐる主題において、ムロンの経済論説の重要性は明らかである。

（3）一七三六年に全七章が増補された第二版が出版された。本章ではこの増補改訂版を用いている。引用文のあとの頁数はこの版のものである。なお、ムロンの生涯や、彼が惹起した「貨幣論争」と「奢侈論争」の概略などについては、拙著（米田『欲求と秩序―一八世紀フランス経済学の展開』昭和堂、二〇〇五年）の第二章「J・F・ムロンの商業論―貨幣論争と奢侈論争」を参照されたい。

（4）フランスはスペイン継承戦争後のユトレヒト条約（一七一三年）とラシュタット条約（一七一四年）によってそれまで保持していた圧倒的な政治的優位を失い、これ以降は、「勢力均衡」を求めて対英協調路線に転換する。これを押し進めたのが外務卿のデュボワであり、彼は秘密交渉の結果、ジョージ一世とオルレアン公との協調路線の樹立に成功した（一七一六年一一月）。これをカール六世も受け入れて勢力均衡によるヨーロッパの平和が実現する。ブジナックは、ムロンがデュボワに雇われたのはこの外交交渉のためであったと推測している（Bouzinac, *Jean-François Melon Economiste*, 1906 [Burt Franklin, 1970], p. 25）。「平和の精神」あるいは勢力均衡という彼の認識は、彼自身も関与したと思われるこのような当時の英仏協調あるいはその結果としてのヨーロッパの相対的な平和を反映したものであろう。英仏の友好関係は一七四〇年まで維持される。

（5）順番から言えば、サン＝ピエールの『恒久平和論』（一七一三年）と『政治論集』の第五巻（一七三三年）、ムロン『商業論』（一七三四年）、モンテスキュー『法の精神』（一七四八年）ということになる。

（6） Saint-Pierre, Charles-Irenée, abbé de, "Projet pour perfectionner le commerce de France.", in *Ouvrages de Politique*, tome 5, 1733, p. 222.

（7） Montesquieu, *De l'esprit des lois*, 1748, in *Œuvres complètes de Montesquieu*, éditions étable et annotée par Roger Caillois, Gallimard (Bibliothèque de la Pléïade), 1951, t. 2, p. 585（野田良之他訳『法の精神』岩波書店、一九八七―一九八八年、中巻一三八、一三九頁）.

（8） ムロンは、商業の新たな段階に対応しうるために、外交、商業、財政などの諸システムからなる「系統的秩序」を備えた複合的な統治システムを構想したが、このうち「商業のシステム」とかかわって「自由か保護（規制）か」をめぐる問題が論じられる。彼は自由と保護のどちらを選ぶかという選択において、保護を除く方が害は少ないとするが、しかし彼にとって自由は決して無際限のものではありえない。自由に任せればおのずから「一般的利益」が形成されるわけではないからである。一般的利益の実現のためには事情に応じて政府の関与が必要であり、「統治において自由とは、自分が適当だと判断したことをおこなう許可を各人に与えることにあるのではなく、たんに、公共の利益に反しないことをおこなう許可を与えることにあるにすぎない」（p. 151）とされる。こうして、ムロンは一般的利益の視点に基づいて、すなわちこの場合、国内産業の保護育成という現実の視点に立って、原料輸出の禁止や外国産製造品の輸入制限などの伝統的な重商主義の貿易統制を主張している。ほかにも、植民地の開拓時や、競争がかえって植民地を損なう場合には、交易の独占的特権が与えられるべきであるとし（p. 59）、イギリスの航海条例をイギリスの海運と交易の隆盛の要因であったとして高く評価してもいる（p. 153）。ムロンの統治システム論について、詳しくは前掲の拙著を、また自由と統制・治政（ポリス）との関係について、本書の第一一章（谷田）をも参照されたい。

（9） Saint-Pierre, *op. cit.*, p. 274.

（10） カンティロンについての詳細は、前掲の拙著の第三章「カンティロン経済学の複合性」を参照されたい。

（11） Gournay, V. de., *Traités sur le commerce de Josiah Child et remarques inédites de Vincint de Gournay*, éd. par Takumi Tsuda, Tokyo, Kinokuniya, 1983, p. 233.

（12） 津田内匠によれば、ムロンはカンティロンの『商業に関する一般的試論』（一七五五年）の草稿を読んでいた可能性がある。ここでみている内容はその可能性を確かなものにしているように思える。津田内匠「J・F・ムロンの『システム論』（一）」『一橋大学社会科学古典資料センター年報』No. 13、一九八三年、七頁、および前掲の拙著五八頁を参照されたい。

（13） ムロンは富者の奢侈的消費の主導性に着目するなど、生産に対する消費の規定性を十分に認識していたが、しかし彼にとって問題は、消費水準それ自体ではなく、消費活動の前提として、交換の媒介手段である貨幣が財と財の交換の水準に対応して必要かつ十分に存在しているかどうかである。彼によれば、真の流通と真の富は、諸地方における消費と小売の商いのために貨幣を小口に分配することに依存しており、首都の大規模な流通は諸地方の小規模な流通に比例する（pp. 348–349）。また交換の連鎖が順調に機能するためには、貨幣が人体における血液のように経済体の隅々まで十分にいきわたらなければならないが、これが不足すれば、経済体はただちに機能不全を引き起こす。こうして交換・流通手段の払底という現状認識に立って、ムロンの関心は必要な流通貨幣量をどのように確保しうるか、という論点に集約されていく。必要な貨幣の確保は、小麦の確保と就労人口の増加に続く立法の第三の目的であり、技芸・産業活動と奢侈を両輪とする社会進歩は、もっぱら必要な貨幣を確保するための立法者の賢明な施策を通じて実現される。ムロンは流通貨幣量の一般的な増加策として信用創造を推奨し、この観念に基づいて重商主義の外貨獲得政策を相対化するとともに、信用の流通による通貨量の増加のメリットを論じた。こうして近代経済における信用秩序の必然的展開に着目して、信用創造の新たな問題領域を切り開いたと言える。ムロンの貨幣・信用論およびそれが惹起した当時の貨幣論争について、詳しくは前掲の拙著を参照されたい。

（14）　ブジナックは、ムロンは一七一七年に外交使節の一員として渡英した際にマンデヴィルの『蜂の寓話』とそれをめぐる喧騒に触れる機会を持ったと述べている。『寓話』が激しい反発を買って一大センセーションを巻き起こすのは一七二三年の増補版の出版以後のことであったから、その真偽は不明とせざるを得ないが、いずれにせよ、その出版からほぼ一〇年ののちに現れたムロンの奢侈容認論に『寓話』の内容が大いに投影していることは間違いない。

（15）　Mandeville, B., *The Fable of the Bees: or, Private Vices, Publick Benefits*, London [Part II], 1729, with a commentary critical, historical, and explanatory, by Kaye, F. B., vol. 2, Indianapolis, Liberty Fund, 1924, p. 102（泉谷治訳『続・蜂の寓話　私悪すなわち公益』法政大学出版局、一九九三年、一一二頁）。

（16）　Mandeville, *op. cit.*, pp. 106–107, 邦訳、一一六頁。

（17）　マンデヴィルについては、差し当たり、拙論（米田「マンデヴィルの逆説、その歴史的意義 ── 英仏の思想的展開との関連で（上）（下）」『下関市立大学論集』第五四巻第三号、二〇一一年一月、第五五巻第一号、二〇一一年七月）を参照されたい。

（18）　モリゼは、ムロンの奢侈論は細かな点ではほとんどがマンデヴィルの議論の焼き直しであるとし（Morize, *L'Apologie du luxe au XVIIIe siècle et «Le Mondain» de Voltaire*, Paris, 1909 [Genève, 1970], p. 129)、ケイもまた「ムロンは『寓話』にみられないいかなる議論も呈示していない」(Kaye, F. B. "Introduction" in Bernard Mandeville, *The Fable of the Bees, Or Private Vices, Publick Benefits*, vol. 1, p. cxxxvi) とするが、ただしいくつかの点で重要な違いもある。すなわち、ムロンは、奢侈を悪徳としたマンデヴィルとは違って奢侈の道徳的当否は問題にしないし、マンデヴィルの慈善批判や低賃金論には同調していない。

(19) もっとも、彼には奢侈という「洗練」を享受することが徳性の腐敗をもたらすとは思えなかったに違いない。なぜなら、彼はそのような洗練からほど遠いスイス人の社会(ジュネーヴ)を「自由な人間の社会というよりも隠遁者の共同体に似ている」(p. 112) と揶揄しているからである。

(20) フォルボネについて詳しくは、前掲の拙著の第四章を参照されたい。

(21) Saint-Pierre, Charles-Irenée, abbé de, "Sur le luxe", in *Ouvrages de Politique*, tome 7, 1734, p. 33.

(22) *Ibid.*, p. 35.

(23) *Ibid.*, p. 39.

(24) Boureau-Deslandes, *Lettre sur le luxe*, 1745, Francfort, p. 36.

(25) *Ibid.*, p. 8.

(26) *Ibid.*, p. 41.

(27) *Ibid.*, p. 16.

(28) *Ibid.*, p. 33.

(29) Saint-Lambert, *Essai sur le luxe*, 1765, Yverdon, p. 56 (川野健二訳「奢侈」、桑原武夫訳編『百科全書』岩波書店、一九七一年、二七五頁)。

(30) *Ibid.*, p. 76, 邦訳、二八六頁。

(31) *Ibid.*, pp. 14–15, 邦訳、二五七頁。

(32) フォルボネはムロンの思想を敷衍して、社会の向かうべき方向は、奢侈の欲求を満たすことのできる勤労や産業活動が活発な社会、いわば「産業社会」の構築であると考えた。それは経済学の観点から、文明化を志向する「啓蒙」の潮流がたどり着くべき一つの到達点を示すものであった。

(33) ここで経済主義にかかわる新たな野蛮というとき、セルジュ・ラトゥーシュの批判的言説を念頭に置いている。ラトゥーシュは経済学の起源を功利主義の起源と重ね合わせ、一七世紀フランスの新思潮に由来する功利主義的な経済学の誕生を論じたが (Latouche, S., *L'invention de l'économie*, Paris, Albin Michel, 2005)、彼の狙いは、このような経済学あるいはその拠って立つ経済主義を批判することにある。経済優位の価値観(経済想念・経済主義)は西洋近代に特徴的なものにすぎないとしてこれを相対化し、その上で、その必然的帰結としての成長論理と発展パラダイムは伝統文化や人間の共同性の破壊の元凶であったと、経済主義（およびその延長上にあるグローバリズム）を批判するのである（ラトゥーシュ、セルジュ（中野佳裕訳）『経済成長なき社会発展は可能か――〈脱成長〉と〈ポスト開発〉の経済学』作品社、二〇一〇年）。このようなラトゥーシュの批判的言説は、まさしくフランスの新思潮の延長上に位置するムロンやフォルボネが整えた道に対して向けられていることになる。

（34） Forbonnais, François Véron de, *Elémens du Commerce*, nouvelle édition, revue et corrigée, 2vols., Amsterdam, François Changuion, 1755, t. 1, p. 226. なお、奴隷よりも自由人を雇用する方が費用に対して効果が高いとして、人道的観点だけでなく経済的利益の観点からも奴隷制を批判したスミスの議論については、第九章（松本）を参照されたい。

（35） Montesquieu, *op. cit.*, p. 496, 中巻、二九頁。ただし、モンテスキューはこの引用文の少し前で、「ある国々では、暑さが肉体を弱め、また、勇気をもはなはだしく失わせてしまうので、懲罰の恐れによってでなければ、人々が困難な義務を果たす気にならないということがある。そういうところでは、奴隷制はそれほど理性に反しない」と述べており、奴隷制が容認される場合がありうることを認めている。文脈からいって例外的なケースではあるにしても、そこにモンテスキューの奴隷制論の曖昧さを見出すことができよう。ただ奴隷制の例外的容認の根拠が経済的利益に関するものではない点は、ムロンやフォルボネとの違いとして指摘しておこう。

第一一章　ムロンとドラマール——一八世紀前半フランスのポリスと商業

谷田利文

はじめに

フランスでは一七五〇年代からの穀物取引をめぐる論争のなかで、フィジオクラシー（重農主義）を始めとする経済についての新たな学が形成されていく。論争においては、穀物を低価格に抑えるためのポリス規制が激しく批判され、穀物取引の自由化が主張された。この流れは大きくは統制から自由への変化と捉えることができる。しかし、より細部に目を向けるならば、批判の対象であったポリス規制とはいかなるものであるかを明らかにしなければならないだろう。

アンシァン・レジームにおいて、ポリスとは治安維持にとどまらない、人々の生活の細部を覆う一一の対象領域をもつ統治の技法であった。一八世紀において、経済学という新たな学が形成されていく一方で、このポリスはいかなる変化を遂げていくのだろうか。フィジオクラット等によるポリス批判は、政府に受け入れられ、一七六三・六四年には穀物取引の自由化が実現する。しかし、自由化後の穀物価格の高騰と暴動の頻発によって、自由化政策は見直しを迫られることになった。またフィロゾーフの間でも、自由化をめぐる意見の対立が激しくなり、一七七〇年に出版されたフェルディナンド・ガリアーニの『小麦取引をめぐる対話』など、過度な自由化に警鐘を鳴らす著作も現れた。ガリアーニなどフィジオクラットを批判した論者には、これまで保守派や反啓蒙という評価がなされることが多かった。しかし、抽象的なフィジオクラットの論理とは異なる、時間と空間の特異性に基づく政治経済学としてその革新性を再評価する傾向もある(1)。

また近年のポリス研究によれば、一八世紀においては、ポリス批判の高まりが見られる一方で、合議的ポリスから機動的ポリスへの変化、そして「ポリス的知」の精緻化がなされたという(2)。

したがって、一八世紀のフランスを統制から自由へ、ポリスから経済学へという流れのなかで把握することは、大まかな傾向としては認められるものの、そこからこぼれ落ちてしまうものは大きいと言わざるをえない。自由と統制の、経済学とポリスのより複雑な関係を明らかにするためには、それぞれの文献のなかで、ポリス police や商業 commerce、自由 liberté という言葉がどのように使われているかが手がかりになるのではないだろうか。

それゆえ、本章では、ジャン・フランソワ・ムロンの『商業についての政治的試論』に着目し、その一つの試みを示したいと考える。ムロンを選んだ理由は、ポリスを激しく批判したフィジオクラットとは異なり、その著作のなかで Police という言葉が頻繁に用いられることである。一七五〇年代以降批判の対象となるポリスが、ここでは、否定的なニュアンスなしに使われている。したがって、ムロンの著作のなかのポリスという言葉に着目することで、論争以前のポリスと経済学の関係を明らかにできるのではないだろうか。

ムロンの著作は、一八世紀前半における経済学の先駆的な著作の一つであり、これまで信用論、貨幣論、奢侈論などで、とくに注目を浴びてきた(3)。ここでは、ポリスという言葉に注目することで、これまで注目を集めることが少なかったポリスと経済学の関係を検討したい[4]。このポリスと経済学との関係を考察することは、本書の主題である「野蛮と啓蒙」という問題をも照らし出すものである。

本書の序説では、野蛮と啓蒙が、一度だけのもの、つまり野蛮なものが啓蒙され解決するという容易なものではなく、啓蒙が新たな野蛮を生み、そしてまたその克服が目指される歴史が示された。本章においても、一七世紀後半のポリス改革による、人間の情念、および貧困という野蛮の克服、そしてムロンによる余剰による貧困という新たな野蛮の克服、最後に過度な自由化がもたらす民衆の貧困・暴動というまた新たな野蛮が示される。本章の主題であるポリスと経済学との関係は、この野蛮と啓蒙との繰り返されるせめぎ合いのなかで明らかになるだろう。

本章ではまずアンシァン・レジームにおけるポリスの概念を明らかにするため、その代表的著作であるドラマールの『ポリス論』に注目する。次にムロンの生涯と著作について論じる。その後、ムロンにおける自由と商業について取り上げ、次にムロンにおける立法者とポリスについて論じる。そして最後に、奢侈と穀物の問題について、ドラマールとムロンの比較をおこない、その差異を明らかにしたい。

第一節　アンシァン・レジームにおけるポリス

ここでは、まず議論の前提としてアンシァン・レジームにおけるポリスについて示したい。ポリスについては、従来の制度史的アプローチだけでなく、ヴァンサン・ミリオなどによる、ポリスの実践や技術に着目した「ポリス的知」をめぐる新たな研究がなされている[5]。また『狂気の歴史』や晩年の統治性研究においてポリスを論じたミシェル・フーコーの影響のもと、パオロ・ナポリを始めとする統治技法としてのポリス研究の流れも存在する[6]。日本においても、高澤紀恵は、近世のパリを近隣関係に基づくソシアビリテと都市の秩序維持を主題として論じ、自治的な組織のもとで維持されてきたパリの秩序が、ポリス改革によって王権に包摂されていく過程を明らかにした[7]。また地方警察であるマレショーセについても正本忍によって研究がなされている[8]。

また、本章で取り上げるドラマールの『ポリス論』については、白水浩伸が詳細な分析を加えており、その教育国家論としての性格を明らかにした[9]。そして松本礼子は、ドラマール、ギヨテ、ルメールというポリス文献を読解し、統治技法としてのポリスを明らかにするだけでなく、それを反王権的な事件の文脈で読み取ることにより、市井の人々の権力観や国王観を描き出した。松本によれば、反王権的言動に関するポリスの政治的・社会的機能は、絶対王政や身分制という理論から逸脱する個人に対し、ふさわしい役割・義務を全うするよう立ち返らせることによって、社会秩序を維持し、平穏な社会を実現することだったという。そのため迅速で柔軟なポリスの予防的措置が求められたのである[10]。

経済思想史においては、ロイック・シャルルが、穀物取引論争に見られた経済理論を三つに分類し、グルネー・サークルによる抽象的な市場の観念、フィジオクラットによる良価とともに、ポリスの公定価格についても論じている[11]。

それではポリスの歴史をみてみよう。近世フランスのポリスについては二つの転換点がある。第一の転換点は、一六六七年三月のポリス代官の設立である（後にポリス総代官と改称）。高澤によれば、ポリス代官の成立は、伝統的な諸特権が分有してきた権限が「個別的ポリス」として下位化され、パリ全域にシャトレの「包括的ポリス」が覆う空間が創出されたことを示すという[12]。そしてナポリによれば、このような改革を通して、ポリスは人口と領土という二点において拡大していったという。人口については、一七世紀後半の貧民についてのポリスの決定的な拡大が人口を統治する画期となったとされる。[13] 領土については、一八世紀の地図の製作の増大に至る、領土の知識についての戦略をあげている。[14]

第二の大きな変化は捜査官の導入である。喜安朗は、これにより合議的ポリスから機動的ポリスへと変化したという。頻発する民衆暴動における群衆を前にして、従来の合議的ポリスは無力であることが明らかになった。したがって、一七〇八年に、第二代ポリス総代官ルネ・ダルジャンソンは、売官制による捜査官職四〇人を導入し、機動的ポリスへの変化が始まる。しかし、これは住民の反撥によって機能不全に陥り、一七四〇年に旧来の捜査官職を廃止し、改めて二〇人の捜査官が組織され定着することとなった。捜査官は、全体で三〇〇人以上と推定される密偵や情報提供者を雇い入れ、住民の内部にわけ入って機動的に捜査をおこなうようになった。[15] ポリスは、臣民の生活の細部により根をはり、その統治の精度を高めていくのである。

次にポリスの理論的側面であるが、その代表的な著作としてニコラ・ドラマールの『ポリス論』があげられる。ドラマールは、一六三九年にノワジィ・ル・グランの法服貴族の家に生まれる。[16] 一六六八年にシャトレ裁判所の検察官、一六七三年にはシャトレ裁判所の警視の官職を購入し、初代ポリス総代官ド・ラ・レニーの片腕としてポリスの実務に携わっていく。一七〇五年に『ポリス論』の第一分冊が出版され、一七一〇年に第二分冊、一七一九年に第三分冊が出版される。しかし、完成を待つことなく、ドラマールは一七二三年に八四歳で死去する。その後一七三八年に、高等法院の弁護士、ル・クレール・デュ・ブリエによって第四分冊が出版されるも、それ以後は続編が出版されることはなく、未完の著作となった。

ドラマールは序文において、ポリスを次の一一の対象領域に分けている。①宗教、②習俗、③健康、④食糧、⑤道路、⑥公共の安全と秩序、⑦自由学芸、⑧商業、⑨製造業と工芸、⑩家事使用人・肉体労働者、⑪貧民。第一分冊は、ポリス総論と宗教、習俗、健康を扱い、第二分冊と第三分冊は食糧、第四分冊は道路を扱う。ドラマールの著作は未完に終わったものの、一八世紀におけるポリスについての文献は基本的にこの一一の区分に従うこととなる。

ドラマールによれば、ポリスの目的とは、「その生において享受しうる最も完全な幸福へと人間を導くことである」[17]。そして、この幸福は「魂の善」「身体の善」「富」という三つの善に分けられる。宗教と習俗は、魂の善に属し、健康、食糧、道路、安全は、身体の善に属する。そして、商業、製造業、自由学芸は、富に属する。「ポリスは人間の生存を、そして魂であれ、身体であれ、富であれ、あらゆる善をもたらすよう、配慮しているのである」[18]。

ドラマールは、「快適で平穏な生活こそは、社会の最も重要な目的であった。しかし自己愛や、その他の情念、過ちが、すぐに社会に混乱と分裂を引き起こしてしまった。この悪を治療するため、人々のなかで最も優れた者たちは法を制定することに訴えた」[19]のだという。つまり、ポリスとは、自己愛や情念に満ちた野蛮な社会を、治療するためのものなのである。

白水は、「ポリスは「親子関係」という極めて非対称な関係に立脚しつつ、〈劣位（infériorité）〉あるいは〈周縁（marginalité）〉におかれた人間、言うなれば「市民社会の息子」に対して、「懲治」と「褒賞」を駆使した「教育的配慮」の総体として立ち現れる」[20]というが、ポリスは臣民の幸福を目的とし、彼らが快適で平穏な生活をおくることができるように、その生活の細部に配慮し、文明化・規律化をおこなうものだったといえよう。

また、ポリスが臣民に働きかける方法については、モンテスキューの『法の精神』における「ポリスの規則は他の公民の法とは別種のものであること」という章も重要である。一七七〇年に書かれたルメールの『フランスにおけるポリス行政についての覚え書き』においても、ポリスについての一般的観念として、「ポリスとその法についてこれ以上に正確な観念は示すことも、その行政についてこれ以上に正確な原理を打ち立てることもできない[21]」として、その章の一部が引用されている。

ポリスの執行においては、処罰するのは法よりもむしろ役人である。犯罪の裁判においては、処罰するのは役人よりもむしろ法である。ポリスの主題は刻々に起こる事柄であり、そこでは通常、些細なことしか問題にならない。したがって、方式はほとんど必要でない。ポリスの働きは迅速であり、それは毎日繰り返して起こる事柄を処理する。したがって、そこでは重い処罰は適当ではない。ポリスはたえず細々としたことを扱う。したがって、そのために重大な判例は作られない。ポリスは法よりはむしろ規則をもつものである[22]。

ここでは、裁判の場合とは異なるポリスの迅速な行使が示される。臣民の生活の細部を対象とするポリスは、規制によって、日常生活に迅速に介入するのである。

このようなポリスは、後に批判されるように、自由と対立するものなのだろうか。穀物取引論争において、自由化を主張したフィジオクラットにとっては、ポリスはまさに自由と対立するものであったといえよう。しかし、フィジオクラットの批判をそのまま受け取ってよいのだろうか。ここでは、ポリスにおける経済的側面を最もよく示す食糧ポリスを取り上げ、ポリスと自由について検討したい。

穀物についてのポリス規制は、『ポリス論』の第二・三分冊を占める食糧ポリスのなかでもとりわけ重要な項目である。穀物取引についての伝統的な規制では、穀物は自由に売買することが許されず、特定の市場のみで販売されなければならなかった。一度、市場に出品された穀物はどのような理由でも取り下げることが許されなかったため、二三日間売れ残った穀物は安く販売され、貧しい人々も穀物を手にすることができる仕組みとなっていた。また穀物の州間取引も規制され、穀物の輸出は、国内の消費を優先するため基本的に禁止された。これらの穀物規制は、生存のために絶対的に必要な穀物の性格によるものであり、買い占めなどによる穀物価格の高騰を防ぎ、飢餓、そして暴動を防ぐためのものであった[23]。

穀物規制についての理論としては、中世からの公定価格と解釈することができる。シャルルによれば、公定価格は次の三つの原理の結びつきによって決定される。（1）交換の自由、（2）契約者間の善意、（3）交換手続きにおける経済的強制の排除である[24]。固陋な統制主義と後に批判されたポリス規制において、交換の自由が認められていたという解釈は重要であろう。

ポリスと自由との関係について白水は、「ポリスは自由の対立物であるどころか、近代市民社会における自由を可能にする不可欠の前提条件であり、むしろ自由をその限界に生み出し、下支えするものとしてあったのだ」[25]という。またS・L・カプランも、穀物取引において、ポリスと対立するものは自由ではなく放縦 licence であると指摘している[26]。

ドラマールは、大都市では収穫の多寡によって価格を定めることは実際には不可能で、「商品の価格を決める自由は商業の魂である」[27]としており、この点に関してシャルルは、「ドラマールは穀物商人の自由競争の有用性を完全によく理解していた」[28]と解釈している。

またドラマールは「善意は商業の魂である」[29]ともいう。しかしながら、とくに小麦のような食糧の取引においては、この善意という徳に反した悪徳は非常に危険で恐るべきものであり、他の商品の取引においては、悪徳は商人間の問題となるが、小麦の取引においては、その余波は国家にまで及ぶことになると論じる[30]。したがって、自由を理解し、強制的な価格決定は極力避けながらも、小麦取引に対する規制がおこなわれたのである。

ポリスには統制によって規律化をおこなう権力装置という印象が強いと思われるが、ポリスと自由との関係を対立する概念と捉えることには慎重であるべきだろう。フーコーは、穀物取引論争を通して、規律システムから自由を前提とする安全システムへと統治のテクノロジーが変化したと解釈しているが、そもそもポリスと自由の関係はいかなるものであるのかが検討されるべきではないだろうか。[31]また本章で取り上げるムロンのように、フーコーの図式に当てはまらない事例を検討することで、より複雑な自由と統制の関係、ポリスと経済学の関係を明らかにできるのではないかと考える。

第二節　ムロンの生涯と著作

ジャン・フランソワ・ムロンは、一六七五年、チュルの法服家族の家に生まれる。[32]ボルドーで法律を学ぶが断念し、一七〇八年、ダックス徴税区の徴税監督官に就任した。また一七一二年に、ボルドーのアカデミー創設とともに終身書記となるが、これがモンテスキューとの交友の始まりとなった。

一七一五年には、ルイ一四世の死後、実施された「ポリシノディ」の一部をなす財政顧問会議に参加した。そして一七一八年には、ジョン・ローの会計担当秘書となる。「ローのシステム」の崩壊後は摂政に仕え、一七二三年の摂政の死後はブルボン公の秘書となったが、これ以降の晩年についてはよく知られていない。

ムロンは生涯に二つの作品を遺したが、第一作は一七二九年に出版された『マームード、オリエントの物語』であり、これはモンテスキューの『ペルシャ人の手紙』（一七二一年）の成功に倣った風刺小説であった。そして第二作が一七三四年に出版された『商業についての政治的試論』である。その後、一七三六年に大幅に増補された第二版が出版され、その二年後の一七三八年に死去している。

『商業についての政治的試論』の第二版では、七章が増補され、次のような構成となった（増補部分に傍線[33]）。一、諸原理、二、小麦、三、住民の増大、四、植民地、五、奴隷制、六、特権会社、七、軍事政府、八、インダストリー、九、奢侈、一〇、輸出入、一一、商業の自由、一二、法定通貨制度、一三、諸貨幣の比率、一四、フィリップ美王への反乱、一五、聖王ルイとシャルル七世の諸貨幣、一六、減価、一七、農産物の高値、一八、諸々の反対論への回答、一九、貨幣にかんする種々の考察、二〇、為替、二一、投機、二二、貿易バランス、二三、公信用、二四、政治算術、二五、システム、二六、結論。

『政治的試論』においては、まずはじめに、同じ面積・人口で、それぞれ穀物、織物、ワインしか産出しない三つの島のモデルが示される。三つの島の間の需給関係は均衡に達し、貿易バランスは等しい。しかし、やがて一つの島の物産が過剰になると均衡は崩れ、それを回復するためには立法者の介入が必要となる。立法者の役割は、第一に小麦の供給の確保、第二に人口増大、第三に貨幣と信用の保持である。『政治的試論』における議論はこの順番に論じられ、結論の前の二章（政治算術、システム）では統治の方法が論じられる。

ここでは、これまで先行研究において着目されてきた貨幣、信用の問題ではなく、ポリスと統治の問題を中心に論じる。Police（policer, policé を含む）という言葉は、初版で三七回、第二版で五六回使われているが、増補された「システム」の章では、一二回使用されている。その前の政治算術の章も、統治の方法という点で、本章の主題にとっては重要な章である。したがって、ここではこれら第二版で増補された部分にとくに着目しながら論じることにしたい。ドラマールに代表されるポリス論と比較することで、ムロンがポリス的統治から何を引き継ぎ、何を新たなものとして示したかが明らかになるだろう。

第三節　ムロンにおける自由と商業

それではムロンは自由と商業をどう把握しているだろうか。ドラマールの『ポリス論』において問題となったように、まずポリスと自由との関係から見ていこう。

ムロンは「自由と保護という選択肢においては、自由よりも保護を除いた方が害が少ないだろう。なぜなら、自由とともに、商業の力だけで、保護の代わりをなしうるからだ[34]」という。しかし、ムロンにとって自由とは、後にフィジオクラットによって主張されるような無制限のものではない。

> 統治における自由は、各々に都合がよいと判断したことをさせる放縦 licence にはなく、ただ全体の利益に反しないことをなすことにある。
>
> 同様に、商業における自由は、あらゆる種類の商品を自由に送り、受けとる商人の軽率な放縦 licence にあってはならず、商業の定義に適い、その輸出入が個々の市民に、不足している必需品とその余剰を交換する能力をもたらすことができる商品のみにある。[35]

ムロンにおいても、カプランのポリス解釈と同じく、自由と放縦が対比され、全体の利益を害さないことが強調される[36]。また「商業における独占は、まず自由を取り除く恥ずべき面として現われるが、理性と経験がこの自由が常に国民の損害になるということを学ぶとき、その場合は独占は賢明なものとなる[37]」と、自由は絶対的な原理ではなく、国家を害する自由は拒否され、独占も認められた。ムロンにとって、自由とは国家の利益を損なわないという制限つきのものであり、国家の必要のもとでは、個々人よりも国家の利害が優先されることも認められた。

ムロンは「商業とは必要なものと余剰の交換である」[38]と商業を定義するが、余剰の交換というこの定義は後に示すように、ムロンの思想を理解する上で大きな鍵となる。また、商業の精神については次のように述べている。

一国民において、征服の精神と商業の精神は、互いに排除しあう。しかしながら、またそれに劣らず確かで重要な考察をつけ加えよう。それは、征服の精神と保存の精神も同様に両立しないということだ。つまり、征服的な国民がそうであることをやめるなら、すぐに征服されてしまう。しかし、商業の精神には、保存のために必要な知恵がつねに備わっている。[39]

ムロンは、商業の精神と征服の精神とを比較し、国家が保存しうるのは商業の精神によってのみであるという。そして、「もし商業の精神と、それと切り離せないポリスの精神が、トルコの立法者を活気づけていたなら、団結したヨーロッパもその力に抵抗するには、ほとんど十分でなかったであろう」[40]と、征服の精神と対立する商業の精神は、ポリスの精神と不可分なものとして結び付けられる。ムロンにとって、ポリスと商業は対立する概念ではなく、次のようにこの二つの言葉が並んで用いられることが多い。

モスクワの国民は、ピョートル大帝が彼らに商業を与えようと企てた以前には、ヨーロッパではほとんど無視されてきた。その力は、常に広大であった土地の発展ではなく、ポリスと商業の発展によって増す。(中略)国家の力は土地によって測られるのではない。それは市民の数と、彼らの労働の有用性によるものである。[41]

つまり、ムロンにとって、征服の精神と対立するものとして、商業・ポリス・保存の三つの精神が捉えられているといえよう。

モンテスキューは、「商業は破壊的な偏見を癒やす。そして習俗が穏やかなところではどこでも商業が存在しているというのがほとんど一般的な原則である。また商業が存在するところではどこでも、穏やかな習俗が存在する」[42]と述べたが、ムロンにおける商業の精神は、「穏和な商業」という言葉が喚起するようなイメージとは異なっている。確かにそれは戦争という手段をとらないという点で穏和であるかもしれないが、ムロンは国家間の熾烈な競争を強く意識している。

I・ホントは『貿易の嫉妬』において、ムロンに「経済的国家理性」の原理を読み取っている。「近代的な「経済的国家理性」は、商業的競争相手を軍事的に脅迫することは要求しなかった。しかしながら、それはすべての他の点において、慎慮をもった経済に関する政治的指導力と結合した大胆なイニシアティヴを要求した」[43]と述べ、ムロンは「商業の時代において偉大なことを為すには、商業が引き起こした一時的混乱を処理するうえでの、絶えざる経済的再構成と強力な政治的神経が必要である」[44]と、フランス人に忠告したという。

ムロンにおいては、ポリスと商業が両輪として、国家の発展に寄与することが強調される。自由が商人の私的利害に基づく放縦とは異なったように、商業もまたムロンにとっては私的なものではなく、ポリスと結びつくことによって、国家の保存のための商業となるのである。自由も商業も私的なものではなく、国家の必要に従属する可能性が示されている点が特徴的であろう。

第四節　ムロンにおける立法者とポリス

ムロンにとって、商業が国家と強く結びついていたとすれば、その国家の舵取りを担う立法者はどのように把握されているのであろうか。すでに述べたように、ムロンは、立法者の役割として小麦の供給の確保、人口の増大、貨幣と信用の確保の三点をあげた。したがって、国家の発展は「第一に、その土地が小麦か、それと同等の食糧をより多く産出するかどうか。第二にそのポリスとインダストリーが住民の数を増やすかどうか。第三に担保か交換に相当するものの量が、各々の地主に、足りないものを得るために、彼らが持つすべての物を、利益になるように用いる方法を与えるような比率にあるかどうか[45]」を検討することである。

そして統治の方法として、ウィリアム・ペティを批判的に取り入れ、政治算術について論じる。

すべては計算に帰着する。それは純粋に精神的な事物にまで及ぶ。それに従うことで、立法者、大臣、個人が、提案や計画などを拒否するか、あるいは承諾するかを決めるような、最も大きな蓋然性を人々は見出しうる[46]。

対象が少しだけ複雑な時は、成熟した慣習が、それをなしたと気づかないほど非常に素早く計算させる。

しかし、立法の対象においては、それは、最も才能豊かな者が、同時に理解することを強いられる多くの異なる対象の、あらゆる側面を見出すことができるような偉大な仕事によってでしかありえない。彼は、人間の計算、労働者の数、労働の価値、それを増やし、価値あるものとする手段の計算に関係する可能性の複雑さのなかで自分の選択を決定しなければならない[47]。

具体的には、前述した立法者の三つの役割に対応し、「収穫の計算においては、消費あるいは有利な販売の手段の計算を加えなければならない。人間の計算においては、彼らの労働による価値の計算を加えなければならない。法定通貨の計算においては、商人の通常の信用と、ありうる信用の計算を加えなければならない[48]」という。

このような複雑な計算によって統治をおこなう「立法者の栄光の数学的表現は、彼が幸福を与え、彼が克服した障害の数によって増えた人間の数である[49]」。そして、偉大な立法者は、大胆と臆病という「この極のちょうど真ん中を取る。国家の格律は、彼の下では、この曖昧な適用では全くない。彼は時代の情勢を比較する。（中略）彼は濫用と予防の力を知っている。そして同様に法の力も知る。公共善、困難、利点、損害の重さを測った後に、賢明さとともに理解し、勇気を持って行動し、そしてたとえ時間はかかっても、自分を苦しめていた重荷が軽くなったのに気づき驚く民衆の称賛とともに成功を治める[50]」。

第二版によって加えられたこの「政治算術」の章によって、立法者の三つの役割は、政治算術という手段を伴ってより具体的に語られることになった。政治算術によって、判断を下す方法を得た立法者は、大胆と臆病の間で、複雑な社会の統治を進めていかなければならないとされた。

次に、ムロンはポリスをどう理解していたのだろうか。ムロンは、著作のなかでドラマールの名前をあげており、その存在を知っていたことは疑いない[51]。ここでは『政治的試論』においてムロンがポリスについて語っている部分を取り上げ、その関係を考察したい。

> 立法のこの本質的部分は、かつてはあまりにもわずかしか知られず、隣国の人々の大部分にもまた無視されたが、われわれの下では先の治世以来、驚くべき進歩をなした。その賢明な法は、ほとんどすべてを含む。（中略）絶えまない監視は、弛緩と不当な取り締まりから同様にかけ離れたもので、公的な平穏を妨げるものしか罰しない[52]。

ムロンは、ポリスがルイ一四世の治世に大いに発展し、ドラマールが述べるように、それが臣民の生活のほぼすべての領域を対象とすると述べる。そして、極端に緩いかあるいは厳しい取り締まりとは異なる、絶えない監視というその方法を評価する。

法とポリスが安全と豊富をもたらす社会のために働くことをすべての人々に課す、一般的な義務がある。畑を耕し、税の分担額を支払うことは、この第一の義務を満たす。職業の選択にともなう個別の義務がある。そして、それゆえ国家はこの個別の義務を要求することができ、そのためには自ら職業を選んだ人々を当てにする。なぜなら、この自発的な職業の人数が十分でないなら、それが、成り行きによるものであれ、他のものによるものであれ、分配的正義に最も適うように、公的需要に必要な人数にそれを強制することができるからだ。国家の必要が認めない時に、この一般的そして個別の義務を越えて要求することは、不当である。なぜなら、そうであれば、すべてが正当となるからである。[53]

また、ムロンにとって、国家はその需要を満たす必要から、職業を分配するため、強制的に職業を変えさせることもできる。自由と放縦との比較の際にも見られたように、ムロンのなかでは、国家の必要性が、非常に重視されていることがわかる。

またポリスという言葉は、第二版で増補された「システム」の章の、中国についての議論において頻繁に言及される。ムロンは一七三五年に出版されたデュ・アルドの『中華帝国全誌』から、中国の知識を取り入れ、それを教訓として、フランスのポリスについて語る。

その一つが、人体解剖についてであり、「中国人は遺体に対する宗教的敬意を持っており、それが彼らに遺体を切り開くことを許さない。そこから、解剖から引き出しうる貴重なすべての成果が失われた[54]」と非難する。そしてもう一つが、幼児の遺棄・殺害についてである。「彼らの下では、父権は制限のないものであり、幼児の遺棄と殺害を可能にする」[55]が、「この大いなる悪弊は、ポリスの第一原理に反するだけでなく、人間性の第一の感情にもまた反する」[56]という。

他方で人々は我々に中国が世界で最も肥沃で豊かな部分の一つであり、耕作されていない土地は一プースもないと言うけれども、幼児の遺棄・殺害の動機は、民衆の貧窮である。（中略）そして、もし豊富さが存在し、食糧の誤った分配によって、住民の一部が貧困の状態にあるなら、それは中国の統治の名誉を損なう非常に粗野なポリスによる欠陥であろう。彼らが享受する平和は、彼らの政治の成果ではなく、状況による偶然である。（中略）これぞまさしく、民衆の幸福について、そして彼らのポリスの卓越さについて、多くの大げさな表現を差し引くのに十分だ。ああ、自分自身について、そしてその慣習について、あまりにも高い名声を抱え、他のあらゆる国民を無視し、蔑むことを誇るような国民のもとで、どうしてそのポリスが改善されようか。[57]

そして、この中国への批判は、「もし我々が古来からの悪しき活動に対する同じ敬意をもち、その活動を変質させたり、判断することが許されないなら、我々のポリスは進歩がなく、中国の解剖の運命となろう」[58]と、フランスのポリスについても向けられることになる。後に、フィジオクラットによって農業王国として理想化される中国は、ムロンにとっては、悪しきポリスの例として辛辣な言葉で批判される。民衆の貧困が豊富さのなかでの政府の無策にあるなら、立法者の役割を説くムロンにとっては、中国は悪しきモデルでしかありえない。後に自然的秩序のユートピアとされた中国は、ムロンにあっては立法者とポリスの怠慢としか映らない。そして、宗教的敬意により解剖学の進歩が望めないという話に仮託して、悪習を遵守するのではなく、フランスのポリスを進歩させていく必要性が語られるのである。

第五節　ドラマールとムロンとの差異――奢侈と穀物

それではドラマールとムロンの見解はどう異なるのか。二人の差異を考察するために、奢侈と穀物という二つの主題を取り上げることにしよう。まず奢侈について論じる[59]。

ポリスにおいて、奢侈は習俗ポリスにおける規制の対象であった。

あらゆる情念のなかで、過度な奢侈への愛着ほど他に類をみない恐るべき情念はない。宗教と国家が同様にそれに関心を抱いている。そして、この悪徳は自然的秩序と正しい理性にあまりにも反しているので、他のあらゆる放埒については見解を異にしていたあらゆる民族さえも、言わば、それと戦うために集まり団結したのである[60]。

奢侈はおもに衣服、家具、衣装、建造物、祝宴における過度で常軌を逸した出費に基づくものである。この意味では、奢侈はいくつもの悪徳の結果であり、また別のいくつもの悪徳の犯人であり根源でもある。すなわち傲慢、怠惰、無為は、たいてい奢侈を生み出すのである。また略奪、暴利、公金横領、みだらな快楽、憎悪、嫉妬、神の忘却、さらに絶望は、しばしば奢侈の有害な産物である[61]。

このように奢侈はポリスが規制すべき悪しき情念として強く批判されるが、一方でドラマールは奢侈のなかに、豪華と慎み深さという二つの徳を見出す。

豪華は、正しき理性と礼儀作法から決してそれていない場合、奢侈とは異なる。王族や大貴族が壮麗な姿を見せ、それが華麗な出費によるものである時、それは常に気高さと収入に見合ったものである。そして、こうした華々しさは、生まれながらの地位を保ち、民衆に敬意を植え付けるためにも必要である。また、彼らの宝物庫に死蔵されている莫大な資産を、豊富に流通させることで、商取引や技芸を維持していくためにも必要である。したがって、これは徳である。[62]

また「慎み深さとは、卑しくみすぼらしい節約とはまた大いに異なるものだ」[63]という。ドラマールは王族や大貴族の身分に合った出費は、奢侈ではなく、むしろ彼らの財を社会に流通させるという点で評価する。しかしながら、民衆による奢侈品の消費は、国家の富を増す手段とは考えられず、むしろ悪徳を生み出すものとして規制の対象となる。ただ実際のところ、民衆の奢侈を取り締まることは困難であることをドラマール自身も認める。

長年の経験からわかることは、あらゆる法のなかで、奢侈禁令ほど非常にたやすく忘却されてしまうものはないということだ。奢侈を改めさせる王令が出されるや否や、国民の才は、自然に豪華に向けられるが、商人や職人の巧妙さは、その規定を巧みに避ける新たな方法を生み出す。流行が少しずつ受け入れられ、その実に奇妙な影響力は、賢明な法よりも強くなるのである。[64]

したがって、奢侈禁令は時とともに更新される必要があり、非常に多様なものとなるという。これに対して白水は、奢侈についてのポリス的配慮は人々の「欲求」を水路づけてしまう結果となり、図らずも、「まさに「欲求の体系」を下支えし、「欲求」そのものを醸し出す機能を果たしているのである」[65]と論じる。ドラマールにとって、奢侈とは身分的秩序を維持するために、王族や貴族にのみ認められるべきものであり、彼らの富は、奢侈品に関する職人や商人を通して社会全体に流通していくこととなる。しかしながら、地位の低い民衆はその消費者として認められておらず、規制の対象となる。ただし、際限なくかき立てられ移り変わる奢侈品への欲求は、ポリスによっては容易に規制できないものでもあった。

それに対して、ムロンは「奢侈は政府に富と安全を与える並外れた豪奢である」[66]という。また「われわれのポリスが完成されるにつれてわれわれの豪奢につれてあらゆる社会の必然的な結果である」[66]という。また「われわれのポリスが完成されるにつれてわれわれの豪奢についての法は減少した」[67]と述べるように、ムロンにとって、十分にポリス化されたフランスは奢侈の禁令を必要としない。奢侈を禁じるのではなく、むしろそれを活用することが主張される。

もし人間が宗教の格律によって行動するほど十分に幸福ならば、もはや法を必要としないだろう。義務が罪への抑制として、また徳への動機として役立つからである。しかし不幸にも人間を導くのは情念であり、立法者はそれを社会に役立てることのみを求めるべきである。軍人は野心によってのみ勇敢であり、商人は金銭欲によってのみ働く。（中略）奢侈は彼らにとって労働の新たな動機となる。[68]

ドラマールと同じく、情念の管理を望みながらも、ムロンはそれを規制するのではなく、社会に役立てようとした。奢侈は規制の対象ではなく、人々に労働意欲をもたらす新たな動機となりうると考えられた。また「立法者は奢侈を植民地と考えることができる。土地、戦争、マニュファクチュアのために必要な人間を国家が持つ時、奢侈の労働に用いられる余剰は有益である」[69]という。ムロンにとって、植民地とは、兵士、土地耕作、マニュファクチュアのための人口が十分である時に、余剰の市民を移住させるべきものであった。[70]それと同じく、国内の奢侈のための労働は、余剰の労働力を活用し、職を持たない浮浪者が引き起こす問題をも解決するものであった。

そして、ついには「奢侈という言葉は、ポリスと商業の全ての活動から追放しなければならない、むなしい名前である。なぜなら、その濫用は源からインダストリー自体を阻害しうる、曖昧で混乱した誤った観念のみを生み出すからである」[71]と、奢侈という言葉自体が否定されることとなる。

ドラマールがその困難さを認めながらも、奢侈の規制を求めた一方で、ムロンはむしろ新たな労働の意欲をもたらすものとして奢侈を積極的に肯定する。植民地と同じく、奢侈は過剰な労働力を有効に活用し、国力の拡大をもたらすきわめて重要な手段であった。ムロンは、ドラマールと同じく、情念の危険性を説きながらも、それを規制するのではなく、むしろ有効に活用することを立法者の役割とした。ここに、ポリスから経済学への一つの変化を読み取ることができるだろう。

それでは穀物政策についてはどうか。既に示したように、ドラマールは、自由と善意が商業の魂であると認めていた。したがって、穀物の価格を強制的に決定することは避けられるが、ポリスによる介入なしで、必ずしも善意が維持されるとは考えていない。ポリスは特定の市場に穀物を集め、豊富さを人々に示し、またその市場の取引において善意が維持されるよう、配慮するのである。

このような穀物のポリス規制に対して、ムロンは立法者の役割の一つとして穀物の確保をあげ、「なぜなら他の生活必需品は、生活に絶対に必要なものではないからだ」[72]と、人々の生存に関わる穀物の特殊性を認めている。しかしながら、「この立法の第一の目的、パンの保証はフランスにおいてはきわめて容易である」[73]と述べ、「過度の豊富さによる価格の下落を防ぐ」[74]ことをむしろ必要としている。

ポリス規制の目的であった「飢饉や独占による食糧の高値は、いくつかの部分でしか生じることはなく、それは常にポリスの欠陥であり、容易に改善し、むしろ予防することが容易である」[75]として、「飢饉の大部分は無力で私利を求めるポリスが、その扉を敢えて打ち破ることのない穀物倉を閉めさせるような、突然の激しい恐怖にすぎない[76]」という。

買い占められた穀物を押収するポリスの働きを、その怠慢を批判しながらも認めつつ、ポリス規制の大きな課題であった飢饉については、容易に予防できるものだと考えている。確かにムロンの言うように、時代は絶対的な穀物量の欠乏というよりは、飢饉の噂による買い占めが生じさせる人為的な高値が問題となっていた。しかしながら、カプランは実際の飢饉と、パニックによる飢饉・暴動は結果としては同じだったという[77]。後の穀物取引論争においても、王権による規制の復活を求める民衆の感情は、自由化側にとっては愚かなものだとして啓蒙の対象となった。しかしながら、自らの生存をかけた暴動、そしてそれによる社会自体の転覆の可能性を感じたガリアーニやネッケルは、自由化後の混乱のなかで、改めて民衆の生存への配慮が必要だと考えたのだった。

ムロンのポリスへのこだわりとは反して、ポリスのなかでも極めて重要な部分であった穀物取引の規制、そして飢饉の問題が、このように非常に安易に捉えられている。ムロンにおいては、穀物の欠乏ではなく、むしろその過剰が問題となる。ムロンは、あまりにも簡単に、穀物取引の統制という問題を乗り越えてしまう。「必要なものの余剰との交換」という定義が示すように、ムロンに一貫しているのは余剰の問題である。ムロンにとって、フランスはすでにポリス化されており、現状の課題は、人口であれ、穀物であれ、その余剰部分をいかに活用するかであった。この新たな野蛮を克服するのが経済学の役目であった。

I・ホントとM・イグナティエフは、「『国富論』における必要と正義」という論文のなかで、アダム・スミスが論じた商業社会のパラドックスを取り上げた。つまり、「商業社会はそれ以前のどの社会段階よりも財産の分配において不平等であったが、しかし、それでも賃金労働者の基本的必要 basic needs を満たすことができた。原始的社会は、対照的に、より平等だが惨めなほど貧しかった。商業社会の「生産的労働者」が「不生産的労働者」からなる巨大な重荷を背負いながら、なお自分自身の必要を十分に満たしうるのはなぜか[78]」という問題である。

スミスは、そのパラドックスに、分業と高賃金労働によって答える。「富者による「資本の蓄積」は、分業の拡大を可能にして、労働を「高値」にし、仕事を「安価」にしたのである」[79]。

ホントとイグナティエフによれば、スミスは、市場社会における政府の機能から「配分的正義」を排除し、正義の唯一の機能は「交換的」なものであることを示したという。スミスは、正義の問題を「法学や政治学の領域から経済学の領域へと移し替えたのであって、商業社会は、農業の生産性を上げることによって、諸個人の所有権へのいかなる形態の再配分干渉にも訴える必要なしに、賃金労働者の必要を十分に満たしうる、ということを自然的モデルを用いて、証明したのである」[80]。

ムロンはどうか。ムロンは、フランスをすでに十分にポリス化された状態、つまり野蛮ではなく文明化された状態だと認識していた。そして、ムロンの目はさらにその先、商業社会において、余剰がもたらす新たな野蛮の問題に対峙していたといえよう。そのため、ムロンにとって関心の中心は必要の問題ではなく、余剰の問題となったのである。しかしながら、ムロンによって余剰の問題へと向かうかに思えたフランスの経済思想は、一七五〇年代以降、再び必要をめぐる議論に向かうこととなる。ムロンが軽視した穀物取引の問題は、一七六三・六四年の自由化後の混乱のなかで、激しく議論されていくこととなった。つまり、自由化の実験は、穀物価格の高騰と、暴動の頻発という事態をもたらし、失敗に終わったのではないかということだ。一七七〇年代に、フィジオクラットの完全な自由化に反対した、ガリアーニは、人々の生存の根本をなすという点で、穀物の例外性を強調する。

穀物は土地の生産物と見なすことができるが、この見方においては、商業と経済的な法に属する。また同時にそれは、社会の市民的秩序において、最も必要なものであり、最も配慮されるべきものと、みなすことができるし、そうみなさなければならない。そしてこの見方においては、政治と国家理性に属するのである。[81]

ガリアーニは、モンテスキューを思わせる表現で「ポリスとは、細部に関する事柄であり、特定の事例を常にみつめる。もしそれが普遍的になるなら、それは困難なものに変えられる。特定の状況において、それは良き秩序を生み出す[82]」という。

つまり、一八世紀の後半には、急激な自由主義経済への変化がもたらす負の側面が、新たな野蛮として浮上し、ポリスについて新たな議論がなされるのである。この新たな野蛮と経済学との関係については、ガリアーニ、ネッケル、ランゲなど、自由化に反対した論者の検討がなされなければならないだろうが、ムロンについて言えることは、余剰という新たな問題を指摘しながらも、必要の問題を十分に議論しなかったこと、それが容易に解決できると判断していた点である[83]。

おわりに

ムロンにとって、ポリスと商業は対立するものではなく、国家の発展のためには欠かせない両輪であった。彼にとっては、自由も商業もともに私的なものではなく、国家の必要のもとに制限が課せられるべきものだった。ムロンにあっては、統治は自然に任せるものではなく、立法者が、穀物の確保、人口の増大、信用の確保という三点について、政治算術を用いることで、最良の政策を選択し、実行すべきものであった。また、奢侈については、従来のポリスのように規制の対象とするのではなく、新たな労働意欲をもたらすものとして、余剰人口を有効に活用する手段を見出した。ムロンは、ポリスを否定するのではなく、既に十分にポリス化されたと考えるフランスに、新たな発展をもたらすため、それを改善させていこうと考えていた。

しかし一方で、ポリス論においてきわめて重要な主題であった穀物取引の問題については、ムロンはあまりにも安易にそれを乗り越えてしまったように思われる。ムロンが欠乏より過剰による問題の方が大きいとした穀物について、一八世紀後半には激しい議論が戦わされ、そのなかで、ケネーの良価など新たな経済理論が形成されていく。また、過度な自由化に反対したガリアーニ等は、頻発する暴動に社会自体の崩壊の危険を感じ、改めて食糧の確保の重要性を認識する。そして、暴動のなかで生じた群衆の問題は、統治技法としてのポリスの精緻化をもたらすこととなる。

政治算術の導入、奢侈の有効活用など、統治の技法の効率化、進展について、ムロンの貢献は非常に大きい。しかし一方で、ドラマールとの比較から明らかになったことは、ムロンがアンシァン・レジームのポリスの根幹にあった民衆の生存の保証という側面を取り逃してしまったということだ。

ポリスは人間の情念という野蛮を規制し、快適で平穏な生活を営むための文明化を目指した。ムロンはポリスを評価しながらも、文明化の次の段階として、余剰の問題を始めとする商業社会における野蛮を解決するため、統治のあり方を模索した。そして、ムロンが見逃した穀物取引の問題は、一八世紀後半に新たな野蛮の問題となっていくのである。

注

（1） F. Marcovits, *L'ordre des échanges: Philosophie de l'économie et économie du discours au XVIIIe siècle en France*, Paris, 1986: G. Faccarello, « Galiani, Necker and Turgot », dans G. Faccarello (dir.), *Studies in the History of French Political Economy, from Bodin to Walras*, London, 1998, pp. 120–195.

（2） 喜安朗『パリ――都市統治の近代』岩波新書、二〇〇九年。松本礼子『一八世紀後半パリのポリスと反王権的言動』一橋大学・博士論文、二〇一三年。

（3） 米田昇平『欲求と秩序　一八世紀フランス経済学の展

開』昭和堂、二〇〇五年。津田内匠「J・F・ムロンの『システム論』(一)〜(四)」『一橋大学社会科学古典資料センター年報』一三、一四、一六、一八、一九九三―一九九八年。S. Meyssonnier, *La Balance et l'horloge, la genèse de la pensée libérale en France au XVIII*[e], Les Edition de la Passion, Paris, 1989. ムロンとアダム・スミスとの関係を考察した研究として、野原慎司『アダム・スミスの近代性の根源 ―― 市場はなぜ見出されたのか』京都大学学術出版会、二〇一三年。

(4) ムロンについては、第一〇章(米田)でも論じられているが、ここではポリスとの関係という視点から異なる考察をおこなう。

(5) Milliot, V. (dir.), *Les mémoire policiers, 1750–1850: écriture et pratiques policières du Siècle des Lumières au Second Empire*, Presses universitaires de Rennes, Rennes, 2006.

(6) Napoli, P., *Naissance de la police moderne: pouvoir, normes, société*, La Découverte, Paris, 2003.

(7) 高澤紀恵『近世パリに生きる ―― ソシアビリテと秩序』岩波書店、二〇〇八年。

(8) 正本忍「一七二〇年のマレショーセ改革―フランス絶対王政の統治構造との関連から」『史学雑誌』一一〇―二、二〇〇一年、一七五―二一〇頁。正本忍「フランス絶対王政期の騎馬警察―マレショーセ研究の射程」林田敏子・大日方純夫編『近代ヨーロッパの探求・警察』ミネルヴァ書房、二〇一二年、七一―一〇八頁。

(9) 白水浩伸『ポリスとしての教育 ―― 教育的統治のアルケオロジー』東京大学出版会、二〇〇四年。

(10) 松本礼子、前掲論文。

(11) Charles, L., *La liberté du commerce des grains et l'économie politique française (1750–1770)*, Thèse pour le Doctorat en sciences économiques, Université de Paris 1, 1999.

(12) 高澤紀恵、前掲書、二二三頁。

(13) Napoli, *op. cit.*, p. 50.

(14) *Ibid.*, p. 55.

(15) 喜安朗、前掲書、四四―四九頁。

(16) ドラマールの生涯については以下を参照。松本礼子、前掲論文、五六―五七頁。

(17) Delamare, N., *Traité de la police, Où l'on trouvera l'histoire de son établissement, les fonctions et les prérogatives de ses Magistrats, toutes les loix et tous les Réglemens qui la concernent, Seconde édition augmentée*, Amsterdam, 1729, tome I, préface. 本章において一次史料を訳出する際には、先行研究における訳文を参考にさせていただいた。

(18) *Ibid.*, tome I, préface.

(19) *Ibid.*, tome I, p. 1.

(20) 白水、前掲書、一三七頁。

(21) Gazier, A. (ed.), « La police de Paris en 1770. Mémoire inédit

composé par ordre de G. de Sartine, sur la demande de Marie-Thérèse », dans *Mémoires de la Société de l'histoire de Paris et de l'Ile-de-France*, t. V, Paris, 1879, p. 9.

（22） Montesquieu, *De l'esprit des lois*, Livre 26–Chapitre 24. モンテスキュー、野田良之他訳『法の精神（下）』岩波文庫、一九八九年、一一七―一一八頁。底本として以下を用いた。Œuvres complètes de Montesquieu, publiées sous la direction d'André Masson, Paris, Nagel, 1950–55, 3 tomes. 訳文を少し改めた。

（23） 穀物ポリスについては、以下を参照。Charles, *op. cit.*, p. 26.

（24） *Ibid.*, p. 79.

（25） 白水、前掲書、一一六頁。

（26） Kaplan, S. L., *Bread, politics and political economy in the reign of Louis XV*, vol. 1, Martinus Nijhoff, The Hague, 1976, p. 62.

（27） Delamare, *op. cit.*, tome II, p. 630.

（28） Charles, *op. cit.*, p. 93.

（29） Delamare, *op. cit.*, tome II, p. 619.

（30） *Ibid.*, tome II, p. 619.

（31） Foucault, M., *Sécurité, territoire, population: Cours au Collège de France (1977–1978)*, Seuil, Paris, 2004. ミシェル・フーコー、高桑和巳訳『コレージュ・ド・フランス講義一九七七―一九七八年度　安全・領土・人口』筑摩書房、二〇〇七年。

（32） ムロンの生涯については以下を参照。Bouzinac, J., *Jean François Melon, Economiste*, Imprimerie ouvriere, Toulouse, 1906, pp. 21–42. 津田内匠、前掲論文。

（33） 初版と第二版の相違については以下を参照。津田内匠、前掲論文。

（34） Melon, Jean-François, *Essais politique sur le Commerce*, second édition, 1736, pp. 26–27.

（35） *Ibid.*, pp. 151–152.

（36） Kaplan, *op. cit.*, p. 62.

（37） Melon, *op. cit.*, p. 60.

（38） *Ibid.*, pp. 8–9.

（39） *Ibid.*, pp. 79–80.

（40） *Ibid.*, p. 84.

（41） *Ibid.*, pp. 86–87.

（42） Montesquieu, *De l'esprit des lois*, Livre 20 – Chapitre 1. モンテスキュー、野田良之他訳『法の精神（中）』岩波文庫、二〇一頁。

（43） Hont, I., *Jealousy of Trade: International Competition and the Nation-State in Historical Perspective*, The Belknap Press of Harvard University Press, Cambridge, Massachusettes and London, England, 2005, p. 33. イシュトファン・ホント、田中秀夫監訳、大倉正雄・渡辺恵一訳者代表『貿易の嫉妬―国際競争と国民国家の歴史的展望』昭和堂、二〇〇九年、二四頁。

(44) *Ibid.*, p. 33. 同書、二四頁。
(45) Melon, *op. cit.*, p. 9.
(46) *Ibid.*, p. 318.
(47) *Ibid.*, p. 320.
(48) *Ibid.*, p. 324.
(49) *Ibid.*, p. 347.
(50) *Ibid.*, pp. 370–371.
(51) *Ibid.*, p. 117.
(52) *Ibid.*, pp. 26–27.
(53) *Ibid.*, pp. 155–156.
(54) *Ibid.*, p. 382.
(55) *Ibid.*, p. 382.
(56) *Ibid.*, p. 383.
(57) *Ibid.*, p. 388.
(58) *Ibid.*, pp. 392–393.
(59) ムロンの奢侈論については、第一〇章（米田）も参照されたい。
(60) Delamare, *op. cit.*, tome. I, p. 355.
(61) *Ibid.*, tome I, pp. 355–356.
(62) *Ibid.*, tome I, p. 357.
(63) *Ibid*, tome I, p. 357.
(64) *Ibid.*, tome I, p. 374.
(65) 白水、前掲書、一四五頁。
(66) Melon, *op. cit.*, p. 106.
(67) *Ibid.*, p. 116.
(68) *Ibid.*, p. 106.
(69) *Ibid.*, pp. 107–108.
(70) *Ibid.*, pp. 35–36.
(71) *Ibid.*, p. 113.
(72) *Ibid.*, p. 4.
(73) *Ibid.*, pp. 16–17.
(74) *Ibid.*, pp. 16–17.
(75) *Ibid.*, pp. 201–202.
(76) *Ibid.*, p. 16.
(77) Kaplan, *op. cit.*, vol. I, p. XVII.
(78) Hont, *op. cit.*, p. 389. ホント、前掲書、二八八頁。
(79) *Ibid*, p. 395. 同書、二九二頁。
(80) *Ibid*, p. 418. 同書、三〇八頁。
(81) Galiani, F., *Dialogues sur le commerce des blés*, Fayard, Paris, 1984, pp. 33–34.
(82) *Ibid.*, p. 272.
(83) ランゲについては、第一五章（大津）と以下の文献を参照されたい。ランゲ、大津真作訳、『市民法理論』（近代社会思想コレクション九）、京都大学学術出版会、二〇一三年。ネッケルの穀物論については、以下を参照されたい。安藤裕介「ネッケルにおける技法としての政治経済学 ―― 世

論・市場・介入主義」『一橋大学社会科学古典資料センター年報』三一、二〇一一年三月、二五—三七頁。

第一二章　モンテスキューと野蛮化する共和国像
——共和主義的「文明」理解の盛衰をめぐって

上野大樹

第一節　共和国から文明社会へ

古典古代の人文主義文献の発見と再読を通じて近世ヨーロッパに伝播した共和主義は、常備軍や官僚機構を整備し中央集権化を推し進めつつあった、当時の絶対王政に対する批判の論拠を提供する有力な思想源泉であった。ところが、一八世紀にもなると、絶対主義的な権力機構としてのステート（state）に対抗しうる政治的構想として、古代に範を求める共和国の理念とも異なったもう一つのオルタナティブが台頭し、新興層を中心に少なからぬ人びとの支持を集めるにいたる。世紀後半にはフランスやスコットランドの啓蒙思想家によって「文明社会」と呼ばれるようになるこの新たなヴィジョンは、古代についての知識にもとづく「帝国（化）に抗する共和国」のモデルから多くの素材を受け継ぎつつも、同時に理念の総体としては、古典的な「政治思想」の枠組み自体をその内側から変容させるような一種の「社会思想」を展開するものであった。思想史におけるこの「政治的なもの」

から「社会的なもの」への転換の一端を跡づけることが、本章の目的である。(1)

この新しい社会像が古典的政治思想からのすぐれて内在的な展開として生じたことは、文明社会の語それ自体からも推し量ることができる。フランス語で文明化を意味する civiliser や policer の語は、その原義にさかのぼれば、人間がキウィタスないしはポリスという政治共同体を形成することを意味するはずの語彙であった。(2) J・G・A・ポーコックのいうシヴィック・ヒューマニズムに倣っていえば、文明化とは、人間がシヴィックな存在、公共的な存在となり、家族や部族といったたんなる共同体や社会にはとどまらない「政治的」な共同社会を形成する、その過程を指し示す言葉だったのである。

したがって、この伝統にあって文明化された社会とは、狩猟や遊牧を生業として放浪生活を営む未開の民や蛮族との対比によって、よく理解されるものであった。野蛮な国民もたしかに部族社会を形成してはいるが、人間が本性上それにむけて作られているはずの最高の共同体を、すなわちポリスを形成するにはいたっていない。古代ギリシア人たちにとって、バルバロイたちの社会生活は、依然としてたんなる動物としての必要性を満たすために営まれる「ゾーエー」に属することがらだった。対照的に、自らを文明的な国民として表象したギリシア人たちは、それ自体が人間の本来の目的を構成するような「善く生きること」としての「ビオス」、つまりポリスという公共の空間で織りなされるべき政治生活 —— 公民として生きること —— に最高度の価値をおいた。ポリスのなかでの政治生活は、野蛮な狩猟民族の社会生活とは截然と区別されるべき、人間本性にもっとも適った生の形態であった。

一八世紀後半のヨーロッパに目を転じてみよう。たとえば、文明社会について辺境の地から精緻な考察を重ねたスコットランド啓蒙の思潮を一瞥するとき、そこではすでに、文明の理解に重大な転換が生じてしまっていることに気づく。文明的であることは、公共のことがらとしての国家をたんに手段としてだけでなく同時に目的としても追求する「ポリス的動物」に一義的に関わることでは、もはやなくなってしまった。国家はむしろ、人間の自然権たる自己保存や市民的権利としての財産権をよりよく保障してくれる権力機構の確立の問題、つまり政治的統治（civil government）の問題として、歴史社会学的な分析と描写の対象となる。そして、国家形成もそのなかの一要素――手段的要素――にすぎないような、「社会的動物」を主人公とする「社会」の発展の歴史が描かれることになる。文明化の歴史は、いまや政治共同体／公共体としての国家を終局目的としつつ、その興亡の循環を記すような歴史ではありえない。政治の領域のさらにその基底に存し、個別の諸国家の盛衰をはるかに越えてまさに文明論的というべき長期の持続のうちに固有の運動を繰り広げる社会的な領域の発展史が、そこでは問題となる。

この政治を超えた社会という捉えどころのない領域を分析するために、啓蒙思想家たちは、たとえば、法や政治的徳から相対的に自立した習俗の次元にまなざしをむける。モンテスキューは、多くの共和主義者にとって根本的なものであった徳の概念を、名誉や恐怖などと並べて政体を突き動かす諸情念のなかの一つにすぎないものへと格下げし、またこれを政体の原理と名づけることで、やはり共和主義者によって最大の考察対象とされてきた政治形態（政体の本性）の問題――法を制定するのは君主・貴族団体・人民のうちの誰かという問題――を相対化しようとする。あるいはまた、潜在的には国家の領土を超えて交換と分業の網の目を深化させる商業的交流のうちに、社会というものを駆動する力が求められることにもなる。人間の自然的社会性（社交性）を交換性向に見定め、国民全般に富の拡大をもたらす社会的分業の進展を文明化の真の源泉とみたアダム・スミスにおいて、文明社会の最高段階は商業社会にあると明確に規定されるにいたる。ここでいわれる文明社会が、政治共同体の古典的理想からずいぶんと隔たったところにあるのは、一見して明らかであろう。

古代思想を復興させた初期近代からこの「啓蒙の世紀」にかけてのどの時点で、文明の概念に決定的な意味上の変化が起こったのか、この点の正確な同定をおこなうことはここでの主たる関心ではない。以下では、文明社会の啓蒙主義的転換とでも名づけることのできるヴィジョンの変容が、元来「文明化された社会」そのものであったはずの「共和国」に対するイメージが変質していく過程と不即不離の関係にあるという点を、主にモンテスキューに即して明らかにしたい。それはやや極端に表現すれば、「文明としての共和国」から「野蛮としての共和国」への転回、共和国像の「野蛮化」とでも呼ぶべき事態である。

第二節　共和国への懐疑——モンテスキューと古典的政治学の脱構築

(1) 近世フランスにおける古典的共和主義の位置

モンテスキューを共和主義に対する批判者ないし懐疑論者の一陣に加えることは、少なくとも一時期まではかなりの違和感をともなうことであった。というのも、一八世紀後半に大西洋の両岸を揺るがした二つの革命において、革命家たちを共和政樹立へと鼓舞した一群の人文主義文献のなかでも、もっとも重要な役割を担ったといってよい作品の著者が、ほかならぬモンテスキューだったからである。わけても独立戦争に勝利した北アメリカの一三植民地が、一つの憲法を擁く連邦国家へと統合をはたす過程で、中心となって活躍したフェデラリストたちに『法の精神』が与えた影響はよく知られるところであるが、同時にフランス革命においても、ジャコバン派からテルミドール派にいたるまで、モンテスキューの著作はルソーとならんで共和政（共和国）の理念的モデルを示す思想的源泉として広く受容されてきた。けれども、近年の研究は、『法の精神』における共和政の描写のうちに、この政体に対する手放しの賛辞ではなく、むしろモンテスキューの懐疑的なまなざしを読みとる傾向にある。彼は共和政を極端に戯画化して描き出すことで、逆にその非現実性を強調したのだという見解である。すなわち、共和政が持続するための条件として、市民に自己犠牲と共和国への奉仕を呼びかける崇高な徳や、平等を実現するための質素で厳格な習俗などを要求することにより、古代の都市国家とはかけ離れた一八世紀フランスの政治的環境のもとで、そのような政体を実現するのがいかに困難であるかを読者に印象づける――これがモンテスキューの主たる意図だったと考えるのである。(3)

そもそも、近世フランスにおける古典的共和主義の思想上の影響力は、全体としてそれほど大きなものではなかったように思われる。(4)ごく概括的に述べれば、ルネサンス期の北イタリア諸都市において政治的影響力をも行使するにいたった政治的人文主義(civic humanism)は、一六世紀にはアルプス以北のヨーロッパにも伝播していったが、領邦国家体制が長期にわたって続いた神聖ローマ帝国の一部地域や、小国家連合を形成していたオランダ・フランドル地方とは対照的に、早い段階で絶対王政への歩みを開始し近代的な領域国家を形成しようとしていたフランスでは、都市国家をモデルとするこの新しい思潮を受容するための物理的条件を欠いていた。(5)

それでもアリストテレスやキケロをはじめとする古典古代の文献は、イングランドやドイツの諸邦と同じく、徐々に発達しつつあった宮廷において君主を輔弼する立場にあった顧問官たち(今日でいう行政官僚)によって読まれ、これを換骨奪胎する形で「統治の術」(l'art de gouverner)に関する知識が導かれると同時に、それらをもとに「君主の鑑」として支配者に統治をめぐる諸々の知識や態度を指南する書が数多く生みだされた。(6)また、とくにパリのような大都市でポリス(内政)をとり仕切る行政官は、無数の法学文書とともに古代の人文主義文献からも統治の秘儀を学びとろうと努めていた。(7)だが、ポーコックが論じたように、それらの動向を政治的人文主義の世界観と同一視することはできない。(8)徳と勇気を備えた市民を育み、彼らが政治に参与するような制度の構築を積極的に推し進めたわけではないからである。それらはあくまでも、為政者である君主のほうを向いていた。

そのようななかでも、一六世紀後半の宗教戦争の時代には、ユグノーに激しい弾圧を加える王権側に対抗する論者によって、古代の文献が専制批判の文脈でしばしば引かれるようになり、より急進的に暴君放伐の正当性を唱えたモナルコマキは、ときに古代共和政の経験を現今の君主政との対比によって賞賛することもあった。ただこれについても、クェンティン・スキナーのいう自由国家の理念や、ポーコックにより混合君主政(mixed monarchy)とは区別されて規定された、混合政体としての共和政の理念と照らし合わせるならば、そこに共和主義と呼びうるものを全面的に見出すことには慎重でなければなるまい[9]。モナルコマキにみられる古代共和国の経験に範を求めるような諸言表や言説は、その名のとおり暴君放伐を主張するものではあったが、暴君化した個別の君主ではなく君主政そのものを廃して共和政体を打ち立てるべきことを唱えていたわけではない。むしろ議論の中核は「古来の国制」の理念に依拠しており、古代の歴史はあくまでそれを補完する形で引き合いに出されるにとどまった。世襲の君主をもつことのなかった共和政ローマの混合政体――そこで「一人支配」的要素を担ったのは執政官である――が、そこでは身分制議会によってその権力の伸長が慎重に抑制された制限君主政と重ねあわされえた。彼らが参照したローマは、異邦人の王政を打倒して共和政に移行するという経験をもつローマではなかったのである。

加えて、次の世紀の宗教内乱で、イングランドの政論家たちに中世の制限君主政とは別の政治的ヴィジョンを伝えた「共和主義者マキァヴェッリ」は、一六世紀のフランスでの宗教内乱に姿を現すことはほとんどなかった。反対に当時支配的だったのは「マキァヴェリスト」としてのマキァヴェッリのイメージであり、新教徒たちはむしろアンチ・マキァヴェッリを唱え、サン・バルテルミーの虐殺事件を引き起こしたカトリーヌ・ド・メディシスやヴァロワ王朝にマキァヴェリズムの本質を認めてこれを論難したのである。

（2）共和国の戯画化 —— 混合政体論から権力分立論への移行

従来の古典的共和主義の系譜のほとんどに共通するのは、古代共和国を混合政体として描き出そうとする視点である。彼らは同時代の絶対王政の伸長を念頭に、君主政的権力が貴族政や民主政の諸要素によって牽制され抑制されることが、公共の善を実現するためには不可欠であることを、古代の歴史を参照しつつ論じた。もし権力が一人の支配者の手に独占されてしまうなら、その統治が仮に民衆の安寧を首尾よくもたらすものだったとしても、市民たちを統治権力にたいして潜在的な依存状態に陥らせ、自立がもたらす勇気や正義といった徳を衰退させてしまう。市民たちを進んで共和国へと奉仕せしめるような公共精神を育むのは、一人支配の君主政ではなく、混合政体としての共和政だというのである[10]。ところが、『法の精神』のモンテスキューは、古代の共和国像を少しばかり異なった形で描写する。市民の有徳さはむしろそれ以前の共和主義者たち以上に強調して描かれるが[11]、しかし、それを実現するための国制上の条件であった混合政体は後景化する[12]。

この点は古代ギリシアについて言及する際に顕著である。モンテスキューは混合政体の本質を「三権力の配置」(EL II, 11, 9–11) による抑制と均衡の体系に求めたうえで、実際の古代ギリシアの国制は、いずれの都市のどの時代にあっても、真の混合政体からはほど遠いものであったことを示唆する。統治機構の構造を意味する政体の「本性」の観点からみるなら、それらは諸権力の適切な配置を実現することができなかったために、しばしば権力の均衡が崩れて過酷な統治に陥った (*ibid.*)。古代ギリシアで混合政体が不完全なものにとどまった根本的な原因は、モンテスキューによれば、彼ら古代人たちが君主政についての正しい観念をもたなかったことにある (EL II, 11, 9)。共和政以前の英雄時代には、たしかに君主政を経験してはいたが、そこでは執行権と裁判権とが一人の君主のうちに集中していたため統治は過酷を極め、不安定化した国制は必然的に王を放逐して共和政へと移行した（EL II, 11, 11）。権力を適切に分立させた「穏和な統治」を実現する真の君主政は、実は、古典古代ではなく、その終焉後に、ゲルマン人の政体のうちではじめて見出されたものだったのである。

共和国の戯画化は、政体の本性以上に、各政体に固有の社会的情念や習俗を含意する政体の「原理」の次元においてよりはっきりとするだろう。いうまでもなく、共和政の統治を突き動かす原理は、自己を犠牲にしてでも公共のために奉仕しようとする徳である（EL I, 4, 5）。このような熱烈な「祖国への愛」は、抑制と均衡のとれた混合政体と結びつくというよりも、むしろ社会全体の一元化や高度な統合性と親和的な情念として表象される。ここでも、共和政における有徳さと混合政体との結合は解除され、純粋な公共精神としての徳ではなくて、名誉心を原理とするポスト古典古代の君主政こそが、穏和な統治を実現する真の混合政体だと理解されるのである。

このことの裏面として、共和政と専制との距離はかつてなく縮まる。国制の法を確固たるものとするために習俗を厳しく取り締まること（police）を旨とするポリスの社会体制は、画一性を最大の特徴とする専制にかぎりなく似かよったものとなる。それは同時に、共和政がひとまずは「穏和な統治／政体」に分類されるにもかかわらず（EL I, 8, 8）、「穏和の精神」からは隔たったところにある可能性をも示唆している。ギリシアの市民たちは「穏和な習俗」をもたらす商業に従事することが禁じられた「競技士と戦士の集団」であった。体育と戦争に関する鍛錬にいそしむこの「堅強で粗野な人びと」は、「荒々しさ、怒り、残忍さ」といった情念をかき立てられ、音楽を通じてどうにかその気性を和らげようとした（EL I, 4, 8）。

とりわけスパルタは、その極端な人民の習俗が専制支配を連想させる。『法の精神』の著者によれば、法と習俗とは密接に連関しつつも、同時に区別されなければならない。これは公私の区分、さらには政治と社会の区別にもつながるものであり、モンテスキューはここに近代的な自由のありかを見出すことになる。ところがスパルタの共和政は、中国の専制と同じく、両者の区別を許さぬ本質的に不自然な統治を敷く。G・ベンレカッサのまとめるところにしたがえば、「ラケダイモンと中国になにより特徴的なこの［法と習俗の］二つの水準の融合は、リュクルゴスの制度の場合には暴力的で張りつめた集団規律を目的とするだろうし、あるいは中国であれば公共の静謐を目的とするだろう」[13]。そこでは法と習俗の一致が要請され、習俗は法による規制の対象とみなされている。モンテスキューは、権力の分立を欠いたイタリアの諸共和国が、トルコの専制と同様の暴力的手段――密告の奨励――にたよって政体を維持しているとして、制度論的な観点から共和政と専制とを重ね合わせることをしているが（EL II, 11, 6）、スパルタの古代共和国については、習俗の観点からも専制支配との共通性が暗示されているのである。

このような状態に対置されるのが、法と習俗や慣習の次元とが区別されて社会の自律性が保たれた状態である。これこそが自然にかなった状態だとされるのである[14]。したがって、モンテスキューが想定する穏和な統治とは、習俗を中心に風土や気候といった自然的要因からも構成される複雑な「社会」が、政治に還元されえない固有の位相として尊重され、立法者もこの複合的な社会の状態に適合するような形で法を制定するというあり方を示すものだといえよう。このようにきわめて重層的に決定される社会の位相を、モンテスキューは「法の精神」あるいは「一般精神」と呼ぶ[15]。実定法がこの法の精神に適う仕方で定められることが、『法の精神』の著者の求めるものである。また、法と習俗とは区別されたうえで相互に連関しあうとされるが、この場合もまた、法に対しては習俗の相対的優位が想定される。それゆえモンテスキューの専制批判は、かつてレイモン・アロンが強調したような意味で「社会学」的な論理を基盤としていると言えるだろう[16]。

狭義の法や政治からは区別されつつ同時に国制に重大な影響を及ぼすのが、習俗を中心に形作られた国民の一般精神なのであり、そしてこれを基底にすえた統治のみが穏和の名に値するというのである。近世の多くの共和主義者にとって専制のまさに対義語であったはずの共和政は、この穏和の精神の観点からは、専制的統治に驚くほど近似する。そして共和政に代わって専制への堕落からもっとも遠いところに位置を占めたのが、君主政であった。

（3）市民の自由と国制の自由の分離

さて、以上に詳しくみてきたモンテスキューによる共和国の一種の戯画化の過程を貫いているものは、一言でいえば「混合政体」と呼ばれる統治形態にたいする認識の転換であったと言えるだろう。これは概括的に言うなら、混合政体についての共和主義的解釈から自由主義的解釈への移行とも解しうるし、(17) あるいは古代的な混合政体を穏和な統治の観点から相対化し、権力分立論へと議論の中心を転換させる作業であったと考えることもできる。古代の諸共和国をめぐる解釈替えの中心にあったのは、近世共和主義の系譜においてその最大の特徴とされてきた混合政体としての側面を脱中心化し、代わって「権力分立」の観点から古代国家の不完全性を印象づけるという戦略だったように思われる。それ以前の共和主義では、祖国愛と公共精神にあふれる有徳な市民を生み出すという理由から称賛された混合政体は、むしろ、諸権力の抑制と均衡により市民の私的自由の最大化が目指される政治形態として、再解釈を施されていく。

このような視座に立てば、まず古代ギリシア人たちがみずから混合政体として規定していた彼らの国制は、私的で個人的な領域の余地をほとんど残さず、多元性に乏しいがために、その名には値せず、また共和政ローマの混合政体についても、その呼称は否定されないにせよ、諸権力の抑制と均衡の機構としては重大な欠陥を抱えた政体だったと断じられることになる。それに代わって、権力分立論の観点からすれば、古代の共和政よりも中世のゴシック政体のほうが優位にあることが容易に弁証されるだろう。ここでは政体の是非を判断する基準が変化しているのである。

結果として多元的な諸権力が認められる政体が評価される点で、たしかに大きな違いはないのだが、その権力の多元性は、従来の共和主義者であれば、勇敢な祖国愛や公共精神が生まれる条件として不可欠であると考えたのが、モンテスキューにあっては、それとは別種の自由にとって必要な国制上の条件として価値づけられている。もし公民的徳や公的自由を涵養するかどうかという基準からみたならば、古代の混合政体（mixed government）ではなく中世の混合君主政（mixed monarchy）に軍配をあげるということはありえないだろう。君主政の原理は利己心の延長にある名誉心なのであって、真の自己犠牲を求めるような政治的徳ではありえないことは、モンテスキュー自身はっきりと認めるところだった（EL I, 3, 5）。

それでは、混合政体論を権力分立論へと組み替えることで提示された、真に穏和な政体がもっともよく実現するところの自由とはなにか。それは、共和主義的な自由観とはわずかだが決定的に異なる、自由主義的に理解された自由であった。スキナーがネオ・ローマ的と形容する「自由な国家」の理念にしたがえば、個々の市民の自由と国制の自由とは決して切り離して考えることのできないものだった。この集団的自己統治の考え方のなかでは、国家は政治的身体（body politic, corps politique）として表象され、それが独立していることが生身の自然的身体の独立とアナロジカルに結びつけられていたのだった。

ところがモンテスキューは、両者の相関を慎重に解除しようと試みる。しかもホッブズとは異なって、共和主義の言説に最大限よりそいながら、そうするのである。[18] おそらくこの内在批判の中心には、「市民的自由」（liberté civile）の解釈替えの作業が位置している。自由を形容するこの語は、政治ないし国制への参与ということと分かつことのできない古典古代的用法にしたがって「公民的」と訳すよりも、この場合には「市民的」と訳されるにふさわしい含意を備えたものとなっている。[19] というのも、この意味での自由は、なにより「安全」に、あるいは「自己の安全についての確信」に存すると述べられているからである。しかも、そのような市民各人の安全としての自由は、国制における自由と必然的に連関するものではない。「国制は自由であるが、市民は少しも自由でないということが起こるかもしれない」(EL II, 12, 1)。各市民の安全の保障は、国制が自由であるかどうかのみによっては決まらない。なぜなら、「国制との関係において自由を形成するものは、諸法の規定と基本法の規定だけである」のに対して、「市民との関係においては、習俗、生活態度、一般に認められた実例などが自由を生じさせうるし、[……]市民に関する若干の法律も自由を助長しうる」(*ibid.*)からである。

このように、国制の自由から切り離された市民の自由は、いまや政治参加を通じた集団的な自己統治としての自由そのものであることをやめる。市民の自由とは一義的には「自己の安全」に存し、国制の状態は、市民の自由を規定する複数ある要因のなかの一つとして相対化される。重要なのは、この自由主義的に変容した自由のとらえ方が、自由な国家という国制論的観念の変質をも意味していたことである。「国制は自由であるが、市民は少しも自由でないということが起こるかもしれない。市民は自由であるが、国制はそうでないということもある」(EL II, 12, 1) ―― このように述べるモンテスキューは、共和主義にたいする内在批判を意識的に展開している。

共和主義者の古典的な理解では、専制支配の対義語である「自由な国家」とは即ち共和政体を採る国家であった。ところが、モンテスキューはこれを真っ向から否定する。「民主政や貴族政[すなわち共和政体]はその本性によって自由な国家であるわけでは決してない」(EL II, 11, 4)。君主政においても、少なくとも同じ程度には自由は実現されうる。専制に対立する政体としては、共和政と君主政の二つを考えるべきなのだ。ここで判断の基準となっている自由とは、あきらかに安全としての自由である。そして、共和政において各市民に政治に参加する自由が与えられているにしても、そのことが各人の安全という意味での自由を実現する保障は必ずしもないとみるべきなのである。かくして、市民的自由が享受されているかどうかは、その市民が帰属する国家の政体が共和政であるかどうかという点とは、一義的には結びつかなくなる。

（4）中世像の転換 ── 征服説の相対化と専制のオリエンタリズム

征服説の相対化によるゲルマニスト・テーゼの修正

次に論じるべきは、以上にみてきたような古代共和国の戯画化が、中世ヨーロッパの政治形態にたいする認識を転換させようとするモンテスキューの試みと表裏一体になっているということである。モンテスキューは、ゲルマン人に由来する中世の君主政体を穏和な政体と見なして肯定的に評価しようとするが、そのことと古典古代のアイロニーを含んだ描き直しとは、決して無関係ではなかった。

『法の精神』という書物は、専制の対義語である「自由な国制」に共和政体とならべて君主政を加えたばかりか、自由論の重心を移動させることによって、共和政が「穏和の精神」からすれば自由であるどころか、むしろ専制支配へと転落する危険性の高い政体であることを印象づけようとさえする。ところで、この共和国の文明表象からの切り離しは、それまで「野蛮さ」と結びつけられがちであった、ローマ帝国滅亡後のゲルマン人のゴシック政体の地位向上と連動したものであった。共和主義的歴史叙述においては、文明の象徴である古代ローマを滅ぼしたゲルマン人は、とかく「蛮族」として否定的に描かれる傾向があった[20]。この蛮族たちがもたらした封建制と君主政支配によって、いわゆる「暗黒の中世」は開始されたというわけである。ゲルマン人の政体としての君主政を古代の共和政に代わる専制支配の対義語の地位につけたいと願うモンテスキューは、このような共和主義的言説を含む広い意味での「ロマニスト」を批判し、「ゲルマニスト」たらんと欲する[21]。

もちろん、モンテスキューの直接の批判対象は、カエサル主義や帝政ローマを賛美することで王権の絶対性を基礎づけようとする、ボシュエやデュボスのようなロマニストが掲げた「王のテーゼ」だった。地方の封建諸侯を弱体化させ国土の集権化を断行しようとする王権への対抗を図る勢力は、一七世紀後半のユグノー戦争以来、みずからの思想的な立ち位置をゲルマニストのそれと多少とも同一化するのが一般的になっていた。先に触れたモナルコマキの代表的理論家フランソワ・オトマンも、その著『フランコ・ガリア』において、ローマの帝権と重ね合わせて王権の比類なさを強調しようとする言説を批判すべく、ローマ帝国征服以前のガリア人と、それを引き継ぐ形でこの地をローマの支配から解放したゲルマン系のフランク族こそがガリアの真の住民であり、ローマによる統治は例外的なものにすぎないと論じていた。そしてこの「フランコ・ガリア」の政体は、ローマ的な単一の絶対権力にもとづくものなどではなく、君主も人民によって選出された存在にすぎないような多元的な政体であって、そこでは君主的要素と貴族的要素と民衆的要素とが混合され、相互に抑制されて成立する三部会が王国の中心的な機構だったという主張が、すでに展開されているのである。(22)

だがそこでは、この三部会を頂点とするフランコ・ガリアの王国が、キケロなど古典古代の著述家が最善の政体として描き出した混合政体の理念によって基礎づけられている。また、オトマンが参照しているタキトゥスの『ゲルマニア』も、帝国化する以前の共和政期のローマについては肯定的に見ており、ゲルマンの自由は帝政ローマの支配とは対立関係にあるものの、共和政ローマが発揮した自由とは連続的に理解されていたと言えよう。

これに対して、『法の精神』になると、帝政以前も含めた古代ローマの総体がゲルマン由来の中世ゴシック政体と対照させられるようになる。モンテスキューはここで、古典古代をモデルとする共和主義とゲルマン的な古来の国制論とを本質的に異なる政治的構想として概念化している。モンテスキューがみずからのゲルマニスト的立場と対立させるのは、それゆえ、絶対王政を帝政ローマと結びつけようとする王のテーゼだけにとどまらず、共和主義者をも含む、いわば最広義のロマニストであったのだ、と言うことができるように思われる。

ところで、モンテスキューの直近のゲルマニストであり、文献学的にもその影響関係が強く推量されているのが、アンリ・ド・ブーランヴィリエである。(23) このゲルマニストに特徴的なのは、ラテン系先住民(ガロ＝ロマン人)

にたいするフランク族の征服という起源から、ゲルマン貴族と被征服民（第三身分）のあいだの絶対的な権力関係を導こうとする議論である。

従来「貴族のテーゼ」を掲げるゲルマニストは、王権の絶対性を唱える論者にたいして、君主と貴族のあいだにはそのような絶対的な断絶はないことを、ゲルマン人の政体描写を通じて明らかにすることに努めてきた。そこで主眼にあったのは、もっぱら君主と貴族のあいだの関係だったと言ってよいだろう。ところが、ブーランヴィリエは、貴族と第三身分の関係をも同じように問題にする。それは、絶対王政の台頭の背景には勃興する第三身分の存在がある、とブーランヴィリエがにらんでいたからであった。王権は、商業社会が進展するなかで力をつけつつあった、都市の大ブルジョワを中心とする第三身分と結託することで、ガリア征服に遡る古くからの血統貴族を挟撃することをたくらんでいるとされたのである。この貴族に対する陰謀を食い止めるためには、君主と貴族の関係に焦点をあてるだけでは不十分だ。君主と貴族のあいだを平等化すると同時に、貴族と第三身分のあいだに絶対的な格差をもちこまなければならない。それには、フランク族によるガリア征服の起源を想い起させるのがよいだろう。かくしてブーランヴィリエは、征服説にもとづく権力のデ・ファクト理論[24]を前面に押し出すことが、当時の歴史的文脈のなかでゲルマニストの貴族テーゼを説得的なものにするためにもっとも必要なことだと考えたのである。

古代以上に中世を高く評価するという点でたしかにゲルマニストの系譜に親近性をもつモンテスキューは、しかし、征服の起源からゲルマン貴族と被征服民（第三身分）のあいだの絶対的な権力関係を導こうとするブーランヴィリエとはちがって、むしろ征服後の諸身分間の妥協と融和を強調し、そこに古代人には馴染みのなかった穏和な統治形態としての君主政の始まりを見出そうとする。[25]すでに述べたように、ゲルマニストはロマニストに反対して、一貫して君主と貴族のあいだの垂直的な関係を排除しようと努めてきたが、モンテスキューにいたって、征服民であった貴族と被征服民であった第三身分のあいだに孕まれていた、起源の暴力に由来する垂直関係もが排除されるだろう。歴史的起源を見据えつつも、それを脱神話化することで起源への呪縛からの解放をはたそうとするデイヴィッド・ヒュームにも通じるような方法が、ここには認められる。かくして、社会のあらゆる階層間の関係から、主権的権力の萌芽となりうる絶対的性格が摘みとられていく。中世における穏和な政体の発見は、モンテスキュー自身の「穏和の精神」の発露でもあるのかもしれない。いずれにせよ、売官制を肯定したこの戦士貴族の血も引く法服貴族は、第三身分が「無」ではなく——といって同時に「すべて」でもなく——フランス王国において一定の役割をしめる一部分であることを肯定するのである。

専制のオリエンタリズムとゲルマン人表象の変質

ところが、モンテスキューは、穏和さの理想に反する極端さや絶対性の観念を、みずからの政治哲学から完全に排除できたわけではなかった。それは実際のところ、専制や絶対主権の概念に密かに支えられて成立する体系であった。すなわち、この新生のゲルマニスト説は同時に、征服ののちに穏和な統治が出現するのか、それとも専制支配が到来するのかという点で、ヨーロッパとアジアを対比的に描く新たなオリエンタリズムによって、理論的に基礎づけられたものでもあったのである。だから、征服説を相対化し、諸身分間の融和にもとづく穏和な統治としてゴシック政体を描きだすモンテスキューの歴史叙述は、このゲルマン人由来の政体から「野蛮」の否定的表象をとり去った代償として、習俗の次元を強調するいわば社会学的オリエンタリズムの構築をともなった、と言わなければならない。

モンテスキューのみるところ、征服のあとに専制支配が続くのは必然ではない。征服は、その後に穏和な政体を打ち立てることもあれば、逆に専制をもたらすこともある。したがって、両者を分かつのは、政体区分にもっぱら関心を集中させてきた、従来の政治学が想定するような政治的要因ではありえない。国制の形態それ自体をより深部から規定する要因がある。モンテスキューはそれを、習俗という社会学的要因に見定めた。ところが、『法の精神』はここでオリエンタリズムを呼び起こさずにはおかない。穏和な政体を実現する習俗はゲルマンのヨーロッパに、専制を呼びよせる習俗はアジアに、それぞれ深く関連づけられるのである。

法制度と統治形態については、比較的短期間のうちにめまぐるしく変化していくということがありうる。古代アテナイでは僭主による簒奪に前後して政体は不安定化したし、一七世紀イングランドも大内乱の過程で君主政と共和政のあいだを揺れ動いた。これに比して、その社会の習俗は、政治的要素が忙しなく変化していくなかにあっても、そこを通底するはるかに一貫した要素として存在する。しかも、ここではこの習俗という精神的要因が、風土や地形といったほとんど不変の自然的要因と深く結びついていることが示唆される。習俗論的分析が西洋と東洋という二項対立と結合するとき、そこから決定論的で宿命論的な響きを払拭するのは容易ではない。

まず、気候風土に決定的な違いがある。ヨーロッパには温帯が広がるのに対し、アジアではシベリアという「酷寒の地が、トルコ・ペルシア・ムガル・中国・朝鮮・日本といった酷暑の地と直接に接して」おり、穏和な風土の地域がほとんど存在しない（EL III, 17, 3）。ここに地形上の要因がくわわる。アジアは中央に広大な平野を抱え、自然が作りだす境界（自然国境）がヨーロッパよりもまれなために、異民族の侵入を遮断する障害がほとんど存在しない。ところでモンテスキューによれば、寒冷地は勇気ある人民を育むのにたいして、暑い風土は怠惰や奴隷根性を生み出す。したがって、アジアにおいては「戦士的で勇敢かつ活動的な民族が、柔弱で怠惰で臆病な民族と直接隣り合うという結果に」なり、それゆえ「一方は被征服民、他方は征服民とならざるをえない」。これとは対照的に、温帯の風土に覆われたヨーロッパでは「相隣接する諸国民はほとんど同じ勇気をもっている」ために、アジアの「強者と弱者」の構図とはことなって「強者と強者」が対峙し、結果として勢力が均衡するというのである（*ibid.*）。以上のような自然的要因の決定的な相違が、アジアの「隷属の精神」とヨーロッパの「自由の精髄」という習俗の対照を生み出している[26]。

だから、結局のところ、自然地理学的要因によって大きく規定された習俗という社会学的要因が、一見人間の自由のありかを指し示すようにもみえる、人為的で可変的な要因としての政治形態の背後に、厳然と存在していると言わざるをえないのである。そもそも上に述べたような事情のゆえに、征服自体がアジアでは頻繁、ヨーロッパではまれであった。そのうえ決定的なことは、そのような政治上の偶有的な要因をはるかに超えて、歴史的に培われてきた社会的要因が統治の根幹に作用しているという点である。同様に征服があったとしても、中長期的には、それに先だって蓄積されてきた習俗の性質のほうが、その後の統治のあり方にとってはるかに大きな影響力をもつ。ヨーロッパではその習俗ゆえに、ローマ帝国の専制支配がゲルマン人による征服によって打倒されたのちに、穏和な政体へと成功裏に移行しえたのにたいして、アジアではその習俗ゆえに、征服ののちには必ず専制支配が樹立されるというわけである[27]。

ここで見逃してはならないのは、モンテスキューがゲルマニストのテーゼの基幹的な要素となりつつあった征服説を相対化して、ゲルマン人の政体が穏和なそれであると主張できたのは、この習俗論的ないし文化論的なオリエンタリズムを新たな理論的基盤として導入することに成功したからだったという点である。つまりモンテスキューのオリエンタリズムは、その体系にとって余分で容易に取り払うことのできる要素なのではなくて、むしろ体系の核心に存する穏和な統治の概念を、その陰画として根底から支えるものなのだ。ここには、文明と野蛮の古典政治学的な表象が、社会学的ともいうべき新たな表象によって代位される様を見出すこともできる。否定すべき野蛮は、ヨーロッパの地から一掃された。それはアジアへと転移したのである。

第三節　統治と商業

(1)権力分立の社会学的基礎 ── 政治／社会の区別と代表制

統治の基底に存し、法制的ないし政体論的要素には還元しえない、社会の習俗の次元に注目するモンテスキューの視座は、先だって検討した統治機構内部の権力分立論が「穏和な統治」の実現にとってあくまで一つの契機にすぎないことをも示唆している。ここで、ピエール・マナンの解釈を参照しつつ、『法の精神』に描かれたイングランドの国制を範型とした権力分立の近代的形態が、じつは決して狭義の制度論的な構図にはおさまりえず、法・政治制度に外在する社会の領域が決定的な役割を担う、すぐれて社会学的な事象として理解されなければならないことを見ておく必要がある。

モンテスキューは、古代ローマの国制を混合政体としてある程度まで評価しながらも、諸機関の水平的な権力の分割と配置に払った注意に比して、身分間の垂直的な分裂を調整し均衡させるための機制にはほとんど無頓着であったことが、ローマ帝国衰退の重大な要因になったと考えた。階級闘争のすえに貴族を圧倒するようになった平民は、ある種の直接民主制的な要求を掲げ、機能的な分立を少なからず達成していたはずの統治組織のほとんどを最終的に制圧するにいたる。これに対して、近代イングランドの国制は代議政体を採ることで、社会の支配的な勢力が直接に統治組織を支配してしまう事態を巧妙に回避していた。

代表制という仕組みは、狭義の政治的領域に限定されず、その外部に広がるいわゆる市民社会の領野をも視野に収めた、社会学的な政治機構として理解することができる。代表制を採用する政体では、統治機構内部の組織編制のみならず、統治者としての政府と被治者としての市民社会のあいだでも、権力の分割と抑制均衡を維持すべく注意が向けられているからである。代表制によって政治と社会とが分離され、国家による社会の習俗への統制はもちろん、逆に社会で圧倒的な勢力をしめるにいたった党派が国家権力を通じて弱小党派を壊滅させるということも、きわめて困難となる。

マナンはこれを「市民の無力化」と呼び、その仕組みを次のように解説する。代表制の下では、「市民たちは、自分が好意をもちまた自らも好まれようと欲する権力［立法府か行政府］を通して、目的を実現しようとする。だが、彼らの意志は［他人に対して］無媒介で直接の影響力を行使することはできない。というのも、その意志を実現するための媒介となる権力［たとえば立法府］は、また別の権力［たとえば行政府］と対峙し威圧されているなかでしか行動できないからである。社会が分割された権力によって代表されているがゆえに、市民たちはどちらも他方に大きな害をなすほどの力をもちえないことになる」(28)。代表制の下でのこのような機制が、ある社会勢力が統治機構を占拠して敵対者を駆逐することを妨げる。

とはいえ、いずれかの権力が圧倒的多数によって支持されてしまえば、結局は、その権力がもう一方の権力や少数派の市民を圧殺することになってしまうのではないか。これに対して、モンテスキューは「自由の効果」によってそのような事態は未然に防がれ、もう一方の権力に市民たちの支持は移っていくと論じる。権力の偏りと集中を防止するこの機制の詳細について、マナンは以下のような説明を加えている。「たしかに市民たちはいずれか一方の権力の支持者であり、そこからの利益を期待する。けれども、社会が政治権力［立法権力と執行権力］から区別される――彼が敵対している権力から区別されるだけでなく彼が支持する権力からも同様に区別される――ものであるかぎりにおいて、市民たちは何よりもまず社会の一員である。かくして、もし一方の権力があまりに巨大な力を獲得するならば、支持者のうちの一定部分は、あまり熱心には支持していない者たちからまず、その権力の支持者としてではなく市民社会の成員として、自分たちが脅威にさらされると感じはじめるだろう」[29]。

このように、政治的党派――立法府支持の党派ないし行政府支持の党派――に加えて、政治とは区別された社会自体にたいしても帰属意識を有しているために、市民は肥大化した政治権力によって市民社会が抑圧されてしまうおそれを感じて党派を移り、「あまりに弱体化してしまいかねない権力のほうに自然と救いの手をさしのべるようになる」[30]。その結果、先の「市民の無力化」とならんで「権力の無力化」が生じる。ここでは、政治から分離された社会の存在こそが、政治機構の内部に抑制均衡の機制が働くことを保証している。

それでは、この政治的次元とは異なる社会への同一化は、いかにして担保されるのか。まずは、政治的代表制がその重要な条件となるだろう。代議政体は、代表者と代表される者とのあいだの分離を生む。そして、「ひとたび権力が市民を代表するものと考えられるようになると、［政治権力にたいして市民が］同一化したいという欲求が広がるのと並行して［市民が感じる］疎外感も深まっていく」[31]。そのために、市民はみずからが支持したはずの党派に対してさえ、したがって政治一般に対して、容易に疎外の感情をもつことになり、その裏面として社会への帰属意識を強めることにもなるのである。だが、代表制のこのような機制だけでは、各市民の国家からの分離の意識は生じても、共通の市民社会に対する積極的な同一化を動機づけるには十分とは言い難い。政治的党派を超えた共通の社会的な結びつきを作りだす土台が問題とならざるをえない。

（2）商業、社会、習俗の穏和

マナンはまた別の著作において、市民社会が自律的に秩序を再生産していく基盤として、モンテスキューが商業のもたらす社会学的効果に注目していたことを重視した解釈を提起している。上に述べた意味で、狭義の国制論的な条件以上のものを必要とする代議政体における権力分立機制は、一度それが確立してしまえば、共和政ローマの混合政体をはるかに凌ぐような堅固な安定性を発揮するだろうが、他方で、それが初めに成立するためには、容易ならざる条件が満たされなければならない。「それに先行して「市民社会」が存在していること」が求められるのだ。そのためには、「社会の成員が命令への服従を通じてではなく成員たち自身の利益を探求していくなかで自由に織りなされる関係のネットワーク」である商業が、権力分立の制度化に先駆けて発展していることが条件となる(32)。

国家から相対的に区別される市民社会の領域に自律性を与えるものとして、一八世紀ヨーロッパで考えられていたのは、商業の論理である。商業の発達によって、市民どうしはたとえ政治的には鋭く対立し合っていても、経済活動に従事し自己の利益を求めて財の交換に勤しむ、という点では等しい存在であることが認知されるようになる。しかも次にみるように、この商業の市民（ブルジョワ）としての同一性は、国家との対立や差異によって規定されるものである。したがって、政治権力を求める——つまり支持勢力が政権を獲得することを希求する——主体としては、各人はその敵対党派に属する人間とたしかに対立関係にある一方、しかし相互に対等に自らの利益を求めあう経済的市民としては、命令への服従を求めてくる国家に対して、互いに同盟関係にあるということができる。こうして、諸個人は政治的次元では敵対していても、社会の次元では同一の帰属意識をもつということが生じ、権力の極端な集中を阻害し、均衡を実現していく「権力の無力化」の機制が働くことになるのである。

新しい時代の商業の論理は、命令と服従にもとづくそれまでの政治の論理に抗するための手段を、国境を越えて経済的に連帯した市民たちに与える。それが、為替手形に代表される「不可視の財産」とモンテスキューが呼ぶところのものだった。中世以来キリスト教が禁じた高利貸しを生業とし、一つの土地にとどまることなく商業活動に従事していたユダヤ人は、その豊かな富が招きかねない貪欲な王侯たちの簒奪行為から逃れるために、為替手形を発明した、とモンテスキューは述べる。[33] これはユダヤ人商人たちに永遠の避難所を提供し、「この手段によって商人は暴力から身をかわし、どこにいても身を守ることができた」。というのも、「もっとも富んだ大商人でさえ、どこにでも送ることができどこにも痕跡を残すことのない、目に見えない財産しかもっていなかったからである」(EL IX, 21, 20)。

かくして、「君主や政治家、目に見える物理的な力を行使しようとする人びとは、その力の限界を見出したのである。商業は強力な文明化作用をはたしたのだった」[34]。さらに、外国為替売買の発展により、短期間で為替間の裁定取引がおこなわれるようになったことで、古代の商業の場合とは異なって、君主は悪化鋳造によって儲けることが不可能になった。「世界のすべての貨幣を比較して、それらを適正な価格におくことを銀行家に教えた」為替相場は、「大きな強権発動を、あるいは、少なくとも大きな強権発動の成功を遠ざけた」のである(EL IX, 22, 13)。

以上のように、商業と国際金融の論理は、市民たちに水平的な結合のネットワークを構築することを可能にし、市民社会に自律の可能性を付与することで、垂直的な政治の論理を振りかざす国家に対抗するための基盤を作りだした。しかも、この経済活動に従事する市民たちの利益の共通性は、彼らが別の側面では政治権力にあずかろうとする党派的存在として相互に敵対していても、失われることはない。この固有の論理によって自立した市民社会と国家のあいだの分離・分立が存在することによって、政治権力の分立のもとでの党派対立においても、力の配分が極端には向かわず、均衡した状態へと回帰させるような力学が働くようになるのである。

ここまでのことから、モンテスキューにおいて文明化された社会の状態は、大きく二つの均衡と穏和化の機制によって実現されると考えられていることがわかる。一つは政治制度という意味での狭義の国制論的な抑制均衡メカニズムであり、政治権力を分割し分立させることで圧政的な権力行使——上からの暴力的な権力の行使

――を不可能にするというものである。もう一つが、ここで論じてきた機制、すなわち商業の発達によって、自立性を強めた市民社会から国家に対して一種のくびきがはめられ、国家の横暴が抑止されるというメカニズムである。

モンテスキューによれば、商業・金融活動の脱国境的な移動性を背景とした「不可視の財」の交換の体系が、市民社会に独力で「国権発動（coup d'État）」の政治的論理に対抗することを可能とさせるのである。しかも、この政治学的・国制論的というよりはむしろ社会学的な第二の機制は、水平的な商業の論理によって垂直的な政治の論理に対抗させるというだけのものではない。国家の政治的行為それ自体を、商業の論理にかなったものへと徐々に変容させていくと考えられているのである。

市民たちは、為替手形による財産の不可視化を通じて、国権発動から首尾よく逃れられるだけではなく、そもそも政治権力に強制的で暴力的なしかたで市民生活に介入しようとする気をなくさせていく。かつて次々とユダヤ人を追放し、その富を奪いとろうとした各国の君公も、「彼らを追い払いたいからといって、それで彼らの金銀をも追い払おうとはしないだろう」。それだから、「このとき［為替手形の発明］以来、君公たちは彼ら自身思いもかけなかったほどの賢明さをもって自己を抑制しなければならなかった。というのも、結果からみれば大がかりな強権発動（les grands coups d'autorité）はあまりに稚拙であって、繁栄を与えるのはただ善き統治（la bonté du gouvernement）だけだということが広く承認されたからである」（EL IX, 21, 20）。市民たちの利益を尊重して、強制的な命令の論理に訴えないほうが、結果的にはかえって君公みずからの利益にもつながるというわけである。

したがってまた、「商業は破壊的な偏見を癒す」ともいわれる。政治の行動の原理自体が、盲目的な情念から正しく計算された賢明な利益へと転換していくというのである。「人間にとって幸福なことに、情念は彼らに邪悪になるべしという考えを吹き込むにもかかわらず、そうならないことのほうに人間は利益を有する」（*ibid.*）。「平等な人びとの職業」である商業のもとでは、人間は暴力に頼らずに相互の利益を示すことで相手を説得しなければならないために、習俗はおのずと穏和なものへと変わっていくのであるが、この穏和な習俗は、こうして政治の領域にも浸透していき、「マキァヴェリズム」からの回復がはたされていく。ここでは政治権力にはマキァヴェリズムではなく「穏和さ（modération）」が必要だからである。

（3）政治学的な均衡と社会学的な均衡

政治権力が多元性を失い専制化するのを防ぐための均衡のメカニズムとして、モンテスキューが政治学的・国制論的なそれと社会学的なそれとを複合的に組み合わせた形態を考案し、理論化したとする理解は、いまなおその多様な含意が十分にくみ尽くされたとはいえない、豊かな着想にあふれたアルバート・ハーシュマンの古典的著作『情念と利益』が先駆的に示した解釈を再確認するものとなっている。一元的な圧政へと傾きがちな政治の論理を、国家機構内部での権力の多元化と、国家とその外部の社会のあいだでの多元化という複数のしかたで牽制し、いわば〈複合的な均衡〉を実現しようとするところに、モンテスキューのもっとも基本的なヴィジョンを見ることができるように思われる。このような解釈は、『情念と利益』という小著が提示した見解を基本的に踏襲しながら、これを発展させたものと位置づけられよう。ハーシュマンは、一八世紀の商業の発達のもとで、モンテスキューが政治と社会のあいだに働く第二の抑制均衡の機制を明らかにした点を他にさきがけて指摘した。しかもハーシュマンは、この社会学的な機制が、国制の内部に関する政治学的機制として展開された権力分立論と共通の関心にしたがって、構想されていることも論じている。[35] ここでの解釈が付け加えたのは、マナンの解釈に一部よりつつ、代表制の社会学的性質にも注目することで、この二つの均衡の機制が構造的に連動する形で〈複合的な均衡〉の体系を形づくっているという分析である。

『情念と利益』における概念史の叙述に含まれる、しばしば見逃されがちな二つの契機に対応させて、モンテスキューの二種類の均衡概念をとらえることができるように思われる。ハーシュマンが論じるように、近世ヨーロッパ思想史における情念・利益・理性という三者の関係は、情念の調教師という役割に位置するものが理性から利益へ変化したというだけではすまされない、いくぶん錯綜したものだったのであり、まずは〈情念を別の情念で対抗させる〉という相殺の図式が利益の教説に先行して確立される。それが、対抗機能をもつ情念にたいして利益の語が与えられるという過程を経て、〈情念を抑制するものとしての利益〉という図式へと展開されていく。この厳密に言えば異なる二つの図式の両方が、モンテスキューの議論には含まれている。

第一に、国家機構内部での権力分立による均衡メカニズムは、複数の政治的情念を相互に対抗させ相殺することで、政治権力が独占的な支配権をもって、その破壊的で極端な性格を発揮してしまう事態の招来を未然に防ごうというものである。ここでは、分割された複数の権力のどれかに明白な内的合理性が与えられているわけではなく、どの権力であれ、他を圧倒するような地位についてしまえば、それは腐敗し専制化してしまうと考えられている。

これに対して、市民社会と国家のあいだに作用する社会学的な抑制メカニズムは、情念 vs 利益という第二の図式に対応している。これは、政治的情念に対して経済的情念である利益を対抗させることによって均衡を実現し、前者の横暴を抑制しようとするものであるが、ここでモンテスキューの価値判断は明確である。一つ目の国制上の均衡の場合には、対立する両者は等しく情念であって、どちらかがそれ自体で望ましいものなのではなく、両者の関係のうちに善が成立するという形をとっていたのとは対照的に、この第二の均衡においては、同等な情念というより、一方が危険性を潜ませた情念であるのにたいして、他方は穏和で基本的に望ましい利益という構図になっている。すなわち、国制に渦まく政治的な権力欲を、商業が育む穏和な利益の観念によって対抗させ、やがては前者の政治的領域自体の性格を穏和で合理的なものへと根本的に変容させていくという考え方が、ここには認められるのである。

これら二つの機制は、それぞれに極端な情念を癒す方向に作用するとともに、国制内部の権力分立が国制と社会の分離に支えられてより十全に機能するという点で、両者は内的に相関している。この意味でモンテスキューの構想する「穏和な統治」は、権力の分立と均衡が――立法権力と執行権力のあいだ、および国家と社会のあいだに――複合的あるいは重層的に組み込まれることで一つの体系をなしているという点に、著しい特徴をみてとることができるだろう。

(4) 諸情念の均衡と市場社会の均衡――A・スミスの「商業社会」としての文明社会像

前節と本節でのこれまでの議論から、いまやモンテスキューの政治哲学の内在的な分析に即して、その穏和な統治というヴィジョンの思想史上の位置づけを明確化することができる。

前節で確認したように、モンテスキューの政体論は、共和政体の描写にさりげない形での戯画化を加えることで、共和国という理念と現実とのあいだの乖離を強調する。混合政体論の権力分立論への解釈替えを通じて、古代共和国における真の多元性の不在と専制化の危険が暗示される。それとともに、統治機構の内部だけでなく、平民と貴族のあいだの身分的な権力の分立と抑制均衡もまた含みこまれた穏和な統治として、中世の君主政が、古典古代の共和政と並ぶ、あるいはそれに優位しさえする政体だと論じられるのである。

モンテスキューが古典的政治学に加えた、この微妙だが決定的な改変は、共和主義の伝統にたいする内在的な批判を含意していた。共和主義にたいする批判の論理は、先行するボダンやホッブズによってすでに彫琢されてはいたが、それらは共和政体の混合的性格に無秩序や無政府状態をみて、これを全面的に批判し、混合共和政に代えて絶対的統治を、とりわけ絶対王政を称揚するものであった。これとは対照的に、モンテスキューは古代共和国を権力分立の観点からして、むしろ不徹底な混合政体とみなし、そこに専制や圧政の温床を認めるとともに、ポスト古典古代の混合君主政にこそ反専制の理想的形態が見出せるとした。共和政の地位を相対化し君主政を擁護するという点で共通するこの二つの方向性は、しかし、それぞれの政体の特徴づけに関して正反対であるともいえるだろう。モンテスキューによる共和政への批判的眼差しがより内在的な性格のものだとする所以である。

ここに見出すことができるのは、真に文明的な人間生活をポリス（共和国）における生活と同一視したシヴィックな伝統からの離反である。文明社会（civilized society）や市民社会（civil society）は、いまや共和国と同じではない。共和主義者にとっては、いかにしても結びつきようのなかった共和政と専制との距離は、モンテスキューにあって驚くほど縮まり、共和政／共和国は文明社会の同義語であるどころか、むしろその野蛮性——モンテスキューはしばしばそれをアジアに専制帝国を建設してきた遊牧民族と重ね合わせる——が示唆されてしまう。では、モンテスキューにとって共和政に代わるより望ましい政体はなにか。いうまでもなく、それは中世ヨーロッパに成立する穏和な君主政体であった。この政体は君主権力に大幅な制約が設けられていた古ゲルマン人の政体を起源とするものではあったが、それだけではなく、ガリア征服後のラテン系被征服民との混合を通してローマ的要素をも含みこんだ、より複合的な「ゴシック政体」である。

このゴシック均衡をなす君主政体は、中世後期から近世にかけての商業の勃興とともに、さらなる発展を遂げる。これにより、政治権力の分立や代表制が実現する均衡メカニズムに加えて、経済的に連帯し自律性の基盤を獲得した市民社会と国家との分離が可能にする均衡メカニズムも確立されるのである。では、モンテスキューは文明社会を「商業社会」としてとらえたのだと見てよいだろうか。この点では、モンテスキューと、その思想的弟子とも目されるアダム・スミスに代表されるスコットランド啓蒙とのあいだには、やはり微妙ながら重大な相違があるとしなければならない[36]。モンテスキューの穏和な統治の核心に存すると、ここまで主張してきた〈複合的な均衡〉の体系は、スミスの文明社会としての商業社会のヴィジョンとは必ずしも一致するものではないのである。

ごく簡単な分析ではあるが、ピエール・ロザンヴァロンがこの論点に言及している。それによれば、モンテスキューの見解は、経済を「政治を補正する力（pouvoir compensateur de la politique）」と見なすものである。上述した第二の均衡の機制において、穏和な商業はあくまで政治の外部に存し、それを外から調整し抑制するものとして考えられている。「モンテスキューにおいて、経済は――政治的情念が専制支配か無政府状態にいたる場合にのみ――こうした政治的情念を抑制するための多くの手段のなかの一つにすぎない、と強調することもできる」のであって、というのも「三権分立の原理が少なくとも同じくらいに重要だからである」[37]。ところが、アダム・スミスによって体現される、ルイ・デュモンがいうところの「経済イデオロギーの誕生と確立における中心問題は、情念どうしの均衡のメカニズム、つまり経済的情念（利益）を政治的情念に対抗させる働きのなかにあるわけではない」とロザンヴァロンは論じる。「それはさらに徹底しており、社会的調和の実現が可能なただ一つの空間としての経済社会に、社会全体を――還元でなく――到達させようとするものなのだ[38]」。

〈複合的な均衡〉のヴィジョンは、政治の論理が穏和な統治を破壊し極端に走るのを防ぐために、統治者の政治的情念をそれとは別の複数の情念・利益によって牽制し、相互の勢力の均衡を図るものである。そのような対抗的役割をはたす諸領域のなかでも重要な機能をになうとされているのが、経済（商業）の領域であり、ここでは政治と経済は、互いにあくまで外在的な関係に立っている。これに対して、たんなる商業論ではない社会の総体についてのヴィジョンである「商業社会」論にあっては、経済は、政治の外部にあって政治に対抗する領域なのではなく、むしろ政治それ自体の根源に位置する問題を――従来の政治の論理とは異なるしかたでではあるが——解決しようとする、新たな試みとして理解されるべきものだ。社会の対立を調整して調和的秩序を形成するという、政治の根本的問題にたいする斬新な応答を可能にしてくれる新しい言語として、経済学は成立する。

経済学も社会学も存在せず、諸領域への分化が進んでいなかった近代以前の学問において、政治学（政治哲学）やそれと不可分の法学は、いまでいう人文・社会系の学問の一般理論ともいうべき位置をしめていたのであるが、スミスの経済学は、それとは別個のところで、経済現象を扱う異質な学問分野として登場してきたのではない。反対に、それまで政治哲学が扱ってきたまさに同じ問題にたいする、しかし別様の応答として登場したのが、経済学であった。それは同一の問題にたいする異なる解法として提出されたのであり、政治哲学上の問いにたいする新たな「解法としての経済学」なのである[39]。

この点を理解するためには、問題とそれに応答する方法としての言語とを区別しなければならない。解法としての言語は、それ自体が問題を構成するパラダイムでもあるが、いわゆるパラダイム転換において、従来の言語的パラダイムによって問題が構成されつつも、同時に革新的なパラダイムを通じて新たな解法が与えられるということが生じる。スミスのいう商業社会のヴィジョンは、それまでの政治哲学が提起してきた同一の問題にたいする新しい解法として構想された。この点について、問題構成的なパラダイムとして自然法学の伝統を重視しつつきわめて明快な見通しを与えた研究が、いまや古典的位置をしめつつあるイシュトファン・ホントとマイケル・イグナティエフの共同執筆論文である。彼らは、ロザンヴァロンの言葉でいえば、社会の内的対立とその調整の問題にあたる政治哲学の根本的な問いとして、より特定的に「貧民の必要」と「富者の（交換的）正義」のあいだのアンチノミーを抽出する。そして、自然法学の伝統のうちに彫琢されてきたこの必要と正義の問題をめぐって、富者の所有の正義を極力制限しない方向へと、この伝統の内部で法学的言語が進化を遂げていく様が描き出されたうえで、その延長に従来の応答の言語とは決定的に異なる新たな言語が出現すると論じられるのである。ここには、同じ問題に応答しようとする異なる二つの言語のあいだの交代が、すなわち法学・政治学の言語から経済学の言語への転換が、見出される。

商業社会論の応答は、問題自体を解消してしまう形でなされるものであった。貧者と富者を主要な対立軸とする社会対立という問題自体がいわば疑似問題なのであって、富者の所有権を制限しなくとも、否むしろそのような政治的介入をおこなわないことによってはじめて、富者と貧者双方の生活の改善が実現されるというのである。スミスの経済学は、この「全般的富裕」が、分業を原動力とする労働生産力の持続的な改良をつうじて、自然に実現していく機制を解明した。これは歴史的には生活様式の四段階にわたる発展の過程として描かれる「文明化」の過程である。そしてその頂点に位置するのが、「文明社会」としての商業社会なのである[40]。そこでは、原理的には社会内のあらゆる対立が生産力の全般的な拡大によって解消され、商業社会ないしは市場社会という単一の空間において、社会のあらゆる主体のあいだの調和が——本質的に政治的強制によらずに——実現されることになる。

モンテスキューのヴィジョンとの違いは明らかであろう。たしかに両者とも、共通して、古典的伝統において文明社会と同義とされてきた古代共和国の欺瞞を告発し、近代の趨勢のうちに共和国のシヴィックな理想とは異なる真の文明社会の可能性を構想した。スミスもまた、共和主義的語彙を用いて政治・社会の腐敗にたいする批判を展開しつつも、古典的な共和国像をそのまま実現されるべき理想として掲げることを是としない。それどころか、スミスの分析は「都市の寄生的で腐敗した成長についてのシヴィック・モラリストやカントリ派の慨嘆のすべてを、間違った教説として否認するもの」であり、彼ら共和主義者たちが理想視する古代の共和国が、実は原始的社会の平等な貧困とも大差のない「野蛮なほどに貧しい」実態を抱えるものであったことが指摘される[41]。

共和主義的な規範意識を相対化し、むしろ古典的共和国と野蛮な社会との類似性を強調する点ではたしかに共通するモンテスキューとスミスは、しかし、共和国から分離した文明社会の理想像を完全に共有していたとは言えない。モンテスキューは未開を狩猟・採集生活に、野蛮を牧畜生活に対応させたうえで、それらとは異なる文明化の指標を貨幣の使用に求め、さらにその延長上に商業の発達をみる。男性的な勇敢さと結びついた徳に代わって文明の象徴となった穏やかで女性的な習俗と作法は、「野蛮な習俗（mœurs barbares）を洗練させ穏和なものとする」商業を通じて育まれるとされる（EL IV, 20, 1）。だがモンテスキューにとって、近代の穏和な統治は、商業を重要な一構成要素とは見ても、社会の総体が商業的に構成されているという意味での、あるいはそこでは「誰もが多かれ少なかれ商人であらざるをえない」という意味での商業社会ではなかった。〈複合的な均衡〉を形づくる一つの分枝として、商業が政治と対抗的に位置づけられたのである。

スミスらスコットランド啓蒙の思想家たちが考えた商業社会には、そのような類の社会の多元性や重層性は見出し難い。したがって、程度だけでなく質自体も異なるような諸情念のあいだの抗争と均衡が、商業社会の基本原理としてあるわけではない。そうではなくて、スミスらの想定する商業社会――ロザンヴァロンはこれをカール・ポランニーの用語を借りて「市場社会」と呼び換えている――は、本質的に単一の抽象的空間を構成するものなのだ。商業がたんに複数の均衡関係の一翼をになうのではなくて、その全体がまさに商業的・経済的に理解されたこの商業社会ないし市場社会においては、原理的に単一の市場空間のなかで、政治的強制を受けることのない多様なミクロ的主体が自由に経済活動を展開し、ミクロの次元での経済的行為の集積として均衡が実現される。ここにこそ、「市場均衡」の政治哲学的な含意がある。市場社会の単一性が均衡の一意性を保障し、この均衡状態への収斂の過程が、市場機構による資源の最適配分を通して「全般的富裕」を達成していく。この単一性は、モンテスキューが穏和な統治に求める複合性とは対照的な性格のものだ。商業社会における市場空間のこの単一性こそが、多元的なミクロ経済主体――政治の一元化された意思決定に服さないという意味で多元的な主体――の相互作用の結果として「均衡」が実現されるための決定的な条件となっている、というべきなのである。

おわりに――文明批判としての共和主義の成立

かくして、モンテスキューの政治学批判は、啓蒙の分岐点の一つをなしていたことがわかる。モンテスキューは、近世ヨーロッパに復興した共和主義の伝統に棹差しながら、その古典的政治学にたいして内在的な脱構築を敢行する。そのかぎりでそれは、共和国へのなお政治学的な批判であったといってよいだろう。そこからスコットランド啓蒙が生み出す経済学的批判への展開は、ほとんど必然的な発展の過程にもみえる。けれども、モンテスキューからは数多くの伏流が流れ出す。その多様性は、モンテスキュー自身に刻み込まれた多様性でもある。たとえば、モンテスキューに深く影響されつつその共和主義を反転させようと試みたジャン＝ジャック・ルソーは、あらためて共和国の再興を説いた。けれども、そこにみられる古典的理解からは大きく変容した共和国の観念は、ポスト・モンテスキューの相貌を色濃く帯びる。ルソーはもはや、本質的に共和国を混合政体として描き出すことをしない。ルソーはいまや、文明社会そのものであったはずの共和国を、文明批判の身振りのもとに擁護する。啓蒙哲学から明に暗になされた古代共和国への中傷と信用の毀損に抗して、共和国への賛美を繰り返すその行為は、啓蒙のただなかにあって「反啓蒙」的な振る舞いにさえ映ることだろう。ここにわれわれは、モンテスキューがほとんど密かに作りだした屈折をはらむ磁場の、もう一つの現れをみることになる。

注

（1）この点については次の論文を参照。J・G・A・ポーコック、田中秀夫訳「ケンブリッジ・パラダイムとスコットランド人哲学者」、イシュトファン・ホント、マイケル・イグナティエフ編『富と徳――スコットランド啓蒙における経済学の形成』、未来社、一九九〇年、三九七―三九八頁。

（2）「文明化（civilization）」についての概念史的検討としては、レイモンド・ウィリアムズ、椎名美智他訳『キーワード辞典』、平凡社、二〇一一年所収の項目「文明」や、ジャン・スタロバンスキー、小池健男他訳『病のうちなる治療薬――啓蒙の時代の人為に対する批判と正当化』、法政大学出版局、一九九三年を参照。また邦語文献として、松森奈津子「文明の系譜学――語義の継承と基準の変遷」、『国際関係・比較文化研究』第四巻二号、二〇〇六年、川名雄一郎『社会体の生理学――J・S・ミルと商業社会の科学』、京都大学学術出版会、二〇一二年、とくに第四章などを参照。

（3）この見地をとる研究はすでに数多くあるが、たとえばShklar, J., "Montesquieu and the New Republicanism." In Bock, G. Skinner, Q. and Viroli, M. eds. *Machiavelli and Republicanism*, Cambridge University Press, 1990. を参照。なお、モンテスキューにおける共和主義の要素を強調する見解としては、たとえば次のものを参照。Hulliung, M., *Montesquieu and the Old Regime*, California University Press, 1976. またこれらの動向を踏まえつつ、同時に共和政よりも君主政についてのモンテスキューの描写に共和主義的なモーメントを読みとろうとする説得的な見解として、安武真隆「モンテスキューと共和主義」、田中秀夫・山脇直司編『共和主義の思想空間――シヴィック・ヒューマニズムの可能性』、名古屋大学出版会、二〇〇六年、を参照。

（4）類似の見解として、Keohane, N., *Philosophy and the State in France: The Renaissance to the Enlightenment*, Princeton, 1980, p. 457f を参照。ただし、同書はモンテスキューについては政治的人文主義からの影響を強調する傾向にある。*ibid.*, chap. 14 を参照。また、イギリスからの共和主義の影響については次の網羅的な研究成果を参照。Hammersley, R., *The English Republican Tradition and Eighteenth-century France: Between the Ancients and the Moderns*, Manchester University Press, 2010.

（5）以下を参照。皆川卓「アリストテレスが結ぶヨーロッパ――ポリティアからレスプブリカへ」、小倉欣一編『近世ヨーロッパの東と西――共和政の理念と現実』、山川出版社、二〇〇四年、一一五―一一九頁。

（6）たとえば以下を参照。Senellart, M., *Les arts de gouverner: Du regimen médiéval au concept du gouvernement*, Seuil, 1995.

（7） 以下の論文も参照。前川真行「パンのポリス」、拙編『歴史概念としての〈公共圏〉と〈公共哲学〉』、京都大学グローバルCOEプログラム「親密圏と公共圏の再編成をめざすアジア拠点」、二〇一二年、とくに五〇―五八頁。

（8） とくに以下の箇所を参照。Pocock, J. G. A., *The Machiavellian Moment: Florentine Political Thought and the Atlantic Republican Tradition*, Princeton University Press, 1975, pp. 338–341（田中秀夫・奥田敬・森岡邦泰訳『マキァヴェリアン・モーメント』、名古屋大学出版会、二〇〇八年）; Idem., *The Ancient Constitution and the Feudal Law: English Historical Thought and The Seventeenth Century*, 1987, p. 310ff.

（9） ポーコックと同様スキナーも、ピューリタン革命において、古来の国制にもとづく議会主義が「国王不在の議会」による決定の無効性をつく王権側からの批判に応戦できず、まもなく現行の議会を正当化する論拠を共和主義的自由論へと転換していく点を重視している（Skinner, Q., "Classical Liberty and the Coming of the English Civil War." In van Gelderen, M. and Skinner, Q. eds., *Republicanism: A Shared European Heritage*, 2002, esp. pp. 18–25）。

（10） 以下を参照。Skinner, Q., *op. cit.*, pp. 9–12; idem., "The Third Concept of Liberty." In *Proceedings of The British Academy*, (117), 2002, pp. 237–268; idem., "Freedom as the Absence of Arbitrary Power." In Cécile Laborde and John Mayor eds., *Republicanism and Political Theory*, Blackwell, 2008, pp. 85–88; idem., "States and the Freedom of Citizens." In Skinner, Q. and Bo Strath eds., *States and Citizens: History, Theory, Prospects*, Cambridge University Press, 2003, pp. 12–18.

（11） 以下を参照。Viroli, M., *For Love of Country*, Oxford University Press, 1997, pp. 123–132.

（12） モンテスキューの『法の精神』からの引用に際しては、次の版に依拠する。Montesquieu, Derathé, ed., *De l'Esprit des lois*, Garnier, 1973. 以下、同書はELと略記し、続けて部、篇、章の番号を記す。ただし、ドラテの序論および訳注に言及する場合には頁数を記す。

（13） Georges Benrekassa, *Le Langage des Lumières*, PUF, 1995, p. 78.

（14） Manent, P., *Histoire intellectuelle du libéralisme*, Calmann-Lévy, 1987, chap. 5.（高橋誠・藤田勝次郎訳『自由主義の政治思想』、新評論、一九九五年。）

（15） 富永茂樹「風土、習俗、一般精神」（樋口謹一編『モンテスキュー研究』、白水社、一九八四年）、一〇九―一一一頁。法を中心に置く古典的な政治学にたいして、風土という自然的原因とともに習俗を中心とした精神的原因をも含む複合的な総体としての一般精神の概念を本格的に提起したのが、まさにその同義語である「法の精神」をタイトルに据えた著作の特質である。法（主に実定法）が精神的原因という一範疇の、さらにそのなかの一つにすぎないものへと格下げされるのと並行して、習俗の概念が精神的原因の中心的な位置を占めるようになる。重要なのは、エスピアール、デュクロ、ヴォルテールといった思想家たちの習俗論ではそれは「原因というよりはむしろ結果ととらえられていた」のにたいして、モンテスキューにあっては「社会のより深奥の部分にあって、精神的原因としての力を発揮すべき何ものか」になるという点である。そして、習俗が国民の一般的制度であり人間の行為を規制するものとされるのと相即的に、法は人間ではなく市民の行為を規制する、どちらかというと個別の制度にかかわるものとされて、習俗の場合とは逆に、原因の位置から結果の位置へと押し下げられてしまう（同、一〇〇―一〇三頁）。社会の根本規範を問おうとするこのような傾向は、当時の社会状況に対する批判や危機意識の現れとして理解できるだろう。セルヴァンが「今日の財政の最大の悪の源泉」として奢侈をとり上げるとき、そこにはモンテスキューやルソーがその一翼を担った習俗論の重大な転換が如実に反映されているとみることができるのである（同、一〇三―一〇六頁）。

（16）　以下を参照。レイモン・アロン、北川隆吉訳『社会学的思考の流れ（I）』、法政大学出版局、一九七四年、第一章。モンテスキューが政体の「本性」（制度論的条件）以上にその「原理」（政体を駆動させる社会的情念）に注目して比較社会学的研究を進めたのも、この法に対する習俗の優位性を想定すればこそのことだといえよう。

（17）　Skinner, Q. (2002) "The Third Concept of Liberty"; idem., *Liberty Bfore Liberalism*, Cambridge University Press, 1998.（梅津順一訳『自由主義に先立つ自由』、聖学院大学出版会、二〇〇一年。）

（18）　ホッブズの共和主義批判については、次の文献が決定的な成果を示している。Skinner, Q., *Hobbes and Republican Liberty*, Cambridge University Press, 2008.

（19）　この点については、川出良枝『貴族の徳、商業の精神――モンテスキューと専制批判の系譜』、東京大学出版会、一九九六年、第四章のとくに脚注一を参照のこと。また、マンフレート・リーデル、川上倫逸他訳『市民社会の概念史』、以文社、一九九〇年も参照。

（20）　これとほぼ同様のことは、ローマ帝国の滅亡には決して同情的ではなく、むしろそこに神の摂理の現れをみたキリスト教の伝統に即しても言うことができる。たとえば、アウグスティヌス『神の国』岩波書店、一九八二年、第一巻、二三頁を参照。

（21）　モンテスキューをゲルマニストに位置づけた古典的研究として、Ford, F. L., *Robe and Sword*, Harvard University Press, 1953, esp. pp. 145–152を参照。また、ここでは詳しく扱えないが、モンテスキューはすでに『ペルシア人の手紙』の時点で、「彼らは本来は決して野蛮ではなかった」と述べ、ゲルマン人にたいする伝統的な見方を修正しようとしていることがうかがえる。同、第一三六の手紙、『世界の名著（三四）』所収、中央公論新社、一九八〇年。むしろこの自由な習俗をもった北方の蛮族は、カエサル以降隷属の精神が深まるローマを解放し、「国王は元来は単なる首長か将軍にすぎず」、その権力が「厳格に制限」されているような自由な政体をもたらそうとしたのだと論じられる。同、第一三一の手紙を参照。

（22） オトマンについては主に前川、前掲論文に拠った。Hotman, F., *Franco-Gallia*, Latin text by Giesey, R. E. and Trans. by Salmon, J. H. M., Cambridge University Press, 1972. また、Giesey, R. E., “When and Why Hotman wrote the Franco-Gallia,” in *Rulership in France, 15th–17th Centuries*, Ashgate Publishing, c2004, p. 37 も参照のこと。

（23） ここで中心となるテクストは Boulainvilliers, *État de la France*, T. Wood and S. Palmer, 1727–29 のとりわけ第III巻であるが、ここでは紙幅の都合上詳しい分析はおこなわない。なお、モンテスキューとの比較に関してはここでは前掲の Ford の研究に依拠したが、邦語文献として押村高『モンテスキューの政治理論――自由の歴史的位相』、早稲田大学出版部、一九九六年、第六章、および川出、前掲書、第二章も本格的な検討を行っている。

（24） 権力のデ・ファクト理論としての征服説については、以下を参照。Skinner, Q., “Conquest and Consent: Thomas Hobbes and the Engagement Controversy”, in *Visions of Politics (III): Hobbes and Civil Science*, Cambridge University Press, 2002.

（25） 個人を契約主体とする近代的社会契約論に先だつ社団間の立憲主義的社会契約の概念については、D・バウチャー、P・ケリー『社会契約論の系譜』、ナカニシヤ出版、一九九七年、第一章を参照。また、Black, A., “The Juristic Origins of Social Contract Theory,” *History of Political Thought*, 14 (1), esp. pp. 60–63 も参照。

（26） もう一つ、モンテスキューがこの対照を生み出す要因として考えているのが、征服民族の有する習俗の違いである。「ヨーロッパの北方諸民族は自由民としてヨーロッパを征服した。アジアの北方諸民族は奴隷としてアジアを征服し、一人の主人のためにのみ勝利をかちとった」(EL III, 17, 5)。タタール人は、アジア南部を征服しそこの住民を隷属させたが、実は彼ら自身が奴隷であったとモンテスキューは言う。つまり、この牧畜民は一人の強大な主人に従属した民族だったのであり、この政治的奴隷制のなかで身につけたみずからの「隷属の精神」を征服地にもちこんで、そこで専制支配を再生産したとされるのである。対照的に多元的で制限された王政をもっていたゴート人は、専制化していたローマ帝国領に、鉄鎖を断ち切り人びとを解放するための自由をもたらした、とモンテスキューは論じる。それでは、同じ北方の遊牧民族であったタタール人とゴート人（ゲルマン人）の習俗の差異を生み出したのは何だったのか。この点について、モンテスキューの風土論的説明は、同様の成功をおさめているとは言いがたいようにみえる。なお、啓蒙期フランスにおける奴隷制をめぐる議論の知られざる系譜に光を当てた研究として、本書の第一五章（大津）を参照。

(27) たんなる専制とオリエンタリズムの結びつき——東洋的ないしアジア的専制の概念——ではなく、オリエンタリズムにもとづく習俗論的構図のなかで専制と君主政をとらえ返すという視座を確立したのは、押村、前掲書の功績である。とくに、同一七六—一八六、二四八、二五三頁を参照。

(28) Manent, P., *op. cit.*, pp. 131–132.

(29) *ibid.*, p. 132.

(30) *ibid.*

(31) *ibid.*, p. 133.

(32) Manent, P., *Cours familier de philosophie politique*, Fayard, 2001, p. 34.

(33) *ibid.*, pp. 151–152

(34) *ibid.*, p. 152.

(35) Hirschman, A., *The Passions and the Interests: Political Arguements for Capitalism before Its Triumph*, Princeton University Press, 1977, pp. 77–78.（佐々木毅・旦祐介訳『情念の政治経済学』、法政大学出版局、一九八五年、七五—七七頁。）

(36) モンテスキューとスコットランド啓蒙の連続性を強調する見解として、Forbes, D., "Scientific Whiggism: Adam Smith and John Millar," in *Adam Smith: Critical Assessment*, 1984, Vol. 1, p. 275; P・スタイン、今野勉他訳『法進化のメタヒストリー』、文眞堂、一九八九年、三一頁などを参照。これに対して、以下の文献では両者の連続性を従来と比べて低く見積もる見解が提示された。田中秀夫『社会の学問の革新——自然法思想から社会科学へ』、ナカニシヤ出版、二〇〇二年、九八—一〇〇頁。

(37) Rosanvallon, P., *Le capitalism utopique: Histoire de l'idée de marché*, Seuil, 1999 [1979], p. 60（長谷俊雄訳『ユートピア的資本主義』、国文社、一九九〇年、七九頁。）

(38) *Ibid.*（邦訳七九—八〇頁。）

(39) アダム・スミスの経済学を先行する政治学的伝統のうちに位置づけなおすことで、その特質と構造を解明した研究として本書の第八章（渡辺）のほか、渡辺恵一「「立法者の科学」としての経済学」、田中秀夫編『啓蒙のエピステーメーと経済学の生誕』、京都大学学術出版会、二〇〇八年を参照。また、人文学ないし政治哲学において提起された諸問題に対する「解法としての経済学」という視座については、田中秀夫「啓蒙の遺産——解法としての経済学」

同書所収を参照。

（40）この点については、とりわけ以下の未公刊論文に多くを負っている。渡辺恵一「文明社会における統治の経済学」、富永茂樹編『公共圏と親密圏の弁証法（仮題）』、京都大学学術出版会、近刊予定。

（41）Hont, I., Jealousy of *Trade: International Competition and the Nation-State in Historical Perspective*, Belknap Press of Harvard University Press, 2005, p. 414, 442.（イシュトファン・ホント、田中秀夫監訳『貿易の嫉妬』、昭和堂、二〇〇九年、三〇六、三二四頁。）

第一三章　テュルゴとスミスにおける未開と文明
――社会の平等と不平等

野原慎司

はじめに

（1）旅行記の意義

人間の自然とは何であるのか。人はある本性を有する。しかし、人は相互に集まり、言語を通じて意見や知識を伝達し、文化を築き、国家を形成し、社会のなかで生きる本性をも有する。こうしてある見方に立てば、人間の自然の考察と社会の自然の考察は不可分のものとなる。ゾーン・ポリティコーンとしての人間観は西洋では古典古代以来のものであるが、社会のなかの人間の自然の考察は時代に応じて変化する。その考察は初期近代でもおこなわれた。それは、世界各地への旅行・貿易・宣教がヨーロッパ人によっておこなわれ、世界各地の情報がヨーロッパにもたらされた時代であった。アメリカなどそれまでの古典古代や聖書に記述のない世界の地域についての記述は、ヨーロッパ人の世界観に大きな衝撃を与えた。というのも、それらの地域は、古典文献と聖書に依拠した考察が不可能であるがゆえに、古典文献と聖書をモデルとした世界観を変えるインパクトを持つものであったからである。それらの地域については、旅行記などのフィールドワークを通じた経験的知見に依拠せざるを得なかったがゆえに、旅行記は貴重な情報源であった。

旅行記文献は、人間の自然や社会の本性についての考え方に大きな衝撃を与えた。それはなぜであるのか。そもそも、人間社会は人為によって大きく変貌を遂げる。だが、どこまでを人間の本性に由来する自然的なものと捉え、どこまでを人為、すなわち社会状況によって異なっており、すべての人が有するとも限らない人為と捉えるのか。その区分は往々にしてあいまいであるが、根本的には「社会」についてそれぞれの人や時代が有する知見に依拠する。そこで、「未開」であると見なされ、人為・文化による変容をこうむる度合いが少ないと見なされた北アメリカ原住民は、文明による変容の影響を受けていない「人間の自然」を観察するための格好の対象となった。それが、旅行記文献が初期近代のヨーロッパ人に知的衝撃を与えた一つのゆえんである。本章では、旅行記文献を紹介しつつ、テュルゴとスミスが人間と社会の自然の考察にあたって、それらをどのように受容したかを検討したい。

なお、初期近代における人間の自然という本来性の追求は、人間の築く社会がどこまで自然的かという問いへと昇華されることもあった。こうして社会それ自体にも、原初の自然的状態とそれを人為によって超えたある状態との区別をおこなう発想が生じうる。この区別それ自体は、ホッブズやロックを始めとした社会契約論者にも当てはまる。ただホッブズはもちろん、ロックでさえ、自然状態が戦争状態に転じる人間の自然の限界・堕落を捉えていた。人間の自然の堕落には処方箋がないわけではない。それは社会契約による国家である。こうして、人間は人為により自らの堕落・限界をある点で克服する。しかし、それは所詮人間のなせるわざであり、限界もある。国家状態は固定的な訳ではない。潜在的には常に生じうる国家の変転・転覆を理論的にどこまでを正当化しうるかという問題を、ホッブズとロックはそれぞれまったく異なる立場から論じたが、それは、国家という人間の作為の産物には変転・転覆が大いにありうると想定していたからとも言える。

人間社会の変転をどう捉えうるのか。社会契約論者以外にも、ポリュビオスやマキァヴェッリらの政体循環論者その他、さまざまな立場があり得た。一八世紀中葉において、テュルゴやスミスは、生活様式に従って段階的に発展し商業社会にいたる社会の発展段階論を西洋史上はじめて案出したと言われる。[1] またテュルゴは進歩史観をはじめて提唱した人物ともされている。[2] 彼らは、人間社会の変転には一定の法則性があると考えた。その際、人間は必ずしも全面的に有徳な訳でも利他的な訳でもなく、利己的であったり強欲であったり名誉欲や権力欲を追求したりもすることを認めた。これらはある見方からは人間の「堕落」とも言える。ホッブズやロックにあっては、国家が必要となるのは、ある意味で人間の「堕落」に対抗するためであった。なるほど、ロックは労働による所有（property）の形成を正当化する点において、必ずしも利己的活動を全面的に「堕落」と捉えなかったかも知れない。しかしながら、所有（property）が人間の「堕落」により常に侵害され得るがゆえに国家は必要なのである。

テュルゴやスミスの社会の発展段階論は、人間の欲望追求活動を「堕落」との葛藤という（徳性の次元における）物語のなかで扱うのではなく、経済活動を通じて人間社会の結合関係を形成し、さらには人間社会が進歩する原動力ともなりうるものとして捉えるものである。社会の「自然」の考察は、国家論に直接にではなく、人間相互の交流に基づく社会関係が取る形態の差異と発展の考察へと結びつく。そこで、進歩する以前の原初の人間状態はいかなるものかが改めて課題となる。「進歩」を言うためには、進歩する前の段階がなければならない。[3]

(2) 未開と野蛮の概念化

その段階は、ホッブズやロックのように国家の正当性の根拠として必要とされる規範的なものではなく、事実として現実の人間社会それ自体から見出される必要があった。初期近代は、アメリカの「発見」を始めヨーロッパ人が世界中を旅行した時代である。膨大な旅行記が執筆された。スミスやテュルゴはそれらの旅行記を頼りに、原初の人間社会を描き出した。なるほど、ロックも自然状態についてアメリカのインディアンに言及している。ロックが「人類学的」知見をどのように生かしたかについては論争があり、ここでは立ち入らない。(4) 少なくとも、旅行記などがもたらすヨーロッパの外の世界の諸情報から、ロックが経験的に自らの自然状態論を抽出したとは言い難い。ロックは自らの自然状態論が虚構ではないことを示す一証拠として用いてはいる。それに比べて、テュルゴとスミスは、旅行記文献を、文明化されていない「未開」な社会の「自然」を考察するために、経験的知見として用いた。ただ、序説の「野蛮と啓蒙」という問題意識に即して述べるならば、「未開社会」を理想視することなくその「野蛮さ」を冷徹にみつめる視線を持つと同時に、文明社会の不平等という「野蛮さ」をテュルゴとスミスは冷静に見つめてもいた。(5) その文明の「野蛮さ」という観点の獲得において、旅行記文献は、スコットランド内部における「野蛮」社会としてのハイランドの実在と並んで、(6) 役立ったと言えるであろう。

ソルボンヌで神学を学んだテュルゴにあっては、人間の自然の探求は規範的契機と無縁ではなかった。テュルゴの場合、神学は無視できない。本章では、まずテュルゴの神学的背景を顧みつつ、彼の「人類学的」探求の背景を考察し、次にその探求の基礎となった旅行記の一端を参照しつつ、テュルゴにおける人間の自然と社会の問題について考察する。スミスについては、紙幅の都合上、テュルゴほど詳しく扱えない。最後の節で、旅行記文献の受容を通じたスミスの文明観の形成について簡単に言及するにとどめる。

第一節　テュルゴの啓蒙のプロジェクトの神学的背景

(1) テュルゴと神

テュルゴはそもそも神学者であり、神学者としてのテュルゴは彼の知的営為の背景の大きな部分をしめている。テュルゴの社会論についても例外ではない。本節ではテュルゴの社会観の背景をなす神学的思想を掘り下げておこう。

アンヌ・ロベール・ジャック・テュルゴ（Anne-Robert-Jacques Turgot, 1727–81）はすでに一七四六年に、自らの神学観の一端を披瀝している。そのなかで、テュルゴはヨーロッパの信仰の現状への危機感を示している。ディドロ『哲学断想』（*Pensées philosphiques*）（一七四六年）を批判して述べるには、「不信心がますますヨーロッパに広がっており、日々新たな信者を獲得している」[7]。彼らは、自らの意見を流布するのに躊躇していない。宗教に反する書物の印刷が氾濫している。その考えは表面上の信仰を偽装しても実際は神をまったく信じないスピノザに淵源があるが、トランド、ティンダルら理神論者へと広まり、ディドロにも影響している[8]。

この不信心には旅行記によるヨーロッパ外の知見の拡大も影響している。イスラム教徒はヨーロッパでは不信心であり、ロンドンでは教皇主義者が不信心であることを旅行記は教え、そうすることにより他宗教に対する寛容を鼓舞する、とディドロは考えていた。そのことからディドロが導きだしたのは、支配的な宗教や平穏に反する教義を述べた人に対して、政府は逮捕する権利を有するということであった。一般的にそこで信じられている教義にそのまま従うべきだというのである。

テュルゴはこのようなディドロの考えについて、理神論者から何たる不寛容が生じることかと非難する。根底において不寛容は、自然宗教それ自体を政治の発明と見なす人々によってのみ維持されているはずである。[9] テュルゴは、信仰にかんして、それぞれの国にはそれぞれの宗教があるという相対主義を採用することは、その国の政治の意志の特定の信仰内容への介入・強制を認めることになると警戒する。そのような相対主義に反対して、真実は一つであり、イエス・キリストは真実の宗教を発明したはずなので、その真理を見つけ出すことが重要だと述べる。

（2）テュルゴのミッション

不信仰と信仰の相対主義に関するこのような危機感を背景としたテュルゴのミッションは何か。まず神の存在証明である。そもそも人間が「神の存在を発見しうるのは、（神の存在の）諸結果と（その諸結果のただ一つの）原因の関係によってでしかないことは確かでしょう。それを証明するためには、物理的な世界の存在から出発せねばならないのです」[10]。神の存在証明は、形而上学的な議論ではなく、人間は感覚を通じてしか観念を得られず、個々人別々の主観・精神のなかに閉じ込められているという不可知論に基づいておこなわれる。

例えば、自然学（すなわち物理学）では、惑星の観察・物質の考察から出発して、ニュートンが引力の発見に至った。これは惑星を動かす永遠の力、すなわち知性、神の存在を示すものである。[11] では、物理世界以上に多様かつ複雑である人間社会に働く神の力はどのようなものであろうか。人間の経験的世界からそれをどのように導きだせるであろうか。こうしてテュルゴの次のミッションは、神の知性の世俗世界における貫徹の証明である。[12]

その際、人間社会の本質を把握することがまず重要となる。人間は言語を有してお互いの観念を伝えあう。それは遺産として蓄積し増加する。この進歩と、情念や出来事との組み合わせが人類史を形成する。[13] では、人類史を形成する原動力となる人間の自然とは何か。人間には感覚がある。そこに学問と技芸の起源がある。人間は、神による創造の後に堕落し、自らの視野に限定されるという限界を有するに至った[14]。人間は善一般を愛することはできない。人間が愛し欲求の対象とできるのは、普遍的・抽象的対象ではなく、特定の対象であるという限界を有する。知識は欲求を鼓舞しえず、欲求は快楽の感情を魂が感じるところに生じる。ただそのことは、母の子供への愛着からくる追加的快楽、両性の愛着による追加的快楽という、結束のために必要なものも産んだ。「他人の幸福の享受が我々の快楽を付け加えるこの感情は、人間相互への愛着であり、異なった距離に応じて段階のあるものであり、社会の維持のために必要なものである。同情（compassion）、祖国愛（amour de la patrie）、友愛（amitié）は同じ部門にある[15]」。

われわれの感知可能な欲求は、肉体の保存のために定められたものである。ある事物の発見の喜びは、ある欲求の完成にすぎない。その欲求はつねに個別的なものである。よい音楽に対してのように、とくに利害や利益がなくとも愛着は抱きうる。心地よい対象への愛は、利害のあるものへの愛と同じではない。いかなる「効用」（utilité）がないものでもわれわれは欲する。だがこれらすべてはつねに想像力により認識されているものである。「神の存在と属性の証明は後天的である。かくして、神が感覚や想像力に影響を与えるのは、われわれが作り出すある快楽、すなわち認識への愛を通じてのみである[16]」。欲求は認識に基づく。神は社会維持に必要な欲求を、それを人に認識させることを通じて与えた。

こうしてテュルゴは理神論による相対主義に反対し、神の摂理の世俗世界への貫徹の証明という護教論から出発する。そこに、人間は感覚を通じてしか観念を取得できないというロックの不可知論、および観念伝達の手段としての言語への着目が加わることで、人間の自然を、個別の対象しか感覚・欲求できず、快楽の対象とすることができないと見るにいたる。さらに、個別の諸現象の継起＝歴史のなかにある精神性が役割を果たしていることを示すことにより、神の働きを見ようとする。

なお、スミスの宗教観については、スミス自身が自然神学についてグラスゴウ大学で講義していながら、著作を残さなかったので不明である。ただ、スミスは、著述の方々で（とくに『道徳感情論』において）「最高存在の意図」や神の摂理の世俗社会における関与に言及した。スミスは、個別の人間がそれぞれの利益や目的を追求することの「意図せざる結果」として経済的富裕が実現すると説いている。そこにスミスは神の摂理を見た[17]。世俗世界の人間それ自体は、直接神を目指さず自己の利益の顧慮に終始するという観点、それと異なる社会的帰結という次元において神の摂理を見るという観点において、テュルゴとスミスは共通なのではないかと思われる。

第二節　旅行記におけるアメリカの「未開人」の平等と文明の不平等

（1）旅行記の語る未開 ―― 高貴な未開人

テュルゴの進歩史観とスミスの発展段階論は、個別の諸現象のなかにある法則性を見ようとするものである。そして、それは個別の諸現象と社会の観察に基づかなければならなかった。それを形成するにあたっては、おそらくきわめて多様な種類の知見に依拠していたことであろう。

少なくともその一つとして、テュルゴとスミスは旅行記を利用した。一七世紀最後の四半世紀には、アジアを含めた世界各国の情報と関心が急増しはじめていた[18]。旅行記をはじめ世界各国の情報は頻繁に翻訳されていたし、イングランドやフランスという国を超えて情報はヨーロッパ的広がりを有していた。聖書や古典古代の書物という権威となる古典には記載されていない各国や世界の情報が、これほどの短期間に集中的に入ってくるということは、世界認識の図式そのものを変えるインパクトを持つものであった。テュルゴとスミスの社会観を具体的な歴史観へと結実させる際に、彼らが用いた素材として旅行記がないとすれば、彼らの歴史観は古典古代や聖書の時代の情報を中心とするものとなっていたかもしれない。なお、世界中の多様な旅行記を取り上げるだけの余裕はないので、本章では、当時「未開人」と見なされ文明の対極にある存在とされた北アメリカのインディアンを取り上げたい。

これらの旅行記や文学のなかには、北アメリカのインディアンを、「高貴な未開人」の社会として、すなわち文明に毒されていない、財産が共有で、平等で、かつ人々が有徳で純朴さを保っている社会として描いたものが多い。その背景には、ヨーロッパにおいて、古典古代や聖書のなかに失われた「黄金時代」を見出す伝統が存在する。タキトゥスの『ゲルマニア』は、ゲルマン人のなかに有徳な野蛮人を発見した。聖書のエデンの園の記述もまた、失われた「黄金時代」の記述ともみなしうる。だが、いずれにせよその「黄金時代」は失われたものに過ぎない。この失われた「黄金時代」の代替物として、北アメリカの「未開」社会は機能し得たが、相違があるとすれば、後者は「現実に存在する」ということである。失われたはずの「黄金時代」が現実にそこにあるとなれば、西欧人の少なくとも一部が熱狂したのも無理からぬことである。

「高貴な未開人」の初期近代における淵源はどこにあるのか。一六世紀にはモンテーニュが、野蛮人のなかに、習俗の洗練が失わせた自然的な善良さを見出そうとした[19]。また、ドライデン（John Dryden, 1631–1700）は、『グラナダの征服』（*The Conquest of Granada*, 1670）において、「高貴な未開人」（Noble Savage）という表現を最初に用いた（ただし、ドライデンのこの表現は、完全な未開人というよりもより社会状態の進んだアステカのような「野蛮人」を意図していたものだと推測されているが、両者はあまり区別されていない[20]）。

（2）ラオンタンの北米旅行記

北アメリカに関しては、一七世紀にはイングランドで出版された一般の書物には、イングランド人とインディアンの交渉の様子はまだあまり載っておらず、インディアン社会の詳細に触れずに、（自らの植民者としての立場を擁護するために）ただその残忍さだけを非難した出版物や、伝聞情報にたよる出版物が多く、直接の見聞情報に基づいている点で、フランスが凌駕していた。一七世紀中葉に毎年刊行されていた『イエズス会報』もその一つである（宗教関係の記述を除いては、イングランドでもそれは信頼されていたという）(21)。一七世紀末から一八世紀初頭にかけて、貴族出身の軍人ラオンタン男爵（baron de Lahontan, Louis Armand de Lom d'arce, 1666–1716）の北アメリカ三部作、およびフランシスコ会修道士のルイ・アンヌパン（Louis Hennepin, 1640–?）の著作は、記述の正確さについて問題があると言われるものの、アメリカ・インディアンの記録を含む旅行記として、ヨーロッパ中で広く読まれ、複数の言語に翻訳され、復刊を繰り返した(22)。

まずラオンタンの著作を取り上げたい(23)。それは、インディアンとともに暮らした記録を含む冒険譚であるが、未開社会の賛美の裏返しとしての文明批判を含んでいる。

例えば、ラオンタンは、インディアンに「おまえのもの、おれのもの」という区別、お金こそがみだらな欲望、嘘、裏切り、悪意などこの世に存在する諸悪の根源である、という文明批判を展開させている(24)。未開人は財産の区別をまったく知らない。というのは、ある人に属するものは他の人のものでもあるからである。ビーヴァー狩りのときに彼らの一人が危険に陥ると、残りの人は求められるまでもなく彼を助けに飛んでゆく。

貨幣は、フランス植民地の近郊に住むキリスト教徒のインディアンしか用いていない。他の人々は、銀を触ったことも、見たこともあまりない。インディアンが述べることには、フランス人の間では人々は、貨幣をめぐって、あるいは金属の輝きを求めて、殺人、略奪、名誉毀損、裏切りをおこなう。一人の人が他の人よりもより多く持つこと、富者が貧者よりもより尊敬されることは説明がつかない、と彼らは考える。

要するに、フランス人がインディアンに与えている未開人の名は、われわれフランス人にこそ相応しい。貨幣によって引き起こされるような過ちや無秩序が、フランスを悩ませている。財産の区別が社会の維持にとっていかに有用かを彼らインディアンに諫言することはむなしいことである。彼らは争わず、戦わない。われわれが守っている身分の区別を彼らは笑う。彼らはわれわれに奴隷の烙印を押し、われわれを惨めな人間と呼ぶ。自分自身を、あらゆる権力をもつ一人の人間に服従させ、その人の意志でしかない法律に拘束されることで自分自身を貶めているというのである。

人は同じ土から作られ、われわれの間に区別も上位もありえないのだから、一人の人は他の人と同様に主人であるというのが、彼らが常に付与する理由である。彼らの満ち足りた生活は、われわれの富を優越しており、あらゆるわれわれの学問は、平和で穏やかな生活を導く技術としてはあまり価値がない、と彼らは主張する。富ではなく、走るのが速いとか狩ができるとか、弓がうまいとか、カヌーがうまいとか、戦争をよく理解するとか、森を知っているとかで人は評価される、と彼らは主張する。[25] 私有財産の観念がなく財産は共有であるがゆえに、文明社会に生じるような悪徳から免れているというのである。

さらに、未開人は文字を持たないにも関わらず、何十年前の出来事でも一言一句覚えている。数十年前のヨーロッパ人との取り決めと少しでも違うことを言うと、記憶していることを持ち出してくる。[26] 未開人は知性を持っているし、自らの国の利益を良く理解している。未開人は、「ヨーロッパ人の行動の批判が問題となるときには、とりわけ偉大なるモラリストである」[27]。

ただ、ラオンタンは未開人に問題点を観察しなかった訳ではない。最大の問題は、生命を尊重しないことと非人道性である。人間を殺すことを正義であり名誉だと考える習慣がある。イエズス会士はこの不安材料を取り除こうと最大の努力をしたが、彼らに教えても、彼らはそれを理解しなかった。彼らは、同盟者に忠実なのと同様、敵に対して残酷である。というのは、囚人を最大限の非人道性でもって扱うからである。ヨーロッパ人が彼らのその野蛮で残忍な慣行をとがめだてしたときに、彼らが冷酷に言ったのは、単純に喉をかききるのではなく、最大限の長期間の拷問でもって敵に復讐しなければ、その命に意味はないということであった。[28]

こうして、ラオンタンは、未開人の平等社会が有徳を導くと主張する一方で、彼らがキリスト教に「教化」されないことからくる残虐性をも主張した。

（3）アンヌパンの北米旅行記

ラオンタンと並んで人気のあったのはアンヌパンであった。アンヌパンは、アメリカの未開人が滅多に病気にかからない頑強な身体を持っていることに良さを見出し、それは常に活動しているからだろうとする。しかし未開人は、他人の小屋に入るときに挨拶もせず、年長者にも食事等において「無作法」(incivilement) に振る舞う。[29]「彼らは行動において窮屈な思いを何もしないし、純粋な動物性に従っている」[30]。年長者を無作法に取り扱うが、年長者を経験に富む者として、その意見・助言を尊重している。[31]

当時フランス植民地とイギリス植民地の間に住み、植民者と戦争をおこなっていたと言われるイロコイ族について、彼はその残忍さを訴える。戦争で殺した人の頭蓋骨を持って帰るし、戦争捕虜を食べその生き血を吸うというのである。[32] このようにアンヌパンはアメリカの未開人の残忍さを鮮烈に描き出した。

（4）ラフィトーの北米旅行記

これらの記述に対して反論したのは、二人のイエズス会士、ジョゼフ・フワンソワ・ラフィトー (Joseph

François Lafitau, 1681–1740）とピエール・フランソワ・クサヴィエ・ド・シャルルヴォワ（Pierre-François-Xavier de Charlevoix, 1682–1761）であった。この二人の著作は、スミスもアメリカの未開人に関する情報源として参照していた。彼らは『イエズス会報』を編纂して反論を収録したほか、自らのカナダ滞在経験からの情報も織り込んでいる。

ラフィトーの書物は、アメリカの未開人の習俗の叙述のみならず、それが聖書や古典古代の著述に垣間見ることのできる古代人（トロイ戦争頃の人々、モーゼの時代の人々等）の習俗と類似していることを主張する書物でもある。(33)

ラフィトーはアメリカの未開人の習俗について述べる。まず、彼らが愚かで無知であるというのは間違いであり、彼らには知性も生き生きした想像力も、驚嘆すべき記憶力もある。自分たちの事柄はかなり適切かつ良く考えているし、冷静に行動する。「高潔さと魂の偉大さ」からめったに怒らないし、自分の行動を自分で制御している。彼らは彼らなりの礼節もある。年長者を重視する一方平等も重視する。彼らは自らの自由と独立を守ることに非常に熱心である。(34)

ただし欠点もある。彼らは軽卒かつ移り気である。敵に対して残忍であり、快楽に対して野獣的である。しかし、彼らの粗野さと欠乏が、彼らを奢侈と豊富という悪徳から守っている。(35)

ヨーロッパでは男性は仕事をするために生まれてきたと思われているが、アメリカの未開人はそうではない。彼らは怠惰を名誉とする。怠惰や無為が彼らの好みであり性格の根本である。(36)ただ、外敵から守るための堡塁を築くことには熱心であるが、彼らの小屋はきわめて質素かつ貧しい。(37)女性は、ここでの穀物であるトウモロコシを中心として、野菜等も耕作しているほか、生活に必要な労働をおこなっている。(38)女性たちは、地区ごとの多人数の集団別に、共同で耕作をおこなう。各耕作者には種が分配される。(39)そして収穫物は地面に掘った穴で保管される[40]。ただ、生活は貧しい。狩りの時には、餓死者が出る。しかし彼らは助けあう。ある小屋の人がその小屋にあまり食べ物がなくとも、別の小屋に全然食べ物がなければ、何も対価を要求せず食べ物を差し出す。これは、誰であれ飢え死の危機につねにさらされているので、お互いに人間愛と魂の偉大さをもって助け合わないといけないからである。ヨーロッパでは助け合いはめったに見られなくなった。ただ、彼らには肉が豊富なときにはみんなで食べ尽くすというように、将来に備えて蓄える発想に欠くところもある[41]。こうしてラフィトーは、未開人を財産の共有に基づく相互扶助により生活するものとして描く一方で、その有徳さは彼らの欠乏と表裏一体である点にも言及する。

ただ、彼らは常に平和裏に暮らしている訳ではない。男性は、狩りと魚捕り以上に戦争を自らの仕事と考えている[42]。彼らはささいな理由で、あるいはまったく理由がなくとも戦争をおこなう。ただ、合議体が長時間議論をおこない決定してからでないと戦争をおこなわない。ここではあらゆる合議体は戦争と和平を主題として営まれている[43]。ただ戦争捕虜への取り扱いはきわめて残忍で、人肉食も辞さない[44]。かくして、ラフィトーは未開人の野蛮さ、残忍さというイメージを維持する。

(5) シャルルヴォワの北米旅行記

最後にシャルルヴォワを取り上げよう。シャルルヴォワはアメリカ・インディアンの有徳さを称揚する。インディアンが行動を規制する際の原理は自己統治であり、そのどこにも野蛮なところがない。彼らには、現在ではほぼ消えかけているが、最高存在の考えがなお残存している。そのわずかな痕跡から、真実の道、すなわちキリスト教への改宗へと想像されるより早く到達できる。その道は、最も文明化された諸国においてさえ大きな障害があるものである。

アメリカ大陸のほとんどの部分は、ある種の貴族的統治であるが、その形態は非常に多様である。というのは、各町には、同じ民族の他のすべての町から独立したそれぞれの首長がいるとはいえ、臣民は非常にわずかの場合にしか彼に従わないからである。にもかかわらず、長老の助言によって、結論が決定しない事柄はない。北方の諸民族にあっては首長は選挙で選ばれている。ヒューロン族では世襲であるが、首長の死により、首長自身の息子ではなく、首長の姉妹の息子が継承するというように、首長の継承は女性を通じて継続する。(45)

首長は一般的に、払われるべき外的な尊敬の大きな印を有していない。彼らは、命令するというよりも、要求し提案する。彼らが握っているわずかな権威の役割の限界を超えることは決してない。服従が自由に基づいていればいるほど、統治はより影響力を有しているというのが、ここでの統治の適切な理由である。ここでは、専制へと堕落する懸念は免れている。各家族は、彼らの利害を監視する自らの助言者と首長の補助員を選ぶ権利をもち、その人たちの同意なしには首長は何ごともなしえない。これらの助言者は、とりわけ公共の財宝に目を光らせる。この助言者の集団が最高の合議体であり、次が年長者の集団、最後が戦士の集団である。戦士の集団からはたびたび首長が選ばれている。戦士集団の長は一種の将軍のような存在である。兵士は自分の意のままに行動するが、それでも調和は保たれている。自発的な服従ほど頼りになるものはない。(46)

助言者の合議体で提案されたことがまず熟考され、次に審議の結果を首長に送り、首長はそれを年長者からなる合議体に報告する。戦士も一緒に審議するが、重要事項は決定できない。すべては最終的な判断をおこなう年長者の合議体の調査と監督に従う。これらの集まりでの審議は、賢明さと冷静さ、事柄への知識をもっておこなわれる。それぞれの共和国の最も名誉ある時代における栄誉、すなわちアテネのアレオパゴス（最高法廷）やローマの元老院に付された栄誉に、これを加えることができる。(47) こうして、彼は古典古代のポリス、共和政体を、アメリカのインディアンの統治形態のなかに見る。

だが、問題点がない訳ではない。公的にも私的にも、所有するものが何もなく、領土拡張の野心もない民族においては、一見するとお互いに議論する事柄はほとんどないように思われるかもしれないが、彼らは戦争関連のことをめぐって常に議論している[48]。

この統治の最大の欠点は、彼らには犯罪を裁く司法の影さえほとんどないことである。罪を犯した人を法律で罰しようとはせず、報復に任せる。だが、このことは、われわれにおいては起こりえた悪影響を伴うということから程遠い。というのも、われわれの情念の大源泉であり市民社会にとって最も有害な無秩序の源泉である利己心がほとんど動機づけとなっていないからである[49]。

要するに、インディアンは、人間を、自由があるものとして生まれ、地上のいかなる権力も彼の自由を侵害する権利がなく、自由の喪失を埋め合わせるものは何もない存在であると完全に確信している。幸いなことに、他のところでは多くの犯罪を生んでいるこの人間の資質の力を、多数の事柄について、経験は彼らに感じさせていないのである。彼らの理解力はわれわれの理解力よりも狭いが、彼らの欲求はそれ以上にわれわれのよりも狭い。本当に必要なことに欲求を限定しているし、余剰品という概念がない。そのことが放恣に近い自由を可能としている[50]。

彼らは、野心と利益の奴隷ではない。他方、野心と利益はヨーロッパ人においては、自然の著者がわれわれの心に刻み込んだ人類愛の感情を弱めてしまう二大情念であるので、「境遇の不平等」(inégalité des conditions) が生じる。しかし彼らにおいてはその不平等は不必要である。この国では、男性らしさが最も評価される素質であるので、すべての男性は平等であり、生まれによる身分の区別はない。私人の権利にとって有害となりうる地位による特権もない。傲慢を生む功績による卓越もない[51]。

第三節　テュルゴにおける文明の不平等の擁護と未開

(1) テュルゴと境遇の不平等

これら旅行記文献の文明批判に対抗するテュルゴの文明社会観の一つの根底にあるのは、前節の最後に登場した「境遇の不平等」の利点の強調である。そもそも、テュルゴのミッションは、神の知性の世俗世界における貫徹の証明であるが、その証明は、キリスト教以前には全民族は過剰な迷信に沈潜し技芸は野卑であったが、キリスト教が世界に良き影響をもたらしたということの証明を必要とする、とテュルゴは考えた。(52)それは、当然、「境遇が平等」である未開社会の欠点を描き出すことによってなされた。テュルゴがおそらくはじめて分業の必要性に言及するのは、人間の不平等の必要性について述べた段においてである。テュルゴは、境遇の不平等について、「それが必要なのは、人間が平等に生まれついていないからである」と述べている。(53)

その上で彼は、境遇の不平等は、所有権の保護を通じて、勤労を促進すると主張する。

もし怠惰な人や無知な人が、勤労な人や器用な人から身ぐるみ剥がすならば、あらゆる仕事は打ち砕かれ、困窮が一般化する。才気や幸運に欠ける人が、その人たちを雇用でき、前もって給与を与えることができ、将来の生産物のうちの一部を彼らに保証できる人に自らの腕を貸すことは、より正当であるし、より有用なことである。かくして、彼らの生活資料は確保されるが、彼らの依存もまた確保される。生産的な仕事を発明し、協力者に仕事をなすための食料と必需品を提供し、自由契約のみにより事をなしている人が、最良の部分を保持し、この「前借」(avances) の価格のためにより少ない労力でより多い余暇を有することは不正ではない。(54)

こうして、「不平等は、最も有徳で最も道徳的な諸民族のあいだでも生じてきたし、増加してきた」。この不平等は豊かさと表裏一体である。けだし、

まったく小麦を生産しない土地の住人を生きさせるのは何によってか。ある国の産物を他の国へ移行させるものは何なのか。もっとも零細な農民でもたびたび遠く隔たった風土から集まった一群の商品を享受している。最悪の備えの人を取り上げても、一〇〇〇の手、おそらく一〇万の手が彼のために働いている。職業の分配（distribution des professions）は必然的に境遇の不平等へと導く。それなくして、どんな有用な技芸が完成するというのか。

こうして、テュルゴは、職業の分化の必要性としての分業を、財産と境遇の不平等の不可避性、および所有権の保護の必要性から説き起こす。この際、未開人を好むことは嘲笑すべき叫びに過ぎない、とテュルゴは批判する(55)。

これは直接的にはグラフィニー夫人の『ペルー娘の手紙』への批判として言及されたものであるが、その背後にある膨大な（特に北米インディアンの）旅行記文献が意識されていたことは想像に難くない。ペルーとメキシコが、未開ではない一定の文化を有することは当時すでに良く知られていたからであり、その点での夫人の創作それ自体を真に受けたとは思えないからである。

文明社会には確かに「境遇の不平等」が存在するかも知れない。しかし、それは豊かさや豊かな精神文化と表裏一体である。それは未開人の欲求の少なさによる有徳を強調する論点を反駁するものでもあった。テュルゴは欲望の少なさを貧しさとして捉えているのである。

（2）テュルゴの文明観

では、テュルゴの未開から文明への進歩史観はどのようなものなのか。[56] 狩猟段階では人々は拡散して生活していた。牧畜段階では家畜を強奪から守る必要があったので、国家が生じたが、そこでの国家は勇敢な人が首長になる。相次ぐ戦争、征服により、諸民族、諸言語、諸習俗が混交を重ね、そのなかからそれぞれの民族の言語や習俗に一体性がもたらされることになった。[57] 農業社会にはいると、耕作に人々は携わるので、もはや本質的に征服者的であることができなくなった。そこでの生活資料の豊かさから、都市、商業、技芸、分業などが生み出される。そして、都市は、商品流通・商業の中心となり、周囲の農村を従わせ、また農村よりもより豊かになる。そこでの豊かさに引き寄せられ都市民は増加する。[58] ここでも、商業社会は、テュルゴにより明瞭な一段階として名指しされていないものの、実質的にはある程度認識されていた。テュルゴは、野蛮さにつきものの好戦性と「征服の精神」を否定する。[59]

そして、ここで重要なのは、このような商業社会化が国制に変化をもたらすということである。どこでもはじめの統治は君主政であった。それは、同意を得るよりも、一人の人物のもとに命令する方が容易だからであった。しかし、領土が、都市とその近郊か、あるいは遠くの植民地に限られると、そこでは「商業の精神が支配しているので、平等の精神を禁止することができない[60]」から、共和政になるであろう。商業の精神は、法の力以外のすべての権力から独立している財産所有者を前提としているので、専制的隷従の侮辱には人々は耐えられない。[61] そして、都市国家化すると、市民に平等な権力があるので、その主権の破壊はほぼ不可能となる。ただし、さまざまな都市を君主が征服する場合もあるだろうが、基盤は弱く、戦争が常に生じるであろう。

このように、テュルゴは、商業社会を、基本的に共和政へと傾くという含意を持った社会状態であると捉えていた。テュルゴは、商業社会を「境遇の不平等」を解消しうるものと認識していた。しかしながら、「境遇の平等」

は共和政を招来するかもしれない。それは古典古代しかり、アメリカの未開人しかりなのである。

第四節　スミスにおける未開社会の平等

（1）スミスと境遇の不平等

スミスの未開社会観は、『国富論』冒頭の名高い箇所によく現れている。すなわち、生活必需品や便益品の豊富さは、有用な労働に従事する人の割合よりも、労働・生産における技術の発達度・労働の熟練度に左右される。未開社会は、ほぼすべての人が有用労働に従事しており、病弱者や高齢者の扶養につとめる。しかし、未開民族は極度に貧しい。これに反して、文明化した民族は不平等だが豊かである。(62)

この箇所は、未開社会の平等を肯定的に捉え、文明社会の不平等を糾弾したルソー『人間不平等起源論』への当てこすりとも考えられる。ただ、ルソーのみを意識していたのではおそらくないであろう。これまで紹介した北アメリカの未開社会について文献のように、未開社会の平等を称揚する多数の旅行記文献が存在するからである。ルソーとてそれらの旅行記文献がなければ、未開社会についてのイメージを膨らませることはできなかったであろう。平等な未開社会というのは当時のありふれたイメージでもあったのであり、ルソーのみの独創ではない。

スミスがこの箇所で未開社会のイメージを捉えたときにも、おそらくこれら旅行記文献における未開社会の平等というイメージが大きく影響していた。未開社会は平等である。そのことを認めつつも、スミスはそれを極度に貧しい社会として把握する。それとの対比で、文明社会を不平等であると認めながらも、豊かな社会として描き出す。振り返れば、北米の旅行記文献においては、未開民族は欲望が少なく、相互に助け合い、平等な民族として描かれる傾向があった。未開社会の平等は、欲望やモノの僅少さと不可分であり、それは徳性につながる。

（2）旅行記文献の未開社会観の逆転

スミスは、未開社会の平等を、欲望の僅少さを通じた高度の徳性という観点よりもむしろ、経済的な豊かさという次元での貧しさへとつなげて理解している。旅行記文献における未開社会のイメージを前提としたうえで、それを裏返して用いているのである。さらに、スミスは、平等だが貧しいという未開社会像との対比で、文明社会を不平等だが豊かな社会と把握する。このようにして、大幅に変容させつつも、スミスの未開・文明社会像把握にあたっては、旅行記文献が大いに影響していると考えられるのである。『国富論』冒頭における、未開社会は確かに平等だろうが、同時に貧しいという指摘は、旅行記文献に見られる当時の未開社会イメージを抜きにしては考えられないのである。

さらに、財産がほとんどないがゆえに、争いの原因がないので正式な統治が成立することがないという未開社会像は、スミスの受け継ぐところであった。未開社会は、影響力を持つ人物がいたとしても、それはその人物の知恵や勇気のゆえに影響力をもつのであり、統治が存在したとしても民主政的な統治である。現実には、犯罪者を処罰する強制的権力のある統治者は存在しない。家畜という財産が発生し、富者と貧者が生じ、富者の貧者への依存と従属が生じる牧畜社会になってはじめて、財産の不平等は富者の影響力を高め、権威を有する統治者が誕生する。[63] 財産の誕生は不平等の誕生であり、それは富者と貧者を生み、さらには権威的統治者を生む。

社会契約論者のなかにも、国家なき自然状態を財産のほとんど存在しない社会であり、財産の登場が国家の必要性に結びついたと考える者も存在した。しかし、その場合は農業をその内容としていた。スミスは、牧畜社会における家畜の登場を財産誕生の契機と考える。それは、スミスが、財産なき未開の自然状態について、具体的に北米インディアン社会を念頭に置いていたためと推測できる。

実際、スミスは、北米未開社会の叙述にあたってシャルルヴォワとラフィトーの旅行記文献を参照したことを明言し、「これらの〔アメリカの未開諸民族〕の生活様式について最も明確な説明を与えているシャルルヴォワ神父とラフィトー氏(64)」とさえ述べている。スミスは、北アメリカ原住民については、イングランドの文献よりも、フランスのシャルルヴォワやラフィトーらの文献を用いている。この点では、前述のような、イングランドの文献にはこの当時不確実なものが多かったという事情が左右しているように思われる。

ただ、北米インディアンの未開社会を欲望僅少社会として肯定的に叙述した旅行記文献の著者が、宣教師であり、宗教的な世界観が影響していることを考えると、スミスの未開平等社会の否定的把握は、宣教師的な欲望の僅少さを称揚する宗教的世界観の否定に事実上つながるものである。未開から文明へは、欲望の増幅過程であり、不平等と統治の必要性を産むことを認めつつも、それが同時に貧困から富裕への過程であるとスミスは捉える。

全体として言えるのは、旅行記文献の著者＝宣教師の世界観と、スミスの世界観のあいだには対立が存在したということである。旅行記文献の著者から未開社会像のイメージを吸収しつつも、それを異なった視点・世界観から捉えることがおこなわれているのである。

おわりに

（1）自然と社会

テュルゴとスミスは、人間の自然を描写する際に、文明による影響を受けていない未開社会における人間と社会を、人間・社会の「自然」の考察のベースとしていた。文明社会の把握は、未開社会の把握との対比に基づいている。本章において検討したように、テュルゴとスミスの文明社会観は、旅行記に見られる未開社会賛美に反駁し、さらに旅行記に見られる未開社会の短所を強調し、文明社会をその裏返しとして描くことに特徴があった。文明と未開とは対概念であり、両者は手を携えて概念化されている。未開社会の平等と欲求の僅少は、有徳さとしてよりも貧困として描かれた。それに対比して、文明社会の不平等は分業という豊かさを産む原理と関連付けて捉えられた。

人間と社会の「自然」は、ホッブズやロックのように国家なき状態として規範的に抽出される特徴ではない。人間と社会の「自然」は、旅行記文献に見られるような未開の諸社会の把握を通じて経験的に導き出されるべきものとして存在する。国家なき自然状態という想定を根底において維持しつつも、その内実を全く変化させえたのは、北米未開社会を社会の初歩の原点として経験的にベースとしたからであった。当然、それとの対比で把握される発展後の社会像も、社会契約論者とは異なることになり、欲望・財産の不平等を原理とした社会把握となる。

（2）文明の罪悪と未開

文明社会が望ましいとされるのは、あくまで旅行記文献に見られるような未開社会把握との対比においてのことである。ただテュルゴは文明の全面的な賛美者だった訳ではない。分業の不利益を捉えなかった訳ではない。確かに文明は、未開状態では埋もれていたであろう天才にその能力が発揮する機会を与えた。しかし、

野蛮人にあっては、教育はほぼすべての人で同じであり、不平等はそれほど顕著ではない。仕事が才能にしたがって分割された時に、それ自身非常に優位であることは、その際すべてはより良くなされより早くなされるので、社会における財産と任務の不平等な分配によって、無名で粗野な仕事に従事している大部分の人間は、この分配が付与される余暇や助けの手段が手に渡るような他の人の進歩についていくことができないのである。(65)

教育は富以上に大きな相違を作り出す。傑出した存在の誕生は、埋もれた多数者をも生み出す。未開から文明への移行には、メリットもあればデメリットもある。この両義性の把握は、テュルゴが未開社会を、たんに理論的抽象としてではなく、旅行記に記述が存在する具体的社会として把握していたからこそ可能となったものと言えるであろう。

スミスも、同様にして文明の全面的な賛美者であった訳ではない。『国富論』では分業による労働者の疎外の問題が論じられている。その問題が生じるのは文明社会のことである。分業がおこなわれず、生きるためにほとんどすべてを自分でおこなわなければならない未開社会では、分業による労働者の疎外の問題は生じない。この問題意識には、未開社会の人間像との対比が潜んでいるとも言えよう。

『道徳感情論』においては、富者への過剰な尊敬と、貧者への軽蔑の問題が批判的に論じられている。ただ、

このことは、富者や貧者という不平等が生じる文明社会における現象である。平等に（貧困な）未開社会では、同様の問題は生じないであろう。モノと欲望が僅少な未開社会の徳性を称揚した旅行記文献の著者の見方を、スミスは全面的に否定した訳でもないとも考えうる。不平等な文明社会の病理の問題は、ルソー同様、スミスにおいても重要な問題であり、そこに戻れない未開な平等社会への一定の密かな憧れを読み取ることもできるであろう。

注

（1）Meek, R. L., *Social science and the ignoble savage*, Cambridge U. P., 1976.

（2）Nisbet, R., *History of the idea of progress*, Transaction Publishers, 2nd ed., 1994.

（3）スミスの文明社会論については、本書第八章（渡辺）を参照せよ。

（4）その論争のごく一端を示すと、Dunn, J., *The Political Thought of John Locke: An Historical Account of the argument of the 'Two Treatises of Government'*, Cambridge U. P., 1969では、ロックの自然状態とは、神によって人間に定められた「非歴史的状態（ahistorical condition）」（*ibid.*, p. 97）とされており、人類学的知見に経験的に基づいたものであることが否定されている。これに対しては、ロックの自然状態論には神学的—道徳的次元の他に歴史的次元もあるとの批判がなされた（Ascraft, R., *Locke's Two Treatises of Government*, Allen & Unwin, 1987, p. 97ff.）。さらに、ロックはカロライナ植民地との関わりのほか、旅行記の広範な読み手（一九五点の旅行記を所有していたと言われる）であったことから、世界の諸民族について知悉していたにも関わらず、自然状態論におけるアメリカ・インディアンの取り扱いはきわめて選択的であったことも指摘されている（Arneil, B., *John Locke and America: The Defense of English Colonialism*, Clarendon Press, 1996, Chap. I）。それぞれの立場の是非を論じることはここではできないが、ダンを批判する立場の人々も、（ロックの自然状態論に歴史的次元があるかどうかは論争となるとしても）ロックの自然状態論の神学的背景そのものを否定するわけではないように思われる。

（5）それと関連した、フランス啓蒙における共和国を「野蛮」と捉える観点への転換については、本書第一二章（上野）

を参照せよ。

(6) 本書第五章（田中）を参照せよ。

(7) Turgot, Anne-Robert-Jaques, "Réflexions sur les pensées philosophiques de Diderot"〔Pensées philosophique en 1746〕in *Oeuvres de Turgot et documents le concernant avec biographie et notes par Gustave Schelle*, t. I, Librairie Félix Alcan, Paris, 1913, p. 87.

(8) *Ibid.*, pp. 87–88.

(9) *Ibid.*, pp. 95–96.

(10) Turgot, "Lettre de Turgot à l'abbé Bon", [1748] in *Oeuvres de Turgot*, t. I, p. 106.

(11) *Ibid.*, pp. 106–107.

(12) Tugot, "Discours aux Sorboniques, I Discours sur les avantage que l'etablissement du christianisme a procurés at genre humain, prononcé en latin à l'ouverture des Sorboniques par M. l'abbé Turgot, prieur de Sorbonne, le vendredi 3 juillet 1750", in *Oeuvres de Turgot*, t. I, p. 197.

(13) Turgot, "Plan de deux discours sur l'histoire universelle", [1751], in *Oeuvres de Turgot*, t. I, pp. 275–276.

(14) Turgot, "Pensées et fragments pour l'un des ouvrages sur l'Histoire Universelle ou sur les Progès Universelle ou sur les Progès et la décadence des Sciences et des Arts", [1751], in *Oeuvres de Turgot*, t. I, pp. 333, 337.

(15) *Ibid.*, p. 360.

(16) *Ibid.*, p. 364.

(17) この点については、拙著『アダム・スミスの近代性の根源―市場はなぜ見出されたのか』（京都大学学術出版会、二〇一三年、第七章）で言及した。

(18) Marshall, P. J., & Williams, G., *The Great Map of Mankind: British Perceptions of the World in the Age of Enlightenment*, (Dent, 1982), pp. 7–8. 大久保桂子訳『野蛮の博物誌 ―― 一八世紀イギリスが見た世界』平凡社、一九八九年、一八―一九頁。

(19) Fairchild, H. N., *The Noble Savage: a study in Romantic Naturalism*, (Russell & Russell, 1955), Chap. I.

(20) *Ibid.*, pp. 29–30.

(21) Marshall, P. J. & Williams, G., *op. cit.*, pp. 192–193. 大久保桂子訳、前掲書、二八七―二八八頁。

(22) *Ibid.*, pp. 199–200.（同上、二九九―三〇〇頁）。

(23) 後述のラオンタンの翻訳に付された小池健男による解説の他、ラオンタンについては、川合清隆「ラオンタンのカナダ体験と〈善良な未開人〉像（上）（中）」（『甲南大学紀要文学編』、一〇一、一〇五、一九九六―一九九七年）および、小池健男「先駆者ラオンタン」（『大妻女子大学紀要』、第二七号、一九九四年）を参照せよ。

(24) Louis Armand de Lom d'arce Lahontan, *Dialogues de Monsieur le baron de Lahontan et d'un sauvage. . .* , Amsterdan, 1704, pp. 52–54. 小池・松崎訳『著者と、良識があり旅行体験もある未

開人との、興味ある対話』(野沢・植田監修『啓蒙のユートピアI』(法政大学出版局、一九九六年)所収)、五七八—五七九頁。

(25) Lahontan, *Nouveaux voyages de M, le baron de La Hontan dans l'Amérique septrionale*, 1703, t. II, pp. 97–99.

(26) *Ibid.*, pp. 109–111.

(27) *Ibid.*, p. 112.

(28) *Ibid.*, pp. 174–176.

(29) Hennepin, L., *Description de la Louisiane, nouvellement découverte au sud-ouest de la Nouvelle France, avec la carte du pays, par le R. P. Louis Hennepin*, Paris, 1683, pp. 51–52.

(30) *Ibid.*, p. 55.

(31) *Ibid.*, p. 56.

(32) *Ibid.*, pp. 63–67.

(33) Lafitau, J. -F., *Moeurs des sauvages amériquains comparées aux moeurs des premiers temps*, Paris, 1724, t. I, p. 3.

(34) *Ibid.*, p. 97.

(35) *Ibid.*, pp. 98–99.

(36) Lafitau, *Moeurs des sauvages*, t. II, pp. 1–2.

(37) *Ibid., pp. 5–6.*

(38) *Ibid.*, p. 63ff.

(39) *Ibid.*, p. 77.

(40) *Ibid.*, p. 79.

(41) *Ibid.*, pp. 90–91.

(42) *Ibid.*, p. 161.

(43) *Ibid.*, pp. 169–171.

(44) *Ibid.*, p. 292ff.

(45) Pierre-François Xavier de Charlevoix, *Histoire générale de la Nouvelle France, avec le Journal historique d'un voyage fair par ordre du roi dans l'Amérique septetrionale*, t. III, Paris, 1744, pp. 265–268.

(46) *Ibid.*, pp. 268–269.

(47) *Ibid.*, pp. 269–270.

(48) *Ibid.*, p. 270.

(49) *Ibid.*, p. 272.

(50) *Ibid.*, p. 272.

(51) *Ibid.*, pp. 341–342.

(52) Tugot, "Discours aux Sorboniques, I Discours sur les avantage que l'etablissement du christianisme a procurés at genre humain, prononcé en latin à l'ouverture des Sorboniques par M. l'abbé Turgot, prieur de Sorbonne, le vendredi 3 juillet 1750", in *Oeuvres de Turgot*, t. I, p. 197.

(53) Turgot, "Lettre à Madame de Graffigny sur les Lettres d'une Péruvienne", in *Oeuvres de Turgot*, t. I, p. 242.

(54) *Ibid.*, p. 242.

(55) *Ibid.*, p. 243.

（56）これ以降の記述は、前掲の拙著に拠っている。なお、テュルゴの進歩史観、スミスの社会観の特徴とその背景、テュルゴとスミスにおける市場の自動調整メカニズムの発見と経済主体の創出についても拙著を参照されたい。

（57）Turgot, "Plan de deux Discours sur l'Histoire Universelle", in *Oeuvres de Turgot*, Tom. I., pp. 278–283.

（58）*Ibid.*, pp. 282–283.

（59）「征服の精神」と「商業の精神」の、マキァヴェッリからムロンを経てスミスに至る系譜についても、拙著で述べた。

（60）Turgot, "Plan de deux Discours sur l'Histoire Universelle", in *Oeuvres de Turgot*, p. 287.

（61）*Ibid.*, p. 287.

（62）Smith, A., *An inquiry into the nature and causes of the wealth of nations*, ed. by Campbell, R. H. Skinner, A. S. and W. B. Wood, Liberty Fund, 1981, Introduction and Plan of the Work, p. 10. 水田洋監訳、杉山忠平訳『国富論』岩波文庫、一、二〇〇〇年、一九—二〇頁。

（63）Smith, A., *Lectures on Jurisprudence*, (LJ(A)), ed. by Meek, R. L., Raphael, D. D. and P. G. Stein, Liberty Fund 1982, iv–4–9. 水田洋・篠原久・只腰親和・前田俊文訳『法学講義　一六七二～一七六三』、名古屋大学出版会、二〇一二年、二〇八—二一〇頁。

（64）*Ibid.*, iv–5.（同上書、二〇八頁）。

（65）Turgot, "Plan de deux Discours sur l'Histoire Universelle," p. 303.

第一四章　ルソー焚書事件とプロテスタント銀行家——焚書と啓蒙

喜多見　洋

第一節　焚書事件とは

ここに言うルソー焚書事件とは、一七六二年六月一九日にジャン＝ジャック・ルソーの主要な著作である『社会契約論』と『エミール』が、ジュネーヴの市庁舎前で、裁判所の執行人によって焼かれ、彼に逮捕命令が出された事件のことを指している。そもそも焚書という行為自体きわめて野蛮な行為であるが、この事件は、啓蒙の世紀を代表する思想家の一人であるルソーの著作が、彼の生まれ故郷であり、『人間不平等起源論』の献辞が捧げられた当のジュネーヴ共和国から「偏見に満ち、スキャンダラスで不敬虔、キリスト教とすべての政府の破壊をもくろむ(1)」著作として焚書処分を受けたという点で、本書の主題である啓蒙の世紀における「野蛮と啓蒙」を象徴する出来事であったといってよいだろう。

すでにパリ高等法院から逮捕命令が出され、フランスからスイスに逃亡してイヴェルドン滞在中にこの処分を知ったルソーは、七月のはじめにはイヴェルドンを所領とするベルン政府からも領内よりの退去を命じられる。これを受けて彼は、七月九日ヌシャテルのモティエに移動を余儀なくされ、以後、ルソーは一七六五年九月までこの地にとどまることになる。この間一七六三年五月には、ジュネーヴの市民権を放棄し、一七六四年末には『山からの手紙』を出版するなどしているが、この時期にルソーを庇護し彼の大きな支えになったのが、旧友ダニエル・ロガンと彼の親族であった。そして、ロガンの親族のなかでも特に銀行家ピエール・ボワ＝ドゥ＝ラ＝トゥールの未亡人、ボワ＝ド＝ラ＝トゥール夫人と彼女の子供たちは、モティエでルソーに対して住居を提供するとともに様々な形で彼を支援し、その後ルソーの晩年に至るまで親密な交際が確認されている。

ここで注目したいのは、野蛮の象徴ともいえる「焚書」を契機として紡ぎ出されてゆくこれらの人々とルソーのつながりであり、ルソーを支援したこれらの人々が作り出しているある種の社会的ネットワークである。それは、一八世紀後半の西欧社会のなかでいかなる特徴を持ち、どのように機能したのだろうか。また、近年の啓蒙研究の一つの傾向として、ロックやヴォルテール、ルソーといった主要な啓蒙思想家、すなわち啓蒙の「大輪の花」だけでなく「啓蒙の苗床」(seedbed of the Enlightenment) の方にも関心が向けられつつある。(2)

こうした傾向を背景として見ると、ここに取りあげているロガンや、その親族であるボワ＝ド＝ラ＝トゥール家、ドゥレセール家の人々は、いかなる出自、知的水準、職業、宗教によって特徴づけられているのだろうか。彼らは、啓蒙の「大輪の花」から「発せられたメッセージを受容し、消化する苗床」(3) にすぎなかったのだろうか。また日本語版『ルソー全集』(以下『全集』と略記する) 第一二巻の「訳注解説」には、ルソーがドゥレセール家の夫人と娘に植物学の手ほどきをしたことに関し、「これは、博物学、なかでも植物採集の趣味が市民階級の日常生活に浸透している事態を示すことがらである。(4)」という記述が見られるが、こうした評価は適切であろうか。

これらの問題についてルソーと上にあげた人々の間で交わされた書簡やルソーの『植物学についての手紙』

(*Lettres sur la Botanique*)等を利用し、社会的ネットワークの視点も意識しながら検討し、さらに焚書という文明社会における野蛮がいかなるものを生み出したかについても考えてみたい。

第二節　『社会契約論』および『エミール』の焚書事件

そこで『社会契約論』および『エミール』の焚書事件から取りあげよう。はじめに述べたように、ここで焚書事件と言っているのは、一七六二年六月一九日にジュネーヴで『社会契約論』と『エミール』が焼かれ、ルソーに逮捕命令が出された事件のことである。焚書という処分について言えば、フランスでもジュネーヴより早く『エミール』がパリ高等法院から焚書処分を受けているし、一七七〇年には啓蒙専制君主として知られるプロイセン国王フリードリヒ二世でさえローマ教皇によって『エスプリ・ド・ベール』(*l'Esprit de Bayle*)を禁書目録に加えられ、焚書に処されている(5)。したがってこの時代、当時の文明的とされる社会においてであっても、焚書が稀有な出来事だったというわけではない。

けれども、そもそも焚書という行為自体、貴重な知的情報の集積物として書物が重要であった時代にそれをあえて焼却してしまうのだから、きわめて野蛮な行為である。しかも、それは書物にもられた学問や思想を、政治的であれ宗教的であれ権力の側から一方的に異端であるとか好ましくないといった判断を下して禁圧し、その流通，伝播を阻んでしまうわけで、権力による思想・言論統制策の一つであり、およそ啓蒙とは相容れない行為である。ここでは特に、「啓蒙の世紀」の文明的とされる社会においておこった焚書事件が、「野蛮と啓蒙」の相克を明瞭に浮かび上がらせたという点に留意しておこう。

加えて、ここに取り上げているルソーの場合に特に注目すべきなのは、何といってもルソーの学問や思想を禁圧して、その流通，伝播を防止しようとした権力が、彼の生まれ故郷であるジュネーヴ市の当局だったという点にある。焚書という野蛮な行為をおこなったのは、当時『百科全書』のなかで、その政府が「民主主義のあらゆる長所を有しており、しかもその短所はまったく認められない」(6)と啓蒙思想家ダランベールから高い評価を受けていたジュネーヴだったのである。その後この町では、市当局がルソーの二著作に有罪判決を下した一年後の一七六三年六月に、ルソーの友人ドリュックらがルソー裁判の違法性を唱えて「請願書」を提出するが、頑迷な市当局は、このような意見にも耳を傾けようとはしなかった。そのため、「請願書」の扱いをめぐってこの町における「請願派（Représentants）」と「拒否派（Négatifs）」の間の対立が鮮明になり、闘争、混乱の状態が長く続いて、ルソーと『社会契約論』および『エミール』の名誉が回復されるのは共和国の末期、一七九二年のことになる。(7)

一方、その間ルソーの側は、モティエに滞在する。当時のモティエはスイスに属しながらプロイセンが領有するという微妙な政治的位置にあり、大国フランスの周縁にあって様々な権力の力が及びにくい状況におかれていて、ルソーが滞在するのに適した場所であった。そこで彼は、一七六四年に『山からの手紙』を出版し、宗教について彼の「サヴォワ助任司祭の信仰告白」の主張を貫くとともに、ジュネーヴ市当局に対し自分への処分が無法であることを告発して無実を主張するが、市当局の対応は変わらない。そのうえ『山からの手紙』もパリの高等法院から破棄、焼却処分を受け、モティエでも牧師たちが政府に対しルソーを告発して、村人による迫害も激しさを増す。

こうして彼を取り巻く状況はますます厳しくなり、ルソーは一七六五年にモティエから退去を余儀なくされる。彼は、サン＝ピエール島、ストラスブール、パリを経て一七六六年にイギリスへ渡り、さらに一七六七年にはひそかにフランスに戻る。いわゆるルソーの逃走の時代であるが、このような実際の迫害と被害妄想に苛まれつつ逃走を重ねた六〇年代の苦難の時期に、ルソーを直接、間接に庇護し、支えとなった人々もいるわけで、そうした人々のうちに、ロガンとその親族も含まれる。彼らは、モティエ以後も晩年のルソーと少なからず関わることになる。

第三節　ロガンとその親族

ここでロガンとその親族について検討しておこう。ロガンとその親族というのは、ルソーと最初に知り合ったダニエル・ロガンおよび、その親族であるボワ＝ド＝ラ＝トゥール家、ドゥレセール家の人々のことを指している。この三家とさらにそれに連なる二つの家の関係については適時、図一を参考にしていただきたい。

まずはじめは、ロガンである。ロガンは、もともと現在のフランス語圏スイスのMollens起源でイヴェルドンを本拠とするヴォーの一族である。一族は、サルデーニャ、オランダ、ポーランド等、多くのヨーロッパの国に傭兵を送っており、ダニエルも、もとはスリナムでオランダに仕えた将校であった。その後、彼はパリで「スイスの銀行家」[8]として仕事をしており、ルソーと知り合ったのは一七四二年であるとされている。彼についてルソーは、「私の友人のうちの古参者」、「信頼できる誠実な唯一の友人」、「著作によってではなく、私自身によって得た、よき時代の友人であり、それゆえ、ずっと友情を持ち続けた」[9]などと表現しており、二人が焚書事件のずっと以前から深い信頼関係にあったことは間違いない。けれども、ルソーが焚書処分を受けた一七六二年にはダニエルは、すでに引退して郷里のイヴェルドンに戻っていた。

彼は、経歴から見ると傭兵、金融業とスイスの歴史的イメージを体現するような職業に携わっていたが、独身

Roguin とその親族

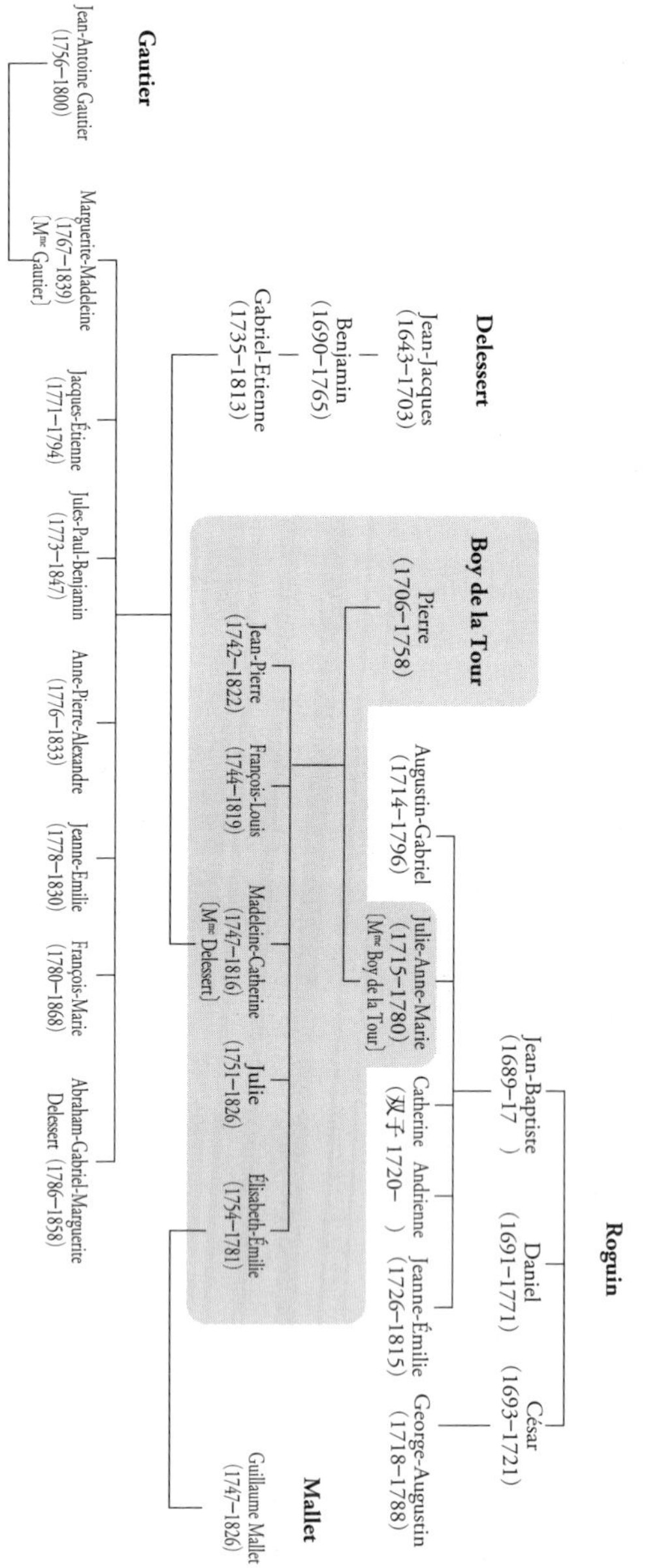
Roguin
Jean-Baptiste (1689–17)
Daniel (1691–1771)
César (1693–1721)
Augustin-Gabriel (1714–1796)
Julie-Anne-Marie (1715–1780) [Mme Boy de la Tour]
Catherine Andrienne (双子 1720–)
Jeanne-Émilie (1726–1815)
George-Augustin (1718–1788)
Boy de la Tour
Pierre (1706–1758)
Jean-Pierre (1742–1822)
François-Louis (1744–1819)
Madeleine-Catherine (1747–1816) [Mme Delessert]
Julie (1751–1826)
Élisabeth-Émilie (1754–1781)
Delessert
Jean-Jacques (1643–1703)
Benjamin (1690–1765)
Gabriel-Etienne (1735–1813)
Marguerite-Madeleine (1767–1839) [Mme Gautier]
Jacques-Étienne (1771–1794)
Jules-Paul-Benjamin (1773–1847)
Anne-Pierre-Alexandre (1776–1833)
Jeanne-Emilie (1778–1830)
François-Marie (1780–1868)
Abraham-Gabriel-Marguerite Delessert (1786–1858)
Gautier
Jean-Antoine Gautier (1756–1800)
Mallet
Guillaume Mallet (1747–1826)

であり、社会的ネットワークの視点からは彼の家が「もてなし好きの家（maison hospitalière）」[10]であり、図のように甥や姪が多かったということが注目される。実際、ルソーがイヴェルドンでの滞在やイヴェルドンからモティエに移る際に世話をしてくれたのも、ダニエルの甥のジョルジュ＝オーギュスタンであったし、一七六二年以降、晩年のルソーの運命を左右することになるジュリ＝アンヌ＝マリ（ボワ＝ド＝ラ＝トゥール夫人）もD・ロガンの姪である。ルソーは、主に彼女を介して本章で取りあげる社会的ネットワークにつながってゆくことになる[11]。

次は、ボワ＝ド＝ラ＝トゥールである。ボワ＝ド＝ラ＝トゥールはヌシャテルのモティエの一族であるが、「その構成員のうち何人かは、一八世紀にリヨンに居を定め、商業や銀行業に従事した」[12]とされており、国境を越えて国際的なビジネスを手広くおこなっていた一族であることがわかる。ロガンからジュリ＝アンヌ＝マリが嫁いだリヨンの銀行家ピエール＝ボワ＝ド＝ラ＝トゥールも、そうした人物の一人である。焚書事件の直後、イヴェルドンのロガンのもとに身を寄せたルソーは、ロガンの一族からおおむね温かく迎えられ、ちょうど実家を訪れていたボワ＝ド＝ラ＝トゥール夫人と出会う。『告白』の次の文章が示すように、ルソーはその折、夫人と長女のマドレーヌ＝カトリーヌが、ことにお気に召したようである。

ボワ＝ド＝ラ＝トゥール夫人およびその娘たちと親しくなった。……夫人は叔父と姉妹たちに会いに、イヴェルドンに来ていたのだった。彼女の長女は一五歳ぐらいで、非常に分別があり、また性格もすぐれていて、私は魅了された。私はこの母親と娘に、このうえなく優しい友情から愛着を感じた[13]。

ボワ＝ド＝ラ＝トゥール夫人は、図のようにD・ロガンの兄ジャン＝バティストの長女であり、一七四〇年にピエールと結婚して、二男三女をもうけた。しかし、夫ピエールは一七五八年にすでに他界し、夫人は当時、「未亡人で、冬は彼女の夫が銀行家であったリヨンに住んでいた」[14]。彼女の「二人の息子は、リヨンで父が彼らに残した la grande maison de banque を経営していた」[15]、そして長女のマドレーヌ＝カトリーヌが、次に述べるドゥレセールに嫁ぐ。

最後は、ドゥレセールである。ドゥレセールの家もフランス語圏スイスのヴォー起源である。エティエンヌの祖父ジャン＝ジャックがコソネーで財をなし、そこで生まれ育った父バンジャマンが一七二三年にジュネーヴでブルジョワとして受け入れられた後、リヨンに出て絹織物商を営んだ。リヨンで生まれたエティエンヌは、二〇才で父の後を継ぎ、一七六六年に右に述べたマドレーヌ＝カトリーヌ・ボワ＝ド＝ラ＝トゥールと結婚する。その後、一七七〇年代にリヨンの絹織物業をめぐる環境が悪化しはじめると、一家はリヨンを離れてパリに移り、エティエンヌはパリでフランス銀行の前身である割引銀行（la Caisse d'escompte）の創設者の一人となる。このようにドゥレセールの一族は三代のうちにヴォーのコソネーからジュネーヴ、リヨン、パリと移動し、それにつれて社会的経済的にも目ざましい発展を遂げてゆく[16]。彼らこそ、「世俗的倫理が求める晴れやかな文明化の道筋」[17]に沿って歩んだ人々といってよく、ルソーとのつきあいは、エティエンヌの結婚以後、ルソーが亡くなるまで続く。

図が示すように上の三つの家のつながりの基底に、姻戚関係とそれにもとづく親密な親族の関係があることは明白である。ロガン、ボワ＝ド＝ラ＝トゥール、ドゥレセールという三つの家は、婚姻によってつながっており、なかでもルソーと深くかかわった人々の親族関係はかなり近しい。すなわち、上で言及した人々について、ボワ＝ド＝ラ＝トゥール夫人を中心に見ると、D・ロガンは叔父、マドレーヌ＝カトリーヌ（ドゥレセール夫人）は子となり、三人はみな血縁関係でつながっている。さらに、三つの家は、いずれもカルヴァン派のプロテスタントの家系であり、その時期や関わりの深さは一様でないものの、いずれも銀行業に関わっていたという点も見過ごすことができない。なお、図に示したようにボワ＝ド＝ラ＝トゥール家の三女エリザベスが嫁ぐマレもまたジュネーヴ系のプロテスタント銀行家の有力な家系であった。[18]晩年のルソーはこうした親族の関係を核としてできあがった人的つながり、社会的ネットワークから直接間接の支援を得ていたとみなすことができる。だがその一方でルソーも、次で取り上げる『植物学についての手紙』が示すようにこのネットワークを構成する人々に様々な影響を与えていた。

第四節　『植物学についての手紙』とプロテスタント銀行家の家族たち

（1）『植物学についての手紙』

ここではまず、ルソーの『植物学についての手紙』（以下『植物学』と略記する）[19]とドゥレセール家のかかわりから取り上げよう。『植物学』は、ルソーの死後一七八二年に発表された。この分野の著作としては当初からよく売れ、すぐにいくつもの版が現われる。一八〇五年には当時の著名な植物画家ルドゥーテの描いた彩色図版の入った版[20]も出版され、「画期的な啓蒙書」[21]として評価がさらに高まった。全体はルソーがある夫人に宛てた八通の手紙およびある紳士[22]に宛てた二通の手紙から構成されているが、核心は前者の八通の手紙であり、ルソーがある夫人とその娘に対して手紙を通じて植物学の手ほどきをするという形をとっている。そして、ここに言う「ある夫人とその娘」こそ、ドゥレセール夫人と長女のマルグリット＝マドレーヌのことなのである。

ルソーは、この著作のはじめの部分で夫人に対し、「言いだしたのはあなたの方ですから、私としては大賛成で、大いに協力するつもりです」[23]と述べており、植物学の手ほどきがドゥレセール夫人の発案であることがわかる。また彼は、「植物のような見て楽しく変化もある対象にお嬢ちゃんの注意をふりむけ、おてんばぶりに少しは、

は け口を作ってあげたいというあなたの考えは、すばらしいと思います。[24]」とも述べており、もともとはこの著作が、マルグリット＝マドレーヌの教育を契機として生まれたことを示している。

当初の出版に際しては、家族についての個人的記述などが一部削られているものの、夫人宛ての八通の手紙は、いずれも一七七一年八月から一七七四年春にかけてルソーが実際に夫人に送った手紙である。[25] ルソーは、ドゥレセール夫人に宛てた最初の六通の手紙の中で、自らの分類によってそれぞれ①ユリの仲間（ユリ花植物）、②ニオイアラセイトウの仲間（十字花植物）、③マメの仲間（蝶形花植物）、④オドリコソウやキンギョソウの仲間（唇形花植物および仮面花植物）、⑤カラカサバナの仲間（繖形花植物）、⑥ヒナギクの仲間（聚成花植物）を扱っている。そして、第七の手紙では果樹を取り上げて、読者が自分で身近な植物全般について調べることができるようにしたうえで、さらに第八の手紙では、腊葉標本集の作製を提案してその具体的な作り方を説明している。

『植物学』のなかには、「人がものの本来の姿をしばしば歪めてしまい、彼が自分の手になる作品の中で本当に自然を研究していると思い込むのなら、彼は間違っています……人が花壇でみとれているあの八重咲きの花にしても、自然がすべての生き物に授けている同類を生みだす能力を奪われた化け物なのです[26]」といった、いかにもルソーらしい主張も見られる。だが読者として初心者を想定した『植物学』におけるルソーの見解の要点は、初心者がただ単に植物を見て知ったり、植物の名前だけをおぼえることには大して意味がなく、その植物の構造や組織について知ることの方がずっと大切だということにあった。彼が、第一の手紙から第七の手紙の中で植物を自ら分類し、それぞれについて構造と組織を説明したのは、そうした考え方にもとづいてであった。

そしてドゥレセール家との関連で言えば、『植物学』に収録された手紙からは、ルソーがマルグリット＝マドレーヌへの植物学の手ほどきについて、愛情をもって濃やかな配慮をしているのが容易に見てとれる。すなわち『植物学』には、「お嬢ちゃんには、手はじめに、ふだん眼にするありふれた植物に限って名を教えてあげたのですね。まさにそうでなくてはいけなかったのですよ。数はわずかでも、自分の眼で見たうえでおぼえる植物が、お嬢ちゃんがこれから一つ一つ比較しながら知識をひろげてゆくもととなります。(27)」とか、「お嬢ちゃんを大植物学者にしようというのではありませんが、眼にするものをきちんと見るすべを身につけておくのは、さきざき役に立つと思います。(28)」といった記述がいくつも見られる。

また次の引用が示すように、『植物学』からは、ルソーの植物学についての見解を読み取ることができるだけでなく、幼い子への科学教育についてルソーがどのように考えていたかを知ることもできる。

もし私たちが子供たちに楽しい遊びごとしか与えないのなら、楽しませながら知性を鍛錬し、ものに注意する習慣をつけさせるという私たちの目的の最上の部分を取り逃がしてしまいます。子供たちに、今見ているものに名をつけることを教えるまえに、まずよく見ることから教えていきましょう。どういう教育においても忘れられていますが、植物学はあなたの子供たちの教育のもっとも重要な部分となるべきです。けっしてことばを聞かされただけで満足しないこと、そして記憶のなかにしか入っていないことについては、じつはなにも知ってはいないと思うようにすること、これを子供たちに教えこんでください。(29)

このように教育の書としても読める『植物学』であるが、ルソーがおこなった植物学の手ほどきは、この本に収録された手紙を通じてだけではない。例えば、第三の手紙の中で示されているようにルソーは一七七〇年四月から六月にかけてリヨンで過ごしており、その際ボワ＝ド＝ラ＝トゥール夫人や彼女の娘たちと一緒にモンドール山地、クロワ・ド・ヴァグに出かけ、植物採集をしたことがわかっている。(30)また、彼はボワ＝ド＝ラ＝トゥール夫人の次女ジュリや前述のマルグリット＝マドレーヌに標本帖も贈っている。(31)こうした植物学の手ほどきは、もちろん当のマルグリット＝マドレーヌへの影響が大きかったことは言うまでもないが、後述するようにドゥレセール家の子供達に世紀を越えて影響を及ぼすことになった。(32)

さらに植物学の手ほどき以外の件でも、ルソーは興味ぶかい助言をおこなっている。例えば子供たちの家庭教師について、どのような人物がふさわしいかというドゥレセール夫人の質問に対し彼は、次のように述べている。

あなたの子供たちの指導者に求められねばならないのは、けっして卓越した能力でも素晴らしい資質でもなく、たんに人間をひとりでに教師にし、彼の義務に忠実にする資質であると結論を下します。彼が、穏和で注意深く、とりわけ不屈の忍耐を持っていますように。これが、不可欠の資質です。その上、彼がその能弁で感服させるのを少しも求めてはなりませんし、みごとな長広告をふるう人であることを少しも求めてもいけません。(33)

ちなみに、この結果、ドゥレセール家の家庭教師となったのが、後にジュネーヴのアカデミーの教授となり、末期啓蒙の学者として哲学、自然科学から社会科学まで幅広い領域で学問的業績をあげるとともに晩年のルソーに関する数少ない資料(34)も残したピエール・プレヴォである。(35)

（2）プロテスタント銀行家とその家族たち

一方、それではこれらの家の人々の側からのルソーへの関与はどのようなものだったであろうか。彼らも様々な形でルソーを支援していたのは間違いない。一七六〇年代から七〇年代にかけて、ルソー宛の手紙の送り先として「イヴェルドン、ダニエル・ロガン氏」、「ボワ＝ド＝ラ＝トゥール氏」、「ボワ＝ド＝ラ＝トゥール夫人」等が多用されているし、ボワ＝ド＝ラ＝トゥール夫人とマドレーヌ＝カテリーヌ（ドゥレセール夫人）だけでなくボワ＝ド＝ラ＝トゥール家の他の兄妹たちも色々とルソーに関わっていたことがよくわかる。[36]

また、ドゥレセールにしてもドゥレセール夫人だけではなくて、夫のエティエンヌもルソーについていろいろと細かく世話をやいている。それは、ルソーが、ドゥレセール夫人宛の手紙で、「わざわざ私のゴンスリュ叔母に会いに行ってくださって、ドゥレセール氏に感謝しています[37]」と述べたり、一七七五年にこの叔母が亡くなった際、「あなたの大切なご主人は、私がその人〔＝最後に叔母の世話をしてくれた人〕に感謝の意を表しようとする手紙を送り届けるのを引き受けてくださろうとしています[38]」と述べていることからわかる。翌年にはリヨンからパリへと事業の拠点を移し、割引銀行の創立に参画し、創立時の理事に就任してフランスの金融システムの中枢に本格的に関与しはじめるエティエンヌであるが、ここではルソーの周辺のこまごまとした問題にまで関与している様子が窺えるのである。

さらにルソーは、テレーズと正式に結婚する前月に彼女に宛てた手紙で、自分がもし戻ってこなかったら「私がまったく信頼している……あなたを見捨てることはない保護者[39]」としてドゥレセール夫人をあげ、ドゥレセール家の近くに留まるよう勧めている。

> あなたに一つ勧告をするとすれば、リヨンへ行くことでしょう。愛すべきマドロンさん〔ドゥレセール夫人〕に会い、彼女のうちではなく、彼女の近くに留まりなさい。このすぐれた娘は、あらゆる点で私の予想を満たし、彼女が一五歳にもならないとき、将来どんな女性、どんな母になるかを高らかに公言したのです。[40]

ルソーがこの手紙を書いた当時、ドゥレセール夫人はまだ二一歳で、結婚してわずか一年ほどであったはずだが、ルソーが夫人とこの家族をいかに信頼していて、つきあいが家族ぐるみのものであったかが推測できる。

そのほかにも彼らは、金融面では、ボワ＝ド＝ラ＝トゥール商会の台帳や手紙が示すようにルソーの資産管理や送金等に関与していたし[41]、物資の面でも、住居を提供するだけでなく、次の引用が示すように様々な物品の調達に協力するなどしてルソーの活動に大きく寄与していたのである。

冬用のドレスは、妻がもっとも必要としているものですので、一番喜ぶと思います。同じもののないのがほしいようです。金の結婚指輪もほしがっています。親愛なる友、それも買っていただけないでしょうか。さらに、私には困る買い物があります。ボヴィエ氏は私のために、いろいろご配慮してくださいました。……彼の奥さんに、趣味のよい、しかも費用のかからぬ、一〇エキュから二ルイ位の女性のちょっとした贈り物ができたらと思っています。この件で、助けていただけないでしょうか。ボワ＝ド＝ラ＝トゥール氏は、親切にも、上記のすべてのものの送達と支払いを引き受けてくださるでしょう。一般に、あなたはそうしたことを好きではなく、それはまったくもっともなことです。しかし、友情による思いやりから、この場合嫌悪感をおさえてくださるようお願いします。[42]

これは、一七六八年九月三日付けのドゥレセール夫人宛の手紙の一部であるが、ルソーとこれらの人々との親密な関係の一端を知ることができる。

以上のようにD・ロガン、ボワ＝ド＝ラ＝トゥール夫人と彼女の子供たち、ドゥレセール夫妻らとの長期にわたる信頼関係が晩年のルソーの活動を支えたことは明らかであり、ルソーと彼らとの関わりは相互的だった。そしてこうした関係はさらに、彼らが核となっている社会的ネットワークとルソーの関わりを深めてゆく。

第五節　社会的ネットワーク

右に見たようなルソーの晩年の活動を支援したロガンと彼の親族を中心として作り上げられていた人的なつながり、ネットワークは、いかなる特徴を持ち、どのように機能したのであろうか。

まず注目しておくべきなのは、彼らがいずれもヴォーもしくはヌシャテルという現在のフランス語圏スイスの比較的近接した地域をその起源としているという点である。そのせいもあってか、彼らのなかには、国境を越えるグローバルな経済活動を生業とする者が少なくない。これは、数百年にわたりヨーロッパ列強の圧力が複雑に働いていたスイスのこの地域ではよく見られる現象であり、それほど珍しいことではないが、彼らの視点や考え方は、既存の国境線にあまりとらわれることがなく、第三章でいう「他国への意識[43]」などとはかけ離れたものであった。というより、彼らの存在自体が、ともすれば政治的、経済的な制約となりがちな国境線の存在を、逆に利用して生きていくというしたたかさを体現しているといった方がよいかもしれない。また、彼らは、生活はつましくとも、おおむね豊かである。さらに、第三節で指摘したように三つの家は、いずれもカルヴァン派のプロテスタントの家系であって銀行業に関わっており、一族のなかにはドゥレセールやマレのように革命前の時点でパリに進出していわゆる「オート・バンク」としてフランスの金融の中枢に関与する者まで含まれていた[44]。

これらを考え合わせると、彼らはフランス語圏スイスを起源とするプロテスタント銀行家とその家族たちとして類型化することができる。ルソーが色々な形で直接、間接の支援を得ると同時に、彼の側からも知的な側面を中心に様々な影響を及ぼしていたのはこのような人々なのである。そして、彼らが織りなす社会的ネットワークは、前述のような彼らの出自、職業、宗教等の特徴から、フランス語圏スイス人のネットワーク、銀行家のネットワーク、プロテスタントのネットワーク、ジュネーヴ人のネットワーク、「イギリスびいき」のネットワークと複雑に重なり合っていた。[45] 前に述べたジュネーヴ人ピエール・プレヴォが、ドゥレセール家で家庭教師となり、晩年のルソーと交流する機会を持つことができたのも、またドゥレセール家の下の息子たちが一七九〇年代にジュネーヴやベルン近郊で教育を受けたのもこうしたつながりのせいである。[46]

それでは、この社会的ネットワークは、当時のフランス社会においてどのように機能したのだろう。まず、確認しておかねばならないのは、今さら言うまでもないことかもしれないが、ここで注目しているネットワークを構成する人たちは、現在はフランスに居住しているにしても、その多くがフランスにとって同じ言葉を話す異国であるフランス語圏スイスを出自とし、そこに一定の家系的、経済的基盤を持つプロテスタントであり、当時のフランス社会においてはある種のマイノリティとみなすことができるということである。しかも彼らは、銀行業への関与を特徴の一つとしていた。[47] そのため、この世紀の前半にジョン・ローのシステムによって手痛い打撃を受け、かなりの人が banque という言葉そのものに不信感を抱いていた大陸のカトリック国家フランスでは、彼らは必ずしも十分な信頼を得る立場になかったと言えるかもしれない。しかし、彼らが革命前ともかくもフランス社会でプロテスタント銀行家としての長所を活かし、軽視しがたい存在となっていたことは確かである。

こうした彼らの立場を社会的ネットワークの視点から見れば、次のような興味深い状況が浮かび上がる。[48] まずフランス社会の多数派によって形成されているネットワークは、ネットワーク上に構造的空隙（structural holes）をあまり含まず、ネットワークの構成員同士が緊密につながっていて、同じ知識や機会をすでに共有してはいるが、構成員にとって実際にはあまり有益でない、やや閉鎖的なネットワークであるということができる。

これに対し、プロテスタント銀行家とその家族たちを中心として形成された社会的ネットワークは、フランス社会の多数派によって形成されているフランスのなかだけのネットワークに加えて他の様々なグローバルなネットワークへのつながり、いわゆる「ショートカット」をもつ構成員からできあがっていて、より開かれたネットワークであるといえる。そして構成員は、必ずしも同じ知識や機会を共有しているとは限らず、このネットワークを介した情報や金品の流通によって、より多くの新しい情報やアイデア、機会に恵まれる可能性をもっており、ネットワークは構成員の活動にとって貴重であった。

具体的には、彼らは革命前のフランスを取り巻く複雑な国際関係を背景として、ネットワークのショートカットをうまく利用して、グローバルな規模での様々な情報の入手、伝達や金品の輸送等を担い、その強みを発揮していたのである。例えばイギリス関連の情報の入手、伝達や金品の輸送などがこれにあたるが、ルソーに関連してもこうした状況を窺わせる事例が見られる。次に示すのは、ルソーがパリを経てイギリスを訪問する際、ボワ＝ド＝ラ＝トゥール夫人がリヨンからルソーに出した一七六五年一二月二三日付けの手紙である。

パリでお金が必要な場合、あなたはルジュモン兄弟（MM Rougemont frères）の所に行くことができます、彼らは私どもの名義であなたが望むだけの金額をあなたに支払うでしょう、もし振替送金（小切手）の方をお望みでしたら、それでもけっこうです。もしロンドンでのみご入用で、ロンドンの Chabanet et Uhthoff 社から受け取りたくないのでしたら、同じく、私の店の名義で上記のルジュモン両氏からお金を引き出すこともできましょう。あなたのお返事次第で、私はすぐに指図を出します。ロンドンからの振替についてはリヨンでは無理で、パリでのみでしょう。(49)

ちなみにここで言及されているルジュモン(50)もまた、革命前からのオート・バンクとして知られているヌシャテル出身のプロテスタント銀行家であり、ここではプロテスタントのつながりをはじめとして、この社会的ネットワークの「親イギリス」的特徴がうまく働いているといえるだろう。ルソーのために資産管理や送金等で協力したり、様々な物品を調達したりする際に、あたかも地下水脈のように力を発揮したのはネットワークのこうした機能なのである。

おわりに

以上、ジュネーヴにおけるルソーの著作に対する焚書処分を契機として紡ぎ出されてゆくD・ロガンの親族とルソーの関係について、社会的ネットワークの視点を意識しながら検討してみた。

それにより明らかになったのは、まず今回取り上げたロガン、ボワ＝ド＝ラ＝トゥール、ドゥレセールという三つの家の人々は、フランス語圏スイスを起源とするカルヴァン派プロテスタントの家系で、程度の差こそあれにせよ銀行業に関わる家とその家族たちとして類型的にとらえることができるということ。そして彼らは、婚姻によってつながっており、親族の関係を核として、フランス語圏スイス人のネットワーク、銀行家のネットワーク、プロテスタントのネットワーク、ジュネーヴ人のネットワーク等が複雑に重なり合った社会的ネットワークを形成していたということ。さらにこのネットワークを構成する人々は、大陸のカトリック国家フランスにおいてマイノリティ的存在ではあるが、彼らが有するグローバルなネットワークを武器として、この国の情報や金品の流通に軽視しがたい影響力を有しており、晩年のルソーはこのような社会的ネットワークに支えられていたということであった。

ここで、これらをふまえ「はじめに」で提示したもう一つの問題を取り上げたい。それは、彼らがルソーのような啓蒙の「大輪の花」が発したメッセージを受容し、消化するだけの「苗床」に過ぎなかったのかという問題である。「啓蒙の苗床」をどう考えるかにもよるが、少なくとも彼らをたんなる苗床とみなすのは早計であろう。とりわけ特徴的なドゥレセールについて見ると、エティエンヌ・ドゥレセールは、「知識の豊富なエコノミスト」で、「哲学的精神にあふれていて、J・-J・ルソーやネッケル、クラヴィエール、ロランの友人であった」[51]とされており、けっして凡庸な銀行家でなかったと考えてよいだろう。革命期にクラヴィエール、ロランを失い、自分も投獄され生命の危険にさらされた彼にとって、「フランス革命が野蛮を生み出している」のか、あるいはそれは、「啓蒙が野蛮を駆逐している過程[52]」なのかというフランス革命評価をめぐる第一七章の問いは、けっして机上の問題ではなく自分も直接かかわる現実の問題であった。

一方、息子のバンジャマンも、幼い頃から勉学にはげんだとされており、一九世紀中葉のフランスの代表的『経済学辞典』には、一〇代半ばで「教育を完了するためスコットランドに行った彼は、アダム・スミスやドゥーガルド・ステュアートにかわいがられ、ワットと親しかった[53]」とある。すなわち彼は、幼少の時期からルソーの影響をごく近いところで受けただけでなく、一七八〇年代後半のイギリスへの「修学」旅行[54]を通じて、スコットランド啓蒙をはじめ当時の啓蒙の流れを肌で感じていたと考えられる。だからこそ彼は、後にフランス銀行理事、下院議員となるが、それだけでなく学士院会員としてフランスの学術振興にも貢献しているのである。

さらに加えて、この家族は一七八〇年代に、アメリカから当時駐仏大使としてパリに派遣されていたベンジャミン・フランクリンと家族ぐるみのつきあい[55]があったり、イギリスの刑法改革論者として知られるサミュエル・ロミリーとも、やはり家族ぐるみの親しい関係があったことが記録に残っている[56]。

こうした事実が示すように、このネットワークを構成した人々は、国際的で知的水準もかなり高く、ネットワークは、たんなるビジネスの情報、物、金の流通だけでなく啓蒙の知の流通にも少なからず貢献していたと考えられる。もう明らかであろうが、ルソーによる植物学の手ほどきは、たんに「博物学、なかでも植物採集の趣味が市民階級の日常生活に浸透している事態を示すことがら」ではないし、ドゥレセールを「開明的な市民階級[57]」といって済ますのも適当でない。

ドレッセール家の人々が知性的な事柄、文化全般に強い関心を示したことはよく知られている。エティエンヌは、大革命のさなか、投獄される前の一七九〇年にJ・ベンサム『高利擁護論』（一七八七）の仏訳[58]を出版しているし、彼の蔵書にはアダム・スミスの『国富論』やJ・-B・セーの『経済学概論』をはじめ何冊もの社会科学関係の書物が確認[59]されており、夫人とともに立派な啓蒙の担い手だったと考えてよいはずである。バンジャマンにしても、一九世紀にはD・リカードウ宛の手紙で銀行の情報公開について自らの見解を述べている[60]し、リカードウの手紙からの次の引用が示すように、リカードウの大陸訪問にも協力しているのである。

パリではドゥレセール氏と彼の兄弟に敬意を表することを忘れませんでした。これらの両紳士から私は多くの親切なもてなしを受けました。彼らは、私が必要とした商業と金融に関するすべての情報をいつもよろこんで提供してくれ、また手に入れてくれました。B・ドゥレセール氏宅での午餐の席ではゴティエ夫人の隣に座らせていただきました、彼女があなたのことを自分のお友だちと呼んだことで彼女への好感がいっそう強まりました。[61]

これはリカードウがマライア・エッジワースに宛てた一八二二年一二月一三日付けの手紙の一節であるが、バンジャマンと彼の弟がパリにあって「商業と金融に関するすべての情報」をうまく扱っていたことが見てとれるであろう。そして、ここにゴティエ夫人という人物が登場している。彼女こそ、『植物学』でルソーから植物学の手ほどきを受けたかつての幼い娘マルグリット＝マドレーヌである。

彼女は、成長してネッケルの従弟に当たるジュネーヴ人ジャン＝アントワヌ・ゴティエと結婚し、大革命後のヨーロッパ大陸にイギリスの最新の科学、技術、文芸を紹介していた『ビブリオテーク・ブリタニク』誌の事業に協力する。D・ビッカートンによれば、彼女は、「いつも首都の科学情報に大変精通していたし、彼女の兄弟たちは、これらの情報がパリに到着した時に雑誌の供給源を確保するのに積極的」(62)で、とりわけイギリスの最新情報の収集に尽力し、編集者を支援したということである。これも、ルソーの薫陶の成果であり、焚書という文明社会における野蛮が結果的に生み出した啓蒙であるといってよいだろう。

注

（1）川合清隆『ルソーとジュネーヴ共和国』名古屋大学出版会、二〇〇七年、二二八頁。

（2）R. Porter, *The Enlightenment*, 2nd ed., Palgrave Macmillan, 2001, p. 5,（R・ポーター著、見市雅俊訳『啓蒙主義』岩波書店、二〇〇四年、八頁）。

（3）R・ポーター著、見市雅俊訳『啓蒙主義』「訳者解説」岩波書店、二〇〇四年、一一三頁。

（4）『全集』第一二巻、白水社、一九八三年、一五一頁。

（5）飯塚信雄『フリードリヒ大王』中央公論社、一九九三年、一六六頁。

（6）Jean Le Rond d'Alembert, *Article "Genève" de l'Encyclopédie; profession de foi des ministres genevois, avec des notes d'un Théologien, et Réponse à la lettre de M. Rousseau, citoyen de Genève*, 1759, p. 16,『全集』第八巻、白水社、一九七九年、一八三頁。

（7）川合、前掲書、二四二頁。

（8）Trousson, R. et Eigeldinger, F. S. (éds.), *Dictionnaire de Jean-Jacques Rousseau*, Paris, 1996.

（9）Trousson, R. et Eigeldinger, F. S. (éds.), *Jean-Jacques Rousseau Œuvres complètes et lettres: édition thématique du tricentenaire*, Genève et Paris, Slatkine et Honoré Champion, vol. II, 2012（以下 *Œuvres complètes.* と略記）, p. 661,『全集』第二巻、白水社、一九八一年、一二七頁。

（10）Gaston de Lessert, *Famille de Lessert, souvenirs et portraits*, Genève, 1902, p. 35.

（11）『スイス歴史伝記事典』の Roguin の項目には、この George-Augustin（Julie-Anne-Marie の従弟）と Augustin-Gabriel（Julie-Anne-Marie の兄、一七七四年負傷）の二人の甥につ

いて記述が見られる。Cf. *Dictionnaire historique et biographique de la Suisse*, publié avec la recommandation de la Société générale suisse d'histoire et sous la direction de Marcel Godet, Henri Türler, Victor Attinger avec de nombreux collaborateurs de tous les cantons, Administration du Dictionnaire historique et biographique de la Suisse, 1921–1934, V, p. 531.

（12）*Ibid*., II, p. 282.

（13）*Œuvres complètes*, vol. II, p. 760,『全集』第二巻、白水社、一九八一年、二二六頁。

（14）Gaston de Lessert, *op. cit.*, 1902, p. 35.

（15）Gaston de Lessert, *ibid*., 1902, p. 36 n (a).

（16）*Dictionnaire historique et biographique de la Suisse*, II, pp. 650–651.

（17）「世俗的倫理が求める晴れやかな文明化の道筋」とは、本書第一〇章（米田）三三一ページの表現であり、ドレッセールがこうした表現にぴったりなのは確かだが、彼らがプロテスタントであるという点も看過してはならない。

（18）ボワ＝ド＝ラ＝トゥールの三女エリザベスは図のようにギョーム・マレと結婚するが、一七八一年に亡くなってしまう。ただし、エリザベスの死後も彼女の兄弟たちとマレの親密な関係は続く。

（19）『植物学』という著作自体については、*Œuvres complètes*, vol. XI に収録されている『植物学』についての解題（*Œuvres complètes*, vol. XI, pp. 131–37）を参照。またルソーの植物学については小林拓也氏の次の文献が貴重で有益である。小林拓也「「植物学者」ルソー」（『思想』、岩波書店、一〇二七号、二〇〇九年、二〇八―二二八頁参照。

（20）Pierre-Joseph Redouté, 1759–1840. この版にはルドゥーテの美しい彩色図版六五枚が収録されている。Cf. *La botanique de J. J. Rousseau, ornée de soixante-cinq planches, d'après les peintures de P. J. Redouté*, Paris, 1805.

（21）小林拓也、前掲論文、二二九頁。

（22）ある紳士とは、マルゼルブのことである。

（23）*Œuvres complètes*, vol. XI, p. 137,『全集』第一二巻、白水社、一九八三年、一一頁。

（24）*Œuvres complètes*, vol. XI, p. 137,『全集』第一二巻、白水社、一九八三年、一一頁。

（25）8通の手紙の日付は次のとおりである。①第一の手紙（一七七一年八月二二日）、②第二の手紙（一七七一年一〇月一八日）、③第三の手紙（一七七二年五月一六日）、④第四の手紙（一七七二年六月一九日）、⑤第五の手紙（一七七二年七月一六日）、⑥第六の手紙（一七七三年五月二日）、⑦第七の手紙（一七七四年四月頃）、⑧第八の手紙（一七七三年四月一一日）。

（26）*Œuvres complètes*, vol. XI, p. 173,『全集』第一二巻、白水社、一九八三年、六二頁。

（27）*Œuvres complètes*, vol. XI, p. 137,『全集』第一二巻、白水社、一九八三年、一一―一二頁。

（28）*Œuvres complètes*, vol. XI, p. 138,『全集』第一二巻、白水社、一九八三年、一二頁。他にも例えば、「これが単純な記憶作業ではなくて、一人の博物学者に真にふさわしい、観察の修練による事実の研究であることは、もうわかりましたね。でも、お嬢ちゃんには、はじめからこんなことを言って聞かさないようにしてください。あなたがこれから植物界の奥義に参入されたときには、なおさらいけません。お嬢ちゃんの年齢と女の子であることを考えに入れて、それにふさわしいことだけを徐々に説明していってあげてください。」（*Œuvres complètes*, vol. XI, p. 141,『全集』第一二巻、白水社、一九八三年、一六頁）

（29）*Œuvres complètes*, vol. XI, p. 157,『全集』第一二巻、白水社、一九八三年、四〇頁。

（30）*Œuvres complètes*, vol. XI, p. 146,『全集』第一二巻、白水社、一九八三年、二四―二五頁。「ご主人に小さな標本帖を託します。ずいぶん前からはじめたのを、大急ぎで仕上げたのです。この機会を逃すよりは、不完全なままでも今お渡ししたほうがよいと思いました。このささやかな試みは、愛らしいマドゥロンにあげるつもりなのです。彼女はこれを続行して、好むままに標本を増やすことができます。」（*Œuvres complètes*, vol. XXIII, p. 3411,『全集』第一二巻、白水社、一九八三年、一五六頁注）

（31）Cf. *Œuvres complètes*, vol. XI, p. 145,『全集』第一二巻、白水社、一九八三年、二四―二五頁。

（32）例えば、マルグリット＝マドレーヌの弟のバンジャマンは、三万五〇〇〇点といわれる見事な押し葉標本のコレクションを残している。

（33）*Œuvres complètes*, vol. XXIII, p. 3411.

（34）資料とは、プレヴォが一七八九年二月二八日土曜日の『ジュルナル・ド・ジュネーヴ』に発表したルソーと自分の交際の思い出についての書きつけのことである。この資料の詳細については、カンドーの下記の論稿を参照。Cf. Jean-Daniel Candaux, “Les derniers visiteurs genevois de Jean-Jacques Rousseau,” *Annales de la société Jean-Jacques Rousseau*, t. 42: Rousseau visité, Rousseau visiteur. Les dernières années (1770–1778), Droz, 1996.

（35）Pierre Prévost (1751–1839). ピエール・プレヴォについては下記の拙稿を参照。Cf. 拙稿「ピエール・プレヴォと *Bibliothèque britannique* ―― 転換期ジュネーヴにおける知のインターフェイス」、『経済学史学会第七二回全国大会（愛媛大学）大会報告集』二〇〇八年五月、「ピエール・プレヴォの社会経済思想」『スタディ・シリーズ』、No. 71、一橋大学社会科学古典資料センター、二〇一四年。

（36）例えば、新しいルソー全集に収録されているルソーの手紙の数は、ボワ＝ド＝ラ＝トゥール夫人宛のものが七二通、長女マドレーヌ＝カトリーヌ（ドゥレセール夫人）宛のものが五四通であるが、それに加え長男のジャン＝ピエール・ボワ＝ド＝ラ＝トゥール宛の手紙も二四通ほど収録されている。そして、一七六八年八月三一日付けのドゥレセール夫人宛のルソーの手紙には次のような記述が見られる。「あなたのお兄さん〔ジャン＝ピエール・ボワ＝ド＝ラ＝トゥール〕が、それに代わるものを私に提供してくださいます、しかし問題はそのことではありません。」（*Œuvres complètes*, vol. XXII, p. 2811, 『全集』第一四巻、白水社、一九八一年，四〇八頁）

（37）*Œuvres complètes*, vol. XXIII, p. 3397. あるいは、『全集』第一二巻一五六頁、注（36）の引用でルソーは、「ご主人に小さな標本帖を託します」〔1774年5月28日〕と書いている。

（38）*Œuvres complètes*, vol. XXIII, p. 3421.

（39）*Œuvres complètes*, vol. XXII, p. 2788, 『全集』第一四巻、白水社、一九八一年、四〇五頁。

（40）*Œuvres complètes*, vol. XXII, p. 2788, 『全集』第一四巻、白水社、一九八一年、四〇五頁。

（41）特にルソーの資産管理については、下記の著作につけられたボワ＝ド＝ラ＝トゥール商会の台帳を参照されたい。Cf. Godet, Ph. et M. Boy de la Tour (éds.), *Lettres inédites de Jean-Jacques Rousseau à* $\mathit{M^{mes}}$ *Boy de la Tour et Delessert*, Paris et Genève, Plon-Nourrit et A. Jullien, 1911.

（42）*Œuvres complètes*, vol. XXIII, p. 2818, 『全集』第一四巻、白水社、一九八一年、四一二頁。他にもルソーは、ボワ＝ド＝ラ＝トゥール夫人に対してもエピネットやチェロ、チュテラといった楽器の調達を依頼している。Cf. *Œuvres complètes*, vol. XXIII, pp. 3011–3012, 『全集』第一四巻、白水社、一九八一年，p. 440.

（43）本書第三章（伊藤）八〇頁。フランス語圏スイスの人々の「他国への意識」に関しては、彼らの国民国家についての意識とかかわる微妙な問題であり、あらためて検討する必要があるだろう。

（44）ここに言うオート・バンクとは「一八世紀末から一九世紀初頭にかけてケルン、フランクフルト、ジュネーヴなど欧州の金融中心地からパリに移住してきた個人銀行家であり、その出身は、ドイツ・ユダヤ系、スイス・プロテスタント系、フランス在来の商工業者に大別される。」（国際金融史研究会編『金融の世界史』、悠書館、二〇一二年、七二頁）といった一般的定義で考えている。これらの家は、革命後一九世紀にフランス銀行が創立されると、マレからはギョームが、ドゥレセールからはバンジャマンがそれぞれ理事となっている。Cf. Szramkiewicz R., *Les Régents et Censeurs de la Banque de France nommés sous le Consulat et l'Empire*, Genève, Droz, 1974.

（45）このうち特に、ジュネーヴ人のネットワークに関しては岡本明・安藤隆穂編著『ナポレオン帝国と公共性』（ミネルヴァ書房、二〇一四年）所収の拙稿「ジュネーヴの公共圏と知識人」を参照。

（46）ドゥレセール家ではバンジャマンの弟アレクサンドル、フランソワ（学士院会員、パリ貯蓄金庫総裁）、ガブリエル（警視総監、貴族院議員）の三人がジュネーヴのコレージュで教育を受けている。とりわけ末弟のガブリエルは、さらにジュネーヴのP・プレヴォのもとに二年間預けられた。Cf. J. Tripier Le Franc, *M. Gabriel Delessert*, E. Dentu, Paris, 1859, p. 28.

（47）プロテスタント銀行家についてここで「ある種のマイノリティ」と表現したのは、ユダヤ人の個人銀行家との相違を意識したからである。後者の場合は、「ヨーロッパの彼らが生きるあらゆる国でマイノリティである」のに対し、プロテスタントの個人銀行家の場合は、プロテスタントが比較的大きな比率を占めるヨーロッパ諸国では必ずしもマイノリティとはいえないからである。この点については、Cassis, Y, Cottrel, Ph. & Fraser, M. P. (eds.), *The World of Private Banking*, 2009 の序論および第一三章を参照。

（48）人と人との結びつきが生みだす社会的ネットワークについては、増田直紀『私たちはどうつながっているのか』（中公新書、二〇〇七年）を参照。

（49）Ph. Godet et M. Boy de la Tour (éds.), *op. cit.*, 1911, pp. 216–217.

（50）ルジュモン宛のルソーの手紙は、ロンドン駐在の Josué de Rougemont（1709–1769）に宛てたものと François-Antoine de Rougemont（1713–1786）に宛てたものが確認できる。

（51）これは D. B. F.（*Dictionnaire de Biographie Française*）からの引用である。引用文中のネッケルは、あの Jacques Necker（1732–1804）、クラヴィエールは、革命期に財務大臣となる Etienne Clavière（1735–1793）、ロランはやはり革命期に内務大臣となる Jean-Marie Roland（1734–1793）であるが、ここにあがっている四人のうち三人がいずれもジュネーヴ出身であるという点が興味深い。ここにもジュネーヴ人のネットワークと銀行家のネットワークの重層的関係が垣間見える。

（52）本書第一七章（後藤）五五三ページ参照。

（53）Ch. Coquelin & Guillaumin (éds.), *Dicitionnaire de l'Économie Politique*, Guillaumin, 1852.

（54）この旅行は、当時のイギリスの最新の科学技術、文物にじかに接することを目的にしていたようであり、貴族の「グランド・ツアー」とは異なる。

（55）フランクリンとドゥレセール家の関係については次の著作が参考になる。Cf. Pierre-Marie-Jean Flourens, *Éloge historique de Benjamin Delesset*, Didot frères, 1850, pp. 7–8.

（56）S・ロミリーも祖父の代にイギリスに移住したユグノーの家系である。彼とドゥレセール家の人々との親交の発端は、一七八一年のロミリーの大陸旅行にあるが、親密な関係は一九世紀まで続く。ロミリーの『自伝』に収録されている手紙のうち宛名、差出人が“MADAME D —”となっているのは、ドゥレセール夫人であり、“MLLE. D —”あるいは“MADAME G —”となっているのは、長女のマルグリット＝マドレーヌである。彼らの間でいかに多くの手紙がやりとりされ、フランス革命、学術にかんする情報が行き来したかわかるであろう。なお、同書に収録されたロミリーのD・ステュアート宛の手紙（一七九四年八月二六日）で言及されている“M・D —”は、手紙の内容から見てエティエンヌ・ドゥレセールであり、ここにもD・ステュアート、ロミリー、ドゥレセール、プレヴォ等を含み国境を越えて形成された社会的ネットワークの一端を垣間見ることができる。Cf. Romilly, S., *Memoirs of the Life of Sir Samuel Romilly written by himself*; with a Selection from his Correspondence, 2vols., London, 1840.

（57）『ルソー全集』第一二巻、五五一頁。

（58）Bentham, J., *Lettres sur la liberté du taux de l'intérêt de l'argent*, traduites de l'anglais, Grégoire, 1790.

（59）Séverine de Coninck, *Banquier et philanthropes - La famille Delessert (1735–1868) aux origines des Caisses d'épargne françaises*, Economica, 2000, p. 55.

（60）「わたくしども貴殿と同様に、銀行と信用にもとづく全機関との本質は、その業務の最も完全な公開とその勘定の明らかなことでなければならぬ、と考えます。」（バンジャマン・ドゥレセールからリカードウ宛の手紙、パリ、一八一九年三月一三日付。「リカードウ文書」中の手稿。）P. Sraffa (ed.), *The Works and Correspondence of David Ricardo*, Vol. V, Cambridge, 1952, p. 466 n2,『リカードゥ全集』第五巻、雄松堂、一九七八年、四八一頁注（1）。

（61）Sraffa, P. ed., *ibid.*, Vol. IX, Cambridge, 1952, p. 236, 同上、第九巻、一九七五年、二六二―二六三頁。

（62）Bickerton, D. M., *Mark-Auguste and Charles Pictet, the Bibliothèque britannique (1796–1815) and the Dissemination of British Literature and Science on the Continent*, Slatkin, Genève, 1986, p. 145.

第Ⅳ部　啓蒙の終焉と継承

第一五章　ランゲと近代社会批判――永遠の奴隷制と野蛮

大津真作

奴隷は自然的意志を超越しているがゆえに主人よりも高い地位にいる。奴隷の利己心の服従は真の人間的自由の始まりである
G・W・F・ヘーゲル

農奴が彼の主人に対して苛酷な従属状態にあるのと同様に、日雇い労働者も窮乏に対して苛酷な従属状態にある。同じ材料からできた彼らの鎖は、色合いだけが異なるにすぎない。社会は自由の破壊によって生きている
S－N－H・ランゲ

はじめに

奴隷制が一般的に悪だと主張され出す以前には、奴隷制について異論が唱えられない時代が長く続いた。ましてや人間の自由との関係で奴隷制が悪だと主張され出したのは、驚くべきことかもしれないが、それほど古い話

ではなく、しかも、啓蒙哲学の登場と決定的因果関係があるわけではない。

宗教改革における奴隷意志論（ルター）の主張は一六世紀の半ばの話である。それは、第一章（松森）第二節でも指摘されているように、暴君に対する抵抗権に関するルターやカルヴァンの否定的立場にまで影響を及ぼしている。奴隷制批判論が、実は、古来よりカトリックの側で華やかであるのは、啓蒙哲学が必ずしも反奴隷制の原理を打ち立てたわけではないことを物語っている。序説（田中）の「本書の概要」で示されている通り、「ルネサンスの遺産をイタリアから継承して啓蒙を先導したのは一六、一七世紀のスペイン、ポルトガル、オランダであった」が、これら諸国は、「いずれも早期に海外に目を向け、ヨーロッパの拡大の軌道を切り開いた国」であり、「いずれも海外進出にあたって現地人の殺害を含めて恐ろしい蛮行をやってのけている」。彼らは、本国では、とてもではないが、なしえない現地住民の大量殺害や強制移住や奴隷化をこともなげにやってのけた。ときには、東インドにおけるオランダ人による英国人の残虐な殺害など、ヨーロッパ自身の野蛮化を示すような事件も起こった。序説で言うように、「野蛮を克服できないのが二一世紀の現実」だとすれば、それ以前の社会もまた「野蛮を生まない社会」ではなかったと考えなければならない。

しかし、ここでも、啓蒙のパラドックスであるが、マックス・ヴェーバーの思い込みに反して、真の近代主義は、カトリックの側に、しかもスペインのサラマンカ学派のなかに生まれた。終章（田中）の「荒野と文明」で指摘されているように、「ラス・カサスはインディオを人として認め、彼らの人権を擁護し、征服者の行動を批判した。またビトリアは人権の思想の創始者とされている。しかし、ラス・カサスやビトリアのような立場に立った思想家は少数であった。権力者でもある征服者はラス・カサスのような知識人の批判に耳を向けることはなかった。」つまり、具体的な奴隷制批判論は、資本主義の発展が遅れた病めるカトリック帝国スペインで生まれ、それゆえ、奴隷制批判論は、近代的資本主義の精神ともそれほど親近性を持たないのである。

言うまでもなく一六、一七世紀はスペイン帝国による新大陸の住民の奴隷化の世紀であったから、ラス・カサスらのインディオ論にも見られるように、この時代における反奴隷制論は、厳密に言えば、インディオ救済論に過ぎず、インディオが奴隷に適していないがゆえの反奴隷論であるという限界を持っていた。だから、ラス・カサスらが黒人奴隷制をむしろ歓迎したという意味では、一八世紀末の仏英から一九世紀の米合衆国における黒人奴隷制の廃棄まで、奴隷制一般の廃棄という、この明らかな人道的問題の解決は、制度的には啓蒙期以降にまで持ち越されたのである。

一方、一七世紀に植民帝国を発展させたイギリスは、奴隷制については、批判的意識を持ち得なかった。ここでもまた、啓蒙のパラドックスであるが、ヴォルテールによって啓蒙思想の淵源の一つと称揚された『寛容論』のロックは、第四章（生越）第二節で詳論されているように、植民地帝国の拡張にも、奴隷労働力の使役にも諸手を上げて賛成していた。のちに述べるように、ロックは、病をおしてまでパリに出かけ、奴隷貿易を旺盛に展開していた王立アフリカ会社の株主責任を果たしているのである。

一八世紀の啓蒙が奴隷制を悪と決めつけたことは知られている。モンテスキューやルソーには、奴隷制なるものが絶対悪であり、良識ある人間が進んで奴隷になることはありえないとの主張がある。さらに奴隷制は、専制主義と一体のものとして論じられていて、両者はともに断罪されている。

とはいえ、一般に啓蒙が非難する奴隷制というのは、むしろ近代的個人の人権思想にかかわるものであって「人間黒壇」と見なされた黒人奴隷にかかわるものではない。モンテスキューは、人間一般の自由と隷属について論じながら、黒人奴隷制については、『法の精神』に見られるように、肌の黒さと「同情してやるのもほとんど不可能なほどに押しつぶされた鼻[1]」に対する偏見と砂糖の値段の観点から、黒人奴隷制を擁護している。モンテスキューが用いる「人間」の基準は、二世紀半ほど前のコロンブスの航海記に記されているインディオ認識からさほど進歩してはおらず、「黄金よりもガラス製の首飾りを珍重するのは人間ではない[2]」という程度のものである。キリスト教の見地から、「こうした連中を人間と認定することはできない。……アフリカ人に対する不正行為を肝っ玉の小さい人間があまりに誇張しすぎている[3]」と、モンテスキューは黒人奴隷制を擁護して憚らない。

この言説は、あまりにも啓蒙のイメージからかけ離れすぎている。そこで、こうした言説の淵源を、奴隷貿易にモンテスキューが手を染めていたことに求める論者もいる[4]。ボルドーの院長は定期的にギニアから港に運び込まれる「人間黒檀」の数を西インド会社への出資との関係で数えていたというのである。

しかし、黒人奴隷貿易に利害関係を持たないルソーも、『人間不平等起源論』においては、アフリカ原住民や米大陸のインディオのような人間を、動物そのものであるか、もしくは、知識を獲得しない状態（動物状態）にある未開「人」という人類かのいずれかであると考えていた。ルソーは、未開人を自然人として定義する。ところで、自然人は、当然のことながら知識ある理性人ではないから、言わば感性人にとどまっている。自然に感覚されるのは苦痛だけだから、彼らには死を恐れるという高級な観念は存在しない。そのうえ、彼らには「先を見通す力も好奇心も」ないから、彼らには「未来の観念もない[5]」。だから彼らは動物状態にとどまっているというのである。

ルソーは、自然に恵まれれば、未開人が人間の仲間に入り得ることを「証明することは私には簡単にできる[6]」と嘯く。しかし、未開人が人間になるには、途轍もなく長い時間と偶然が必要である。そこで、ルソーは「考える技術において、わが哲学者たちが作ってくれるものに劣らぬほどに巧みなひとりの未開人[7]」を仮定して、議論を社会状態の形成と不平等の誕生へと進めざるを得ない。いずれにせよ、自然状態に生きる未開人と社会状態の人間との懸隔は、動物と未開人との懸隔など問題にならないほど大きい。

だから、啓蒙の思想家たちが黒人奴隷制を問題とせず、時にはそれを擁護しながら、もっぱら人類一般にかかわる政治的＝哲学的問題として奴隷制を提起していた点については、注意を払うべきなのである。奴隷制の問題をもっぱら政治的専制との関連で見ているために、国家を形成していないと見られていた黒人が人類一般の列から外れてしまっているからである。

ところが、奴隷制を食料調達のための歴史的な経済システムとして捉えるなら、それは、マルクスが『資本論』で打ち出した労働地代[8]をはじめとする隷属にかかわる経済概念のなかに収まり、黒人奴隷も、ヨーロッパの奴隷と異ならないという認識に到達し得る。だから、人間一般の奴隷制論は、経済学的認識の弱い哲学的なフランス啓蒙[9]のある種の限界を示しているとも言えるのである。

これに対して、反啓蒙の立場に立つシモン＝ニコラ＝アンリ・ランゲは、フランス一七―一八世紀には「強迫観念[10]」と化した人民に対する食料保証という政治経済学的側面から奴隷制問題を考察する。そうした場合には、この反啓蒙思想は反自由主義経済の主張となって現れ、不正義の極みと見られていた古代や東洋の奴隷制が、近代経済システムよりも優れたシステムとして現れることになる。しかも、ランゲの奴隷制に関する考察には黒人奴隷制が入っている。『市民法理論』でランゲは、黒人をれっきとした人間と見なすばかりか、ローマの将軍のような利己主義者――アダム・スミス流の「経済人《ホモ・アエクアリス》」――として描き出す。

カフラリア地方やカナダのいわゆる未開人たちは、文明化された民族とまったく同じ悪徳を持ち、同じ情熱を持っていることがわかる。……黒人は、一枚の肌着と一本のタバコのために自分の父や妻や子どもを平気で売り飛ばす。それはちょうど、アントニウスが共和国のすべての財宝と交換で、自分の名誉もローマの名誉も売り飛ばしたようなものだ。イロコイ族男性の伴侶は、インディゴで染色した小さな傷口が癒着する足や腕や喉を持っていることを自慢している。それはちょうど、美しいポッペアが雌ロバの乳がはいっている風呂から出て、肌の白さを自慢しているのと同じである。[11]

アフリカの黒人も、インディオも、ランゲにとっては、古典古代の文献に登場する幾多の歴史上の有名人物と異なるところはなにもない。しかもこの黒人は、自分の縁戚者を一枚の肌着のために売り飛ばす商業感覚を備えた「経済人《ホモ・アエクアリス》」である。

これらの点だけでも啓蒙の近代的世界では特異な主張であったのに、ランゲは、歴史を貫く永遠の奴隷制(12)を思考対象とし、奴隷制一般を社会制度一般の本質として主張したために、ルソーを凌ぐ危険な思想家となった。ランゲは、彼の首がギロチンで落とされるにあたって、表向きの訴追理由が成立したのも、彼が歴史を貫通する永遠の奴隷制観を持っていたために、啓蒙主義者や社会進歩主義者とは異なって、奴隷制と専制主義を奇妙にも区別し、東洋的専制を擁護したからである。この奇妙さは、彼が自由を政治的、公法的自由と経済的、社会的自由とに厳密に区別し、後者に第四階級的意味合いを付与したことに由来する。つまり雇い主から自由になった労働者がいかに惨めであるかを奴隷状態との比較で論じたということである。

ここにおいてランゲは、マルクスと交差するが、逆に、第一三章（野原）第三節および第四節で詳論されているように、そもそも「境遇の不平等」を「勤労の促進剤」と考えていたテュルゴや私的所有権の確立をもって奴隷制の終焉とし、「ルソーの『不平等起源論』への当てこすり」をも辞さなかったアダム・スミスの近代資本主義黎明期の経済思想家とは決定的な分岐を示し、彼らのオプティミスティックな経済観に対するオルタナティブとなるのである。

つまり、テュルゴやアダム・スミスは、資本主義をもって「歴史の終わり」（フランシス・フクヤマ）と考えていたということである。資本主義システムには、経済学的な意味での奴隷など存在しないから、このシステムは、史上初めて、「経済外的強制」と暴力のない、平等にして自由、公正な分業＝交換社会を実現した。奴隷制をめぐる倫理的課題は、永遠に人類史上から消え去った。爾後、人類は発展のカント的上昇カーブを描くのみというわけである。

すでに述べたようにここで欠如しているのは、問題の「経済人《ホモ・アエクアリス》」もまた、支配と隷属――ランゲの言う奉公人あるいは日雇い労働者――の二階級に明確に分かれているという、『市民法理論』の副題でもある「社会の基本原理」に関する認識である。歴史は終わるどころではない。

一方、政治的見地からは、奴隷制は専制主義の言い換えとするのが啓蒙一般の言説である。ところが、ランゲによれば、専制主義は貴族制の腐朽した形態[13]としては、一時的現象にすぎず、しかも社会の奴隷制的本質とはなんの関係もない。要するに、奴隷制は、アジア的形態のように、それが家父長的、法治的制度となって緩和されるときには、専制主義などよりも数段優れた社会制度となるというわけである。シナの専制皇帝を戴く社会制度は、イギリスの民主政治よりも優れているゆえんである。『市民法理論』の一種の補論である『もっとも幸福な統治について、アジアの政体とヨーロッパの政体との比較論』のなかで、ランゲは、「不名誉な」名称を割り当てられたアジアの統治体を擁護して、「本質的にアジアには、公法的自由が存在しているし、公法的自由はアジアにしか存在しないのである。……奴隷ではない男性の全員がその家庭でそれぞれ専制権力を享受している。だから彼らは、すべての人間存在のなかでもっとも自由なのである」[14]と述べている。

これは、専制主義を打ち倒し、奴隷解放にまで至ったフランス革命時代には、到底、許されない反革命思想と言わなければならない。しかし、彼の反動性は、思想史的に見ると、実は、社会制度一般が奴隷制であると主張する点で、経済「科学」的様相を帯びており、マルクスの「産業予備軍」の存在を必須条件とする資本主義的人口法則に関する分析の先駆とも見なしうるのである。ランゲは、社会の基本原理とそこから導き出される法体系をはじめとする社会制度の永遠の本質について考究し、それを奴隷制と断じ、そのことを通じて、現代世界にも十分当てはまる大変重要な発見をした。本章では、このランゲの永遠の奴隷制観の意義を、ランゲの主著である

『市民法理論』を中心に、啓蒙思想家およびスミス、マルクスとの関連で、明らかにすることを試みる。

第一節――社会の誕生と奴隷制

『市民法理論』から、最初に取りあげなければならない論題は、社会生誕と奴隷制の確立が同時に起こったとする独特なその社会形成論である。彼が語る社会生誕の物語は、啓蒙の世紀にあっては、二つの点でまったく特異である。

啓蒙は、自然状態から社会状態への移行がなぜ起こったかを問題とし、そこに自然的理性の呼びかけに応える理性人としての人間像[15]を永遠の人間観として送り込むことによって、理性人たちの協議と同意、つまり「社会契約」から、社会状態への移行が果たされたという回答を引き出してきた。ところがランゲは、なぜ諸個人が社会契約を望むようになったか、なぜ自然状態を去ることを望んだかは問題にしない[16]。人類はすでに独立した、自由で、幸せな状態からは、永久に決別したからだ。しかし、不幸なことに、人間がもはや離れることができない社会こそが人間を逆にあらゆる類の従属に縛り付け、人間を奴隷化する。

快楽や欲望や病気といった、人間の現在の状態に忌まわしくも付きまとっているものは、全部が全部、人間をその同類たちからなる社会に引き留め、社会が産み出すあらゆる類の従属に人間を屈服せしめている。人間はもはや社会から離れることはできない。離れると、死んでしまうからである[17]。

それでは、なぜ、人類にとっては恥ずべき奴隷化という事態が生じてしまったのか。ここでランゲが物語る社会生成の顛末は、ランゲの社会観の第二の特異性を形作っている。換言すれば、ランゲには、啓蒙のあらゆる社会観に共通する社会進歩の思想がなく、狩猟民と農耕＝牧畜民との人類学的、暴力的階級対立論があるということである。驚くべきことに、世界の始まりには、すでにこの二つの異なる食料調達様式を持つ人類が存在した。彼の社会生成観は、それゆえ、狩猟社会から農耕社会へという社会進歩の啓蒙主義的図式に沿ったものではまったくない。

「そもそものはじめから強制を用いる[18]」ことがなければ、人間は天賦の自由をすすんで差し出すことなどない。これが原初の暴力である。人間は、ヘーゲルが言うように、「自己を思惟しない」から奴隷になるのではない。暴力に屈したために奴隷身分に落とされたのである。しかし、人類全体が暴力的になった（「人間は人間にとって狼である」）と考えるのは、理性においてのみならず、身体的にも人類が平等性を有していると想定する空論である。そうではなくて、一部の人間が暴力的に他の人間の自由を奪ったのである。つまり、社会は、その始まりから、強制する可能性を持つ人間と隷属する可能性を持つ人間とに分裂していたのである。

人間は二階級に分かれていた。一つの階級は「横奪者かつ征服者であり、この階級は、その成功を通じて、命令を与えることに捧げられていた。もう一方の階級は、打ち震える耕作者で、その敗北を通じて、命令を受け取るように運命づけられていた。一方は、絶対的所有者で、他方は、臆病な農奴であり、主人か、奴隷かであり、支配権の過剰か、隷属の過剰かである[19]」とランゲは、きわめて明確に、二階級に分裂した社会の奴隷制的本質を定義している。享受の平等性など初めから存在しない、というのが社会の本質であるから、社会とは永遠の奴隷制だということである。主人は享受を独占し、奴隷は労働に一生を捧げる――そのような奴隷制である。

したがって、ランゲの考える社会は、そもそも初めから、共産制でも、平等でもなく、そこには構成員全員の独立も自由もなかった。社会設立と階級分裂とは、同じコインの裏と表の関係にある。

そこでランゲは、社会形成を必然性の物語として完成する。ランゲの社会＝奴隷制論では、ホッブズのように、人間一般の「能力が平等だから」[20]誰が勝利を得て奴隷主となるかは運次第、などということにはならない。勝利者は、必ず力の行使に慣れた狩猟民でなければならない。つまり、一方の階級は暴力の行使に慣れ、動物の血を流すことを生業としている階級であるはずであり、他方の階級は、労働に励み、平和を愛する温和な、孤立した諸個人からなる階級であるはずである。

問題の社会＝奴隷制は、社会の原型を持っていた狩猟民と社会など知らずに個人的所有を享受していた孤立した農耕民・牧畜民との邂逅で始まる。耕作者が放棄してしまった平野のまんなかや居住地を取り囲む山々の頂に、別の種類の人間、つまり狩猟民が集まっていた。ランゲが描く狩猟民の特徴は、飢えのために凶暴化した兵士そのものである。

これらの人びとは弓矢の発明者であり、血を糧として生きることに慣れ、彼らが糧としていた動物たちにもっと簡単に不意打ちを食らわせ、動物たちを打ち倒すために、集団を組むことに慣れ、動物の死体をわけあうために協議することに慣れた狩猟者であった。[21]

一方の農耕民は、すでに私有財産の所有者であるだけに孤立を好む。

耕作者は、労働と石または木の枝で、ひとりきりで土地を開墾するだろう。ひとりきりで種を蒔き、ひとりきりで収穫し、ひとりきりで生活していく。彼らの食糧が備えている本性は、長期間の貯蔵を彼に許している。……彼は自分の財宝を隠すだろう[22]。

いつの時代にも、私的所有は耕作者のあいだに疑心暗鬼を作り出す。

同類の人間自身が彼と宝物をわけあうためにやってこないかと心配だから、耕作者は、同類の人間が警戒を払わなければならない敵でもあるかのように、同類の人間すべてを避けるようにうながされるだろう[23]

反対に、狩猟者の食料の特質は、社会の原型である「原始同盟[24]」を産む。モンテスキューの言うように、恐れという心理的原因が社会同盟を産み出すのではないし、ホッブズの言うように、「だれをも支配している理性[25]」がそれを産み出すのでもない。まさしく窮乏、すなわち食料に対する渇望が社会契約的約束をかわすように、狩猟者たちを強いたのである。

「狐や狼や野犬は或る種の社会を形成している[26]」が、それと同じように、狩猟集団も社会の初歩的見かけを持っている。彼らは、高度な武器と統率のとれた集団行動のおかげで、気づかぬうちに周囲の蛋白源を捕り尽くしてしまっていた。したがって、ランゲの社会創成譚は、一つの狩猟の失敗から始まる。「野獣の肉に餓《かつ》えた協力者たちが企てる狩猟行では、不幸な結果にならないことは不可能である[27]」。狩猟者は、野獣を発見することに失敗した。しかし、「飢えに醸成された彼らの必死の探索が……農地の近辺に彼らを導かないことも不可能である。そこでは、農耕民が自分たちの家畜の群れのまんなかで、戦慄していた[28]」。恐れ慄くこの農耕民の食料と所有物を奪い、最初の邂逅と衝突は終わった。その後すぐに、暴力による農耕民の奴隷化が続いた。つまり、暴力こそが真の社会を生まれさせたのである。こうして生まれた社会は、当然のことながら、労働するだけの階級と労働の成果を享受するだけの階級に分裂していた。

社会が絶対的に望むことは、社会を構成する人びとのあいだで、或る人びとが不安なく消費する一方で、他の人びとがつらい労働に身を委ねるということであり、前者が怠惰だけで手に余っているということであり、後者が人生のなかで一瞬たりとも、労苦からまぬかれることがないということである。社会を確立するためには、人間の一部をこの最低の身分に押しさげる必要が十分にあった。(29)

マルクスの言う労働の疎外にもとづく「他人労働」は原初の社会形成の時代にすでに成立していた。こうしてできあがった社会は、獰猛な狩猟者間に所有権を定め、二度と暴力が用いられないようにするために、厳格な法律を制定する。法律は徐々に適用範囲を広げる。所有権は世界全体に拡張され、万物に適用されるものとなり、文明社会を迎えることになる。

第二節　文明社会の新たな奴隷制

文明社会を論じるとき、ランゲの刮目すべき定式化が現れる。

われわれのような文明国にあっては、すべての要素が奴隷である。それらすべてには主人が存在し、それらを使用してもかまわないという許可を主人から買い取らなければならない。(30)

文明状態は、分業と私的所有が発展する社会である。こうした「完成された社会」では、食料が「飢えた貧乏人にとっては、彼の自由に対する十分な等価物」[31]となりうる。飢えた貧乏人は、貨幣と交換でしか、所有者が決まっている食料を得られなくなっているから、自由になった人間が再び他人労働にくくりつけられる。これこそが文明社会における新たな奴隷制度である。しかし、自由を得ている今回の奴隷の隠れたる主人は、実は雇用主ではなく、奴隷本人の生きようとする欲望であり、窮乏である。生きるためには食べなければならないという自分勝手な必要性が主人なのだ。自分で自分を食べているようなものだから、雇用主には、奴隷を養う義務は一切ない。文明社会においては、人間が自由で、独立した存在となったおかげで、労働力の支出と賃金との交換は、不当、不正な交換とは言われない。これは、奴隷主によって、働かなくとも養ってもらえ、子孫を残すように推奨された古代の奴隷制とは異なって、残酷の極みである現実を新たな奴隷に向かって突きつける。

このようにして、とりこになった自然の全体は、その子どもたちに生活を維持するための手に入れやすい資源を提供するのをやめてしまった。……自然の贈り物に対して、根気強い労働によって支払いをしなければならない。わがもの顔に自然を排他的に占有する富者は、この代価と引き換えでなければ、そのほんの一部でも、再び公共のものに戻ることを承知しない。自然の財宝の分け前にあずかることを許されるためには、それを増やす努力を払わなければならない。[32]

文明社会の新たな奴隷主は、もはや人間を労働力一般としてしか見ていない。だからこの人間＝商品に対しては、勤勉な労働のみが要求され、子孫を残すことは無駄な支出と見なされる。そのうえ、新たな奴隷主にとっては、文明社会の利点である知識社会の形成が新たなる敵対者となる。つまり、奴隷が考える時間を持てば持つほど、彼らは搾取の不当性に不満を募らせ、新たな奴隷叛乱に立ち上がる危険性があるということである。だから、奴隷からは、一切の人間的思考を奪わなければならない。ランゲは、文明社会の奴隷主の新たな企みをこう告発する。

富者から……貧者に対しては、いつも富者の疑念が向けられている。その猜疑心は、富者に独立を侵害と見なさせ、自由を叛乱と見なさせる。思考する権利は自分たちだけのものである、と富者は声高に言う。富者は、赤貧が再び起きあがって、自分が赤貧に対して要求している力の使い道以外のことに、赤貧がその力を用いる気になりはしまいかと恐れるあまり、赤貧を絶え間なく押しつぶすことに専念している。……富者は、赤貧が自分たちの不運について考える時間を赤貧から奪うために、労役を余分に彼らに課している。[33]

文明社会においては、生きようとすれば、かねを稼がなければならない。ところが、生活費を稼ぐ必要のある赤貧の無所有者たちは、「社会の四分の三」というオーダーで存在する。マルクスがランゲに倣って言うように「全社会が［少数の］資本家と［最大多数の］賃労働者とに転化[34]」してしまったからだ。彼らの一人ひとりが同一の必要から生活費を稼ごうとするために、職を求めてお互いに同じ原理から出発して、冷酷無比なマルサス的競争の大渦にまきこまれてしまう。個々人の競争社会である。これは人間が孤立している状態を意味する。「そこから、対立する計画が生まれ、秘密の戦術が生まれ、おおっぴらな暴力が生まれる。そもそも人間は、たった一つの道にしかはいりこめないものである。そこから抜け出ようと努力している一群の競争者たちのあいだで、みんながお互いに押し合いへしあいしているのが感じられる[35]」。

しかし、所有権を定める法律が新たな奴隷のあいだにも厳格に打ち立てられている。万物が隷属する社会で、奴隷や貧者の所有権とはなにか？　それは本人自身の肉体だとランゲは言う。しかし、この肉体という唯一の持ち物が近代の文明国の「奴隷」にあっては、本人の所有物ではなくなっていることをランゲは見抜いている。これは一種の労働の疎外である。

> それ以後、自分自身の制度［社会］によって束縛された人間は、家畜の群れが家畜小屋に閉じこめられているように、大地に閉じこめられて生きてきた。人間には、法律が命令する動き以外の動きをすることは、もはや不可能となった。……この瞬間から、いわば彼の存在は彼自身に属することをやめたのである。彼の腕、彼の思考、彼の命――なにもかもが共同倉庫［社会］に閉じこめられてしまい、それを使うことは、もはや彼の裁量には属さなくなった。……彼は、逆方向の衝撃にも従わざるを得ないと感じるようにさえなった。(36)

自分の肉体が自分の持ち物でなくなるという疎外を蒙った、この文明社会の四分の三に及ぶ貧しい自由人が日々の糧を得ようとすれば、富者の膝にすがりついて、あなたの富をどうか私に増やさせてくださいと懇願せざるを得なくなる。ランゲによれば、人間はなにも好き好んで市場に出かけて、みずからを売るのではない。

> わが日雇い労働者は土を耕すが、とれたものは食べられない。それなのに、彼らが大地の耕作を無理強いされるのは、まさに別な形で生きていくことが不可能であるためである。……まさしく貧窮が彼らを市場に無理やり連れていく。そこで彼らは、彼らを買うという慈悲を示したがる主人が出てくるのを待つ。彼らは、貧窮ゆえに金持ちの膝にすがり、あなたを儲けさせてさしあげることをどうかお許しくださいと頼まざるを得ないのである。(37)

近代の文明社会は、その最低身分にとっては、食料さえ確保できない野蛮な「涙の谷(38)」である。社会が消費と労働、怠惰と労苦に分裂し、前者が富裕な階級によって担われ、後者が貧しい階級によって担われていることに、社会の重大欠陥がある。もし人間一般が平等であれば、あらゆる類の犯罪が生じないはずだ。

社会がないとしたら、盗人はいるだろうか？……司法が罰する契約違反は、財産の不平等分配から生まれるのではないか？財産の不平等分配のせいで、四分の三の人間には、食料を確保することがきわめて困難になったり、ときには、不可能になったりさえするのではないか？(39)

だが、社会とともに主人と奴隷への分裂が始まっている以上、社会を廃棄することなくして、真の平等を達成することはできない。四分の三の人間は、社会と縁を切らなければ、真の自由を手に入れることもできない。文明国では、啓蒙の哲学者やエコノミストが説くことに反して、社会そのものを転覆しなければ、自由が手に入らない。すべての人間が「自由であるのを見たい」という自由の鼓吹者に、ランゲは、人間の自由は「社会の存在と並び立ちえない」し、それでもなお、人間を奴隷小屋から引き出したいのなら、「社会をひっくり返すことからはじめたまえ」(40)と忠告を与える。

しかし、ランゲがこのように、財産の不平等分配の廃止に言及し、社会の転覆という帰結に到達したからと言って、彼は、なんらかの革命のようなものが起こることを期待しているわけではない。ランゲはマルクスではない。まったく反対である。この不吉な未来、すなわち新たなるスパルタクスの登場が予測されるからこそ、いまのあいだに、アジアの専制を見習って、社会の四分の三の人間に食料を保証する法体系を整備するとともに、貧困層をケインズ的な「奢侈の有用きわまりない道具」(41)にするほかないのである。社会の四分の三の労働層に対して、こうした貧困対策を講じてはじめて、彼らに対して、忍耐を呼び掛けることが有効となり得る。(42)

第三節　黒人奴隷制批判――テュルゴとスミス

ランゲが非難した、このような文明社会の新たな奴隷ではなく、中世の農奴を含めて、債務や戦争や人間狩りによって生まれる古代ギリシア・ローマ以来の奴隷を永遠の奴隷像と考える啓蒙の観察者たちのなかでも、経済的側面から奴隷制一般を見る観察者たちは、政治的側面から奴隷制を見るモンテスキューやルソーなどとは違って、黒人をも含めて、奴隷に労働力の所有者としての資格を認めるから、彼らを人間として扱うことはできる。労働力として人間を捉えた場合には、資本主義的社会関係以外のいわば「経済外的強制」によって働かざるを得ない存在だけが奴隷なのである。

そこから人道に基づく黒人奴隷制への非難も導き出される。近代的経済学を創始したテュルゴには、黒人奴隷制に反対する主張がある。[43] それは、私的所有にもとづく経済自由主義の観点から奴隷労働を評価してのことである。テュルゴは、『富の形成と分配にかんする諸考察』のなかで、人間は私的所有者となってはじめて価値があるのだという観点から、農業労働者の価値をその労働能力（「腕と技能」）に求めている。

> 腕と技能とを持っているにすぎない単純労働者は、他人に首尾よく自分の労苦を売る限りでしか、なにものも所有しない。しかし、その労苦を高く売ったり、安く売ったりすることは、彼ひとりで決められることではない。それは、彼の仕事に支払いをする人間とのあいだでの同意から帰結するのである。彼の仕事に支払いをする人間は多数の労働者のあいだから選べるので、できるだけ安値で働く人間を好む。したがって、労働者は相互に争って値段を下げざるを得なくなる。労働者の生活資料の調達に必要なだけの賃金に労働者の賃金が限定されるということが起こる。[44]

土地所有者にとっては、賃金への支払い分ができるだけ少なく、それでいて勤勉に働く人間であればよいということになる。この条件を満たす耕作者は二種類存在する。賃金労働者と奴隷の二種類である。テュルゴからすると、この二種類の耕作者は他人のために働くという点では共通しているが、しかし後者は、土地所有者に対して、いささかの権利も持たず、生身の人間が土地所有者の完全なる所有「物」になっている。奴隷に支払われるものは、最小限度の必要物と生活資料のみである。その点で、奴隷制度は「忌まわしい慣習」である。それは、奴隷獲得のための残忍な征服戦争を頻発させ、人間の破壊によってのみ存続する制度である。しかも、奴隷制は私的所有が認められていない点で、非効率な制度である。

奴隷は自分の強制労働を叡智と配慮によって行うための動機を持たない。したがってこれらの労働はごくわずかしか産出しないことになる。強欲な主人は、この奴隷耕作の必然的結果としての生産の不足を補うためにさらに一層耐え難い、一層連続的な、一層苛酷な労働を強制することしか知らない。これらの過度な労働のために多くの奴隷が死亡する。そこで耕作に必要な人数を常に維持するためには、取引は毎年非常に多くの奴隷を供給しなければならない。……しかもこの取引の最初の元手を作るのは戦争であるから、この取引が人間の夥しい破壊によってのみ存続するのは明らかである。(45)

実は、テュルゴにとって、奴隷による耕作は、戦争の頻発と人間性の破壊という点で問題であるというよりはむしろ、私的所有への物質的刺激がないために労働効率が低いことの方が問題である。それが農奴制の社会への移行を必然的に促す。しかし、その場合の必然性にも、人間の心理的状態が大きく関係する。

その家で生まれ、幼時からその状態になれている奴隷は、あまり反抗せず、主人も奴隷を服従させるためにあまり苛酷な方法を用いないでよい。しだいに、彼らの耕作する土地が彼らの祖国となる。彼らは主人と同じ言葉しか知らない。彼らは同じ国民の一部となり、親密さが生じ、その結果主人の方の信頼と慈愛とが生まれる。[46]

この精神的要素は、農奴制から借地小作へと進化する際にも重要な要素となる。土地の賃貸に基づく借地小作こそテュルゴの推奨する耕作形態である。しかし、その場合でも、「賢明で富裕な耕作者」[47]の熱心な管理が前提となる。借地小作は、すでにフランス農村に広がっている。とくに、ランゲも体験してきたピカルディ地方をはじめとする北部地方の農村地帯では、借地農（fermier）による耕作が発展している。南部地方は、まだ分益小作（métayer）が一般的であるから、「したがってフランスの北部諸州は南部諸州よりも比較にならないほど富裕で、よく耕作されている」[48]とテュルゴは結論づけているが、テュルゴとランゲの視点の違いは明確であろう。なぜなら、北部地方には、明日生きるためのパン代すら稼げない大勢の日雇い労働者が人口の四分の三にも及ぶ数で存在していて、彼らこそが、ランゲに言わせれば、奴隷以下の境遇に喘いでいたのだから。テュルゴの目には、このような日雇い人夫（journalier）という名の賃金労働者の苦難が捉えられていない。同じことはスミスにも当てはまる。

アダム・スミスがテュルゴに先駆けて奴隷制の問題に触れるのは、一七六三年二月一五日と翌一六日の講義においてである。奴隷制の問題になると、スミスは、古代ギリシア・ローマの奴隷も、黒人奴隷も同じ厳格さと苛酷さに隷従させられていると認識している。そして、奴隷制が緩和され、奴隷が人間らしく扱われるには、主人の経済力が大きくなく、たくさんの奴隷を抱えない場合であると考えている。その証拠に、「決して富裕ではないために奴隷を多数と言えるほど抱える余裕がない」北米植民地では、奴隷は「極めて人道的に扱われ、非常に穏やかなやり方で使用されている」[49]とスミスは言う。

スミスは、第九章（松本）第四節でも論じられているように、「慈愛心を人間本性の基礎に置いたハチスンの議論を批判し」つつ、もっぱら「経済的合理性」の視点から奴隷問題を扱っている。スミスの奴隷制批判は、キリスト教的慈愛とか、人道主義とかに起因するものではない。彼は、近代経済学的計算の視点を採用している。だから、奴隷たちの逃亡や叛乱に対する奴隷主側の残忍さいかんは、奴隷の数と経済的利潤の大小によって決定されるのである。スミスは、北米の入植者たちの温和さをピューリタン的な小規模経営とそれに伴う奴隷の数の少なさに求める一方で、イギリスと対抗していたスペイン、フランスなどの諸列強が支配する西インド諸島の砂糖栽培に酷使される黒人奴隷の悲惨で非人道的な状態の原因を、砂糖貿易からあがる莫大な利益とそれに伴う大量の奴隷の存在に求めている。

奴隷たちが厳格に使役される西インド砂糖諸島においては、奴隷の数は非常に多い。砂糖貿易は、穀物耕作よりもはるかに多くの利潤をもたらす。……砂糖貿易は、……非常に短い間に多くの人間がしばしば測り知れないほどの富を集めるので、彼らには奴隷の大群を抱えておく余裕があり、その数は自由人の数をはるかに凌いでいる。このことが自由人を、奴隷たちに対する絶えまない恐怖に置いている。したがって、彼らに対しては、最大の厳格さと苛酷さが発揮される。ほんのちょっとした叛乱の気配がしただけで、途方もない数の奴隷が殺される。ほんのちょっとでも混乱を作り出す気配を感じさせただけで、だれかれ構わず縛り首にされる。しかも、これは、通常のやり方のように、ロープを用いて行われるのではない。犬に対して用いられるような鉄の首輪が使われるのである。奴隷たちは、そんな首輪をはめられて、餓死するまで六、七日のあいだ吊るされる[50]。

明らかにスミスは、当時、大々的に流布されたカトリック強国スペインの「黒い伝説」に触発されており、英国植民地の穏和な統治に比べて、カトリック諸国の奴隷待遇は、非人道的であると非難しているのである。しかし、ここで描写されている残忍な処刑方法は、穏和だと評された「北米の入植者」が黒人奴隷に対して用いていた方法でもある。というのも、一七三九年九月には、サウスカロライナにある英国植民地で、ストウノ叛乱で知られる、「この世紀中もっとも激しい黒人奴隷暴動」が起きていたからである。世紀初頭から、サウスカロライナでは、人口の大半を黒人奴隷が占めていて、入植者にとっては非常に危険な状態が出現していただけでなく、当時対立状態にあったスペインは、フロリダの植民地で逃亡奴隷に自由を与えていた。読み書きのできた「新たなスパルタクス」は、フロリダへ逃亡しようとして、元兵士の黒人奴隷たちを率いて叛乱に立ち上がり、民兵と衝突した。叛乱は鎮圧され、大半の黒人奴隷は処刑され、残りの黒人は、カトリック列強の植民地へ奴隷として再転売された。「翌年の暴動でも黒人五〇人が縛り首にあった。」[51]もちろん、サウスカロライナでは、叛乱後の対策として、奴隷輸入を一時的に削減するとともに、「より無慈悲な奴隷法を採択した」[52]。

講義で、スミスは、サウスカロライナにおける英国植民地にかかわる三つの重要な事実を指摘していない。一つは、サウスカロライナでは、西インド砂糖諸島におけるように、すでに黒人奴隷人口は、白人入植者の人口を上回っていたことである。これは、先に見たスミスの奴隷論に反する事実である。もう一つの事実は、現地では、黒人奴隷に対して苛酷な支配がおこなわれていなかったどころか、むしろ合理的、経済的、近代的な労働管理がおこなわれていて、驚くべきことに、自立した経済生活を営む黒人奴隷が増加し、白人は日々の食料品をこうした黒人農夫から買っていた[53]。この点も、私有財産が認められるほど合理的な奴隷管理があったからといって、奴隷叛乱を招かないわけではないことは明らかである。最後に、国境を接していたスペインのフロリダ植民地では、「黒い伝説」に反して、黒人奴隷は解放されていて、自由人として土地耕作をおこなっていた。その情報は、もちろん、黒いスパルタクスの耳にも入っていた。だから、奴隷叛乱の原因には、経済データに、還元できない社会の基本原理にかかわる問題が含まれているのである。

いずれにせよ、黒人奴隷の暴動とそれに対する残酷な処刑は、サウスカロライナのような黒人人口が白人人口より多い「メリーランド以南の植民地」での話とは限らない。黒人人口が少なかった北部の植民地でも「奴隷は南部よりも、もっと騒動を起こして」いた。たとえば、一七四一年には、黒人奴隷が圧倒的に少ない東部のニューヨーク市で、黒人奴隷と貧しい白人とが共謀した暴動が起き、あちこちが焼き討ちされた。放火のかどで、「黒人一三名が生きながらにして焼かれ、一八名が縛り首になった。(54)」だから、奴隷の数や経営規模などの経済的要素は、黒人叛乱の件数や残忍な刑罰とは、ほとんど関係なかったのである。これは経済決定論と社会＝進歩観の罠であろう。

同じ不十分さは、『国富論』にも現れている。『法学講義』の上記の引用箇所をさらに簡略化して、スミスは、奴隷を無所有者として規定し、「奴隷たちは、日々の生活資料以外にはなに一つ獲得できなかった」がゆえに、「なんの財産も獲得できない人は、できるだけたくさん食べ、できるだけ少なく働く、ということでもする以外になんの楽しみをありはしない(55)」と断定している。テュルゴとともに、スミスの永遠の人間像でもあるこの「経済人《ホモ・アエクアリス》」は、暴力を振るわれずには働きはしない。ところが、人間は奴隷主の方になりたがる。

> 人間には自尊心というものがあるから、人は権勢をふるうことを好み、自分からへりくだって目下の者を説得することくらい、人に屈辱を感じさせるものはない。……人は一般に自由民の労役よりも奴隷のそれを使いたがるであろう。(56)

しかし、砂糖貿易で巨利が見込める場合と違って、穀物栽培では、それだけの儲けもなく、したがって資本力

がないために、

穀物を主産とするイングランドの諸植民地では、その仕事のはるか大部分は自由民によってなされている。そのすべての黒人奴隷を解放するというペンシルヴァニアにおけるクエーカー教徒の近頃の決議は、黒人奴隷がたいしたものではありえないということについてわれわれを得心させてくれるであろう。もし黒人奴隷が彼らの財産のかなりの部分を形作っているのなら、このような決議はけっして同意を得なかったであろう。これに反して、わが砂糖植民地では、その仕事の全部が奴隷によってなされ、またわがタバコ植民地では、その非常に大きな部分がそうされている。……両者はいずれも奴隷耕作の経費を支払う余裕があるけれども、この余裕は砂糖の方がタバコよりもさらに大きい。したがって、わが砂糖植民地での方がタバコ植民地でよりも、黒人の数は白人のそれに比例してはるかに多いのである。[57]

スミスは論点先取しているように見える。「クエーカー教徒の近頃の決議」がなされたのは、『国富論』出版の一年前だが、それをもって、ペンシルヴァニアにおける黒人奴隷の数の少なさを推定しているからである。しかし、このスミスの経済決定論の落とし穴は、別のところにある。黒人奴隷の思想と行動を決定したのは、彼らの出身地、そこにおいて奴隷身分に転落した経緯、奴隷主、奴隷双方の宗教的背景やカトリック教国の対外政策に対する評価にある。要するに、古代ギリシア時代以来の西洋史における奴隷問題は、資本主義的な経済観とは無関係のように思われる。ただし、資本主義的システムが永遠のものと考えた場合には、この単純な決定論で奴隷制批判は完結するのである。

しかし、ランゲにとっても、マルクスにとっても、奴隷の本質は、人種の相違を問わず、怠惰と逃亡と最悪の場合は、叛乱にある。だから、要するに、「直接的労働者としての労働者と生産諸手段の所有者との対立を基礎とするあらゆる生産様式[58]」では、労働者の怠惰、逃亡、叛乱を防ぐために所有者側による監督・監視強化が必須の事柄となるのである。したがって、資本主義的システムであろうと、古代奴隷制であろうと、なんらかの意味での強制的隷属がシステムのなかに組み込まれているということである。奴隷制は終わってなどいない。

おわりに ―― 文明社会の新たなる奴隷制をめぐるランゲとマルクス

ランゲには資本主義的生産の本質がわかっていた、とマルクスが『剰余価値学説史』に書き付けた真意がいま初めて理解される。つまり、それは、分業から成り立つ「完成された」近代文明社会において、等価交換の名の下に行われる労働力と資本の交換の酷薄さ、その非人間性、マルクス風に言い換えるなら、労働の疎外にランゲが気づいていたということなのである。ランゲとそれに続いてマルクスが端的に示したように、文明社会は、「経済外的強制[59]」がないことを除けば、「社会的生産諸手段をも貨幣をも独占的に所有している」資本家階級 ―― ランゲ的には富者 ―― と「自分の労働力だけしか意のままに処理できない[60]」労働者階級 ―― ランゲ的には「奉公人あるいは日雇い労働者」 ―― とから成り立っている点で、新たな奴隷制なのである。しかも、一日中働いてもろくな収入を得られず、明日のパンさえ買えない奉公人が借金地獄に苛まれながら投獄される憐れな姿を見ていたランゲにとっては、この新たな奴隷制は、古代奴隷制よりも残酷である。なぜなら、それは、シャイロック的に人肉を切り取ることをせず、債務奴隷用に救貧院と牢獄を備え、貧者に緩慢な死、とりわけ餓死を強いているからである。

マルクスにおける奴隷論は、近代的資本主義時代以前の生産関係が基本的にみななんらかの意味で奴隷制であるから、極めて簡単明瞭である。彼は、「農奴制およびたんなる貢納義務」の奴隷制と純粋の「奴隷経済またはプランテーション経営」とを形式的に区別して、後者の「奴隷の場合には、他人の生産諸条件で労働し、自立しては労働しない」とし、いずれの奴隷制でも、必要なのは「人身的従属諸関係、程度は異なるにせよ、人身的不自由、及び土地の付属物としての土地への緊縛、本来の意味での隷属である[61]」としている。つまり、奴隷とは、身体が他人の所有物であるために不自由民であるか、身体が他人所有の土地へ縛り付けられているために不自由民であるかのどちらかしかないというわけである。

近代的資本主義時代の賃金労働者をも含むマルクスの奴隷観は、ヘーゲル的な否定の否定の概念[62]で説明するのがわかりやすい。マルクスによれば、原初の奴隷制は、人間を全体として隷属に置くものであった。つまり、この奴隷は人間ではなく主人の所有「物」であり、主人のお飾りと同じ境遇に奴隷はあったということである。このような野蛮な隷属を実現するには、必ず戦争を含む非人間的暴力が必要であった。マルクスの言う「経済外的強制」である。ランゲの場合は、狩猟民による農耕民の暴力的奴隷化である。

この意味での奴隷制は、農奴制とはまったく異なる。農奴制では、奴隷は人間性を部分的には回復していて、「直接的労働者は自分自身の生活維持諸手段の生産に必要な生産諸手段及び労働諸条件の占有者[63]」なのである。農奴は、土地に縛り付けられている奴隷であるから、土地と運命を共にしている。これは、原初の奴隷の否定である。原初の奴隷は、主人の所有物であり、その主人は自由人だった。だから、原初の奴隷は主人という自由な人間に縛り付けられていた。それを否定したのが農奴である。他人所有の土地という動かざるものに拘束されているものの、農奴は自己所有物を自己の肉体以外にも所有していた。生産手段をすべて自己所有物としていた。農耕用の家畜も自己所有であって、共同所有とか、奴隷主の所有とかではなかった。だから、彼らは、文字通り「労働地代」という概念でマルクスによってくくられる存在だった。

ところが、ランゲが告発し、マルクスがそれを受け継ぎながら、全面的に展開した文明社会の奴隷制は、この農奴制の否定にもとづいて築かれているものである。だから、この奴隷制の特徴は、直接的労働者が「自分自身の生活維持諸手段の生産に必要な生産諸手段及び労働諸条件の占有者」などではまったくない、ということである。この点では、原初の奴隷制、そして多少は腐朽した古代ローマの奴隷制が条件付きで復活している。つまり、文明社会の奴隷は、労働したうえで、その成果を賃金という食べられはしない無味乾燥、無色透明の金属で受け取り、それをしかるべき生活資料と交換しなければ生きてはいけない存在なのである。他人のために働かなければいけないという点は、原初の奴隷制と同じである。しかし、否定の否定で復活した、分業時代の文明社会の奴隷制は、原初の奴隷制と比べて、二重の交換[64]が生きていくための条件となっている点で、その苛酷さと非人間性は、原初のそれとは比べものにならない。

生きていくためには、働かなくてはいけないが、働き口があるかどうかは、資本の知るところであって、労働者自身の知るところではない。いわゆる「資本主義的生産様式の歴史時代に固有な人口法則」の発現としての「産業予備軍[65]」の誕生である。この労働と資本の交換が幸運なことに実現しても、今度は、生活資料を手に入れるための交換が待っている。賃金が安ければ、生きてはいけない。そして、これらすべてが等価交換としての合法性を持っているのが、自由を得た諸個人から成り立つ文明社会の経済システムなのである。

シャイロックの債務者は、肉体の一部を債権者に担保として差し出すが、「公正な」裁判官は、人間の肉体の一部を切り取ることは[66]、人間をまるごと購入するのと同じであるから、不当、不正な交換であり、公序良俗に反するとして、シャイロックを断罪する。ところが、同様のことが文明化した産業社会で生じているのに、この交換は不当とは見なされず、合法と見なされている。ランゲが鋭く突いたのがこの点である。文明社会の奴隷制では、人間は働かなければ食べてはいけないのに、特段、働かなくてもよいと言われるうえに、働くことは、人間を一定時間購入しているだけだから、買い取った一定時間が過ぎると、雇い主は日雇い労働者あるいは奉公人と呼ばれる人間を解雇して、路頭に迷わせても構わないというのである。

私は率直に、かつ同じほどの痛みをこめて言うが、奉公人がそこで得たのは餓死の恐怖に四六時中さいなまれることだけだった。人間の最低の地位に置かれていたそれまでの先行者たちは、少なくともそんな不幸を味わわなくても済んだ。奉公人は、奴隷制に結びつけられた、ありとあらゆる劣悪な待遇にさらされているうえに、その埋め合わせとなっていた生活の安定さえ持たない。……奴隷は、労働をしていないときでさえ、食べさせてもらえていた。仕事をしているときに、奴隷から引き出せる奉仕を期待しているから、休息のときでも、食料が奴隷には保証されていた。……しかし、自由な日雇い人夫となると、働いているときでも、しばしば報酬の支払いが悪いから、働いていないときには、彼はどうなるのか？ だれが彼の運命について心配するだろうか？ 彼が衰弱と窮乏でたまたま死ぬことになったときに、なにがしかの価値を彼はだれに対して持つだろうか？[67] それゆえ、だれが彼の死を妨げることに利害関係を持っているだろうか？ 彼は自由だ、とあなたがたは言う！ いかにも！ そこにこそ彼の不幸がある。彼はだれにも依存していない。しかし、他人の方も、だれひとりとして彼に依存していない。彼が必要になる場合、できる限り安値で彼は雇われる。彼に約束されるわずかな報酬は、それと交換で彼が提供する労働日のための食料費にかろうじて等しい。彼が職務を手際よく果たすことを彼に強いるために、監視人たちが彼に差し向けられる。彼はせきたてられる。巧妙に、もっともな理由をつけて怠けることによって、彼が活力の半分も出さないのではないか、と恐れて、彼は突き棒で追い立てられる。同じ仕事にもっと長いあいだ雇われていたいと希望することから、彼の腕が止まり、彼の用具がなまくらになるのではないか、と心配なのである。不安げに彼を目で追う、浅ましい経済は、ほんの少しでも彼が自分にくつろぎを与えていると、そのことで彼に非難をあびせかける。一瞬でも、休憩を取ろうものなら、経済は、彼は私を盗んでいる、と主張する。終われば、雇ったときと同じように、このうえなく冷たい無関心さで、彼は解雇される。苦労の多い一労働日で、二〇ないし三〇ソル稼いだばかりだが、これくらいの金額で、あとの日に仕事が見つからない場合に、食料費として十分なのかどうか、気にかけられることもない(68)。

この、自由は得たが、憐れをとどめる奉公人の姿と経済人《ホモ・アエクアリス》たるスミスの「自分たちの分け前をできるだけ大きくするために」働く人間との懸隔は、おそらく、みずからが目の前にしていた資本主義的な文明社会の発達度の相違に由来するものであろう。したがって、そこから生じる「野蛮」の概念もまた両文明社会では相違していたのである。この懸隔についての明確な自覚こそが、第九章（松本）で示されたプリーストリの「人道主義」的要素をより加味した反奴隷制論をもまったく不十分な見地として斥ける、ランゲ独特の反進歩主義的反奴隷制論の真骨頂だったのである。まさに、その意味でランゲの反奴隷制論は、強力な第四階級擁護論と解釈され得たのであり、一九世紀を予告する共産主義イデオロギーの支柱ともなり得たのである。

永遠の奴隷制に支えられた社会を転覆する新たなるスパルタクスは、まもなくフランスに出現した。一七九二年夏、飢えの恐怖に苛まれたカプラン的民衆は、チュイルリー宮を襲い、食物を略奪した。襲撃を指導した激昂派の「赤い司祭」ジャック・ルーは、民衆に向かってこう宣言した。

ある階級が別の階級を飢餓に陥れても罰せられないのであれば、そのとき自由とは実体のない亡霊にすぎない。金持ちがその独占権によって、同胞たちに対して生殺与奪権を行使するのであれば、そのとき平等とは実体のない亡霊にすぎない。食料価格を昼夜分かたず操作する反革命どもが、涙なしには四分の三の市民の手に届かないほどの価格にそれをつり上げるのであれば、そのとき共和国とは実体のない亡霊にすぎない(69)。

ランゲは、すでにこの国民の四分の三にも及ぶ数の第四階級の凍死や飢餓に関して、同じことを一七七四年の『パンと小麦について』というパンフレットで言っていた。

人間たちが自発的に集まって社会を作り、この集合体が契約にもとづいて成立したと仮定してみたところで、これらの契約は、畑の領有権を授けられた所有者が例外もなく、どのような制限もない所有権者となり、専断者となるなどということを決して定めたものではなかった。隣人たちは、彼の享受を尊重すると約束したとしても、彼の生垣のそばで、寒さに凍えて死ぬなどということを決して誓ったわけではない。そんなときには、むしろ、彼の生垣を彼の許可なく切って、暖を取ることを誓ったということであり、彼の納屋の扉の前で飢えて死ぬことを誓ったわけではなく、むしろそんなときには、彼の意向を聞かずに納屋のなかにはいって、そこで穀物を手に入れることを誓ったのである。昔のような共同所有に戻ることを放棄したのは、自己ないし他人の労働により、食糧や雨露をしのぐ場所を手に入れられる限りでしかない。その点で万策尽きたときは、生垣も納屋も再び共同のものとなる。少なくとも欠乏が存在し、地主の隣人たちが絶対的な必要によって、法を破るか死ぬか、どちらか一方を選ばざるをえないあいだは、そういうことになるのだ。[70]

ここで注目すべきは、「労働により、食糧や雨露をしのぐ場所を手に入れられる限りでしかない」というランゲの主張である。文明社会においては、「労働」しなくては生活が成り立たない。国民の四分三にも及ぶこの階級に、共和国という名の文明社会が労働に対する雇用を保証できなければ、社会契約を反故にしても構わないということである。同じランゲのパンフレットは、大革命の年に『穀物取引について』(*Du commerce des grais*) と名前を変えて出版されて、「平等派陰謀」のグラッキュス・バブーフの愛読書となったという。

ほぼ八〇年後に、マルクスは、穀物をも含む自由貿易の是非めぐって、立場を鮮明にしなければならなかった。

彼は、ブリュッセルでする予定だった演説の原稿をチャーチストたちの機関紙である『ノーザン・スター』*Northern Star* に寄せた。そのなかで、彼は、自由貿易からは、マルサスの人口法則が貫徹されることにより、最後にはプロレタリアの解放となるべき闘争が導き出されるので、全地球的な自由貿易に賛成である、というランゲの主張とは正反対の態度を採った。爾来、現実には、「労働者階級は多数の窮乏、多数の困苦、多数の屍を産業戦場に残して初めて一つの階級として自己保存できる」といういわばリカードウ的な窮乏化＝革命論とスパルタクス待望論が幅を利かせることになるが、しかしながら、相変わらずマルクスの革命思想の根底には、ランゲの特異な文明社会観が横たわっていた。彼は演説の最後で、プロレタリアに究極の選択を迫っている。すなわち、プロレタリアは、「現在存在する〔資本主義的〕経済学の全体を否認しなければならないか」、「貿易自由のもとで、経済学の諸法則の持つ苛酷さが労働者階級に振りかかってくることを承認しなければならないか[71]」どちらかであるというのである。つまり、マルクスの道か、ランゲの道かの選択を迫ったのである。しかし、いずれにせよ、ランゲが主張したように、社会の全体を廃棄しなければ、真の自由は実現しないのである。この文明社会観と社会廃棄の思想が共産主義思想の中に永続したことは、ほぼ五〇年後にフリードリヒ・エンゲルスが『資本論』で補った次の文言でも明らかである。「より高度な経済的社会構成体の見地からは、個々の個人による地球の私的所有は、ある人間による他の人間の私的所有と同じくまったく馬鹿げたものと見えるであろう」（第三巻、第六篇、第四六章）。この新しい人間結合では、一切の奴隷制が社会とともに廃棄されているのである。

注

＊ 以下で参照した邦訳文献の訳文は筆者が変更している。

（1） Montesquieu, *De l'esprit des lois*, "*Oeuvres complètes*", Gallimard, Paris, 1951, tome II, p. 494. 邦訳『法の精神』、野田良之他訳、

岩波文庫、一九八九年、中、五八頁。

（2） *Ibid.* 邦訳、五九頁。

（3） *Ibid.* 邦訳、同頁。

（4） Lafontant, J. J., *Montesquieu et le problème de l'esclavage dans L'ESPRIT DES LOIS*, Édition Naaman, Québec, 1979, pp. 112ff.「彼は、一七二三年にはすでに、西インド会社の株を所有し、奴隷貿易の詳細を承知していた。」（*op. cit.*, pp. 114–115.）半世紀前には、ジョン・ロックも、黄金海岸からの奴隷貿易のために再建された王立アフリカ会社に投資し、二年半後には、三割の利益をあげている。また、一六七二年年九月には、事業の第一回会議に出席するために、肺の調子が思わしくないのに、わざわざパリにまで彼は赴いている（Woolhouse, R., *Locke. A Biography*, Cambridge University Press, Cambridge, 2007, pp. 110–111.）。民主主義と植民地主義は、現代においてもそうであるように、まったく別の概念であった。

（5） Rousseau, J. -J., *Discours sur l'origine et les fondements de l'inégalité*, “*Oeuvres complètes*”, Gallimard, Paris, 1964, tome III, p. 144. 邦訳『人間不平等起源論』、本田喜代治他訳、岩波文庫、一九七二年、五六頁。

（6） *Ibid.*, p. 143. 邦訳、五五頁。

（7） *Ibid.*, p. 145. 邦訳、五八頁。

（8）『市民法理論』のシモン＝ニコラ＝アンリ・ランゲと、そのランゲの言説の影響力に恐怖感を抱いたユストゥス・メーザーと原始蓄積論のスミスの三者が出会うのは、マルクスが資本主義的地代の生誕を物語る第三巻、第六篇、第四七章においてである。

（9） ヘーゲルが『法哲学講義』で語る奴隷も、「自分の本質、自分の無限性、つまり自由を知らず、自分が本質であるとは知らない、自己を思惟しない（er denkt sich nicht）」（Hegel, G. W. F., *Grundlinien der Philosophie des Rechts*, “*Werke 7*”, Suhrkamp, Frankfurt, 1986, §21.）存在である点で、人間ではない。一九世紀ドイツにおいても、いまだに奴隷は人間とは見なされていない。

（10） Kaplan, S. L., *Le retour du bon pain*, Perrin, Paris, 2002, p. 232. 邦訳『パンの歴史』吉田春美訳、河出書房新社、二〇〇四年、二三七頁。「穀物依存は社会生活すべての局面を制約していた。」（Kaplan, S. L., *Bread, Politics and Political Economy in the Reign of Louis XV*, M. Nijhoff, The Hague, 1976, p. XVI.）

（11） Linguet, Simon-Nicola-Henri, *La Théorie des loix civiles, ou principes fondamentaux de la société*, t. I. Londres, 1767, pp. 213–214. 邦訳『市民法理論』、拙訳、京都大学学術出版会、二〇一三年、一五三―一五四頁。

（12） 同じ反フィジオクラシーの陣営に属するジャック・ネッケルも『穀物立法と穀物取引について』（*Sur la législation et le commerce des grains*, Paris, 1775）で、奴隷制を社会の本質としている。「人間本性の永遠の奴隷制とは、犠牲と対立のまっただなかで、享受することにほかならない。社会の法律は、おそらくこの状態を和らげてきたのである。なぜなら、法律は、各人にその財産を保証することで、なにかを獲得するために戦い、なにかを保持するために力を持つことを免除したからだ。……しかし、そのときには、公共の力が絶対的に必要なものとなった。」(pp. 15–16.)

(13) ランゲは言う。「貴族制は、あらゆる行政のなかで一番腐敗している。いやむしろ一番堕落していると言うべきである。したがって、貴族制はこのうえなく専制主義的である。……真の専制主義とは、貴族制の最終段階でしかない。」(Linguet, *op. cit.*, t. II, p. 189n)

(14) *Du plus heureux Gouvernement, ou parallèle des constitutions politiques de l'Asie avec celles de l'Europe: Servant d'introduction à la Théorie des Loix Civiles*, tome II, pp. 14–15.

(15) 啓蒙の自然法論者は、一般に理性の呼び声に応える理性人を想定するが、ルソーは、モンテスキューを引き継いで、そこに感性や感情を加えた点で近代的である。Cf. Riley, P., Rousseau's general will: freedom of a particular kind, "*Rousseau and liberty*" edit. by Robert Wokler, Manchester University Press, Manchester, 1995, pp. 22ff.

(16) Linguet, *op. cit.*, t. I, p. 170. 邦訳、一二二頁。この問題を科学的に解明するには進化論の研究が必要となる。拙著『思考の自由とはなにか』、晃洋書房、二〇一二年、第三章参照。

(17) *Ibid.*, p. 171. 邦訳、一二三頁。

(18) *Ibid.*, p. 274. 邦訳、二〇一頁。

(19) Linguet, *op. cit.*, t. II, pp. 60–61. 邦訳、四〇三―四〇四頁。

(20) Hobbes, Th., *Leviathan*, edited by C. B. Macpherson, Harmondsworth, Penguin Books, 1968 (1651), chap. XIII, p184. 邦訳、永井道雄責任編集、『ホッブズ』、中央公論社、『世界の名著二八』、一九七九年、一五五頁。

(21) Linguet, *op. cit.*, t. I, p. 266. 邦訳、一九六頁。

(22) *Ibid.*, p. 267. 邦訳、一九七頁。

(23) *Ibid.*, p. 268. 邦訳、同頁。

(24) *Ibid.*, p. 271. 邦訳、一九九頁。

(25) Hobbes, *op. cit.* p. 189. 邦訳、一六〇頁。

(26) Linguet, *op. cit.*, t. I, p. 270. 邦訳、一九八頁。

(27) *Ibid.*, p. 326. 邦訳、二三八頁。

(28) *Ibid.* 邦訳、同頁。

(29) *Ibid.*, p. 272. 邦訳、二〇〇頁。

(30) *Ibid.*, p. 176. 邦訳、一二七頁。

(31) Linguet, *op. cit.*, t. II, pp. 244–245. 邦訳、五四一頁。

(32) Linguet, *op. cit.*, t. I, p. 177. 邦訳、一二八頁。

(33) *Ibid.* 邦訳、同頁。

(34) Marx, K., *Grundrisse der Kritik der politischen Ökonomie*,

Europäische Verlagsanstalt, Frankfurt, 1939, p. 190. 邦訳『経済学批判要綱』、高木幸二郎監訳、大月書店、一九五九年、II、二〇一頁)。「国民の四分の三」という表現は決して誇張ではない。「農村プロレタリアと非所有者に特定するなら、その数は大規模農耕の北部地方で非常に大きい」(Soboul, A., *La France à la veille de la Révolution, I, Economie et Société*, SEDES, 1969, p. 169.)として、Lefebvre, G., *La grande peur de 1789*, Armand Colin, 1988 (1932)(邦訳、『フランス革命序論』、高橋幸八郎他訳、岩波書店、一九七五年)からの数値(五五%から七五%)をソブールは引用している。

(35) Linguet, *op. cit.*, t. I, p. 179. 邦訳、一三〇頁。

(36) *Ibid.* p. 181. 邦訳、一三一頁。

(37) *Ibid.*, p. 262. 邦訳、一九二—一九三頁。

(38) Linguet, *op. cit.*, t. II, p. 448. 邦訳、六八八頁。

(39) Linguet, *op. cit.*, t. I, p. 199. 邦訳、一四四頁。

(40) Linguet, *op. cit.*, t. II, pp. 512–513. 邦訳、七三三—七三四頁。

(41) *Ibid.*, p. 61. 邦訳、四〇四頁。

(42) 「忍耐を説く哲学の方が、反抗をけしかける[啓蒙]哲学よりずっと道理にかなっている。」(*Ibid.*, p. 520. 邦訳、七四〇頁)

(43) テュルゴに心酔していたコンドルセが「黒人友の会」の初代会長であったことは知られている。彼は「人間を奴隷身分に陥れ、彼を買い、売り、彼を奴隷身分にとどめ置くことは、まがうことなき犯罪であり、盗みよりもたちの悪い犯罪である。まさにそれは、奴隷からすべての動産や不動産を剥ぎ取るだけでなく、それらを獲得する能力をも奪い取り、彼の時間、彼の力、そして、彼の生命を保存したり、その欲望を満足させたりするために天が与えたすべてのものの所有権をも奪いとることである。この誤りに、奴隷の人格の処分権を奴隷から奪うという誤りが付加されている」(*Réflexions sur l'esclavage des nègres. Par M. Schwarts, Pasteur du saint-Évangile à Bienne*, Neufchatel, 1788, in *La Révolution française et l'abolition de l'esclavage, Textes et Documents*, EDHIS, Paris, Tome VI, pp. 1–2.)と黒人奴隷制を非難する。黒人奴隷制は、天賦の私的所有権を剥奪するから悪であるが、私的所有権を法律で保証する文明社会の日雇い労働者は奴隷とは考えられない。

(44) Turgot, A.-R.-J., *Réflexions sur la formation et la distribution des richesses (novembre 1766)*, "*Écrits économique*" Calmann-Lévy, Paris, 1970, p. 126. 邦訳、津田内匠訳、『チュルゴ経済学著作集』、一橋大学経済研究叢書、一二、岩波書店、一九六二年、七三頁。

(45) *Ibid.*, pp. 135–136. 邦訳、八〇—八一頁。

(46) *Ibid.*, p. 136. 邦訳、八二頁。

(47) *Ibid.*, p. 138. 邦訳、八三頁。

(48) *Ibid.*, p. 139. 邦訳、八四頁。

(49) Smith, A., *Lectures on Jurisprudence*, edited by R. L. Meek, D. D. Raphael and P. G. Stein, Oxford University Press (reprint), Liberty *Classics*, Indianapolis, 1978, p. 183. 邦訳『アダム・スミス法学講義一七六二—一七六三』(以下、『法学講義』と略す)、水田洋他訳、名古屋大学出版会、二〇一二年、一九〇頁。

(50) *Ibid*., pp. 183–184. 邦訳、一九〇—一九一頁。

(51) Morison, S. E., *The Oxford History of the American People*, Penguin Book, Vol. I, 1972, p. 207. 邦訳『アメリカの歴史Ⅰ』西川正身訳、集英社、一九三頁。

(52) Davis, D. B., *Inhuman Bondage, The Rise and Fall of Slavery in the New World*, Oxford University Press, Oxford, 2006, p. 140.

(53) *Ibid*., p. 139.

(54) Morison, *ibid*. 邦訳『アメリカの歴史Ⅰ』、同頁。

(55) Smith, A., *An Inquiry into the Nature and Causes of the Wealth of Nations*, edited by Max Lerner, Random House, Tokyo, 1937 and 1964, p. 365. 邦訳『諸国民の富』、大内兵衛他訳、岩波文庫、一九六〇年、(二)、四三六—四三七頁。

(56) *Ibid*., p. 365. 邦訳、四三七—四三八頁。

(57) *Ibid*., p. 366. 邦訳、四三八頁。

(58) Marx, K., *Das Kapital*, Dietz Verlag, Berlin, 1973, Band III, p. 650.

(59) *Ibid*., p. 799. この概念を反対側から見ることが大変重要である。つまり、マルクスは、ランゲ＝カプランのように、資本主義的生産関係のうちに、いわば、別な意味での経済内的強制を見抜いていたということなのである。食料調達様式が経済そのものである以上、ここでマルクスの念頭にあるのは、ランゲの言う「窮乏」であり、食料調達の喫緊の「必要性」である。

(60) Marx, *op. cit*., Band II, p. 419.

(61) Marx, *op. cit*., Band III, p. 799.

(62) ヘーゲル弁証法おける否定および否定の否定の概念については、『思考の自由とはなにか』、前掲書第二章参照。

(63) Marx, *op. cit*., Band III, p. 798.

(64) Cf., Marx, *Grundrisse* . . . . , p. 194.「労働者はある使用価値[労働力]の占有者であって、彼はそれを富の一般的形態である貨幣と取り替えるが、しかし、これは、それを再び彼の直接的消費の対象としての、彼の欲望を充足するための手段としての商品と取り替えるためである。」(邦訳『経済学批判要綱』、前掲、II、二〇五頁)

(65) Marx, *op. cit*., Band I, pp. 660–664.

(66) テヴェレ河の河岸には、古代ローマのシャイロック的債権者たちが債務者の肉体を、債権に正確に比例して切り取り、その人肉片を売買に付す市場が成立しており、「富裕な市民」はそこで人肉を買い、「洗練された料理」としてそれを食する習慣を持っていた、とランゲはほのめかしている(Linguet, *op. cit*., t. II, pp. 379–380. 邦訳、六三九—六四〇頁)。マルクスは、この古代ローマの野蛮な商取引に関するランゲの記述を、そっくりそのまま『資本論』で借用している。

(67) マルクスは『経済学批判要綱』で、ランゲのこの主張をパラフレーズしながら、「自由な」労働者の価値喪失を問題にしている。「奴隷としては、労働者は交換価値を、すなわち価値をもつが、自由な労働者としては、価値をもたない。ただ彼との交換によって得られる彼の労働に対する処分権が、価値をもつのである。彼の没価値と価値喪失とが資本の前提であり、自由な労働一般の条件である。ランゲはそれを退歩と見なしている。」(*Grundrisse* ..., pp. 199–200. 邦訳、前掲、II、二一一頁) マルクスはランゲの非進歩史観を見抜いている。原初の暴力で成立した階級対立社会では、すべての人間を幸せにすることは、錬金術師が化金石を探しているようなもので、所詮不可能であるとランゲは見ている。

(68) Linguet, *op. cit.*, t. II, pp. 465–467. 邦訳、七〇〇—七〇一頁。この「二〇ないし三〇ソルの稼ぎ」という数値も正確である。

(69) Roux, J., *Manifeste des Enragés*, 1793. 飢餓への民衆の恐怖心がフランス革命の主要動因であることは、G・ルフェーヴルの古典的名著（註34参照）が飢餓の章から始まっていることでもわかる。

(70) Linguet, *Du pain et du bled*, Bruxelles, 1774, pp. 69–70.

(71) *Karl Marx, Frederick Engels, Collected Works*, Progress Publishers, Moscow, 1976, Vol.6, pp. 287–290.

第一六章　クリスティアン・ガルヴェの貧困論
——文明化のなかの貧困と人間

大塚雄太

はじめに

野蛮に対する啓蒙の力学は、克服の二文字では表現しきれない複雑性を有する。例えば一八世紀終盤以降ドイツに頻発する下層民による動乱が、貧困に起因するものであったことを想起する時、野蛮とはいったい何を指すのだろうか[1]。彼らの暴動を、野蛮と称するのはたやすい[2]。野蛮と啓蒙の根本的な関係は、概してそのようなものだろう。だが、本書の序説および終章で示される問題群からも明らかなように、野蛮はきわめて両義的な概念である[3]。下層民の貧困が「モラル・エコノミー」的世界の狭隘化の帰結であったとすれば、彼らにとって、旧来の経済秩序を破壊していく近代化の論理こそ、野蛮と称するにふさわしかったはずである[4]。

貧民を野蛮の名のもとに退けるなら、彼らの貧困は問題にすらならない。ましてや彼らの実情に目を向け、それを詳述する必要もないだろう。しかし現実には、一八世紀から一九世紀にかけて悪化の一途をたどった貧困問題について、実に様々な論考が出現している。貧困は近代化の進展と密接に連動するが、英・仏の後塵を拝したドイツにおいても、すでにそれは重要な社会的主題となっていた。エディンバラの牧師であったジョン・マクファーランの『貧民についての研究』(原著は一七八二年に出版。以下では『貧民研究』とする)がクリスティアン・ガルヴェによってドイツ語に翻訳されたのは、一七八五年のことである。[5]

その『貧民研究』のドイツ語訳には、『ジョン・マクファーランの貧民研究についての若干の考察の補遺』(以下では『貧困論』とする)と題されたガルヴェ独自の論考が付されている。[6] 彼の諸著作で扱われる主題は人文・社会科学全体への広がりを見せるが、とりわけこの『貧困論』が出版された一七八五年前後から、一七九四年以降の『国富論』の翻訳出版までの期間は、ガルヴェの社会科学的関心がもっとも高まった時期に相当する。こうしたなかで書かれた『貧困論』は、題名こそマクファーランの著作に関する考察の補遺となってはいるものの、彼が注釈を施す場合の例に洩れず、解説という水準をはるかに超えており、まさに彼独自の著作と呼ぶにふさわしい。[7] それは端的に言って、貧困論のドイツ的形態の一つと解すべきものである。

『貧困論』は、貧困の現状分析のみならず、貧困を誘発し、あるいは維持し、あるいは促進してきた歴史的経緯や人間心性の解明をも課題として含むものである。しかし念頭に置くべきは、ガルヴェが社会的かつ思想的問題として貧困を捉えたという、きわめて素朴な事実である。それは、あくまでも社会と民衆の現実に寄り添おうとした彼の思想家像を投影するものだからである。貧民に野蛮の烙印が押されていれば、『貧困論』は生まれなかっただろう。以下では、社会と民衆への多角的接近を試みた『貧困論』の分析を通じて、貧困論のドイツ的形態の一端を明らかにするとともに、それを貫く彼独自の啓蒙の方法的特質を浮上させてみたい。

第一節　『貧民研究』から『貧困論』へ

（1）翻訳の意義と困難

『貧困論』には、かなり長めの序文が付されているが、それはいわゆる序文というよりも一種の翻訳論であり、さらには注釈と補遺の必要性そのものを説くものである。そこでは翻訳とその解釈の人間的・社会的意義が論じられるのであり、それは数多くの翻訳を手掛けると同時に、その大部分に独自の注釈を施したガルヴェの啓蒙観を裏付けるものでもある。したがって、ガルヴェという思想家の理解にあたっては、序文のもつそうした性格を看過することは許されないし、また仮に『貧困論』をたんに貧困に関する専門書と見なすとすれば、そこに内在するはずの「思想の社会的態度」を不問に付すことにも繋がるだろう。(8)『貧困論』の序文は、それ自体、着目されるべき十分な理由をもっているのである。ガルヴェは言う。

> 私が自身のあらゆる着想にきっかけを必要とすること、そして私が吟味する他者の思想が私にもっとも頻繁にそのきっかけを与えるということは真実である。私が思い返す限り、自分のもっとも重要な熟慮は、他者から受けた教えを解釈し、疑い、正しいかどうかを証明することにあった。私は結局のところ、いつも他人の著作に注釈をつけてきた。そのことで自分の自己愛があまりにも痛まないように、私は、他のあらゆる人間の思考が多かれ少なかれこうした経過をたどるのだと自分を説得するのである。(9)

以上の引用文には、ガルヴェの啓蒙観がはっきりと刻印されている。彼が向かう方向はつねに、講壇ではなく社会であり公衆であった。控えめな性格ゆえに婉曲な表現ではあるが、ガルヴェは読者の自立的思考を促す啓蒙的使命を、『貧民研究』の翻訳と自身の『貧困論』に託したのである。

彼の序文を具体化していこう。ガルヴェは翻訳の有用性を、二つの主体に即して提示している。「翻訳者」と「読者（Publicum）」である。前者に関してガルヴェは、翻訳を通じて自国の言語に精通するようになるというが、それは翻訳が二つの言語における類似と差異の析出を必要とするからであり、また時に微妙なニュアンスを探るような、きわめて注意深い検証過程をも含むからである。翻訳者は外国語の「言い回し（Wendung）」を通じて、母国語に存在する表現の可能性を最大限に引き出そうと努力せねばならない。言うまでもなくガルヴェは、断じて翻訳をたんなるコピーとは考えていない[10]。

翻訳の読者に対する有用性についてのガルヴェの考え方は、一般的なものである。翻訳に伴う外国語の習得には膨大な時間がかかること、外国のものへの愛着が自国の財産を蔑ろにしかねないこと、知識の拡大がかえってその浅薄さをもたらしうること、そうした翻訳に付随する様々な困難や危険性を考慮してもなお、それらは「他の国民よりも偏見からより自由になったり、非常に洗練された世界をよりよく知ったり、またより多様に重要な諸問題を判断したりという利点に凌駕される[11]」とガルヴェは言う。

一方でガルヴェは、翻訳が害悪をもたらす可能性についても指摘しており、その批判的論調は非常に鋭い。外国語の習得は当然ながらそれを母語としない者にとって、いわば果てなき道である。先述したように翻訳は、そうした前提を自覚した人間によって、たえざる注意深い検証を基本としながら進められねばならない。ところがこうしたことに無自覚な翻訳者は、語学的知識と良い翻訳作品との間に介在する巨大な距離に気づかない。ガルヴェが憂慮したのは、たんに言葉の置き換えをおこなったに過ぎないような、あるいは緻密な検証過程を欠いたような翻訳によって誤った自信をつけた自称学者が、今度は自分自身の思想を臆面もなく開示することであった。

彼らに決定的に欠けているのは、「自分の頭で考えて書く」経験である。自身を問い直すことを知らない彼らの思想が、読者たる公衆に有益に働くことはない。

また、翻訳が翻訳者にとっての生計の一つである場合には、多くの競争相手への懸念と採算への配慮からくる手早さと引き換えに、原作に備わっていた「文体と言葉づかい（Stil und Sprache）」が極度に疎かにされる。ガルヴェは言う。

われわれは、次のような翻訳者になにを言うべきだろう。彼らは作家の文体を損ない、観念の相互関係における厳密な正確さをわれわれから奪い、さらには、奇妙な言い回しによってわれわれを困惑に陥れ、原作がその読者にもたらした楽しみの大部分をわれわれから奪うだけでなく、まったく不可解で自分自身によっても理解不能な部分をあえて翻訳に挿入し、言語や物事についての知識が彼らに欠如している場合には、欠陥を残すまいと、とにかく意味もなく言葉に言葉を積み上げることで、その〔原作の〕あらゆる利用を不可能にする。(12)

もちろん、それまでに何篇かの翻訳を手掛けてきたガルヴェが、翻訳そのものの限界について知らなかったわけではない。ガルヴェによれば、想像力に活動の余地を残すフランス語や英語には事柄についての多角的な言い回しが存在するものの、ドイツ語ではそれに対応しようとしても「注意をただ一つの側面に引きつけるような」決まり切った表現しか与えられない場合がある。翻訳者は、そうした時にあっても原著者の意図を汲み取るべく最善を尽くさねばならないが、厳密にいえば、翻訳が言語的特質による規定を受ける以上、原作と翻訳との間にはつねにある程度の空白が存在することになる。

ガルヴェは、翻訳の啓蒙的意義を十分に認めながらも、それに付随する多くの困難を指摘したが、その意図するところは、翻訳が啓蒙的意義を備えうるとすれば、そうした困難に対峙する翻訳者自身の思考過程がそこに介在する限りにおいてであるということだろう。良い翻訳作品は、それ自体が一つの思想的所産なのである。しかし、言語的特質により、翻訳の不完全性が十全に解消されないだけでなく、次に示すような原作の内容的特殊性もまた、別の側面から翻訳の限界を定める。それを自覚するからこそガルヴェは、そうした不完全性を補填するものとして、多くの翻訳作品に独自の注釈を付したのであった。『貧困論』もその一つである。

（2）『貧困論』の課題と方法

道徳や政治に関係する著作の翻訳には、言語的限界に加えていま一つの難点を伴うとガルヴェは言う。それらはつねに民族や地域の特殊性に関係する箇所をもつのである。その完全な理解は不可能に近く、たとえ可能であったとしてもそれが即座に自国での実用に耐える知識に転化するかどうかは疑わしい。ガルヴェは言う。「それらは、完全に理解されるために、ドイツ人読者からは要求されるはずのない知識を前提とし、実際の応用を可能にするために、決して現存しない両国の制度と諸事情における類似性を必要としたのである[13]」と。

だが、知識は実用のためだけのものではない。自国に現存しない諸外国の「国家諸制度（Staatsverfassungen）や慣習の独自性」に関する知識は、自国の常識を相対化するうえでも有益である。なかでもガルヴェは、イギリスにおける政治経済学的研究の諸成果を重視していた。ガルヴェは「イギリスの作家がわれわれを照らさなかったら、政治と国家経済の様々なテーマについて、われわれはまだまだ啓蒙（aufgeklärt）されてはいなかっただろう[14]」と言う。

マクファーランの『貧民研究』もドイツに蓄積のない知見を含んだ書物であったが、当然、前述の翻訳の困難とも無関係ではありえなかった。それは社会経済的観点からさまざまな論点を示唆するものの、そのイギリス的特殊性がしばしばその解釈を難しくしたことをガルヴェは告白している。とはいえ、翻訳過程で多くの論点を引き出したガルヴェは、それでもなお自身の『貧困論』を執筆する意向を強めたのであった。それは彼が、いわば貧困の根本問題に気付いたからである。ガルヴェは言う。

まさにこの時に、私は私の生まれ故郷の町で救貧施策(Armenverpflegung)を統括する人々との関係を通じて、貧民の増加数について言われてきた苦情に以前から気づいていたように、そこで取り組まれた新しい改革に気づいたのであった。距離を置いてみると、ただ有益なだけで不快に思われるテーマそれ自体は、私がその人間に関する研究との関連に気づいたことで、より綿密な調査を通じて私にとって魅力的な何かをも備えるようになったのだ。私は、さまざまな時代と事情のもとにある貧困の状態を研究することが、人間のあいだの大きな不平等(Ungleichheit)の原因とその帰結を捜し出すこと以外ではありえないことを悟ったのである。(15)

この引用文には、彼の『貧困論』が決して現状分析に徹するものではないことが示されている。ガルヴェは、確かに、貧困の詳細な実態を描き出そうとする。だが、それが「人間に関する研究」との関係性を保ち、人間社会における「不平等の原因とその帰結を捜し出す」という大きな意図に支えられたものであることを看過するわけにはいかない。こうした観点に立つと、マクファーランの『貧民研究』とガルヴェの『貧困論』の構成が、相当異なっていることに気づくだろう。

マクファーランの『貧民研究』は大きくは三部からなる。第一部では貧困の諸原因が、第二部では従来採用されてきた救貧施策の様々な方式が、そして第三部では物乞い増加の防止策と救貧施策の改善案が論じられている。原著で五〇〇ページ、ドイツ語訳で四〇〇ページ近い大著だが、注目すべきはその構成比率である。ガルヴェの

『貧困論』との比較のために、ここではドイツ語訳を参照しよう。第一部は五〇ページに満たない。第二部は二二〇ページほどあり、第三部が一二〇ページほどである。これにそれぞれわずか数ページの緒言と序論が付されている。つまり、『貧民研究』は、第二部に見られるような緻密な制度分析の書であると同時に、第三部の大半を貧困改善のための政策的提言に費やすような実践的性格を非常に強くもつものである。出版から間もない頃の書評でも、その具体性は方々で高く評価されている[16]。

これに対して、ガルヴェの『貧困論』の構成は次のようである。全体はマクファーランの著作と同じく三部からなる。第一部では貧困の諸原因が、第二部では貧民の性格が、第三部では予防も含めた貧困対策案が扱われている。第三部はガルヴェ自身の具体的な提言を含んで、制度分析の色彩がもっとも強い。本文約二〇〇ページのうち、第三部が占めるのはおよそ一〇〇ページであり、半分を占めると見れば確かに比率としては高い。だが、貧困の諸原因を探る第一部は、原著のドイツ語訳のページ数を上回って七〇ページに及び、第二部は一〇ページと量的には少ないものの、原著とは異なる構成項目として目をひくものである。さらに、二〇ページ弱の原著批評があり、それとは別に二〇ページを優に超える先述の序文がある。

このようにガルヴェの『貧困論』の輪郭をたどってみると、マクファーランの意図とは異なり、彼の関心のかなりの部分が貧困の原因論に割かれており、またそれと密接な関係をもつであろう貧困の人間心性についての考察が独自の項目として追加されているという特質が浮上してくる。それは、序文においてガルヴェが表明した自身の著作の方向性と符合するものであると同時に、貧困論のドイツ的形態として個別にこれを評価する必要性を感じさせるものである。書物の社会的性格の点からしても、両者が磁場そのものを異にする側面があることは否めない。以下では、そうしたガルヴェの『貧困論』の特質に即して、その具体的内容に迫ることにしよう。

第二節　歴史と貧困

（1）ガルヴェの『貧民研究』評価

マクファーランの『貧民研究』は、貧困に関する制度分析の書としては学ぶべき点に満ちている。ところがそれを踏まえたうえで提言という段になると、実際にことはそう単純ではなく、そこに開示された方策自体は、すでに一般的に知られ、適用されたものが多い。これがマクファーランの著作に関する、特にその第三部に対するガルヴェの評価であった。

ガルヴェの整理によれば、第一にマクファーランは、現在の救貧制度に関する「法と制度（Gesetze und Einrichtungen）」の急激な変更は慎むべきだという立場に立っていた。これは、貧困対策における画期的見地を予感させるものではない。第二に、救貧施策に際して貧民の状態を精査し、真に貧しい者を把握することが「もっとも重要なこと」なのだが、この困難な課題に対するマクファーランの寄与は少ない。『貧民研究』がそうした困難を解く方法的視点に乏しいというガルヴェの認識は、前述したガルヴェとマクファーランの著作の構造的な差異に読み取ることもできるだろう。第三にマクファーランは、富貴な人々が無給かつ公共善に資するべく「貧民監督官（Armenvorsteher）」になるべきだと考えた。ガルヴェもこの点は重要論点として認めており、裕福で尊敬されている市民が、宗教的義務あるいは愛国心から救貧施設の監督を務めるところでは、公衆の経済状況も貧民の状態も可能な限り良好だという。だがそれは、「小さなゲマインデ」でのみ可能なことであった。大都市では人口こそ多いものの個人間の結びつきに乏しく、そうしたことが実現したためしがないとガルヴェは言う。したがって肝心なことは、富貴な人々がそうした職務に就くための動機づけなのだが、ガルヴェはマクファーランの記述にそれを認めることができなかった。

第四は、いくつかの論点が挙げられているのだが、ガルヴェはまず、マクファーランの「貧民視察官(Armeninspektor)」についての構想に言及している。彼らは一般民衆からも積極的に登用され、貧民監督官のもとで、彼らが忌避する貧民の実態調査を担当する。マクファーランは、貧民視察官が誠実であると同時に評価能力と洞察力とを備えるべきだとしたが、低い身分出身の彼らにはどうしても私欲が強く働き、結局のところ全体として機能不全に陥ってしまうというのがガルヴェの考えであった。(17) また、貧民の扶養についてのマクファーランの考えは彼らに「多すぎないものを与えること」であり、喜捨に関しては「困窮が途切れたら、受け取るべきではなく」、「どんな人も、普通の労働者が勤勉によって得る以上に多くもらうべきではない」というものである。当局は、貧民福祉に伴う社会負担を考慮するとともに、公衆が貧困という境遇にメリットを見出す事態を注意深く退けなければならない。この点については、ガルヴェも異論を差し挟んではいない。最後に、矯正院についてマクファーランは比較的多くの紙幅を割いて論じるが、ガルヴェによれば、「著者は、矯正院に関して期待しすぎて」おり、人々に処罰による恐怖を植え付けたところで貧困が根本的に解消されるわけではない。彼は、貧困の一般的かつ最大の原因を「時代状況」ないし「ポリツァイによって処罰されえないような人間の欠点」にあるとみており、矯正院はより善良な貧民の救済には寄与しないと指摘する。

以上のようなガルヴェの整理は、『貧民研究』の新規性と実践性における多くの問題点を想起させる。しかしだからといって、ガルヴェがその意義を軽んじているわけでは決してない。彼が強調するのは、現状認識とその改革案とを必ずしも一対のものとして評価する必要はないということである。これは彼の知識というものの捉え方に関わっているだろう。ガルヴェは、なによりも、貧困と救貧にまつわる種々の問題がマクファーランによって公にされたことを高く評価したのであり、そうした責務を自身の『貧困論』もまた負っていると考えている。

ガルヴェは言う。

私は、これ〔貧民の状態やその増減に影響した諸事情など〕に関して私の目についたこと、あるいは、この分野で仕事をする判断力の優れた人々によって伝えられたことを、些細なことであったとしても、公衆に問うだろう。というのも、すでに述べたように私は、世間における物事に関する知識へのきわめて小さな貢献も、またいくつかの諸対象のあいだの同一性比較のための、ほんのわずかな協力をも、精神の有益な取り組みの一つであり、そして結局のところ、実践的改善への唯一の道でもあると思うからである。(18)

（2）歴史と貧困の諸相

では、ガルヴェ自身の貧困問題へのアプローチはどのようであろうか。彼の貧困の原因に関する第一の考察は、歴史にその根拠を探っていくものである。

あらゆる人間が自然のままでほとんど何も持たない時代には、みんな平等である。そしてそれゆえに、誰も不幸ではない。しかし人間がその固有の能力を発達させるとともに、自然を耕し、この二重の耕作（doppelte Cultur）によって生活に不可欠な生産物の大いなる過剰と、有用で好評な生産物の大いなる多様性とを生み出し始めるやいなや、不平等なるものが姿を現し始めるのである。(19)

豊かになる一方で、惨めで軽蔑された貧しき人間がもっとも多く存在する時代、それがガルヴェによって捉えられた、マクファーランとも共通する現代像であった。しかし歴史もまた、貧民や物乞いの存在と、彼らの行状とを伝える。[20] マクファーランは、新たな食物と仕事の導入による巨大な変化と不平等の拡大の原因を、狩猟から牧人生活、牧畜から農耕、そして農耕からマニュファクチュアと商業へという「人間社会（menschliche Gesellschaft）」の経済史的推移に探ったが、ガルヴェはこれを正当だとしながらも、さらに歴史的変化に関して五つの要素をつけ加える。

一つ目は奴隷身分の流布であり、彼の考察のほとんどは古典古代のそれに関するものである。[21] ガルヴェは、不平等を認めながらも、奴隷制が貧者の救済手段としても機能していたと指摘する。さらに、たとえば、貧しい両親が生計のために子供を売りに出すという事態は現実として存在したのであり、ローマでは法の後ろ盾さえあった。ガルヴェは言う。「われわれには理解不能な野蛮（Barbarey）のように思われることが、必要不可欠な救済手段として承認されていたのだ」と。とはいえ、奴隷階級の存在は自由民の生計を圧迫しもした。つまり、裕福な家族の需要が奴隷によって満たされてしまい、自由民の収入源を縮小してしまうのである。奴隷と自由民との間には厳然たる身分的区別が存在し、少なくとも前者が零落した後者を吸収することはなかった。したがって、奴隷階級は自由民の貧困を増大させる原因そのものとなったのである。

次にガルヴェが着目するのは、貨幣の流布である。貨幣は交換を容易にし、交易を円滑にしたが、同時に「浪費（Verschwendung）」を助長した。[22]「目下の欲求の満足、あるいは度を越した欲望の満足」にすべての財産を捧げる人々が零落する。また、「借金（Schulden）」によって困窮する者も多くなる。借金は、強制されたはずの欠乏の感覚を緩和してしまうだけでなく、「利子支払い（Zinsenzahlung）」という新たな負担を追加する。貨幣の流動性は、人々がしばしば自身の経済力を見誤るという事態を招来したのであった。

第三および第四の要素として挙げられているのは、キリスト教の流布と封建領邦国家の成立である。キリスト教は、「喜捨（Allmosen）」が象徴するように、貧民の救済を積極的に推奨した。ガルヴェは言う。

もっとも身分が低く軽蔑的に思われる人々への格別の注意深さ、そして空腹の人に食べさせてやろうとか、着るものがない人に着せてやろうとか、寄る辺なき病人の面倒をみてやろうとかいう形で示される人間愛の性質は、なかんずく寄進者とキリスト教の伝道者とによって、そのほかの義務のなかからいわば際立たせられていたし、信仰と密接に結びつけられていた。(23)

このキリスト教精神と救貧施設の設立は、表裏一体の関係にある。その財源は、裕福な私人の遺贈や大きな所有地と収入とをもつ諸侯の寄贈であった。それは一種の功績だったのである。ガルヴェはここでは、キリスト教の救貧に対する積極性とその歴史的意義とを肯定的に評価している。領邦国家に関するガルヴェの見解にも、否定的なトーンを見出すことはできない。むしろ彼は、領主が資産なき多くの人々を扶養していたことに着目している。(24)しかし弱小領主が上位者によって駆逐され、また、裕福な貴族が召使の扶養以外のものに支出を振り向けた結果、そこで生活していた多くの人間が失職し都市に押し寄せた。そうして都市の人口増加とともに、そこでの貧民数もまた、大きく増加する結果となったのである。

(3) 文明化と貧困

五点目の要素こそ、ヨーロッパを覆った時代の最大の変化を象徴するものである。それは、レーエン制の衰退に伴う諸領邦の没落による、君主の権力の巨大化と、産業と商業の拡大、そして奢侈の隆盛である。

君主の居城都市は、あらゆる州からくる「国家収入（Staatseinkünfte）」の合流地点であり、その他の都市に比べてつねに経済的な優位を保つことが可能であった。したがって、その経済的魅力に引き寄せられて、貴賤を問わず多くの人々がそこにやってくる。もっとも、そこでは分業を伴う産業の多様化によって、より多くの働き手を必要とした。しかし目の前に当然のごとく存在する奢侈は、労働する貧しい市民階級の倹約精神を奪っていく。また、近代的奢侈はかつてのそれとは異なり、質よりも外観に依拠したものであり、なおかつその外観は、人々の新しいものを求める欲求を満足させるものでなければならない。ガルヴェは「発明的頭脳の持ち主（erfindsame Köpfe）」であればその素早い変化についていくことはできるものの、そうではない大半の「たんに勤勉な人々（die bloß arbeitsamen Leute）」の生計の途はしばしば絶たれることになるという。要するに、奢侈産業の多様化は逆説的にも、貧民の増大に大きく寄与したということである。(25)

「商業都市（Handlungsstädte）」には、居城都市とは異なる事情があった。ガルヴェによれば、商業、特に外国商業は奢侈品の生産と違い、特別の才能を必要としないような平凡な労働者を多く必要とした。商品の主たる購買者は一般民衆であり、したがってそれは高価なものにはなり得ないが、大量生産のためにより多くの人手が必要になるのである。このような平凡な労働力需要の増大は、多くの下層労働者の生計維持に貢献した。人口増加と暮らし向きの向上は、商業都市の象徴であった。しかしその一方で外国商業は、途方もない数の貧民を一挙に生み出す主要因ともなったのである。ガルヴェは言う。

外国商業のために働く手工業者（Manufakturist）は流行と趣味の変化だけでなく、他国の競争相手や政府の方針や景気動向、さらには戦争といったことまでも懸念せねばならない。彼にはどうしようもないことばかりが突然やってきて、彼の状態の全面的な逆転を引き起こす。一つの労働方法で生計を立てる人間の数が多ければ、大量に輸出されるあらゆる商品にもあてはまることだが、すべての人々によっておこなわれている仕事の需要と十分な賃金支払いとが突然とだえるやいなや、そうした人間の貧困を防止ないし是正することは不可能である。(26)

都市における産業と商業の進展は、確かに経済的な潤いをもたらし労働者数を増大させた。しかしそれは、貧困層を徐々に解消へと導くものでは決してなく、むしろかつてない規模の貧民の増加を同時に招いている。こうしたガルヴェの歴史的分析から見えてくるのは、文明化の進展と貧困問題の深刻化が、前者が後者を吸収することなくパラレルに展開する可能性であり、先述したように、彼はそうした時代認識をマクファーランと共有していた。貧困問題がいっそう深刻化する一九世紀以降の文脈を想起するとき、われわれは『国富論』の出版直後のイギリスのみならず、ドイツにも存在した先見の明に着目しなければならない。

第三節　貧困の諸形態と貧困の人間学

ガルヴェの貧困の原因分析は歴史的なものにとどまらず、身分的差異や国民性さらには商品価格といった経済的側面にまで及ぶ。また第二部は「貧民の性格について」と題されており、短いながらもいわば貧困の人間学として『貧困論』の独自性を象徴する。以下では、その原因分析のより詳細な部分とともに、貧困にまつわる人間心性について検討していく。

（1）貧困の諸形態

まず、身分的差異についてのガルヴェの考察を追ってみよう。そこでは農民、手工業者、学者、そして貴族という分類がなされている。ガルヴェは「農民身分（Bauernstand）」には多くの貧民がいるものの、物乞いがほとんどいないという。田舎で生まれ育った人は荒削りな仕事と粗末な食事のなかで生きていたが、健康でありさえすればどこかで仕事を見つけることができた。彼らが貧しいながらも物乞いにまで零落しないのは、こうした状況のなかで「少ない稼ぎでやり繰りすることを学んだ」からである。仮に労働能力を完全に失ったとしても、地域が餓死から彼を救ったのである。

ガルヴェによれば、「手工業身分（Handwerksstand）」から公衆の賄いに与るような貧民の大多数が生まれたのであった。そして彼らは、いとも簡単に物乞いにまで零落してしまう。手工業に携わる者は、その技能性ゆえに農民よりも潰しが効かない。「手工業者は、一般的な農民のように、それなりにやりくり上手である。しかし織機の杼や鉋が彼に生活の糧をもたらさない場合には、そうした農民がすぐにシャベルや斧を手に取るようにはいかないのだ[27]」とガルヴェは言う。特に、遍歴職人は仕事を見つけられない場合には、住民の慈善をあてにしなければならなかった。ガルヴェは、こうしたことがよく見られたために、ツンフトは彼らの物乞いを fechten と名付け、一般的な物乞いと区別する形で承認するまでに至ったことを指摘している。周知の通りツンフトは、競争防止や相互扶助といった形で、手工業者の貧困を防止する性格を備えていた。とはいえ、かつて存在したツンフトの尊厳はガルヴェの生きた時代には薄れつつあった。

学者の貧困について、ガルヴェは次のように考察している。彼は言う。「才能と努力は生まれにも富裕にも左右されない」と。学者層への参入は出自を問わなかったために、かつては研究に打ち込む若者のなかには常に貧民の相当数が存在した。というのも、彼らの研鑽は膨大な時間を要するだけでなく、それに付随する費用もまた高価であったからである。だがそうして獲得した知識で身を立てていくとなれば、公職がほぼ唯一の選択肢であった。ガルヴェは言う。

若い学者はそれゆえ、より多くの援助を必要とし、しかも非常に長い間それを必要とする。だから相続財産（ererbtes

Vermögen）が不足する場合、彼は貧困の重苦しさをほかの人よりもはるかに強く感じなければならない。習熟中の学者、そして志願中の学者――つまり大学生と〔公職〕受験者は、多くの困窮者を含む人間の二つの範疇である。(26)

もちろん母集団の規模を考えれば明らかだが、手工業身分に比べれば学者身分の貧民数は圧倒的に少ない。また、ヨーロッパ全体における大学数の増加によって、学生は友人や親戚を頼りつつ故国で勉学に励むことができるようになった。それゆえ、以前に比べて彼らの貧困状態が深刻化することはそれほど多くはないとガルヴェは言う。

貴族階級の貧困についての考察にも言及しておこう。貴族階級から貧民に転落する場合、ガルヴェはその大部分が女性によって占められたことを指摘している。彼は、貴族生まれの男性の物乞いは、ほぼ例外なく「ろくでなし（Taugenichts）」である、つまり彼自身に責めがあるのだと断じている。しかし一方で、貴族の未亡人やその娘は自身に責めがないにも関わらず、財産を残されない限り急速に存在そのものを忘れられていき、貧民層に加わることになるとガルヴェは言う。加えてその後の彼女たちの生計は、市民階級出身の貧しい女性よりも数の上でも種類の上でも少ない。「あらゆる友人に見捨てられ、あらゆる生活手段を失った」彼女たちは、「見知らぬ人や公衆に助けを求めざるを得ない」状況に陥ることになる。

貧困原因の国民的相違についてのガルヴェの記述は、特にその国別類型を提示するわけではなく、相違の具体的な内容について論じるものである。ある場所では過労によって、またある場所では節度を欠いた暮らしによって、さらには無精や放蕩によって貧民が生まれる。とりわけガルヴェが注目するのは、「物乞い気質（Bettlersinn）」というものが広く認められたところである。それは端的に言って恥じらいのなさというべきものであるが、その蔓延は、勤勉に働く普通の人々の飢餓への不安や名誉欲さえもかき消してしまう可能性を多分にもっていたのだった。ガルヴェは物乞い気質が発生する地域的固有性について、次のように説明している。

他に比べて特殊な状況が、普通の人にこうした物乞い精神が認められるような地域や国に固有のものであることに注意を払うならば、次のことがわかるだろう。つまりその物乞い精神は、そうした普通の人々がひどい卑賤と軽蔑のなかで生き、まったく市民的利点を享受せず、非常に制限された個人的自由を享受するようなところでもっとも幅を利かせているのである。例えば、農奴制（Leibeigenschaft）のもとで、普通の農民が領主や上位者によって奴隷のごとく誇らしげに扱われる国では、軽減された賦役が行われ、臣民が監督者の鞭のもとにないような国よりも物乞いが多く存在するのである。[29]

物乞い気質の発生・普及因は、それだけに限られない。迷信に基づく慈善活動もまた、人々の物乞い気質を助長するとガルヴェは言う[30]。教会付近はつねに物乞いであふれ、多くの修道院で慣例化していた配給日には、スープやパンを求めてたんに信心ぶるだけの者たちが数多く紛れ込む。深刻な問題は、一般民衆を巻き込んで「怠惰（Faulheit）」が広がっていったことであった。そこでは恥じらいを感じる必要さえもなく、食べていくことができるからである。殊にカトリック的教義と貧困との親和性は、物乞い気質を是正するどころか、修道士と貧民双方の必要を充足したのである。

ガルヴェの貧困に関係する経済動向に対する見解は、第一に、食糧価格の低廉を問題視する点に表れている。もっともそれは経済学的分析と呼べるようなものではなく、食糧が低廉であればその地域に貧民が集まるとともに、その低廉さゆえに収益が薄くなり人々の勤勉さが失われていく結果、民衆の間に怠惰が蔓延し貧困を固定化するという平板なものである。食糧価格の高騰と貧困との関係は、それよりもはるかに明白である。したがってガルヴェは、食糧および農業製品価格に関しては「中程度（mittlere Proportion）」を保つよう統治者が配慮すべきだと述べている(31)。

また彼は、マニュファクチュアの賃金の極端な安さを「いわれのない貧困のもっとも一般的な原因」として指摘しているが、それに伴う倹しい食事と同じ姿勢での長時間労働を強いるマニュファクチュアの性格が、最終的は労働者の身体を蝕んでいく側面をも取り上げている。ガルヴェの故郷つまりブレスラウでは、下層労働者の多くが「リウマチ（Gliederschmerzen）」に罹っていた。それは五〇歳で罹患するのが常であり、六〇歳になるともはや働くことを許さない。賃金の安さに加えて労働環境の劣悪さが、行く末は喜捨の世話になるような貧しい労働者を生んだのである。

（2）『貧困論』の具体性が意味するもの

それにしても貧困の原因をめぐるガルヴェの考察は、非常に多岐にわたっている。例えば、親方の子供を身びいきしたり、いたずらに新規参入者に対する壁を高くしたりといった様々な悪弊がツンフトに蔓延ること、あるいは、女性が男性とはまったく対照的に労働市場からも教育の機会からも締め出され、もっぱら母親や乳母といった性格付けをなされていることなどが挙げられている。ちなみに、物乞いや喜捨を必要とする人の数は、男性よりも女性のほうが多いとガルヴェは指摘している。しかし、それらすべてについて言及することはとてもできないし、そうしたとしても論点の拡散を招くだけである。

したがって、ここでは貧困の諸原因をめぐるガルヴェの分析において際立つ、次の事実を強調しておきたい。それはガルヴェが、都市の一般労働者の多数を占めた手工業や日雇い労働に携わる人々が置かれた境遇に、随所で言及していることである。先述したように、彼は手工業身分から貧民の大多数が発生している現状を把握していた。また前節でみたように彼は、歴史的展開の終端に位置する当代において、特に都市圏で貧困が深刻化していく事態を捉えている。たえず変化しつづける産業と商業の巨大な波のなかで、そして奢侈が放つ華麗な光のなかで生きる人々がそれらに翻弄され、ある時は自己を見失うことによって、またある時は主体性を発揮できないような多くの外在因によって貧困へと零落していくのであった。

ガルヴェの『貧困論』には、読者に当為を強制するような記述はほとんど見当たらない。したがってそれは、貧困に至る民衆の「未成年状態」を強く糾弾し、確然と貧困からの脱却の道を教え示すような類の書物ではない。それゆえに『貧困論』を平板で冗長な、それこそたんなる現状分析の書と見做すこともできないわけではない。しかし前節でみたような、現状分析や提言についての、ひいては知識や啓蒙に対するガルヴェの見解を振り返るならば、われわれには彼の文章に込められたメッセージを読み取ろうとする努力が必要ではないだろうか。

これまでみてきたような物乞い気質や怠惰、さらには節度を欠いた暮らしや放蕩に関するガルヴェの記述はすべて、細部にわたる貧困の具体例を伴っている。そうした実例を通じて読者は、自身の経験を照合しながら、さらには自身が気づき得なかった側面に思索をめぐらせながら、実際に自分自身で物事について判断することを迫られるだろう。それは民衆、とりわけ近代商業社会を生きる手工業者への注意を促す、強いメッセージが込められたものなのである。彼が具体性にこだわるのは、そのためである。これこそ、スミスやヒュームをはじめとするイギリス諸思想に多くを学んだガルヴェの啓蒙の方法的特徴に他ならない。

（3）貧困の人間学

このような観点を踏まえると、第二部「貧民の性格について」の位置付けもより明確なものとなるだろう。『貧困論』の末尾に添えられた目次を見ると、「それは徹頭徹尾悪いものではない」[32]と記されている。ガルヴェによれば、マクファーランの貧民に対する視線は非常に厳しい。端的にいえば、彼は、怠惰や贅沢のような「卑しい性格」は貧民固有のものであると考えているのである。もちろんガルヴェもそれに全面的に反対しているわけではない。しかし彼は、例えば怠惰であったがために貧困を招いた人間と、生まれながらにして貧しい状況におかれたことによって、あるいは、予期せぬ出来事によって貧しくなったことによって「卑しい心性（niedrige Gesinnungen）」をもつに至った人間とをはっきりと区別している。それは、そこに同情を介在させるためではない。ガルヴェは、あくまでも貧困と人間心性の因果関係に注意深くあろうとするのである。彼は、物乞いのあいだにも徳は存在するのだと断言してもいる。すべての貧民がそもそも卑しい存在だなどというのは、いかにも暴論である。翻って言えば、貧困の渦中にない人間が卑しい心性を持たないわけでもないのである。ここではまず、自ら零落への道へと進む人々に関するガルヴェの考察を取り上げてみよう。

怠惰と放縦が結びつき、零落の諸原因が存在した場合、本当の物乞い集団（Bettlersrace）が生まれる。この種の貧民を救うことは、ほとんど不可能である。労働への愛着を、困窮にあえぐ彼らのところに見出すことはできない。たらふく飲み食いすることや快楽への愛着はそのままである。そうして多くの飲んだくれの物乞いと、……多くの女物乞いが、その他の罪なき人々をそそのかす。いつもパンを求めて呼び、すぐに逃亡するような人の数は、彼らにそれで生計を立てられるかもしれない仕事をあてがうにはあまりに多すぎる。(33)

以上の引用に登場する貧民は、頽廃した生活に慣れ切ってしまっている「ろくでなし」である。彼らに対するガルヴェの視線もまた、冷ややかである。さらに、虚栄心からくる「無分別」「軽率」「過度の派手好き」「浪費」も貧困を招く。とはいえ、ガルヴェは自殺者の多くが浪費によって貧困に陥った富裕者であることを指摘してもいる。浪費は性格的なものではなく、見通しの甘さと虚栄心の不制御が招いた必然的帰結であり、もちろんそれは貧民に限った話ではない。

反対に、貧困によって生じる悪徳としてガルヴェが挙げるのは、「忘恩」「妬み」そして「偽装と嘘」である。例えば「妬み」について、ガルヴェは次のように言う。

妬みは貧民のもう一つの悪徳である。とりわけ、彼らと同じ状況にある人に対する妬みである。たとえ、物乞いというものが一般に他人を憎み、その後をつけまわそうとするものであろうと、それは信じがたいほどのものである。だからといって貧民が徹頭徹尾、より幸福な状態にある人々に比べて、より悪意のある心の持ち主だというわけではないかもしれない。しかしあらゆる人間の心に存在する激情の種は、彼らのところではより成熟する。他人が得るものは当然自分たちにも与えられるべきだ、あるいは他人が得るものが自分たちにはないのだと思えば、そのたびに妬みが生まれるのである。(34)

さて、そもそもガルヴェはなぜ「貧民の性格について」という特別な項目を『貧困論』に設けたのだろうか。貧困を導くような性向と、貧困によって退廃する心性の多様性と因果関係について詳しく述べることだけが、彼の目的であったのだろうか。ガルヴェは「妬み」に関する記述のなかで「口げんか」の経緯にさえ言及している。そのような日常の些細なことを取り上げるのは、それこそ彼が通俗哲学者であるからだろうか。

そうではない。以上のようなガルヴェの具体的記述から、われわれ自身が何かを感じ思いをめぐらせるとすれば、多かれ少なかれ、同じことが当時の読者の内部でも起こっていたはずである。しかも、貧困原因の身分的差異を扱った部分に比べると、貧民の性格について論じられた第二部は、あらゆる階層の注意をひきつけうる。とりわけ「無分別」や「浪費」といった傾向はガルヴェの言うとおり、貧民固有の性格であるという短絡的結論では説明がつかないほど社会全体に広がっていたし、「偽装や嘘」に至っては身分的区別などほとんど問題にならない。「妬み」や「忘恩」についても同様である。それらによって諸個人が零落し、社会全体が退廃する可能性を、貴賤貧富を問わず、あらゆる人間が想定しなければならなかったのである。貧困と人間心性の連関についてのガルヴェの分析は、たんなる追加事項ではない。短いながらもそれは、農民や手工業者、あるいは貴族といった身分的区別を超えるメッセージを内包する、貧困の人間学なのである。

おわりに

ガルヴェの『貧困論』の第三部は、貧困への対応策を論じるものとして、本文の約半分を占める。そこでは、救貧院でおこなわれるべき労働について、あるいはポリツァイの救貧対象について、そしてまた軍人身分の家族に対する貧困救済手段や、官吏の貧民救済に際しての心構えなど、マクファーランの記述量に比例して詳細な考察が展開される。それぞれの項目に対して大なり小なり独自の見解が表明されており、およそ特定のものを取り上げてそれをガルヴェの貧困問題一般に対する具体的提言であったと明言することは難しい。

しかし、それらのなかでたびたび強調されることがある。それは、貧民に関する正確な知識を獲得する必要性である。ガルヴェは、ポリツァイが零落しつつある人を事前に救うためには「これまでおこなってきたよりも細心の注意を払って市民の暮らしぶりや、様々な親方の稼ぎの変化を観察する(35)」ことが必要だというし、救貧院の管理責任者はそこによその多くの都市から貧民を流入させるとすれば「貧民の以前の状態と性格について十分な知識を獲得できない」ために彼らの最善についての判断が下せなくなるともいう。つまり「真に貧しい者を知ること」が重要であるという当初の論点は、最後まで貫かれていると言えるだろう。

またガルヴェは、ポリツァイの重要目的の一つに物乞いの子供の救済を位置付けており、そのためにもやはり、貧しい家族における子供の実状の正確な把握が必要だと訴える。しかしそれ以上に彼は、そうした子供たちが社会のなかでいかに支援されるべきかという具体的論点にかなりの紙幅を割いている。それは将来的な貧困の回避策と言い換えてもよい。その一つは、学校教育の充実である。貧しい軍人身分についての考察にもその子供における公教育の意義を説く箇所があり、ガルヴェが教育の機会を重視していたことは疑いない。両親が子供を堕落に導くようなより深刻な事態については、彼らから子供を引き離し、暫定的救貧施設において労働に従事させたうえで農村家庭などに寄宿させ、労働技能を習得させるという構想が示されている。したがって彼のいう教育とは学校教育のみならず、そのような一般家庭での寄宿を通じて、労働の意味が子供たちに浸透していく過程をも意味する。連綿と続く貧困の連鎖を断つために、ガルヴェは断言する。「まったく頼るところのない者の世話を別とすれば、貧民監督官は物乞いの子供の保護よりも重要な対象を持たない(36)」と。

以上のことからも明らかなのは、そして経済思想史的観点からはこれがもっとも重要な点だと思われるが、貧困の改善には救貧院やポリツァイなど公的上位組織の積極的な関与が必要不可欠であるという見地に、ガルヴェが立っていることである。もちろんそれは第三部の大前提であるが、同時に彼の貧困問題に対する考え方の基礎を表すものでもある。貧困の現場には、それを助長する要素はあっても自浄する論理がほとんど見出されない。文明化に貧困解消の望みを託すのは不可能であるというガルヴェの基本認識を、最後に改めて確認しておきたい。

本章の課題は、言うまでもなく、貧困に対する彼の具体的制度的分析の是非を検証することではなかった。もちろんそれ自体の是非は、マクファーランの『貧民研究』の詳細とともに改めて問われねばならない。がしかし、彼の『貧困論』に内在する方法的特質とその意図とを読み取らない限りそれは、いつまでも貧困に関する専門書という狭い領域で評価されることになるだろう。われわれがまず問わねばならないのは、ガルヴェの思想に示された知の社会的態度とも言うべきものである。[37] 野蛮の名のもとに貧民を断罪せず、彼らの貧困の現実に向き合うガルヴェは、思想の花を飾らず、思考の種を蒔き続けた思想家であった。彼の言葉で本章を閉じよう。

もっとも身分が低くもっとも惨めな私の同胞の運命について、そしてその運命を和らげる手立てについて長く考えてきたことを、私は決して後悔しないだろう。悲しんでいる人のために何かをなすということは、幸せな状況にある人ひとりひとりの義務なのである。[38]

注

（1）A・ヘルツィヒは、貧民の社会的境遇と彼らの「社会的抗議」の理由の密接な関係性を説く。一八世紀から一九世紀にかけての「社会的抗議」の質的変化を問う視点も重要である。Herzig, A., *Unterschichtenprotest in Deutschland 1790–1870*, Vandenhoeck & Ruprecht, Göttingen, 1988.（アルノ・ヘルツィヒ『パンなき民と『血の法廷』―ドイツの社会的抗議一七九〇～一八七〇年』（矢野久・矢野裕美訳）、同文館、一九九三年。）

（2）カントは言う。「民族という言葉によって理解されるのは、多数の人間が、一つの全体を構成する限りにおいて、ある地域に結合しているもののことである。このような多数の人間あるいはその一部が、共通の起源からして一つの公民的全体に結合しているものと認められる場合には、国民といわれる。この法則から除外されている部分（この民族の中における野蛮な群れ）は賤民といわれ、その賤民の法律に違反した結集は暴動（暴民による行動）である。これは賤民を国民たるの資格から排除するふるまいである。」ただしここで野蛮と訳されているのはwildである。Kant, I., Anthropologie in pragmatischer Hinsicht, in: *Kant's gesammelte Schriften*, Bd. 7, Hrsg. von der Königlich Preußischen Akademie der Wissenschaften, Berlin, 1917, S. 311.（カント「人間学」『カント全集　第一四巻』（山下太郎・坂部恵訳）、理想社、一九六六年、三〇二頁。）

（3）こうした認識は本書全体を貫くものであろうが、特に第八章（渡辺）および第一九章（原田）の問題提起に対応する。

（4）前掲のヘルツィヒの研究は、「モラル・エコノミー」概念を採用する点でE・P・トムスンの問題提起（Cf. Thompson, E. P., "The Moral Economy of the English Crowd in the Eighteenth Century", in: *Past and Present*, No. 50, 1971, pp. 76–136.）にドイツ側から呼応するものであるといえよう。一八世紀終盤から一九世紀後半にかけての「ポリティカル・エコノミー」への下層民の「社会的抗議」を丹念に辿るこの研究は、「モラル・エコノミー」概念を非常によく具体化している。わが国において「モラル・エコノミー」に着目しつつ、プロイセンの一九世紀以降の史的展開に焦点を定めたものとしては、次の研究がある。山根徹也『パンと民衆 —— 一九世紀プロイセンにおけるモラル・エコノミー』、山川出版社、二〇〇三年。ただし、一九世紀前半に関する記述に顕著なように、「モラル・エコノミー的制度」を問題とするという山根氏のアプローチは、ヘルツィヒのそれとは対照的である。「モラル・エコノミー」と民衆との相関関係については次の研究も参照されたい。柴田三千雄『近代世界と民衆運動』、岩波書店、一九八三年。E・P・トムスンへの言及は、本書第一八章（中澤）にもみられる。当該のマルサス論は、マクファーランの議論との関係で示唆に富む。同氏による以下の論文も併せて参照されたい。中澤信彦「初版『人口論』におけるスミス —— 救貧法批判の方法論的基礎 ——」『関西大學經済論集』、第五三巻二号、二〇〇三年、一六三—一八四頁。

（5）原著の冒頭の献辞はケイムズ卿にあてたものであるが、翻訳では省略されている。また原著の第三部は六章からなるが、ガルヴェ訳では五章構成になっている。欠落しているのは原著の第五章部分であるが、この理由については不明である。

（6）原著に従えば『貧民論』と訳すべきかもしれないが、ガルヴェがArmuthとは別にdie Armenという語を用いていることからも、また貧民という限定された対象ではなく、貧困一般を扱うものであることからも、本章では『貧困論』と訳すことにする。

（7）ガルヴェがマクファーランの著作とともにトマス・トッドの著作（Cf. Tod, Thomas, *Observations on Dr. M'Farlan's inquiries concerning the state of the poor*, Edinburgh, 1783）を翻訳したという水田氏の指摘は、ガルヴェ自身の『貧困論』の存在を疑わせるものである。しかしトッドの著作のドイツ語訳は管見の限り存在せず、また少なくともガルヴェの『貧困論』がトッドの著作とはまったくの別物であることは間違いない。水田洋『アダム・スミス論集 —— 国際的研究状況のなかで』、ミネルヴァ書房、二〇〇九年、二二四頁参照。

（8）「思想の社会的態度」を問うという本章の基本視角は、次の研究に多くを負っている。安藤隆穂『フランス自由主義の成立 ― 公共圏の思想史』、名古屋大学出版会、二〇〇七年。

（9）Garve, Ch., *Anhang einiger Betrachtungen über Johann Macfarlands Untersuchungen die Armuth betreffend, und über den Gegenstand selbst, den sie behandeln: besonders über die Ursachen der Armuth, den Charakter der Armen, und die Anstalten sie zu versorgen*, Weidmanns Erben und Reich, Leipzig, 1785, S. IV.

（10）翻訳論のドイツ的特色の理解にあたっては、以下が参考になる。三ツ木道夫［編訳］『思想としての翻訳』、白水社、二〇〇八年。同『翻訳の思想史 ― 近現代ドイツの翻訳論研究』、晃洋書房、二〇一一年。また、ガルヴェも指摘する他国の言葉を通じて自国の言葉に精通するという翻訳論の重要論点については、それらに加えてアントワーヌ・ベルマンのすぐれた古典的著作（原著は一九八四年に出版）がある。アントワーヌ・ベルマン『他者という試練 ― ロマン主義ドイツの文化と翻訳』（藤田省一訳）、みすず書房、二〇〇八年。

（11）Garve, *op. cit.*, S. IX.

（12）*Ibid.*, S. XIV–XV.

（13）*Ibid.*, S. XVIII

（14）*Ibid.*, S. XIX.

（15）*Ibid.*, S. XX–XXI.

（16）Cf. *The Critical Review: or, Annals of Literature*, Vol. 55, London, 1783, pp. 216–220; *The Monthly Review; or, Literary Journal*, Vol. 68, London, 1783, pp. 532–533; *The English Review, or an Abstract of English and Foreign Literature*, Vol. 5, London, p. 302; *The European Magazine, and London Review*, Vol. 3, London, 1783, pp. 193–195. 最後のものは「逸話」と題されたマクファーランの簡単な経歴紹介を含んでいる。

（17）このようなガルヴェの想定は、理由のないことではない。マクファーランは貧民視察官の給料を年一〇ポンドから三〇ポンド程度に制限するべきだとした。それ以上に与えると、私利私欲に奔る不適格者が出てくると彼は考えたのである。しかし上記の制限幅には、単純に言って下限と上限で三倍もの格差がある。年収で三倍の差というのはそれだけで十分に私欲を刺激しうるだろう。ちなみに一七五〇年時点でのイギリス国民一人あたりの平均年収は一二から一三ポンドであり、物価上昇局面を経た後の一八〇〇年に至ってなお二二ポンドという水準であった。Cf. M'Farlan, J., *Inquiries concerning the poor*, Edinburgh, 1782, pp. 330–337. 当時の年収および物価水準に関しては以下を参照。Cf. Burnett, J., *A History of the Cost of Living*, Penguin Books, 1969, pp. 128–188.

（18） Garve, *op. cit.*, S. 17.

（19） *Ibid.*, S. 18.

（20） ガルヴェが例示するのは『オデュッセイア』第一八歌である。それはオデュッセウスと物乞いイロスの乱闘騒ぎから始まる。ホメロス『オデュッセイア（下）』（松平千秋訳）、岩波文庫、二〇〇四年、一四九―一七一頁参照。

（21） この部分には興味深い一節が含まれる。「市民社会（bürgerliche Gesellschaft）の設立以前には、本当の意味での奴隷制は発生しえなかった」。ガルヴェがここで言及しているのは、古典古代にすでに成立していた奴隷制である。ということは、この市民社会という言葉は、奴隷制を内包するギリシア的国家共同体（＝ポリス）に対応するものであり、それはアリストテレス的国家概念に完全に重なるものである。一方、ガルヴェは『貧民研究』の翻訳において、society に対して部分的に bürgerliche Gesellschaft という語を充てている。この事実は、さらに興味深い側面を含んでいる。マクファーランは貧困の原因について、人口増加を軸とする発展段階論的枠組みのもとで考察する。ガルヴェも指摘するようにそれは、未開・牧畜・農耕・そして近代的産業・商業社会という枠組みであり、スミス的図式との関係からも着目されるべきであろうが、さしあたってここでの問題は、ガルヴェがどの段階から society に bürgerliche Gesellschaft という語を充てるかということである。第一段階としての未開状態を論じる原文個所には社会という語そのものがない。したがって、ガルヴェの訳文にも当然、該当する語はない。第二段階の牧畜段階であるが、原文は In the second state of society, where men live by herds and flocks と始まる。ガルヴェはこの箇所を Auf der zweyten Staffel des gesellschaftlichen Zustandes と訳しており、牧畜段階に bürgerliche Gesellschaft を認めていないことがわかる。第三段階の農耕段階は、原文では In the third state of society, where, by division and property of ground, encouragement is giving to agriculture と始まり、マクファーラン自身における社会概念そのものの変節は見受けられない。ところが、ガルヴェはこの society に bürgerliche Gesellschaft という語を充てている。当然、第四段階としての近代商業社会段階についても、bürgerliche Gesellschaft が採用されている（ちなみにマクファーラン自身の言葉では The last and most perfect state of society となっている）。つまり、ガルヴェは農耕段階以降に市民社会を認めるのであって、それは上述の古典古代に市民社会概念の淵源をおく見地と整合する。少なくともこの時点でのガルヴェの市民社会概念はそうしたものであり、それはもちろんヘーゲル的な市民社会概念とは隔絶している。Cf. M'Farlan, J., *Inquiries concerning the poor*, *op. cit.*, pp. 10–22. (übers. von Garve, *Johann Macfarlans, Predigers in Edinburg, Untersuchungen über die Armuth, die Ursachen derselben und die Mittel ihr abzuhelfen*, Leipzig, 1785, S. 10–26.）ちなみに、ガルヴェは『貧困論』執筆時点ですでに『国富論』を読んでいた。マクファーランの発展段階論については、深貝氏による研究がある。深貝保則「人口動態と富裕―貧困認識をめぐる文明史論と政治算術――一八世紀スコットランド、イングランド経済思想の一側面」『名古屋大学附属図書館研究年報』、第八号、二〇〇九年、一―二一頁を参照のこと。発展段階論そのものの是非については別の課題である。市民社会概念との関連では、植村氏の著作の特に第三章を参照されたい。植村邦彦『市民社会とは何か――基本概念の系譜』、平凡社、二〇一〇年。

（22）こうした側面については、後の「流行論」でも論じられている。大塚雄太「クリスティアン・ガルヴェにおける人間・社会・モラル――『流行論』における現実的人間と通俗哲学の可能性」『社会思想史研究』、第三二号、二〇〇八年、七八―九三頁を参照のこと。

（23）Garve, *op. cit.*, S. 32.

（24）同様の視点は、メーザーにも見られる。例えば、ユストゥス・メーザー（原田哲史訳）「人間の権利、すなわち隷属」（肥前・山崎・原田・柴田訳『郷土愛の夢』所収）、京都大学学術出版会、二〇〇九年、二〇五―二一〇頁を参照のこと。前近代的なもの＝ネガティヴなものという形で一括しえない歴史的多様性を評価したのはミュラーも同じであった。これについては第一九章（原田）および同氏によるメーザーとミュラーに関する一連の研究を参照されたい。直近では、原田哲史「メーザーの社会思想の諸相」（前掲『郷土愛の夢』所収）、三二七―三五二頁、同「ユストゥス・メーザーにおける啓蒙と啓蒙批判」（佐々木武・田中秀夫編『啓蒙と社会――文明観の変容』に第一四章として所収）、京都大学学術出版会、二〇一一年などがある。

（25）ガルヴェは第三部においても奢侈の問題性に言及している。奢侈を追い求める人々の目に貧民の窮状は映らない。cf. Garve, *op. cit.*, S. 159.

（26）*Ibid.*, S. 43f.

（27）*Ibid.*, S. 49–50.

（28）*Ibid.*, S. 52.

（29）*Ibid.*, S. 64.

（30）ガルヴェは、それがドイツにおいてプロテスタント地域よりもカトリック地域で物乞いが多くみられることの理由だと指摘している。*Cf. ibid.*, S. 66f.

（31）ガルヴェは後の箇所で「日当が食糧の価格とともに常に上昇する」というのは経験的には妥当しないと述べている。その理由は彼によれば、次のようである。各人が賃金に関する決定権をもつならば上記の命題は成り立ちうるが、通常は、現況と貨幣価値と穀物価格が賃金水準を決定する。しかし例えば、一人の商人のために多くの製造業者が生産活動に携わるような仕事や、長きにわたる慣習によって報酬が固定化されたような仕事では、それら三要素が変化したとしても目下の商況だけが重視される。それはつまり、貨幣価値や食糧価格をいわば度外視する形で賃金が決定されることを意味する。したがって商品の需要が著しく減少すれば、たとえ食糧価格が上昇傾向にあったとしても賃金は下がり得る。またこのことと関連してガルヴェは、商人の利欲が労働者階級の貧困を拡大するとも述べている。彼らは、外国での取引に際しての損失を労働者の賃金の削減によって補填する一方で、自分自身の収益を据え置こうとしたのであった。要するに労働者の賃金決定には、それを統括する商人の利欲が相当介入したのである。Cf. *ibid.*, S. 77ff.

(32) Cf. *ibid.*, S. 210.

(33) *Ibid.*, S. 96.

(34) *Ibid.*, S. 100.

(35) *Ibid.*, S. 137.

(36) *Ibid.*, S. 156.

(37) この点については、以下の論考でも扱った。大塚雄太「クリスティアン・ガルヴェにおけるドイツ近代像の成立——『古代・近代作家論』にみる通俗哲学の新地平」、『日本一八世紀学会年報』、第二五号、二〇一〇年、六二—七五頁。

(38) Garve, *op. cit.*, S. XXV.

第一七章　ペイン的ラディカリズム対バーク、マルサス
――市民社会における有用性と野蛮

後藤浩子

第一節　「野蛮」の二つの含意――ドイツ思潮やフランス思潮との違い

F・ヘーゲルは『精神現象学』（一八〇七年）において、フランス革命のなかに「啓蒙」の反転した帰結として野蛮（Barbarei）を見出した。啓蒙が有用性という基準を導入した結果、他者の道具化が生じ、さらには、自らも他者によって道具化されると同時に自分自身をも道具化することによって、主体は他のためにある存在（対他存在）である「物」と同じ境位に陥ってしまう。このような道具化と物化の過程がヘーゲルのいう「野蛮」の内実である。ヘーゲル以降も、ドイツの思潮では、初期のマルクスや『啓蒙の弁証法』のアドルノ／ホルクハイマーが、有用性で結ばれた「欲望の体系」である市民社会が、道具化と物化としての野蛮への契機を孕むという問題を指摘している。(1)

ところが、一八、一九世紀のブリテンでは、有用性に立脚した市民社会観が先駆的に形成されたにもかかわら

ず、それが野蛮と結び付けられるような市民社会批判は主流にはならなかった。社会制度存立の根拠として有用性の認識が挙げられるようになったのはいつの頃であるか、その開始点を特定することはできないが、少なくとも、A・ファーガスン『市民社会史』(一七六七年)では、有用性の認識は習慣などと並ぶ社会制度存立の根拠の一つとされている。しかし、そこでは、奴隷制を除けば、有用性に伴う道具化はまったく問題になっていない。[2] ファーガスンの用語法では、「野蛮(barbarism)」は「未開(savage)」と区別され、所有の観念はあり、それが関心や欲望の主要な対象になってはいるが、法によって確実に保護されていない状態を指すものと定義されている。[3] この野蛮の語義は、一七九〇年代のE・バークのフランス革命批判における「野蛮」の語義と基本的に同じであり、T・ペインの「野蛮」の用法も、具体的に指示している対象は異なるにせよ、法による保護や規制がなく、むき出しの私利私欲が激突している状態という点では基本的に同じ含意をもっている。[4]

またブリテン思潮においては、「法」と「権利」も有用性や便宜によって根拠付けられている。この点を「ブリテン的ラディカリズム」という名称のもとに特徴づけているのはM・フーコーである。

この道に従うならば、統治の権限の及ぶ範囲はいまや、統治によって何をおこない何をおこなわないことが有用であるかということから出発して規定されるようになる。統治の権限は、統治の有用性の境界によってその限界を規定されるようになる。統治に対して以下のような問いを、絶えず、その行動のあらゆる瞬間に、古かろうと新しかろうと、そのすべての制度に関して提出すること。それは有用であろうか。それは何にとって有用であろうか。いかなる限界のもとでそれは有用なのか。それはどこから無用となり、どこから有害となるのか。根源的な法権利とは何か、私は主権者を前にしてその法権利をどのようにして価値づけることができるのか、といった革命の問いとは異なります。それは、ラディカルな問いであり、ブリテン的ラディカリズムの問いです。ブリテン的ラディカリズムの問いとは、有用性の問題なのです。[5]

例えば、ファーガスンにおいては、権力の委任も便利さによって根拠づけられる。

もし人民集会（popular assemblies）が統治のあらゆる機能を引き受けるならば、……公衆は多種多様な不便（inconveniencies）に直面する。……これらの不利益（disadvantages）をさけるために、人々は彼の権力（power）の一部を委任することに常に同意するのである。(6)

さらに、ヴォキャブラリーで分類すれば、バークにも有用性の語彙は検出でき、この意味で言えば、彼も「ブリテン的ラディカリズム」に入る。

J・G・A・ポーコックは「『マキァヴェリアン・モーメント』再訪」において、共和主義思想を「一つのヨーロッパのイデオロギー、ロベスピエールの有徳なテロルにおいてその縮図と死に至るまでのラディカリズムの真髄として」扱わなかった点に不満を訴えるJ・N・シュクラーに対し、次のように反論している。「市民的な徳がいかにして革命とテロルのイデオロギーになったかの歴史があれば、賞賛すべきであろう」が、彼自身は「イングランドとアメリカの歴史が、ウィッグでありジャコバンではないそれ自身の用語で研究されうると断言することが許されてしかるべきだ、と。(7) 彼の興味はあくまで大西洋圏にあるのであり、それに専心することに問題はないはずだ、という意であるが、ではこのウィッグ思想の特徴とは何なのだろうか。これを明示する作業がなされなければならない。

一七九〇年代に、上記のような有用性の語彙で表現されるブリテン的ラディカリズムは、フランス革命評価をめぐって二つに割れることになったが、この時のキーワードが「野蛮」であった。バークは、フランス革命が野蛮を生み出していると批判したのに対し、ペインらは、むしろそれは啓蒙が野蛮を駆逐している過程であると捉えた。

本章では、この代表的両者に加え、ペインに近似した共和主義思想を掲げ一七九〇年代から一八五二年まで世紀を超えて政治経済時評を書き続けたA・オコナーをペイン的ラディカリズムの分析対象として加え、彼らの市民社会認識の違いはどこにあったのかをまず解明する。(8) その際、この違いにA・スミスの『国富論』はどのように影響しているのかも明らかにしたい。

そして第二に、一八世紀末にペイン的ラディカリズムのなかで形成された「野蛮な封建的遺制としての王政・貴族政」という認識が一九世紀に「野蛮な封建的遺制によって存続する地主階級」対「啓蒙による文明化を担う勤労者階級」という図式となって持ち越され、いかにマルクス的な資本家対労働者を軸とする市民社会批判とは違った現状分析をもたらすことになったかを、オコナーの著作を通して明らかにする。そこで、オコナーが野蛮と見なして対峙したのは、マルサス的レッセ・フェールの原理であった。

第二節　ファーガスンの「市民社会」概念の本質的特徴

『市民社会史』においてファーガスンは、統治組織や法を社会にとって副次的なものであると見なし、個々人の意図に先立って存在する「歴史的かつ自然的な不変項」として社会を捉えた。アメリカ先住民と古典古代の歴史書を典拠に「事実を蒐集する」ことで、人間性の一般的特質を見出し、この本性的特質として社会的結合を説明したのである。これによって、J・ロックの社会契約論的な枠組みにおける「自然状態」と「政治社会」の対義語的関係をもった概念規定は大きく変更された。人間にとって社会なき自然状態という前史はなく、社会的結合はその始原から自然発生的に形成されているという見解によって、「自然状態」は「市民社会」と対立するものではなくなったのである。「この精査において、人はこの意味での適切な自然状態とは、人類が永久にそこから立ち退かされる状態ではなくて、彼らが今到達しうるであろう状態であり、彼らの諸能力の行使に先立つものではなくて、それら能力の正しい適用によってもたらされる状態であるということに気づくだろう(9)」。

では、始原より存在する社会的結合とはどのようなものか。ファーガスンは、法的手続きを経ることなく、互恵性に基づいてただ個々人の満足によって、自然に発生し維持される結合であると説明する。フーコーは、「明示的な契約もなく、意志的結合もなく、法権利の放棄もなく、他の誰かへの自然権の委託もなく、要するに服従の契約のようなものによる主権の構成なく」、社会的結合がもたらす利益への「個別的な満足の総和」によってまとまっている状態、いわばファーガスンによる社会の基層の発見に光を当てている(10)。しかも、この社会的結合は、交換における利益最大化というような、たんなる外部的便宜（conveniencies）に還元されないものである。ここで人々を市民社会において結合させている要素は、本能や共感、同情などの諸感情であり、それは経済的結合とは異質のものである。経済主体の結合は、交換の連鎖とともに領土や地域の限定性を超え出てゆく市場の拡張性をもつが、市民社会の結合はある共同体、ある限定された地域に存在する人間総体という局地性をもつ。それは、家族、村から同業者団体や国民に至るまでそのレベルと規模は様々であるが、この市民社会の紐帯がもつ二面性、つまり一方で経済的な、他方で利害なき利害関心という感情的な結びつきは、時に相反する作用をもつことになる。商業段階において、

人間は自らを自分の同胞との競争状態（competition）に至らしめる一つの対象［所有］を見出した。また、自分の同胞を、それらがもたらす利益を得ようとして、家畜か土地でも扱っているかのように扱う。社会を形成したと想定される強力な

原動力（the mighty engine）は、結局その構成員を不和にさせるのに役立ったり、もしくは、愛情（affection）の絆が断ち切られた後でも彼らの交流を継続するのに役立ったりするのである[11]。

経済的合理性は、時に社会的結合の主要因となるが、時に解体への要因ともなる。さらにファーガスンは、政治権力の発生を、法権利の放棄や譲渡契約による権力設立などに求めず、それらに先立つ市民社会内部の分業に求める。

自然的才能や傾向性の違いに、従属関係の原因の一つがある。第二の原因は、財産の不平等な分配に、そして第三の原因は、これも前の二つに劣らずはっきり感知されるものだが、さまざまな技芸の実践によって獲得される習慣にある[12]。

こうして権力は従属関係という形で市民社会内部に自然発生するものとされ、法的権力は、むしろ事後的に創設されるものと見なされている。

そして、市民社会がそもそも結合と分離の両方向に作用する経済的利害という要素を含んでいることによって、市民社会のありように歴史的変化が生み出される。所有はないが、原初的な自然発生的従属関係はある「未開（savage）」社会が想定され、そこで経済的利己主義が作用することによって、個人と共同体に帰属するものの別がある「野蛮（barbarian）」社会に至り、さらには、法律によって守られる「文明（polished/enlightened）」社会に至るのである。このように、個々人の利害関心が動因となって一定の形態の市民社会が生み出される。

以上、フーコーによる特徴づけを参照しつつ、ファーガスンの市民社会概念を概観したが、フーコーは、この市民社会概念によって、決定的にホッブズ、ルソー、モンテスキューとは異なった政治思想が登場することになったと指摘している。つまり、権力の発生とそれを制限する法的権力の構築を、社会契約論的な国家主権の過程として社会の起源に置くという思考様式から、すでにその内部において従属関係が作用し権力が行使されている社会というものを所与の条件にして、法制を通じて権力を規則づけ制限する機能として国家／政府を問うという思考様式への転換である(13)。

フーコーのこの転換点の指摘はブリテン思想史の特徴を析出するうえできわめて重要であって、このような市民社会概念が一八世紀後半のブリテンにおいて広く共有され、その結果、市民社会と国家／政府の峻別がなされ両者の関係が問われるようになったことは、ペインの『コモン・センス』（一七七六年）冒頭の「社会と政府を混同してしまって両者の間にほとんど、いなまったく区別をつけようとしない著述家たちがいる。ところが両者は違っているばかりか、起源からしても別なのだ」という一節と、このパンフレットのきわめて広範な普及に明らかである(14)。

さらには、一八世紀後半にブリテンで醸成された市民社会概念が、たんなる欲望の体系ではなかった点にも留意する必要がある。上述のファーガスンの例に見られるように、市民社会は性質の異なる二つの紐帯、つまり経済的なものと、感情的なものを持っているものとして認識された。そして、後者の感情的なものに関して、それが一体何であり、どのように再生産されるのかをめぐって一八世紀後半にさまざまな見解が生まれ、その結果、市民社会概念が多様化したのである。

ブリティッシュ・ラディカリズムは、市民社会と政府／国家を峻別し、後者を有用性の語彙で説明した。これに対して、前者については、市民社会を構成する諸々の制度や慣習が取り出され、その意味や機能が解釈されることになった。これを、ポーコックの言葉を借りて「一八世紀の社会学、すなわち作法（manners）の研究とそのイデオロギー(15)」と称しても差し支えないが、ただし、これによって一様な認識が形成されたわけではなかった。

家族制度と相続制度、身分制度など、市民社会を構成する要素は、論者によって肯定的にも否定的にも語られたのである。そして、文明化された市民社会とは何かをめぐるこのような認識の相違は、一八世紀末にフランスで起こった革命の評価において、もっとも鮮明に現れることになった。バークとペイン的ラディカルズたちの対立点はどこにあるのかを探るために、両者の市民社会論を以下に分析する。

第三節　バークにおける有用性と野蛮

まず始めに、バークのフランス革命批判のなかにある市民社会概念が、ファーガスンのそれと極めて近似している幾つかの点を以下に検証したい。

第一の近似点として、市民社会と自然状態を対立させず、市民社会を人間的自然の発達によって到達される自然状態と見なす点が挙げられる。

このような〔自然的〕貴族政を必然的に生み出す市民社会の状態は自然状態なのであり、あの未開（savage）でばらばらな生活状態よりも格段にそうなのである。なぜなら人間は本性上理性的であって、人間は理性が最高度に開発されて影響力をもつ場所に置かれた時にこそ、最も完全な意味での自然状態にあるからである。技芸（Art）こそは人間の自然である。我々は少なくとも、未熟で無力な嬰児の時期に少しも劣らず、成年になっても自然状態にある。(16)

そして第二には、自己保存への動因と同様、社会（種族や共同体）形成に向かう動因として、人間の本能的傾向

(instinctive propensities) が挙げられている点である。

子ども達は自己の血縁関係に同意をしていないが、実際の同意がなくても、彼らの関係によって彼らはその義務に結び付けられる。あるいはむしろ、それは彼らの同意を内包している。なぜなら、ある理性的被造物の当然推定される同意が、ある傾向性をもった事物の秩序のなかにはあるからである。人はこのような仕方で彼の両親の社会的境遇とともに、すべての利益(benefits)を賦与され、彼らの状況に伴うすべての義務を負わされて、共同体のなかに入る。[17]

血縁関係に基づく家族という共同体への参入は、自己保存のための必須の条件であり、この参入によって人は家族メンバーの保護を受けると同時に義務を負う身となるが、バークはその場合、家族という社会への参入が同意に先立つ点を強調する。そして、このような性質の社会的紐帯が祖国を形成する社会意識の基礎になると見なす。

もしコモンウェルスの本質的要素(elements)であるそれら諸関係から紡ぎだされる社会的紐帯や絆が、大抵の場合我々の意思から独立して始まり常に存続するならば、その関係が、(従来巧みに言われてきたように)「すべての人のすべての慈善(charities)」を内包する我々の祖国(our country)を呼び寄せるのであり、その関係は我々の側での約定(stipulation)なしに我々を祖国に縛り付ける。さらには、この義務を畏怖すべき強制的なものであるとすると同程度に我々にとって貴重で有り難いものにする強力な本能も我々には託されている。我々の祖国はたんなる物理的一区域ではない。それは、大いに、我々がそこに生まれ落ちる古来の秩序にその本質がある。……我々の義務を決定する場所は、社会的、市民的な関係なのである。[18]

個々人に先立つ共同体の秩序があり、それが個々人に義務を課すのであって、ゆえに市民社会はたんに自由意志的選択の産物ではないとバークは論じる。彼が最も危険視し、論駁しようとした対象は、自由意志的選択によって成立した約定や協約を社会の礎におく社会観であった。

もし我々が市民社会にたいして義務を負う場合、それは我々の意思に依存しないということを、市民社会が道徳の管轄領域内にあると考えるすべての人の真面目な考察に対していくら頻繁に提示してもしすぎることはない。義務は自由意志による（voluntary）ものではない。義務と意思は相反する用語ですらある。社会は最初は自由意志的な行為であるかもしれない（多くの場合、間違いなくそうだった）が、社会は、その社会と同時に存在し永久に続く誓約（covenant）のもとで持続する。この誓約は社会のあらゆる個々人に、彼ら自身のどんな公式の行動がなくても帰属する。このことは、人類の一般的通念から生じる一般的習慣（practice）によって保証される。人は選択することなく、そのアソシエーションから利益を引き出し、選択することなく、これらの利益の結果である義務に従う。選択することなく、人は実定的（actual）責務（obligation）と同じくらい拘束力をもつ実質的な（virtual）責務を取り結ぶ。……我々は人類一般に対する責務をもっているが、それはどんな特別な自由意志的協約（any special voluntary pact）の結果でもない。(19)

では、以上のように契約による市民社会の発生を退けるバークは、市民社会と政府／統治をそれぞれどのように基礎づけているのか。彼は、政治的便宜、そして市民社会よって部分修正された人間本性という二つの要素によって統治を根拠付け、自らの政府観を次のように語っている。

バーク氏の著書では、政府（government）の土台は、空想的な人間の権利（これはせいぜい司法的原理と市民的原理の混同である）ではなくて、政治的便宜（political convenience）と普遍的な意味で、もしくは地方的慣行や社会的傾向（aptitudes）によって、部分修正された形での人間本性に置かれている。政府の土台は……我々の必需品（wants）の供給と我々の義務に従うことに置かれている。つまり、前者を調達し、後者を強制することである。(20)

バークにとっては、個々人が義務や責務に従うことを強制するものは、政府が制定した法と家族内で再生産される作法であった。そして、市民社会を文明化しているこれらの装置が公然と破壊された状態こそ、革命後のフランスであった。バークはそのようなフランスの現状を野蛮状態として描写する。

常識あるどんな人間も、ある種の野蛮（barbarism）から別のより酷い野蛮への変化を賞賛するはずがない。そのような人が、法も作法（manners）も道徳もない放埒で強暴で未開の（savage）群集の暴政（tyranny）に賛同して、作法によって緩和され、法や慣習（usage）を遵守し、公論に—おそらくあまりにも—配慮した王政の破壊を喜ぶはずがない。(21)

そして、このような事態を招いたフランスの啓蒙を揶揄して「自分達を洗練して（subtilized）未開人（savages）となる」と表現し、ルソー、ヴォルテール、エルヴェシウスの名を挙げ、イングランドは彼らに追従しないと断言している。(22)

バークの直接的な批判の的は、革命後の憲法制定国民議会による長子相続制の廃止、嫡出・非嫡出子の平等、契約としての婚姻といった家族制度の改革にある。これら改革が作法を再生産してきた家族内の慣習を絶滅させるとバークは判断したのである。

作法は法よりも一層重大な影響を及ぼす。法律はきわめて大きく作法に依存する。法律が時たま偶発的にわれわれに関係するのに対して、作法はまさしくわれわれが呼吸する空気のように日常の整一的恒常的で無意識的な働きを通じてわれわれを苦しめたり慰めたりし、腐敗もしくは純化させ、向上もしくは堕落させ、野蛮もしくは優雅にする。[23]

バークの作法は法とは別の次元で我々の諸感情（affections）を導く社会的規範である。この作法の次元を指し示すことによって、バークが対峙しているのは、法を端的に個々人の私的利益や思惑から生じる関心によって支えられるものとする機械的で野蛮な哲学である。[24]これに従えば、国制にとって必要なのは、現在の便宜（conveniency）であって、他の愛着（attachment）の原理は不要と見なされる。[25]

また、バークは、自由が「統治（Government）や、公権力、効果的にうまく配分された税収入、道徳と宗教、所有の確実さ、平和と秩序、市民的・社会的作法と結び付けられている」という点を重視する。[26]彼が、市民的（civil）自由の基礎を法ではなく作法と道徳に置いている点は、注目に値する。「他のすべての人民は、市民的自由の基礎を、もっと厳格な作法ともっと謹厳な男らしい徳性のシステムのなかに置いた[27]」。

ファーガスンは市民社会を政治権力の恒久的母型と見なしたが、同様にバークも諸感情の公共性を生み出すものとして作法の体系を捉え、それこそが真の法の支えであると見なす。「作法と結びついたこれらの公共的感情は、ときには法を補足し、ときには法を匡正し、つねに法を助けるものとして、必要とされる[28]」。バークは、自己利益の主体が集まって自ら互恵的社会関係を築けるとは考えなかった。そこには、個々人の行動の抑制装置としての作法のシステムが必要とされたのである。

そして、バークは、この抑制装置としての作法のシステムを市民社会に結びつける。

政府（government）は人間の必要物（wants）を用意するために人間の知恵が発明したものである。人間はそれらの必要物がこの知恵によって用意されるべきだという権利をもつ。これらの必要物のなかには、市民社会から生じる必要、つまり人間の情念（passions）に対する十分な抑制の必要も数え入れられるべきである。[29]

市民社会において、個々人の情念は作法によって抑制され、洗練される。そして、この情念が作用する市民社会のレベルは、法が規定する諸関係によって構成される政治社会とは明らかに異なったものとして、位置づけられている。バークにとっての野蛮とは、この市民社会の作法のシステムの破壊であり、彼の批判の中心は、フランス革命が、法の基盤である作法のシステムを内包する市民社会のレベルまでを改造し破壊した点にあった。作法のシステムのなかでも、とくにバークは、市民社会における世襲制、長子相続制という慣習がもつ重要性を強調し、フランス革命が世襲制の具現としての貴族政や王政、そして長子相続制の家族制度を廃止した点を批判する。なぜなら、世襲と相続は、民衆が国家を家族のアナロジーによって認識するために必須の要素だったからである。

相続を選択することで、我々は我々の政治の枠組みに血縁関係のイメージを与え、国家の国制を最も親愛に満ちた家庭的絆に結びつけ、基本的な法を家族的愛情の深部に取り入れ、国家と家庭と墓地と祭壇を、すべてが結び付けられ相互に反映しあう慈善の暖かさもって不可分に保持し、慈しんできた。[30]

バークは、一七九一年発行の『フランス革命についての省察』第九版において、社会を、成員の技能と力の結合である「提携（partnership）」と「共同資本（the joint stock）」という言葉で表現している。[31] これは、各人が自己の権利を共同資本（common stock）に投げ入れた結果生じる政治社会というペインの観点とさほど離れてはおらず、この点では依然としてバークもまた有用性の語彙で社会を説明していることが確認される。市民社会のなかには自然に生じる作法のシステムが存在するという認識の背景には政治経済学の生成がある。とはいえ、彼らの市民社会に住まうのはたんなる自己利益を追求する経済人ではなかった。この点が、ブリテンの啓蒙の特徴を把握するためには、重要であると思われる。

第四節　ブリティッシュ・ラディカリズムの分化
――ペイン的ラディカリズムとバーク思想との差異

通常「保守主義」としてその思想を特徴づけられてきたバークであるが、上述のように彼の言説はブリティッシュ・ラディカリズムの範疇内にあったし、さらに実際の彼の交友関係もウィッグ党のメンバーを多く含むものであった。フランス革命勃発後にバークはペインと交流しているし、自分の息子を当時カトリック解放運動の母体であったアイルランドのカトリック総委員会の書記として派遣している。そして、後にユナイテッド・アイリッシュメンのリーダーとなるオコナーとも交流を持っているのである。本節では、バークとペイン／オコナーの思想がどの点で袂を分かつのかを分析することによって、ブリティッシュ・ラディカリズムの分化の過程を明らかにしたい。

オコナーの手稿「回想録」によれば、一七九三年冬、イングランドのバース（Bath）でオコナーはバークに出会い、一晩語り明かした。彼は後年、バークについて次のように評している。「エドマンド・バークととても親密に語り合うたびに、私はこの［政治経済学という］不可欠な学問に対する彼の軽蔑に気づいた(32)」。そして、バークのみならずC・J・フォックスやR・B・シェリダンの名を挙げ、彼らは雄弁さではピットをはるかに凌ぐが、ピットのほうが説得力があると述べ、ピットと政治経済学について次のようにコメントしている。

正直言って、ピットがプライス博士のもとで政治経済学を学んだことは、彼に、フランス―アイルランド間の通商協定について議論する際に生じる通商上の諸問題に関して、彼の論敵よりも有利な立場をもたらした。だが、彼が記憶にとどめているプライス博士の教えはこれだけであって、自由の教えや自然の資源を上手く管理する（husbanding）といった教えを彼は壊滅的なほどに忘れてしまった。(33)

そして、バーク、フォックス、シェリダンの政治的見解において政治経済学が軽視されているのは、彼らの世代の古さに原因があるのだろうと考察している。A・スミスの『国富論』が出版されたとき、ピットはまだ一六歳だったが、既にフォックスは二九歳、シェリダンは二四歳だったのである。

このオコナー自身の考察が示すように、スミスの『国富論』が、ペインやオコナーの「市民社会」概念に影響を与え、バークのそれとの違いを生んだことは確かである。では実際に『国富論』のどの部分が影響を与えているのだろうか。ここでは、最初にペイン、次にオコナーの「市民社会」概念を分析し、そこでの『国富論』の影響を見ることにする。

「もしもバーク氏が『国富論』の著者と同種類の才能を生まれながらにして持っていたら、憲法のなかに取り入れられ、全体が集まって憲法を構成している部分のすべてを理解したことだろう」とペインは記している。(34)このことから、ペインが『国富論』を読んでいたことが知られるが、彼の叙述と『国富論』の相関を精査した場合、もっとも目をひくのは相続制と大土地所有に関する分析の箇所である。

『国富論』第三篇第二章「ローマ帝国没落後のヨーロッパの旧状での農業の阻害について」において、スミスは、土地がたんなる生計の手段から、借地人や従者の数を規定するものとして権力や保護の手段となり、この権力を維持するために長子相続制が登場し、この長子相続制による大土地所有は封建制に先立つものだった、と論じ、長子相続制、限嗣相続制を「それらの野蛮な制度（those barbarous institutions）」と表現している。[35] さらに同篇第四章では、それらを「無秩序（disorders）の発生源である財産と風習（manners）の状態」と表現し、自然ではなく、その国の最初の統治の性質によって導入され、その統治が大いに変化したにもかかわらず、残存した風習や慣行であると見なしている。

ペインは、この「野蛮な制度」としての長子相続制分析を王政と貴族政の批判に結び付ける形で活用している。

社会へと向かう自然な性向が、政府の行動によって何としばしば妨害され、あるいは破壊されることか。……政府は、社会を強固にするどころか、分裂させた。社会から自然な結合力を奪い、そのようなことをしなければ存在しなかったはずの不満と無秩序をかもし出したのである。[36]

このように、王政や貴族政の下での政府を、人々の自然的結合を破壊し、無秩序を生み出す源としてペインは描写している。さらに彼は、君主政と国王の起源を強盗団の首領に帰する。「強盗団の首領は、首尾よく強盗（Robber）という名を免れ、君主という名になった。したがって、ここに君主政と国王の起源がある」[37]。そして、統治の起源がこのようにたんに暴力による征服と略奪にある場合、第一の略奪者から第二の略奪者が暴力によって領土を奪ってもそれは合法的であることになる。「彼らはそれぞれが自分に割り当てた領土を代わる代わる侵略しあった。彼らが互いに相手を取りあつかった残酷さ（brutality）は王政の本来の性格を説明する」[38]。

ここで示されているのは、私的所有の区別がある状態で利己的な力と力の闘争が起こるファーガスン的な「野蛮」状態である。ところがその後継者達は、「時がその起源の歴史を記憶から消し去ると……新たな外観を身につけるようになった」。強盗団の首領は長子相続制によって領地への支配権を引き継ぐ代々の君主や貴族となった。そして、略奪に代わって王や貴族として「歳入」のための税の取りたてをおこなうようになったのである。[39] この政治体制をペインは「野蛮」と称している。[40]「現存する古い政府の野蛮（barbarism）が消えてなくなるにつれ、諸国民相互間の道徳的状態も変化するだろう」。この野蛮の用語法は、上述したスミスの「野蛮な制度」とほぼ同じものであると見なしうる。

……いずこの国の住民でも、法律の文明の下にあれば、容易に打ち揃って文明の域に達するものであるが、政府はいまだに未開の状態にあってほとんどつねに戦争をしあっているため、文明生活が生み出す豊かさを悪用して、未開の部分をさらに広範囲にわたって広げようとする。

ペインは文明化した諸国同士の関係がいまだ法によって制御されない自然状態であると指摘し、これを「野蛮な制度」と表現し、この自然状態において生じる国家間の戦争のため、「人類の労働の四分の一以上」が浪費されていると指摘している。[41]

ヨーロッパの政府はすべて（もっとも、今日ではフランスだけは例外であるが）、普遍的文明の原理に基づいてではなく、その逆の原理に基づいて構成されている。これらの諸政府は、その相互間の関係に関するかぎり、わたしたちが未開の文明化されていない生活と考えるものと同じ状態にある。[42]

ペインは、文明国と呼ばれているイングランドをはじめ全ヨーロッパの人間を貧困に陥れている原因、そして文明化の原理が作用するのを妨げている原因を、君主と貴族が相続によって権力を絶えず掌握し続けているヨーロッパ各国政府の野蛮と未開に帰した。以上のように、スミスとファーガスンの「野蛮」の用法とペインのそれには類似が見られるが、ペインはこの「野蛮」という言葉を取り入れることによって、過去の力と力の闘争の帰結を温存させているにすぎない長子相続制を旧体制の本質として指し示したのである。

さらに、野蛮状態の市民社会における感情のありかたと、文明化された市民社会でのそれとの違いにも、ペインは論及している。

この悲惨な統治の光景のなかで予想される以上に何か驚くべきものがあるとすれば、それは、かくも長い間累積してきた意気阻喪と抑圧の下で農業や製造業、商業の平和な技芸が生み出した進歩である。これは、動物の本能は、社会と文明の諸原理が人間のなかで作用するよりも強い衝動では働かないことを示すのに役立つ。[43]

つまり、諸産業の発達は、相互依存と互恵的利害関係（mutual dependence and reciprocal interest）という市民社会の秩序の源泉を作り出し、これによって人間が本質的にもつ社会的感情（social affections）がより強化される。ペインにしてみれば、これこそが感情の洗練と作法（manners）であって、これがあるからこそ、野蛮な動物的本能が制御されるのである。

この長子相続制批判と、諸産業の発達による感情の洗練という見解は、ペインのみならず、オコナーの市民社会発達史観においても重要な役割を果たしている。オコナーは、『革命を防ぐための内閣の措置は革命をもたらす確かな手段だ』（一七九四年）において、文明社会に至るまでの発達史を四段階に分けている。[44]まずは、すべての人間が完全に平等である未開状態（savage state）で、これは市民社会における最初の革命によって羊飼いと農夫の牧畜農耕の定住状態になる。この段階では生産物の余剰はない。ところが、自給自足経済を営む勤労者達が自分たちを維持するのに必要である以上の生産物を生産するようになると、第二の革命が起こる。世襲的貴族による権力掌握である。オコナーは、各領邦での専制的権力の発生の主要因を交通の未発達によって生じる諸地域間の隔離にあるとする。そして、この支配と圧政の発生に伴い独占と排除の制度が形成される。すなわち、専制権力を存続させるために長子相続や限嗣相続が発生するのである。ところが、交流（intercourse）と衝突（collision）の欠如のため民衆は無知で愚鈍であり、専制権力への対抗手段を考えることができない。「民衆は自らの格下げされた状況を甘受する。なぜなら、彼らの知が欠乏しているため、救済策を考えられず、団結とエネルギーがないために救済策を実行することもできないからだ[45]」。こうして、長子相続や限嗣相続を基盤として、貴族政が打ち立てられる。

ところが、羅針盤と印刷術が発明され、物質面と精神面での交通と交流が発達すると、知と個々人の独立性が増大する。「交流と衝突によって、人間同士は擦れあって火が点き、その火花によって彼の精神は啓蒙され、血は温められる[46]」。オコナーの歴史像では、羅針盤と印刷術という技術の発明が活動空間の拡大を可能にし、そこでの人々の交流が啓蒙を引き起こす。オコナーは、この場合の知の発達を以下のように説明している。

羅針盤と印刷術の発明は、市民社会における革命の親である。この革命は、有用性（utility）という基準で諸制度を判定し、自分たちを支えるために偶然や強奪、気まぐれにすぎない爵位や官職を保有する人々をはねつけるよう、精神を導いてきた。平等な不動産相続とより普遍的な分配の法に代わって、この世を少数者による永遠の独占状態に置く法が登場した場合に、精神（the mind）に、どんな普遍的有用性のしるしによって、世界の創造主はそのような法が存在することが彼の意

志だと宣言してきたのかを問うようにさせること、それこそが革命なのである。(47)

既存の制度の有用性を問いただす啓蒙された精神を民衆が持つようになることによって、貴族政は倒れ民主政に至る。これが第三の革命である。オコナーは、フランス革命はまさにこの第三の革命であり、このタイプの革命はフランスのみならずヨーロッパのあちこちの市民社会で起こりつつあると解釈している。彼が、この第三の革命の本質をたんなる王政の打倒と身分の廃止ではなく、それを支えていた長子相続法や限嗣相続法の撤廃にあると捉えた点に注目しなければならない。

商業状態に至っているのだから、たんに羊飼いと農夫の状態で存続したにすぎない法を続行するのは中止せよ。少数者による土地の独占を永続させるために、家の名誉によって存続されてきた長子相続法や限嗣相続法という不条理な法を打ち壊せ。この法による土地の独占に全政治権力が付随してくるようにと少数者は気遣っているのだ。何によって人は他の多くの者の意見や行動の自由を買い占めることができるのか。上記のような法である。何によって、家族の一員が多くの召使をかかえることができ、莫大で無用な出費を維持することができるのか？　他方で、他の子供たちは奴隷状態よりひどい極貧の状態にあるのに。そして何によって、残りの子供たちに勤勉より極貧を選好させる家の名誉が生じてくるのか？　上記の法である。(48)

以上、オコナーの市民社会発達史を概観したが、これまでのバーク、ペイン、オコナーの市民社会観の比較から、前者と後二者との決定的違いが、市民社会における感情の洗練つまり作法（manners）がどのように再生産されるのかという問いに対する答え方にあるのは明らかである。バークは作法の再生産機構を家族のなかに求め、ペインとオコナーは、分業で繋がる商業社会での人間の交流に求めるのである。とは言え、ペインとオコナーの間には、何を市民社会が内包する統制的（regulative）原理と見なすかという点で違いが見られる。ペインの場合は、自分の生来の欲求が他人の介在によってこそ満たされるという、分業が引き起こす他者の必要性と互恵性の自覚と、さらには人間の内部に生来植え付けられている社会的な諸感情の仕組み（a system of social affections）が作法を生み出し、これが統制的原理として働くと解釈できる。これに対して、オコナーの場合は、上述の引用での「衝突」や「擦れあって火がつく」という表現が伝えるように、卓越性を目指す互いの競争（emulation）や勤勉さ、野心が理性の発達を促す。

人間の幸福は全面的に競争と勤勉さ次第なのであり、憲法は、この競争と勤勉さと調和する程度に権力や財産における平等を確立するべきである。(49)

オコナーの見解では、人間の競争や野心は二面性をもっており、それらが勤勉さや有用な活動をもたらすこともあれば、腐敗と支配と権力濫用にいたることもある。競争や野心が前者に向かうことを助長し、後者に陥ることを抑止するのは、極めて厳密な正義に基づいた法の存在である。(50)

所有がすでに登場した状態に必ず押し寄せるのが、激しく飽くことのない情念や強欲、野心である。普遍的に広がっている無知は、無力にもそのような情念や欲の犠牲になる。普遍的に広がる知だけが、そのような激しい情念を制御しうる唯一の主人なのである。……ローマ帝国から現代までの全歴史は、人間本性のまだひ弱な時期の無知ゆえに奪われたものを取り戻すために、知を成長させようという努力の詳細な説明にすぎない。民衆が政府やあれこれの契約によって縛られていることについて論争する際に、大いなるナンセンスが語られる。つまり、あたかも一〇歳の少年が二歳の頃の彼の考えに縛られないといけないかのような、あるいは、……三〇歳の人が二〇歳のときの考えに縛られないといけないかのようなナンセンスな語りである。人はつねに自らの理性に縛られるのであって、その知性の発達の後に幼年期の誤った状態を続けなければならないことなど、いつの時代にもない。(51)

この引用から明らかになることは、所有の発生によって生じた情念や強欲を制御する法をもたない、ファーガスン的意味でのまさに野蛮段階の観念をオコナーも共有し、さらには、それら情念を制御することができるのは、啓蒙によって得られる知であると彼が捉えているということである。

バークは、世襲制や長子相続制などの家族における慣習が社会の統制原理であると考えたのに対し、オコナーはバークの追求する「自然的な貴族階級」は、むしろ世襲制の廃止とスミスが述べた意味での厳密な正義のもとでの競争の導入によってこそ持続的に形成されうると考えたのである。オコナーにとって、世襲制と長子相続制という家族制度は、野蛮な段階の服従関係の残存にすぎなかった。

第五節　一九世紀におけるペイン的ラディカリズム対マルサス的原理

最後に、上述したような観点からオコナーが、ナポレオン失脚後の一九世紀前半のフランス、そしてマルサス的なレッセ・フェールの原理が広がるブリテンとアイルランドをどのように分析したのかを追ってみたい。一八〇六年、ユナイテッド・アイリッシュメンの蜂起計画の首謀者として国外追放処分になったオコナーが赴いた先はフランスであった。そして、ナポレオン失脚後十数年あまりが経過した一八三〇年に、オコナーはフランスで再び政治パンフレットを執筆し始めた。最初に公刊されたのは『ラファイエットへの手紙』（一八三一年）である。これは、一八三〇年の七月革命によってルイ・フィリップを王として樹立された立憲君主制と、それが模範としているブリテン国制とを比較して、革命の不十分さを論じたものである。

オコナーはまず、政治経済学の原則を次のように述べている。「民衆は自分達のエージェントを選び、民衆が各地域でできる範囲内で実施するべきすべてのことを、このエージェントにおこなわせることができる。そして、民衆は全体の集団的な力によってしか為しえないことを政府に委任（delegate）する。すべての自由はこの偉大な原則の遵守にかかっている」[52]。ここでオコナーのいう政治経済学の原則が、スミスの『国富論』第五篇における統治論を反映していることは明らかである。ただし、オコナーの統治論においては、代議制に基づく分権的自治原則と、それを補完する役割を果たすものとしての中央政府の存在意義が強調されている。

スミスは、主権者あるいは国家（Commonwealth）のなすべき事柄として、防衛と司法に加え、商業一般を助長するための公共事業を挙げている。その具体的内容は、道路や運河などの建設と整備であり、これによって容易で費用のかからない交通が確立されることによって、個々の生産物の市場が拡大し、その結果、生産物の量と価値の更なる増加が見込まれるというわけである[53]。スミスは、このような公共事業が効率よく有益に実行されるために、公費と私費や、国家財源と地方行政財源との間でどのように負担しあうべきかを考えるのは、「議会の知恵」であるとしている[54]。したがって、オコナーの統治論は、スミスのそれとさほど乖離しているわけでない。

名誉革命以降存在してきたブリテンの腐敗のシステムと、王政復古時にブルボン朝がフランスに導入した不完全なコピーとの本質的な違いは、イングランドでは政府がその腐敗にもかかわらず、政府の第一の義務が、国の産業の諸業務に介入して産業を破滅することにあるのではなく、自分の活動を国民の集団的な力を必要とする業務に限定し、他の全業務を各地域ができる能力内で民衆がおこなうよう任せることにあるということを、決して忘れることがない点である。(55)

そして、この分権的自治原則は一家の父親全員の政治参画という共和主義的な理念と結び付けられる。

賢く啓蒙された共和主義者は、執行権が危険な武器であり、野心家や新参者に有利な状態にしておくべきではなく、一家の父親（the father of the family）の手中におさめられるべきであることをわかっている。他の権力については、それは管理（husbandry）の手段にすぎず、危険やリスクなく、それらの手段を用いるのに最も優れた技能と傾向性をもっている人々に任せる（be confided）ことができる。これは政治経済学の偉大な原則に合致する。(56)

各世帯の長である父親が執行権の行使者による権力濫用を抑止する役割を担うとされ、その他の権力については、最も有益にそれらを行使できる人間に委託することができるとされる。このように、アイルランド時代は明示されていなかった共和政の主体は誰なのかという点が、一八三一年になって、それは一家の父親であると具体的に示されることになった。

執行権を根源的に担い政治に参画する主体がこのように限定されたことに伴い、以前のオコナーの主張と大きく違って、公共の徳（civic virtues）が重視されるようになる。彼は、七月革命期のフランスを見つめ、その上層階級における公共の徳の欠乏を批判する。

フランスの民衆は、上層階級に政治的徳が欠乏している状態では、強靭な公共的精神と、すべての私的考慮よりも一般的利益（general interest）を優先する一般的傾向性によって共和国を支えることができないので、共和国は存続されえないと確信している。[57]

ここに見られる、共和政を維持するために公共の徳が必要であるという主張は、シヴィック・ヒューマニズムの語彙におけるものであり、オコナーがそれまで用いてきた有用性の語彙とは異なっている。彼は従来、徳ではなく共通の利益の増大という意味で公共善という言葉を多用して彼の共和主義を表現していたのである。さらに彼は、快苦の感覚だけでは一般的利益に人々は導かれないと断定する。

人間の行動の原動力は通常の意味での快苦の感覚にもっぱら限定されていると率直に主張される場合、この主張は若干割引いて受け取られるべきである。食べ物への欲望、住処、生殖がもっぱら行動の唯一の原動力である下等の動物すべてにこの主張が適用される場合、どんな限定もなく、それは確かに正しい。しかし、人間の場合は同じではない。自然は他の動物が知らない一つの情念（passion）を人間に与えた。この情念によって人間は動物よりも高い位置にあることになる。この情念こそ卓越性への愛（the love of distinction）である。この情念なしには、人間はきわめて凡庸な動物になるだろう。食べ物と住処と生殖の欲望以外の欲望はもたずに堕落とぬかるみのなかに這いつくばり、おぼれることになる。この卓越性への愛という情念は、快苦の支配下にある者（subject）ではなく、快苦の支配者（master）なのである。[58]

この卓越性への愛とは、以前、オコナーが競争心（emulation）と呼んでいたものと同様のものであると理解できる。快苦の感覚に基づく諸情念を統制するものとして、以前の競争心に代わり卓越性への愛という表現が用いられている。

このように共和政を支える主体形成について述べた後、オコナーは初めて彼のナポレオン観を公言している。フランスに移住後、ナポレオンからアイルランド旅団長として准将(general of division)の階級に任ぜられ、彼の失脚までその職位を勤めたオコナーにとって、ナポレオンの統治について率直に語ることは、長い間、憚られることであった。一五年の沈黙の後、オコナーは、ナポレオンがマキァヴェッリの『君主論』の原則に従って統治をしたゆえに、ブルボン朝の王と同様、たんなる専制的君主になったのだと分析した。

偉大な事業(enterprise)を企てる人間の第一の義務は、彼が持っている執行手段をよく考えることである。真に偉大な天才であれば、いかなる政府であっても産業と公共的有用性の原則に基づいていなければ安定性をもちえない時代に生きていることを見抜いたであろう。この原則は我々の間に我々の父親の時代には知られていなかった学を導入した。この学が政治体(body politic)にたいしてもつ意味は、婚姻(matrimony)が人間の身体にたいして持つ意味に等しい。どちらも知らない人間は、完全に闇のなかで行動することになる。もしボナパルトがスミスやテュルゴ、コンドルセのような経済学者によって提示された原則を顧慮したとすれば、今では皆が知っていること、つまり近年為された重要な発明が莫大な量の知識とそれに比例する自由の精神を作り出したこと、そして一七八九年の革命以降、この知識と自由の精神がどんな人間の権力も押しとどめ排除できない力を獲得していることを学んだであろうに。[59]

政治体における再生産の仕組みをオコナーは人間の身体に擬え、それについての知が経済学であるとしている。つまり、婚姻が人間の身体に繁殖力や多産性をもたらすように、経済学があってこそ政治体は豊富な生産力をもちうるというわけである。政治が権力の掌握と執行それ自体を目的とするのではなく、公共的有用性増大のための手段として位置づけられている点では、オコナーの見解は以前とは変わってはいない。

一八三〇年代、オコナーは自らの半生を記した「回想録」を執筆し始めたが、それは未完のままに終わっている。なぜなら、彼はどうしても解き明かし難いある問題に直面したからである。その問題とはつまり、啓蒙の進展により市民社会に革命が起こるのが歴史の必然であるはずなのに、なぜフランスの歴史は再び専制へと逆行するのか、というものであった。言い換えれば、なぜ一七九一年の憲法という輝かしい啓蒙の到達点から歴史は後退し、専制的権力者への支持が生じたのか、その原因は何かということである。『ラファイエットへの手紙』におけるオコナーは、その原因を啓蒙の不十分さに帰している。

我々の封建的な教育から生じる偉大さの誤った考え方は、人間の偉大さについての非常に誤った観念を放置してきたので、偶然がどんな人物の掌中に権力を委ねようとも、我々は権力にたいして手放しの敬意を払い続けてしまうほどである。そして、最も崇高な徳は敬意を払われることなく忘れ去られる。(60)

『ラファイエットへの手紙』では、フランスの七月革命によって樹立された国制をブリテン国制に未だ劣ると批判したオコナーであったが、その後一八三〇～四〇年代に彼が見聞することになったのは、ブリテンにおいて経済的苦境に喘ぐ生産的階級の姿であった。さらに一八四〇年代後半に至っては、故国アイルランドに大飢饉が発生した。

彼が一八四八年に著した最後の政治経済論『独占』は、一部五〇〇頁を超える全三部からなる大著である。そこでは、貧困の淵に落とされたブリテンの勤労階級の状態が各種報告書などからの転載によって描かれている。オコナー自身、失業によって貧困化しスラムを形成して居住している人々の現状を文明がもたらす新規の野蛮として捉えているが、特徴的なのは彼が分析したこの野蛮の原因である。資本家対労働者という階級対立は彼の分析視点にはない。彼にとっては、封建的野蛮の残存、つまり長子相続制に基づく地主階級の独占的権力掌握という旧体制こそが、労働者貧困化の真の原因なのである。封建的野蛮の残存に対する批判は、反穀物法の言説のなかで、地主階級の特権維持への批判として最も明示的に表れる。労働者階級の困窮の原因は、地主階級が大土地所有と穀物の高価格維持から生じる利益を製造業などに積極的に投資せず、したがって生産的階級の雇用が増えないことにあるとされ、また大土地所有は、農業生産そのものにおいても生産性上昇を阻害するとされる。

人類史において、富者の貴族政、とりわけ野蛮な封建的貴族政、独占の被造物は、すべての自然の目録のなかで最も破壊的な獣であり続けてきた。それはカメレオンが色を変えるように自分の悪徳を変化させる。初期には、それは恐れ知らずの血に飢えた残酷な強盗であった。次にそれは、媚びへつらい追従する強欲な宮廷人となり、そして最後の蛹化のときに、陰謀好きで、利己的で、虚栄心が強く収賄を働くものになった。結局、平和な世界のための唯一の改善策は、その獣の歯と毒牙を抜くことなのである。なぜなら、歯と毒牙をその獣に預けたままにしておく限り、獣は生き続け、生きるために貪り食うに違いないからである。(61)

ここでの強盗から宮廷人への蛹化という一句が、第四節で言及したペインの「強盗団の首領」の一節を参照しているのは明らかだろう。いくら地主層に莫大な地代が入ったとしても、彼らがそれを農業投資などの生産的消費に用いる傾向性は見られず、むしろ贅沢な外国製品の購入という不生産的消費に使用しているというのが現実であり、地主のもとに集積された地代の大部分が農業投資に回されるという想定が現実に起こりえないことは、フランス革命の勃発が立証しているはずである、とオコナーは断定する。そして、農業投資を推進する主体になりうるのは地主ではなく自作農であると主張するのである。貴族／地主階級の奢侈的消費を以下のようにオコナーは揶揄している。

国民の最も貴重な諸利益は、国民に反して、国民の誰一人をも代表せずただ自分達だけを代表している貴族院――つまりナポリ、ローマ、ウィーン、パリの人々や地中海で休暇を楽しんでいる人々の代理――の投票によって、決定されることになるであろう。(62)

このような現状分析に基づくゆえに、オコナーは、労働者の窮状を緩和する手段は、労働者の権利獲得による政治参画ではなく、地主階級を成立させてきた長子相続法の撤廃による地主階級の権力解体と自作農増加にあると見なす。

我々が現在の困窮の真の原因を探求するようになれば、その困窮を改善することは生産的労働階級の権力を超えたものであること、彼らは鉄の牙にしっかりと固定された受動的犠牲者であることがわかるであろう。仮にもし彼らがひとり残らず科学におけるベーコンやニュートンやロックのような人物であるとしても、彼らの結合された知識は、現在彼らを巨大な重さで墜落させている貧困の原因を撲滅したり、変えたりすることはないであろう。(63)

この引用からわかるように、オコナーは、生産的労働階級が政治的権力をもつことによっては、その経済的困窮が解消されはしない、と主張する。この点は注目に値する。なぜなら、彼の甥のファーガス・オコナーが率いているチャーチスト運動にオコナー自身がなぜ共鳴しなかったのか、その理由が推察されるからである。(64)「真の国民的代議制を確立しようというすべての試みは、あなたがたが長子相続の法が存在するのを黙って見ている限り、無駄にならざるをえない[65]」。

そしてオコナーは、穀物法によって利益を得ている地主階級を経済学的理論づけにより正当化しているマルサスらを、スミスの政治経済学からレッセ・フェールの原理だけを抜き取る「新しい経済学のセクト」だと批判している。とりわけマルサスは、院外救貧廃止の主張の際にオコナーの義父であるコンドルセを名指しで批判した人物であったゆえに、なおさらオコナーには容認し難いものがあった。「新しいセクトの答えは、為すがままにし、行くに任せよ（laissez faire, laissez aller）、つまりわかりやすい英語で言えば、『彼らをみな餓死するままにしておこう』である[66]」。

興味深いのは、院外救貧を廃止した一八三四年の新救貧法を支えるだけでなく、不生産的階級である貴族化した地主層の利益を擁護するマルサスの理論を、オコナーが「封建的」独占の理論と形容している点である。

彼ら［laissez faire, laissez aller を考案した新しい経済学のセクト］は、あいまいさでもって自分達の新規に発見された学を独占しようとし、このような手段で救貧税が半分に下がったと自慢しているのである。彼らが提案している目標は、アメリカ革命とフランス革命時の破壊的戦争以来現在に至るまで、教会と国家における封建的独占と完全に合致している。すべての実りなき土壌のように、この封建的政府は、すべてが一族の長のためにあり、悪党には抑圧と困苦だけがあるというその本源的な反社会的不平等に戻ってしまったのである。つまりこれは、富がすべてであり、富をもたなければこの世の徳も一切ないという状態である。その状態ではあらゆる人間的配慮が富に屈服させられ、人間的困苦はすべてそのような配慮なしに耐え忍ばれざるをえない。そして、すべての生産的労働階級、つまり国家とその偉大さを形成する階級が、悲惨のどん底に追い込まれる。そして、少数の浅はかな者たちがおろそかにされている人道（humanity）をだしにして暴動を起こし、浮かれ騒ぐかもしれない[67]。

さらにオコナーは、生産的労働者の人口数を国内穀物供給量によって規定される市場の規模に適合させようとする主張と、市場での特定商品の高値を維持するためにアジアなどで強制的収穫量調整策をおこなってきた重商主義の植民地政策とが、独占の樹立という点で同質であることを指摘する。つまり、貧民問題を市場の調整機能に委ねるべきというマルサス派の主張は、一見スミス的経済自由主義を引き継ぐものに見えるが、その本質はまったく逆であり、穀物法による輸入制限という独占的権力を用いた市場のコントロールを前提する限り、それは重商主義の精神のたんなる残滓に他ならない、と彼は論じるのである。

マルサスの主張と異なり、地主が富んでも彼らがそれを資本として投下しない限り、労働者の雇用拡大や賃金上昇には繋がらない。勤労によって蓄積された富が増加する人口に応じて資本として投下されない限り「働き口を求める労働者階級の競争は数の増加とともに激しくなり、これによって彼らは毎年減額された労賃を受け入れる羽目に陥るだろう[68]」。

そして、このブリテンの国内統治における重商主義的な独占の精神と軌を一にするものとして、一八四〇年のアヘン戦争開始に至ったブリテンの植民地政策が分析される。オコナーは、スミスの『国富論』第四篇第七章「植民地について」におけるオランダとそれに倣ったイングランドの破壊的政策の例を援用して、征服した諸国を飢餓と貧困に追いやるイングランド流の統治方式を批判している。この統治の下では、住民の耕地の利用方法は、彼らの生存と富の増進のためではなく、イングランドの主力貿易品の市場価格を高値に保つために、強権的に決定され変更される。スミスは、ケシの供給量を制限し高値にするために、ときには米などの穀類が強制栽培され、またときには供給量を増やすために、食料である米の栽培に代わってケシ栽培が強要される例を挙げ、独占が樹立されてしまうと、特定品目の生産が、独占者たちが購入しうる量に制限されるだけでなく、より高い利潤で売れると期待できる量に制限されることにならざるをえない、と指摘している[69]。

このスミスの記述を受けて、オコナーは、同じことが、植民地のみならず、アイルランドにも妥当すると指摘する。地主階級の独占下では穀物生産量の増加は期待できない。そして、オコナーは、アイルランド大飢饉（一八四五—四九年）の発生後、以下の一句を書き込んでいる。「上記のことが書かれて以降、それを立証するかのように飢饉が起こっている」[70]。

オコナーが参照している文献にジョン・R・マカロックの著作や反穀物法集会での演説記録があることから[71]、彼は当時の穀物法論争には、かなり関心を示していると考えられるが、それは当時のブリテンにおける労働者階級の窮状を彼らの言説が反映している限りでのことである。彼が論じようとしているのは、穀物法論争での両陣営に対する賛否ではない。むしろその狙いは、一八世紀の政治経済学が立脚していた全体的な利益増大の実現に導くための学という立場から、当時のレッセ・フェールを標榜する経済学がいかに逸脱してしまっているかを示すことに向けられている。彼はマルサスとその信奉者達を「自称経済学者」と揶揄し、このセクトと政治経済学の違いを次のように述べている。

ここでいう新セクトとは、つまり、テュルゴ、コンドルセ、スミスといった科学の創始者によって明晰かつ平明に述べられた健全で堅固な科学的原理に反して、限定的で貴族的な教説を打ち立てたセクトであり、人間の自由と勤勉が発展しうるための唯一の土台である平等という永遠の原理 —— 隣人愛とあらゆるキリスト教的慈善 —— を、情け容赦のない〝為すがままにし、行くに任せよ〟によって社会から追放するセクトである。……そして、このセクトは、少数の者が莫大な財産を貯えることができるためには、命はみな最も過剰な労働力へと貶められるべきと主張している[72]。

そして、オコナーはこれが「マルサスの原理」であると称して、次のように風刺している。

この世界の一人一人を自分で自分自身のことに答えるままにさせておけ。この世の多すぎる人々にとってはさらに悪いことになるだろう。飢えについて不満を述べている人すべてにパンを与えることになれば、我々はあまりに多くやるべきことがあるようになるし、富者に対してもパンが十分にあるかどうかなど誰が知っていようか。人口は常に扶養できる限界を超える傾向があるので、慈善は愚行であり、困苦への公的な誘因である。(73)

オコナーの目から見れば、封建的野蛮を一掃するはずの政治経済学が、マルサスによって逆に貴族的地主階級を擁護するレッセ・フェールの経済学に変質させられてしまったのである。

アイルランドの大飢饉に関しては、言及されている人物や参照されている文献から推測する限り、オコナーが『独占』の原稿の主要部分を執筆した時期は一八三〇年代から四〇年代前半と思われるので、それに対する連合王国政府の政策批判や、その政策に直接関連づけた形でのマルサス的経済学への批判が『独占』本論中に見られるわけではない。大飢饉に言及しているのは上述したような脚注での加筆のみである。しかし、大飢饉研究者コーマック・オグラダによれば、マルサス自身はその『人口論』においてアイルランドを念頭に置いていたわけではないいにもかかわらず、マルサス的原理の受容者達や古典派経済学者達によって大飢饉以前の一九世紀初頭から、アイルランドの急激な人口膨張と経済の後進性が問題とされていた。(74)アイルランド住民を「過剰人口」と見なす視線に対するオコナーの義憤と敵対心は、そのような論調を背景としている。

オコナーがマルサス的原理を名指しで批判したのは、生産的階級が貧困状態に陥っている究極の原因が地主階級の独占にあると見る彼の分析に対し、マルサスの議論は、一方で穀物法の維持を主張する点で地主階級の利益を擁護し、その社会的責任を問うことなく、他方で、院外救貧の廃止を主張することで貧困に陥った生産的階級を切り捨てるものだったからである。

ここで言っておくが、驚くべきことに、議会の両院によっておこなわれたすべての調査でも、目下の困苦の原因を探るために国じゅうでなされた多くの調査でも、それらの内容からは、すべての困苦の真の原因は現行の独占的な長子相続制の封建的制度にあるとか、すべての悪弊の根源は土地から商業、宗教制度、仕舞いには政治権力にまで広がっている現行の独占的法にあるということは、一言も―その暗示さえも―漏れ出てこない。ほとんどすべての公的財産を勝手気ままに食いつぶしては残った分を大量に抵当にいれている浪費と略奪の原因である独占、そしてこの結果、生産的勤労階級を貪り食う困苦を引き起こした独占は、現在も有毒ガスのように生じていて、既に大部分の中産階級にまで及んでいるのである(75)。

既に産業革命の波に洗われ、近代資本主義が発達したブリテンを想定すれば、地主階級の独占的権力を「封建的」と称し、そこに社会的貧困の本質的原因を帰すのは、いささか奇妙に見えるであろう。しかし、合邦以後、ブリテンへの安価な食料供給地と化したアイルランドの状況を考えれば、オコナーの見解は一九世紀のアイルランド問題の要となった土地問題を見据えている点で、正鵠を射ている。大飢饉前からすでに古典派経済学者達は、土地生産性の上昇のためには、地主の下にミドルマンが介在する競争入札小作制(cottier tenure)というアイルランドのリース形態を、地主、資本家的借地農、農業労働者からなるイングランド的な資本主義化された形態に変更する必要があると唱えていた(76)。しかし、変更のために具体的に土地再分配を実行することは、オグラダも指摘するように、当時は「まったく不可能」なことであり(77)、根本的対策は何も講じられることなく、しかも古典派経済学者ナッソー・シーニアなどの反対によって救貧法が導入されることもなく、アイルランドは大飢饉を迎えたのである。

オコナーは、スミスの『国富論』に依拠したフランス革命期からの自己の見解を引き続き一九世紀のアイルランドに適用した。すなわち、長子相続を廃止することで土地の再分配を促し、自作農を作り出すべきだという主張である。オコナーはこの農業主体を「耕作者（cultivator）」と表現している。彼のモデルとなっているのはメンバー全員が勤労に励む商店であり、農業においてもこの様式が導入されることで、勤勉が実行され、生産性も高まると彼は予想する。五〇〇エーカーの土地を所有する耕作者は、「耕作者としての彼の職業に全面的に従事し、彼の全時間と全努力をそれに捧げる、そして彼は、すべての商業的事業（commercial enterprises）に見られると同じ熱意と命令と活発さをもって活動する彼の家族全員に補佐されている、彼が雇う人々はみな彼の家族と彼自身のように生産的な勤労者である[78]」。

大飢饉後の一九世紀後半のアイルランドでは、ジョン・ミッチェルの「私は大飢饉を人為的な飢饉だと称してきた。……イングランド人は飢饉を『神の配慮（dispensation of Providence）』と呼び、全面的にジャガイモの枯葉病のせいにする。だが、ジャガイモは同様にヨーロッパ中で枯れたのである。とはいえ、アイルランドを除いて飢饉はなかった」という言説に象徴されるように、レッセ・フェールの経済学が大飢饉という野蛮をもたらした最大の要因であるという言説が形成されていった[79]。そして、ブリテンとは一線を画す国家理念が追求されることになった。自作農創設と自治、そして共和主義である。その際にオコナーの『独占』が参照された形跡はまだ確認されてはいない。しかし、一八六八年、アイルランド人の古典派経済学者J・E・ケアンズとの真摯な意見交換を経て土地問題への見解を変えたJ・S・ミルが記した以下のようなコメントと比較するとき、オコナーが反封建と長子相続制廃止を掲げて目指したものは、ミルの見解とさほど離れてはいないと思われる。

征服以前、アイルランド住民は絶対的な土地所有権というものをまったく知らなかった。土地は事実上氏族全体に属していたし、氏族の長は団体の管理者にすぎなかった。すべての権利が頂点に立つ領主から生じてくるという封建的な考えは、征服とともに入ってきたものであり、他国の支配（dominion）と結びついたもので、今日まで人々の道徳感情によって認められることは決してなかった。もとをたどれば、勤勉ではなく強奪の所産である権利は、長期の所有によって罪を清めることは許されなかった……アイルランドの人々の道徳感情では、土地を保有する権利は、まず初めにそうであったように、土地を耕す権利に伴うものである。[80]

オコナーの共和主義は、小資本を所有する勤労階級の存在の上に成り立つものであった。それゆえ、政治参加の権利とともに、あるいはそれに先立ってなされるべきことは、土地や資金という資本が広く民衆に所有されている状態を作ることであった。したがって、フランスで無産者階級の政治的権利要求が広く浸透し始めている事態に対し、オコナーは一八四九年五月の「ロワレ（Loiret）県知事宛の手紙」で、むしろ警戒心を露にしている。

この手紙は貴方だけが目にするよう、記しました。貴方は私が依然として共和主義者であることをご存知ですよね。：なので、共和国の設立は、私の生涯の最も心底からの願いの実現を表すものです。しかし、普通選挙権が適切に全員のために特に教育を受けていない大衆のために機能するためには、それが二段階のものであるべきだと私は常々考えてきました。：それゆえ、直接的な普通選挙をそれが誘発しうる社会的動揺（civil unrest）に対する強い不安をもってみてきました。私は内戦、もっと適切にいえば、農民反乱をきわめて恐れてきましたが、目下、それが私達を脅かしています。去年は農民全員が私や教育を受けた他の土地所有者達に誰に投票すべきか尋ねにきました。今年は、まったく同じではありません。アナーキストが田舎中を歩き回り、できるかぎり多くの人々を加盟させています。[81]

おわりに

以上、本章では、バークとペイン、オコナーが、ファーガスンの市民社会概念を基本的に受容しつつ、それを土台にそれぞれどのような市民社会概念を彫琢したかを探究し、さらに、それらの概念に照らして、彼らは何を「野蛮」と見なしたかを明らかにした。バークの場合は、フランス革命の過程で生じた、作法を醸成する家族制度の破壊に野蛮を見出し、他方、ペインとオコナーは長子相続制に支えられる王政や貴族政こそ野蛮なる封建的残存物であると見なした。この長子相続制批判は、オコナーの場合、一九世紀に入ってから地主階級の権力独占批判として展開された。

とりわけ、封建的野蛮である地主階級を擁護し、他方大飢饉下のアイルランドで未曾有の飢餓と困窮という野蛮状態をもたらしたマルサス的原理を、どのようにオコナーが批判したかを考察することで、ペイン的ラディカリズムという共和主義の一ヴァリエーションがどのようなものであったのか、その具体像を示すことができたのではないかと思われる。

アイルランドという特有の文脈で展開されたペイン的ラディカリズムには、冒頭で言及したドイツ的思潮とは異なり、資本主義とそれがもたらす野蛮への批判がほとんどみられない点は注目に値する。生産的労働者として勤労に励むことは有用性の実現であり、疑問の余地なき目標とされている。そして、この勤労を阻む貧困という社会問題の責任は地主階級の独占的権力に帰せられ、その独占的権力を正当化するレッセ・フェールの経済学が、本書の序章での問題提起にあるような「経済的合理性」が生み出す「非人間的な野蛮」として批判されたのである。

注

（1） 一九世紀前半のドイツ・ロマン主義において賃労働者の苦境が野蛮として否定的に認識された点については、第一九章（原田）を参照。

（2） Ferguson, A., *An Essay on the History of Civil Society*, ed. by Fania Oz-Salzberger, Cambridge U. P., 1995, p. 24.（大道安次郎訳『市民社会史』白日書院、一九四八年、三八頁）

（3） *Ibid.*, p. 81（邦訳、一五九頁）

（4） バークとペインの「野蛮」の語義については、第三節と第四節でそれぞれ検討する。

（5） Foucault, M., *Naissance de la biopolitique: Cours au Collège de France 1978–1979*, Gallimard, 2004, p. 42.（慎改康之訳『生政治の誕生――ミシェル・フーコー講義集成 八』筑摩書房、二〇〇八年、五〇頁）

（6） Ferguson, *op. cit.*, p. 156f.（邦訳、三一七頁）

（7） J. G. A. Pocock, 'The Machiavellian Moment Revisited: A Study in History and Ideology', *The Journal of Modern History*, Vol. 53, No. 1, Mar., 1981, p. 72.（田中・奥田・森岡訳『マキァヴェリアン・モーメント』名古屋大学出版局、二〇〇八年、五〇五頁）

（8） アーサー・コンドルセ・オコナーは、一七九〇年よりアイルランド庶民院議員となり、一七九五年のカトリック解放法案支持演説で政界で一躍有名となり、C・J・フォックス、R・B・シェリダン、後にブリテン首相となったチャールズ・グレイ等当時のブリテンのウィッグ急進派との交友関係を築いた。同時に一七九五年以降、ユナイテッド・アイリッシュメンのリーダーとなり、フランス海軍の援助の下でアイルランド共和国樹立を目指す蜂起計画を実行しようとしたが、九八年蜂起以前に逮捕された。長期間の投獄の後、一八〇七年国外追放処分となりフランスに渡り、ナポレオンの下で軍の准将として仕えた。一七九〇年代にアダム・スミスの経済学説を基にした経済時論の執筆活動もおこなっていたオコナーは、コンドルセ未亡人のサロンに出席するようになり、その信頼を得て亡きコンドルセの娘と結婚し、パリから一〇〇キロメートルほどの農村(Le Bignon Mirabeau)に土地と屋敷を買い移り住んだ。一八五二年にフランスで亡くなった。

（9） Ferguson, *op. cit.*, p. 15.（邦訳、二〇頁）

（10） Foucault, *op. cit.*, p. 304.（邦訳、三七〇頁）

（11） Ferguson, *op. cit.*, p. 24.（邦訳、三八頁）

（12） *Ibid.*, p. 175.（邦訳、三五九頁）

（13） Foucault, *op. cit.*, p. 311.（邦訳、三七九頁）

（14） Paine, T., "Common Sense", *Rights of Man, Common Sense and Other Political Writings*, Oxford World's Classics, p. 5.（小松春雄訳『コモン・センス』岩波文庫、一九七六年、一七頁）

（15） Pocock, J. G. A., *Virtue, Commerce, and History*, Cambridge U. P.,

p. 49.(田中秀夫訳『徳・商業・歴史』みすず書房、一九九三年、九三頁)

(16) Burke, E., "An Appeal from the New to the Old Whigs", in *The Works Twelve Volumes in Six (1887) Vol. IV*, Georg Olms Verlag, 1975, p. 175f.(中野好之編訳『バーク政治経済論集』法政大学出版局、二〇〇〇年、六六三頁)

(17) *Ibid*., p. 166.(邦訳、六五六頁)

(18) *Ibid*., p. 167.(邦訳、六五六頁)

(19) *Ibid*., pp. 165f.(邦訳、六五五頁)

(20) *Ibid*., p. 206.(邦訳、六八六頁)

(21) *Ibid*., p. 78.(邦訳、五九一頁)

(22) Burke, E., *Reflections on the Revolution in France*, Oxford U. P., 1993, p. 86.(水田洋訳「フランス革命についての省察」『バーク・マルサス、世界の目著四一』中央公論社、一九八〇年、一五四頁)

(23) Burke, E., "Three Letters to a Member of Parliament on the Proposals for Peace with the Regicide Directory of France, Letter I", in *The Works Twelve Volumes in Six (1887) Vol. V*, Georg Olms Verlag, 1975, p. 310.(中野好之編訳『バーク政治経済論集』法政大学出版局、二〇〇〇年、九〇八頁)

(24) Burke, *Reflections*, p. 77.(邦訳、一四三頁)

(25) *Ibid*., p. 88.(邦訳、一五六頁)

(26) *Ibid*., p. 8.(邦訳、六〇頁)

(27) *Ibid*., p. 38.(邦訳、九五頁)

(28) *Ibid*., p. 78.(邦訳、一四三頁)

(29) *Ibid*., p. 60.(邦訳、一二二頁)

(30) *Ibid*., p. 34.(邦訳、九一頁)

(31) *Ibid*., p. 59.(邦訳、一二一頁)

(32) O'Connor, A. C., "Memoirs", Folio 3, Manuscript in Château du Bignon Mirabeau, pp. 134-135.

(33) *Ibid*., Folio 3, p. 136.

(34) Paine, T., "Rights of Man", *Rights of Man, Common Sense and Other Political Writings*, Oxford World's Classics p, 126.(西川正身訳『人間の権利』岩波文庫、一九七一年、八二頁)

(35) Adam Smith, *An Inquiry into the Nature and Causes of the Wealth of Nations, The Glasgow Edition of the Works and Correspondence of Adam Smith*, vol. 2, p. 385.(水田洋監訳、杉山忠平訳『国富論(二)』岩波文庫、二〇〇〇年、一九六頁)

(36) Paine, "Rights of Man", p. 216.(邦訳、二一六頁)

(37) *Ibid*., p. 220.(邦訳、二二〇頁)

(38) *Ibid*., p. 220.(邦訳、二二一頁)

(39) *Ibid*., p. 221.(邦訳、二二一頁)

(40) *Ibid*., p. 269.(邦訳、二八二頁)

(41) *Ibid*., p. 264.(邦訳、二八七頁)

(42) *Ibid*., p. 264.(邦訳、二八七頁)

(43) *Ibid*., p, 214.(邦訳、二一三頁)

(44) O'Connor, A. {Preud.: "A Stoic"}, *The Measure of Ministry to Prevent a Revolution Are The Certain Means of Bringing It On* (London: Eaton, 1794), pp. 27–30.

(45) *Ibid.*, p. 29

(46) *Ibid.*, p. 28

(47) *Ibid.*, p. 29

(48) *Ibid.*, pp. 35f.

(49) *Ibid.*, p. 3f.

(50) *Ibid.*, pp. 49f..

(51) *Ibid.*, p. 43.

(52) O'Connor, A. C., *A Letter from Gen. Arthur Condorcet O'Connor to General Lafayette*, London: Edward Rainford, 1831, p. 26. ほぼ同様の内容の文章がその後にも見出される。「民衆は各地域ができる能力内で彼らがなし得ることすべてを実施するために自分達のエージェントを選び、国民の集団的な力を必要とする部門だけを政府に委任する。」(p. 30)

(53) Smith, *op. cit.*, p. 730.（邦訳、第三巻、四〇八頁）

(54) *Ibid.*, p. 726.（邦訳、第三巻、四〇二頁）

(55) O'Connor, A. C., *A Letter from Gen. Arthur Condorcet O'Connor to General Lafayette*, p. 44.

(56) *Ibid.*, p. 26.

(57) *Ibid.*, p. 25.

(58) *Ibid.*, p. 34.

(59) *Ibid.*, p. 59.

(60) *Ibid.*, p. 58.

(61) O'Connor, A. C., *Monopoly, the Cause of All Evil*, Part I, Paris: Firmin Didot, p. 151.

(62) *Ibid.*, p. 152.

(63) *Ibid.*, p. 53.

(64) オコナーは一八四二年に、イングランドの奴隷解放運動家、ジョセフ・スタージ宛の手紙のなかでチャーチスト運動を率いるファーガス・オコナーの行動方針と自分のそれとが正反対（antipode）であると述べている。この対立について、オコナー研究者のクリフォード・D・コナーは、オコナーのラディカリズムが「年齢によってかなりの程度減退した」のだと解釈している。（Conner, C. D., *Arthur O'Connor*, iUniverse, 2009, p. 194.）しかし、オコナーの見解からすれば、問題は地主階級にあるのであり、その権力独占体制を打破するには生産的労働階級と中産階級の共同が必要なのである。オコナーのラディカリズムのターゲットは、その若い時と同様、長子相続制とそれを基盤とする地主階級にある。

(65) O'Connor, *Monopoly Part I*, p. 150

(66) *Ibid.*, p. 55

(67) *Ibid.*, p. 44f.

(68) *Ibid.*, p. 95.

（69）Smith, *op. cit.*, p. 636.（邦訳第三巻、二五二—二五三頁）
（70）O'Connor, *Monopoly Part I*, p. 83.
（71）*Ibid.*, p. 81.
（72）*Ibid.*, p. 45.
（73）*Ibid.*, p. 45.
（74）具体例を挙げれば、Thomas Newenham, J. R. McCulloch, Robert Torrens, Nassau Senoir などである。Black, C. R. D., *Economic thought and the Irish question*, Cambridge U. P., 1960, pp. 134–140; Ó Gráda, C., "Malthus and the pre-famine economy", *Hermathena*, no. 135, 1983, p. 79; Grey, P., *Famine, Land and Politics: British Government and Irish Society, 1843–50*, Irish Academic Press, 1999, p. 8. 特にオグラダの研究は、マルサスが、自身の『人口論』を援用してアイルランドの人口過剰を論じた当時の経済時評に対して賛同せず、早婚の是正など穏健な解決策を提案していたことを明らかにしている。マルサス自身の『人口論』執筆の動機と背景については、本書第一八章（中澤）を参照。
（75）O'Connor, *Monopoly Part I*, p. 147.
（76）Grey, P., *Famine, Land and Politics: British Government and Irish Society, 1843–50*, Irish Academic Press, 1999, p. 9.
（77）Ó Gráda, C., *op. cit.*, p. 90.
（78）O'Connor, *Monopoly Part I*, p. 95.
（79）Mitchel, J., *The Last Conquest of Ireland (Perhaps)*, Burns Oates & Washbourne, 1876, p. 219.
（80）Mill, J. S., *England and Ireland*, Longmans, 1868, p. 12.
（81）O'Connor to the Prefet du Loiret., in Clifford D. Conner, *Arthur O'Connor*, iUniverse, 2009, p. 198.

第一八章　マルサスのペイン批判——啓蒙の野蛮化との戦い

中澤信彦

はじめに

（1）フランス革命と啓蒙の野蛮化

フランス革命の理論的基礎となった「啓蒙」主義の哲学[1]が、専断的権力による平等化・水平化（所有権の転覆）、大量虐殺、激しい熱狂・狂信といった「野蛮（未開）」性を本質的にはらんでいることをフランス革命勃発直後にいち早く指摘したことは、近代保守主義の祖、エドマンド・バーク（Edmund Burke, 1729/30–97）の巨大な業績である。

今やすべてが変えられようとしています。権力を優しいものとし、服従を自由な行為としたすべての心楽しい幻想、人生の様々の明暗を調和させ、また私人的交際を美しくも柔和にしている感情を政治のなかに穏やかに同化した幻想は、啓蒙と理性なるこの新征服帝国（new conquering empire of light and reason）の手で解体されようとしています。……この野蛮な哲学（barbarous philosophy）の考え方に立てば、法が支持されるのは、ただそれ自身が与える恐怖によってのみです。[2]

われわれは、信じ難い勤勉さと費用を投じて伝播される多数の著作によって、また民衆がたかるパリのあらゆる通りや広場でなされる説教によって吹聴されている、無神論的狂信について無知たり得ません。これらの著作や説教は、大衆をどす黒い野蛮な狂悪精神（a black and savage atrocity of mind）で満たして来たのです。大衆の心のなかで、この狂悪精神は、あらゆる道徳感覚や宗教感覚のみでなく普通の自然的感情までも押しのけ、そのため哀れな彼らは、所有権についてなされて来た無茶苦茶の激動の変転が自分にもたらす我慢できない程の困窮すらも、鬱屈たる忍耐で耐えるようにされてしまうくらいなのです。[3]

どんな人間もある種の野蛮（barbarism）からもっと別の、ひょっとすると一層悪辣な野蛮へのこの変化を喜ぶはずがない。習俗によって醇化され、法規や儀礼への敬意が払われ、国民輿論への過大なまでの配慮を怠らなかった、君主政体の倒壊に喝采して、人類の全体的叡知を畏敬するどころか、法律も礼節も道徳もわきまえない、放埒で狂暴で野蛮極まる群衆（a licentious, ferocious, and savage multitude）が、これまで久しく世界を誘導し教化してきた各種の原理や信念を廃絶して、不遜にも全人類を彼らの見解と行状に無理やりに同化させようと画策している現状を賛美する真似など誰一人できないだろう。[4]

バークはフランス革命を、文明の野蛮への転落を引き起こした事件として理解した。近代の象徴であるはずのフランス革命それ自体が、表向きは「啓蒙」や「理性」を掲げながら、実際には新たな「野蛮」性に彩られていた。このようなバークのフランス革命認識に、「啓蒙の弁証法」（ホルクハイマーとアドルノ）の認識の先駆を読み取ることも十分に可能であろう。

さて、イギリス保守主義の一番打者バークに対する「二番打者[5]」マルサス（Thomas Robert Malthus, 1766–1834）もまた、この新たな「野蛮」の到来を察知した思想家の一人であった。バークもマルサスもともにフランス革命を厳しく批判したが、両者の保守主義は、一切の変化を拒む頑迷な保守反動ではなく、急進的で暴力的な変革・刷新を拒みつつも、伝統の知恵を借りながら漸進的な改革を推進することに積極的であった点において、広い意味での啓蒙思想の一翼を担っている。フランスと違ってイギリスでは、啓蒙は必ずしも政治的次元での急進性（反逆や革命）を意味しなかった。しかも、イギリスにおける本格的な啓蒙の展開には経済学の形成ないし導入が伴っており、すぐれて人口学者・経済学者であったマルサスは、もっぱら政治思想家であったバーク以上に、啓蒙の最良の成果である経済学の考え方を積極的に援用して、啓蒙の過剰・低俗化（野蛮への転化）を批判しようとした。

とりわけ、バークも批判の対象としたペイン（Thomas Paine, 1737–1809）が『人間の権利（*Rights of Man*）』（一七九一―二年）で主張した「生存権」の思想は、フランス革命の理論的基礎となった「啓蒙」主義の哲学の典型的表現の一つであり[6]、マルサスにとって、啓蒙の過剰・低俗化の典型的表現として受け止められた。序説で編者は「社会に文明化をもたらすはずの啓蒙以来の知性の働きが、なおも野蛮に直面し、野蛮を克服できないのが二一世紀の現実である」と述べているが、このような現実は二一世紀の現実であるばかりでなく、一八世紀末から一九世紀初頭のイギリスの現実でもあった。マルサスのペイン批判はこのような現実の雄弁かつ明確な表現として、真剣な検討に値する。本章は、行きすぎた啓蒙に警鐘を鳴らした保守的で穏健な啓蒙主義者としてのマルサスに焦点を合わせて、マルサスのペイン批判の知的文脈――マルサスはいかなる知的遺産を利用してペイン批判を遂行したのか――を精査することによって、一八〇〇年代初頭におけるマルサス思想の歴史的形成を明らかに[7]

することを目指す[8]。

(2)『人口論』の改訂とマルサスのペイン批判

マルサスのデビュー作である『人口論』初版は一七九八年に匿名で出版された。その完全なタイトルは、『人口の原理に関する一論。ゴドウィン氏、コンドルセ氏、その他の著者たちの諸説を論評しつつ、人口の原理が社会の将来の改善に対する影響を論じる』(*An Essay on the Principle of Population, As It Affects the Future Improvement of Society, with Remarks on the Speculations of Mr. Godwin, M. Condorcet, and Other Writers*) であった。副題が示すように、それはもともとフランス革命の理想に刺激されたゴドウィン (William Godwin, 1756–1836) とコンドルセ (Marquis de Condorcet, 1743–94) の極端に楽観的なユートピア思想 (理想社会論) を論駁するために書かれた。人口は生存手段よりも速く増加する傾向がある、とする有名な人口原理に従うならば、ゴドウィンやコンドルセの理想社会は過剰人口によって崩壊する運命にあった。「窮乏 (misery)」と「悪徳 (vice)」だけが人口を調整することができる、とマルサスは主張した。一七九八年の時点では、彼は人口増加に対する二種類の妨げを考えていた。死亡率を高める「積極的妨げ (positive check)」と出生率を低下させる「予防的妨げ (preventive check)」である。それらは「窮乏」や「悪徳」を必然的に伴う、とされていた。

しかし、マルサス自身が認めているように、「それは、時興に促されて (on the spur of the occasion) 書かれたものであり、当時辺鄙なところにいて手に入れ得た少数の資料によって書かれたものである」(EPP I, p. i)[9]。『人口論』初版は時事問題を論ずる試論にすぎず、人口原理を不十分にしか叙述できていない点で学問的な著作とは言えない、と彼は考えた。そこで彼は初版を改訂することを決心し、一八〇三年に第二版を出版した。大きさは五万語から二〇万語へと拡充され、その長いタイトルも一七九八年のそれから副題が変更されて、『人口の原理に関する一論。人口の原理が過去から現在まで人間の幸福に及ぼしてきた影響を概観し、人口の原理が引き起こす諸害悪の将来における除去あるいは緩和についてのわれわれの見通しを検討する』(*An Essay on the Principle of Population; Or, A View of its past and present Effects on Human Happiness; With an Inquiry into our Prospects respecting the future Removal or Mitigation of the Evils which it occasions*) となった。マルサスは、ゴドウィンとコンドルセのユートピア思想への論駁を控えめにし、その代わりに、各国における人口原理の発現のありかたを実証的に探求するために、人口原理をバックアップするための歴史的・統計的データを大量に付け加え、そして、人口増加を抑える第三のカテゴリーとしての「道徳的抑制(moral restraint)」――禁欲を伴う結婚年齢の延期――を新たに導入して、初版の悲観主義をやわらげた。「道徳的抑制」は「窮乏」も「悪徳」も伴わない、とされた。

その後、一八〇六、一八〇七、一八一七、一八二六年にも、『人口論』の改訂版が出た。一般に広く認められている見解は、一七九八年の初版と一八〇三年の第二版との間に最も顕著な変化が見られる、というものである。これは基本的に正しい。第二版以降、タイトルは変えられていないし、分量的に見た場合、第三―六版は第二版に対する比較的小さな変更を含むにすぎない[10]。しかし、だからと言って、第二版と後続諸版との間の差異が些細であり真剣な考察に値しない、というわけではない。むしろ、ドナルド・ウィンチが適切に指摘するように、「一八〇三年から一八二六年の期間にわたって『人口論』第二版に対してなされた諸変更は、マルサスの知的発展についてあたかも実況中継してくれているかのようである[11]」ことが留意されるべきである。

ペインはフランス革命の知的な擁護者としてゴドウィンやコンドルセと同列に論じられることが多い。彼の『人間の権利』はイギリス史上最も売れた本の一つとして、また、労働者階級の聖書として、たいへん有名である。彼の思想は疑いなく『人口論』第二版の成立に強い刺激を与えた。なるほど、上述のように、ゴドウィンとコンドルセのユートピア思想への反駁は、時論の書でなく学問的著作を目指す第二版以降の『人口論』において、議論の前面から背景へと退いている。それにもかかわらず、第二版以降の『人口論』においてペインの名前が夢想家たちのリストに付け加えられた事実は、この著作が依然としてユートピア思想批判という目的を強く保持していたことを示している。マルサスは不正な政治制度だけに焦点を合わせる夢想家たちを攻撃し続け、彼らの平等主義の教義に対する敵意を抱き続けた。

ペイン『人間の権利』に対するマルサスの批判的コメントは、『人口論』第二版の第四編「人口の原理から生ずる害悪の除去あるいは緩和に関するわれわれの将来の見通しについて」(Of our future Prospects respecting the removal or mitigation of the Evils arising from the Principle of Population)の第六章「貧困の主原因に関する知識が市民的自由に及ぼす影響」(Effect of the knowledge of the principal cause of poverty on Civil Liberty)に集約的に記されている。[12] レズリー・スティーヴン(Leslie Stephen, 1832–1904)がいち早く適切に指摘したように、「マルサスのペイン批判は重要である(Malthus's criticism of Paine is significant)」。[13] しかし、残念なことに、この主題を真正面から論じた研究は皆無であり、断片的に言及した研究すらそれほど多いとは言えず、ウィンチが着目しているような第二版と後続諸版との間の論調の変化に関心を示す研究はなおさら少ない。解釈者たちはマルサスのペイン批判の強調点の移動――とりわけ一八〇三年から一八〇六年にかけての――を見落とすか、無視するか、理解し損ねるかしてきた。このような理由から本章は、とりわけマルサスのペイン批判の強調点の移動に着目することによって、一八〇〇年代初頭のマルサス思想の発展を明らかにすることを目ざす。

本章の構成は以下の通りである。第一節では、関連する先行研究(二次文献)を概観する。[14] 第二・三節では、『人口論』第二版第四編第六章――それは全二一パラグラフからなる――のテクストを後続諸版のそれと対比しつつ分析する。議論の便宜上、第二節は第四編第六章の前半(第一―九パラグラフ)を、第三節は後半(第一〇―二一パラグラフ)を考察対象とする。マルサスがペイン批判においてヒューム(David Hume, 1711–76)とペイリー

（William Paley, 1743–1805）の議論を参照・援用した事実が明らかにされる。「おわりに」で、暫定的な結論を提示する。

第一節　先行研究の概観

（1）スティーヴン、ケインズ、永井義雄の研究

ゴドウィン、コンドルセ、マルサスの間の知的関係に着目した研究は、これまでも数多く試みられてきた[15]。しかしながら、ペインとマルサスの間の知的関係に着目した研究は、意外なほどに少ない[16]。このテーマについて真正面から論じた研究は管見の限り皆無であり、断片的に言及した研究として、L・スティーヴン[17]、J・ボナー[18]、J・M・ケインズ[19]、G・ヒンメルファーブ[20]、G・ステッドマン・ジョーンズ[21]、D・ウィンチ[22]、永井義雄[23]などを挙げられる程度である。本節ではこれらをできるだけ簡潔に検討・整理したい。

スティーヴンは一九〇〇年に三巻本の大著『イギリスの功利主義者たち』を書いた。主としてマルサスを扱う第二巻第四章には、マルサスのペイン批判の簡明にして要領を得た解説が含まれている。それは先駆的で貴重な業績であるものの、あくまで批判の概要の紹介にとどまっている。スティーヴンは、マルサスのペイン批判の内容が一八〇三年から一八〇六年にかけて変容を被ったことに目を向けていないし、その結果として、マルサス思想の歴史的形成を考察するにあたってペイン批判がいかに重要であったかを把握し損ねている[24]。

広く知られているように、ケインズはマルサスを自らの知的先行者として高く評価した。王立経済学会が編集した『人物評伝』には、長短二本のマルサス論――長いほうが一九三三年に発表された「ケンブリッジ経済学

者の始祖（The First of the Cambridge Economist）」であり、短いほうが一九三五年に発表された「ロバート・マルサス――一〇〇年祭記念講演（Robert Malthus: Centenary Allocation）」である――が収録されている。ケインズはどちらのマルサス論においても、マルサスのペイン批判を特段に重要視してコメントしているわけではないが、たいへん興味深いことに、マルサスの「有効需要」概念の発展を描き出そうとして、マルサスがペイン『人間の権利』を批判している同じ一節――『人口論』第二版のみに登場し第三版から削除される、第四編第六章の第一二パラグラフ――を引用している。[25] そこでマルサスは、食事の支払代金を持たずに自然の素晴らしい饗宴に列しようとする者は、食卓につく権利を持たず、「自然は彼に立ち去ることを命じる（She tells him to be gone）」、と書いた。この文献的事実は、「なぜケインズはこのパラグラフを二度も引用するほど高く評価したのか」という問題[26]のみならず、「なぜマルサスはこのパラグラフをすぐに（第三版で）削除したのか」という問題へとわれわれを不可避的に導く（ケインズ自身は後者の問題を明示的にとりあげなかった）。本章の考察はこうした問題にも明確な解答を与えるものでなければならない。

永井はケインズが礎石を据えた後者の問題を一歩先に進めた。彼はその第一二パラグラフが『人口論』第二版のみに登場したことを明確に認識していた。そして、おそらくボナーの先駆的な指摘に導かれて[27]、このパラグラフ中の一節――「自然は彼に立ち去ることを命じる」――こそは、人間と自然に関するペイリー的な見解が『人口論』初版と第二版の間で連続していたことの証拠である、という解釈を提示した。[28] 永井は、一般に広く受け入れられた解釈とは違って、初版と第二版の世界像の連続性、第二版と（そのパラグラフが削除される）第三版の世界像の不連続性を示唆している。この示唆はたいへん興味深く、より綿密な考察に値する。

(2) ヒンメルファーブ、ステッドマン・ジョーンズ、ウィンチの研究

ヒンメルファーブは他の誰よりもはやく『人口論』第二版第四編第六章第一二パラグラフの重要性を指摘していた。このパラグラフに対して彼女はあからさまな敵意を示したが、それは彼女が、貧民による穀物価格決定と彼らの生存権を第一義とする温情主義的な「モラル・エコノミー(慣習経済)」的諸観念が、市場における穀物価格決定と富者の所有権の安全を第一義とする無慈悲な「ポリティカル・エコノミー(政治経済学)」的諸観念によって置き換えられていった、とするエドワード・トムスンのストーリーを下敷きにしながら、アダム・スミスの道徳哲学としての政治経済学を「道徳的に堕落させた(de-moralize)」かどでマルサス思想の保守反動性を論難していたことと、密接な関係を有する。彼女によれば、「これまで[サウジー(Robert Southey, 1774-1843)ら ―― 引用者]同時代人たちによってマルサスの非情さの証拠として何度も引用されてきた最も悪名高い一節は、第二版だけに登場する。……マルサスは後続諸版においてこの一節を急いで撤回したけれども……それは反マルサスとして引用され続けた」と。[29][30][31][32]

ステッドマン・ジョーンズの解釈はヒンメルファーブの解釈を継承・発展させたものとして位置づけられる。彼によれば、一般に歴史家たちはマルサスが『人口論』第二版で彼の立場を穏和化し、貧民の境遇の改善の可能性についてより楽観的な見解を採用したと解釈しているが、これは真実の一面でしかない。社会保障や貧民の権利の問題について、マルサスは第二版でより厳しい論調を採用したばかりでなく、物騒で終末論的とも言いうるシナリオを提示している。[33] 貧民の生存権を断固として否認する第一二パラグラフは、そうしたシナリオの典型的表現である。「マルサスはその悪名高い一節[=第一二パラグラフ ―― 引用者]の思想を保持し続けた。その一節は一八〇六年の第三版およびそれ以降の諸版で撤回されたけれども、彼の論敵たちは彼がそれを忘却することを決

して許さなかった。……マルサスがとった立場は、フランス革命に対する恐怖がいかにして貧困のみならず政治組織全体をめぐる論争の用語を変化させたかについての重要な例を示している[34]」。つまり、『人口論』第二版以降のマルサスの議論は、貧困や不平等への対処をめぐる言語を(その名に反して内容的には不道徳的な!)「生存権」から(道徳的な!)「道徳的抑制」へとシフトさせた、というわけである。

ヒンメルファーブがマルサスを、道徳哲学としてのポリティカル・エコノミー(政治経済学)を「道徳的に堕落させた」張本人として非難したのとは対照的に、ウィンチは、政治的道徳家としてのマルサスを擁護すべく、第一二パラグラフに関する正反対の解釈を提示した。マルサスが「『人口論』第二版の論争的な一節を迅速に撤回したのは……そのような[=保守反動的で貧民に対して非情な――引用者]読解に抗いたいという彼の気持ちを指し示している[35]」。さらに、ウィンチは次の事実をはっきりと指摘した。すなわち、「大衆の不満・暴動・専制主義を連結させたマルサスの分析は、絶対君主政治の下では大ブリテンの国制がおそらく安楽死する、とのヒューム説」に依拠している事実である[36]。これは本章の主題に関連するたいへん重要な指摘である。ウィンチはこのことを詳細に説明しなかったけれども、マルサスによるヒュームとペインへの参照は同じ章のなかで続けさまに――ヒュームが前半に、ペインが後半に――現れる。両者の関連もまたたいへん興味深く、より詳細な考察に値する。

要するに、マルサスのペイン批判――とりわけ、『人口論』第二版(一八〇三年)から第三版(一八〇六年)への改訂、および、ヒュームへの参照との関連――は、彼の知的な発展を考察するうえで非常に大きな意義を間違いなく有しており、真剣な考察に値する主題なのである。

第二節　『人口論』第二版第四編第六章前半の分析

(1) 第一―三パラグラフ

本節は『人口論』第二版第四編第六章の前半（第一―九パラグラフ）を考察する。

第一―三パラグラフは、貧困の主要な原因についての一般に流布した無知とその致命的な帰結について論じている。マルサスによれば、「社会の下層階級の苦難の大部分」はもっぱら「彼ら自身」に、すなわち、「自然法則と貧民の慎慮の欠如」に帰される（EPP, II, p. 122）。こうした教義は「自由の大義にとって不都合」（*ibid.*）だと思われるかもしれないが、真実は逆で、自由の大義にとってむしろ好都合なのである。下層の人々は彼らの困窮の正確な原因について無知であるために、それを失政のたんなる結果だと誤解してしまう。そのことによって貧民たちは暴徒（mob）化する口実・機会を与えられ、カントリ・ジェントルマンや資産家たちは無政府状態を恐れるあまり軍事的専制君主の手中に身を投ずる。このように暴徒は専制を生み出す傾向を有する。それゆえ暴徒は「あらゆる怪物（monsters）のうちで自由にとって最も致命的である」（EPP, II, p. 123）[37]と。

(2) 第四パラグラフ

第四パラグラフは全体を引用するに値するだけの興味を呼び起こす。

暴徒が専制を生み出す傾向については、わが国においても長い間実例を見ないわけではなかろう。自由の友として、また当然に大常備軍の敵として、私ははなはだ不本意ながら、最近の欠乏[38]の間に人々の困窮が、多くの上流階級の極端な無知と愚行に刺激されて、彼らを最も恐ろしい蛮行に走らせ、そしてついにはこの国を飢饉のあらゆる恐怖の中に巻き込むであろうと認めざるをえない。こうした時期が再発するとすれば、この国の現状からは、その再発を懸念すべき十分すぎるほどの理由がある。われわれの眼前に開ける見通しは極度に憂鬱なものである。イングランドの国制[39]は、もしその進歩が民衆の暴動によって阻止されなければ、ヒュームの予言した安楽死（*Euthanasia*）へ向かって早足に進んでいると見られよう。そしてそうならないとすれば、想像するになおいっそう恐ろしい光景が現れるであろう。もし政治的不満が飢餓の叫びと混合し、食物の不足を騒ぎ立てる暴徒が引き金となって革命が勃発することになったとすれば、その帰結は絶え間ない変化と絶え間ない殺戮であり、その血なまぐさい進展を阻止しうるものは、ある完全な専制政治の確立以外にはないであろう（EPP, II, pp. 123–4）。

第一に、マルサスが自分自身を「大常備軍の敵」と呼んでいることに注目したい。食糧危機が暴徒を生み出せば、暴徒を抑えるための大常備軍が必要とされることをマルサスは一八〇〇年と一八〇一年の食糧危機の経験から認めている。それにもかかわらず、マルサスが大常備軍に対する公然とした敵意を示しているのは、彼が宮廷（コート）派と対立した在野（カントリ）派のイデオロギーの影響下にあったことの明確な証左である[40]。

第二に、「ヒュームの予言した［イングランド国制の ── 引用者］安楽死」という言葉に注目したい。「安楽死」という言葉は、ヒュームのエッセイ「ブリテンの政府は絶対君主制と共和制とのどちらに傾いているか」（Whether the British Government Inclines More to Absolute Monarchy, or to a Republic, 1742）[42]に登場する[41]。マルサスがこのエッセイを参照したことはほぼ確実だが、この事実はマルサスとヒュームの間の知的な結びつきを解釈するための材料として役に立つ。ヒュームのこのエッセイには、名誉革命体制の政治的現実と将来的展望に関する彼の見解が簡潔に示されている。ヒュームは、近い将来における王権の強大化による事実上の絶対君主制の確立という予測と、反対に、王権の権威の低落と国民の自由の一層の強化による事実上の共和制の樹立の予測という二つの極端な主張を想定し、それぞれに一定の根拠と説得力を認めながら、最後に彼自身の見解を次のように示している。[42]

……潮は長い間急速に人民的政府の側に流れてきたけれども、ちょうど今、君主制の側に転換しつつある。／周知のように、あらゆる政府は終わらなければならず、動物体と同じく、政治体にも死は避けることができない。……私はここで、大半の場合、自由は隷従より好ましいが、この島には、共和国よりも絶対君主を見たい、と宣言しよう。……そのような暴力的な政府が長続きしないとすれば、われわれは結局のところ、多くの動乱と内乱のあげくに、絶対君主制のもとで落ち着きを見出すであろうが、そうであれば、われわれは初めからそれを平和裡に確立したほうがはるかに幸せであったであろう。したがって、絶対君主制こそはブリテンの国制の最も安らかな死であり、真の安楽死（*Euthanasia*）である。／こうして、もしわれわれが君主制に対して、その方面からの危険がより切迫しているという理由によって、より多く警戒する理由を持つとすれば、人民的政府に対しても、その危険がより恐ろしいものであるゆえに、より多く警戒する理由を持つ、ということになる。これこそ、われわれのすべての政治的論争における中庸の教訓である。[43]

食糧危機に関する議論がまったくないにもかかわらず、ヒュームのブリテン国制についての分析は同時代の飢饉についてのマルサスの診断に強力な霊感を与えた。マルサスはヒュームのブリテン政府についての穏健かつ慎重で反ユートピア的な政治思想を一八〇〇―〇一年の食糧危機の分析に応用しようとした。ブリテンの国制が共和政体（人民政府）に接近する場合、党派争いと権力闘争の結果として政治秩序が混沌化し、これを平定すべく独裁的指導者あるいは専制君主が出現して秩序を回復する、というヒュームの分析[44]が念頭にあったからこそ、マルサスは、その分析との類比で、食糧危機に直面した飢えた暴徒の蜂起が無政府状態を引き起こす可能性を、そしてそれが最終的に絶対君主制へと至りブリテンの自由を害なってしまう可能性を恐れた。マルサスは、専制に対する防波堤たるカントリ・ジェントルマンが弱体化している今日、その可能性をかなり高く見積もっている。

（3）第五―九パラグラフ

第五―九パラグラフは、「近年生じている権力の漸進的侵害」（EPP, II, p. 124）の原因を、カントリ・ジェントルマンと一般の人々の行動に焦点を合わせることによって、考察している。マルサスは「ブリテンの自由の守護者」としてのカントリ・ジェントルマンの伝統的役割を確認し、彼らがその本来の義務を放棄してしまったことを嘆いた。しかし、それと同時に、現状の危機によって彼らがそうした行動を余儀なくされたことも認めた。「変節よりも恐怖に駆られて」（EPP, II, p. 126）、彼らは「暴徒から保護してもらうという条件で」（EPP, II, p. 124）、圧制的な政府に屈服せざるをえなかった。ヒュームの議論を導きの糸として、マルサスは「すでに［ヒュームによって――引用者］予言されたように、ブリテンの国制が究極的に専制政治に堕落するとすれば、思うにイングランドのカントリ・ジェントルマンたちはそれに対して大臣よりもまさしくずっと大きな責任を負うべきであろう」（EPP, II, p. 126）と結論した。

加えて、マルサスは眼前の危機の究極原因を「専制をおこなおうとする政府の実際の傾向よりも……下層民の無知と迷妄」（EPP, II, p. 125）に求めた。「議会、市長および独占者を倒せばパンが安くなり、革命によって彼らすべてが家族を養っていけるようになる」（*ibid.*）[45]と考えるのはまったくの誤りである。パンの高価格の原因についての正しい知識が社会の間にいまだに十分に普及していない――だからこそマルサスは『人口論』第二版の三年前にパンフレット『食糧高価論』（一八〇〇年）を書いた――ことが、民衆を際限のない暴動へと導き、イギリスにおいてフランスと同様の革命が勃発する危険性を高めてしまう。それを防ぐためには、高いパンの本当の原因についての知識が広く普及しなければならない(46)。マルサスはこのように考えた。

第三節　『人口論』第二版第四編第六章後半の分析

本節は『人口論』第二版第四編第六章の後半（第一〇—二二パラグラフ）を考察する。ペインの名前は第一〇パラグラフで初めて登場する。段落の冒頭からマルサスはペインを名指しで批判する。

（1）第一〇—一一パラグラフ

ペインの『人間の権利』の流布は、わが国の下層および中流階級の人々の間に大きな害毒を流したと考えられている。これはおそらく本当であろう。しかし、それは人々が権利を持っていないとか、これらの権利が知られるべきでないという理由からでなく、ペイン氏が政府の原理に関していくつかの根本的誤りに陥っており、また多くの重要な点で、社会の構造およびわが国とアメリカとの間の物理的差異から予想される道徳的影響の相違にまったく精通していないことを暴露していたからである。ヨーロッパにおいて暴徒という名前で知られている群衆と同種の暴徒は、アメリカには存在しえなかった。アメリカでは、その国の物理的状態から財産を持たない人数は比較的に少なく、したがって財産を保護すべき行政権力は同じ程度の強さを必要とするはずがない。ペイン氏はいみじくも、ある騒乱の外見的な原因が何であれ、その真の原因はつねに幸福の欠如であると述べている。しかし彼が論を進めて、社会を維持すべき幸福が損なわれるのは政治制度にどこか欠陥があるからだという説明をする時、幸福のあらゆる欠如を政府の責任に帰するというありふれた誤りに陥っている。この幸福の欠如は存在していたかもしれないし、また無知のためにそれが騒乱の主原因となったかもしれないが、政府のいずれの施策ともほとんど無関係であったことも明らかである。古い国の過剰人口は、アメリカのような国には知られていない不幸の材料を提供している。そしてもしペイン氏によって提案された計画に従って、租税収入を社会の貧困階級に分配してこの不幸を取り除こうと試みるならば、害悪は百倍も悪化し、おそらく社会が調達しうるいかなる金額も直ちに提案された目的に足りなくなるであろう（EPP, II, pp. 126–127）。

ペインが「幸福のあらゆる欠如を政府の責任に帰」した時、そして、われわれが今日「福祉国家」と呼んでいるものの計画――「租税収入を社会の貧困階級に分配」する計画――を提案したとき[47]、マルサスはペインを「政府の原理に関していくつかの根本的誤りに陥っ」たかどで批判した。幸福の欠如は政府のいかなる処置とも無関係なのである。

第一一パラグラフでもペイン批判は続く。

真の人間の権利に関する一般的知識ほど、ペイン氏の『人間の権利』がもたらした害毒を効果的に中和するものはないであろう。この権利が何であるかを説明することは目下の私の任務ではないが、人間が持っていると一般に考えられながら、実際には持ってはいないし、また持つことができないと私の確信する一つの権利がある。それは自己の労働では正当に購入しえない生存手段に対する権利（a right to subsistence when his labour will not fairly purchase it）［＝生存権――引用者］である。われわれの法律［＝救貧法――引用者］はなるほど、人がこの権利を有していると言い、また正規の市場で仕事や食物を得ることができない人々にこれらを与える義務を社会に負わせている。しかし、そのようにすることは自然法則に背反しており（reverse the laws of nature）、それ故にその目的を果たさないばかりか、恩恵を与えようとした貧民は、このような彼らに対する非人間的な欺瞞のためにもっとも無惨に苦しめられているであろうと予想される（EPP, II, p. 127）。

マルサスはペイン流の人間の権利に反対したが、人間の権利という概念そのものを退けたわけではない。[48] 正しく理解された人間の権利は生存手段への権利を含まない、と彼は主張した。ペインは幸福の欠如の原因を政治制度に求めたが、それは間違いで、真の原因は自然法則［＝人口増加と食糧生産の不均衡がもたらす過剰人口］にある。自然法則に逆らって貧困階級の不幸を救済しようと試みても、むしろ害悪が増すだけである。

（2）第一二―一三パラグラフ

続く第一二パラグラフは、すでに述べたように、『人口論』第二版だけに登場し、第三版以降で削除される。

すでに占有された世界［＝所有権の存在する世界――引用者］に生まれた人間は、もし彼が正当な要求を有する両親から養ってもらえないならば、またもし社会が彼の労働を欲しないならば、食物の最小部分に対してもこれを権利（*right*）として要求する資格はなく、また事実上、彼が現にいる場所［＝地球上――引用者］にいる資格もない。自然の素晴らしい饗宴（nature's mighty feast）において、彼のために空けられた膳立てはどこにもない。自然は彼に立ち去ることを命じ、彼が賓客たち（guests）のある者の同情に訴えることをしないならば、自然はたちまちにして自身の命令を実行するであろう。もしこれらの賓客たちが立って彼のために席を空けるならば、他の乱入者が直ちに現れて同じ恩恵を要求する。来る者にはすべて用意があるという知らせが伝わると、大勢の要求者で広間はいっぱいになる。饗宴の秩序と調和とはかき乱されて、それまで行きわたっていた豊富は欠乏に変えられる。そうして賓客の幸福は、広間のいたるところに見られる窮乏と従属との光景によって、またあてにしてよいと教えられていた食卓が設けられてないことを知って当然にも激怒する者たちの、しつこくせがむ騒ぎによって、打ち壊されてしまうのである。賓客たちはこの饗宴の偉大なる女主人（the great mistress of the feast）により発せられた、いっさいの乱入者に対する厳しい命令に違反した自分たちの誤りを悟るけれども、もはや手遅れである。彼女はその賓客のすべてが豊かに享受することを願い、自分には無制限な人数の準備はできないことをわきまえていて、食卓（table）がいっぱいになってからは、新しい来客の入場を情け深くも拒絶したのであったが（EPP, II, p. 127）。

このパラグラフの内容がその前のパラグラフを受けて自然法則の強力な作用を強調していることは明らかであるが、なぜこのパラグラフだけが第三版以降で削除される必要があったのか？ 第二版が食糧危機のピーク（一八〇〇―一年）の直後に書かれ、第三版執筆時にそのピークが過ぎ去り危機が緩和されていたことは間違いない（注38参照）が、それだけが理由だろうか？ この謎を解くヒントは、このパラグラフそれ自体のなかに隠されている。「饗宴」「賓客」「（女）主人」「食卓」などの言葉に注目したい。これらの言葉は、ウィリアム・ペイリー『道徳および政治哲学の原理』（*The Principles of Moral and Political Philosophy*, 1785）第三編第一部第四章「所有権の基礎」（In what the Right of Property is founded）に登場する。この本はマルサス自身も在籍したケンブリッジ大学で一七八六年（出版の翌年、マルサスのケンブリッジ大学ジーザス・カレッジ入学の翌々年）以降長らく教科書として使用された。[49] マルサスが第一二パラグラフを書くにあたって『道徳および政治哲学の原理』を参照したことはほぼ確実だが、[50] この事実はマルサスとペイリーとの間の知的な結びつきを解釈するための材料として役に立つ。[51]

ペイリーは「鳩のペイリー（Pigeon Paley）」[52]とも呼ばれるが、それは彼が所有権制度を説明するに際して、鳩の事例を用いているからである。鳩も人間も食糧が満ち足りている場合には平和的に共存しているけれども、いざ食糧が限られ不足する場合には他者を押しのけ、われ先に獲物へと殺到するエゴイストに変貌する。神の法則としての自然法則は自然界のみならず人間界をも支配している。[53] ペイリーは、自然界における自然法則の強力な貫徹を鳩の事例を用いて説明している（『道徳および政治哲学の原理』第三編第一部第一章「所有権について（Of property）」）のに対して、人間界における自然法則の強力な貫徹を神が主人として催した饗宴の事例（同第四章）を用いて説明している。

神はこれらのもの［＝果実や獣など ― 引用者］をすべての人々が利用できるように用意したので、結果として、各人に彼が望むものをそこから取り出す許しを与えた。したがって、この許しのおかげによって、人は他人の同意を頼んだり待ったりしないで、自分自身の必要とするものを占有できるのである。同様に、ある宴（entertainment）が一国の自由土地保有者のために準備される場合、各人は出かけて行き、彼が欲したり選ぶものを、他の賓客たち（guests）の同意を得たり待ったりすることなく、食べたり飲んだりする。／ところが、しかし、このような理由で所有権が正当化されるのは、必需品だけに限られる。あるいは、せいぜいのところ、天災による緊急事態に際して正当に要求できる食糧に限られる。というのも、われわれが話題にしている宴においては……個々の自由土地保有者は……饗宴の主催者（the master of the feast）以外の人々の許しなしでも……着席して満足のゆくまで食事できるにしても、客の一人が出された食糧の一部でもポケットや袋に入れて持ち帰ろう……としたら、誰もこれを許しはしないだろう。一人でもそうするとたちどころに末席の賓客たち（the guests of the lower end of the table）が十分な食事にありつけない場合には、特にそうである。(54)

このペイリーの饗宴の事例においては、饗宴の主催者である神の許しによって食卓の賓客たちは自由に飲み食いできるが、自然は吝嗇で、それほど十分な食卓を用意することはできないので、自由に飲み食いできるのは生活に必要な最低限度の食糧に限られてしまう。誰かがその最低限度以上を要求すると、玉突き的に、その最低限度の食糧すら手に入らない賓客が発生する。このようにペイリーは説明しているわけだが、この説明の前提として、ペイリーは緊急事態において万人が生存手段に対する正当な権利を有していることを認めている。(55)この意味でペイリーは「モラル・エコノミー」の世界像の圏内に踏みとどまっている。『道徳および政治哲学の原理』が長らくケンブリッジ大学の教科書として使用されていた事実から、ペイリーの生存権についての見解は当時の常識的・標準的な見解であったと考えてよいだろう。自然の吝嗇さと自然法則の強力な作用の理解については、マルサスとペイリーとの間に大きな違いはない。しかし、生存権の理解については無視できない違いがある。マルサスはペイリーの議論に重大な改変をほどこした。[56] マルサスはペイリーが緊急事態において例外的に認める生存手段に対する権利を緊急事態においても退ける。[57] 親の扶養と保護を受けられない罪のない子どもに対してさえそのような権利は認められない、と主張した。こうしたマルサスの見解は、同時代人にとっても後世の人々にとっても、あまりにセンセーショナルで、残酷すぎるように思われた。彼に対して向けられた激しい怒りと憎しみの原因は、この点に存する。

しかし、自分の主張がこのように悲観的に受け止められるのは、マルサスの本意ではなかった。確かに彼は貧民の生存権を否定する議論を正当化しようと努めている。続く第一三パラグラフでも、彼は「生存権」が「真の人間の権利」に含まれないことを改めて強調している。[58] しかし、彼がそれを強調したのは、実際に不可能なことについてはどんな権利の存在も許されないからであり、誰かが飢えなければならないとすれば親の扶養と保護を受けることのできない者が飢えなければならない、という厳然たる事実を広く知らしめようとしたからである。

実際、同じ編の異なる章であるが、マルサスは第三章「貧民の状態を改善する唯一の効果的方法について」において、「食糧不足が広く認められて、彼らが自分の子どもを扶養しうる見込みのほとんどない時に、われわれは無理にも人々を結婚させようとする。これは、泳げない人を無理に水中に入れるのと同じであろう。そのいずれの場合にも、われわれは無分別にも神意に逆らっている。われわれの行為に起因する窮乏と死亡からわれわれを救うために奇跡が起こるであろうと信ずべき理由は、どちらの場合にもないのである」(EPP, II, p. 107) と述べている。この一節は第二版から第六版まで残されているため、マルサスの意図が正しく反映されている文章だと推察できる。このように考えると、第一二パラグラフが『人口論』第二版だけに登場し、第三版から削除された理由も、おおよそ見当がつく。

(3) 第一四―一七パラグラフ

確かに、マルサスはペイリーと同様に自然法則の作用を強調した。しかし、その強力な作用にもかかわらず――より正確には、その強力な作用を正しく理解するからこそ――、その負の作用を軽減する方法を正しく案出することができる、換言すれば、貧困の原因に関する正しい知識を普及させること(民衆教育)[59]を通じて初めて貧民の状況の改善を漸次的に促進することができる、というのがマルサスの基本的立場であった。その証拠に、第一四、一五、一七パラグラフは、いかにして貧困の原因についての正しい知識が一般的に普及することによって政治の改善が促されるかを、議論している。このような基本的立場を読者に正しく理解してもらうために神の饗宴の話を事例として持ち出したが、本来の趣旨に反して、それは読者をミスリードし、マルサスへの怒りと憎しみを招いてしまった。そのため、マルサスは神の饗宴の話を事例として好ましくないと判断し、第三版から削除したのだ。

第一六パラグラフは、第四パラグラフで依拠していたヒュームの議論の事実上の再論である。ペインのような「貧民の困窮と社会が被るほとんどすべての害悪を人間の制度と政治の不正とに帰する」(EPP, II, p. 129) 論者こそ、「専制政治の最も見事な擁護者」(*ibid.*) である。「このような非難の欺瞞性と、それらが一般に承認され、それにもとづいて行動した場合に生ずる恐るべき結果のために、何としてもこれを撃退することが絶対に必要となる」(*ibid.*)。なぜなら、「このような印象の下で行動する民衆の運動から予期される直接の革命的な恐怖のため

——これは常にきわめて重要な考慮すべき問題である——だけでなく、このような革命は、それが打倒したものよりもっと悪い専制政治に終わる可能性が高いためである」(*ibid.*)。

貧民のエネルギーが生存権の思想によって拍車をかけられて何ら抑制されずに無秩序に爆発することは恐怖であるが、政治的混乱を収拾すべく独裁的指導者が出現することはもっと大きな恐怖である。マルサスにとって、これはたんなる推測ではなかったはずである。隣国フランスで実際に暴力革命が勃発した。貧民たちはあたかもペインの思想に拍車をかけられたかのように、貧困の原因を政治体制に求め、それを暴力的に改変したが、貧困はなくならず、政治的混乱は軍人ナポレオンの登場によってようやく収拾されたが、最後に生み出されたのはルイ一六世の治世以上に忌まわしい軍人皇帝による専制政治であった。

(4) 第一八―二一パラグラフ

第一二パラグラフの削除に呼応して、第三版(一八〇六年)では貧困を軽減する政府の政策の効果の高まりが第二版よりも強調されるようになった。第三版ではこれから引用するくだりが第一八パラグラフに付け加えられた。

政府は貧困の直接かつ即時の救済にはほとんど無力であるが、臣民の繁栄に対するその間接的な影響は顕著であり、明白である。そしてこの理由は、政府が一国の食物を人口の無制限な増加と調和させようとする努力においては比較的に無力であるけれども、しかも何らかの形態で必ず発生するに違いない妨げに対して最善の指導を与える際には、その影響力が大きいということにある(EPP, II, pp. 130–1)。

第一九・二〇パラグラフは第三版から新たに加筆されたパラグラフである。それらの両方で第二版よりも貧困を軽減する政府の施策の効果が強調されていることは明らかである。

慎慮の習慣の育成にとって重要な第一の必要条件は財産の完全な安定であり、これに次ぐものはおそらく、平等な法律によって下層階級に体面と地位が与えられ、またこの法律の形成に際して、彼らが多少の影響力を持ちうることである。それ故、政府が優れていればいるほど、それが慎慮と情緒の向上とを生み出す傾向は著しく、われわれの現状においてはそれによってのみ貧困が回避されうるのである（EPP, II, p. 131）。

人民を多少とも政治に参加させることが利益となる唯一の理由は、人民の代議制度が健全で平等な法律の枠組を最も確固たるものにする傾向を有するからであるが、同じ目的が専制政治の下でも達せられうるならば同じ利益が社会に生まれるであろう、と時に主張されることもある。しかしながら、代議制度は社会の下層民に対し、上流階級からの平等で自由な処遇を保証することによって、より大きな個人的体面と個人的堕落に対するより大きな恐れとを各個人に与えるならば、それが財産の安定と強く結びついて勤勉の行使を刺激し、慎慮の習慣を生み出す結果、同一の法律が専制政治の下で存在した場合よりも強力に、社会の下層階級の富と繁栄を増進する傾向のあることは明白である（*ibid.*）。

貧困は政府の施策によって漸進的に削減・軽減されうるが、廃絶・根絶はできない。マルサスは漸進的な議会改革の唱道者だったが、彼の考えではそれが「財産の安定」と手を携えて「社会の下層階級の富と繁栄を増進する」傾向を有するからである。所有権は「専制政治の下で」安定的に確保されえない。『人口論』第三版から第二一パラグラフに新たに付け加えられた一節は、一八〇三年から一八〇六年にかけてのマルサスの政治的見解の発展をいっそう明瞭に描き出している。

しかし、自由な国制と健全な政府が貧困を減少させる傾向のあることは確かであるが、この方向での効果はあくまでも間接的かつ緩慢であり、下層民がいつも革命の結果として待望しがちな直接的、即時的な救済とはもちろん著しく異なるに違いない。多くを期待しすぎるこの習慣と失望から生ずるいらだちは、自由を求める彼らの努力に絶えず誤った指示を与え、そして真に実現可能な政治の漸進的改革の達成と下層階級の状態の緩慢な改善とを絶えず挫折させる傾向がある。したがって、政府がなしうることだけでなく政府がなしえないことを明確に知ることが最高度に重要である（*ibid.*）。

自由は緩慢にしか進歩しない。この考え方は第二版の段階ですでに示されている。しかし、漸進的改革論者としてのマルサスはまだ議論の前面にはっきりと現れ出てきていない。マルサスは、第三版において、「真に実現可能な政治の漸進的改革の達成と下層階級の状態の緩慢な改善」が手を携えて進むという認識を明確に表明するにいたった。食糧危機の原因と起こりうる結果を人口原理・経済（価格）理論とヒューム政治学を援用することによって洞察し、その洞察にもとづいて空想的でもなく反動的でもない中庸で穏健で現実的な政治改革論を打ち出したのだ。

おわりに

本章の結論は以下のようにまとめられる。

第一に、マルサスのペイン批判の知的文脈についてであるが、マルサスのペイン批判はイングランド国制と自由についてのヒュームの議論、および、自然法則と生存権についてのペイリーの議論に大きく依拠していた。マルサスはヒュームのエッセイ「ブリテンの政府は絶対君主制と共和制とのどちらに傾いているか」とペイリーの『道徳および政治哲学の原理』を参照し、それらから得られた知見を彼自身の人口思想・経済思想と結合させることによって、一八〇〇—一年の食糧危機の原因と影響（暴力革命勃発の危険）を明確に洞察した。その結果、暴力革命を阻止するための手段として、ペイン流の行き過ぎた啓蒙（啓蒙の野蛮への転落）に警鐘を鳴らし、政治改革に対する穏健かつ慎重で反ユートピア的な計画を打ち出した。[60]

第二に、『人口論』第二版から第三版への改訂についてであるが、食糧危機の頂点の直後に書かれた一八〇三年の『人口論』がペイリーと同様に自然法則の強力な作用を強調していたのに対して、一八〇六年の『人口論』は人口に対する慎慮に富む妨げを以前よりも強調するようになった。一八〇六年以降も前者（自然法則の強力な作用）は否定されていないが、強調点の移動と並行して、マルサスは議会改革をより強調するようになった。慎慮と勤勉の習慣が社会の下層階級の間に普及すること——それは彼らの経済的・道徳的改善を引き起こすだろう——は民衆の政治参加を徐々に拡大することによって促進される傾向がある、とマルサスは考えるようになった。したがって、『人口論』の第二版と後続諸版との間に多くの連続性が認められるにしても、不連続性もそれに劣らず大きい、と本章は結論する。[61]

追記：二〇一二年一月二八日科研「野蛮と啓蒙」研究会（キャンパスプラザ京都）、同年三月二九日経済学方法論フォーラム（横浜市立大学）、同年六月九日経済理論史研究会（東洋大学）、同年七月一六日経済学史学会北海道部会例会（北海学園大学）、同年九月七日ヒューム研究学会（キャンパスプラザ京都）において、本章の下報告をおこなった。席上多くの方々から有益なコメントをいただいた。ここに記して厚く感謝の意を表したい。

注

（1）ロバート・ダーントンは、フランス革命が啓蒙思想によって起こったという通説に一定の留保を付す。彼によれば、フランス革命の根底にあったのは啓蒙思想以上に民衆の読んでいたスキャンダル本（政治がらみの誹謗文書やポルノ作品）であった。Darnton R., *The Literary Underground of the Old Regime*. Cambridge, Mass.: Harvard University Press, 1982. 関根素子・二宮宏之訳『革命前夜の地下出版』岩波書店、二〇〇〇年。以下も参照せよ。柴田三千雄『フランス革命』岩波現代文庫、二〇〇七年、六八―六九頁。

（2）Burke, E., *Reflections on the Revolution in France*, edited by Conor Cruise O'Brien. London: Penguin Books, 1968, p. 171. 半澤孝麿訳『フランス革命の省察』みすず書房、一九七八年、九八頁。以下、すべての引用文について、邦訳の該当箇所を示した場合でも、訳文は必ずしも邦訳に従っていない。

（3）*Ibid.*, p. 262. 邦訳、一四六頁。

（4）Burke, E., *An Appeal from the New to Old Whigs*. In *Further Reflections on the Revolution in France*, edited by Ritchie, D. E., Indianapolis: Liberty Fund, 1992, p. 89. 中野好之訳「新ウィッグから旧ウィッグへの上訴」『バーク政治経済論集』法政大学出版局、二〇〇〇年、五九一頁。

（5）水田洋『近代思想の展開』新評論、一九七六年、一九三頁。

（6）一七八九年のフランス人権宣言には、人間の基本的権利としての生存権はまだ認められておらず、九三年憲法においてようやく「公的扶助は神聖な義務である。社会は、不幸な市民たちに対して仕事を得させることにより、または仕事をしえない状態にある人々に生存の手段を保障することによって、彼らの生活を保障する義務を負う」（第二一条）と定められた。

（7）ここでの「マルサス思想」とは、人口思想に限定されず、経済思想・政治思想・倫理思想をも含むマルサスの社会科学の総体を意味する。

（8）一七八〇年代―一八〇〇年代初頭におけるマルサス思想の歴史的形成について、筆者はすでにいくつかの試論を発表している。中澤信彦『イギリス保守主義の政治経済学――バークとマルサス』ミネルヴァ書房、二〇〇九年、第六・七章；Nakazawa, N., "Malthus's Political Views in 1798: A 'Foxite' Whig?", *History of Economics Review*, No. 56, Summer 2012, pp. 14–28；中澤信彦「反革命思想と経済学――マルサス『食糧高価論』に関する一考察」、長尾伸一・坂本達哉編『徳・商業・文明社会』京都大学学術出版会、近刊、所収。本章はそれらの続編的性格を期待されている。

（9）以下、Malthus, T. R., *An Essay on the Principles of Population*. The version published in 1803, with the variora of 1806, 1807, 1817 and 1826, edited by Patricia James, 2 vols. Cambridge:

Cambridge University Press, 1990 をEPPと略記する。

（10） ただし、第四版から第五版への改訂については、対仏戦争後の突然の需要減退、失業者の増大を背景として、失業対策としての公共事業が容認されるようになったため、少なくないマルサス研究者の注目を集めてきたと言える。

（11） Winch, D., *Malthus*. Oxford: Oxford University Press, 1987, p. 36. 久保芳和・橋本比登志訳『マルサス』日本経済評論社、一九九二年、五七頁。

（12） 『人口論』第二―六版の第一編と第二編は、すべての国において歴史を通じて作用してきた人口増加への妨げについての十分に経験的で人口学的な研究にあてられているのに対して、第三編と第四編は人口圧力によって引き起こされる道徳や政治に関する諸問題 ―― 貧困問題（救貧法）、教育、市民的および政治的自由など ―― に対する実行可能な（非ユートピア的な）解法を探っている。

（13） Stephen, L., *The English Utilitarians*, 3 vols. London: Duckworth, 1900, II, p. 176.

（14） 後段で詳しく説明するように、第一二パラグラフは『人口論』第二版だけに登場し、他方、第一九・二〇パラグラフは第三―六版だけに登場する。結果として、『人口論』第二版の第四編第六章は全一九パラグラフから構成され、第三―六版のそれは全二〇パラグラフから構成される。

（15） さしあたり以下を見よ。Avery, J., *Progress, Poverty, and Population: Re-reading Condorcet, Godwin, and Malthus*. London and Portland, OR: F. Cass, 1997; Avery, J., "Condorcet, Godwin and Malthus - A philosophical Perspective." In *Visiting Malthus: The Man, his Times, the Issues*, edited by Jensen, A., Knutsen, T. and Skonhoft, A. Copenhagen: Copenhagen Business School Press, 2003, pp. 45–66.

（16） パトリシア・ジェイムズのマルサス伝（James, P., *Population Malthus: His Life and Times*. London: Routledge and Kegan Paul, 1979）は、疑いなく、現在でも最も権威のある業績であるが、マルサス伝の決定版とは言い難い。その理由の一つとして、彼女のマルサス伝がマルサスとペインの間の知的関係について何も述べていないからである。

（17） Stephen, *op. cit.*

（18） Bonar, J., *Malthus and His Work*. 2nd ed. London: George Allen and Unwin, 1924. 堀経夫・吉田秀夫訳『マルサスと彼の業績』改造社、一九三〇年。

（19） Keynes, J. M., *Essays in Biography*. In *The Collected Writings of John Maynard Keynes*, Vol. X. London and New York: Macmillan and Cambridge University Press, 1972. 大野忠男訳『ケインズ全集　第一〇巻　人物評伝』東洋経済新報社、一九八〇年。

（20） Himmelfarb, G., *The Idea of Poverty: England in the Early Industrial Age*. New York: Alfred. A. Knopf, 1984.

（21） Stedman Jones, G., *An End to Poverty?: A Historical Debate*.

London: Profile Books, 2004.

(22) 前掲書以外に、Winch, D., "Higher maxims: happiness versus wealth in Malthus and Ricardo." In Collini, S., Winch, D. and Burrow, J., *That Noble Science of Politics: A Study in Nineteenth-Century Intellectual History*. Cambridge: Cambridge University Press, 1983, pp. 63–90. 永井義雄・坂本達哉・井上義朗訳『かの高貴なる政治の科学――一九世紀知性史研究』ミネルヴァ書房、二〇〇五年；Winch, D., *Riches and Poverty: An Intellectual History of Political Economy in Britain, 1750–1834*. Cambridge: Cambridge University Press, 1996, pp. 254, 278–278, 371.

(23) 永井義雄『自由と調和を求めて――ベンサム時代の政治・経済思想』ミネルヴァ書房、二〇〇〇年。

(24) 森下宏美の研究（『マルサス人口論争と「改革の時代」』日本経済評論社、二〇〇一年、六三―六七頁）にもほぼ同様の性格が看取される。

(25) Keynes, *op. cit.*, pp. 90, 105. 邦訳、一二二、一四二頁。

(26) 本章では紙幅の都合で論じる余裕がない。他日を期したい。

(27) Bonar, *op. cit.*, pp. 306–7. 邦訳、四一八―九頁。

(28) 永井、前掲書、一二三―四頁。

(29) Thompson, E. P., *Customs in Common*. London: Merlin Press, 1991, chs. 4–5. 一八世紀末以降のドイツにおけるモラル・エコノミーと貧困問題については、第一六章（大塚）を参照されたい。

(30) Himmelfarb, *op. cit.*, p. 100.

(31) *Annual Review* 誌の一八〇四年一月号に掲載されたサウジーのマルサス批判の記事（書評）は、Pyle, A. (ed.), *Population: Contemporary Responses to Thomas Malthus*. Bristol: Thoemmes Press, 1994, pp. 116–137 に収録されている。そこでサウジーは第一二パラグラフ全体を引用しつつ、『人口論』という書物の「愚かさと邪悪さ (folly and the wickedness)」(p. 137) を告発している。

(32) Himmelfarb, *op. cit.*, pp. 122–123.

(33) Stedman Jones, *op. cit.*, p. 103.

(34) *Ibid.*, p. 105.

(35) Winch, *Malthus*, p. 100. 邦訳、一五二―三頁。

(36) *Ibid.*, p. 51. 訳、八〇―八一頁。ボナーに先駆的な指摘がある。Bonar, *op. cit.*, p. 340. 邦訳、四六四頁。

(37) マルサスは暴徒を「野蛮」という言葉で表現せずに、「怪物」という言葉で表現しているが、当時両者はフランス革命の害悪を論難する上で互換性の高い（意味の近い）言葉であったようである。例えば、バークは『フランス革命の省察』で以下のように書いている。「それにしても、貴方がたの聖職者たちは既に正当な許容限度を超えてしまった、というのは真実でしょうか。最近の貴方がたのあらゆる刊行物に共通な言い方からすれば、フランスの聖職者は一種の怪物（monsters）であり、迷信と無知と怠惰と欺瞞と強欲と暴政の奇怪な塊であった、と誰でも信じ込まされてしまうでしょう。しかしそれが真実でしょうか。……現代の聖職者は鉄の如き手で俗人を抑えつけ、あらゆるところで野蛮な（savage）迫害の火を炊き付けた、というのも真実でしょうか」（Burke, *Reflections*, pp. 251-2. 邦訳、一八一頁）。疑問形で書かれているが、言うまでもなく、バークの真意は、フランス革命（が生み出しつつあるもの）こそが「怪物」であり「野蛮」である、ということにある。バークからマルサスへの「怪物」の表象の転移を追跡した興味深い研究として、Collings, D., *Monstrous Society: Reciprocity, Discipline, and the Political Uncanny at the End of Early Modern England*. Lewisburg: Bucknell University Press, 2009 がある。

（38）第五・六版ではこの箇所にマルサスによって「一八〇〇年および一八〇一年」との注が追加される。一七七〇・八〇年代において小麦一クオーターあたりの価格は三四―五四シリングであったが、対仏戦争開始後は価格上昇が著しく、一七九四年から九五年にかけて七〇シリング台後半を記録した。九六年から九八年にかけていったん五〇―六〇シリング台にまで低下したが、一八〇〇年から〇一年にかけて再び上昇し、一一〇シリング台を記録した。そして、〇二年から〇六年にかけて再び五〇―八〇シリング台にまで低下した。Gregory, J. and Stevenson, J., *The Routledge Companion to Britain in the Eighteenth Century, 1688–1820*, London and New York: Routledge, 2007, p. 235.

（39）マルサスは「イングランド」と「（大）ブリテン」を区別せずにほぼ同義で使用しているようである。

（40）Dickinson, H. T., *Liberty and Property: Political Ideology in Eighteenth-Century Britain*. New York: Holmes and Meier Publishers, 1977, ch. 5; Winch, "Higher maxims", p. 76. 邦訳、六五頁。

（41）このエッセイを含むエッセイ集（*Essays and Treatises on Several Subjects*, New ed. 2 vols. Edinburgh, 1800）をマルサスは所有していた（Malthus, T. R., *The Malthus Library Catalogue: the Personal Collection of Thomas Robert Malthus at Jesus College, Cambridge*. New York: Pergamon Press, 1983, p. 81）。ヒュームの名前そのものは『人口論』初版から登場しているのだが、その時はあくまでエッセイ「古代諸国民の人口について（Of the Populousness of Ancient Nations）」の著者として登場しているだけである。なお、公信用の「自然史（natural death）」「暴力死（violent death）」という言葉が登場するのは、エッセイ「公信用について（Of public credit）」である。公信用の「自然史」「暴力死」が重商主義システムに内包される野蛮と啓蒙の問題といかなる関係を有していたかについては、第四章（生越）第三節を参照されたい。

(42) 坂本達哉『ヒュームの文明社会——勤労・知識・自由』創文社、一九九五年、一一八—一二二頁。

(43) Hume, D., *Essays Moral, Political, and Literary*, edited by Eugene F. Miller. Indianapolis: Liberty Fund, 1985, pp. 51–3. 田中敏弘訳『道徳・政治・文学論集［完訳版］』名古屋大学出版会、二〇一一年、四三頁。

(44) 坂本達哉『ヒューム　希望の懐疑主義——ある社会科学の誕生』慶應義塾大学出版会、二〇一一年、三〇六頁。

(45) 『食糧高価論』にもほぼ同内容の一節が見られる。「一時は豊作と見越された収穫の後に、異常に高い価格が継続したために、公衆の心はなおいっそう驚かされかつ当惑させられることとなった。分別のある多くの人々も、どこかに詐欺があるに違いないという民衆の共通の叫びに共鳴し、全体の憤怒は、独占者、買占人、および仲買人（monopolizers, forestallers, and regraters）の上に落ちた」（Malthus, T. R., *An Investigation of the Cause of the Present High Price of Provisions*. In *The Works of Thomas Robert Malthus*, edited by Wringley, E. A. and Soudan, D., 8 vols. London: William Pickering, 1986, Vol. VII, p. 6. 堀経夫・入江奨訳『食料高価論その他』創元社、一九四九年、一七—一八頁）。

(46) ここにおいて、正しい経済知識をいかにして下層階級を含む一般の人々に普及させるかという民衆教育の問題がクローズアップされるが、本章では紙幅の都合で論じる余裕がない。ただ、後段の議論との関係で強調しておきたいのは、マルサスは政府の義務としての国民教育制度への期待を第二版よりも第三版においていっそう強く表明している、という事実である。以下に引用するのは、マルサスが『人口論』第三版第四編第九章（第二版では第八章にあたる）「人口に関する通説を修正する方法について（Of the modes of correcting the prevailing opinions on the subject of Population）」で新たに加筆した文章である。「立派な政治が社会の下層階級の慎重の習慣と人格的品位を増進する効果のあることはすでに詳述したが、たしかにこの効果は適切な教育制度なしにはつねに不完全であろう。……教育から得られる利益は人数の制限なしに享受できる利益の一つであり、そしてこれらの利益を与える能力は政府の手中にあるから、そうすることは疑いなく政府の義務なのである」（EPP, II, p. 155）。マルサスと民衆教育についての最も包括的な研究として、柳沢哲哉「マルサスと民衆教育」『香川大学経済論叢』六六（四）、一〇一—一三五頁を挙げておく。

(47) ペインにおける福祉国家の構想については、Claeys, G., *Thomas Paine: Social and Political Thought*. London: Unwin Hyman, 1989, ch. 4; Stedman Jones, *op. cit.*, pp. 48–9, 193–194; 中澤信彦「生存権・福祉国家・共和主義——バーク対ペイン論争を再考する」『関西大学経済論集』六一（三・四）、

二〇一二年、一八—二一頁を参照されたい。なお、本章第一節で触れたバーク対ペイン論争については、中澤前掲論文「生存権・福祉国家・共和主義」以外に、第一七章（後藤）が両者における「野蛮」の語義に着目しつつ詳細な検討を加えている。

（48）「啓蒙思想家には、急進派も保守派もあるが、彼らは程度の差こそあれ、「人権」の理念「自由と平等」の理念を持っていた」（田中秀夫『啓蒙の射程と思想家の旅』未來社、二〇一三年、一八五頁）。

（49） LeMahieu, D. L., *The Mind of William Paley: A Philosopher and His Age*. Lincoln and London: University of Nebraska Press, 1976, pp. 155–156. マルサスはこの著作を含むペイリー著作集全七巻（一八二五年版）を所有していた（Malthus, *Library Catalogue*, p. 129）。ケインズは『人物評伝』の「マルサス伝」で、『道徳および政治哲学の原理』に関して、「これは『人口論』の著者が受けた知的刺激のうちでも高い地位を与えられるべきものと、私は考える」（Keynes, *op. cit.*, p. 79. 邦訳、一〇八頁）と記している。もっとも、その知的刺激がどのようなものであったかについて、ケインズは何も記さなかったけれども。Waterman, A. M. C., *Revolution, Economics and Religion: Christian Political Economy, 1798–1833*, Cambridge: Cambridge University Press, 1991, p. 119.

（50） 第一二パラグラフにはペイリーの名前も『道徳および政治哲学の原理』の書名も登場しないが、『人口論』第二版の別の箇所では、名前も書名も登場している。また、未公刊のパンフレット『危機』（一七九六年）と『人口論』初版（一七九八年）にもペイリーの名前は登場している。

（51） 本章とは異なる角度からであるが、マルサス思想におけるケンブリッジの伝統（特にペイリー）に着目した最近の有力な研究として、久保真「マルサス『初版人口論』——スコットランドおよびケンブリッジの伝統との関連において」、『マルサス学会年報』第二一号、二〇一二年がある。

（52） LeMahieu, *op. cit.*, p. 131; Horne, T., "“The Poor Have a Claim Founded in the Law of Nature”: William Paley and the Rights of the Poor". *Journal of the History of Philosophy*, 23 (1), 1985, p. 60.

（53） 永井、前掲書、一二三頁

（54） Paley, W., *The Principles of Moral and Political Philosophy*. In *The Works of William Paley*, Vol. III. Bristol: Thoemmes Press, 1998 (reprint of the 1830 edition), pp. 79–80.

（55） Schofield, T. P., "A Comparison of the Moral Theories of William Paley and Jeremy Bentham". *The Bentham Newsletter*, 11, June 1987, pp. 12–13; Waterman, *op. cit.*, pp. 121–122. ロックが同様の見解を示していたことについては、第四章（生越）の注12を参照されたい。

（56） Winch, *Riches and Poverty*, p. 244. しかし、ホーン（Horne,

op. cit., p. 67）が指摘するように、ペイリーの議論の力点が貧民の生存権でなく富者の所有権の擁護のほうにあったことは、軽視されるべきでない。

（57） アンソニー・ウォーターマンは、第一二パラグラフが生活資料に対する「自然の」［＝神によって与えられた］権利についてのペイリーの教義をあからさまに論駁しようとしたものだ、と指摘する。筆者はこの指摘に同意する。ただし、第一二パラグラフが第三版から削除された理由について、ウォーターマンはジェイムズの見解を踏襲して、第二版が書かれた当時のマルサスの生活環境の厳しさと第二版刊行直後に安定した生活環境（終身聖職のポスト、結婚）を手に入れたことに求めている。本章はその可能性を全面否定しないけれども、削除の理由をマルサスが書いたテクストに即して探ることは十分に可能であるし、そのほうが望ましいと考えている。Waterman, *op. cit.*, p. 122; James, *op. cit.*, pp. 100–101.

（58） 第一三パラグラフでマルサスはフランスの歴史家・哲学者レイナル（Guillaume Thomas François Raynal, 1713–97）の『両インド史（*Histoire des Indes*）』（1770, 1774, 1780）から引用しているが、この引用は第八巻第一九章「課税」の項に含まれるもので、その前項は「人口」であり、たいへん興味深い。『両インド史』からの引用は、これ以外にも『人口論』の随所で見られる。

（59） 注46を参照されたい。

（60） このような理解は第一節で検討したウィンチ説を発展的に継承したものだと言えよう

（61） このような理解は第一節で検討した永井説を発展的に継承したものだと言えよう。

第一九章　ドイツ・ロマン主義の経済思想家における啓蒙と野蛮の問題

――アダム・ミュラーとフランツ・フォン・バーダー

原田哲史

はじめに

「野蛮」と「啓蒙」という二つの概念の間には、第一に、無知蒙昧の野蛮状態にある人々を近代的な個人として自覚させて、自己意識をもって自由に生きることができるように、またそうした自立した諸個人による社会形成が可能なように教化・誘導していくといった意味で、野蛮を超克する啓蒙という関係がある。「啓蒙」の原語である“Enlightenment《エンライトゥンメント》”（光をもたらすこと）や“Aufklärung《アウフクレールンク》”（解き明かすこと）は、それを示している。しかし第二に、啓蒙の帰結として野蛮が生ずる道筋がある。啓蒙を通じて近代化が進展するなかで、そこに含まれた特定の諸要素が過度に伸長するにつれて、その非現実性が問題となるとともに、逆に、自己意識や自立・自由が脅かされるような新たな従属関係すなわち野蛮が生じてしまうということである。そうした特定の諸要素とは、伝統的な共同体を軽視した「上から」の教化としての変革の指向、多様性を軽視した等質的で平等な諸個人という観念、計算的理性による物質的な利潤極大化の指向、といったものである。それらから啓蒙専制や開発独裁といった圧政、大衆民主主義の弊害、資本賃労働関係による社会問題、世代間倫理の喪失といった様々な困難が生じうるのである[1]。

一八世紀の九〇年代から一九世紀前半にかけてヨーロッパを席巻したロマン主義の運動は、全体として言うならば、最初は野蛮を乗り越えるものとしての啓蒙を支持したが、そのうち啓蒙の帰結として従属関係が生ずることが分かってきて、啓蒙に失望して、後には、その行き過ぎを伝統的な諸関係でもって穏当にする必要があることを説くにいたる、というものである。ロマン主義の典型を示すドイツ・ロマン主義は、初期の、啓蒙の実践としてのフランス革命とその波及への期待から、それへの失望や非現実性ゆえの挫折へと転じていったのであり[2]、後期においては、多様性の観点から個性的な自己意識の保持を主張しつつ、「上から」の近代化の専制政治、マニュファクチュアや機械制工業での賃労働者の苦境といった新たな野蛮への対処として、中世以来の貴族・市民による社会的・共同体的諸関係のポジティヴな面が美化されて強調される。ただし、美化があったとはいえ、彼らが維持を説いた中世以来の諸関係が非現実的な空想ではなかったことには、留意する必要があろう。プロイセン改革のように「上から」強引にそれらが廃止されていった当時の状況においては、過去からの諸関係がなお実際に存在していたのであって、彼らの主張は「現実的であり、歴史的であった[3]」と言いうるのである[4]。

以下では、ドイツ・ロマン主義の後期に位置するふたりの代表的な経済思想家アダム・ミュラー（一七七九—一八二九年）とフランツ・フォン・バーダー（一七六五—一八四一年）の[5]、社会経済思想におけるそれぞれの代表作、すなわちミュラーの『国家学綱要』（一八〇九年）とバーダーの『社会での有産階級に対する無産者すなわちプロレテールの、物心両面での暮らしぶりにおける今日の不均衡について —— 権利の見地から考察して』（一八三五年）を中心として、新たな野蛮に関する彼らの捉え方とそれへの対処とについての議論を見ていく。両者の生年からすれば逆順ではあるが、それぞれの作品の刊行年からしてこの順序で論じていきたい。

第一節　アダム・ミュラーの場合

(1) フリードリヒ二世批判

プロイセンの首都ベルリンで官僚を父として生まれ育ったミュラーであるが[6]、彼は一八〇九年の主著『国家学綱要』においてプロイセン国王フリードリヒ二世（在位一七四〇―八六年）を批判的に論じており、この王との関連で「啓蒙」という表現を用いている。ヴォルテールから学んだ啓蒙専制君主として知られたフリードリヒ二世は、ミュラーによれば、「ドイツ帝国［神聖ローマ帝国］のような連邦的な体制の下部構成体にはまったく当てはまらない」ような「最高の暴力によって掌握されたたんに可能な限り完成された機械[7]」へと国家を改変しようとしたのである。つまり、多数の領邦国家（オーストリア、プロイセン、バイエルン、ザクセン等々）の非集権的な連合体として神聖ローマ帝国があったように、ドイツの特性は分権的な構成にあるにもかかわらず、フリードリヒ二世は上意下達の集権主義でもってプロイセンを統治するとともに、さらに――シュレージエン戦争でオーストリアに挑んだように――それをドイツ全体にまで及ぼそうと試みた。しかし、「その時点で帝国体制を侮蔑した」彼の行為は、ドイツの連邦的結合を分裂させ弱体化させたから、彼は「古来の高貴な連合体の没落の手助けをした[8]」のである。ここでの「連合体の没落」がミュラーとその同時代人にとって最近の出来事であった一八〇六年の神聖ローマ帝国の崩壊を意味することは、明らかである。帝国崩壊の直接的な原因はナポレオン軍の侵攻であったとしてもその前のフリードリヒ二世の行為がすでにその基盤を揺るがしていた、とミュラーは考えたのである。

ミュラーはこうしたフリードリヒ二世の指向を「非ドイツ的[9]」とし、その少年期から一貫して傾倒している「フランス的でローマ的な優美・能弁・哲学[10]」の影響によるものであるとしている。フリードリヒ二世は啓蒙の社会契約説による国家形成を念頭に置きつつも、国家がいったん形成されれば国民は君主に従うべきであると考えたと推測できるが[11]、ミュラーは、フリードリヒ二世が「自由についての、啓蒙と人間主義についての諸理念」を「良心の呵責もなく専制政治の仮面として使った」として、「彼は一方の手で人心に自由と寛容とを与えておきながら、他方の手ではまさに同じ人心を冷酷で機械的な形態へと押し込めていただけのようだ[12]」と非難する。

フリードリヒ二世は、官僚と下部の組織・集団を命令に従って動く機械のように再編成し、「彼の統治の主要な目標」である「総支配面積の極大化、人口・歳入・生産物・貨幣［……］の算術的な増大[13]」を追求したのである。ミュラーは、こうしたフリードリヒ二世の統治をプロイセンの伝統からしても異質な「ある種の隔壁」であるとするとともに、「中世の諸制度が消失していったあとに」生じた「世界史的な出来事[14]」として捉えるべきだと述べている。すなわち、中世以来の分権的な社会・国家構造が弱体化すると、理性主義を掲げる啓蒙思潮が計算合理性の視点から数量的・物質的な利益の極大化を追求するなかで、旧来の諸関係はそれにそぐわなければ破壊されるか、命令を受けるだけの存在となるように強要された。後発国ドイツにおいては、理性による社会・国家形成という課題が民衆の運動によってではなく、専制政治でもってなされていったから、国民にしてみれば、啓蒙のもつ個人の自由という側面は脇に置かれて、支配者の側からの計算合理性による利潤追求が押し付けられ、「上から」の教化と物的利潤の追求という啓蒙の特性がとりわけネガティヴな形をとって現れたのである。

ミュラーは以上のような『国家学綱要』でのフリードリヒ二世批判を、さらに一八一〇年の著書『国王フリードリヒ二世と、プロイセン国家の性質・尊厳・使命について』で詳述している。彼は「フリードリヒの体制において、作用は上から下であった。［……］もてはやされている近年の諸体制においては［……］、見かけだけの代表機関が存続してはいるが、下から上への反作用も、相互作用も、世論も、国内での国民的自由も考えられていない[15]」と述べるとともに、それへの対処として二院制議会が必要であることを説いている。それは「自然による選抜」として貴族が議員となる上院と「人間による選挙[16]」に基づく市民代表によって構成される下院とからなるものであり、そこには両者のバランスによって一方の主張が極端にならないように牽制しあって公正な国政を実現することが意図されている。とりわけ市民による一世代的な利潤追求が貴族による世代継承的な農業によって牽制されるべきことが、含意されていた[17]。ミュラーは、議会の導入が問題となっていくプロイセン改革期（一八〇七―二〇年）の比較的早い時期に、そうした議会をプロイセンに導入することを提案しているのである[18]。改革で名をはせたプロイセンにおいても立憲体制（憲法・国会）の整備は、カールスバート決議（一八一九年）とウィーン最終議定書（一八二〇年）という転換期より後はその実現から遠のいてしまい、一八四八年までもち越したのであって[19]、このことを考慮に入れると、ミュラーの提案は進んだ議論であったと言える。

（2）マニュファクチュアの問題性

『国家学綱要』においてはそれ以外にも、計算合理性による利潤極大化の問題が、等質的で平等な諸個人の観念の弊害とからめられて、マニュファクチュア批判として論じられている。

ミュラーによれば、中世以来のギルドでは親方・職人・徒弟という階層があったとはいえ、それは若者を職人へ、さらには親方へと上昇するように育てていく関係であったし、その陶冶も、技能において「美しい芸術作品と手工業製品」の区別がないほどの見事な作品を作る腕前を習得するのみならず、「詩人、学者、あらゆる種類の芸術家[20]」としての能力をもそなえて、ハンス・ザックスのような「マイスター・ゼンガー[21]」として宗教的な礼節をもわきまえた者となることであった。そうした技能・芸術性・倫理性において優れた者同士での相互関係としての「同業組合 Gewerke」では、各人が自由に自己実現・自己表現することが同時に共同社会への貢献へとつながった。それは「真の前向きの positiv 自由の大いなる形態であり、そこにおいては国家に不可欠な仕事がその人格でもって明確に自覚されていたし、それは生き生きとして個々人の自由と共同社会 Gemeinwesen の自由との間をとりもっていた」[22]。彼は、こうした関係はかなりの程度解体されてしまったとしても「今日もなお」その「生き生きした精神」は「誉れ高いツンフトやイヌンクの慣習においては現れている」[23]と言うのである。

それに対して、「ツンフト制度に注意を払うことなく構築される我々の時代のマニュファクチュアにおける分業は、生産の恐るべき増大に役立っている。誰もがアダム・スミスの例を知っている」として、彼は、アダム・スミス（一七二三―一七九〇年）の『国富論』（一七七六年）第一編第一章におけるピン・マニュファクチュアについての叙述を挙げて[24]、それまでの「約二四〇〇倍」[25]にもなる恐るべき生産力をもつマニュファクチュア的生産様式に、読者の注意を喚起している。

ただし、問題は生産力よりも生産関係なのである。「その仕事の［旧来の］市民的な意味や共同社会への関係は――それらは［かつて］各人が名人となって全体に向かっていたツンフト制度によって保持されていたが――いったいどこに残されているのか！」とミュラーは訴える。「ツンフト制度」での職人的手工業の場合、成員は職人として一定の成熟に達すれば、自らの能力を自由に発揮することで全体に貢献することができた。三つの階層があったとはいえ、そこは親方を指導者として職人・徒弟が技能・芸術性・倫理性を習得する教育的な場であり、下位の者には親方にまで上昇する可能性が与えられていたから、それとともに三階層の間には「心からの結び付き」があった。しかし、マニュファクチュアの労働者は「企業家」へと上昇することは前提とされていない。それどころか、「企業家」はより大きな利潤を得るという目的のみで労働者に低賃金で機械的な単純作業を強いるので、「心からの結び付き」はない。「新しいマニュファクチュアでは、それに代わって企業家がその頂点で、冷酷に、計算づくで、純粋の収入を求めて立っているのだ[26]」。そこでは中下層の人々は身分的な階層制から解放されているので、一見すれば――啓蒙思想の観点からは――個人の自由が認められているかのようであるが、よく見ると資本や生産手段をもっている企業家だけが権力を握っており、労働者は何の保護・保証もなく支配される。「マニュファクチュア企業家はまるで皇帝 Imperator のように、機械のような賃労働者という絶対的な「第三身分」の上に立つ。そして、そのような死んだ制度を彼らは自由と呼ぶのだ！　私はそう呼ばないが[27]。」

ここで「皇帝」がドイツ語圏で一般的な „Kaiser“ という表現ではなく、ラテン語系の „Imperator“ で記されており、それでもって、革命後のフランスの体制を象徴する皇帝ナポレオンとその支配下の中下層民の状況とが近代的な生産関係の問題に重ね合わされていることに留意すべきである。フランスでは革命の過程でル・シャプリエ法が成立し、ツンフトは決定的に廃止された。すなわち、啓蒙思想に基づく変革の結果、身分的階層制は廃止され、平等な諸個人が前提となる社会ができたが、そこで計算合理性による利潤極大化が目的となるならば、産業ではマニュファクチュア経営をもちうる財力のある富者のみが支配的位置を得て、その他は賃労働者として搾取されることになる。それを許すような体制がナポレオンの支配によってドイツに到来することに懸念を抱きつつ、ミュラーはこの新たな野蛮を告発しているのである。「真の前向きの自由」とは、団体によって技能・精神の高められた人間が、団体から一定の保護を受けつつ自己を実現し・発揮することを意味するのであり、ミュラーによれば、そうした諸個人や諸団体が競合しあうなかで均衡的調和が成立することこそ本来のスミスの「自然的自由のシステム[28]」が、すなわち、ミュラーによって解されたスミスの――言い換えれば啓蒙の――理想が実現された状態なのである[29]。

『国家学綱要』はミュラーが一八〇八―〇九年にザクセンの首都ドレスデンでおこなった連続講演を本にまと

めて一八〇九年にプロイセンの首都ベルリンで出版したものであるが、一八〇七年には、ナポレオン軍に前年に敗北したプロイセンはティルジットの和約を結んで莫大な賠償金の義務を負って財政難に陥り、またザクセンはナポレオンを盟主とするライン連邦に加盟している。このような時期にあえてそのドレスデンで啓蒙とナポレオン体制に疑義を呈する講演をしたことは勇気のいることだったに違いないし、他方プロイセンに目を移せば、フリードリヒ二世にならった「上から」の統制的な近代化によって財政難の苦境を克服しようとする改革思潮があった状況で、ミュラーは、それとは距離を置きながらも、保守主義者としての特有の自由論に基づいて、先に見たように議会制度を提案していたのであり、そうした意味で独自の「改革的保守主義」[30]としての政治的な立場をとったのである。[31]

ちなみに、一八一九年の論稿「貯蓄銀行の設立について」においてミュラーは、「この普及した、一見自由な工場システム」は「全般的な腐敗」の制度であるとしている。この工場制度に対峙して「団体的・身分的な諸制度」が存続するのが望ましいが、もはや後者が優位を占めているのはヨーロッパの君主国ではオーストリアしかなく、「われわれの世界のどのような国も、同じ共通の運命から完全に免れることはできない」[32]と言って、彼はマニュファクチュア・工場制度の伸長という方向がもはや時代の趨勢であることを認めていた。しかし、そうした状況においても、「共同社会の関係から引き裂かれて、慈善的な保護も奪われた何千人もの兄弟たちがもう一度生活の根を張れるように、家のような制度に——それはもうないので——属しうるように「小さな資本家や利子生活者をつくる」ために、貯蓄銀行を設立することを、ミュラーは提唱している。その貯蓄銀行は、イギリスのように「小さな資本家や利子生活者をつくる」ためではなくて、「享楽的な[33]」消費によって生活の糧を容易に失いがちな下層民に——施し物といった人工的な手立てではなく——「生活維持の自然な基盤[34]」をつくるためのものである。ここにもミュラーの改革的保守主義の姿勢が見られる。彼は、過去に連なる共同体的紐帯の尊重という観点を一貫してもっていたが、もはや後戻りは不可能であるという認識をもち、そのうえで、欠けてしまっている共同体的な制度を新たに作り出そうとしたのである。[35] ミュラーは「交換の時代」から「商業の時代」を経て「信用の時代」[36]へといたる三段階的な歴史把握を構想して、信用制度の整備によって現状を克服しうる未来社会を展望していた。

ただし、次のことには注意しなければならない。この一八一九年の「貯蓄銀行の設立について」での議論は『国家学綱要』(一八〇九年)でのスミス的マニュファクチュアへの批判よりも現状への政策的提言という性格が強いのであるが、とはいえ、貯蓄銀行によって救済されるのは①「本来的な工場・マニュファクチュア労働者および日雇賃労働者」、②「賃金奉公人 Lohngesinnde」、③「より高い身分の下で萎縮している無郷者たち verschämtere Heimatlose」[37]といった「三とおりの雇われ人 Mietlingen」であるとされているように、必ずしも近代的な工場労働者(すなわち①)に限られていない。しかも、その第三のカテゴリーについて「生活基盤をもたずに、資本または身分をもたずにたんなる労働収入によって手から口へと生活している」と詳しく述べていることからしても、ミュラーのアクセントはむしろこの第三カテゴリーに、すなわち産業での雇用を前提としない貧しい雇われ人一般に置かれているように思われる。経済史家W・コンツェが言うように、一八世紀後半にはドイツの先進地域で初期産業化が見られたとはいえ、一九世紀初頭はまだ旧来の農村共同体やツンフトから解放された(はみ出た!)多数の貧民が生じても産業が充分に吸収していなかった状況であったから、[38] ミュラーの貯蓄銀行の提言も当時の現実において産業労働者(すでに工場・マニュファクチュアで雇われていた者)をおもな対象としていたわけではないことは、ふまえておく必要がある。

第二節　フランツ・フォン・バーダーの場合

(1) イギリスで見聞した「自由」の現実

バイエルンの首都ミュンヘンで宮廷侍医を父として一七六五年に生まれたバーダーは —— ミュラーよりも一四年ほど年上であるが —— 当時としては長生きで、[39] 労働者問題についての彼の代表作『社会での有産階級に対する無産者すなわちプロレテールの、物心両面での暮らしぶりにおける今日の不均衡について —— 権利の見地から考察して』(以下『プロレテール』論と略)はミュラー『国家学綱要』よりも一五年あまり遅く一八三五年に出ている。ナポレオン戦争期のドイツを背景としたミュラー『国家学綱要』での鋭いマニュファクチュア批判には経験的現実への言及が乏しいのに対して、バーダー『プロレテール』論で経験的な記述が見られるのは、一八三四年のドイツ関税同盟の成立とともに押し寄せる産業化の大波を彼が感じ取ったことも挙げられるであろうが、それよりも、バーダーの現実感覚の原体験が産業革命の進行中のイギリスへの旅行における見聞にあったことによるであろう。彼は『プロレテール』論で言う。

私はイギリスで、例えば工場主たちのミーティングやアソシエーションにどれほど頻繁に同席しただろうか。そうした集まりはすべて、労賃の最高限度額と［商品の］販売価格の最低限度額とを決めることでもって締めくくられるものであったから、プロレテール Proletairs にとっては共同謀議 Conspiration 以外の何ものでもなかったのである。この共同謀議によって決まる賃金はしたがって常に彼らの商品(すなわち彼らの労働)の自然な価値と価格よりも低く抑え込まれており、彼らはそれを受け取ったのである。そうした公然たる不正は議院や議会で是正されることなど期待できないから、いったい何たる不正なのだ。それというのも、まさに議院や議会で工場主たちは［自らの］党派と裁判官とを兼ねているので、議院で貧しい労働者大衆の利益を代表することはタブーとなっているからである。競争の自由（この場合は労働者とその雇い主との間のそれであるが）というものがあるので――言われているように――独占は許容されないはずであるが、とはいえ雇い主の労働者に対する高圧的な独占は効果的に実行されているのだから、私は、そうした不均衡やそうした圧力がはたして自由に運動する［はずの］産業という名に値するのか？と問うのである。私は、プロレテールが彼らの側で雇い主に対して同様の［共同謀議のような］目的で組織化すべく努めているとしても、そのことで彼らをとがめることなどできるだろうか？と問いたい。(40)

バーダーがイギリス滞在中に工場主たちの「ミーティングやアソシエーション」に出席しえたのには、兄のヨーゼフ・フォン・バーダー（一七六三―一八三五年）の影響がある。ヨーゼフは一七八六年からエディンバラで化学・数学・物理学を学んだ後、イギリスで機械技術者・経営者としての手腕が認められ、一七九〇年にはランカシャーの製鉄所の支配人にまでなった。ヨーゼフは一七九三年に最終的に帰国してバイエルンの技術官僚になるとともに、鉄道敷設を提唱するフリードリヒ・リスト（一七八九―一八四六年）の相談役をも務めた。私たちのバーダーすなわちフランツ・フォン・バーダーは、フライベルク鉱山学校で学んだ後、兄との関係のなかで一七九二年から九六年までイギリスに滞在した。彼はその間に、知的にはウィリアム・ゴドウィンやメアリ・ウルストンクラフトの作品に関心をもつとともに、実際にイングランドとスコットランドのありとあらゆる鉱山や鉱物工場を訪問した。(41) そこで彼が目にしたのは、工場主たちが労働者の賃金上昇を阻止し、商品の価格下落を避けるため互いに申し合わせていた事実なのである。(42)

バーダーがここで指摘するのも、近代社会における自由の欺瞞である。彼はフライベルク時代（ないしイギリス滞在期）に抜粋ノートを作るほどスミス『国富論』に関心をもっており、[43] 近代的な商工業の原理が「競争の自由」であることを知っていた。しかし、実際に様々な工場を見たところ「自由に運動する産業」とは名ばかりで、富者である工場主が労働者に対して「独占」的な地位をもち、しかも経済のみならず議会においても労働者の声が代表されていない深刻な状態があった。啓蒙の近代原理によれば団体を経ない自由競争が望ましいことになるが、そもそも自由とは何なのか。

同時期の彼の論稿「進化主義と革命主義について、言い換えれば、生活一般の――とりわけ社会生活の――ポジティヴな進化とネガティヴな進化について」（一八三四年）を見ると、バーダーもミュラーと同じく、階層制をもつ共同体のなかで相互支援をともないつつ自己形成し自己実現していくことこそ自由である、と捉えていたことが分かる。「こうした成員たちの一定の［……］並列関係と上下関係は、彼らが自由であることや自由に運動することを廃棄しないばかりでなく、それ自体その条件となる」[44] と彼は言っている。『プロレテール』論では、企業家さえ「共同謀議」をしているのだから、ましてや労働者が真に自由の観念に基づいて団体を形成し苦境救済の主張をしていけないはずはない、とバーダーは訴えたのである。

（2）最悪の「隷属状態」と、聖職者に導かれた労働者代表の議会参加

『プロレテール』論ではさらにこの労働者の状態について、「いかに過酷な姿をとった従属状態 Hörigkeit でさえ［……］、われわれの時代の――言うならば――教化・文明化されている諸国民の大多数におけるこの寄る辺のない状態、無保護・無援助状態と比べたら、それほど残酷でもなく非人間的でもない、つまりそれほど非キリスト教的ではないのである」と表現されており、また「いわばキリスト教的でかつ啓蒙された aufgeklärt はずのヨーロッパにおいて、多くの場合なお少数者の文明は多数者の非文明いや残酷によって存立している」のであり、

「人々は中世の場合――この場合の野蛮なるものを歴史専門家はだからといって擁護しないのだが――とは比較にならないほどの勢いで、すでに古代の非人間的な奴隷制・ヘロット制に逆戻りしてしまっている」[45]とも述べられている。

すなわち、バーダーによればこの「従属状態」は過去を振り返っても最悪のレヴェルにあるものであり、中世ではたとえ「野蛮」な状況が生じても、職人たちはツンフトや教会によって保護されていたが、共同体的な保護のない新たな「従属状態」では労働者が救いようのない状態に、つまり古代の「奴隷制・ヘロット制」と同様の状態に置かれてしまっているのである。「ヘロット制」の「ヘロット」とは「ヘイロータイ」とも言い、古代ギリシアのとりわけスパルタで下層民として農業に従事させられた被征服民たちのことで、奴隷のように服従させられるが市民個人の所有よりも国家によってその地位が規定され、市民よりも多数を占め、しばしば反乱して市民や国家を混乱させたとされるが、その定義は必ずしも一義的ではない[46]。バーダーがこの語にどこまで含意させていたかも明晰ではないが、彼は、当時の表現では充分に言い表せない新たな状況を、むしろ古代社会の用語でもって表現することを試みていた。

タイトルその他でしばしば見られる「プロレテール Proletairs」という表現もまさにそうである。それは古代ローマで最貧民を表したラテン語「プロレタリウス proletarius」に由来するフランス語であり、のちにマルクスとエンゲルスが一八四八年の『共産党宣言』で近代的な機械制大工業での労働者階級を――しかも社会主義革命を担うそれとして――表現した「プロレタリアート Proletariat」概念へと至る言葉づかいである[47]。しかし、マルクスのそうした含意は『共産党宣言』の時期においてさえ、イギリスの労働者を基準にしてイメージすることができても、産業化の遅れていた(一九世紀の七〇年代にならなければ産業資本主義が主流を占めることもなかった)「ドイツではまだいわば「理念型」の域を出なかった[48]」から、ましてやバーダーの一八三〇年代においては、彼自身は「プロレテール」と言っても、ドイツにおいてはおもに、なお本来の産業労働者とは区別されるべき、封建的拘束から解放されつつもなお充分に産業に吸収されていなかった下層民を見ていたことになる。[49]その点ではバーダーもミュラーと大きくは変わらなかった。

さて、上記の『プロレテール』論からの引用における「いかに過酷な姿をとった従属状態でさえ、［……］それほど非キリスト教的ではない」とか、「いわばキリスト教的でかつ啓蒙されたはずのヨーロッパにおいて、多くの場合なお少数者の文明は多数者の非文明いや残酷によって存立している」といった表現からして、バーダーのキリスト教への心酔が分かる。すでに見た彼の、団体・共同体のなかでの相互支援における真の自由という主張は、フランス革命によるその破壊への非難、なかでも革命でのキリスト教の冒涜に対する批判と結びついている。その二〇年ほど前にロシアの文化大臣A・ガリツィンにささげて出した小冊子『フランス革命によってもたらされた、新たな・より緊密な宗教と政治との結合の必要性について』（一八一五年）において、彼はキリスト教の隣人愛こそ「すべての真に自由な共同生活・共同体の（真の自由・平等の）原理」[50]であると言い、「結合体 Verbindung は、同等な者同士からなるのなら単なる集積 Anhäufung（寄せ集め Aggregation）でしかないから、結合主体間での不平等が前提とされるけれども［……］、その結合は行為儀礼 Aktus（作用、行動）として把握するならば、まさに、外面的には不平等である（分け隔てがある）とはいえ、たえず内的に均衡する（親密である）ものなのだ」[51]と述べている。この「真に自由な共同生活・共同体」を破壊したのがフランス革命であり、その周辺諸国への波及がナポレオンの侵攻すなわち「ジャコバン主義者たちによる世界征服計画」[52]であった。バーダーは、これと同じ内容の書簡をその前年にオーストリア国王・プロイセン国王・ロシア皇帝に送っており、彼らのそれへの共感が神聖同盟の基盤となった。[53]

『プロレテール』論におけるプロレテールの議会への参加の訴えも、こうしたキリスト教的な団体主義的自由の観点からなされているのであって、彼らは聖職者によって導かれるべきだとして、次のように言われる。

無産者としてのプロレテールは、有産階級と同等の権利をもっているわけではないとしても、彼らもやはり身分制議会において自分たちの請願と苦情を公開演説として発言する権利があり、彼らは自己擁護としての代表という権利をもっているのである。しかも、今般の立憲的な諸国家においてまさにこうした権利が彼らに認められなければならない。なぜなら、彼らは同じものをすでに以前から享受していたからであり、間接的にでしかないとはいえ――すなわち彼らに隷属があった場合でも――それを実質的に享受してきたからである。このような代表は〔……〕彼ら自らが選んだ代弁者を通して彼らに付与されねばならないのであるが、弁護士としてのこうした代弁者として当てがうことができ、また当てがうべきなのは、警察官でも官吏でもなく、狭義での弁護士でもなく、彼らが唯一信頼できる司祭 Priester である。この方策を通じて社会には二重の利点が実現されるであろう。一つは、プロレテールをあのデマゴーグたちや喧嘩好きの弁護士たちの腐った影響から遠ざけることであり、もう一つの利点は、ほとんど社会で存在がないようにまで貶められた聖職者たちを助祭職 Diakonat という元来の職務に連れ戻すことである。周知のように、助祭職とは無産者たちへの物質的な世話と援助に携わるものだったのである。(54)

当時ミュンヘン大学で教鞭をとっていたバーダーにとって、プロイセンよりも早期に立憲制の導入された西南ドイツ諸邦の一つである故国バイエルンにおいて、(55)その議会において無産者の「自己擁護」としてその代表による発言権をも認めることは、先進国イギリスから予測される新たな労働者問題を鑑みても必要なことであったから、そうした点で彼の提言は先見の明があった。と同時に、その権利はキリスト教・教会を媒介として――「助祭」の職務として貧者や病者の世話がおこなわれたように(56)――階層制でありつつも下位の者を上位の者が保護していたかつての封建制においてすでに認められていた権利の継続と見なされるべきものであり、この意味でバーダーの議論は伝統継承の主張なのである。市民による一世代的な利潤追求への批判といったミュラーの世代間倫理の主張とは若干アクセントを異にするが、本質的にはミュラーと異ならない[57]、社会のまっとうな歩みは過去からの紐帯を保持しつつ恒常的に改革していくものであるというバーダーの言う「社会の進化（Evolution der Societät）[58]」の見地がここに見られる。われわれはそうした彼を「改革的保守主義者[59]」と呼ぶことができるのである。

ちなみに、バーダーも産業化を免れえない趨勢と見なしていた。それどころか彼は、「労働者大衆の貧困、不満、道徳上の野蛮化（Verwilderung）」が生ずるからといって「幾人かの過激な人々とともに、工業のこうした進歩やその機械化を阻止するのがよいというような愚かな結論を出さないといけないわけではないのであって」、それよりもイギリスやフランスといった「産業制度が最高潮にまで至った［……］国々が避けることのできなかった困難を避ける[60]」べきなのである、と述べている。

なお、バーダーにおいては、無産者プロレタリアートの代弁者としては「司祭」がふさわしいとされている。これはキリスト教的・団体的な自由の擁護という彼の見地からおのずと理解できることである。と同時に、こうした彼の提言は、無産者・労働者を自らを主権者と見なさせて革命的な変革へと導いていく「デマゴーグたち」の側に向かわせずに、それなりに下位に留まりつつも一定の措置によって貧窮を穏当にしてキリスト教と結びついた王政（立憲体制とはいえ議会はまだ国王を中心とする統治の伝達手段という性格が濃かった）への彼らの統合をはかる、統治者の意に沿った無産者問題の解決策であったとも言える。ちなみに、労働者を主体とした社会形成を主張する初期社会主義の運動は、一八三〇年代からドイツで生成しつつあった[61]。『プロレテール』論で指摘されている社会的不公正からすれば、プロレテールが司祭を介して「自己擁護」の陳述をする際の内容は、賃金の最高限度についての協定を工場主たちにさせないことや、過重な「間接税 Accise[62]」で労働者の家計を圧迫させないことと、といったむしろ穏当な事柄が中心であることが推測できる。ここにバーダーという「冷静にとらえる改革保守主義者の厳しいリアリズム[63]」を見ることができるのである。

おわりに

ロマン主義という言葉からすると、たんに古い時代への回帰に終ったり、現実逃避的な夢想に浸るだけの思想をイメージするかもしれないが、そうではない。ロマン主義思潮の総体を見れば、たしかにそのなかに幻想文学といったジャンルもあるように[64]、そうした側面もある。しかし、ドイツの後期ロマン主義の政治・経済思想はむしろ「現実的であり、歴史的であった」。彼らは啓蒙による新たな「野蛮」に失望したが、産業化の伸張が不可避であることを認識しつつ、当時なお存在していた過去からの諸関係によって悪弊を緩和・是正しようとしたのであり、そうした諸関係が欠落しているならその代替物としての新たな諸関係を構築しようとしたのである。したがって、彼らの思想は改革的であり、また制度的であった。

ミュラーの議会論は、物質的な利潤追求に走る新興市民を抑制するために世代継承的な貴族を対置させて、二院制の議会を設立しようとするものである。これは、現代において環境問題との関連で一代主義的な利潤追求に対して世代継承的な諸関係をいかに維持・構築して世代間倫理を保持していくかが焦点となっている状況において、そうした発想の素朴な原型を見ることができるのではなかろうか[65]。ドイツでは、その後、国家社会主義者A・ヴァーグナー（一八三五―一九一七年）において産業化による環境の悪化との関連で世代間倫理が説かれているのであって、[66]われわれには、ドイツ経済思想史でのそうした系譜を明らかにする必要があるであろう。またミュラーの信用論は庶民金融の制度による貧窮化問題の自助的な解決策の端緒であるが、それについても後の初期歴史学派のB・ヒルデブラント（一八一二―七八年）と農業協同組合の提唱者F・W・ライファイゼン（一八一八―八八年）に同様の発想が見られるのであって、[67]こうした系譜を探ることも重要である。

バーダーの議会論は、すでに議会が設置された状況でキリスト教なかでもカトリックの聖職者の指導のもとで労働者の権利を主張・請願しようとするところに特徴がある。そうした思想はとくに一九世紀中頃から後半におけるW・E・v・ケテラー（一八一一―七七年）において実質的な運動とともに見られ、それが現代のカトリック社会論にまで流れ込んでいくのであり、その系譜についてはドイツ語圏において研究の積み重ねがある。[68]この流れが社会民主主義・社会主義の労働運動の系列と比較すると何が見えてくるかなど、今後も検討を重ねていく必要があるであろう。またバーダーの「進化」の観念は直接現代に結びつけるわけにはいかないが、今日、伝統的・精神的なものを含めた制度・慣習の継続との関連で経済の歩みを捉える「進化経済学」が隆盛しつつあるなかで（わが国でも進化経済学会が設立され研究の深化が見られる）、それをバーダーの「進化主義」の見地と――迂回して間接的にではあるが――重ね合わせて考察することはできないか、検討の余地があるであろう。

注

（1）　啓蒙と野蛮についての一連の問題群については、本書の「序説」を参照。また、啓蒙の合理的知性が破壊的な要素を含むことを後のドイツ思想が指摘していることについて、第八章（渡辺）の「はじめに」を参照。

（2）　「フランス革命の余波のなかから誕生」したドイツ・ロ

マン主義について、今泉文子『ロマン主義の誕生――ノヴァーリスとイェーナの前衛たち』平凡社、一九九九年、とりわけ一二頁、参照。挫折の思想としてのロマン主義については、水田洋・水田珠枝「ウィーン体制期の思想――ロマン主義を中心に」、『岩波講座　世界歴史』一八（『近代』五）、岩波書店、一九七〇年参照。

（3）水田洋「イギリス保守主義の意義」、水田洋責任編集『バーク、マルサス』（＝『世界の名著』三四）中央公論社、一九六九年、三四頁。この水田の議論の意義については、原田哲史「アダム・ミュラーの自由論と世代間倫理」、関西学院大学『経済学論究』第六七巻第一号、二〇一三年（以下「原田二〇一三」と略）の注一七参照。

（4）以上、ロマン主義の定義については、原田哲史「ロマン主義」、経済学史学会編『経済思想史辞典』丸善、二〇〇〇年、四六一頁参照。またドイツ・ロマン主義の全体については、さしあたり原田哲史「ドイツ・ロマン主義の人文的側面と経済・国家的側面との連接」、伊坂青司・原田哲史編『ドイツ・ロマン主義研究』御茶の水書房、二〇〇七年（以下「原田二〇〇七」と略）参照。

（5）それぞれの社会経済思想の全体像として、ミュラーについては原田哲史『アダム・ミュラー研究』ミネルヴァ書房、二〇〇二年（以下「原田二〇〇二」と略）、バーダーについては木村周市朗「バーダーの近代社会批判――団体的自由論と「プロレテール」問題」、伊坂青司・原田哲史編『ドイツ・ロマン主義研究』御茶の水書房、二〇〇七年（以下「木村二〇〇七」と略）、参照。

（6）ミュラーの生涯については原田二〇〇二の「序章」参照。

（7）Müller, A. H., *Die Elemente der Staatskunst: Oeffentliche Vorlesungen, Sr. Durchlaucht dem Prinzen Bernhard von Sachsen-Weimar und einer Versammlung von Staatsmännern und Diplomaten, im Winter von 1808 auf 1809, zu Drenden, gehalten* (Berlin 1809), Neuausg. hrsg. v. Baxa, J. (＝ *Die Herdflamme*, Bd. 1), 2 Halbbde., Wien 1922（以下 Müller 1809 と略）, 1. Halbbd., S. 330–331.

（8）*Ibid*., S. 332.

（9）*Ibid*., S. 331.

（10）*Ibid*., S. 328.

（11）末川清『近代ドイツの形成――「特有の道」の起点』晃洋書房、一九九六年（以下「末川一九九六」と略、二〇―二二頁参照。

（12）Müller 1809, I, S. 329.

（13）*Ibid*., S. 331. 引用文中の［　］は原田による（以下も同じ）。

（14）*Ibid*., S. 334.

（15）Müller, A. H., *Ueber König Friedrich II und die Natur, Würde und Bestimmung der Preussischen Monarchie: Oeffentliche Vor-*

lesungen, gehalten zu Berlin im Winter 1810, Berlin 1810, S. 47.

（16） Müller 1810, S. 161–163. 原田二〇〇二、第四章第一節、参照。

（17） ミュラーの世代間倫思想について原田二〇一三参照。ミュラーに影響を与えたE・バークによってフランス革命での長子相続制廃止の弊害が指摘されていたことについては、第一七章（後藤）の第三節を参照。

（18） Vgl. Müller 1810, S. 163.

（19） 末川を一九九六、一三八―一四七頁、坂井榮八郎「改革と解放の時代」、成瀬治・山田欣吾・木村靖二編『世界史体系　ドイツ史』二、山川出版、一九九六年、二一一―二一二頁（以下「坂井一九九六」と略）、末川清「ウィーン体制下の政治と経済」、同書、二二六―二三三頁、川越修「一八一四八年革命」、同書、三〇五―三〇七頁、Hartung, F., *Deutsche Verfassungsgeschichte vom 15. Jahrhundert bis zur Gegenwart*, 9. Aufl., Stuttgart 1969（以下 Hartung 1969 と略）, S. 248–257, 成瀬治・坂井栄八郎訳『ドイツ国制史――一五世紀から現代まで』岩波書店、一九八〇年、三五〇―三六一頁参照。

（20） Müller 1809, I, S. 312.

（21） *Ibid.*, S. 320.

（22） *Ibid.*, S. 314.

（23） *Ibid.*, S. 312.

（24） Cf. Smith, A., *An Inquiry into the Nature and Causes of the Wealth of Nations* (1776), *The Glasgow Edition of the Works and Correspondence of Adam Smith*, II, ed. by Campbell, R. H., Skinner, A. S., Oxford 1976 (以下 Smith 1776 と略), pp. 14–15, 水田洋監訳・杉山忠平訳『国富論』（一）、第二刷、二〇〇二年、二四―二六頁。

（25） Müller 1809, I, S. 312–313.

（26） *Ibid.*, S. 313.

（27） *Ibid.*, S. 313.

（28） Smith 1776, p. 687, 水田・杉山訳、（三）、三三九頁。引用にあたり、邦訳を使った際にはそのつど示すが、訳文は適宜変更してある（以下も同じ）。

（29） そのような意味で、後期ロマン主義のミュラーも啓蒙における自由の問題を――変形させながらも――背負っていた。原田二〇〇二、第三章、原田二〇一三参照。

（30） Langner, A., *Adam Müller 1779–1829*, hrsg. u. erläut. v. A. Langner (= *Quellentexte zur Geschichte des Katholizismus*, Bd. 3), Paderborn, München u. a. 1988, S. 83. 筆者はこのランクナーの定義を原田二〇〇二、一三六頁で紹介した。バークとマルサスがフランス革命を批判する保守主義者だったがその「保守主義が経済的自由主義や漸進的改革主義を自身の内に含みうる」ものであったという類似の記述は、中澤信彦『イギリス保守主義の政治経済学――バークとマルサス』

（ミネルヴァ書房、二〇〇九年、後付け一頁、また二一八頁参照）で述べられている。ただし、中澤の同書は（後付け三頁、後付け五四頁で）原田二〇〇二に言及してはいるが、その箇所には触れていない。原田二〇一三、注一七参照。

（31） Vgl. Baxa, J., *Adam Müller: Ein Lebensbild aus den Befreiungskriegen und aus der deutschen Restauration*, Jena 1930, S. 136; Huber, E. R., *Deutsche Verfassungsgeschichte seit 1789*, Bd. I, 1957, S. 136–138; 末川、一九九六年、一一二頁。

（32） Müller, A. H., Über die Errichtung der Sparbanken (1819), In: Müller, A.: *Ausgewählte Abhandlungen*, hrsg. Baxa, J., 2. Aufl. (= *Die Herdflamme*, Bd. 19), Jena 1931（以下 Müller 1819と略）, S. 129–130.

（33） *Ibid.*, S. 132.

（34） *Ibid.*, S. 131–132.

（35） ドイツ・ロマン主義の全体における「過去に連なる精神的紐帯という観点」や「後戻り不可能という認識」について、原田二〇〇七、五六五—五六八頁参照。

（36） Müller, A. H., *Versuche einer neuen Theorie des Geldes: Mit besonderer Rücksicht auf Großbritannien* (1816), Neuausg. hrsg. v. Lieser, H. (= *Die Herdflamme*, Bd. 2), Wien 1922, S. 182. 原田二〇〇二、第七章参照。イギリスを含めて初期の経済思想では信用制度論において様々な可能性が追求されていたことについて、第三章（伊藤）を参照。

（37） Müller, 1819, S. 133.

（38） Vgl. Conze, W.: Vom „Pöbel" zum „Proletariat": Sozialgeschichtliche Voraussetzungen für den Sozialismus in Deutschland (1954), In: Wehler, H. -U.: *Moderne deutsche Sozialgeschichte*, Köln, Berlin 1966（以下 Conze 1954 と略）, S. 112–114.

（39） Vgl. Hoffmann, F.: Biographie Franz von Baader's nebst Nachrichten über seine Familie, In: *Franz von Baader's Sämtliche Werke: Systematisch geordnete, durch reiche Erläuterungen von der Hand des Verfassers bedeutend vermehrte, vollständige Ausgabe der gedruckten Schriften*, hrsg. v. Hoffmann, F., Bd. 15, Leipzig 1857, S. 2–5, 25.

（40） Baader, F., *Ueber das dermalige Missverhältniss der Vermögenlosen oder Proletairs zu den Vermögen besitzenden Klassen der Socieät in Betreff ihres Auskommens, sowohl in materieller als intellektueller Hinsicht, aus dem Standpunkte des Rechts betrachtet*, München 1835, S. 9–10, 斧谷彌守一訳『無産者ないしプロレタリアの物質的及び精神的暮らし向きと、協同社会の有産諸階級のそれらとの間に見られる、目下の不均衡について——法的正義の立場からの考察』、薗田宗人編『ドイツ・ロマン派全集』第二〇巻（『太古の夢　革命の夢——自然論・国家論集』）国書刊行会、一九九二年、三〇八—三〇九頁。引用文中の圏点による強調および（　）は原著者による（以下

も同じ)。

(41) Vgl. Hoffmann, 1857, S. 10–33; またゴドウィンやウルストンクラフトへの関心について水田洋「バーダーとイギリス」、伊坂・原田編『ドイツ・ロマン主義研究』(以下「水田二〇〇七」と略)、四九四―五一四頁。

(42) バーダーは『プロレテール』論で自身のイギリス滞在での見聞を強調しているが、一七九〇年代での滞在と『プロレテール』論の刊行された一八三五年とは時期的にズレがある。その間にイギリスは急速に産業化が進行して労働者問題や腐敗政治問題も深刻となっていたし、フランスの七月革命もあったから、バーダーが帰国後もそうした情報を得ていたなら、同書にそれが反映されている可能性があるのであって、この点はさらに探る必要があろう。例えば、ヘーゲルが『法の哲学』(一八二一[二〇]年)でよりも一八三一年の論文「イギリス選挙法改正案について」において腐敗政治や革命の問題を深刻視して君主権の拡張を説いていたことは、参考になる。Vgl. Hegel, G. W. F.: Über die englische Reformbill (1831), In: Hegel, G. W. F. *Werke in zwanzig Bänden*, Bd. 11, Frankfurt a. M. 1976, S. 85, 88, 90, 121–122, 128, 上妻精訳『政治論文集』下、岩波書店、一九六七年(第五刷、一九七九年)、一八二、一八五、一八七、二二五―二二六、二三三頁。この点については後藤浩子氏から示唆を得た。

(43) 水田二〇〇七、五〇三―五〇八頁参照。

(44) Baader, F.: Über den Evolutionismus und Revolutionismus oder über die positive und negative Evolution des Lebens überhaupt und des sozialen Lebens insbesondere (1834), In: Baader, F., *Gesellschaftslehre*, hrsg. v. Grassl, H., München 1957 (以下 Baader 1834 と略), S. 197. 木村二〇〇七、四六一―四六七頁参照。

(45) Baader, 1835, S. 7, 邦訳、三〇七頁。

(46) 太田秀通『東地中海世界』岩波書店、一九七七年、一三〇―一六五頁、参照。

(47) Vgl. Grimm, J. u. W. (bearb. v. M v. Lexer), *Deutsches Wörterbuch*, Bd. 7 (N. O. P. Q.), Leipzig 1889, hier Bd. 13 des fotomechan. Nachdr., München 1984, S. 2164; Jostock, P.: Proletariat, In: *Staatslexikon*, hrsg. v. d. Görres-Gesellschaft, Bd. 6, Freiburg i. Br., 1961, S. 531–532.

(48) 藤田幸一郎「プロレタリアート (Proletariat, proletariat)」、マルクス・カテゴリー事典編集委員会編『マルクス・カテゴリー事典』青木書店、一九九八年、四七二頁。

(49) Vgl. Conze 1954, S. 112–114, 130–133; 木村周市朗『ドイツ福祉国家思想史』未来社、二〇〇〇年、二四六―二五六頁、木村二〇〇七、四七四頁。

(50) Baader, F., *Über das durch die Französiche Revolution herbeigeführte Bedürfniß einer neuern und innigern Verbindung der Religion mit der Politik*, Nürnberg 1815, S. 8. 木村二〇〇七、四六四頁

参照。
(51) Baader, 1815, S. 9. 引用文中の圏点は原著者による強調（以下も同じ）。
(52) *Ibid.*, S. 20.
(53) Hoffmann, 1857, S. 61–62.
(54) Baader, 1835, S. 12, 邦訳、三一〇—三一一頁。
(55) 末川一九九六、一五七頁、坂井一九九六、二一二頁、Hartung, 1969, S. 197–203, 邦訳、二八一—二八八頁参照。
(56) 百瀬文晃「助祭」、大貫隆・名取四郎他編『岩波 キリスト教辞典』岩波書店、二〇〇二年、五六七頁。
(57) 原田二〇一三、参照。
(58) Baader 1835, S. 3. なお、こうした「進化」の見地は、「進化主義（Evolutionismus）」として彼の一八三四年の論稿「進化主義と革命主義について、言い換えれば、生活の——とりわけ社会生活の——ポジティヴな進化とネガティヴな進化一般について」で論じられている。
(59) 木村二〇〇七、四五〇頁。また四五三—四五四、四六一—四六四頁参照。
(60) Baader, F., Ueber die Proletair's [als Beilage zu seinem Brief „Baader an einen hochgestellten Staatsmann"] (1834), In: *Franz von Baader's Sämtliche Werke*, Bd. 15, Leipzig 1857, S. 506. 木村二〇〇〇、二五六頁、木村二〇〇七、四六一頁、参照。
(61) 植村邦彦・保住敏彦「初期社会主義、マルクス主義、社会民主主義」、田村信一・原田哲史編『ドイツ経済思想史』八千代出版、二〇〇九年、一四一—一四八頁、参照。
(62) Baader, 1835, S. 8.
(63) 木村二〇〇七、四八〇頁。
(64) ドイツ・ロマン主義の幻想文学の代表的な作家とされるL・ティークについて、深見茂「ロマン主義文学の基本構造——ティークの童話小説『金髪のエックベルト』を中心に」、伊坂・原田編『ドイツ・ロマン主義研究』、参照。
(65) 原田二〇一三年、とりわけその「むすび——世代間倫理の課題に後ろから立ち向かったミュラー」参照。
(66) Vgl. Wagner, A., *Allgemeine oder theoretische Volkswirtschaftslehre: Mit Benutzung von Rau's Grundsätzen der Volkswirtschaftslehre*（= *Lehrbuch der politischen Oekonomie*, von Rau, K. H. vollsträdig neu gearb. v. Wagner, A. u. Nasse, E.), Leibzig u. Heidelberg 1876, S. 197–213; 木村二〇〇〇年、四六四頁。
(67) Vgl. Hildebrand, B.: Naturalwirthschaft, Geldwirthschaft und Creditwirthschaft, In: *Jahrbücher für Nationalökonomie und Statistik*, Bd. 2, 1864, S. 21–23, 橋本昭一訳『実物経済、貨幣経済および信用経済』未来社、一九七二年、原田哲史「交換手段の転変を基軸とした発展段階論——ミュラーとヒルデブラントにおける歴史把握の方法」、八木紀一郎・真継隆編『社会経済学の視野と方法』ミネルヴァ書房、一九九六年、村岡範男『ドイツ農村信用組合の成立——ライファイゼン・システムの軌跡』日本経済評論社、一九九七年。

(68) Vgl. Rauscher, A.: Katholische Sozialphilosophie im 19. Jahrhundert, In: Coreth, E., Neidl, W. M. u. a. (Hrsg.), *Christliche Philosophie im katholischen Denken des 19. und 20. Jahrhunderts*, Bd. 1, Graz, Wien u. a. 1987, 高橋広次訳「十九世紀のカトリック社会哲学」、南山大学社会倫理研究所『社会と倫理』第八号、二〇〇〇年、Rauscher, A.: Die katholische Sozialphilosophie im 20. Jahrhundert, In: *Ibid.*, Bd. 3, 1990, 原田哲史訳「二〇世紀のカトリック社会哲学」、『社会と倫理』第十一・十二合併号、二〇〇一年、木村二〇〇〇、二六五—二六七頁、木村二〇〇七、四六六—四六七頁。なお、ミュラーもとりわけその所有論に着目すればケテラーの先駆と言いうることについて、原田哲史「アダム・ミュラーとケテラー」、高橋広次編『現代社会とキリスト教社会論』南山大学社会倫理研究所、一九九八年、参照。またA・ランクナーによるカトリック社会論の系譜におけるミュラーの位置付けについて、原田二〇〇二、三四二—三四五頁参照。

終章　近代文明とは何であったか

田中秀夫

第一節　文明化の両義性

ヨーロッパに始まった近代文明は、部分的に復活した古典古代文明を継承・更新し、アラビア文明をも取り込み、理想都市（国家）を求めるとともに、科学技術による自然支配の思想を武器に荒野を切り開き、さらに異文化社会の征服（Conquest）──それも文明化（Civilization）と呼ばれた──を進めていった。その結果、近代文明は様々な発展（Invention, Innovation）を生み出しながら徐々に世界各地に伝わった。すなわち、近代文明は一五―一六世紀の大航海時代のコンキスタによって南米に伝わり、一七世紀には主に移民を通じて荒野の北アメリカに伝わった。中国にも主に宣教師を介して伝わったが、日本にも南蛮貿易によって細々と伝わった。

一七世紀の日本がオランダに門戸を開き、長崎に限定して貿易を営んだのは、当時オランダが最先進国であったことを思い起こせば、理に適っていた。オランダから蘭学と呼ばれた最新の学問と技術を受け入れる可能性があったからである。しかし一八世紀にはオランダが没落しイギリスが興隆したから、開国後の明治日本はそれまでの蘭学から英学に苦労してシフトせざるを得なかったこともよく知られている。維新から一九〇〇年頃までに日本が招いたお雇い外国人は、およそのところ英国から五〇〇〇人、フランス、ドイツ、アメリカからそれぞれ一五〇〇人ほどにもなった。

やがて一九世紀にはヨーロッパの文明は、大英帝国によって、またフランスやドイツ、ロシアなどによって、古来の文明をもつ広域のアジアや一部のアフリカなどの未開地域にも広げられる。その広がり方は多様で、平和な伝播もあれば、破壊的、暴力的な征服もあった。アジアは荒野ではなかったが、古来の文化と伝統を破壊しつつ、あるいは温存しつつ近代文明はアジアにも定着していく。その際の対応は、中国と日本では対照的であった。中国は半ば植民地と化し、日本はならなかった。それは偶然とは言えない。

「中華思想」の自惚れとまどろみから抜け出せなかった大国中国の支配層やマンダリンに深刻な危機意識はなかったが、中国とは対照的に、極東の島国日本の場合、欧米と対面を強いられた幕末から明治にかけての政治家や知識人の危機意識は深刻で強かった。日本は弱小国であることを痛感した。それが両国の思想と行動の差異を生み出した。日本においては、幕末の危機意識に発する尊王攘夷運動が開国に繋がって大きな流れとなり、内乱を深い傷にせずに、犠牲者も比較的少なく、ある種の市民革命を遂行し、欧米から必死に学んで一丸となって文明化に取り組んだのである。[1]

ヨーロッパに発する近代文明は科学と技術を組織した文明——ベーコン主義的文明——となった。いわゆる三大発明——その起源は中国にあると言われる——が有効に利用された。同時に繊細な奢侈的な文化、芸術も発展したが、こちらの摂取は科学・技術の導入に遅れがちであった。ヒュームは有名なエッセイ「芸術および学問の生成と進展について」においてこう述べている。

いかなる人間にとっても、しかも、日々の生活において有用であり有益であるようなものは、ひとたび発見されれば、社会が全面的に転覆されて滅亡するということがない限り、また、それまでの技術と文明とにかんする一切の記憶を抹消してしまう野蛮な侵入者たちの怒濤のような襲来といった事件でも起こらぬ限り、忘却に委ねられるということはまずあり得ません。模倣という作用もまた、それらのより木目が粗くより有用性の大きい技術を、一つの地域から他の地域へと伝達する原因として働き、したがって、それらの技術の伝播を洗練された技術である学芸その他の伝播に先行させる原因として働くというのが一般の傾向です(2)。

科学・技術は圧倒的な力を発揮し、世界各地で伝統的な生活を変革し、自らのうちに各地の人々を巻き込んでいった。それは古い因習的な生活を近代的な合理的生活に変革するものであった限り、解放的な力であったが、しかし各地の固有の文化的伝統を破壊するものであった限り、暴力装置にほかならなかった。啓蒙はここでは野蛮に転化した。

啓蒙にもこうした二面性があるし、また権力者にも穏健で寛容な啓蒙派、開明派もあれば、思想の自由を抑圧する反動的、専制的な独裁者がある。思想統制は独裁権力者の最後の砦である。思想の自由と啓蒙の歴史は、検閲制度との闘いの歴史であった。それは精神界に君臨する教会権力とも戦わざるをえなかった。

文明にも前述のような二面性があるとはいうものの、文明の恩恵は大きく、必要の生活から抜け出し、便宜の生活へと生活水準を高め、衣食住も道路や医療もよくなり、豊かな社会を生み出したから、その限りでは文明生活は未開や野蛮より格段によいものであった。科学や技術の恩恵で、寿命も延び、生活に余裕が生まれ、社交文化が生まれた。洗練に触れるようになり、人々の感情も豊かとなった。しかしながら、アダム・スミスの時代でも文明の恩恵が及んだのは地球の一角にすぎなかったのであって、そのことはスミス自身が明言している通りである。しかも文明社会が未開社会を搾取したとすれば、文明生活を単純によいものとは言い難い。けれども未開を無条件に支持できるかというとそうではないだろう。未開はしばしば野蛮であった。

近代文明は富と啓蒙を生み出し、啓蒙は進歩と発展の思想を創り出した。しかし、啓蒙は他方で反啓蒙を生み出す。なぜか。啓蒙は自由や豊かさと同時にしばしば人々の腐敗堕落を生み出し、それが批判を招いたのである。商業社会は猥雑な都市を生み出し、分業による大量生産は安ピカものを街にあふれさせ、精巧な熟練職人の技を駆逐する。森は切り開かれ、美しい自然が破壊されもした。こうしてルソーのように啓蒙と反啓蒙に揺れる思想家も登場する。やがてロマン主義が有力な潮流となるが、啓蒙は合理主義、自由主義、資本主義あるいは功利主義と結びついて社会思想の主流を形成し、ロマン主義や社会主義、ナショナリズムと対立した。

未開社会と文明社会を比較して、優劣ではない質的な差異を見出したのが、人類学者のレヴィ＝ストロースであった。彼によれば、未開社会は「冷たい社会」であり、「熱い社会」である文明社会と対照的な原理に依拠する社会である。前者は変化しない循環型社会であり、後者は変化を本質とする発展型社会である。前者はあり合わせの材料で生活に必要なものを作り、間に合わせる（ブリコラージュ）。自然や環境への負荷を考えれば前者に優位性があることは否めない。後者はエネルギー消費型の生活であるから様々な限界に突き当たる。東京を散策したレヴィ＝ストロースは下町の曲がりくねった道や雑多な家、混雑した街並みを好ましいと思ったらしい。もちろん、東京は未開ではないが、人間的な生活と間に合わせ文化の結合をそこに見たのである。

タヒチに楽園を見たディドロのような例外もあるけれども、文明社会の目から見ると、荒野のなかで動物と戦いながら生存を続ける未開社会の生活は厳しく、未開人は不幸であると見えるかもしれない。しかし、それは文明人の偏見にすぎない。未開人は未開な状態の生活を繰り返すことに疑問をもっていない。だから彼らはその生活をいつまでも続けようとしてきたのである。人類学者はこのように主張する。

だからといって、現代人は冷たい社会を選べるわけではない。二〇世紀に冷たい社会はほとんど失われてしまった。文明との長期にわたる接触によって未開社会は滅びてしまった。悲劇は文明との接触で起こったのである。未開社会は貴重な絶滅危惧種と化したが、しかしながら、アフリカ人や熱帯の原住民などが今日、文明の恩恵を求めるのを誰も非難などできないであろう。

それでは文明人は悲劇をもたらした元凶なのだろうか。文明化は個々の人間の生存の努力の結果として実現した大きな流れであった。したがってその意味で文明化は必然の過程であった。文明化の一齣を成す大航海時代の開幕は偶然であったという以上に必然であった。知性と欲望の目覚めから野生と戦い、生存基盤を拡大し、自然を征服してきた近代文明が未開社会に出会うのは不可避であったからである。問題はその出会い方である。いち早く大航海に船出したスペインとポルトガルは未開社会やインカ、アステカなどの文明に出会って、インディオなどの原住民を征服した。征服者が求めたのは黄金や文化遺産の略奪であった。抵抗する原住民を征服者は平然と虐殺した。彼らの出会いは対等の交流にはならなかったのである。征服者はカトリック教徒であったはずである。カトリックの隣人愛はどうなったのか。カトリックの教義はそうした征服を正当化したのであろうか。

征服をめぐってサラマンカ学派の人々が激しい論争を展開したことは、よく知られている。ラス・カサスはインディオを人として認め、彼らの人権を擁護し、征服者の行動を批判した。またビトリアは人権の思想の創始者とされている。しかし、ラス・カサスやビトリアのような立場に立った思想家は少数であった。権力者でもある征服者はラス・カサスのような知識人の批判に耳をかたむけることはなかった。堕落した人間本性をどうすればよいのか。それは普遍的な問題になっていた。カトリックは懺悔を要求した。悔い改めれば救済されるという教義を説いた。しかし、殺人者が処罰されずに赦され、その魂が救済されるなどということがあるであろうか。

カール・シュミットが『大地のノモス』（一九五〇年）で明確にしたのは、旧世界による新世界の領土支配がローマ教皇庁（カトリック教会）によって正当化され、領土分割線が引かれた事態である。カトリックは精神界に君臨する普遍世界であったから、世俗君主の権力闘争、領土争奪に対して、介入する最高権をもっていた。それ自体が独断的な行為であったことは言うまでもないが、このような蛮行が罷り通っていたのである。それは文明の名による野蛮極まりない行為であった。コンキスタによって犠牲になったインディオが膨大な数になったことは想像に難くない。

近代は外部へのヨーロッパ文明の拡張の時代であり、それは非ヨーロッパ人を抑圧し、支配し、虐殺する歴史であった。征服者のなかからも犠牲者が出たことは言うまでもないが、相対的には少数であった。こうして近代はヨーロッパによる世界の征服が展開する時代であった。征服、植民地化には、およそ公正なルール、フェア・プレイがなかった。

第二節　文明の様々な転機

近代から現代にかけて文明の転機は幾度かあった。その重要なモーメントを簡単に振り返ってみよう。

第一に一七世紀の自然権思想である。インディオを人間と認めたビトリアなどの先駆があったものの、人間の自然的平等性を明確に主張したのはホッブズやスピノザなどの一七世紀の自然権論者であった。彼らは法に注目したが、しかし彼らは一種の唯物論者であった。彼らが基礎に据えたのは自然（人間本性）であり、自然法であった。それは偶然ではない。市民革命で伝統は解体した。乱世にあって確かなのは自然であった。彼らは物理的事実としての自然的平等から秩序を考えたのである。もっとも、自然的平等は社会的平等を意味しない。しかし、社会的な差別や秩序の形成を考察するさいに、自然的平等の観念は基礎となった。自然権論者は私有財産の保証を強調した。彼らは個人主義者であった。個人が法の支配をうけいれ法を遵守することを求めたのである。

第二に、ルネサンスのフィレンツェでマキァヴェッリとグイッチャルディーニが古典政治学から復活し、ヨーロッパ各地において継承された共和主義思想をあげなければならない。徳と政体を重視した共和主義者もまた私有財産、とりわけ土地所有を当然の前提と考えたが、それは安全な生活を求めるためというより、自らが所属する共同体に政治的にコミットし、自由を実現する徳の基礎としてであった。所有なしには徳は維持しがたい。自由は征服や専制と相容れない。共同体のなかでの自由な活動、自治を基盤とする公共の繁栄を彼らは求めた。人間も制度も腐敗の危険性に晒される。腐敗とは有為転変が不可避である人間の時間のある種の本性である。人間も制度も活力を維持し続けることは難しい。いかに困難であるにしても、時間の腐食に対しては徳をもち続けることによって対抗するほかにはない。専制も君主政の腐敗形態である。専制に対しても徳による抵抗が必要である。自由への主体的なコミットメントを本質的な要素とする共和主義は、腐敗に対する困難な対抗の術を教えたヨーロッパの共通の伝統となる。

自然法思想と共和主義は区別すべき伝統であるが、個々の思想家のなかでは渾然一体となることも多かった。それは次にあげる自由主義との関係でも言えることである。

第三に、一八世紀の自由主義をあげるべきであろう。この段階で、政治的自由——権力支配からの解放、人身保護法——だけではなく、経済的自由が強調されるようになる。ヒュームは、二国間の国際貿易において一国が政策的に自らの優位を長期間にわたって維持することは、事物の自然の成り行きからして、不可能であると主張した。国際貿易は品質とコストの競争なので、出超は貨幣流入によってコスト高を招き、競争条件が悪化して、入超に転じる。このようにシーソー・ゲームが起こるというわけである。ヒュームによれば、交易条件は常に変動する。そしてそうした変動を通じて貨幣の自動的調節のメカニズムが長期的には貫徹するというのがヒュームの認識であった。

ヒュームの経済的自由の思想を継承したアダム・スミスは資本投下の順序の相違によって、また勤労の精神の多寡によって、一国の経済成長には変化が生まれるが、自由競争が行き渡れば、文明の恩恵がすべての国民に行き渡り、世界は繁栄するであろうと論じた。スミスは自由貿易こそ競争を通じて勤労を鼓舞し、文明化と経済発展を牽引し、やがて平等で平和で豊かな社会を実現するであろうと主張した。

自由な競争による自由貿易は公正な貿易であるとスミスは考えた。一部の産業を保護する保護主義はフェアでないとスミスは言う。フェア・プレイはスポーツだけで尊重すればよいというものではない。彼は人生という競争においてフェア・プレイがいかに重要かを説いた。

> 富と名誉と出世をめざす競争において、人は自分のすべての競争者を追い抜くために、できるかぎり力走してよいし、あらゆる神経とあらゆる筋肉を緊張させてよい。しかし、もし彼が競争相手の誰かを押しのけるか、投げ倒せば、観察者たちの寛容は完全に終了する。それはフェア・プレイの侵犯であって、彼らが許しえないことなのである。(3)

スミスが公正＝フェア・プレイをきわめて重視したことは、彼の自由主義が公正＝正義を蔑にするような現代的な市場原理主義とまったく異なることを意味する。スミスは公平な観察者を重視したが、同じく公正な行為者も重視した。スミスの公正・公平の視点は徹底したものであった。

個人の犯罪の処罰に関して、スミスが被害者の報復感情・復讐心の満足を重視する立場にたったのもスミスの一貫性の帰結であり、「目には目を」という古代的な報復説を採用したのはスミスとしては当然であった。その点にベッカリーアやベンサムなどの近代的な功利主義的刑法思想との距離があるかもしれない。だからといって、ただちにスミスが間違っているということにはならない。なぜなら教育による犯罪の抑止にもっと力を注げばよいからである。

人生におけるフェア・プレイの重視は、当然、スミスの思想においては国際関係にも適用されるであろう。スミスが独占や、特権、あるいは保護を断罪したことはよく知られている。経済主体であれ、政治主体であれ、はたまた司法の担い手であれ、スミスはフェア・プレイを求めたはずである。フェア・プレイは当事者をすべて同等に縛る。外交においてもスミスの視点は適用可能である。外交におけるフェア・プレイはいかにすれば可能か。相手の立場に立って考えることによって歩み寄りが始まるであろう。そうしないプレイヤーが制裁を受けるのはスミス的な公平な観察者の視点からはやむを得ないということになる。こうしたフェア・プレイがいつも社会において実現可能だと考えるのはユートピア的であろうし、スミスもそれが可能だとはしていない。しかし、理念的にはフェア・プレイはすべての次元、フィールドにおいて妥当性をもっているはずである。

ヒュームやスミスが代表する一八世紀の啓蒙の自由主義は、ホッブズ、ロック、プーフェンドルフ、グロティウスなどの一七世紀の抽象的な自然権、自然法思想を経験的社会分析によって一歩進めたと言ってよいであろう。自由な商業取引は相互の利益を実現し、文明化を推進する有益な営みなのであった。しかし、スミスは自らの啓蒙活動にもかかわらず、為政者が推進している重商主義政策を廃止するのは容易でないと認識していた。自由貿易はすぐには実現しないであろうと予想していたのである。

第四に、帝国主義の惨禍を経験した時代に提唱されたウッドロー・ウィルスンの民族自決主義がある。これによって植民地の独立が実現していく。一九世紀は国民国家の時代となり、市民革命の時代を経て、国家主義の時代となる。自由貿易が保護主義に敗れ、ヨーロッパの主要国は植民地帝国の建設を目指して膨張主義を取り、世界の各地で軍事的衝突を繰り返しながら、アジアやアメリカ、アフリカを次々と植民地化していった。その帰結、帝国主義の帰結が二〇世紀に入ってからの二度の世界大戦であった。その過程で一九一七年にはロシア革命が成功し、社会主義国家が生まれたが、少し遅れて民族自決主義が提唱され、民族国家が多数生まれた。一九一九年に国際連盟も結成された。この段階のアメリカは内向きを克服できず、国際連盟に加盟しなかった。一方、社会主義は国際主義（Internationalism）を標榜したものの、民族主義を克服できなかった。それは人間にとって民族というものがきわめて強いアイデンティティーであることを物語る。しかし、そのことは民族を絶対化してよいということではない。民族のアイデンティティーを尊重することもまた相互的でなければならない。民族のアイデンティティーを個人のそれや人類のそれなどとバランスさせなければならない。アイデンティティーの複数性、多元性と相対性を認識することが必要である。

第五に、一九二八年の国際不戦条約がある。パリで締結されたこの条約は、締結国は国際紛争の手段としての戦争を放棄することを明示した。日本国憲法の戦争放棄の思想は、この不戦条約に淵源すると言われる。第二次世界大戦後、第三世界の国々が表明した非同盟中立の思想も国際不戦条約の思想の継承発展であろう。第一条は言う。「締約国は国際紛争解決のため、戦争に訴えないこと、およびその相互関係において国家の政策の手段としての戦争を放棄することを、各々の人民の名において厳粛に宣言する」。第二条はこうである。「締約国は、相互間に生じるすべての争い、紛争は、その性質ないし原因がどのようなものであれ、平和的手段以外にその処理ないし解決を求めないことを約束する。」ごく簡単な条文しかもたないこの条約は、侵略の定義も、自衛権も明示しない曖昧なものであって、その後の国際法の深化・発展によって弱点を克服されなければならなかったとはいえ、画期的な一歩であったことは疑えない。日本国憲法の戦争の放棄は理念として正しいであろう。世界は戦争の放棄を実現する方向に進まねばならない。それはいかにして可能だろうか。

第六に、一九四八年に国連で決議された「世界人権宣言」に画期性を求めてもよいであろう。第一条は言う。「すべての人間は、生まれながら自由で、尊厳と権利について平等である。人間は、理性と良心を授けられており、同胞の精神をもって互に行動しなくてはならない。」

第二条はこうである。「何人も、人種、皮膚の色、性、言語、宗教、政治上もしくはその他の意見、国民的もしくは社会的出身、財産、出生もしくはその他の地位のような、いかなる種類の差別もうけることなく、この宣言にかかげられているすべての権利と自由とを享有することができる(4)」。

全三〇条からなるこの宣言は、すべてを引用してもよいほど立派な条文であり、人間のある意味で当然とも言うべき権利を列記している。そしてそれは近代自然法以来、文明化のなかで鍛えられ洗練されてきた伝統的規範の集大成であることも否定できない。しかしながら、平等な権利が今なお世界でどれほど保証されているであろうか。世界は未だ野蛮である。

第七に、戦後の国際連合が重要な節目となったことは言うまでもない。国連が世界人権宣言の理念を実現すべく加盟国の協力関係を形成することは重要であるが、今日に至るまで、均衡ある世界の発展への貢献という点では、必ずしも十分な役割を果たしているとは言い難い。加盟国の国家利害(国家理性)を十分に抑制できないことが多いからである。拒否権をもつ常任理事国の特権に大きな問題がある。総会と理事会がしばしば対立し、合意ができないことも多い。国連は根本的な組織改革を必要としている。

第八に、東欧革命をあげなければならない。一九八九年の東欧革命は冷戦の終わりを象徴した。ベルリンの壁の崩壊は予想できなかった。社会主義の失敗が明らかになった。しかし、その後、旧ユーゴで凄まじい民族紛争が起こると予想できた人は少なかったであろう。また天安門事件で自由を圧殺した中国共産党の支配者、江沢民や鄧小平が凄まじいまでの反日教育に乗り出すとは、誰が予測したであろうか。タブラ・ラサの心をもつ若者を対象とする教育は洗脳をもたらすことも狂信を生み出すこともできる。それは近代ヨーロッパが経験し啓蒙が断罪した野蛮である。しかしそれが今なお繰り返されている。教育には若者の可能性を引き出し能力を高めることが期待されている。しかし、教育が国家によって統制されるとき、国家に都合のよい人材を育成する恣意的で強力な手段ともなる。

経済関係は開放ということで投資もＯＤＡも技術援助も歓迎するけれども、政治的にはナショナリズムをかきたてて日本を敵視する中国の指導部の戦略をどう評価すべきか。中国からすれば当然の政策なのであろうか。南沙諸島や尖閣近辺での中国の領土拡張の模索は、中国の立場に立って考えれば、おそらくは長期的なヴィジョンのもとでの戦略的な行動なのであろう。それは東アジアに緊張をもたらしているけれども、すでに官僚資本主義になった中国が、アメリカの最大の貿易パートナーとなっている以上、アメリカと正面から軍事的に対決することは考えにくい。中国もまた一九八九年の東欧革命をもたらした世界史の変化の文脈に即した変貌過程にあることは否めないであろう。ただし、人口規模からも経済規模からも、中国は今後ますます超大国になっていく可能性がある。それが指導部の専制を助長し、当分の間、民主化、自由化の妨げになる事態は考えうる。

中東情勢は不安定であるし、アメリカの行動も思慮深いとは言えない。とはいえ、社会主義の崩壊によって世界は大きく変わった。冷戦の危機も遠のいた。世界は市場経済で覆われ、経済大国となった中国の台頭が華々しいし、各地で経済摩擦など問題が生じているとはいえ、冷戦より好ましい状況であることは確かである。

第一次世界大戦から大国として世界に登場したアメリカの役割はつねにアンビヴァレントであった。新興の資本主義国アメリカは、イギリスに代わって、二〇世紀の世界建設のリーダーとなった。しかし、そのアメリカは内においても外においても暴力と差別を規制できない野蛮な国であった。もとより野蛮だったのはアメリカだけではない。アメリカの旧宗主国であったイギリスもそうであった。

旧ソ連の国際政治上での行動もしばしば野蛮極まりないものであった。スターリンは一国社会主義に転じ、自らの独裁を強固にするために反対派を粛清し、ラーゲリに送り、ソ連を守るために他の社会主義国や国際共産主義運動を犠牲にした。スターリンの粛清は凄まじいものがあった。殺害とラーゲリ送りで二〇〇〇万人が犠牲となったと言われる。そのなかには満州からシベリアに抑留されて過酷な労働刑を強いられた旧日本兵の悲劇もあるが、またモスクワでスパイの汚名を着せられて殺害された日本人も多数にのぼる。

そもそも国際政治は野蛮でしかないというものではないが、しかし、野蛮に堕しがちであったことは否めない。

第二次世界大戦は野蛮の猛威にほかならなかった。ナチスのユダヤ人虐殺ほどおぞましいものはなかった。南京虐殺が数万人なのか三〇万人にも達するのかが論争されているが、日本軍が中国に対し残酷な侵略をおこなったことは否定できない。米軍による東京大空襲、ヒロシマと長崎への原爆投下もきわめて悲惨であった。

戦後の冷戦体制は第二次世界大戦に比べればはるかに安定していたが、地球が幸福であったとは言えない。

それでは国内政治はどうか。権力者の野蛮はいたるところで見られるのではないか。シリアのアサド政権の独裁政治の犠牲者は今もなお生まれている。動乱の犠牲者はすでに一〇万人を越えたと言われている。中国も独裁政権下で報道管制が敷かれているので、天安門事件以後の少数民族への抑圧などは必ずしも報道がないが、常に弾圧がなされているのではないかと思われる。ウィグル族が関係したとされる爆破事件が起こったが、ウィグル族が漢族と国家に対して不満をためているのは明らかである。インドはどうか。旧ユーゴはどうだったか。

そもそも政治自体が権力者の遂行に委ねられる営みであるから、国内政治でも、司法がよほど強力でない限り、自制なき蛮行がおこなわれることはまま見られる。そうした野蛮な政治が掣肘されているのは地球のごく狭い範囲のことである。アメリカでも日本でもテロがしばしばおこる。それは政治というものの随伴物なのだろうか。

戦後日本はアメリカの同盟国となって、冷戦下、アメリカの核の傘のもとに入った。にもかかわらず、アメリカは日本では「アメリカ帝国主義」と呼ばれて不評であった。軍事大国として、世界の共産主義化を阻止し、自由主義を守るという大義のもと、世界の各地域の紛争に介入し、アジアではベトナム戦争を強行したからである。その後も、チリ、アフガン、イラクなどへの軍事介入と軍事攻撃は続いており、果てしない戦いを続けてきたのがアメリカである。そのアメリカは啓蒙の国、大ブリテンの子供であった。アメリカにも啓蒙の時代があった(5)。

そうだとすると野蛮の克服を目指した啓蒙が、逆に野蛮を引き起こしたのであろうか。啓蒙のなかで、貧困をなくすことを目的として生まれたはずの経済学は、貧困の拡大に利用されたのだろうか。経済学は実際にどういう役割を果たしたのであろうか。野蛮と啓蒙の関係は改めて検討しなければならないであろう。こうして本書の主題が成立する。

未開と野蛮、文明は区別すべき概念である。しかし、未開人は野蛮でないとは言えない。文明人は未開ではないが、野蛮でないとは言えない。野蛮は歴史とともに古い社会現象であり、人間の振舞い方にほかならない。野蛮でない文明をいかにして構築するか。啓蒙が真に啓蒙であるためには野蛮をも啓蒙しなければならない。他者を抑圧しない思想と行動は野蛮ではない。人類が自由な思想と行動を相互に認め合い、平和に共存することができるとき、その時こそ野蛮を克服した時であろう。

治安維持法のもとで、マルクス主義や共産主義の活動は抑圧された。戦後のＧＨＱの検閲も思想を縛ったが、一九五〇年代のアメリカで旋風となって吹き荒れたマッカーシズムはあまりにも有名である。アメリカ共産党員やオーエン・ラティモアのような親中国派の知識人がやり玉に挙げられた。ハーバート・ノーマンもまたその犠牲となった。

社会主義国が思想の自由を認めなかったことは言うまでもない。韓国でマルクス主義などの文献が自由に読めるようになったのは一九八〇年代のことであるし、中国では今も言論統制が続いている。市民による統治者の自由な選挙がまだ実現していないのが中国である。とはいえ、都市の書店では予想以上に多様な文献が販売されているのも事実である。中国にいつ市民社会が成立するのであろうか。それは時間の問題と思われるのだが、ベルリンの壁の崩壊が予測不可能であったように、予測は不可能である。

第三節　自由主義の現代的意義

一七七六年に『国富論』を出版したスミスは、西ヨーロッパの文明社会の一部に豊かな社会が実現したと指摘し、それを可能にした原理を、分業、市場、生産的労働、資本蓄積といった一連の経済的要因（Arts and Industry, Arts and Commerce）に求めた。こうした経済の原理は文明社会を世界に広め、世界を豊かにする可能性があると説いた。そして火器の発明によって文明社会は獰猛な野蛮民族の侵略に打ち勝つことができるようになったと展望した。勇猛なオスマン・トルコなどの騎馬民族の脅威を退けることができると考えたのである。さらに長期的には東洋が力をつけるときがくれば、西洋の横暴を許さない平和な世界のバランスが実現するかもしれないと期待した。

スミスが展望した自由で豊かな社会は二〇一三年になってどう変貌したか。二三七年が経過し、地球社会は大変貌を遂げた。幾度も大戦争を繰り広げたにもかかわらず、人口は増加し、方々に大社会が生まれた。科学技術の発展はとどまるところを知らず、西欧が生みだした市場経済と結びついた文明社会が地球全体に今なお広がりつつある。世界に財貨物質が溢れる一方で、飢餓線上を彷徨う貧民も後を絶たない。未開社会はほぼ消滅したが、地上から野蛮は無くなっていない。

「アラブの春」を迎えたかに見えた中東アラブ地域では、一六世紀のスコットランドや戦国時代の日本のように、部族抗争、宗派対立、権力闘争が繰り広げられている。近代文明はここでは立ち止まっている。テロが最も頻繁に起こっているのはこの地域である。多くの無垢の人間が犠牲になっている。ここには人権の尊重などはないかのようである。

民主化が平穏な道を通ることはおそらく稀である。イングランドの名誉革命は無血革命であったが、その前にピューリタン革命があり、内戦が続いた。日本の明治維新も無血革命だったとは言えない。アメリカは独立するために八年間、宗主国の大ブリテンと戦争をおこなわざるを得なかった。

民主化が暴動や戦乱を避けられない最大の理由は、軍を掌握している権力者が多くの場合、圧殺あるいは抵抗するからである。経済大国になった中国は未だ民主化できていない。ウィグル族をはじめとして多数の少数民族は自治や独立を願っているが、独裁政権は飴と鞭で抑えている。中国の貧富の格差は凄まじい。一億人以上の中産階級が生まれているというが、彼らはやがて繰り返し自由を求め、立ち上がり、自由な社会をつくるであろう。しかし、中国においても、文明化が豊かで、平和で、自由で、民主的な社会を生み出すには、幾多の紛争や内戦の試練を経なければならないかもしれない。一三億人の巨大な国家はいかにして統治可能か。モンテスキューは大国に共和政は向かず、君主政が適すると判断した。モンテスキューなら、習金平を最高権力者とする共産党の一党独裁が中国には適していると言うだろうか。

旧宗主国の大ブリテンから議会政治を継承したインドでは、対照的に民主的な統治がおこなわれているのであろうか。一見すると一二億人が平和に豊かに暮らしているように見えるが、カースト制度など多くの問題を抱えていることは想像に難くない。

おそらくスミスの時代の世界の人口は数億人程度であった。文明化したのは地球の一角だけであった。スミスが日本を文明社会のなかに数えたかどうかは分からないが、文明社会は西ヨーロッパとそれ以外のヨーロッパの一部と北アメリカの一角、中国などのアジアの一部にすぎないと見ていたであろう。スミスは文明化が漸次それ以外の地域に普及する可能性があると予想していたが、権力者が文明を台無しにしてしまう可能性もあると見ていた。

二三七年後、我々は世界をどう理解し評価すべきなのか。現在地球上には七一億人の人口がある。毎年七〇〇〇万人が増えており、自然環境破壊は急速に進んでいる。先進国が人口減少に向かっている一方、後進国の人口増加は激しい。人口増加は常に数億人の飢餓線上の人口を生み出している。それでも廃棄される食糧が大量にある。剰余はある。それを再配分すれば —— それは容易ではない —— 救われる人口があるが、そうするとまた人口が加速して増える。これは永遠のジレンマである。

いずれにせよ、人口の自然増は放置できない。これこそ喫緊の課題であるだろう。どうすればよいのだろうか。まさに国際的な連携がまったなしである。環境も、資源も、人口も、市場経済、自由放任ではもはや解決できないのではないか。グローバリゼーションはますます進む。グローバルな文明化が情報革命に媒介されて地球全体にますます広がっており、文明の恩恵が行き渡る半面、伝統が崩壊し、地域共同体や家族関係が希薄化し、自治能力が退化している面もあるのではないか。

金融危機も繰り返し起こっている。債務超過に苦しんでいる国は先進国にも多い。日本もアメリカもＧＤＰ

を越える額の国家債務がある。ギリシア、スペイン、イタリアの財政危機は回避されてきたが、経済構造に問題がある点は解決していない。

国際協調が叫ばれ、たしかにG8にしてもG20にしても、国連とその下部組織にしても、協調して世界の諸問題に対応してはいる。しかし、世界の大勢は全体として規制が効いているのであろうか。事実上、自由放任ではないか。危機は迫っている。人類の叡智が発揮されねばならない。核問題もある。東西冷戦時代に蓄積された何万発もの核弾頭が未だに廃棄されずに配備されている。核保有国は五カ国から、インド、パキスタン、北朝鮮を加えた八カ国になっている。核抑止の思想は狂気の沙汰ではないか。

スミスが唱道した自由競争で良いものが生き残ることは多くの産業では依然として妥当するが、しかし、短期的には、啓蒙されないと、コストで争う自由競争はしばしば詐欺まがいの劣悪商品を市場に出すであろうし、短期的なマイナスを多々生み出すであろう。もちろん、そのような企業、プレイヤーは市場から淘汰されるのであるが。

自由市場がモラル・ハザードを事前に排除できないことは確かであるが、しかしながら、公正、フェア・プレイと叡智が普及するために有効なのは、結局のところ、自由な情報の流通である。だとすれば、知と情報の自由主義こそ頼みにすべきものであろう。ソ連の社会帝国主義が解体し、東欧に民主化と自由をもたらしたのは、情報の自由化であった。したがって、啓蒙の精神が今なお継承されねばならないことは言うまでもない。思想の自由を広め、Arts and Industry で自立するという経済の原理を中東諸国、イスラム圏、アフリカに普及することが今なお必要であろう。自分の労働、勤労で生活することが可能にならねばならない。そのためには教育、人材育成が重要であることは言うまでもない。グローバリゼーションはもはや止めようがないが、グローバリゼーションと自立を両立させねばならない。それは可能だと思う。自立のための支援も必要で、有効である。テロとの戦いは無人戦闘機で爆撃することではない。それは最貧地域にも自立できるように、その可能性を奪わないこと、そして可能な支援をして自立の夢をもてるように協力することである。自立こそ人間の尊厳にふさわしい。

第四節　アメリカを野蛮な帝国にしないために

オバマ大統領が登場して数年になる。オバマは期待されたほどの成果をあげられていないという意見が強い。アフガンやパキスタンでの爆撃は今も続いている。彼がノーベル平和賞を受けるにふさわしかったのかは、疑問の余地がある。

長くＷＡＳＰの支配する国であったアメリカに、有色人種の大統領が登場したのは画期的なことであった。アメリカの民族問題は以前に比べると緩和されていることは疑いない。人口三億を越えるアメリカはヒスパニック、アジア系、アフリカ系の人口の増加率が高く、白人が少数派になるのは時間の問題である。そのアメリカが経済大国で、何より消費大国であることは言うまでもない。アメリカの成人男子は一日に六〇〇〇カロリーを摂取しているとされるが、世界から借金をして巨大な胃袋を満たしているという現実がある。

そのアメリカの最大の貿易相手は今では中国であり、中国はアメリカの債権者としても最大である。留学生も大量に送り出している。こうして米中関係が太いパイプで結ばれている以上、米中関係が険悪になることはあまりありそうにない。しかし、経済発展を急いでいる中国は共産党幹部が特権的な地位にあり、優良企業の八割は彼らの支配下にあり、利権を得ているだけでなく、幹部は腐敗に染まっていると言われる。支配層の腐敗はかつてはアメリカの特徴であった。

経済大国となった中国のプレゼンスは地球社会、国際政治においても大きくなってきている。とはいえ、アメリカのプレゼンスが未だに最も大きい。けれどもアメリカは世界から必ずしも尊敬されていないし、好かれてもいない。それはなぜか。

アメリカは啓蒙が生みだした子供であった。独立宣言には啓蒙思想の精髄が述べられている。市民の自治がイギリスにも劣らず定着した共和主義の国がアメリカであった。アメリカは独立したが、大ブリテンは大英帝国となって一九世紀から二〇世紀初頭まで世界に英語と英国文化を広め、世界の文明化を牽引した。二〇世紀になって重化学工業で先頭に立ったアメリカは世界最大の富裕国となり、自由主義のチャンピオンとなったが、イギリスに代わって国際政治においてリーダーとしての活躍を期待されながらも、期待を裏切ることが多かった。今では世界を攪乱しているのはアメリカではないか。アメリカはかつての共和主義精神を失い、政治的な腐敗の国となったのだろうか。

カウボーイのアメリカは、気に食わぬ者をいとも簡単に殺害するテロの国である。大統領も四人が殺害されている。キング牧師も殺された。第一六代大統領エイブラハム・リンカーン、第二〇代のジェイムズ・ガーフィールド、第二五代のウィリアム・マッキンリー、第三五代のジョン・ケネディである。暗殺未遂としては第七代のアンドリュー・ジャクソン（一八三五年）と第四〇代のロナルド・レーガン（一九八一年）がある。決闘で倒れた初代財務長官アレグザンダー・ハミルトンのような人物もいる。決闘を野蛮でないとは言えないであろう。規模がどうであれ、暴力による決裁は野蛮である。

そのアメリカで経済学はどのような役割を果たしてきたか。よい国を作るために役立ってきたか。ベトナム戦争では主流派経済学の計量経済学が援用されたのではなかったか。ベトナム戦争は「設計主義」あるいは「知の傲慢」（ハイエク）による暴力が失敗した最たる例である。ベトナム反戦を掲げたライディカル派経済学は主流派経済学に対抗すべきものとして形成されたが、マイナーであり続けている。しかし、制度派経済学が生まれたのはアメリカにおいてであり、アメリカは様々なカウンター・カルチャーが生まれる国でもある。ナチズムの登場で亡命を余儀なくされたユダヤ人の多くはアメリカに渡った。アメリカはエミグレを受け入れる国であった。ユダヤ人がその才能をアメリカで開花させた例も多い。

日本からもアメリカに多くの留学生が渡った。フルブライト奨学金でアメリカに渡って経済学者となった者の多くは、実体経済そのものの研究をするのではなく、アメリカで学んだ主流派経済学を当てはめて現実を解釈することに甘んじているところに問題がある、とは奥村宏の批判である[6]。都留重人や宇沢弘文のような例外もあるが、今なお若い経済学者はアメリカで最先端の数理的な経済理論を学んで来るが、モデルいじりに堕している傾向が強く、彼らの研究が日本の経済社会をよくするのにどれほど役立っているか疑問である。経済学は方程式の解を解く数学とは違う。

そうした現状はどうすれば変革できるのか。それは自由な競争（Emulation）によってしか、変わらないであろう。しかし、どうすれば自由な競争を学問の世界に、政治の世界に、官僚の世界に導入できるのであろうか。こたえは簡単である。それぞれの世界で活動している主体が自覚的に公正な競争原理を自らの行動において採用することがその一歩である。それを徳という。それは共和主義の精神である。制度もできるだけ競争が生じるようにすべきである。日本の国家公務員制度の最大の問題はキャリア制度にある。大臣も国会議員もおしなべて凡庸であるから、官僚を使いこなせない。このような現状を変革できない限り、国家予算にもまさる特別会計が次官をトップとする官僚によってこれからも無駄に使われ続けるであろう。国家債務はますます累積することになる。

アレントは「始まり」に社会や共同体の再活性化の手掛かりを求めた。古いものを壊し、新たに始めることに、ある種の飛躍を求めた。しかし、制度は開かれた競争原理を組み込まないとやがて化石化し、腐敗する。官僚制化する。それを打破するのは、公正な競い合いをおいてほかにない。組織への関与についてのハーシュマンの発言（Voice）、忠誠（Royalty）、退出（Exit）の区分で言うと、どれも意味があるが、この三つの行動が競い合い、適切に組み合わされることが重要ではないかと思われる。

アダム・スミスのような啓蒙思想家は権力者の傲慢を戒めた。世界に対して、平等（equal）で、自由（liberal）で、公正（fair）、公平（equity）な行動——それが自由主義である——を推奨した。自由主義は共和主義精神によって推進される必要がある。でなければやがて腐敗し、ふたたび野蛮を招来するであろう。世界を眺めると、アメリカの政治家の傲慢が目につく。ブッシュに比べるとオバマは慎慮があるように思われるが、期待したほどではない。アメリカは巨大な国家であり、様々な分野で多くの貢献をしている。にもかかわらず尊敬されていない。アメリカは単独行動主義と言われるような独りよがりの行動をすることが多い。アメリカは国連中心主義にならねばならないであろう。

日本はアメリカの友人としてアメリカに忠告すべき立場にある。アメリカを野蛮な帝国にしてはならない。唯一の被爆国である日本は、核問題については、積極的に発言する責任がある。日本は国際的に発言することが少なすぎるであろう。そして国連も改革しなければならない。公正な競争原理を通じて、国際協調を推進していくのでなければならない。日本はＴＰＰをその一歩に為しうるはずである。野蛮と取り組んだ啓蒙思想家はそのような行動を勧めているであろう。

ロシアや中国、韓国などとの関係も基本は同じである。どうすれば友好関係を築けるのか。相手の立場になって考えることなしには、歩み寄りは可能にならない。一方的に譲歩するのではない。相互の利害が一致するまで交渉を根気強く続けることが必要である。交渉で相互に最善を尽くすことが歩み寄りを可能にする。相互に尊敬と共感を生み出す。日本はアメリカに対しても必ずしも十分な信頼を勝ち得ていない。アメリカを尊敬もしていないが、アメリカから尊敬もされていない。日本の政治家は表面的には日米同盟の信頼を口にすることが多いが、信頼関係を深める努力が十分なされているであろうか。日本の国際的役割は世界の平和に寄与することである。戦争という野蛮を地上からなくすことである。日本の責任は大きいし、それを引き受けなければならないであろう。

それだけではない。世界から野蛮をなくし、フェア・プレイを世界に実現するために、すべての人が努力する余地があるだろう。個人は自分の好みに応じた満足や幸福を求める権利がある。個人が様々な卓越を目指すのも尊い。しかしまた、世界から野蛮をなくし、フェア・プレイを世界に実現するために、個人がシヴィック・ヴァーチュー（civic virtue）を発揮することも期待されてよいだろう。

注

（1）三谷博『愛国・革命・民主―日本史から世界を考える』筑摩書房、二〇一三年を参照。

（2）ヒューム、小松茂夫訳『市民の国について』岩波文庫、下、一九八二年、二四〇―二四一頁。

（3）Smith, A., *The Theory of Moral Sentiments*, Cambridge U. P., 2002, p. 97. スミス、水田洋訳『道徳感情論』上、岩波文庫、二〇〇三年、二一七―二一八頁

（4）高木八尺・末延三次・宮沢俊義編『人権宣言集』岩波文庫、昭和三二（一九五七）年、四〇三頁。

（5）アメリカ啓蒙については筆者の『アメリカ啓蒙の群像』名古屋大学出版会、二〇一二年を参照してほしい。

（6）奥村宏『経済学は死んだのか』平凡社新書、二〇一〇年。

あとがき

本書は「野蛮と啓蒙」という主題を、主に「経済思想史」の分野から照射するという試みである。この試みは、日本学術振興会の科学研究費補助金、基盤研究（A）を授与されて可能になった三年間の共同研究の成果として世に問うものである。

本書の編者は、平成二五年の三月をもって京都大学を定年となった。二三年間の京都大学時代は、研究の観点から期せずして前半と後半に分かれる。前半にあたるほぼ一〇年間は、個人研究を中心として主にスコットランド啓蒙研究に従事したが、後半のほぼ一〇年余りは、研究代表者として科学研究費の恩恵を受けて、共同研究を中心として、より広い射程の啓蒙研究を進めた。本書はその第四番目の成果である。

最初の共同研究は、平成一五年からその翌年にかけて、科学研究費補助金基盤研究（B）を受けておこなったもので、「近代共和主義の系譜とその現代的可能性の研究」を主題とした。その成果は『共和主義の思想空間』（名古屋大学出版会、二〇〇六年）として公刊しているが、これは我が国で最初の本格的な共和主義研究と言えるものである。

続いて平成一六—一八年に、科学研究費補助金基盤（A）を受けて、「近代のイングランドとその近隣英語圏における啓蒙思想と経済学形成の相互関連の研究」を主題とする研究を遂行し、また平成一九—二一年にも科学研究費補助金基盤（A）を授与されて「啓蒙思想と経済学形成の関連を問う—グローバルな視点から」と題する研究をおこなってきた。

前者の成果は報告書に纏めるとともに、一部の修正を加えて『啓蒙のエピステーメーと経済学の生誕』（京都大学学術出版会、二〇〇八年）として出版した。後者の研究成果は電子版で提出し、印刷版も作成したが、未だ出版には至っていない。

この六年間の共同研究の検証を通じて明らかになったと考えていることは、一八世紀英米とヨーロッパ大陸の啓蒙思想とそこでの「新しい学問」としての経済学（Political Economy）の形成とは密接不可分の関係があったということである。啓蒙はポーコックの言うように多様であり（Pocock, J. G. A., *Virtue, Commerce, and History*, Cambridge U. P., 1985）、様々な啓蒙のプロジェクトや思想の系譜、あるいはパラダイムがあったが、しかしロバートスンが言うように（Robertson, J., *The Case for Enlightenment*, Cambridge U. P., 2005）、啓蒙には経済学の形成ないし確立が伴っているという見方もそれなりに妥当性がある。ただし、ロバートスンは、経済学はスコットランド啓蒙とナポリ啓蒙だけが確立できたにすぎないという極論に陥った。そこまで言うと支持できないであろう。

こうした理解を踏まえて始まった第四期、平成二三年から二五年の三年間の共同研究は「啓蒙と野蛮―経済思想史からの接近」を主題とした。本書はこの第四期の成果である。新しいメンバーを加え、さらにいっそう射程も広げ、啓蒙の時代を中心に置いているけれども、一六世紀から現代までの人間社会の野蛮と啓蒙の戦いに経済思想の視野から迫るというのが今回の狙いであった。近代の生みだした様々な野蛮を注視し、経済学という社会の生理学と治療学ともいうべき学問が野蛮といかに格闘してきたか、そして野蛮の克服にいかに有効であったか、その限界はどのようなものであり、それはなぜか、といった問題を掘り下げることが課題である。それを個別的に、時代的、地域的に、具体的な事例に即して遂行したが、それは全般的、抽象的な概論に陥ることを回避したかったからである。

人類の文明化の歴史は「よく生きる」ことを目指した途方もない努力の歴史である。その努力が意に反して悲劇的な帰結をもたらすこともなかったわけではないが、しかしそのような先人の努力を蔑にしたり無視したりしてはならないであろう。歴史は失敗の反省であるとともに、よき伝統の意識的な継承でなければならないからである。そうした先行者たちの遺産を継承してはじめて現代の我々の恵まれた生活が可能になっていることは、改めて言うまでもない。確かに歴史に刻まれた遺産には数限りない野蛮の痕跡もある。尊敬すべき偉業が今もなお成し遂げられつつある一方で、卑劣な蛮行も後を絶たないのが現代である。暴力で他人を抑圧し、命を奪うような野蛮な行為が、正義の名のもとになぜ続くのであろうか。あるいは詐欺や詐欺まがいの商業はなぜ断ち切れないのであろうか。

我々は人間本性に目を向けなければならないであろう。人間は完全に天使的な存在としては造られていない。人間は、もとは獣であった。野性から文明化したのが人間である。辛い人生からの救済を願うことを、そしてまた野蛮を克服すべきものと教えたのはまずは宗教であった。古代の文明のなかにユダヤ教、キリスト教、仏教、儒教などが生まれ、少し後にイスラム教が生まれた。宗教は罪というものを人間に教えた。そして悔い改め、偉大な神の前にひれ伏し、神の教えに従って敬虔に、すなわち傲慢にならずに謙虚に生きることを誓わせた。それは野蛮を克服する最初の一歩であった。

古代ギリシア人は東方から文明の遺産を継承して、古典的な学問、万学の基礎たる哲学を生み出した。学問による卓越、精神の浄化をも目指したギリシアの人文学と自然学を継承したローマ人は、ローマ法と都市工学・建築術を残した。しかし、広大な帝国を築いたパックス・ロマーナもその繁栄は悠久ではあり得ず、やがて人々の精神と習俗が腐敗し活力を失って、獰猛で野蛮な新興のゲルマン人に滅ぼされた。古典的なヨーロッパ文明は野蛮に敗北したのである。

暗黒の中世からルネサンス——古典文明の復活——が始まったのは一二世紀頃のことで、アラブに保存されていたギリシアの遺産が次々と発掘され地中海世界から西ヨーロッパに伝わった。そうして始まったルネサンスはイタリアの都市国家において一五世紀にはピークを迎える。そこから文明化は急速に進み、概略、スペイン・ポルトガルの一六世紀の繁栄を経過して、拠点を北に移しながら、フランス、オランダ、イングランド、スコットランドへと学問と文明の都は移っていった。

一八世紀の後半に大ブリテンが旧植民地帝国を構築し奢り始めるや、今度は植民地アメリカの反逆にほかならないアメリカ革命が起こって文明世界の注目を集め始める。アメリカ独立は大ブリテンのロックの抵抗権論と共和主義的なカントリ・イデオロギーの徳の思想の帰結でもあった。やがて「アメリカ独立宣言」の思想はフランス革命に受け継がれて、「人と市民の権利宣言」に表現されるが、フランスの市民革命、大革命の熱狂はその後、ヨーロッパ各地に伝わっていく。こうして各地で市民革命が繰り返し起こり、市民社会と国民国家が形成されていく。時代は同時に社会主義に大きく向かっていった。こうしてフランス流の国民国家か国際的な社会主義かが激しく争われるようになる。

しかし、勝利したのは市民や市民社会でも社会主義でもなく、国民動員に成功した国民国家（Nation State）であった。むしろ国民国家というより帝国主義であった。そもそも帝国主義とは自国の外部にあるものをすべて掠奪と支配の対象と見なす権力思想である。外部はすべて悪であり敵である。このような自己中心的で排他的な帝国主義がある種の病理現象であり、野蛮そのものであったことは言うまでもないが、それが一九世紀末ごろから二〇世紀にかけての世界の現実であった。帝国主義は国内での総動員体制、すなわち全体主義と繋がっていた。帝国主義も全体主義も社会のある種の異常現象であった。それにドイツだけでなく、イタリアも日本も、そしてアメリカもソ連も感染したのである。ホブズボームは二〇世紀を「極端な時代」と名付けた。西側では後半には平和が訪れたものの、世界全体として見れば、「戦争と革命」が繰り返された時代、それが二〇世紀だった。

一九世紀から二〇世紀にかけて、ヨーロッパも、ロシアもアメリカも植民地帝国の樹立を目指して鎬を削るようになったのはなぜか。平和共存の上に卓越した文明と文化を樹立しようという啓蒙以来のよき伝統はどうなったのか。人間の理性はなぜ権力欲に負けたのか。

普遍主義的な傾向を内在していた啓蒙はロマン主義の反撃を受け、ナショナリズムのなかに取り込まれてしまった。啓蒙は合理的国家経営を推進する思想として組織化と制度化、あるいは官僚制化に絡めとられてしまった。啓蒙の継承者であった功利主義はベンサムによって国家組織の合理化のイデオロギーに転化されたと言えば、ベンサムの意図に反するであろう。しかし、ベンサム主義がヴィクトリア朝英国の国家官僚制を強化することに繋がったのは、事実である。ウェーバーの言う合理化（Rationalizierung）の圧力はきわめて強かったのである。合理化は国家を合理的組織にしたが、国家間の関係の合理化には成功しなかった。それはなぜであろうか。

こうして国家は対内的には国民統合、国民動員の究極単位となり、対外的には戦争マシーンとなった。それはなぜか。人間本性の卓越ではなく、人間本性の欠陥が勝ったのである。なぜ悪しき人間本性が勝ったのか。一つの理由は教育の失敗である。教育は普遍的な人間の、野獣化ではなく人間化、穏和化を目指さねばならないにもかかわらず、国家に支配されて、国家主義の道具となった。対外的な憎悪感情が醸成された。国家総動員の手段と堕した教育は帝国主義の餌食とされたのである。教育は今なお普遍的な価値へのコミットメントを必ずしも目指すものではない。中国や韓国では、教育は人間本性を陶冶し卓越を目指すだけではなく、歴史教育を通じて隣国への憎しみを注入する手段となっている。我が国でもその影響が感じられる。ここには我々が取り組まねばならぬ根源的な問題がある。

個人は単独では悪事を働くにしても途方もない悪事をやってのけることは稀である。しかし集団になると違う。個人の邪心や権力欲が集団に伝わり、集団が間違った思想に捉えられるとき、個人では為し得ない途方もない悪事を遂行することが可能となる。この種の陰謀集団に国家や警察が警戒をするのは当然であるが、国家自体がこの種の集団と化すことがある。排外的なナショナリズムに国家や国民がとらわれるとき、国家や国民が凶悪な行動に走ることがある。それは歴史を振り返れば、否定しがたい国家の病理である。ナチズム、ファッシズム、軍国日本の中国侵略などをあげることができる。

支配者が国民を抑圧し、厖大な犠牲者を出した例もあまたある。スターリニズム、文化大革命などは最たるものである。民主化運動と独裁権力者や軍事政権の戦いが引き起こす内戦の悲劇は後を絶たない。ユーゴの場合は民族の悲劇であった。民族間の憎悪が最悪の結果を引き起こすことはままあることである。

もとより近代国家を形成している国民に国民意識としてナショナリズムがあるのは自然である。教育も多かれ少なかれ国の歴史を教え、祖国への愛情を喚起するであろう。しかし、それは自己抑制的なナショナリズムというものでなければならない。諸外国や他者の立場になって考えることができるのでなければならない。ある種の疫病に感染したかのように、過激なナショナリズムに呑みこまれ、冷静さを失って、戦争を繰り返して来たのが、近代の歴史である。中国で反日教育がおこなわれているのは、日本からみると異常としか見えないが、彼らの立場に立てば、理にかなっているのかもしれない。それなしに今の中国は統治できないように思われる。国家権力への反感を抱かせないためには、矛先を日本に向けるのが当局にとって理にかなっているのである。なぜなら日本は一五年間にわたって中国を侵略したではないか。漢民族は日本を侵略したであろうか。

だからといって、日本が反中国教育をやっていないのは、間違っているわけではない。韓国にしても似た面がある。日帝三六年の支配は、誇り高い小中華の国のプライドを傷つけた。日韓併合によって日本が韓国の近代化のために多額の投資をおこなったのは事実であろう。大英帝国がインドに多額の投資をおこなったのが事実であるように。韓国にインフラが整備されたのは日本の政策の成果であるかもしれない。しかし、帝国主義時代の国際環境のなかであったとしても、そして日韓の支配層が同意をしたとしても、日本が軍事力を背景に日韓併合を強いたのは紛れもない事実である。韓国の支配層に日本との統合を歓迎する人々がいたかもしれない。しかし、日韓併合をイングランドとスコットランドの合邦に重ね合わせるのは、無理がある。日本政府（拓殖局）が一七〇七年の英蘇合邦を研究していたことは事実である。ハングルが普及したのは日本統治下においてであったと言われるが、それは事実かもしれない。おそらく併合には多数のディメリットとともにいくつものメリットがあったであろう。一七〇七年の合邦はその後のスコットランドの発展の基礎となった。日韓併合は韓国の漢江の奇跡の遥かな基礎になったかもしれない。しかし、類似点があるとしてもそれはわずかである。日韓併合によい面があったことを韓国人が指摘するのは自由であるが、日本人がそれを言うのは必ずしも自由ではない。

人間には様々な感情があり、その感情が行動を引き起こす。人間愛、家族愛、正義感などのポジティヴな感情もあれば、怒り、憎悪、復讐心のようなネガティヴな感情もある。それらが冷静な知性によってバランスされているのが平常心ということになるだろう。平常心のときに、人は自分の希望や欲望、あるいは日課にしたがって行動し、自己保存しつつ仕事をする。それが生きることである。文明社会のなかで、自分の役割としての職業を得て、よく生きようとする。そのような自分の生活を他人もまた営んでいるのだとすれば、お互いに共感が生まれこそすれ、憎しみが基本になることはない。相互の尊重が基本になるだろう。そのような理解を促進することが教育の根本になければならない。自己愛を否定する必要はないが、他者を理解し、他者を尊重することが大切である。これは教育によってしっかりと教えられなければならないだろう。教育においては卓越を目指して個人の能力を高めることが中心に置かれなければならないが、同時にその前提として休むことなき人間本性の陶冶を抜きにしてはならない。

個人のレヴェルでそういう教育をおこなうだけでなく、国家や社会の相互の間の理解もすすめる必要がある。

現に、今ではそのような相互理解を進める時代になっている。しかし、努力が十分かというと、必ずしもそうではないだろう。中国の反日教育を批判するだけでなく、どうすれば中国が反日教育をやめることができるか、中国の立場に立って考えなければならない。それだけでなく、中国当局と日本の政府、文科省、文科大臣等が対話を始めなければならないのではないか。

韓国や北朝鮮との関係でも、相手の立場に立って考えるということがなければならない。日本の立場を放棄せよというのではない。日本の立場を頑なに固守し、相手の主張に耳を傾けないのがいけないというのである。日本の立場を絶対に正当であるとどうして言えるのか。相手の立場に立って、日本が相手にどう見えているのかを考えないのならば、それはアプローチの間違いである。なぜ対話がないのか。政府は過去の清算ができたと言うが、実際にはできていないのではないか。

日本の官僚はそれなりに勤勉で優秀かもしれない。しかし、教育者も多くは官僚に劣らず優秀で勤勉で、よい教育を考えて試行錯誤して努力している。研究者としても大学教員は決して怠惰でも創造性がないわけでもない。それでは何が問題か。教師を文書官僚にする教育政策が問題なのである。文書が必要でないとは言わない。しかし、書類作成は教員ではなく固有の職員を配置して分担させればよいではないか。しかも厖大な文書など不要ではないか。教師ができるだけ生徒と接するようにすべきであるし、大学教員については研究費を保証して自由な時間を与えて研究に邁進できるようにすることが重要である。

そのように日本が変われば、教育も研究も成果をあげるようになり、やがて世界にアピールするであろう。自由ほど貴重なものはない。多くの日本人は自分を生かし、よき社会をつくり、よい仕事をしたいと考えている。これほど向上心をもった国民もいないのではないかと思われる。それは今に始まったことではない。日本の歴史を振り返れば、そのような伝統が浮かび上がってくる。日本は、軍事大国、経済大国であることをやめ、文化大国になることが、久しく待望されている。そういうモデルになれれば、啓蒙の役割を日本自体が果たせるであろう。もとより東アジアでの力のバランスをただちに放棄することはできないであろうが、バランスを文化に移動していくことが、すなわち軍事バランスという野蛮を否定し、学問の振興という啓蒙を推し進めていくことが、二一世紀の日本のとるべき道ではないかと思われる。暴力と憎悪に未来はない。

本書は「あとがき」の冒頭にも述べたように、日本学術振興会の科学研究費補助金、基盤研究（A）を授与されて可能になった平成二三年から二五年にかけての三年間の共同研究の成果である。関係各位に厚くお礼を申し上げたい。研究成果報告書は規定に従って別途作成するが、今回は最初から最終年度に出版をする方針であった。それがこうして実現できたことに研究代表者は安堵している。それは力作を執筆した分担研究者の研鑽の賜物である。本書は分担研究者以外にも、研究協力者として参加した若手の論考三編を収録することができたので、いっそう充実した成果になっていると思うが、読者はどう評価されるであろうか。本書が多くの読者に歓迎され、参考になる点があることを願っている。

最後に、本書の出版を京都大学学術出版会にお引き受けいただくことができた。出版に関わる審査に当たられた理事の先生たち、編集長の鈴木哲也さん、本書を担当していただいた國方栄二さんに改めてお礼を申し上げたい。

本書が多くの読者に恵まれることを祈っている。

平成二五年一一月二〇日　編者記す

［ら行］

［わ行］

[は行]

［た行］

［な行］

［さ行］

人名索引

[ま行]

[や行]

[ら行]

事項索引

大塚雄太（おおつかゆうた）［第一六章］
名古屋大学高等研究院特任助教　研究テーマ：近代ドイツ社会思想史
主要業績：「クリスティアン・ガルヴェにおけるドイツ近代像の成立―「古代・近代作家論」にみる通俗哲学の新地平」，『日本 18 世紀学会年報』，第 25 号，2010 年。「クリスティアン・ガルヴェにおける人間・社会・モラル―「流行論」における現実的人間と通俗哲学の可能性」，『社会思想史研究』，第 32 号，2008 年。

後藤浩子（ごとう　ひろこ）［第一七章］
法政大学経済学部教授。研究テーマ：18・19 世紀ブリテン・アイルランド社会思想史
主要業績：『アイルランドの経験：植民・ナショナリズム・国際統合』法政大学出版局，2009 年（編著）。"Political Economy in the Late Eighteenth-Century British Radicalism: A Re-examination of the Analytical Categories" *The Kyoto Economic Review*, vol. 80, no.1, June 2011.「A. オコナーの急進主義：1791–1794 年」『エール（アイルランド研究）』38 号，2010 年 12 月。

中澤信彦（なかざわ　のぶひこ）［第一八章］
関西大学経済学部教授。研究テーマ：イギリス社会・経済思想史，保守主義思想史，経済学方法論史
主要業績：『イギリス保守主義の政治経済学 ―― バークとマルサス ――』ミネルヴァ書房，2009 年。"The Political Economy of Edmund Burke: A New Perspective," *Modern Age*, Vol. 52, No. 4, 2010. "Malthus's Political Views in 1798: A 'Foxite'Whig?," *History of Economics Review*, No. 56, 2012.

原田哲史（はらだ　てつし）［第一九章］
関西学院大学経済学部教授。研究テーマ：ドイツ社会・経済思想史
主要業績：*Politische Ökonomie des Idealismus und der Romantik: Korporatismus von Fichte, Müller und Hegel*, Duncker & Humblot, Berlin, 1989.『アダム・ミュラー研究』ミネルヴァ書房，2002 年。*Adam Müllers Staats- und Wirtschaftslehre*, Metropolis Verlag, Marburg, 2004.

谷田利文（たにだ　としふみ）［第一一章］
パリ第8大学社会科学科博士課程・京都大学文学研究科博士後期課程。研究テーマ：近世フランスにおけるポリスとエコノミー
主要業績：「ネッケルの統治論―1770年代フランスにおける自由と統制」，『経済論叢別冊　調査と研究』（京都大学経済学会）38，2012年10月。

上野大樹（うえの　ひろき）［第一二章］
日本学術振興会特別研究員PD（一橋大学）。研究テーマ：18世紀における古典的共和主義受容の英仏比較，政治・社会思想史
主要業績：「ジャン＝ジャック・ルソー：「市民」であるとはどういうことか？」，大澤真幸（編）『3. 11後の思想家25』，左右社，2012年。"From the Rivalry between Republicanism and Absolutism to the Invention of the Nation-State: Comparing Tocqueville's Sovereign People with Rousseau's" in Asat Wako ed. *Nation-States and Beyond: Private and Public Spheres under Globalization*, 4th vol., Seoul, Korea, 2012.「「人間」の条件と「市民」の条件―アーレントの規範理論における普遍主義と特殊主義の接合について」，『社会システム研究』第14号，2011年。

野原慎司（のはら　しんじ）［第一三章］
東京大学大学院経済学研究科講師（2014年4月から）。研究テーマ：アダム・スミス，啓蒙期社会思想史，経済学史
主要業績：『アダム・スミスの近代性の根源』京都大学学術出版会，2013年。「共通善は存在しうるのか－トマス・ホッブズからアダム・スミスに至る自然法思想史の観点より－」，『思想』第1072号，2013年8月。"Bolingbroke and his Agnostic-Rational View of the World: Searching for the Religious Foundation of the Enlightenment," *The Kyoto Economic Review*, vol. 80, no.1, June 2011.

喜多見洋（きたみ　ひろし）［第一四章］
大阪産業大学経済学部教授。研究テーマ：フランスおよびフランス語圏スイスの社会・経済思想史
主要業績：『マルサス人口論の国際的展開』昭和堂，2010年（共著）。『経済思想第4巻 経済学の古典的世界1』日本経済評論社，2005年（共著）。*Jean-Baptiste Say : Nouveaux regards sur son œuvre*, Economica, 2003年（共著）.

大津真作（おおつ　しんさく）［第一五章］
甲南大学文学部教授。研究テーマ：　ヨーロッパ思想史
主要業績：『啓蒙主義の辺境への旅』世界思想社，1986年。『倫理の大転換』行路社，2012年。『思考の自由とはなにか』晃洋書房，2012年。「ランゲの社会生成論（上，下）―『民法理論』を読む―」，『思想』第818号，第819号，1992年8月，9月。「近代的国家観の異端―マキアヴェッリからスピノザへ―」，『経済論叢』（京都大学経済学会）第186巻第3号，2013年4月。

Group (ed.), *A Study of British Thoughts on Improvement of Economic Society: New Liberalism to New Labour*, Tokashobou, 2011.“Policy debate on economic development in Scotland: the 1720s to the 1730s”, in Sakamoto, T. and Tanaka, H. (eds.), *The Rise of Political Economy in the Scottish Enlightenment*, Routledge, 2003.

古家弘幸（ふるや　ひろゆき）［第七章］

徳島文理大学総合政策学部准教授。研究テーマ：イギリス社会・経済思想史

主要業績：“A Language of Taste in the Moral Philosophy of Adam Smith”, *The Kyoto Economic Review*, vol. 79, no.1, June 2010. “Beauty as Independence: Stoic Philosophy and Adam Smith”, *The Kyoto Economic Review*, vol. 80, no.1, June 2011. “Working the Peripheral into the Picture: The Case of Thomas Hepburn in Eighteenth-Century Orkney”, *The European Journal of the History of Economic Thought*, vol. 18, no.5, December 2011.

渡辺恵一（わたなべ　けいいち）［第八章］

京都学園大学経済学部教授。研究テーマ：アダム・スミス研究

主要業績：「アダム・スミスと古典的共和主義の再興―『道徳感情論』（初版）研究序説」（田中秀夫・山脇直司編『共和主義の思想空間』名古屋大学出版会，2006年，所収）。「「立法者の科学」としての経済学―アダム・スミスにおける啓蒙と経済学」（田中秀夫編著『啓蒙のエピステーメーと経済学の生誕』京都大学学術出版会，2008年，所収）。「『道徳感情論』における徳の政治学」（佐々木武・田中秀夫編著『啓蒙と社会―文明観の変容』京都大学学術出版会，2011年，所収）。

松本哲人（まつもと　あきひと）［第九章］

徳島文理大学総合政策学部講師（2014年4月から）。

研究テーマ：18世紀後期イングランド社会経済思想

主要業績：“Happiness and Religion: Joseph Priestley’s Theological Utilitarianism”, *The Kyoto Economic Review*, vol. 79, no.2, December 2010.「J. プリーストリーの奴隷制批判：ダーウィン，スミスとの比較」，『経済学史研究』53(1), 2011年。「神学的功利主義の二類型―W. ペイリーとJ. プリーストリー」，『マルサス学会年報』(18), 2009年。

米田昇平（よねだ　しょうへい）［第一〇章］

下関市立大学経済学部教授。研究テーマ：経済学のフランス的起源

主要業績：『欲求と秩序―18世紀フランス経済学の展開―』昭和堂，2005年。「経済学の起源とピエール・ニコル―ボワギルベールとの関連で」佐々木武・田中秀夫編『啓蒙と社会―文明観の変容』京都大学学術出版会，2011年。「マンデヴィルの逆説―英仏の思想的展開との関連で（上）（下）」『下関市立大学論集』第54巻第3号，第55巻第1号，2011年。

[執筆者紹介（執筆順）]

田中秀夫（たなか　ひでお）［序説，第五章，終章，あとがき］
奥付「編者紹介」を参照

松森奈津子（まつもり　なつこ）［第一章］
静岡県立大学国際関係学部准教授。研究テーマ：初期近代政治思想
主要業績：『野蛮から秩序へ―インディアス問題とサラマンカ学派』名古屋大学出版会，2009年。*Civilización y barbarie, los asuntos de Indias y el pensamiento político moderno (1492–1560)*, Biblioteca Nueva, 2005.『岩波講座　政治哲学（一）主権と自由』（共著），岩波書店，2014年。

村井明彦（むらい　あきひこ）［第二章］
同志社大学商学部助教。研究テーマ：オーストリア学派の経済理論
主要業績：「グリーンスパンのアイン・ランド・コネクション3 ――「根拠なき熱狂」講演の根拠」『同志社商学』第65巻第1号，2013年7月。「大平準と「グリーンスパン問題」の生成」『同志社商学』第65巻第2・3号，2013年11月。「第2次大恐慌と「グリーンスパン問題」の展開」『同志社商学』第65巻第4号，2014年1月。

伊藤誠一郎（いとう　せいいちろう）［第三章］
大月短期大学教授。研究テーマ：17・18世紀イングランド経済思想史
主要業績："The ideal statesman: the influence of Richelieu on Davenant's political thought", in H.D. Kurz, T. Nishizawa, and K. Tribe eds., *The Dissemination of Economic Ideas*, Edward Elgar Publishing, 2011. "The making of institutional credit in England, 1600–1688", pp. 487–519, *The European Journal of the History of Economic Thought*, vol. 18, no.4, October 2011. "Registration and credit in seventeenth-century England", pp. 137–162, *Financial History Review*, vol. 20, no.2, August 2013.

生越利昭（おごせ　としあき）［第四章］
兵庫県立大学名誉教授。研究テーマ：17〜8世紀イギリス社会経済思想
主要業績：『ジョン・ロックの経済思想』晃洋書房，1991年。『成熟社会のライフサイクル』（共編著）リベルタ出版，2001年。ラフィル『アダム・スミスの道徳哲学』（共訳）昭和堂，2009年。

関源太郎（せき　げんたろう）［第六章］
九州大学名誉教授。研究テーマ：イギリス経済思想史
主要業績：『「経済社会」形成の経済思想―18世紀スコットランド「経済改良」思想の研究－』ミネルヴァ書房，1994年。"The Significance of New Labour's Thought: With Special Reference to Its Economic Views in the 1990s", History Economic Thought Research

[編者紹介]

田中秀夫（たなか　ひでお）

愛知学院大学経済学部教授，京都大学名誉教授。
研究テーマ：スコットランド啓蒙，共和主義，経済学の形成

主要業績：著書『スコットランド啓蒙思想史研究』名古屋大学出版会，1991年。『文明社会と公共精神』昭和堂，1996年。『共和主義と啓蒙』ミネルヴァ書房，1998年。『啓蒙と改革 —— ジョン・ミラー研究』名古屋大学出版会，1999年。『アメリカ啓蒙の群像』名古屋大学出版会，2012年。『近代社会とは何か』京都大学学術出版会，2013年。『啓蒙の射程と思想家の旅』未来社，2013年，その他。

編著：*The Rise of Political Economy in the Scottish Enlightenment*, eds. by Sakamoto and Tanaka, Routledge, 2003.『啓蒙のエピステーメーと経済学の生誕』京都大学学術出版会，2008年。『啓蒙と社会 —— 文明観の変容』京都大学学術出版会，2011年，その他。

翻訳：ハーシュマン『方法としての自己破壊』法政大学出版局，2004年。H・T・ディキンスン『自由と所有』昭和堂，2006年。J・G・A・ポーコック『マキァヴェリアン・モーメント』名古屋大学出版会2008年。L・ロビンズ『一経済学者の自伝』ミネルヴァ書房，2009年。I・ホント『貿易の嫉妬』昭和堂，2009年。ハチスン『道徳哲学序説』京都大学学術出版会，2009年。ヒューム『政治論集』京都大学学術出版会，2010年。D・フォーブズ『ヒュームの哲学的政治学』昭和堂，2011年。シュナイウィンド『自律の創成 —— 近代道徳哲学史』法政大学出版局，2011年，その他。

野蛮と啓蒙——経済思想史からの接近

2014年3月31日　初版第一刷発行

編　者　　田　中　秀　夫
発行人　　檜　山　爲　次　郎
発行所　京都大学学術出版会
京都市左京区吉田近衛町69番地
京都大学吉田南構内（〒606-8315）
電　話（075）761-6182
FAX（075）761-6190
Home page http://www.kyoto-up.or.jp
振　替　01000-8-64677

ISBN 978-4-87698-478-7
Printed in Japan

印刷・製本　㈱クイックス
定価はカバーに表示してあります